Syntaxe grecque

Jean Humbert

Syntaxe grecque

Klincksieck

Librairie Klincksieck
série linguistique
15

dans la même série :

Alfred Ernout, *Morphologie historique du latin*
Pierre Chantraine, *Morphologie historique du grec*
Pierre Chantraine, *Grammaire homérique* (I)
Alfred Ernout, *Syntaxe latine*
Gérard Moignet, *Grammaire de l'ancien français*
Gérard Lecomte et Ameur Ghedira, *Méthode d'arabe littéral* (I)
Norbert Tapiéro, *Manuel d'arabe algérien moderne*
Jacques Jomier et Joseph Khouzam, *Manuel d'arabe égyptien*
André Mirambel, *Grammaire du grec moderne*
Alexandre et Michel Popovic, *Manuel pratique de langue serbo-croate*
Paul Teyssier, *Manuel de langue portugaise*
Les 30 leçons du manuel d'arabe algérien moderne (CD audio)
Antoine Meillet, *Esquisse d'une histoire de la langue latine*
Antoine Meillet, *Aperçu d'une histoire de la langue grecque*

www.klincksieck.com

1re édition : 1945
3e édition : 1960, revue et augmentée en 1972

La 3e édition de cet ouvrage a paru
dans la collection « Tradition de l'humanisme ».

© Klincksieck, 2004 pour le présent retirage
ISBN 2-252-03489-0

AVANT-PROPOS DE LA PREMIÈRE ÉDITION

Ceux qui seront appelés à utiliser cet ouvrage éprouveront peut-être le désir légitime de savoir dans quelles conditions cette *Syntaxe* a été conçue et réalisée. Professeur à la Faculté des Lettres de l'Université de Lille, je dois assurer la préparation aux Certificats d'Études Grecques et de Grammaire et Philologie (partie grecque) et contribuer à celle d'un groupe compact de candidats aux Agrégations des Lettres et de Grammaire. Or, dès les débuts de mon enseignement, j'ai été frappé par l'insuffisance de leurs connaissances en syntaxe grecque : s'ils sont bien armés en morphologie ou en phonétique, ils ne trouvent en français que des instruments de travail trop succincts et trop élémentaires. Aussi me semblent-ils, à de rares exceptions près, osciller sans cesse entre une pratique routinière dans laquelle les « règles » — je dirais presque les recettes — sont appliquées sans discernement ni réflexion, et quelques principes généraux, empruntés à la doctrine des meilleurs linguistes, mais qui ne les mettent pas en mesure, à cause même de leur généralité, de rejoindre effectivement le réel ni de s'en justifier à eux-mêmes la complexité. Par ailleurs, les nécessités de l'enseignement m'obligent à me poser à moi-même des problèmes délicats, auxquels je dois trouver, pour moi d'abord, des solutions probables. Ce livre doit son existence, et sa forme même, à cette double nécessité de justifier, pour mon compte et pour celui des autres, les « règles » de la syntaxe grecque : il a d'abord été écrit sous la forme d'un travail personnel d'interprétation, d'une méditation sur les faits de langue, un peu à la façon de ces admirables *Vorlesungen* de Wackernagel, auxquelles je me sens si redevable ; ensuite il m'a paru utile de donner à d'autres qu'à moi-même la justification de ces faits, en ayant sans cesse à l'esprit que cette *Syntaxe* devait être un instrument de travail, aussi commode que possible, qui permettrait à des étudiants de comprendre les diverses fonctions de la langue. C'est ainsi qu'un lent travail d'élaboration et de rédactions successives m'a fait passer d'une méditation assez libre à la forme de ce livre, qui est destiné principalement aux étudiants des Facultés, aux élèves des classes supérieures des Lycées : on pourrait donner à cette *Syntaxe* le nom de justificative.

Bien qu'elle soit pénétrée de considérations historiques, cette syntaxe n'est pas une syntaxe historique. Elle s'attache à faire connaître et, plus encore, comprendre l'usage de l'attique aux Ve et IVe siècles : mais justement, pour pouvoir se rendre compte, il faut le plus souvent comparer l'état attique à l'état linguistique antérieur et remonter à « Homère ». On l'admet volontiers, au moins en principe ; mais on oublie trop souvent que la langue a continué et que, trois fois millénaire, elle a été amenée par une lente évolution, à partir de la Κοινή, à la forme du grec moderne. Je sais trop, par ma propre expérience, à quel point l'optique de certains phénomènes de langue, surtout en syntaxe, peut être modifiée par la connaissance du grec moderne, pour avoir négligé d'ouvrir de larges perspectives sur l'aboutissement, dans le grec d'aujourd'hui, de tendances décelables dans la langue du Vᵉ ou du IVᵉ siècle.

C'est un devoir de probité et de reconnaissance que d'indiquer les ouvrages auxquels on se sent le plus redevable. Pour ce qui est de la, conception générale des diverses fonctions, on retrouvera aisément dans ce livre une bonne part de la substance des ouvrages fondamentaux de Meillet et de M. Vendryès ; en particulier, on suppose connus et assimilés l'*Aperçu* et l'*Introduction* de Meillet, mais encore et surtout le « Meillet-Vendryès », comme disent maîtres et étudiants. J'ai déjà dit ce que je devais à ces *Vorlesungen* de Wackernagel, qui sont, pour ainsi dire, au départ de cet ouvrage. Je me suis constamment servi de la *Griechische Grammatik* de Brugmann-Thumb, de l'*Ausführliche Grammatik der griechischen Sprache* de Kühner-Gerth, ainsi que de la *Kritisch-Historische Syntax des griechischen Verbums* de J. M. Stahl. Ces deux derniers ouvrages, en particulier, ont été pour moi une inépuisable mine d'exemples : en effet, j'avouerai en toute franchise qu'usant libéralement de la faculté tacitement accordée aux lexicographes de tirer une partie des exemples qu'ils allèguent des collections déjà assemblées par leurs prédécesseurs, je leur ai fait en cette matière de constants emprunts. En tout cas, j'ai toujours vérifié ces exemples et les ai constamment accompagnés d'une traduction : il me semble en effet qu'un exemple non traduit a moins de prise sur la mémoire. J'aurais aimé que la proportion de ces emprunts fût moins importante : mais c'eût été retarder de plusieurs années la publication d'un ouvrage qui m'a déjà demandé plus de six ans de travail.

Je dois enfin quelques précisions sur la disposition des matières dans ce livre ainsi que sur les moyens pratiques d'y retrouver ce que l'on peut avoir à chercher. Chaque paragraphe — qui peut d'ailleurs, à l'occasion, en comporter plusieurs, au sens typographique du terme — constitue toujours une unité, à laquelle renvoient les chiffres des index. Ceux-ci sont au nombre de deux : un index français, qui donne les références des diverses fonctions, et un index grec, qui renvoie aux mots grecs qui ont été cités à cause des fonctions qu'ils remplissent. Il n'a pas paru nécessaire d'en dresser un troisième, indiquant la référence des auteurs et des passages cités.

1944

AVANT-PROPOS DE LA DEUXIÈME ÉDITION

La seconde édition de ce livre, rendue nécessaire depuis quelque temps par l'épuisement rapide de la première, a eu pour objet, non seulement de donner sous une forme corrigée le texte de la première édition, mais aussi de le compléter par l'étude de questions qui n'avaient pas été traitées primitivement. Si certains chapitres, comme ceux qui sont consacrés aux Modes et aux Temps dans les propositions indépendantes, aux Prépositions, aux Préverbes et aux Négations n'ont subi que des retouches de détail, il en est d'autres qui ont été plus ou moins profondément modifiés : ainsi les chapitres II et III ; ainsi le chapitre I (ancien chapitre II qui s'est doublé par l'étude du Genre) ; ainsi le chapitre VIII, qui s'est augmenté de développements consacrés au style indirect et aux propositions de comparaison ; il en est de même pour le chapitre IX (les Cas), dans une moindre mesure. Quant au chapitre IV, qui concerne la phrase, sa structure, les rapports de la coordination et de la subordination, l'ordre des mots, il est entièrement nouveau sauf dans la section B (Accord) où se retrouve, très modifié et augmenté, l'ancien chapitre I. Le chapitre XII est tout entier consacré à étudier le fonctionnement de cet incomparable instrument de précision et de rigueur que sont devenues les Particules dans la prose attique. Mais, à côté de ces modifications importantes et de ces additions nouvelles, il n'est pas de chapitre où l'on n'ait retouché la rédaction primitive : nous avons tenu compte des observations et critiques des auteurs des comptes rendus de notre ouvrage, ainsi que des remarques, questions et *desiderata* de bien des lecteurs, généralement inconnus de nous, qui ont pris la peine de nous écrire à ce sujet ; nous avons aussi cherché à faire bénéficier notre *Syntaxe* des publications et contributions qui ont paru depuis la fin de la guerre. Parmi celles-ci il faut réserver une place d'honneur au deuxième tome de la *Griechische Grammatik* de Schwyzer-Debrunner (en abrégé Sch.-Deb.), parue à München en 1950 et achevant, par une *Syntaxe*, l'étude de la phonétique et de la morphologie du premier tome, due à M. Schwyzer (1938) : tout lecteur un peu curieux se doit de pratiquer un livre d'une ampleur et d'une précision admirables ; par ailleurs, si l'on désire des précisions de bibliographie sur les questions ici traitées, on trouvera, dans le paragraphe de *Literatur* qui précède les principales divisions des développements, les publications les plus importantes jusqu'en 1939 ; le lecteur français pourra ensuite se mettre facilement à jour grâce à l'*Année philologique*, publiée par les soins de M. Marouzeau. A d'autres points de vue, nous avons trouvé intérêt et profit à la lecture de la *Syntaxe latine* de MM. Ernout et Thomas (Klincksieck, Paris, 1951) : étudiant avec clarté et finesse une langue

bien différente du grec, mais dont le destin était d'être liée intimement au grec, ils nous ont souvent fait réfléchir, moins directement que
par contraste, à certains moyens d'expression du grec. Nous sommes
aussi redevable à la *Syntaxe grecque*, descriptive et plus scolaire, de
M. Bizos (Vuibert, Paris, 1947), qui nous a parfois fourni des
exemples judicieusement choisis [1].

Nous avons apporté quelques modifications à l'aspect typographique
de la première édition : en particulier, nous avons usé de caractères
gras dans les paragraphes, pour faire ressortir les points les plus importants ; de plus, pour mieux séparer des paragraphes, ou des ensembles
de paragraphes se rapportant à une même question, nous avons
employé des « blancs », qui ont par ailleurs l'avantage d'aérer une
« justification » assez serrée. Enfin, nous avons profondément modifié
l'index grec et l'index français qui, à l'épreuve, se sont montrés d'une
consultation peu commode ; à la demande générale, nous en avons
dressé un troisième, qui indique les passages des auteurs grecs cités [2].

1953

---

1. Je n'ai pu pratiquement tirer profit pour mon texte de l'excellente *Syntaxe*
(Tome II de la *Grammaire homérique*) de M. CHANTRAINE, mais le lecteur devra constamment s'y référer. Il le fera d'autant plus utilement que la structure des deux
livres est très comparable et que, sur des points importants, la doctrine enseignée
dans les deux ouvrages, conçus en toute indépendance, amène à des résultats qui
confirment en général les positions que j'ai moi-même défendues.

2. Mademoiselle GUÉMENT, professeur de Première Supérieure au Lycée Fénelon,
a bien voulu se charger de la tâche ingrate, mais nécessaire, de lire une « épreuve en
pages » de ce livre : le lecteur ne lui en sera pas moins reconnaissant que moi-même.

NOTE SUR LA TROISIÈME ÉDITION

Cette édition ne pouvait apporter au texte de la deuxième édition
que des modifications de détail ne touchant pas à la mise en page.
Mais celles-ci, peu étendues, ont été nombreuses : on a corrigé les
références erronées et des traductions inexactes, on a retouché sur
divers points la rédaction du texte. De plus, à la place de l'*Erratum*,
figure un certain nombre de *Notes additionnelles*, auxquelles renvoient
les paragraphes quand ils sont suivis d'un astérisque *. L'index des
passages cités a été minutieusement révisé, et on a modifié la présentation de l'index des mots grecs ainsi que celui des matières.

Décembre 1959.

CHAPITRE I

LES GENRES ET LES NOMBRES

I. Les genres.

§ 1. C'est une erreur encore trop répandue que de croire que les trois genres du grec — masculin, féminin, neutre — sont, du moins en principe, égaux en droits : quand on s'interroge sur leur importance relative, on songe, par exemple, au *nombre* plus ou moins grand des noms qui sont caractérisés par tel genre, ou à la *variété* des formations qui relèvent d'un genre à l'exclusion d'un autre. En réalité, nous sommes dupes d'une illusion : nous avons dans l'esprit les trois colonnes que comporte la flexion d'un adjectif, comme νέος, νέα, νέον : plaçant les trois genres *dans* un même plan, nous avons tendance à les mettre *sur* le même plan.

§ 2. Toute différente devait être la situation en indo-européen, surtout à en juger par ses formes les plus anciennes : la seule distinction fondamentale est celle d'un animé et d'un inanimé (ou neutre). Si étrange que la chose puisse paraître, des populations que l'on s'imaginerait fort engagées dans le concret n'ont pas éprouvé à l'origine le besoin de distinguer, du moins par la *forme*, non seulement des *objets*, que leurs conceptions propres pouvaient comparer à ce qui est mâle ou femelle, mais des *êtres vivants*, à propos desquels la différence de sexe a la plus grande importance dans la pratique. Le grec continue un vieil usage en ne disposant que d'un seul nom, βοῦς, pour désigner le bovin, châtré ou femelle ; avant que l'article pût distinguer ἡ βοῦς de ὁ βοῦς, c'était le contexte, ou l'épithète (à condition que l'animal fût qualifié), qui pouvait faire dire qu'il s'agissait d'un bœuf ou d'une vache ; mais pour le reproducteur bovin, la langue dispose d'un nom tout différent, ταῦρος. De même, dans le cadre de la famille « masculine » des Indo-Européens, rien ne distinguait formellement les hommes des femmes du groupe : en grec même, rien ne distingue πατήρ « père » ou δαήρ « beau-frère » de μήτηρ « mère » ou εἰνατήρ « belle-sœur [femme du frère du mari] », ni υἱός « fils » de νυός « bru » ; c'était dans la partie radicale de ces noms, pour nous inanalysables, qu'il était signifié que tel homme tenait telle place dans la famille — ou telle femme. Au contraire quand le grec a innové et imaginé deux noms nouveaux pour le *frère* et la *sœur*, définis comme « issus de la même matrice », il a obtenu ἀδελφός et ἀδελφή, parfaitement caractérisés comme masculin et féminin, à la place de *bhrātēr (frāter, φράτωρ) et de *swe-sor (soror). Même dans les rares exemples où on voit une amorce *formelle* de distinction entre masculin et féminin qui puisse remonter à l'indo-européen, comme dans le nom du *beau-père* et de la *belle-mère* (skr. *çváçuraḥ,* et *çvaçrúḥ,* lat. *socer* et *socrus*), le grec tend à imposer deux formes qui s'opposent clairement comme féminine et masculine, dans ἑκυρός et ἑκυρά.

§ 3. On peut considérer que, dans l'indo-européen le plus ancien, il n'y avait dans l'animé que quelques indices d'une distinction entre le masculin et le féminin : significatives sont à ce sujet les formes *spécifiquement* féminines (et reposant sur un thème **sor *sr,* qui est à l'origine de **swe-sor*) de la flexion de « quatre » et de « trois » en indo-iranien et en celtique qui s'opposent aux formes masculines (et inanimées). La plupart des langues ont tendu à affecter certains suffixes à des êtres (ou à des objets conçus comme animés d'une vie interne) que leurs propres représentations *voyaient* comme féminins ou masculins. Par exemple, on peut dire que δέσποινα est le féminin de δεσπότης, comme le *patiḥ* du sanskrit a pour féminin *patnī* ; de même, sous une forme voisine δότειρα « dispensatrice » en face de δοτήρ « dispensateur ». Aussi bien, le suffixe en -ίδ, qui repose sur l'élargissement **i,* élargi à son tour par **d,* et qui n'avait aucun lien perceptible avec la notion d'animé féminin, a pu être à date ancienne (ἀλετρίς «·celle qui moud la farine » est homérique) affecté à la formation de *féminins* (βασιλεύς « roi », βασιλίς « reine ») et montrer la plus grande vitalité aussi bien dans le type athématique que dans les féminins répondant à des masculins en **ā* (πολίτης /πολῖτις).

§ 4*. La constitution, générale dans toutes les langues indo-européennes sauf le hittite et l'arménien, d'un féminin consciemment distingué d'un masculin, devait répondre à ces conceptions des êtres et des choses qu'il serait passionnant de connaître, mais dont la plupart des langues ne donnent que des témoignages incertains, souvent contradictoires. Il y a donc eu des temps où le féminin répondait à une image sentie comme féminine de l'être ou de l'objet : si les noms latins de la terre *humus, terra, tellus* sont féminins, alors que rien ne l'indique nécessairement dans leur formation, comme χθών et γῆ en face d'un *dies* ou d'un Ζεύς masculins, cela ne prouve pas autre chose qu'une croyance en un Ciel fécondant (et mâle) et une Terre fécondée (et femelle). De même on est en droit de penser que ce n'est pas un hasard qui oppose au pied (m.), πούς, *pes,* qui impose son empreinte, la route ὁδός, ἀτραπός (f.) qui la reçoit et. pour ainsi dire, la subit : pourtant f. ὁδός et ἀτραπός, formellement identiques à m. λόγος, n'ont par eux-mêmes rien de féminin. Parfois il y a *concordance* dans le genre à l'intérieur de l'animé ; mais aussi, d'une langue à l'autre et pour la même formation, on a le masculin dans l'une, le féminin dans l'autre : en face de la concordance des noms des arbres sentis comme forces productives dans le sens du féminin, comme φηγός f., *fāgus* f., ἄπιος f., *pirus* f., il y a désaccord entre les noms en *-or* (masculins) du latin et les noms en -ως (féminins) du grec, qui expriment l'idée d'une puissance active comme ἠώς ou comme *honor*. Ce n'est pas non plus une rencontre si les animaux sauvages qui sont des adversaires à vaincre, comme le loup, ὁ λύκος (*lupus*), sont du masculin, tandis que des animaux réputés sans bravoure sont stigmatisés par le féminin, comme ἡ ἀλώπηξ (*uulpēs*). Ainsi que l'enseignait Meillet « le genre masculin ou féminin était affaire de conception, non affaire de grammaire ». Mais les conceptions qui ont peut-être dicté le choix d'un des deux genres ont pu s'évanouir et disparaître des esprits ; des raisons de forme ont pu aussi intervenir et jeter le trouble dans la distinction des genres, comme *orage* (*auraticum*) qui est senti comme féminin dans la langue populaire parce que l'article défini élidé est ambigu. Ne voyons-nous pas, en quelques siècles, le mot *poison* (*pōtiōnem*) abandonner le féminin qu'il tenait de ses origines et dans lequel pouvaient le maintenir des mots aussi courants que *maison* (*mānsiōnem*) ou *raison* (*ratiōnem*) pour passer au masculin ? Dans une langue comme la nôtre, le genre masculin ou le genre féminin sont devenus de pures *catégories grammaticales*, dans lesquelles il faut bien que les mots soient versés. Pouvons-nous dire pourquoi *honneur* est masculin et *horreur* féminin ? Pouvons-nous expliquer pourquoi *bonheur* (prononcé pratiquement *bon'heur*, qui pourrait faire croire à un féminin), que l'on pourrait faussement, mais naturellement, mettre en rapport, non avec *augurium*, mais avec *hōra* n'a pas été entraîné vers le féminin ? Pourquoi *une salière* et *un sucrier*, *une chaise* et *un fauteuil* ? Il est certain qu'en grec, même à date ancienne, on devait déjà se trouver dans des conditions semblables aux nôtres, et que les sujets parlants auraient été aussi gênés que nous pour répondre à de semblables questions.

§ 5. De cette indifférenciation première de l'animé le grec a gardé d'importants témoins qui portent, non sur des mots isolés, mais sur des catégories de mots. C'est sans doute dans le domaine de l'*adjectif*, qui pourtant a tant contribué à fixer et à maintenir le genre, que nous en trouvons les exemples les plus caractéristiques. On sait que, dans la composition, quand le second terme du composé est de nature nominale, l'adjectif ainsi formé n'a pour l'animé qu'*une seule* forme, qui est celle du masculin, ἀθάνατος θεά aussi bien que θεός. Il est également bien connu que l'intensif en **is-ŏn*, qui donne en grec un type important de « comparatifs », n'oppose à l'inanimé qu'une forme unique ; un pronom (et adjectif) interrogatif (et indéfini) comme τίς (τις) n'a jamais eu de féminin. Mais la flexion même de nombre d'adjectifs — de séries entières parfois, comme le type en **es* : ἀληθής, ής ou le type en **ŏn* : εὐδαίμων, ων — nous atteste qu'un nombre important d'adjectifs *thématiques*, qui ne sont pas suspects d'avoir été tirés de composés, peuvent ne pas avoir au féminin une forme distincte du masculin, ou qui possèdent les deux formes côte à côte : chez Thucydide et chez Platon, βέβαιος « stable » n'a qu'une forme unique pour l'animé, encore que βεϐαία soit attesté, surtout en poésie ; βίϐηλος n'a pas de féminin distinct, mais a pu subir l'action de son contraire ἄϐατος « d'accès interdit » ; même des adjectifs qui possèdent couramment une forme féminine, comme δίκαιος « juste » ou λίχνος « gourmand » attestent parfois la forme masculine au féminin (cf. Eur., *I. T.*, 1202 et *Hipp.*, 913).

§ 6. A la différence du masculin et du féminin, il y a entre l'*animé* et l'*inanimé* une opposition de forme : le n. μέθυ « vin » se distingue, par sa désinence zéro, de l'animé correspondant πέλεκυς « hache », dont la désinence est positive. Cette distinction formelle de l'animé et de l'inanimé porte sur un seul point, mais dont l'importance est capitale : l'inanimé possède un « cas indéterminé » qui peut remplir les fonctions de nominatif, d'accusatif et de vocatif. A vrai dire, la fonction la plus importante est celle du *nominatif*, qui pose l'existence de l'objet inanimé, et c'est la seule des trois dans laquelle l'inanimé soit toujours distinct de l'animé correspondant dans le système du nom ; à l'*accusatif*, il y a le plus souvent distinction entre l'animé et l'inanimé, parce que, lorsque le paysan pousse sa charrue (ὁ γεωργὸς ἄγει τὸ ἄροτρον), celle-ci n'est pas affectée de la même façon que quand il pousse son âne (τὸν ὄνον) ; mais on voit que, dans le type thématique, la distinction n'est maintenue que par l'article ; quant au *vocatif*, il a souvent la même forme que l'animé dans le type athématique (πόλι f. comme μέλι n.), et on n'a que rarement l'occasion de s'adresser à un objet inanimé. Sauf dans le type thématique, où la nasale « inorganique » du « cas indéterminé » δῶρον modifie la forme attendue *δῶρο et entraîne à l'accusatif une forme identique à celle de l'animé, l'inanimé est caractérisé *négativement*. Mais, *pour le reste de la flexion, l'inanimé ne se distingue en aucune façon de l'animé* : tout se passe comme si, en dehors du nominatif (de façon totale) et de l'accusatif (de façon partielle), la langue ne prêtait plus aucune importance au caractère animé ou inanimé de son objet. C'est la connaissance de l'usage et souvent aussi le contexte qui permettent de distinguer dans τοῦ καλοῦ le génitif de ὁ καλός « le beau (garçon) » du génitif de τὸ καλόν « le Beau ». D'où pratiquement cette règle qu'il faut bien s'assurer, pour employer, par exemple, un *adjectif substantivé* au neutre en dehors du « cas caractéristique » du neutre, qu'aucune confusion n'est possible avec l'animé de même forme.

Le *duel* ne distingue en rien, pas plus au cas direct qu'au cas oblique, l'objet inanimé de l'être animé. Au *pluriel*, la situation de l'inanimé est à la fois *semblable* à celle qui a été définie pour le singulier, et *différente* d'elle : semblable, puisque l'inanimé est également caractérisé par un cas unique, qui remplit les fonctions du nominatif, du vocatif et de l'accusatif, tandis que les cas obliques sont indistincts de l'animé ; différente, puisque le *collectif*, qui sert de pluriel au neutre, est, à la différence du singulier, une caractéristique *positive*, un véritable *suffixe* *alternant ā|*ə̄*, qui *s'ajoute* au thème dans le type athématique et se *substitue* à la voyelle constitutive *e|o* dans le type thématique. On conçoit fort bien (cf. ci-dessous § 23) que des objets conçus comme inanimés puissent être **évalués** dans leur *masse* par le *collectif*, tandis que des êtres doués d'*individualité* sont **comptés** au moyen du *pluriel*. D'ailleurs pratiquement quantité de noms neutres ont dû avoir d'abord un collectif en face de l'animé (cf. ci-dessous), comme ἄστρα en face de ἀστήρ, et il est certain que le singulier ἄστρον est d'origine plus récente.

§ 7. Dans l'ensemble des noms neutres, qui n'ont cessé de croître en nombre et en importance pendant tout le développement de la langue, il convient de distinguer deux grandes catégories :

1o Les neutres qui semblent reposer sur une conception *originellement inanimée* — conception sujette aux changements et qui peut se perpétuer alors que le sujet parlant n'a plus *aucun sentiment* de cette valeur primitive : le neutre est alors une *catégorie grammaticale*, un **signe** permettant le classement des noms ;

2o les neutres qui, *caractérisés par un suffixe secondaire y* $^e/_o$ (seul ou associé à d'autres éléments), constituent un vaste ensemble, comprenant aussi bien des êtres animés que des objets, qui sont **consciemment** versés dans la catégorie du neutre, parce qu'ils sont considérés sous un point de vue *affectif* qui les *réduit* et développe en même temps des valeurs *diminutives*. L'histoire de la langue nous apprend que la majeure partie d'entre eux était destinée à perdre ces deux valeurs associées : le grec moderne possède un grand nombre de noms fort importants en -ι, qui reposent sur d'anciennes formes en -ιον, mais n'ont rien d'affectif ni de diminutif ; le neutre y est purement « grammatical ».

§ 8. Pour la *première* catégorie de noms, il est presque toujours impossible, même en recourant à la comparaison avec d'autres langues indo-européennes, de se faire une idée, fût-elle grossière, des conceptions qui ont pu faire entrer un nom dans la catégorie de l'animé ou dans celle de l'inanimé : il est à présumer que, dans nombre de cas, une forme animée et une forme inanimée du même objet (d'ailleurs souvent tout à fait différentes) ont pu exister côte à côte : le *feu* pouvait être considéré comme un *élément*, pour ainsi dire l'*instrument* de la cuisson ou, au contraire comme une *puissance* destructrice (et divinisable) : ainsi le grec πῦρ (n.), soutenu par les témoignages concordants du hittite, du tokharien, de l'ombrien et de l'irlandais, en face de l'animé représenté par lat. *ignis*, véd. *Agniḥ* et les formes balto-slaves apparentées. On a le droit de penser que si, de fait, la Lune n'est jamais de genre inanimé, la chose tient à ses croissances et à ses décroissances régulières qui la font assimiler à un être vivant ; mais que penser du nom du Soleil qui, sur le même thème primitif donne en grec l'animé ἥλιος (ἠέλιος), comparable à lat. *sōl* ; en germanique,

une forme neutre et une forme féminine ; en baltique, une forme féminine ; en avestique et en slave, rien qu'une forme neutre, tandis que
le vieil-indien connaît à la fois n. *súvar* et m. *sūryaḥ* ? Pour des
noms exprimant une *matière,* comme ceux des *minerais,* on s'attendrait, pourrait-on croire, à voir partout employé l'inanimé ; or le grec
répond par le m. ἄργυρος « argent » au n. du lat. *argentum* — même quand
il y a eu emprunt de la seconde langue à la première : gr. κασσίτερος
« étain » est devenu en latin *cassiterum.* Dans le cours même d'une
langue comme le grec, on constate à des signes certains que des noms
ont changé de genre pour des raisons que nous ne faisons qu'entrevoir :
si θέμις « loi » est un ancien neutre en *-ις comme le prouvent la forme
même du composé θεμισκρέων et l'expression θέμις εἶναι passé à
l'animé féminin, ce peut être parce que Θέμις divinisé, de bonne
heure associé à Γῆ (cf. Esch., *Prom.,* v. 209), a été représenté sous forme
féminine. Mais au contraire, le *changement de genre* de ἦμαρ (n.) à
ἡμέρα (f.) est lié au *changement de la forme* du nom : pour éliminer le
vieux neutre à alternance *r/n, la langue devait, de même qu'elle
modifie le vocalisme de πίειρα « grasse » en face de πῖαρ « graisse » ou
de ὄνειρος « rêve » en face de ὄναρ, opter soit vers l'animé en *ā, soit
vers le type, en *e/o : ἦμαρ ne pouvait passer qu'à *ἤμερος comme
ὄνειρος ou qu'à ἡμέρα, comme δέλευρα « appât » au départ de δέλεαρ ;
si la langue avait tenu à l'expression du neutre, elle aurait pu également avoir l'inanimé *ἤμερον comme ἄλευρον « farine » à côté de
ἄληαρ ; mais rien ne subsistant sans doute dans l'esprit du sujet parlant
d'une conception « inanimée » du jour, ἡμέρα a pu être désormais versé
dans la catégorie de l'animé féminin.

§ 9. 2) L'histoire des formations dites « diminutives » en -ιον, que
l'on peut suivre au cours du développement de la langue, est particulièrement instructive. Les Anciens eux-mêmes avaient remarqué que
le suffixe en -ιον ne présente jamais dans l'épopée une valeur « diminutive » : la pierre lancée par Diomède (E 302) « que deux hommes
comme ceux d'aujourd'hui ne pourraient point porter » est appelée
χερμάδιον, alors qu'ailleurs χερμάς est employé pour désigner une
simple pierre de fronde. Il semble que la valeur propre de -ιον est
« quelque chose comme » (cf. Chantraine, *Formation,* pp. 60 sqq) :
appliqué à des personnes, ce suffixe leur faisait subir une sorte de
dégradation de caractère affectif qui les faisait passer de l'animé à
l'inanimé : il y a là un procédé qui s'apparente, pour la sensibilité,
aux injures amicales, signe d'intimité, ou à des expressions telles que
« chère petite chose », appliquées à une personne aimée. Cette dégradation dans la qualité de l'être s'accompagne naturellement d'une
diminution en grandeur, également affective, de la *personne* que l'on
entoure de son affection, ou de l'*objet* auquel on tient comme à une
personne. C'est ainsi qu'on arrive à la valeur « diminutive » qui, malgré
l'importance effective qu'elle devait prendre, n'est pas essentielle au

suffixe en -ιον : le véritable « diminutif », c'est le suffixe en -σκος /η, *toujours animé*, comme βασιλίσκος « petit roi » ou κορίσκη « fillette », qui a pu, à la faveur de ses échanges avec -ιον, prendre secondairement des sens « affectifs ». La langue a tiré du suffixe en -ιον un tel parti, dans les sens les plus variés, qu'il a fini par perdre sa force originelle : la dépréciation qu'il exprime pouvait être sérieusement ressentie, comme ἀνθρώπιον « homme de rien », ou provenir d'une tendre connivence comme θυγάτριον « chère petite fille », ou même exprimer la complicité du gourmet avec son mets préféré, comme ἡπάτιον « bon petit morceau de foie », pour prendre quelques exemples entre mille. Dans le grec d'aujourd'hui, il existe un nombre considérable de noms qui reposent formellement sur le suffixe en -ιον, mais dans lesquels ni le genre, ni le suffixe n'ont plus de significations propres : αὐτί, qui repose sur ὠτίον « oreille » dérivé de οὖς, ὠτός n'a pas plus de valeur diminutive ou hypocoristique que *oreille* < *auricula* ou *soleil* < *sōliculus* ; le masculin πούς est passé au neutre πόδι, le féminin χείρ est passé à χέρι sans qu'il y ait autre chose qu'un changement de catégorie. Seuls peut-être les suffixes complexes en -άκι et en -ούδι continuent, dans une certaine mesure, le suffixe en -ιον au point de vue de la valeur : ainsi παιδάκι « petit (ou cher) enfant », μαχαιράκι « bon petit couteau », ἀγγελούδι « petit ange ». En réalité, la langue d'aujourd'hui, dans laquelle pullulent les diminutifs, *suit en général le genre du mot qu'il affecte*, et le suffixe -ι(ον) n'y est plus qu'un signe formel : ainsi βαρκούλα « petite barque » est formé sur βάρκα (f.), comme ἀντρούλης « petit mari » l'est sur ἄντρας (m.), ou δενδράκι « arbuste » sur δέντρο. Le système des diminutifs-hypocoristiques, qui s'est entièrement renouvelé [1] dans la langue d'aujourd'hui, a beaucoup plus de traits communs avec le « diminutif » ancien en -ίσκος qu'avec l'hypocoristique systématiquement inanimé en -ιον.

II. Les nombres.

§ 10. Une seule catégorie est commune au système du verbe et au système du nom que, par ailleurs, tout oppose dans les langues indo-européennes : le nombre. On sait que le grec, du moins dans plusieurs dialectes, a longtemps conservé, à côté du *singulier* et du *pluriel*, le *duel*, qui apparaît comme une survivance de ces « nombres concrets » qui, dans les langues « primitives », font la transition entre le singulier et le pluriel. Mais, malgré l'identité des termes, le singulier et le pluriel en grec sont différents des nôtres, parce qu'ils ne sont pas dans le même rapport et parce que la notion de *collectif* intervient de façon importante.

1. Non seulement par des emprunts à des langues étrangères (κορίτσι, avec suffixe emprunté au slave), mais aussi par la constitution d'« *augmentatifs* » qui leur sont opposés, comme ποδάρα « grand pied » en face de πόδι.

A. Le Duel.

§ 11. Opposer un à plusieurs suppose des capacités de pensée abstraite assez développées. C'est un fait constamment observé que le *duel* disparaît à mesure qu'une société se développe intellectuellement : encore employé par les nomades du Sud-Algérien, il a disparu des parlers arabes des sédentaires de Tlemcen et ce n'est pas un hasard si, dans les langues slaves, il ne s'est conservé que dans une langue de paysans, le slovène. En grec, le duel a connu une histoire complexe dont on peut suivre les lignes principales, dans les dialectes comme dans la littérature, en se reportant à l'ouvrage de A. Cuny (*Le nombre duel en grec*, Paris, 1906). Celle-ci peut être résumée de la façon suivante. L'ionien, qui a été parlé dans des cités commerçantes ouvertes sur l'extérieur, n'atteste aucun emploi du duel (Hérodote aussi bien que les inscriptions). L'arcadien — continental et conservateur — s'oppose sur ce point au cypriote insulaire ; des dialectes ruraux comme le thessalien et le béotien maintiennent, en éolien, ce nombre que les parlers littéraires d'Asie Mineure ont perdu : on sait avec quelle incohérence les aèdes éolo-ioniens d'Asie Mineure ont, dans les poèmes homériques, employé le duel. Il se trouve, par l'effet d'une chance imprévue, que le dialecte qui, avec l'ionien, a le plus contribué au développement de la pensée grecque, a longtemps maintenu le duel : or l'histoire du duel en attique est liée à l'évolution politique de la Cité ; le duel qui s'était maintenu vivace quand la démocratie était dirigée par des aristocrates, disparaît en quelques années lorsque de nouvelles « couches sociales » arrivent au pouvoir.

§ 12. On a opposé duel « naturel » et duel « occasionnel » (Delbrück, *Grundriss*, III, 133-146). Dans le premier cas, le duel se fonde sur la *nature des choses* et s'applique, pour ainsi dire d'emblée, à des objets qui vont par **paires** : dans le second cas, au contraire, il se rapporte à des *objets dont on nous a déjà dit qu'ils étaient au nombre de deux* et pourrait être appelé **anaphorique** : c'est le duel comme catégorie vivante. Or, en réalité la ligne de démarcation entre le duel « naturel » et le pluriel est des plus flottantes, *voire dans un même auteur*. Ainsi Aristophane emploie constamment le duel pour les pieds, les mains, les yeux : mais pourquoi use-t-il toujours du pluriel pour désigner les seins, les sourcils, les narines ? Comment, si la différence entre les deux emplois était profondément sentie, le même auteur pouvait-il écrire, *dans deux vers qui se suivent* (*Ois.* 573-574) πέτεται θεὸς ὢν πτέρυγάς τε φορεῖ… et αὐτίκα Νίκη πέτεται πτερύγοιν χρυσαῖν ? Il semble qu'il ait été *possible*, au temps de Platon et d'Aristophane, d'employer le duel pour désigner des objets qui vont par paires ; mais la tendance la plus courante, représentée par Platon, favorisait nettement le pluriel, ainsi qu'il ressort de la statistique établie par M. Cuny sur les

13 dialogues platoniciens qu'il a étudiés : le rapport du duel au pluriel est le suivant pour les mains, les pieds et les yeux : 2/3, 0/13, 0/14. Par ailleurs l'extension de ce nombre archaïque, si peu employé par Eschyle à ses débuts, rare encore chez Sophocle, laisse quelques doutes concernant la solidité d'un emploi qui devait rapidement connaître la décadence.

§ 13. C'est d'après une sorte de moyenne entre les emplois du duel chez Platon et chez Aristophane qu'on peut se faire une idée de ce que représentait ce nombre dans l'usage de la langue parlée de la bonne société en Attique, entre 450 et 380 av. J.-C. : encore qu'appliqué avec beaucoup de cohérence, le duel n'en paraît pas moins profondément pénétré par le pluriel, en particulier avec le nombre « deux ». Chez Platon, il y a beaucoup plus d'exemples du cas « direct » δύο avec le pluriel qu'avec le duel ; quant à δυοῖν, cas « oblique », qui est *constamment* accompagné d'un nom au duel chez Aristophane, il peut être, dans l'œuvre de Platon, suivi d'un pluriel, tandis que, par ailleurs, la forme δυοῖν évolue vers le type δυεῖν. On a l'impression que les nombreuses divergences entre les deux auteurs relèvent du *style* plutôt que de la *langue* : le duel fournit des possibilités d'expression dont le philosophe tire un tout autre parti que le comique. De fait, malgré un conservatisme inhérent à ce genre de documents, les inscriptions, *à partir du premier quart du IVe siècle*, attestent un déclin rapide du duel, qui apparaît d'abord morphologiquement : on évite, à partir de 367, les duels des thèmes en *i et en *u ; aux environs de 342, les duels en -ω et en -ᾱ disparaissent de l'usage, suivis rapidement des duels en -ε. Si les formes obliques semblent avoir un peu mieux résisté, c'est sans doute parce qu'elles étaient soutenues par δυοῖν (δυεῖν) qui, entraîné à son tour, passera à δυσί. Des formules rituelles, comme τὼ θεώ à Éleusis, se maintiendront plus longtemps, du moins en apparence : mais une graphie comme τὼ θεώ (entre 200 et 180) indique assez qu'on ne *sent* plus ce que c'est que le duel, même si on prétend en faire usage. Aux environs du Ier siècle de notre ère, les Atticistes voudront rendre à ce nombre une seconde vie, dont tout dénonce le caractère livresque et artificiel : Athénée emploiera (III 98 a) la 1re personne du duel — dont on ne connaît en tout que *trois* exemples d'Homère à Sophocle — sans craindre d'y recourir *deux fois de suite* (πρότερον συντριβησόμεθον, ἔπειτ' ἀπολούμεθον), tandis que des marchands syriens, avec un désir touchant de bien écrire, dateront une lettre (174 de notre ère) d'une façon absurde, mais bien significative : Γάλλω καὶ Φλάκκω Κορνηλιανῶ ὑπάτοιν « les deux Gallus et Flaccus Cornelianus étant consuls ».

B. Pluriel, singulier et collectif.

§ 14. « Partant de notre sentiment linguistique et de notre mode de penser, nous sommes facilement enclins à considérer qu'en soi le singulier constitue la signification normale d'un nom, tandis que la

tournure du pluriel est quelque chose *qu'on ajoute*. Cette conception
nous est suggérée par la morphologie des langues romanes et germaniques, où le pluriel représente formellement un *plus* par rapport au
singulier. Mais, en elle-même, l'idée qu'exprime le substantif est indifférente à la distinction du nombre. » Il convient d'avoir dans l'esprit ces
fines remarques de Wackernagel (*Vorles.*, I, p. 84) : elles soulignent à
quel point le pluriel grec diffère du nôtre. Dépouillé des caractéristiques de la flexion, un nom ne montre pas plus d'affinité pour le singulier que pour le pluriel : quand on emploie un composé dont le premier
terme est παιδο-, rien n'indique s'il s'agit de *plusieurs enfants* (comme
παιδολέτωρ dans Eur. *Méd.* 1393) ou *d'un seul* (comme παιδολυμάς
dans Esch. *Choeph.* 605). Autrement dit, le singulier n'occupe pas, dans
la catégorie du nombre, une place plus importante que le nominatif
dans le système de la flexion : tout négatif, il est *l'absence* de nombre,
comme le nominatif exprime que le nom n'est pas impliqué dans la
phrase.

§ 15. En grec les emplois de pluriel sont parfois malaisés à définir
parce que le pluriel est intimement lié au *collectif* et que cette dernière
catégorie relève *à la fois* du pluriel et du singulier. C'est donc de la
notion de *pluralité* qu'il faut partir pour voir dans quelle mesure le
pluriel l'exprime, ou le *collectif*, ou le *singulier* à valeur collective : le
singulier, pour autant qu'il se rapporte à un objet unique, non complexe, est purement négatif en face du pluriel et n'appelle pas de
remarques particulières. Il y a lieu de considérer que la notion de
pluralité peut s'appliquer :

1° à *des objets* dénombrables : le nombre employé est le *pluriel* ;

2° à *un objet* unique, mais dont la *structure* est complexe : le nombre
employé est le *pluriel* ;

3° à *des objets que l'on ne cherche pas à dénombrer* : on peut avoir
aussi bien le *singulier* que le *pluriel*, suivant que l'on considère la
masse unique qu'ils constituent ou leur multiplicité implicite. Dans
le premier cas, le *collectif*, qui s'exprime en grec par le « pluriel neutre »
en *a*, joue un rôle important.

1. OBJETS DÉNOMBRABLES.

§ 16. Le pluriel, qui exprime des objets que l'on peut compter,
n'implique pas nécessairement que ces objets soient *de même nature* :
si κύνες et Πέρσαι se rapportent à des séries d'hommes ou d'animaux
constitués par l'addition de singuliers homogènes, le pronom ἡμεῖς
« nous » ne représente pas une collection de « moi », mais « moi et toi »
ou « moi et vous ». Si l'emploi du pluriel n'appelle aucune remarque
quand il s'agit des groupements de *races*, de *tribus*, de *phratries* ou de
dèmes (Ἕλληνες, Ὑλλεῖς, Ἀχαρνεῖς) puisque les hommes qui en font

partie sont caractérisés par une qualité commune — celle d'appartenir au groupe —, il n'en est pas de même quand on se sert d'un *nom propre de personne* pour désigner, soit les *membres d'un même clan* soit *des gens comparables à un homme représentatif* : on songe au type latin *Fabiī* « les membres de la *gens* Fabia » ou *Marōnēs* « les Virgile ». Le grec, à la différence du latin, ignore l'usage de ce pluriel : il use, comme on le sait, de *suffixes de filiation*, en particulier du suffixe -ίδης, et ne dit pas *᾿Αλκμαιῶνες, mais ᾿Αλκμαιωνίδαι : il semble même répugner à cette tournure, à telles enseignes que, lorsque la « grande famille » de type balkanique s'est constituée en Grèce, il a recouru à un autre suffixe qui apparaît, par exemple, dans Μποτσαραῖοι « les gens de Botzaris ». Par ailleurs, il est curieux de constater que l'on ne dit pas couramment *᾿Αχιλλεῖς « des Achille » avec le sens de : « des hommes comparables à Achille »; pourtant le tour apparaît dans Xén. *An.*, 3, 2, 31 μυρίους ὄψονται ἀνθ᾿ ἑνὸς Κλεάρχους « ils verront devant eux des milliers de Cléarque, au lieu d'un seul ». Ce n'est guère que dans la Κοινή, peut-être sous des influences latines, qu'on rencontre fréquemment des expressions telles que Κικέρωνες « des Cicéron » (Plut. *Crass.* 14), ou Πηλεῖς « des Pélée » (Plut. *Fort. Rom.* 9), ou ᾿Αρίστωνες « des Ariston » (Luc. *Lex.* 1). En attique, quand un nom propre de personne est employé au pluriel, c'est moins pour la *comparaison* qu'il comporte (des hommes comme...) que pour *mettre en relief l'individualité d'une personne* : ainsi, dans Plat. *Banq.* 218 A ὁρῶν αὖ Φαίδρους, ᾿Αγάθωνας « voyant des Phèdre, des Agathon... », on pourrait traduire « voyant des gens qui s'appellent Phèdre, Agathon... ». Le pluriel en question se rapporte ici *uniquement* aux individus qui portent le même nom, mais n'introduit pas *une série indéterminée de personnes dont ils constitueraient le type*. Il est presque superflu de souligner la signification *expressive* de ce pluriel, qui est généralement *laudatif*.

§ 17. Le pluriel indique souvent, en face d'un *singulier à sens collectif, le dénombrement des éléments constitutifs de cet ensemble*, ou les *formes concrètes* que prend une *matière abstraite*. Par exemple κέραμος signifie « *toit* de tuiles », c'est-à-dire un *collectif dont on ne cherche pas à dénombrer les éléments* (= les tuiles), ou bien « argile », c'est-à-dire une *matière* : κέραμοι désigne les *tuiles* d'un toit, ou bien des *vases* d'argile ; dans la langue homérique, λαός exprime la multiplicité non dénombrée que comporte un *peuple* (ou une *armée*), λαοί les *hommes*, les *guerriers*, qui constituent cette armée. Le pluriel possède donc une valeur *concrétisante*, si l'on peut dire, déjà sensible dans κέραμοι « tuiles », plus accentuée dans κέραμοι « vases d'argile ». Aussi ne sera-t-on pas étonné de voir la langue employer constamment, même jusqu'à l'abus, le pluriel de noms *abstraits* pour rendre les aspects *concrets* sous lesquels apparaissent dans la réalité ces abstraits : à côté du terme général (et abstrait) μανία « folie », le pluriel μανίαι signifie « *manifestations* (particulières et concrètes) de folie », de même que φόβοι indique des

« *menaces* terrifiantes » en face de φόβος « terreur ». Si le grec a beaucoup recouru à ce procédé (qui a contribué par ailleurs à faire passer tant de noms abstraits au concret), c'est pour sa valeur *expressive* : un mot *abstrait*, pris sous ses aspects *concrets*, renouvelle l'expression directe du concret. On trouverait facilement une application éclatante de cette loi générale de l'expression dans l'écriture « artiste » des Goncourt, qui ont usé jusqu'à l'artifice de ce procédé ; il suffit de citer en grec ce passage de Démosthène, qui répond aux mêmes tendances (18, 246) : καὶ ἔτι τὰς ἑκασταχοῦ βραδυτῆτας, ὄκνους, ἀγνοίας, φιλονεικίας... ταῦθ' ὡς εἰς ἐλάχιστα συστεῖλαι « et ces lenteurs en toute occasion, ces hésitations, ces incompréhensions, ces rivalités..., il faut les réduire le plus possible ».

2. OBJETS UNIQUES DE STRUCTURE COMPLEXE.

§ 18. Il ne s'agit que d'un nombre assez restreint de noms qui ne s'expriment qu'au *pluriel* (*pluralia tantum*), parce que l'objet est constitué d'éléments *complexes*. Quelques-uns d'entre eux indiquent un ensemble d'éléments si peu différenciés qu'il est impossible d'exprimer, en se servant d'eux, la *pluralité* de l'objet : par exemple, les mots grecs qui signifient « les entrailles » ἔγκατα, σπλάγχνα, ἔνδινα, ἔντερα, sont aussi rebelles à l'expression du singulier qu'au dénombrement ; on ne peut pas plus dire *ἔντερον ou *τρία ἔντερα que *viscus ou *trina viscera en latin, ou « *une entraille » ou « *trois entrailles » en français ; même en dehors de ces collectifs neutres, l'animé χολάδες « tripes », est resté un *plurale tantum*, tandis que χόλιξ « boyau », de formation différente, est susceptible d'être dénombré et exprimé au pluriel. Cependant le grec ne s'est pas montré très conservateur ; en face du complexe, sans doute de date indo-européenne, *tenebrae* (cf. skr. *támis-rāh*), le grec ne connaît que σκότος animé et σκότος inanimé (ce dernier issu peut-être d'un collectif σκότεα) ; il a, bien plus largement que le latin, donné des singuliers à nombre de *pluralia tantum* : tandis que *artus* « membres » n'a jamais donné lieu en latin à un singulier, on voit, à partir de Strabon, le pluriel complexe μέλεα > μέλη entraîner la création de μέλος ; le fait est d'ailleurs fort ancien dans la langue, puisque déjà Archiloque crée sur le pluriel complexe homérique ἔντεα « armes » le singulier ἔντος. Le caractère, sinon récent, du moins secondaire, de ces nouveaux singuliers se manifeste par des incohérences : tandis que, à partir des Tragiques, le pluriel complexe de la constellation des Pléiades donne lieu à un singulier Πλειάς, on n'a jamais éprouvé, à propos de la constellation, moins remarquable, des Hyades, le besoin de créer un singulier *Ὑάς.

Il arrive en grec, mais moins souvent qu'en latin, que le singulier crée postérieurement développe des sens différents du pluriel com-plexe : ainsi τεύχεα signifie « armure », mais τεῦχος « ustensile, réci-pient » ; χολάδες « tripes », mais χολάς « fosse iliaque », comme *castrum*,

« ouvrage fortifié » en face de *castra* « camp ». On remarquera que, si un grand nombre de ces *pluralia tantum* sont attestés au *neutre*, il n'y en a pas moins quelques-uns qui appartiennent au *genre animé* (χολάδες/ χολάς) : il ne faudrait pas considérer ces neutres comme des *collectifs*, du type μῆρα « cuisse (des victimes) » /μηρός « cuisse (au sens anatomique du terme) » : ces objets ou ces organes, qui doivent leur pluriel à leur complexité interne, se trouvent *par ailleurs* être inanimés (d'où le neutre): mais *castra* n'est pas plus un collectif, encore que neutre, en face de *castrum*, que l'animé *litterae* en face de *littera*.

3. OBJETS QUE L'ON NE CHERCHE PAS A DÉNOMBRER.

§ 19. Il arrive souvent qu'on perçoive la pluralité d'objets qu'on ne se soucie pas de dénombrer. Quand nous disons « *Chacun* de mes amis *est venu* » ou « *Tous* mes amis *sont venus,* » nous exprimons, par le *pluriel* ou par le *singulier*, une pluralité qu'il n'y a pas pour nous intérêt à chiffrer ; nous pourrions employer un tour *collectif* en disant : « *Tout mon monde est venu.* » Comme le grec dispose d'un collectif sous la forme du « *pluriel neutre* », il pourra, dans le cas qui nous occupe, exprimer la *pluralité* (*pluriel animé* et, partiellement, *pluriel inanimé*), *l'unité distributive* (*singulier*), *l'unité globale* (*collectif* exprimé par le *pluriel neutre*) ; d'où les trois types de phrases : πάντες οἱ φίλοι ἦλθον, ἕκαστος τῶν φίλων ἦλθε, τὰ φίλα πάντα ἦλθε).

S'il est inutile d'insister sur l'équivalence logique de πάντες οἱ φίλοι ἦλθον et de ἕκαστος τῶν φίλων ἦλθε, il est malaisé de justifier un emploi de *singulier* — non distributif, mais voisin d'un pluriel et d'un collectif à la fois — qui est en usage pour certains noms de *peuples* : Hérodote use constamment de ὁ Μῆδος pour indiquer les Mèdes en général. Wackernagel a fait justement remarquer que ce tour, qui n'apparaît pas avant Hérodote, semble avoir été d'abord appliqué à des « Barbares » : il voit dans Μῆδος un *singulier* authentique désignant le Mède par excellence, le Roi — comme on disait jadis : le Grand Turc pour désigner le chef de l'empire ottoman. Je me demande s'il ne faut pas aller chercher ailleurs la justification de ce singulier. On sait que le Grec oppose avec vigueur les Hellènes, ensemble de cités indépendantes peuplées d'hommes *libres*, à la masse peu différenciée des Barbares — ceux dont on n'entend point la langue (Βάρβαροι). Il semble qu'une sorte de *raison sociale collective* puisse désigner cet amas de populations au langage inintelligible.

§ 20. Un certain nombre d'emplois relevant de la pluralité non dénombrée s'appliquant à un objet *unique* sont attestés au *pluriel*. Ils ne sont jamais nécessaires à l'expression de la pensée et d'ailleurs les auteurs anciens passent avec une agilité qui nous semble parfois déconcertante du singulier au pluriel. Ils portent des noms divers,

selon la *signification* qu'ils semblent comporter ou le *ton* de l'œuvre
à laquelle ils appartiennent ; on les appelle pluriels « poétiques », de
« majesté », d'« auteur » ; en réalité ils visent, dans des conditions assez
différentes, à donner plus *d'importance* à une personne ou à une chose,
pour ainsi dire *en la comptant pour plusieurs* — conception assez naïve
qui rappelle ces représentations figurées dans lesquelles le roi vainqueur
apparaît comme deux ou trois fois plus grand que les soldats de
l'ennemi vaincu : ce sont, sous une forme ou sous une autre, des
emphatiques.

§ 21*. Une sorte de pluriel emphatique peut être appelé **poétique**
parce que les poètes, à commencer par Homère, en font un large
emploi, dont les théoriciens anciens (Aristote *Rhét.* 1407 B 32) avaient
déjà signalé le caractère et l'importance : Aristote dit expressément :
τὸ ἓν πολλὰ ποιεῖν, ὅπερ οἱ ποιηταὶ ποιοῦσιν « multiplier un objet
singulier, ce que font les poètes », et attribue ce procédé au désir de
donner plus de poids à l'expression (ὄγκος λέξεως). De fait, σκῆπτρα,
au lieu de σκῆπτρον, plus concret, donne au sceptre, symbole de la
puissance royale, quelque chose de plus vaste et de plus majestueux ;
de même un serviteur, parlant de la maison noble à laquelle il est
attaché, emploiera le plus souvent le pluriel de δόμος ; l'effet produit
est assez comparable à notre artifice typographique qui consisterait
à grandir, d'une autre façon, cette maison en se servant d'une majus-
cule : ainsi dans Eschyle *Eum.* 185 οὗτοι δόμοισι τοῖσδε χρίμπτεσθαι
πρέπει « il ne convient pas de toucher à cette Maison ». Il faut d'ailleurs
être fort prudent dans l'interprétation de ces pluriels qui, ne différant
du singulier que par une nuance de *ton*, offrent aux poètes, surtout
dans l'épopée homérique, de commodes équivalents pour la versifica-
tion. Chaque pluriel poétique doit être considéré pour lui-même et
seule l'ambiance du contexte peut permettre de décider s'il est inten-
tionnel (et emphatique) ou s'il n'est qu'un procédé purement verbal.

§ 22. Le pluriel « poétique » ne concerne que les *noms* ; le pluriel de
« majesté », ou d'« auteur » — on peut même parler, à basse époque,
d'un pluriel de « politesse » — se rapporte aux *pronoms personnels* ou
aux *adjectifs possessifs de la* 1ʳᵉ *et de la* 2ᵉ *personne* : plus exactement,
il faudrait dire que le *pronom personnel et l'adjectif possessif de la*
1ʳᵉ *personne* ont valeur emphatique, mais seulement *l'adjectif possessif
de la* 2ᵉ *personne* : sans en systématiser l'usage, le grec a, peut-on dire,
connu l'emploi de « votre » au lieu de « ton », sans aller jusqu'à substituer
« vous » à « tu », comme le français ou l'anglais. Dans l'ivresse de sa
victoire, Achille emploie le *pluriel* et dit (X 393) ἠράμεθα μέγα κῦδος·
ἐπέφνομεν Ἕκτορα δῖον « Nous avons remporté une grande victoire :
nous avons tué le divin Hector » : on n'a pas lieu de supposer qu'il
associe ses compagnons d'armes à cette victoire toute personnelle qu'il

clame bien haut. Ailleurs, c'est avec une *nuance indéfinissable de fierté et d'émotion* qu'il appelle Patrocle ἡμέτερος θεράπων « celui qui est mon servant » (Π 244). Le pluriel de **majesté** est naturel dans la bouche d'un prince qui parle de lui-même ou de sa dynastie : dans une lettre que Thucydide prête à Xerxès (1, 129), le Grand Roi est censé dire ἡμέτερος οἶκος « notre Maison ». Cet usage, constamment suivi par les monarchies hellénistiques issues de l'empire d'Alexandre, a été transmis par Rome aux chancelleries modernes. Quant au pluriel qu'un *auteur* emploie en parlant de lui-même, il n'a, semble-t-il, rien à voir avec une *vraie* (ou *feinte*) *modestie* : ce n'est peut-être pas un hasard si le premier poète qui, dans la littérature grecque, ait affirmé fortement sa personnalité, Hésiode, a dit au début de sa *Théogonie* : Μουσάων Ἑλικωνιάδων ἀρχώμεθ' ἀείδειν « *Moi, je* commence par chanter... » L'emploi de ὑμέτερος, avec une *politesse déférente*, est moins largement répandu : cependant, dès les *Hymnes homériques*, quand le jeune Hermès commence à redouter les représailles d'Apollon après le vol du troupeau, il dit humblement, par deux fois, ὑμετέρας βόας « ces vaches *qui sont les tiennes* » (vv. 276 et 310).

Remarque. — On relève, chez Pindare et surtout dans la tragédie attique, l'usage d'un *pluriel masculin* alors qu'*un seul* personnage *féminin* est en cause : ainsi, dans la *Médée* d'Euripide, l'héroïne de la pièce dit à Égée (v. 696) : ἄτιμοι δ'ἐσμὲν οἱ πρὸ τοῦ φίλοι « il nous méprise, nous qui naguère lui étions chère ». D'après Wackernagel (*Vorl.*, p. 99), cet emploi s'expliquerait par le fait que, primitivement, le personnage, parlant au nom des siens aussi bien qu'en son nom propre, aurait employé le pluriel : d'où des formes stéréotypées qui auraient pu être automatiquement appliquées, non seulement à *un seul homme*, mais encore à *une seule femme*. Peut-être faudrait-il ailleurs en chercher l'explication. Il est possible que nous ayons là une association d'un pluriel emphatique et du genre masculin, qui pouvait donner plus de portée générale à la réflexion prêtée à une femme. De plus, la fréquence du procédé dans la tragédie n'est peut-être pas sans rapport avec le fait bien connu que les rôles de femmes étaient tenus par des hommes.

§ 23. Primitivement, le neutre ne comprenait, en indo-européen, qu'une seule forme, le « cas indéterminé », indifférent à la flexion et au nombre ; de cet état de choses, qui remonte à l'indo-européen le plus ancien, il subsiste quelques traces chez Homère, dans quelques expressions stéréotypées telles que νύκτας τε καὶ ἦμαρ « pendant les nuits et les jours ». Cependant, dans l'indo-européen plus récent, on voit le neutre (cf. § 6) se constituer une flexion et tirer un pluriel du suffixe de *collectif* *ā /ə, du moins pour les trois cas caractéristiques : ainsi a-t-on δῶρα en face de δῶρον « don ». Ces objets, en principe inanimés, pouvaient être considérés *collectivement* comme un ensemble non dénombré : c'est la fameuse règle classique, valable du moins pour le dialecte attique : τὰ ζῷα τρέχει « les animaux courent » ou plus exactement : « l'ensemble du règne animal court » ; mais on pouvait être sensible à cette multiplicité réelle, d'autant que fréquemment le neutre, *inanimé* du point de vue *grammatical*, représente *logiquement* des *animés*. Même en attique, malgré la rigueur de la règle, il reste quelques possibilités, très rares il est vrai, d'employer le pluriel du verbe au lieu du singulier. Ainsi *l'accord selon le sens* (κατὰ σύνεσιν) l'emporte parfois sur l'accord selon la grammaire (cf. § 123) : Thucydide (4, 88) écrit : τὰ τέλη τῶν Λακεδαιμονίων... Βρασίδαν ἐξέπεμψαν « les autorités lacédémoniennes... envoyèrent Brasidas », parce qu'il pense que ces autorités ne sont autres que les magistrats de Sparte ; de même une *quantité dénombrée* peut s'exprimer au pluriel par exemple dans Thucydide : ἐγένοντο ἐξ αὐτοῦ εἴκοσι καὶ ἑκατὸν τάλαντα « on en retira 120 talents ». Il était fatal que cette particularité attique ne fût pas conservée dans la Κοινή. Ce n'est pas un hasard si, déjà dans Xénophon (*Hell.*, 1, 1, 23), on peut lire : εἰς Λακεδαίμονα γράμματα πεμφθέντα ἑάλωσαν « des lettres envoyées à Lacédémone furent interceptées », alors qu'aucun accord κατὰ σύνεσιν ne justifie le pluriel. En grec moderne, on dit aussi bien τὰ παιδιὰ τρέχουν(ε) « les enfants courent » que οἱ γυναῖκες λαλοῦν(ε) que « les femmes parlent »

Remarque. — L'opposition de la pluralité dénombrée et de la pluralité collective se manifeste par de *doubles formes de pluriel.* — l'une animée, l'autre inanimée — qui ont des sens différents. Par exemple, l'animé μηρός « cuisse » (cf. § 18) possède un pluriel μηροί et un collectif μῆρα : le collectif s'applique aux cuisses des victimes, tandis que le pluriel est employé quand il s'agit de la partie haute de la jambe, De même κέλευθος « chemin » atteste à la fois le collectif κέλευθα et le pluriel κέλευθοι· : quand Homère parle de ce réseau de routes indiscernables que constitue la mer, il n'emploie jamais que le collectif : ὑγρὰ κέλευθα ; au contraire, l'animé seul est en usage quand il évoque le cours déterminé du jour ou de la nuit : κ 86 ἐγγὺς γὰρ νυκτός τε καὶ ἤματός εἰσι κέλευθοι « les chemins de la nuit et du jour se suivent de près ». Parfois le collectif seul existe, parce que la notion contenue dans le nom exclut toute considération de pluralité dénombrée : on comprend que δρυμός « bois de charpente » ne puisse avoir d'autre « pluriel » que le collectif δρυμά ; souvent une *importante différence* de sens se développe entre le singulier et le collectif (le pluriel n'étant pas attesté) : ainsi, tandis que le collectif σῖτα signifie: « alimentation, ravitaillement », σῖτος veut dire uniquement : « blé, froment. »

CHAPITRE II

LES ÉLÉMENTS DÉMONSTRATIFS

§ 24. Les éléments démonstratifs semblent avoir été nombreux en indo-européen. Ils étaient bâtis, en principe, sur deux types différents, suivant qu'ils étaient *proprement démonstratifs* ou seulement *anaphoriques* [1]. Les premiers, accentués, appartenant à la déclinaison thématique et, de ce fait, pourvus d'une *flexion complète*, désignaient un objet de façon vigoureuse et *précise* ; les seconds, atones, se rattachant à des thèmes en **i*, ne possédaient originellement qu'un seul cas (qui ressemble à un *accusatif*) et renvoyaient *de façon vague à un objet supposé connu*, sans distinguer rigoureusement le *genre* ni le *nombre*. Or, en grec comme dans d'autres langues, ces anaphoriques ne sont que les débris d'un système ruiné : mais la langue a employé, *en fonction d'anaphoriques*, des pronoms dont la structure morphologique et la signification n'avaient rien à voir avec les anciens anaphoriques. Ainsi Homère utilise le *réfléchi atone* en guise d'anaphorique, dans δ 355 Φάρον δέ ἑ κικλήσκουσιν, qui renvoie à νῆσος déjà défini ; ainsi l'attique use du *pronom démonstratif d'identité* αὐτός dans ἔπαισεν αὐτόν, qui est *atone* malgré l'apparence : le témoignage d'Apollonius Dyscole, qui enseignait l'accentuation ἔπαισέν αὐτον est confirmé par l'usage du grec moderne, qui fait de τον un proclitique ou un enclitique — en tout cas un *atone* — (τὸν χτύπησε « il l'a frappé » et χτύπησέ τον « frappe-le ! »).

I. **Anaphoriques.**

§ 25. A l'exception de τις indéfini (qui a d'ailleurs été pourvu dès l'indo-européen d'une flexion complète), les anaphoriques de structure ne sont plus que des *survivances* attestées seulement dans *l'épopée* (ou chez Hérodote) ou, d'une façon générale, dans la langue de la poésie. Indifférents au *genre*, souvent au *nombre*, ils peuvent équivaloir à un *accusatif* ou à un *datif* — ce qui traduit la même incertitude dans la catégorie des *cas*. Seuls les anaphoriques μιν et νιν sont bien représentés, tandis que de ἱν il ne subsiste que des traces.

§ 26*. Μιν renvoie indistinctement à un *animé* ou à un *neutre*, et équivaut à un *accusatif* ; à date ancienne, il ne se rapporte qu'à un objet au *singulier* :

Hdt. 1, 10 καὶ ἡ γυνὴ ἐπορᾷ μιν ἐξιόντα « et la femme (de Candaule) le voit sortir (Gygès) ».

1. Cf. E. BENVENISTE, *Studi Baltici*, **3**, 124.

ζ 48 ἥ μιν ἔγειρεν, Ναυσικάαν ἐΰπεπλον « qui la réveilla, Nausicaa aux beaux voiles ». L'anaphorique annonce ici une personne connue et dont l'identité est immédiatement rappelée ensuite.

Ζ 221 καί μιν ἐγὼ κατέλειπον « et je l'ai laissée » (la coupe : τὸ δέπας).

§ 27. A la différence de μιν, si commun chez Homère et chez Hérodote, νιν n'apparaît que plus tard. Fréquemment employé par Pindare et par les Tragiques, il équivaut également à un *accusatif* ; comme μιν, indifférent au *genre*, il l'est de plus au *nombre*, et renvoie *à la fois* à un *pluriel* et à un *singulier*.

Eur. *Or.* 1635 Ζηνὸς γὰρ οὖσαν ζῆν νιν ἄφθιτον χρεών « étant fille de Zeus, *elle* doit vivre en ignorant la mort » à côté de 1665 ὅς νιν φονεῦσαι μητέρ' ἐξηνάγκασα « moi qui *l'*ai contraint (Oreste) à égorger sa mère ».

Soph. *O. R.* 1331 ἔπαισε δ' αὐτόχειρ νιν οὔτις « ce n'est point un criminel qui les a crevés, ces yeux (= τὰς ὄψεις), « comme Soph. *El.* 436 βαθυσκαφεῖ κόνει κρύψον νιν « creuse profondément dans la terre poudreuse et enfouis-les, ces offrandes (ἃ ἔχεις χεροῖν) ».

§ 28. Quant à ἱν qui, dans un fragment d'Hésiode (66 : ἱν αὐτῷ), équivaut à un *datif* et que Hermann restituait au v. 36 de la 4e *Pythique* de Pindare οὐδ' ἀπίθησέ ἱν (mss : νιν), il remplissait, selon Hésychius, la fonction d'*accusatif*, comme l'indique sa glose : ἱν· αὐτὴν, αὐτόν. Κύπριοι. Il est à comparer à vx. lat. *im*, origine de l'anaphorique *is* qui, à la différence du grec, a été muni en latin d'une flexion complète.

§ 29. D'un autre anaphorique *τιν, comparable à av. *čim*, est sorti l'*indéfini* τις, qui a reçu une flexion construite sur ce vague accusatif (?), rendu plus clair par l'adjonction d'une véritable caractéristique d'accusatif : τιν-ἀ, d'où le pseudo-thème τιν-. Ce thème est sans doute le premier anaphorique qui ait été muni d'une flexion complète sur le modèle des démonstratifs. Au point de vue du sens, τις reste beaucoup plus proche des anaphoriques — restant comme eux indifférent au genre — que des démonstratifs proprement dits ; il suppose souvent un objet *connu*, au moins partiellement : ainsi il fait allusion à une « certaine » *personne qu'on ne veut pas nommer*, ou à un objet *non déterminé*, mais pourvu d'une *qualité bien connue*. L'imprécision propre à l'anaphorique permet à τις de *diminuer* ou d'*augmenter* la signification d'un *type défini* et même d'envelopper d'une sorte de « flou » un individu aussi parfaitement défini en lui-même que peut l'être un *nom propre* :

Soph. *Ant.* 751 ἥδ' οὖν θανεῖται καὶ θανοῦσ' ὀλεῖ τινα « Eh bien ! elle mourra ; mais sa mort causera la mort de quelqu'un. » Hémon se désigne lui-même à mots couverts, tandis que son père Créon croit voir dans ces paroles une menace dirigée contre lui-même.

Plat. *Rép.* 358 A ἀλλ' ἐγώ τις, ὡς ἔοικε, δυσμαθής « mais moi je suis, semble-t-il, quelqu'un qui a la tête dure ». Τις indique le fait d'appartenir à la catégorie bien connue des gens peu doués.

ρ 501 ξεῖνός τις δύστηνος « *je ne sais quel* misérable étranger ».

Hdt 2, 43 ἀλλά τις ἀρχαῖός ἐστι θεός «mais il (l'Héraklès égyptien) est un dieu de type ancien ».

κ 552 Ἐλπήνωρ δέ τις ἔσκε νεώτατος « il y avait un certain Elpénor, le plus jeune... ».

Τις peut occuper *toutes les places* dans la phrase *à l'exception de la première*, puisqu'un enclitique est solidaire du mot qui le précède ; toutefois ce pronom peut être *en tête de la phrase*, dans une expression telle que τινὲς μέν... τινὲς δέ « les uns... les autres » et, exceptionnellement, pour produire *un effet* et en poésie. En principe, il est *immédiatement précédé* du mot auquel il se rapporte et avec lequel il fait corps pour l'accent ; mais il peut aussi le *précéder*, ou en être *séparé* par *un* ou *plusieurs mots* :

Arist. *Rhét.* 1 Τινὲς μέν... τινὲς δέ « les uns... les autres ».

Soph. *Trach.* 865 Τί φημί ; « Est-ce que je dis là quelque chose (de vrai) » ?

Plat. *Prot.* 313 C ὁ σοφιστὴς τυγχάνει ὢν ἔμπορός τις ἢ κάπηλος « le sophiste se trouve donc être une sorte de commerçant — en gros ou en détail ».

Plat. *Phèdre* 248 C ὅταν ἀδυνατήσασα ἐπισπέσθαι μὴ ἴδῃ καί τινι συντυχίᾳ χρησαμένη... βαρυνθῇ « quand l'âme, incapable de suivre cette marche, ne voit plus (la vérité) et, par suite d'un ensemble de circonstances... s'alourdit ».

Dém. 18, 65 ἦν ἄν τις κατὰ τῶν ἐναντιωθέντων οἷς ἔπραττεν ἐκεῖνος μέμψις καὶ κατηγορία « il pourrait y avoir, à l'égard de ceux qui se sont opposés aux agissements de Philippe, quelques motifs de reproches ou d'accusation ».

§ 30. Au point de vue de la forme, l'*interrogatif* τίς n'est autre chose que l'*indéfini* τις *accentué*. De fait, il est probable que l'interrogatif τίς doit son existence à des phrases qui, sur une intonation interrogative, usaient de l'indéfini, comme ἦλθέ τις ; « il est venu quelqu'un ? » C'est de là sans doute qu'on est parti pour aboutir au type proprement interrogatif : τίς ἦλθε ; « qui est venu ? » Mais une transformation si considérable (notamment au point de vue de la place du pronom dans la phrase) ne serait pas concevable, si on ne faisait pas intervenir le type thématique, accentué, muni d'une flexion complète *k^we/o* parallèle à l'anaphorique *k^wi* : ce sont des formes telles que τοῦ ; « de qui ? », τῷ ; « à qui ? », considérées à tort comme secondaires, qui représentent l'interrogatif authentique : sur ce même thème k^we/o sont bâtis les autres interrogatifs, comme πόσος, qui indique la *quantité* et le *nombre* ; ou ποῖος, la *qualité* ; πηλίκος, la grandeur et l'âge ; etc. Il s'est produit un double mouvement analogique, mais en sens inverse : tandis que, **perdant leur accentuation primitive**, les formes fondées sur le thème *k^we/o* ont pu servir d'*indéfinis* — comme ποιός, « d'une certaine espèce » ou ποσός ; « d'une certaine quantité », l'indéfini τις (et comme tel dépourvu d'accent) a pu faire fonction d'*interrogatif*, *muni d'un accent analogique du véritable interrogatif* *$k^{we}/_o$. Devenu accentué et intensif, τις passé à τίς a pris naturellement la tête de la phrase — c'est-à-dire la place normale de *$k^{we}/_o$; réciproquement, les représentants atones de $k^{we}/_o$ sont devenus dépendants du mot sur lequel ils « s'appuient » et normalement la *première place* de la phrase leur a été interdite. Cependant, si cette place est normale pour l'interrogatif, il n'y est pas *obligatoirement* tenu et, sans doute soutenu par une intonation particulière, il peut se présenter brusquement *au cours de la phrase* :

ο 509 τεῦ δώμαθ' ἵκωμαι ; « vers la maison de qui faut-il que j'aille ?

α 217 ὡς δὴ ἐγώ γ' ὄφελον μάκαρός νύ τευ ἔμμεναι υἱός « comme j'aurais dû être le fils de quelque riche ! » Τευ, devenu atone, dépend de μάκαρος comme ferait τινός.

ξ 254 ...οὐδέ τις οὖν μοι νηῶν πημάνθη « et aucun de mes navires ne fut endommagé ».

α 170 τίς πόθεν εἰς ἀνδρῶν ; « Qui donc es-tu parmi les hommes, d'où viens-tu ? » L'interrogation peut être ainsi redoublée — portant sur le pronom et un adverbe de lieu — en tête de la phrase. Mais elle apparaît aussi bien en cours de phrase, comme dans Dém. 18, 48 εἶτ', ἐλαυνομένων καὶ ὑβριζομένων καὶ τί κακὸν οὐχὶ πασχόντων πᾶσα ἡ οἰκουμένη γέγονεν μεστή « ensuite l'univers entier s'est rempli de gens traqués, insultés et qui ont supporté toutes les épreuves (m. à m. : et quelle épreuve n'ayant pas enduré ?) ».

§ 31. Sur le modèle de τέο /τεο sont bâtis des interrogatifs (et des indéfinis) exprimant des modalités particulières, comme πόσος /ποσός, ποῖος /ποιός, pour ne citer que les plus importants. Quand la langue a conçu, avec les progrès de la subordination, l'*interrogation indirecte*, qui rattache étroitement la question à celui qui la pose, elle s'est constitué, à l'aide du relatif *$y^e/_o$, une série complète, sous la forme ὁποῖος ὁπόσος, ὁπηλίκος, etc. On verra, au § 333, les conséquences de ce fait qu'un même pronom a pu exprimer à la fois l'*interrogation indirecte* et le *relatif indéfini*.

A 552 ποῖον τὸν μῦθον ἔειπες ; « quelle parole as-tu dite ? » en face de l'indéfini, qui est le plus souvent soutenu par τις, comme dans Plat. *Rép.* 438 E καὶ τοῦτο αὐτὴν ἐποίησε μηκέτι ἐπιστήμην ἁπλῶς καλεῖσθαι, ἀλλὰ τοῦ ποιοῦ τινος προσγενομένου ἰατρικήν « et c'est cela qui fait qu'elle n'est plus appelée simplement *science*, mais parce qu'une certaine qualité s'y attache, *science médicale* ». Il n'y a, par ailleurs, aucune distinction formelle entre ὁποῖος *interrogatif indirect*, comme dans Xén. *Mém.* 4, 6, 2 ἔχεις οὖν εἰπεῖν ὁποῖός τις ὁ εὐσεβής ἐστιν ; » peux-tu me dire quelle est la nature de l'homme pieux ? » et ὁποῖος *relatif indéfini*, comme dans Thc. 5, 23, τρόπῳ ὁποίῳ ἂν δύνωνται ἰσχυροτάτῳ, « de la façon la plus vigoureuse qu'ils le peuvent (*quelle que soit* cette façon) ».

Remarque. — En grec moderne, il ne reste de τίς interrogatif qu'une forme figée τί, qui sert à la fois pour les trois genres ; de τις indéfini il ne subsiste que κάτι « quelque chose » et τίποτα « rien » : cette dernière forme est également souvent employée avec intonation interrogative. Ainsi Τί ἄνθρωπος εἶναι αὐτός; « Quel (genre d') homme est-ce là ? » ou τίποτα δὲν εἶναι ἐδῶ « il n'y a rien ici » et Εἶπας τίποτα ; Τίποτα « Tu as dit quelque chose ? — Rien ». Tandis que l'ancien anaphorique s'est réduit de nouveau à une forme unique, les pronoms qui reposent sur *kʷeₗₒ sont restés très vivants : ainsi ποιός « qui ? lequel ? », qui n'est autre que ποῖος avec un déplacement d'accent constant en g. m., ou πόσος ; « combien ? ». Il n'existe plus de distinction de *forme* entre le pronom interrogatif direct et indirect. On remarquera que, pratiquement, au point de vue des emplois, c'est τί qui exprime la qualité comme l'ancien ποῖος, tandis que ποιός remplit les fonctions de l'ancien τίς : on dit Τί ἄνθρωπος εἶναι αὐτός ; « Quelle *sorte* d'homme est-ce là ? », mais Ποιὸ βιβλίο θέλεις ; « Quel livre veux-tu (entre les autres ?). » (Cf. Pernot, *Gramm.*, pp. 124 et sqq. et Mirambel *Gramm.*, pp. 100 et sqq). En ce qui concerne l'anaphorique τὸν, issu de l'anaphorique de fonction » αὐτός, voir *Remarque*, à la fin du § 47.

II. Démonstratifs.

§ 32. **Toniques**, munis d'une *flexion complète thématique* qui ne diffère du type nominal que par l'absence du -ν à l'inanimé (ἐκεῖνο en face de δῶρον), les **démonstratifs** impliquent un geste situant *exactement* l'objet dans l'*espace* ou le *temps* (ὅδε, οὗτος, ἐκεῖνος), ou contrôlant son *identité* (αὐτός). Quant au pronom ὅς, ἥ, τό qui devait devenir l'article ὁ, ἡ, τό, il posait vigoureusement la **présence** de l'objet, mais sans le situer de façon précise dans l'espace : on comprend que cet élément, qu'on pourrait appeler un « *présentatif* », vigoureux comme un démonstratif, ait pu devenir, *privé de son accentuation propre*, l'article **défini** du grec classique.

Les éléments démonstratifs en grec n'ont jamais tendu à former un *système*. Si ὅδε désigne un objet *rapproché*, οὗτος un objet situé à une *certaine distance*, et ἐκεῖνος un objet *éloigné*, ὅς, ἥ, τό présentait l'objet, mais *sans le placer près ou loin* et, pour αὐτός, la question de la position dans l'espace ne se posait pas, puisqu'on ne peut vérifier l'identité de son objet qu'à condition de l'avoir immédiatement à sa portée.

Par ailleurs, les démonstratifs sont en liaison *assez lâche* avec les *trois personnes* : mais, s'il est vrai que ὅδε s'applique à peu près constamment à une *première personne* et ἐκεῖνος à une *troisième personne*, οὗτος se rapporte le plus souvent à la *seconde*, mais sans exclure la *troisième*. Le démonstratif ὅς, ἥ, τό ainsi que le pronom d'identité αὐτός, sont naturellement *indifférents* à l'expression de la personne.

῟ΟΔΕ

§ 33. ῟Οδε désigne un objet considéré comme *proche* et faisant partie de la « *sphère d'intérêt* » *de la personne qui parle*. La proximité et la personne sont comme les termes d'un *rapport* susceptible de toutes les variations ; tantôt il s'établit à l'avantage de la première, tantôt au bénéfice de la seconde ; mais jamais l'une des deux valeurs n'est réduite à néant au profit de l'autre. Voici quatre exemples, dont les deux premiers ont une valeur nettement *spatiale*, les deux autres une valeur *personnelle*, mais à des degrés différents :

Z 459 καί ποτέ τις εἴπῃσι ἰδὼν κατὰ δάκρυ χέουσαν· Ἕκτορος ἥδε γυνή « peut-être dira-t-on un jour, en te voyant tout en pleurs : « *Voici* la femme d'Hector.* » La *proximité* est au premier plan ; cependant la considération de *personne* n'est pas exclue, puisqu'on fait dire à quelqu'un : « Nous avons devant *nous...* ».

ν 345 Φόρκυνος μὲν ὅδ' ἐστὶ λιμήν ....τοῦτο δέ τοι σπέος εὐρύ, κατη-ρεφές, ἔνθα σὺ πολλὰς ἔρδεσκες Νύμφῃσι τελήεσσας ἑκατόμβας « *Ici* c'est le mouillage de Phorcys ;... ce que tu vois *là-bas*, c'est la haute caverne où tu immolais si souvent, en l'honneur des Nymphes, des hécatombes parfaites.» L'opposition de la proximité à un éloigne-ment relatif est mise en vedette ; mais ὅδε garde des liens avec *nous* (Athéna qui parle et Ulysse), tandis que οὗτος dépend de la sphère d'intérêt de la *seconde personne* (σύ ...τοι).

Soph. *El.* 352 τί μοι κέρδος γένοιτ' ἂν τῶνδε ληξάσῃ γόων. « ... (Dis-moi) ce que je gagnerais à faire cesser *mes* pleurs.» L'espace est réduit à la distance qui sépare des yeux d'Électre le doigt qui les désigne ; τῶνδε est plus expressif que ἐμῶν, auquel il équivaut.

Plat. *Lach.* 180 D εἴ τι... ἔχεις τῷδε τῷ σαυτοῦ δημότῃ ἀγαθὸν συμ-βουλεῦσαι « si tu as... un bon conseil à donner à l'homme qui est devant toi, ton concitoyen de dème ». Τῷδε équivaut à ἐμοί, mais est souligné par un geste.

§ 34. Il arrive que l'intérêt *passionné* porté par la personne qui parle à un objet *normalement éloigné de sa sphère d'intérêt* — comme lorsque celui-ci se rapporte à une *seconde personne* ou qu'il est effective-ment *éloigné* dans le temps ou dans l'espace, — entraîne l'emploi de ὅδε, au lieu de οὗτος ou de ἐκεῖνος. Le démonstratif, qui traduit l'intérêt que le sujet parlant porte à son objet, est souvent souligné par μοι « éthique » :

Soph. *El.* 887 ἐς τί μοι βλέψασα θάλπῃ τῷδ' ἀνηκέστῳ πυρί ; « Qu'as-tu donc vu, dis-moi, qui ait allumé cette flamme de joie folle ? » Ὅδε désigne pourtant ici une 2e personne ; mais, ce qui compte pour Élec-tre, c'est « la joie que *je* vois en toi ».

Soph. *El.* 540 Πότερον ἐκείνῳ παῖδες οὐκ ἦσαν διπλοῖ, οὓς τῆσδε μᾶλλον εἰκὸς ἦν θνῄσκειν ; « N'avait-il pas, lui (Ménélas), deux enfants, qui auraient dû périr plutôt qu'elle ? » Assurément ὅδε peut se justifier, puisque Clytemnestre pense : « *ma* fille » ; mais, comme cette fille (Iphigénie) est morte *depuis longtemps*, on attendrait en stricte logique ἐκείνης.

Remarque. — Dans une répétition emphatique, ὅδε et οὗτος peuvent s'ap-pliquer à un *même objet*, excluant pratiquement une distinction de personne, semble-t-il, aussi bien qu'une différence de position. Cependant ὅδε est plus fort que οὗτος ; il en résulte que, dans une *gradation ascendante*, οὗτος précède ὅδε :

Soph, *El.* 981 τούτω φιλεῖν χρὴ, τώδε χρὴ πάντας σέβειν ·τῶδ᾽ ἕν θ᾽ ἑορταῖς ἕν τε πανδήμῳ πόλει τιμᾶν ἅπαντας... χρεών « Ces deux sœurs-là, il faut les aimer ; ce sont elles que tous doivent vénérer ; ce sont elles auxquelles tous... doivent rendre des honneurs, dans les fêtes où s'assemble le peuple entier. » Ainsi s'exprime l'exaltation croissante d'Électre.

᾽ΟΥΤΟΣ

§ 35. Le démonstratif qui désigne des objets situés *à une certaine distance* est de beaucoup le plus fréquent des trois : d'abord, *le plus grand nombre* des objets que l'on peut montrer se trouve dans ce cas ; ensuite, se rapportant à la « sphère d'intérêt » de la *seconde personne*, il admet également, dans une large mesure, celle de la *troisième*. En général, c'est le point de vue *spatial* qui l'emporte ; mais il y a des cas dans lesquels la considération de *personne* est amenée au premier plan : celle-ci est le plus souvent la *seconde*, parfois la *troisième* et, seulement de façon exceptionnelle, la *première* ; naturellement, l'importance relative de la détermination spatiale diminue à proportion, au point de devenir pratiquement négligeable au profit de la personne.

Λ 612 Νέστορ᾽ ἔρειο ὅν τινα τοῦτον ἄγει βεβλημένον ἐκ πολέμοιο «Demande à Nestor quel est celui, là-bas, qu'il ramène, blessé, du combat ». Il s'agit ici, avant tout, de la *distance* et le pronom n'implique une troisième personne que de façon accessoire.

Eur. *Hec.* 501 τίς οὗτος σῶμα τοὐμὸν οὐκ ἐᾷς κεῖσθαι ; « qui donc es-tu, toi qui t'approches, pour ne pas laisser de repos à mon corps ? » Le pronom renvoie nettement à une *seconde personne*, et la considération de distance reste au second plan.

Pind. *Ol.* 4, 28 οὗτος ἐγὼ ταχυτᾶτι... « c'est moi (qui gagne) pour la vitesse... ». La distance est négligeable, et le pronom n'exprime que la *première personne*.

§ 36. Plusieurs valeurs de οὗτος se rattachent à la *deuxième personne* qu'il représente le plus souvent. Ainsi le pronom est employé pour *interpeller* quelqu'un, principalement pour *l'arrêter* dans sa *marche* ou dans sa *façon de faire*. Tandis que lat. *iste*, quand il ne désigne pas expressément une seconde personne, possède une signification *péjorative* bien établie, οὗτος n'implique par lui-même aucun *jugement défavorable* : il constate seulement que l'objet désigné est *bien connu* de la personne à laquelle on s'adresse — que ce soit en *bonne* ou en *mauvaise part*. La valeur, laudative ou dépréciative, se dégage des *circonstances*, ou du *ton général de la phrase* ; souvent, pour éviter toute équivoque, le pronom est précisé par un adjectif qualificatif.

Plat. *Banq.* 172 A ῏Ω Φαληρεύς, ἔφη, οὗτος ᾽Απολλόδωρος, οὐ περιμένεις ; « Ohé ! l'homme de Phalère, dit-il, Apollodore ! tu ne m'attends pas ? »

Ar. *Ois.* 223 Οἷον κατεμελίτωσε τὴν λόχμην ὅλην. — Οὗτος. — Τί ἐστιν ; — Οὐ σιωπήσεις ; « Comme il (le rossignol) a répandu son miel sur tout ce hallier ! — Holà ! — Qu'y a-t-il ? — Vas-tu te taire, oui ou non ? »

Plat. *Phéd.* 69 C κινδυνεύουσι καὶ οἱ τὰς τελετὰς ἡμῖν οὗτοι καταστήσαντες οὐ φαῦλοι εἶναι « il y a chance pour que ceux-là (= ces sages) qui ont établi pour nous les mystères ne soient pas des gens médiocres ».

Plat. *Crit.* 45 A οὐχ ὁρᾷς τούτους τοὺς συκοφάντας, ὡς εὐτελεῖς ; « Ne vois-tu pas comme on les a pour rien, ces sycophantes (si méprisables) ? »

Plat. *Gorg.* 472 A Ἀριστοκράτης ...οὗ ἔστιν ἐν Πυθοῖ τοῦτο τὸ καλὸν ἀνάθημα « Aristocratès, ... qui a donné cette belle offrande(qu'on voit à Delphes)».

§ 37. Par ailleurs, d'autres emplois de οὗτος semblent tenir à sa valeur *spatiale*. Ainsi, pour résumer *ce qui vient d'être dit* — des paroles qui s'éloignent de notre attention — οὗτος est couramment usité en face de ὅδε, qui introduit les paroles *qui vont être prononcées*. Cependant οὗτος est également employé pour annoncer *ce que l'on va dire*, quand ces paroles peuvent être considérées comme une *chose sur laquelle on attire l'attention* : οὗτος correspond à certaines valeurs de *ille* (= cet autre). La même signification de *rappel* — généralement accompagné d'*indignation* — apparaît dans les expressions καὶ οὗτος et καὶ ταῦτα :

δ 485 ταῦτα μὲν οὕτω δὴ τελέω, γέρον, ὡς σὺ κελεύεις. Ἀλλ' ἄγε μοι τόδε εἰπέ « ce que tu m'as dit, vieillard, je le mettrai à exécution comme tu m'y invites ; mais dis-moi ceci... ».

μ 112 εἰ δ' ἄγε δή μοι τοῦτο, θεά, νημερτὲς ἐνίσπες « allons ! dis-moi donc, déesse, cette autre chose... » Cf. lat. *illud* « cette autre chose ».

Xén. *An.* 2, 4, 15 Μένωνα οὐκ ἐζήτει, καὶ ταῦτα παρ' Ἀριαίου ὢν τοῦ Μένωνος ξένου « il ne parlait pas de Ménon, et cela envoyé par Ariée qui était l'hôte de Ménon ».

§ 38. Enfin, parce qu'il est le démonstratif le plus courant, οὗτος est également *le moins expressif*. Aussi est-il parfois employé en corrélation avec un relatif, qu'il *annonce* ou qu'il *reprend*, à la façon de l'anaphorique latin *is*. Avec cette valeur, les exemples de ὅδε sont *rares*, et s'expliquent par des raisons particulières — en général quand le relatif se rattache à une *première personne* :

Xén. *An.* 6, 1, 29 νομίζω ὅστις ἐν πολέμῳ ὢν στασιάζει πρὸς ἄρχοντα, τοῦτον πρὸς τὴν ἑαυτοῦ σωτηρίαν στασιάζειν «je considère que quiconque, à la guerre, fait de l'opposition au chef, (celui-là) s'oppose à son propre salut ».

Soph. *Ant.* 463 ὅστις γὰρ ἐν πολλοῖσιν, ὡς ἐγώ, κακοῖς ζῇ, πῶς ὅδ' οὐχὶ κατθανὼν κέρδος φέρει ; « tout être qui vit, comme moi-même, au milieu de tant de malheurs, comment cet être-là (Antigone pense à elle) ne gagne-t-il pas à mourir » ?

’EKEῖNOΣ

§ 39. Désignant l'objet que l'on considère comme *éloigné*, ἐκεῖνος se rapporte à une *troisième personne*. L'idée d'éloignement n'est pas toujours de caractère *spatial* ou *temporel*, et ἐκεῖνος ne désigne pas seulement des objets *lointains* ou *anciens*. En particulier, on comprend que, deux objets ayant été nommés, ἐκεῖνος renvoie au *premier* — c'est-à-dire à celui qui est relativement le plus *éloigné*, et οὗτος au *second* — c'est-à-dire à celui qui est relativement le plus *proche*.

Eur. *Alc.* 897 τί μ' ἐκώλυσας... μετ' ἐκείνης τῆς μέγ' ἀρίστης κεῖσθαι φθίμενον ; « Pourquoi m'as-tu empêché... de reposer dans la mort à côté d'elle, la meilleure des femmes ? » Alceste morte s'éloigne des vivants.

Plat. *Ménex.* 239 D Δεῖ δὴ αὐτὴν ἰδεῖν... ἐν ἐκείνῳ τῷ χρόνῳ γενόμενον λόγῳ « il faut la voir (cette bravoure)... en se transportant par la pensée en ces temps (lointains)... ».

Plat. *Euthyd.* 271 B Ἀλλ' ἐκεῖνος μὲν σκληφρός, οὗτος δὲ προφερὴς καὶ καλὸς καὶ ἀγαθὸς τὴν ὄψιν. « Mais l'un (Critobule, fils de Criton, nommé en *second* lieu) est fluet, tandis que l'autre (Euthydème, nommé en *premier* lieu) est bien développé et de bonne mine ». L'exemple a d'ailleurs été discuté et le rapport inversé.

§ 40. Cet éloignement dans le temps et dans l'espace explique la valeur *emphatique* du pronom, assez comparable sur ce point à celle du lat. *ille* : l'éloignement dans le passé peut rendre l'objet *vénérable* ; dans l'espace, on regarde, pour ainsi dire *à distance*, l'objet que l'on *respecte* ou que l'on *craint*. Aussi ἐκεῖνος, dont le sens est le plus souvent *favorable*, peut cependant se rapporter à ce que l'on *redoute* ou à ce que l'on *hait*.

Plat. *Ménex.* 240 D Ἐγὼ μὲν οὐκ ἐκείνους τοὺς ἄνδρας φημὶ οὐ μόνον τῶν σωμάτων τῶν ἡμετέρων πατέρας εἶναι « quant à moi, je déclare que ces hommes-là ne sont pas seulement les pères de nos corps... ». Il s'agit ici des combattants de Marathon, objet de la vénération de leurs descendants.

Eur. *I. T.* 205 ἐξ ἀρχᾶς μοι δυσδαίμων δαίμων τᾶς ματρὸς ζώνας καὶ νυκτὸς κείνας « dès l'origine, mon sort fut un sort infortuné, dès le sein de ma mère, et dès cette nuit-là (la funeste nuit où elle fut conçue)... ».

§ 41. Pratiquement à peu près dépouillé de valeur spatiale et de signification emphatique, ἐκεῖνος, se rapportant à une *troisième per-sonne*, peut reprendre, à la façon d'un anaphorique, un *pronom per-sonnel de la 3ᵉ personne*, ou un *nom* placé dans les mêmes conditions.

Thc. 2, 11 ὅταν ἐν τῇ γῇ ὁρῶσιν ἡμᾶς δῃοῦντάς τε καὶ τἀκείνων φθείροντας « quand ils nous verront sur leur territoire, brûlant et saccageant leurs champs (= ὁρῶσιν... τὰ ἑαυτῶν φθείροντας) »;

Xén. *Mém.* 4, 1, 1 οὐδὲν ὠφελιμώτερον ἦν τοῦ Σωκράτει συνεῖναι καὶ μετ' ἐκείνου διατρίβειν « rien n'était plus profitable que de vivre dans l'intimité de Socrate et de passer son temps à ses côtés ».

Remarque. — La constatation qu'un *objet répond effectivement à l'idée qu'on s'en formait* fait qu'on associe souvent ὅδε, ou bien οὗτος, à ἐκεῖνος : de même, le français se sert également de son démonstratif éloigné dans des tours tels que : « C'est bien cela. » Ὅδε est employé quand une 1ʳᵉ personne est directement intéressée, et οὗτος dans les autres cas :
Eur. *Méd.* 98 τόδ' ἐκεῖνο, φίλοι παῖδες ·μήτηρ κινεῖ κραδίαν « c'est bien cela ! (= ce que *je* vous disais ; cf. v. 92) ; votre mère met son cœur en émoi ».
Plat. *Banq.* 223 A ταῦτ' ἐκεῖνα, φάναι τὸν Ἀλκιβιάδην, τὰ εἰωθότα « c'est bien cela; dit Alcibiade ; c'est bien ainsi que les choses se passent d'ordinaire ».

ΑΥΤΟΣ

§ 42. Le pronom d'identité αὐτός peut être employé, soit de façon *forte* et vraiment *démonstrative*, soit de façon *faible*, comme un *anapho-rique* : dans le second cas, il supplée à l'absence d'un *pronom (non réfléchi) de la 3ᵉ personne* en grec. Suivant le principe indiqué ci-dessous à propos des pronoms personnels (§ 83), le *nominatif* est toujours *emphatique* : seuls les autres cas peuvent être employés *dans un sens anaphorique*.

§ 43. Les significations proprement *démonstratives* de αὐτός se rattachent à la notion qu'il exprime, celle d'*identité*, c'est-à-dire essen-tiellement « *même* ». Les deux valeurs auxquelles on songe d'abord, *le même* et *lui-même*, pour fréquentes qu'elles soient, n'ont rien de.fonda-mental, c'est le développement de l'article qui a permis de discerner ὁ αὐ-τὸς ἀνήρ « le même homme » de αὐτὸς ὁ ἀνήρ (ou ἀνὴρ αὐτός) « l'homme lui-même » ; mais il n'y faut voir qu'un procédé *secondaire*, fort compa-rable aux tours correspondants du français. Αὐτός est susceptible de signifier l'*opposition* d'une personne à d'autres, la *spontanéité* d'une action, l'existence *absolue* de l'objet : non seulement *lui-même*, mais *lui* (non les autres) et, par extension, *lui seul, de lui-même, en lui-même*.

N 615 ὑπὸ λόφον αὐτόν « au-dessous de l'aigrette même du casque ».

θ 107 ἦρχε δὲ τῷ αὐτὴν ὁδὸν ἥνπερ οἱ ἄλλοι Φαιήκων οἱ ἄριστοι « il le précéda sur le même chemin que suivaient les autres, les nobles Phéaciens ».

Η 332 αὐτοὶ δ' ἀγρόμενοι κυκλήσομεν ἐνθάδε νεκρούς « nous-mêmes, (= quant à nous) rassemblons-nous, et nous amènerons ici nos morts sur des chars ».

Ψ 591 ἵππον δέ τοι αὐτὸς δώσω « je te donnerai ce cheval de moi-même ».

Θ 99 Τυδείδης δ᾽, αὐτός περ ἐών᾽ προμάχοισιν ἐμίχθη « le fils de Tydée, encore que tout seul, combattait dans les premiers rangs de la mêlée ».

Plat. *Rép.* 582 A μανθάνων αὐτὴν τὴν ἀλήθειαν, οἷόν ἐστιν « cherchant à comprendre la vérité en elle-même, en quoi elle consiste ».

Remarque. — La notion de *précision*, qu'implique l'identité exprimée par αὐτός , est à l'origine de l'emploi du *datif comitatif sans préposition*, maintenu en attique avec αὐτός (*cf.* § 484) : ce pronom joue en ce cas le même rôle qu'une préposition, telle que μετά ou σύν, qui viennent d'ailleurs parfois renforcer la valeur d'accompagnement.

Xén. *Cyr.* 1, 4, 7 αὐτοῖς τοῖς ἵπποις « avec leurs chevaux ».
Xén. *Cyr.* 2, 2, 9 σὺν αὐτῷ τῷ θώρακι « avec sa cuirasse ».

§ 44. C'est par des gradations insensibles qu'on passe d'emplois vraiment *démonstratifs* à d'autres, qui sont plus *atténués*, pour aboutir à des valeurs aussi *faibles* que celle d'un anaphorique de structure. Ainsi, des trois exemples suivants, le premier, qui annonce un relatif, est encore *vigoureusement accentué*, tandis que le second est déjà un *anaphorique*, et le troisième est si *faible* que des grammairiens anciens en faisaient un *atone*, comme μιν ou ἑ.

Eur. *Tr.* 667 ἀπέπτυσ᾽ αὐτήν, ἥτις ἄνδρα τὸν πάρος καινοῖσι λέκτροις ἀποβαλοῦσ᾽ ἄλλον φιλεῖ « je repousse avec mépris cette femme-là qui, abandonnant le mari qu'elle avait, aime un autre homme dans une nouvelle union ».

Plat. *Prot.* 311 A τί οὐ βαδίζομεν πρὸς αὐτόν ; « pourquoi ne pas aller vers lui ? ».

M 204 κόψε γὰρ αὐτὸν ἔχοντα κατὰ στῆθος παρὰ δειρήν « à l'oiseau qui le tient (= le serpent) dans ses serres il porte un coup à la poitrine, près du cou ». Dans ce passage Apollonius Dyscole enseignait l'accentuation suivante : κόψε γάρ αὐτον.

DE L'EMPLOI DE L'ARTICLE AVEC LES DÉMONSTRATIFS

§ 45. Quand les démonstratifs ὅδε, οὗτος, ἐκεῖνος sont *adjectifs*, ils se rapportent dans la plupart des cas à un objet *défini*, et l'emploi de l'article est *constant* : au contraire, si l'objet est *singulier* — comme un *nom propre* — l'article *n'est pas en usage*, à moins que le nom propre désigne, non une personne, mais un *type* caractérisé par tel nom de personne. L'article peut également manquer quand un *pronom*, souvent *péjoratif* comme οὗτος, ou souvent *emphatique* comme ὅδε ou ἐκεῖνος, désigne une *personne que l'on pourrait nommer* — ce qui rentre dans le cas de l'objet singulier.

Plat. *Gorg.* 469 E ἐν τῇδε τῇ πόλει « dans cette cité (qui est la nôtre) ».

Xén. *Mém.* 4, 2, 3 Εὐθύδημος οὑτοσί... « Euthydème ici présent... ».

Plat. *Banq.* 215 E ὑπὸ τουτουῒ τοῦ Μαρσύου « du fait de ce Marsyas ».
On sait que Socrate est comparé à une *sorte* de Marsyas.

Plat. *Gorg.* 489 B οὑτοσὶ ἀνὴρ οὐ παύσεται φλυαρῶν « cet homme-là
(= ce Socrate) — dit Calliclès sur un ton agacé — ne cessera·pas de
dire des bêtises ».

Soph. *Ant.* 1034 πάντες, ὥστε τοξόται, σκοποῦ τοξεύετ᾽ ἀνδρὸς
τοῦδε « vous tous, comme des archers, vous prenez pour cible l'homme
que voici (= moi, Créon) ».

§ 46. Quand l'adjectif démonstratif se rapporte à un *nom qui n'est
pas qualifié, l'article s'intercale le plus souvent entre l'adjectif démonstratif et le nom* ; il peut aussi, mais beaucoup plus rarement, *précéder
le nom* et *l'adjectif démonstratif*. En tout cas l'ordre suivant : *article,
adjectif démonstratif, nom*, est *rigoureusement exclu*.

Plat. *Rép.* 492 D οὗτοι οἱ σοφισταί « ces sophistes ».

Xén. *An.* 2, 1, 6 ἐκείνην τὴν ἡμέραν « ce jour-là ».

Plat. *Gorg.* 469 E ἐν τῇ πόλει τῇδε « dans cette cité », tandis que
*ἐν τῇ τῇδε πόλει ne serait pas possible.

Quand l'adjectif démonstratif se rapporte à un nom *qualifié* par un
adjectif ou un *adverbe*, l'article précède *immédiatement l'ensemble* (ou
une *partie*) de cette qualification, quelles que soient d'ailleurs les places
respectives du nom et du démonstratif. Cependant, malgré ces libertés,
l'ordre le plus couramment employé est le suivant : *article, adjectif
qualificatif, adjectif démonstratif, nom*.

Plat. *Banq.* 181 E τούτους τοὺς πανδήμους ἐραστάς « ces amants
vulgaires » peu avant *Banq.* 183 D ἐκεῖνος ὁ ἐραστὴς ὁ πάνδημος
« cet amant, l'amant vulgaire ».

Xén. *An.* 4, 2, 6 ἡ στενὴ αὕτη ὁδός « ce chemin étroit ».

Dém. 4, 17 ἐπὶ τὰς ἐξαίφνης ταύτας ἀπὸ τῆς οἰκείας χώρας αὐτοῦ
στρατείας « pour ces *raids* soudains hors de son propre pays ». La sou-
daineté du raid, plus importante que son point de départ, est mise en
relief entre l'article et l'adjectif démonstratif.

Dém. 6, 21 αἱ πρὸς τοὺς τυράννους αὗται λίαν ὁμιλίαι « ces rapports
trop étroits avec les tyrans ». L'essentiel de la détermination est dans
πρὸς τοὺς τυράννους.

§ 47. Quand αὐτός, adjectif ou pronom, signifie « le même », il est
obligatoirement précédé de l'article, même en fonction d'attribut ; au
contraire, lorsque αὐτός, signifie « même, lui-même, de lui-même »,
on a tout à la fois, l'ordre : αὐτός, *article, nom* et l'ordre : *article, nom*,
αὐτός.

Xén. *Cyr.* 2, 2, 1 οὐ πεπαίδευνται τὸν αὐτὸν τρόπον ἡμῖν « ils ne
sont pas élevés de la même façon que nous ».

Thc. 2, 61 ἐγὼ μὲν ὁ αὐτός εἰμι... ὑμεῖς δὲ μεταβάλλετε « pour moi,
je suis le même... c'est vous qui changez ».

Plat. *Gorg.* 519 C οὐδ' ἂν εἷς ποτε ἀδίκως ἀπόλοιτο ὑπ' αὐτῆς τῆς πόλεως ἧς προστατεῖ « personne ne pourrait être injustement mis à mort par la cité même qu'il dirige ».

Ar. *Cav.* 1090 μοὐδόκει ἡ θεὸς αὐτὴ τοῦ δήμου καταχεῖν ἀρυταίνη πλουθυγίειαν « je croyais voir la déesse elle-même verser avec une aiguière la richesse et la santé sur le peuple ».

Remarque. — En grec moderne « l'anaphorique de fonction » αὐτόν qui, on l'a vu, avait de bonne heure évincé les anciens « anaphoriques de structure », est resté toujours très vivant sous des formes apocopées de ce pronom (τὸν, τοῦ, τῆς, τὸ, τοὺς, τὶς ou τά) qui, proclitiques ou enclitiques suivant les cas —πές τ̔ου « dis-lui » ou τοῦ εἶπα « je lui ai dit »— sont toujours *atones* : malgré l'apparence de l'accentuation, il s'agit, de part et d'autre, d'un mot unique *péstou* ou *touípa*. Le démonstratif ὅδε a disparu ; ἐκεῖνος s'est maintenu pour situer l'objet éloigné ; quant à αὐτός, αὐτή, αὐτό, il continue οὗτος sans péril, en dépit de ce qu'on pourrait croire : en effet, comme la langue a recouru à ἴδιος pour exprimer *le même* et *lui-même* (ὁ ἴδιος ἄνθρωπος et ἴδιος ὁ ἄνθρωπος ayant remplacé ὁ αὐτὸς ἄνθρωπος et ὁ ἄνθρωπος αὐτός) et que l'anaphorique n'est que la forme *syncopée* de ce même αὐτός, le démonstratif ainsi constitué avec la *forme* de l'ancien αὐτός et la *valeur* de l'ancien οὗτος est à l'abri de toute confusion dangereuse : αὐτὸς ὁ ἄνθρωπος ne peut désigner que l'homme qui est proche en face de ἐκεῖνος ὁ ἄνθρωπος , l'homme qui est au loin.

III. **Relatifs.**

§ 48*. L'indo-européen possédait sans doute, en face de l'anaphorique atone **im* (cf. lat. *is* et gr. ἰν, § 28), une forme *thématique accentuée*, munie d'une flexion complète **yos, *yā, *yod*. Tandis que des langues, comme le slave, conservent un emploi d'anaphorique pour déterminer l'adjectif épithète (v. sl. *dobrŭ-jĭ* « le bon » en face de *dobrŭ* « bon » ou, comme l'avestique, se servent de ce thème pour relier un nom à un nom ou un nom à un adjectif (*stārəm yim tištrim* « l'étoile (elle) Tištriya »), le grec a fait de **yo*, comme c'est le cas du sanskrit *yáḥ*, son pronom relatif : il exprime par ce moyen la forme la plus élémentaire de subordination. Le type le plus ancien de relative associe **yo* à un *corrélatif*, qui est souvent le présentatif **so, *sā, *tod*, mais qui peut être aussi un *démonstratif*, surtout οὗτος ou ἐκεῖνος (rarement ὅδε), ou αὐτός anaphorique — fort comparable à lat. *is* associé à *qui*. Il ne faut pas oublier que l'association de **yo* et de **to* déborde largement par son importance les relatives proprement dites : des propositions *temporelles* du type le plus ancien, comme ἕως... τέως « aussi longtemps que... aussi longtemps », ou ὅτε... τότε « lorsque... alors », ou des *comparatives*, comme τώς... ὡς « autant... que » ou, avec un correlatif voisin ὡς... ὥς « de même que..., de même » appartiennent au même schéma. Il est possible que l'ordre le plus ancien soit précisément **yo... *to* ; mais l'ordre inverse **to... *yo* a dû apparaître de bonne heure, d'autant qu'il n'y avait pas de différence de nature entre les deux éléments pronominaux : la phrase relative pouvait aussi s'exprimer par la corrélation *to... *to, et tous les dialectes connaissent, dans une proportion plus ou moins grande, l'emploi de *to à la place de *yo comme relatif : cette possibilité n'a jamais disparu en grec, et la langue moderne en atteste encore des exemples. Par ailleurs, les progrès de la subordination en grec ont rendu de moins en moins utiles les corrélatifs du relatif : une fois constituée, la relative a tendu à laisser tomber ces tenons, qui étaient nécessaires dans une langue dominée par la parataxe.

A 300 τῶν δ' ἄλλων ἅ μοί ἐστιν... τῶν οὐκ ἄν τι φέροις « de tout le reste qui est à moi... (de cela) tu ne saurais m'enlever quelque chose ».

A 218 ὅς κε θεοῖς ἐπιπείθηται, μάλα τ' ἔκλυον αὐτοῦ « celui qui écoute les Dieux, c'est un fait qu'ils l'écoutent bien ».

T 228 ἀλλὰ χρὴ τὸν μὲν καταθάπτειν, ὅς κε θάνῃσιν « mais il faut ensevelir celui qui est mort (= tout mort) ».

Γ 177 τοῦτο δέ τοι ἐρέω, ὅ μ' ἀναίρεαι « je vais te dire ce que tu me demandes ».

A 125 ἀλλὰ τὰ μὲν πολίων ἐξεπράθομεν, τὰ δέδασται « mais ce que nous avons enlevé comme butin aux cités, tout cela est maintenant partagé »

H 112 Ἕκτορι Πριαμίδῃ, τόν τε στυγέουσι καὶ ἄλλοι « Hector, fils de Priam, dont tous les autres ont peur ».

§ 49. L'indo-européen semble avoir disposé de différents moyens pour rendre le relatif indéfini : répétition du pronom lui-même (hitt. *kuiškuiš*, lat. *quisquis*, osque *pispis*, en grec même τιστις dans quelques exemples dialectaux), particule « généralisante » *kʷe (lat. *quisque*, gr. ὅστε), enfin combinaison du relatif *yo* et de l'indéfini, comme c'est le cas du skr. *yah kaçsa* et du grec ὅστις. D'ailleurs la notion même d'indéfini doit être précisée : ὅστις caractérise un type, indifférent à la personne, d'êtres (puis d'objets) caractérisés par la possession d'une certaine qualité. Ὅστις désigne *tout homme* (quel qu'il soit) *qui*, comme le lat. *quicumque*, mais non pas *n'importe qui* (lat. *quivis, quilibet*), que la langue exprime par l'adjonction de οὖν : ὁστισοῦν. Exprimant par lui-même la généralité d'un type existant, ὅστις la constate à l'*indicatif*, soit dans le *présent*, soit dans le *passé* : il exclut, comme inutile, aussi bien le *subjonctif éventuel* du présent-futur que l'*optatif* « *secondaire* » des temps passés ; quant à ὁστισοῦν, il n'a jamais la valeur d'un relatif et n'introduit pas de phrases verbales :

X 383 ὄφρά κέ τι γνῶμεν Τρώων νόον, ὅν τιν' ἔχουσιν « afin que nous étudiions l'état d'esprit des Troyens, quel qu'il puisse être ».

η 197 πείσεται, ἅσσά οἱ Αἶσα κατὰ Κλῶθές τε βαρεῖαι... νήσαντο λίνῳ, « il devra endurer tout ce que le Destin et les Parques cruelles... ont filé comme lin pour lui ».

Plat. *Banq.* 198 B ἐγὼ καὶ ἄλλος ὁστισοῦν μέλλων λέξειν « moi-même et tout autre — n'importe qui — tout autre qui doit dire... ».

§ **50.** Mais ὅστις a eu beaucoup de peine à se maintenir, à la fois dans sa forme et dans ses emplois. Constitué de deux éléments distincts appartenant à des déclinaisons différentes, il juxtapose les deux flexions : mais de bonne heure, surtout en raison de l'importance de ὅτι, on a tendu à ne plus fléchir le relatif (ὅτινας, par ex.), et aussi à combiner la forme non fléchie du relatif avec la flexion dite « attique » de l'indéfini (ὅτου, ὅτῳ par ex.). Le premier accident qui puisse arriver à ὅστις est de perdre sa valeur indéfinie, et de n'être plus qu'un synonyme plus *plein* et plus *expressif* du simple relatif : dès ce moment ὅστις, au lieu d'exprimer par lui-même avec l'indicatif la généralité a dû recourir, comme ὅς, soit à l'*éventuel* (subjonctif) dans le présent-futur, soit au *possible* (optatif) dans le passé. De plus ὅστις possédait dès le début la valeur d'un interrogatif indirect, sans doute parce que c'était un moyen de *relier fortement*, à l'aide du relatif *$y^e/_o$, une interrogation exprimée par τίς, forme accentuée de τις indéfini : cette signification a eu d'importantes conséquences, car elle a établi une sorte de pont entre *la liaison relative* et l'*interrogation* ; il en résulte que des échanges et des confusions se sont multipliés entre ὅς et τις, le plus souvent au détriment de ὅστις.

Soph. *O. R.* 1054 νοεῖς ἐκεῖνον, ὅντιν' ἀρτίως μολεῖν ἐφιέμεθα, tu vois l'homme que nous voulions tout à l'heure faire venir ». Malgré la présence de τις, le relatif est entièrement dépourvu d'indétermination : on pourrait même le remplacer par un relatif déterminé comme ὅστε ou ὅσπερ.

Esch. *Prom.* 35 ἅπας δὲ τραχύς, ὅστις ἂν νέος κρατῇ « tout maître est rude qui commande depuis peu ». Il faut qu'ici la généralité de la pensée soit soulignée par l'éventuel, sans aucune différence avec ὅς dans le même cas.

B 188 ὅν τινα μὲν βασιλῆα... κιχείη, τὸν... ἐρητύσασκε « tous les rois... qu'il pouvait atteindre,... il cherchait à les retenir ». Avec l'itératif, l'optatif exprime la « répétition dans le passé ». Aucune différence, dans le domaine du passé, avec le simple relatif : d'ailleurs un peu plus loin (v. 198) on a la même tournure dans ὅν... ἴδοι, ...τὸν ἐλάσασκεν « celui qu'il voyait,... il le poursuivait... ».

θ 572 τόδε εἰπὲ καὶ ἀτρεκέως κατάλεξον, ὅππη ἀπεπλάγχθης τε καὶ ἅστινας ἵκεο χώρας « dis-moi ceci et expose-moi sans feinte dans quels parages tu as été rejeté et quels pays tu as atteints. » On ne peut douter ici de l'interrogation indirecte, sûrement exprimée par ὅππη ; mais ailleurs, il n'est pas toujours facile de dire si ce n'est pas à une relative indéterminée qu'on a affaire : Γ 167 ὥς μοι τόνδ'ἄνδρα ...ὀνομήνῃς ὅς τις ὅδ' ἐστὶν Ἀχαιός « afin que tu me nommes cet homme, (quel qu'il soit) qui est » ou (sur un ton interrogatif :) « qui est... cet Achéen ». Le passage de l'un à l'autre est constant, et nous-mêmes ne savons pas toujours si le tour que nous employons est interrogatif indirect ou relatif : « je ne sais pas l'homme *qu'*il est » est difficilement discernable de « je ne sais pas *quel* homme il est ».

Le caractère fondamentalement *ambigu* de ὅστις — soutenu d'ailleurs par les autres indéfinis relatifs qui sont en même temps interrogatifs indirects — devait fatalement amener des confusions, dans le domaine même des propositions relatives, entre le relatif et l'interrogatif. Le plus souvent τίς se substitue à ὅς ; mais l'inverse est également attesté. Le fait est bien représenté dans la Κοινή ; mais déjà Sophocle, qui si souvent anticipe sur des états de langue ultérieurs, en fournit des exemples indiscutables :

Soph. *El.* 316 ὡς νῦν ἀπόντος, ἱστόρει τί σοι φίλον « avec la conviction qu'il n'est pas là, demande-moi ce que tu veux ». De même plus tard Lc. 17, 8 ἑτοίμασον τί δειπνήσω « prépare-moi quelque chose à manger pour mon dîner ».

Soph. *O. C.* 1171 ἔξοιδ' ἀκούων τῶνδε, ὅς ἐσθ' ὁ προστάτης « je les ai entendus parler, et je sais quel est ce suppliant ».

§ 51. A côté de ὅς et de ὅστις, la langue use (ou a usé) de ὅς τε et de ὅσπερ. Mais tandis que le second pronom qui n'ajoute au lien relatif qu'une valeur supplémentaire de **précision** ou d'*identification* est resté vivant à côté de ὅς, le premier, qui ne se distinguait de ὅς et de ὅστις que par des nuances assez fuyantes (cf. MINARD : *Deux relatifs homériques*), puisque ὅς τε indiquait une liaison *contingente* tandis que ὅστις comporte une liaison, non seulement générale, mais *nécessaire* , a disparu pratiquement de l'usage de la prose : il n'apparaît que dans l'épopée et dans les passages qui s'en inspirent. Seules subsistent de ὅς τε deux formes figées et invariables : ἅτε « en tant que » et ἐφ' ᾧτε « à condition que, moyennant que ».

π 227 Φαίηκές μ' ἄγαγον ναυσικλυτοί, οἵ τε καὶ ἄλλους ἀνθρώπους πέμπουσιν ὅ τις σφέας εἰσαφίκαται « les Phéaciens aux navires fameux m'ont amené ici, ce peuple qui *fait métier* de passer *quiconque* va chez eux ». La mer est l'occupation *ordinaire* des Phéaciens ; et ils font franchir l'eau à *toute-personne-à-passer*.

Isocr. 8, 8 ἡμῖν προσήκει τὴν ἡγεμονίαν ἀπολαβεῖν ἥνπερ ἐτυγχάνομεν ἔχοντες « il nous convient de recouvrer cette hégémonie même qui nous appartenait ».

Remarque I. — En dehors de ὅς, la langue disposait d'un certain nombre de relatifs fondés sur le thème **yo*, soutenus par des corrélatifs en **to*, et dont la forme indéfinie servait aussi, comme ὅστις , à l'expression de l'interrogation indirecte : ils exprimaient avant tout une *quantité* (ou une grandeur), une *qualité* (ou une espèce) et, participant de l'une et de l'autre, la *qualité de l'âge* (c'est-à-dire du *nombre* des années) : on reconnaît ὅσος, οἷος, ἡλίκος. Ainsi au relatif ὅσος « (aussi grand) que » répond le corrélatif τοσόσδε (ou τοσοῦτος), tandis que ὁπόσος exprime non seulement l'indéfini « aussi grand qu'on veut », mais l'interrogatif indirect : « (je demande)... combien grand » en face de l'interrogatif direct πόσος ; « combien grand ? ».

Remarque II. — Les éléments relatifs semblent avoir assez mal défendu leur autonomie en grec : influencés par leurs antécédents et par leurs corrélatifs (exprimés ou non), ils ont été entraînés dans toutes sortes d'*attractions* (cf. §129) La langue moderne se sert, en guise de relatif « défini » de l'adverbe ποὺ « où » quitte à préciser dans la relative les fonctions des cas indirects ; ὅποιος, à la fois adjectif et pronom, rend l'« indéfini » sans considération particulière de qualité ; ὅσος exprime la *qualité* et le *nombre* (ὁπόσος ayant disparu). Il n'y a eu effondrement du système ancien que pour ὅς proprement dit ; le reste n'a été que simplifié. Ainsi on peut dire : ὁ ἄνθρωπος ποὺ ἦρθε, ἡ γυναῖκα ποὺ εἶδα « l'homme qui est venu », « la femme que j'ai vue », mais plutôt : ἡ γυναῖκα ποὺ ἔδωσα τῆς τὸ γράμμα « la femme à qui j'ai donné la lettre » plutôt que ἡ γυναῖκα ποὺ ἔδωσα τὸ γράμμα : on comparera le tour vulgaire français avec *que* invariable : « la femme *que* j'*y* ai donné la lettre ». De même on dit ὅσοι ἦρθαν, ἤτανε ἄρρωστοι « tous ceux qui sont venus étaient malades » et ὅποιος σοῦ τὸ εἶπε εἶναι ψευστής « celui-là (quel qu'il soit) qui te l'a dit est un menteur ». Cf. PERNOT, *Gramm.* 122 sqq. et MIRAMBEL, *Gramm.* 104 sqq.

IV. **Le pronom** ῞ΟΣ, ῞Η, ΤΟ
(**Article** ῾Ο, ῾Η, ΤΟ).

§ 52. Démonstratif par sa structure, mais proche des anaphoriques par les fonctions qu'il remplit, le « présentatif » ὅς, ἥ, τό joue dans la langue, une fois devenu l'article ὁ, ἡ, τὸ, un rôle si important que son étude peut constituer, à elle seule, un important chapitre de syntaxe, à la fois du point de vue diachronique et du point de vue synchronique. D'« Homère » à l'attique, on voit le présentatif devenir un *article défini* ; en attique même, l'*emploi* (ou l'*absence*) de l'article caractérise un grand nombre de tours divers. — Successivement on étudiera ὅς, ἥ, τό comme *élément démonstratif*, puis comme *article* : sans vouloir tracer, même à grands traits, l'histoire de ὅ, ἥ, τό (ὁ, ἡ, τὸ), il sera nécessaire de partir de l'*état homérique* pour aboutir à l'*état attique*, parce que le premier nous indique l'origine d'emplois qui ont pris ultérieurement de grands développements.

A) ῞ΟΣ, ῞Η, ΤΟ ÉLÉMENT DÉMONSTRATIF

§ 53. État homérique[1]. Il joue le rôle d'un démonstratif *faible*, qui *rappelle* à notre attention un *objet connu* ou *annonce* un *objet nouveau* : c'est dire qu'il est assez voisin d'un *anaphorique*. Mais, tandis que l'anaphorique proprement dit est toujours *vague*, le présentatif est *précis*. Quand Agamemnon dit de Chryséis (A 29) τὴν δ' ἐγὼ οὐ λύσω « mais *elle*, je ne *la* rendrai pas », bien que τὴν ne puisse se rapporter qu'à une personne *connue*, le présentatif est autrement *vigoureux* que ne le serait un anaphorique tel que ἐγὼ οὐ λύσω μιν « je ne *la* rendrai pas ». Cette précision plus grande du démonstratif apparaît nettement dans les exemples qui suivent : le premier *distingue*, à la façon d'un article défini, un *objet* entre *plusieurs autres* qui restent *indéterminés* ; le second *annonce le contenu d'une pensée* ; le troisième *définit*, en les opposant l'un à l'autre, deux objets précis ; le quatrième *reprend* un objet connu pour lui attribuer une *qualité particulière*.

1. Cf. P. CHANTRAINE, *Gramm. hom.*, I, p. 275.

μ 201 ἀλλ' ὅτε δὴ τὴν νῆσον ἐλείπομεν « mais lorsque nous quit-
tâmes l'île en question » qui s'oppose à μ 166 ἐξίκετο νηῦς εὐεργὴς
νῆσον Σειρήνοιιν « le navire bien construit toucha *une* île, l'île des
Sirènes ».

δ 655 ἀλλὰ τὸ θαυμάζω· ἴδον ἐνθάδε Μέντορα δῖον... « mais *voici*
ce qui m'étonne : j'ai vu ici le divin Mentor... ».

E 145 τὸν μὲν ὑπὲρ μαζοῖο βαλών... τὸν δ' ἕτερον... πλῆξε « l'*un*, il
le frappa au-dessus du sein, tandis que l'autre, il... l'atteignit (à la
clavicule) ». Il est à rappeler que, dans l'expression τὸν ἕτερον, τὸν
n'est pas l'article, comme on pourrait le croire : il faudrait traduire,
pour être exact : « mais l'autre, le second. »

K 536 Ὀδυσεύς τε καὶ ὁ κρατερὸς Διομήδης « Ulysse et l'autre,
(c'est-à-dire), Diomède le Fort ». Ici encore, on pourrait être tenté de
voir dans ὁ un véritable article ; il est peu probable qu'une telle valeur
lui soit attribuable ; mais l'exemple nous montre comment, par transitions insensibles, a pu se faire le passage du « présentatif » à l'article.

§ 54. C'est à cette valeur présentative de ὅς, ἥ, τό que se rattache
l'emploi du pronom en fonction de *relatif* : en réalité, il s'agit d'une
juxtaposition sentie comme équivalente à la *subordination relative*.
Fréquent chez Homère et en ionien, mais *exceptionnel* en attique, cet
usage apparaît de nouveau dans la Κοινή et est resté *très vivace* en
grec moderne [1] :

A 72 ἣν διὰ μαντοσύνην, τήν οἱ πόρε Φοῖβος Ἀπόλλων « grâce à
son talent de divination — celui-là (= que) Phoibos Apollon lui avait
octroyé ».

Hdt. 1, 1 τὸν χῶρον τὸν καὶ νῦν οἰκέουσι « le pays, celui-là (que)
ils habitent aujourd'hui ».

Pap. Oxyr. XVI, nᵒ 1862 (VIIᵉ s.) τὰ ἐξ νομίσματα τὰ ἔπεμψες
« pour les six *solidi* que tu avais envoyés... ».

gm. εἶπα τὰ εἶδα « j'ai dit ce que j'ai vu ».

§ 55. État attique. D'emplois si amples l'attique n'a conservé que
peu de chose. La valeur *démonstrative* du pronom n'apparaît plus que
dans des *expressions toutes faites*, que la vitesse acquise a maintenues
dans l'usage : ainsi καὶ ὅς, ἣ δ' ὅς « et lui », « dit-il » ; ὁ μὲν, ὁ δέ « l'un,
l'autre » ; τὸν καὶ τόν « tel ou tel »; τὸ καὶ τό « ceci, cela »;τῇ « par ici » ;
τοῦ « c'est pourquoi »; πρὸ τοῦ « auparavant » ; τῷ « c'est pourquoi » [2].

Xén. *An.* 7, 6, 4 Καὶ οἱ εἶπον « et eux, ils dirent ».

Plat. *Banq.* 205 C Ἀλλ' ὅμως, ἦ δ' ἥ, οἶσθ' ὅτι... « mais pourtant,
dit-elle, tu sais bien... ».

1. Le témoignage du grec d'aujourd'hui, dans lequel d'ailleurs le relatif ancien ὅς a
disparu (cf. § 51, Rem. II), montre que ce n'est pas à une confusion *formelle*, comme on
aurait pu le croire, entre ὅς présentatif et ὅς relatif que sont dus les emplois si fréquents
du présentatif en fonction de relatif.

2. On écrit τῷ : mais le pronom n'est pas au *datif* (τῷ) ; il est à *l'intrumental*, cas
dont la désinence n'a amais comporté d'iota souscrit.

Xén. *An.* 3, 3, 7, οἱ μὲν ἐτόξευον, οἱ δ' ἐσφενδόνων « les uns lançaient des traits, les autres brandissaient des frondes ».

Lys. 19, 59 καί μοι κάλει τὸν καὶ τόν « cite-moi devant le tribunal tel et tel ».

Thc. 1, 118 ὄντες καὶ πρὸ τοῦ μὴ ταχεῖς ἰέναι ἐς τοὺς πολεμίους « étant, déjà auparavant, peu rapides pour s'ébranler contre l'ennemi ».

Plat. *Théét.* 179 D τῷ τοι σκεπτέον « voilà pourquoi il faut considérer ».

Avec une valeur plus *faible* et voisine des *anaphoriques*, le démonstratif ὅς, ἥ, τό *annonce*, devant ὅσος ou οἷος, la *catégorie* qui est définie dans sa *quantité* ou dans sa *qualité*.

Plat. *Rép.* 469 B ὅταν τις γήρᾳ ἤ τινι ἄλλῳ τρόπῳ τελευτήσῃ τῶν ὅσοι ἂν διαφερόντως ἐν τῷ βίῳ ἀγαθοὶ κριθῶσιν « quand vient à mourir, de vieillesse ou autrement, l'un de ceux qui, de leur vivant, ont été reconnus comme ayant un mérite exceptionnel... ».

Plat. *Parm.* 130 C χωρὶς ἡμῶν καὶ τῶν οἷοί ἐσμεν πάντων « sans nous et sans tous ceux qui sont tels que nous ».

B) 'O, 'H, TO ARTICLE

§ 56. État homérique. La langue homérique connaît déjà, encore que dans une faible mesure, l'usage de l'article ; mais il est impossible de circonscrire, même en gros, les domaines respectifs du *démonstratif* et de l'*article*. Seuls peuvent entrer en ligne de compte les exemples dans lesquels on est *contraint* de donner au pronom la valeur d'un *article*, celle de *démonstratif* étant *exclue par le sens*.

De fait, les cas ne manquent pas dans lesquels ὁ, ἡ, τό *précédant immédiatement un nom*, donne l'impression d'être déjà un véritable *article* : mais, le plus souvent, il est impossible d'affirmer que ce n'est pas au démonstratif qu'on a affaire. Cependant, même en ce cas, il est possible, du moins dans les parties les plus récentes de l'épopée, qu'il s'agisse déjà d'un article :

Δ 1 οἱ δὲ θεοὶ παρ' Ζηνὶ καθήμενοι ἠγορόωντο « Or *eux*, les Dieux, ils siégeaient assemblés aux côtés de Zeus ».

Ψ 336 ἀτὰρ τὸν δεξιὸν ἵππον κένσαι ὁμοκλήσας « mais *lui*, le cheval de droite, excite-le de la voix ». Ne faut-il pas entendre, étant donné le caractère « récent » de l'"Αγὼν ἐπιτάφιος, « *le* cheval de droite » ?

§ 57. En revanche, quand ὁ, ἡ, τό suivi d'un *adjectif*, d'un *adverbe* ou d'un *participe*, désigne un *objet caractérisé par ces diverses qualifications*, on peut affirmer que le pronom est déjà un *article défini*. Or, si les exemples d'articles avec un participe sont nombreux, la *construction de l'infinitif précédé de* τὸ *n'existe pas encore* : en effet, celle-ci désigne l'*action verbale en elle-même*, et non pas un *objet défini et qualifié* :

Δ 259 ὅτε πέρ τε γερούσιον αἴθοπα οἶνον 'Αργείων οἱ ἄριστοι ἐνὶ κρητῆρσι κέρωνται « lorsque *les meilleurs* des Argiens mélangent dans des cratères le vin d'honneur aux sombres feux ».

Ψ 663 αὐτὰρ ὁ νικηθεὶς δέπας οἴσεται « *le vaincu* remportera la coupe ».

Χ 156 τὸ πρὶν ἐπ' εἰρήνης « *au temps jadis*, en temps de paix ».

υ 52 ἀνίη καὶ τὸ φυλάσσειν παννύχιον ἐγρήσσοντα « aussi bien cela est-il pénible de rester éveillé toute la nuit ». Malgré l'apparence, il faut entendre « cela aussi (καὶ τὸ) est un ennui, de rester éveillé... ».

§ 58. **État attique.** Les emplois de l'article, *positifs ou négatifs*, sont si nombreux et si complexes que, pour la commodité de l'étude, on a dû distinguer différentes *catégories* selon que l'article détermine :

A) un nom *commun* — désignant un *individu* ou une *espèce*,

B) un *nom propre*,

C) un *adjectif*, un *adverbe* (ou une *préposition*), un *pronom substantivés*,

D) un *infinitif* ou un *participe substantivés*,

E) une *forme citée hors de toute considération de flexion*, ou une *proposition*, (en tout ou en partie).

A. Le nom commun et l'article.

§ 59. L'article peut définir à la fois l'**individu** dont il est question et l'*ensemble des individus* qui forment un **groupe** ou une espèce ; inversement, l'*absence* d'article implique une *impossibilité* (ou un *refus*) de définir un individu *en particulier*, ou est un moyen d'exprimer *l'espèce en elle-même*, sans considérer les *individualités qui la composent*. Il en va un peu autrement pour les **choses** : l'article les montre sous leur *apparence concrète*, tandis que l'*absence d'article* traduit une façon *abstraite* de les considérer. Par exemple ὁ ἄνθρωπος peut signifier à la fois *l'homme dont il s'agit* et *les hommes en général* ; ἄνθρωπος au contraire voudra dire *un homme quelconque* ou *l'Homme* ; d'autre part τὸ γάλα indique *le lait tel que nous le voyons*, mais γάλα *l'aliment que constitue le lait*.

Plat. *Phéd.* 117 E κατεκλίθη ὕπτιος· οὕτω γὰρ ἐκέλευεν ὁ ἄνθρωπος « il se coucha sur le dos ; ainsi l'avait prescrit l'homme (= l'exécuteur des Onze) ».

Xén. *An.* 2, 6, 10 λέγειν αὐτὸν ἔφασαν, ὡς δέοι τὸν στρατιώτην φοβεῖσθαι μᾶλλον τὸν ἄρχοντα ἢ τοὺς πολεμίους « il disait, d'après ce qu'on racontait, que le soldat (= tous les soldats) devait craindre son chef (= tous leurs supérieurs) plus que l'ennemi ».

Xén. *An.* 1, 1, 6 παρήγγειλε τοῖς φρουράρχοις ἑκάστοις λαμβάνειν ἄνδρας Πελοποννησίους ὅτι πλείστους « il avait fait passer à chacun des commandants le mot d'ordre de prendre le plus qu'ils pourraient de gens du Péloponnèse ».

Plat. *Prot.* 321 C ἡ εἱμαρμένη ἡμέρα παρῆν, ἐν ᾗ ἔδει καὶ ἄνθρωπον ἐξιέναι ἐκ γῆς εἰς φῶς « le jour destiné était venu où l'Homme à son tour devait sortir de terre et paraître à la lumière ».

Plat. *Banq.* 175 E εἰ οὕτως ἔχει καὶ ἡ σοφία, πολλοῦ τιμῶμαι τὴν παρὰ σοὶ κατάκλισιν « s'il en est de même pour le savoir (= l'ensemble des connaissances), j'apprécie fort le fait d'être assis à côté de toi ».

Plat. *Théét.* 173 C τούς γε φαύλως διατρίβοντας ἐν φιλοσοφίᾳ « ceux qui simplement vivent dans la philosophie (= absorbés dans la Science) ».

§ 60. De là résulte la règle bien connue d'après laquelle un nom commun, quand il est *attribut,* exclut *la présence de l'article* : en effet il exprime, dans *l'immense majorité des cas,* la *qualité abstraite* qui s'attache au nom — comme ἄνθρωπος « l'Homme » ; au contraire, dans les *quelques cas* où l'attribut possède un *contenu concret et défini,* comme quand on établit un *rapport d'identité entre les objets apparemment différents, l'article est nécessairement employé* :

Hdt. 1, 103 νὺξ ἡ ἡμέρη ἐγένετο « le jour se transforma en nuit ». Le jour, s'obscurcissant, prend le caractère propre de la nuit.

Plat. *Gorg.* 483 B οἱ τιθέμενοι τοὺς νόμους οἱ ἀσθενεῖς ἄνθρωποί εἰσιν « les fondateurs de lois, ce sont les faibles ». On pose ici une égalité entre les deux termes et leur *contenu* : les législateurs = les faibles.

§ 61. Par le fait même qu'il définit l'objet *par rapport à une personne,* l'article prend souvent, auprès d'un *verbe,* la valeur d'un adjectif possessif. Le plus fréquemment, l'adjectif possessif est à la *même personne* que le verbe dont il dépend ; mais aussi il peut se rapporter à la personne d'un *pronom,* que le sujet parlant considère comme particulièrement importante :

Xén. *An.* 3, 4, 47 χαλεπῶς κάμνω τὴν ἀσπίδα φέρων « *je* peine et me fatigue à porter *le* bouclier (qui est le *mien*) ».

Soph. *El.* 1027 ζηλῶ σε τοῦ νοῦ, τῆς δὲ δειλίας στυγῶ « *je* t'envie pour *la* prudence (qui est la *tienne*), mais j'ai l'horreur de *la* lâcheté (qui est également la *tienne*) ».

§ 62. Avec des *noms de* nombre, la présence et l'absence de l'article se justifient en partant des principes définis plus haut. Avec des nombres *cardinaux,* les objets sont en principe *non définis* et l'article n'aurait aucune raison d'être : il en va autrement quand le nombre s'applique à un *ensemble* (défini comme tel), à une *approximation chiffrée,* à un *rapport de deux nombres,* qui, peu définis si on les prend séparément, constituent une *proportion bien définie.* Avec les nombres *ordinaux,* on *emploie* (ou on *n'emploie pas*) l'article selon que la détermination est sentie ou non : ainsi une *simple date* — c'est le cas le plus courant — ne *comporte pas l'article* qui, au contraire, apparaît quand on situe exactement la date par rapport à un *ensemble donné.*

Thc. 1, 49 οἱ Κερκυραῖοι εἴκοσι ναυσὶν αὐτοὺς τρεψάμενοι « les gens de Corcyre leur ayant fait faire demi-tour avec vingt navires », en face de τοῖς Κερκυραίοις τῶν εἴκοσι νεῶν οὐ παρουσῶν « les gens de Corcyre n'ayant pas sous la main les vingt navires (= la flotte de Corcyre) ».

Xén. *Cyr.* 1, 2, 12 ἐπειδὰν τὰ δέκα ἔτη διατελέσωσιν, ἐξέρχονται εἰς τοὺς τελείους ἄνδρας « quand ils ont passé *les* dix ans (en question), ils s'en vont parmi les hommes faits ».

Xén. *An.* 2, 6, 15 ἦν, ὅτε ἐτελεύτα, ἀμφὶ τὰ πεντήκοντα ἔτη « il avait, quand il mourut, environ cinquante ans (cf. le tour familier : dans *les* cinquante ans) ».

Thc. 1, 10 Πελοποννήσου τῶν πέντε τὰς δύο μοίρας νέμονται « ils contrôlent les deux cinquièmes du Péloponnèse ».

Xén. *An.* 3, 4, 31 τετάρτῃ δ' ἡμέρᾳ καταβαίνουσιν εἰς τὸ πεδίον « le quatrième jour (date sans plus = 3 jours plus tard), ils descendent dans la plaine ».

Dém. 42, 11 τῇ ἑνδεκάτῃ τοῦ Βοηδρομιῶνος μηνός » le onzième jour du mois de Boédromion ».

§ 63. Il existe un certain nombre de noms indiquant des *objets uniques en eux-mêmes* ou *considérés comme tels par celui qui les emploie* : ainsi, pour tout le monde, le *soleil* ou la *lune* (ἥλιος, σελήνη) ; pour un Athénien parlant à d'autres Athéniens, *sa propre ville*, opposée à la campagne ou au Pirée, ou la *ville haute* (πόλις) par contraste avec la *ville basse* (ἄστυ) ; aussi bien, quand il s'agit du mot *roi* sans autre détermination, tout Grec sait qu'il ne peut s'agir que du roi par excellence, *le roi des Perses*. On remarquera d'ailleurs que l'économie de l'article dans la détermination est *facultative* : on relève parfois successivement la présence et l'absence de l'article sans raison apparente :

Lys. 12, 16 ἐκεῖνον πέμπω εἰς ἄστυ « je l'envoie *en* ville » en face de 54 οἱ εἰς τὸ ἄστυ ἐλθόντες « eux, arrivés *dans* la ville... ».

Plat. *Banq.* 220 D ὁ δ' εἱστήκει μέχρι ἕως ἐγένετο καὶ ἥλιος ἀνέσχεν. Ἔπειτ' ᾤχετ' ἀπιών, προσευξάμενος τῷ ἡλίῳ «il resta debout et immobile jusqu'au moment où l'aurore parut et le soleil se leva. Ensuite, il s'en alla, après avoir fait sa prière au Soleil ». Il se peut que, dans le second cas, le soleil soit considéré, non comme un astre, mais comme un être divin que l'on invoque.

B. Le nom propre et l'article.

§ 64. *En principe*, l'article n'est jamais nécessaire avec un nom propre, puisque celui-ci, en raison de son caractère *singulier*, ne peut être confondu avec un autre. Cependant l'article est *fréquemment* employé, pour des raisons subjectives fort variées. D'une façon générale, la présence de l'article indique que la personne (ou la chose) désignée par le nom propre est *familière* à celui qui parle ou l'*intéresse* particulièrement ; d'ailleurs il y a pratiquement entre les diverses catégories de noms propres, de grandes différences qui vont être successivement étudiées.

§ 65. Pour ce qui est des *noms de* **personnes**, on ne saurait donner une idée de toutes les raisons qui entraînent l'emploi (ou le non-emploi) de l'article. Il en est de *générales* : ainsi, la grande lyrique n'emploiera pas l'article, non seulement par tradition épique, mais par *parti-pris de noblesse* ; dans un *discours politique* (où d'ailleurs systématiquement l'adversaire est nommé, sans article) [1], l'article est *rare* ; au contraire, dans une *affaire privée*, le logographe usera *constamment* de l'article pour désigner son client, dans l'espoir d'établir une connivence sympathique entre le tribunal et lui. D'autres raisons sont tout à fait *particulières* : pour *présenter* une personne, on la désigne, de façon officielle, par son nom sans article ; mais, dès que la conversation s'établit, l'article apparaît et souvent s'installe. En d'autres occasions, le souci de *conserver les distances* — soit pour un maître à l'égard de ses serviteurs, soit pour un jeune homme à l'égard d'un homme d'âge — fait employer la forme sans article. Pour montrer la variété de ces emplois particuliers, nous donnons le dépouillement d'un passage du *Banquet* (212 D-213 C).

212 D Ἀλκιβιάδου : présentation d'Alcibiade ; 213 B ὑπολύετε, παῖδες, Ἀλκιβιάδην : ordre d'Agathon à son personnel ; 213 B πάνυ γε, εἰπεῖν τὸν Ἀλκιβιάδην; l'article sera constamment employé avec le nom d'Alcibiade jusqu'à la fin du développement.

212 D ἐρωτῶντος ὅπου Ἀγάθων καὶ κελεύοντος ἄγειν παρ' Ἀγάθωνα : Alcibiade, qui cherche Agathon et n'est pas familier avec lui, l'appelle de son nom officiel ; 212 E ἀναδήσαντες μόνον Ἀγάθωνα : également dans la bouche d'Alcibiade. En revanche, dès que reprend le récit d'Apollodore, l'article, qui désigne ce personnage déjà bien connu de nous, réapparaît : 212 D τὸν οὖν Ἀγάθωνα, φάναι ; 213 A καὶ τὸν Ἀγάθωνα καλεῖν αὐτόν ; 213 A καθίζεσθαι παρὰ τὸν Ἀγάθωνα ; 213 B εἰπεῖν οὖν τὸν Ἀγάθωνα.

213 A οὐ κατιδεῖν τὸν Σωκράτη ; 213 A ἐν μέσῳ Σωκράτους : analogique des prépositions qui le plus souvent n'admettent pas l'article ; 213 B παραχωρῆσαι γὰρ τὸν Σωκράτη... ὁρᾶν τὸν Σωκράτη ; 213 B Σωκράτης οὗτος : l'article est exclu dans l'interpellation. Tandis que, dans le récit d'Apollodore, l'article est ainsi employé, constamment, dans le discours d'Alcibiade, quelques pages plus loin, celui-ci, par déférence pour le philosophe, n'use *jamais* de l'article (216 D ὁρᾶτε γὰρ ὅτι Σωκράτης ἐρωτικῶς διάκειται; 217 A ὅ τι κελεύοι Σωκράτης, etc.).

1. Selon Gildersleeve (*Syntaxe* II § 537), dans les trois premières *Philippiques* le roi de Macédoine est nommé 29 fois sans article ; quand l'article est employé, c'est avec une familiarité méprisante, comme dans 1,9 ταπεινοτέρῳ νῦν ἂν ἐχρώμεθα τῷ Φιλίππῳ « nous aurions aujourd'hui dans notre Philippe un homme beaucoup plus humble ».

§ **66.** En ce qui concerne les *noms de* **peuples**, les habitants d'un pays, considérés dans leur pluralité, s'expriment en général *sans article* ; mais l'article est d'*usage* quand le nom de peuple est senti comme un *adjectif*, ainsi qu'au *singulier* (quand celui-ci possède une valeur *collective*). Ainsi, tandis que Βάρβαρος, qui est un *adjectif* authentique (cf. lat. *balbus*), est toujours précédé de l'article, Ἕλλην qui lui est opposé, senti d'abord comme un *nom*, a fini par être considéré comme une sorte d'*adjectif* — ce qui a généralisé l'emploi de l'article.

Hdt. 7, 63 οὗτοι ὑπὸ μὲν Ἑλλήνων καλέονται Σύριοι, ὑπὸ δὲ τῶν Βαρβάρων Ἀσσύριοι « ces gens-là sont appelés Syriens par les Hellènes, Assyriens par les Barbares ».

Plat. *Ménex.* 241 B τὸν ἐχόμενον φόβον διέλυσαν τῶν Ἑλλήνων « ils ont dissipé ce qui faisait leur second sujet de crainte pour les Hellènes ».

Thc. 1, 69 τὸν... Μῆδον αὐτοὶ ἴσμεν ἐκ περάτων γῆς πρότερον ἐπὶ τὴν Πελοπόννησον ἐλθόντα « nous savons bien par nous-mêmes que le Mède, venu du bout de la terre, a déjà marché contre le Péloponèse ».

§ **67.** Les *noms des* **dieux** s'expriment volontiers *sans article* : la présence de l'article indique une certaine *familiarité* du fidèle avec la divinité, quelles que soient les raisons ou les conditions de cette attitude. En particulier, quand on prend une divinité *à témoin*, tout dépend des circonstances : un serment officiel, une attestation solennelle excluent l'article, qui au contraire est courant dans les jurons de la langue quotidienne. Même entre les dieux, il y a des différences : c'est un fait que le nom du Maître des Dieux est rarement précédé de l'article, sauf quand il est invoqué avec d'autres divinités accompagnée de l'article. Il se produit en ce cas une sorte de *contagion de l'article défini*, qui apparaît également lorsque le nom divin est précédé *d'un autre nom accompagné de l'article* :

Plat. *Banq.* 195 B Ἔρως Κρόνου καὶ Ἰαπετοῦ ἀρχαιότερός ἐστι « Éros est plus ancien que Cronos et que Iapet ». Quelques lignes plus haut (195 A), Platon dit, dans un passage moins solennel : οὕτω τὸν Ἔρωτα καὶ ἡμᾶς δίκαιον ἐπαινέσαι « c'est ainsi qu'il est juste de célébrer Éros ».

Plat. *Banq.* 214 D Μὰ τὸν Ποσειδῶ... μηδὲν λέγε πρὸς ταῦτα « Par Poseidon... ne proteste pas là-contre ! ».

Plat. *Phéd.* 94 E Νὴ Δία... ἔμοιγε δοκεῖ « Par Zeus... oui, c'est mon opinion. »

Ar. *Cav.* 941 εὖ γε νὴ τὸν Δία καὶ τὸν Ἀπόλλω καὶ τὴν Δήμητρα « oui, par Zeus, Apollon, Déméter ».

Hdt 2, 138 φέρει ἐς Ἑρμέω ἱρόν « (la voie) conduit à *un* sanctuaire d'Hermès » en face de 2, 147 ἐν τῷ ἱρῷ τοῦ Ἡφαίστου « dans *le* sanctuaire d'Héphaistos ».

§ **68.** L'usage concernant les noms de **continents** et les noms de **pays** est assez différent. Pour les Grecs, il n'y avait que *deux continents* à proprement parler : l'Europe et l'Asie ; ce que nous appelons l'Afrique (et qu'ils nommaient Libye) constituait à leurs yeux une vaste région plutôt qu'un continent — dont l'Égypte ne faisait pas partie, rattachée qu'elle était pour eux à l'Asie. Cette double conception se laisse voir dans l'emploi de l'article : tandis que Ἀσία et Εὐρώπη *prennent l'article*, dans la grosse majorité des cas il y a hésitation pour Λιβύη. Quant aux noms de *pays* ou de *régions, ils se passent en général de l'article*, sauf quand ils sont sentis comme des *formations adjectives*. L'hésitation était possible pour nombre d'entre eux, la présence ou l'absence d'article était également admise. C'est d'ailleurs un usage fréquent de présenter un nom de lieu *sans article*, puis de le reprendre *avec l'article*, parce que l'on considère qu'il est désormais connu de l'interlocuteur.

Thc. 1, 9 ἦλθεν ἐκ τῆς Ἀσίας « il vint d'Asie ».

Thc. 1, 89 ἀνεχώρησαν ἐκ τῆς Εὐρώπης « ils se retirèrent d'Europe ».

Thc. 7, 50 ἀφικόμενος ἀπὸ τῆς Λιβύης « arrivant de Libye » et, quelques lignes plus loin, ἀπενεχθέντες ἐς Λιβύην « débarqués en Libye ».

Dém. 9, 26 ἀλλὰ Θετταλία, πῶς ἔχει ; « mais la Thessalie, où en est-elle ? ». Ce pays, dont le nom sans doute n'était pas senti comme une formation adjective (malgré le rapport Θετταλός/Θετταλία), se passe fréquemment d'article.

Isocr. 14, 33, νῦν μὲν ἡ Βοιωτία προπολεμεῖ τῆς ὑμετέρας χώρας « aujourd'hui la Béotie sert de rempart à votre pays ». La Béotie — le fait est là — est le plus souvent accompagnée de l'article, à cause de sa valeur adjective.

Thc. 2, 19 ἀφίκοντο ἐς Ἀχαρνάς « ils arrivèrent à Acharnes » en face de 2, 20 γνώμῃ δὲ τοιᾷδε λέγεται τὸν Ἀρχίδαμον περὶ τὰς Ἀχαρνὰς μεῖναι « telle est l'idée qu'eut, dit-on, Archidamos en restant à Acharnes ».

§ 69. Pour les noms de villes comme pour les noms de pays, *l'article n'a rien de nécessaire* : quand celui-ci est employé, c'est pour des raisons particulières. Par exemple une ville que l'on situe *géographiquement* est généralement désignée *sans article* ; mais l'article apparaît et s'installe, si on a des raisons de s'intéresser à cette ville. Il en est de même pour des lieux *familiers à tous*, comme le Pirée pour un Athénien.

Thc. 1, 24 Ἐπίδαμνός ἐστι πόλις ἐν δεξιᾷ ἐσπλέοντι τὸν Ἰόνιον κόλπον « Épidamne est une ville qu'on a à sa droite quand on entre dans la Mer Ionienne » en face de 1, 26 οἱ Κορίνθιοι ἔπεμπον ἐς τὴν Ἐπίδαμνον « les Corinthiens envoyèrent des renforts à Épidamne ».

Ar. Cav. 815 τὸν Πειραιᾶ προσέμαξεν « il a ajouté en supplément le Pirée ».

§ 70. Familières ou lointaines, les **mers** sont senties par les Grecs comme des *adjectifs* — ce qu'elles sont souvent effectivement — ou comme *étroitement apparentées à des adjectifs* : il en résulte que les noms de mers sont *généralement précédés de l'article*. Assurément Ὠκεανός ou Βόσπορος sont des substantifs : mais la formation tout entière était entraînée vers le type d'adjectif, abondamment représenté dans des exemples tels que ἡ Ἐρυθρὰ (θάλασσα) « la Mer Rouge », ὁ Εὔξεινος (πόντος) « le Pont-Euxin ». En ce qui concerne les **montagnes** et les **fleuves**, l'article est *constamment usité* pour désigner des montagnes, des fleuves *importants par eux-mêmes* ou, du moins, *familiers aux interlocuteurs*. Il arrive souvent que, lorsque les uns ou les autres ne sont que *peu* ou *point connus*, on juge nécessaire de faire précéder le nom propre de ὄρος ou de ποταμός ; également en ce cas, on *emploie l'article* avant ὄρος ou ποταμός quand la montagne ou le fleuve présentent un *intérêt* (passage important, position stratégique), tandis que, si on se contente de les situer géographiquement, *ils ne comportent pas d'article*.

Hdt. 2, 97 τῇσι ἐν τῷ Αἰγαίῳ πόντῳ νήσοισι «les îles qui sont dans la Mer Égée ».

Hdt. 2, 21 τὸν δ' Ὠκεανὸν γῆν πέρι πᾶσαν ῥέειν « tandis que l'Océan coulerait autour de la terre tout entière ».

Hdt. 1, 202 ὁ δὲ Ἀράξης λέγεται καὶ μέζων καὶ ἐλάσσων τοῦ Ἴστρου « on dit de l'Araxe, tantôt qu'il est plus long, tantôt qu'il est plus court que le Danube ». Un cours d'eau, insignifiant par lui-même, mais familier à tous les Athéniens comme l'Ilissos, prend également l'article : Plat. *Phèdre* 229 A δεῦρ' ἐκτραπόμενοι κατὰ τὸν Ἰλισσὸν ἴωμεν « changeons de route et allons de ce côté-ci, le long de l'Ilissos.... »

De même pour les montagnes — importantes par elles-mêmes ou bien connues de chacun : Lyc. 95 λέγεται... ἐκ τῆς Αἴτνης ῥύακα πυρὸς γενέσθαι « ou dit... qu'il sortit de l'Etna une coulée de lave ardente » comme Xén. *Ec.* 19, 6 ξηρά μοι δοκεῖ... εἶναι ἡ περὶ τὸν Λυκαβηττὸν (γῆ) « la terre, qui est autour du Lycabette,... me semble sèche ».

Hdt. 9, 93 ὃς ἐκ Λάκμωνος οὔρεος ῥέει « qui prend sa source au mont Lacmon » ou Xén. *An.* 5, 3, 8 ἔτυχε δὲ διαρρέων... ποταμὸς Σελινοῦς «un cours d'eau traversait ces terres... le Sélinonte » indiquent simplement la *position géographique* ; au contraire en raison de leur importance *pour les opérations militaires* les suivants comportent l'article : Thc. 3, 19 μέχρι τοῦ Σανδίου λόφου «jusqu'à la ligne de hauteurs du Sandios» ou Thc. 7, 80 ἐπειδὴ γένοιντο ἐπὶ τῷ ποταμῷ τῷ Κακυπάρει « quand ils seraient arrivés au fleuve, c'est-à-dire le Cacyparis ».

C. Adjectifs, adverbes (prépositions) et pronoms substantivés au moyen de l'article.

§ 71. L'article sert constamment à **substantiver** une *qualité permanente* exprimée par un adjectif. De cette qualité on peut dégager la valeur *abstraite* (au *neutre singulier*) et aussi des applications *concrètes* de cette même valeur (exprimées au *pluriel neutre*) ; mais on peut également créer, à l'*animé*, des catégories d'*êtres* ou d'*objets* qui sont justement définis comme possédant cette qualité. Par exemple, l'adjectif ἴσος, substantivé par l'article, donne au *neutre singulier* τὸ ἴσον, qui signifie « égalité, équivalence, même point », au *pluriel neutre*, outre le même sens abstrait d'« égalité », les valeurs concrètes de « part égale » de « droits égaux ». A l'*animé* ἡ ἴση désigne la « part égale » et « le châtiment proportionné à la faute », sans qu'on doive « sous-entendre » ni μοῖρα, ni ποινή ; il se trouve qu'on n'a pas d'exemple attesté de οἱ ἴσοι «les égaux» ; mais la possibilité de cette formation *masculine* est fortement soutenue par οἱ ὁμοῖοι « les pairs » (dans les cités doriennes), c'est-à-dire pour un adjectif de sens très voisin de ἴσος et faisant constamment couple avec lui (τὰ ἴσα τε καὶ ὅμοια Xén. *Hell.* 7, 1, 1).

§ 72*. De même, l'article transforme en substantif une **modalité adverbiale** — *lieu, temps, qualité, degré, négation* — ainsi que les *prépositions* suivies de leur complément. La langue trouvait là des possibilités d'expressions variées et étendues ; comme il est normal quand il s'agit de tours très fréquents, le procédé donne parfois des signes d'usure : c'est ainsi que l'article a parfois fait perdre à la préposition toute valeur propre, comme c'est le cas pour οἱ περί qui, signifiant d'abord l'*entourage d'une personne*, peut la *comprendre elle-même* et finit parfois par désigner la *personne, sans considération de son entourage:*

Soph. *Ant.* 75 ἐπεὶ πλείων χρόνος ὃν δεῖ μ' ἀρέσκειν τοῖς κάτω τῶν ἐνθάδε « car j'ai plus longtemps à complaire à ceux d'en dessous (les morts) qu'à ceux d'ici-bas (les vivants) ».

Thc. 4, 25 ἐν τούτῳ τῷ μεταξύ « dans cet intervalle ».

Plat. *Rép.* 341 C ὁ ὀρθῶς κυβερνήτης « celui qui est vraiment un pilote, le véritable pilote ».

Plat. *Critias* 107 B ἡ σφόδρα ἄγνοια « l'ignorance totale ».

Thc. 5, 50 κατὰ τὴν οὐκ ἐξουσίαν τῆς ἀγωνίσεως «en raison de l'impossibilité de la lutte ».

Thc. 8, 63 ἐπειδὴ οἱ περὶ τὸν Πείσανδρον πρέσβεις... ἐς τὴν Σάμον ἦλθον « lorsque les ambassadeurs de l'entourage de Pisandre... furent parvenus à Samos ».

Plat. *Crat.* 440 C οἱ περὶ Ἡράκλειτον « Héraclite et son école ».

Plut. *Pyrrhus* 20 οἱ περὶ Φαβρίκιον « Fabricius ».

§ 73. Dans une proportion beaucoup plus faible, l'article peut donner une certaine valeur de substantif à un **pronom**, en particulier à un *pronom personnel* ou à un *pronom interrogatif* : dans le premier cas, il équivaut à un *emphatique renforcé* ; dans le second, il insiste *avec impatience* sur la question posée. La valeur substantivante de l'article devient alors un *procédé expressif*, qui devait être fréquemment employé dans la langue parlée :

Plat. *Théét.* 166 A γέλωτα δὴ τὸν ἐμὲ ἐν τοῖς λόγοις ἀπέδειξε «dans ses propos il a fait des gorges chaudes d'un *homme comme moi* ».

Ar. *Gren.* 40 Ὁ παῖς — Τί ἐστιν ; — Οὐκ ἐνεθυμήθης ; — Τὸ τί ; — Ὡς σφόδρα μ᾽ ἔδεισε « Le garçon... — Qu'y a-t-il ? — Tu n'as pas remarqué ? — Mais *quoi au juste* ? — Comme je l'ai bien fait trembler ».

D. Infinitif et participe substantivés.

74. Le rôle de l'article dans ces deux domaines, qui relevaient à la fois du verbe et du nom, a été très considérable : on peut même dire que, sans cet outil, la pensée grecque n'aurait pu s'exprimer avec tant de précision ni de rigueur. Pour mesurer cette importance, il suffira de citer, entre bien d'autres, ce passage du *Gorgias* de Platon 483 B-C qui, en quelques lignes, comporte 9 emplois de l'article à valeur substantivante, avec 4 exemples d'adjectifs contre 4 d'infinitifs et 1 de participe : Ἀλλ᾽, οἶμαι, οἱ τιθέμενοι τοὺς νόμους οἱ ἀσθενεῖς ἄνθρωποί εἰσιν καὶ οἱ πολλοί. Πρὸς αὐτοὺς οὖν καὶ τὸ αὐτοῖς συμφέρειν τούς τε νόμους τίθενται καὶ τοὺς ἐπαίνους ἐπαινοῦσι καὶ τοὺς ψόγους ψέγουσιν· ἐκφοβοῦντές τε τοὺς ἐρρωμενεστέρους τῶν ἀνθρώπων καὶ δυνατοὺς ὄντας πλέον ἔχειν, ἵνα μὴ αὐτῶν πλέον ἔχωσιν ,λέγουσιν ὡς αἰσχρὸν καὶ ἄδικον τὸ πλεονεκτεῖν καὶ τοῦτό ἐστιν τὸ ἀδικεῖν τὸ πλέον τῶν ἄλλων ζητεῖν ἔχειν· ἀγαπῶσι γάρ, οἶμαι, αὐτοί, ἂν τὸ ἴσον ἔχωσι φαυλότεροι ὄντες « Mais, je pense, ce sont les faibles qui sont les auteurs des lois, et la masse. C'est pour eux et dans leur propre intérêt qu'ils font les lois, et décident de la louange comme du blâme : en faisant peur à ceux des hommes qui sont les plus forts et les plus capables d'avoir l'avantage sur eux, ils disent que vouloir posséder cet avantage, c'est honte et injustice, et que l'injustice même consiste à vouloir posséder un avantage sur les autres : trop heureux, semble-t-il, d'avoir autant que les autres, alors qu'ils leur sont inférieurs ! ».

a) Infinitif

§ 75. Sans doute l'**infinitif sans article** peut équivaloir à la plupart des fonctions qu'expriment les *cas* de la flexion : ainsi on reconnaît un *nominatif*, sujet d'une phrase nominale dans δ 837 κακὸν δ'ἀνεμώλια βάζειν « c'est une mauvaise chose que de dire de vaines paroles », ou un *accusatif* complément d'objet dans ζ 168 δείδια δ᾽ αἰνῶς γούνων ἅψασθαι « je redoute fort de toucher ses genoux », ou un *génitif* dans Plat. *Phéd.* 97 A αὕτη αἰτία αὐτοῖς ἐγένετο δύο γενέσθαι « telle fut la cause de ce fait qu'ils sont deux » ; il recouvre même d'anciennes fonctions syncrétisées dans des cas plus récents, telle que l'*ablatif* (indistinct en grec du génitif) dans Eur. *Alc.* 11... ὃν θανεῖν ἐρρυσάμην «...que j'ai sauvé de la mort», ou l'*instrumental* (confondu en grec avec le datif) dans β 158 ὁμηλικίην ἐκέκαστο ὄρνιθας γνῶναι « il l'emportait sur tous les hommes de son temps par sa connaissance des oiseaux ». En revanche, l'infinitif ne pouvait répondre que bien approximativement à un *datif* proprement dit par sa valeur « finale consécutive » : ainsi dans Ω 35 οὐκ ἔτλητε ...σαῶσαι ἥ τε ἀλόχῳ ἰδέειν καὶ μητέρι καὶ τέκεϊ ᾧ « vous n'avez pas eu le courage... de le protéger, pour son épouse *pour* le voir (= pour qu'elle puisse le voir encore), pour sa mère et pour son fils ». De même, l'infinitif sans article était exclu de tout ce qui pouvait se rapporter à une *situation dans l'espace* ou dans le *temps*, c'est-à-dire d'un *locatif*. En somme, rien ne distinguait formellement les unes des autres ces diverses valeurs de l'infinitif, qui ne recouvrait qu'incomplètement la flexion. Au contraire le même infinitif, *à partir du moment où il est muni d'un article*, peut exprimer avec la plus grande précision toutes ces fonctions : non seulement un véritable *datif*, comme dans Plat. *Phéd.* 71 C τῷ ζῆν ἐστί τι ἐναντίον, ὥσπερ τῷ ἐγρηγορέναι τὸ καθεύδειν « à *vivre* il existe un contraire, comme *dormir* à *être éveillé* ; non seulement toutes les variétés des *locatifs*, comme Soph. *Aj.* 554 ἐν τῷ φρονεῖν μηδὲν ἥδιστος βίος « c'est dans le fait d'être dépourvu de sentiment que réside le suprême bonheur d'une vie », mais aussi toutes les constructions de l'infinitif avec toutes les *prépositions* deviennent possibles — ἐν τῷ... πρὸς τὸ..., διὰ τοῦ... etc.

§ 76. De plus, la détermination de l'article donne à la langue le moyen de distinguer les **temps** à l'infinitif ; *sans article*, l'infinitif ne peut exprimer que l'aspect [1] : il suffit, pour s'en convaincre, d'opposer l'infinitif duratif βάζειν en δ 837, cité au § 75, à l'exemple d'aoriste ponctuel ἄψασθαι qui le suit immédiatement. Au contraire, grâce à la *proposition* que forme l'infinitif substantivé, ce mode est susceptible de rendre toutes les valeurs de temps que pourraient présenter les temps correspondants de l'indicatif. Ainsi, dans Xén. *Mém.* I, 2, 1 Θαυμαστὸν δέ μοι φαίνεται καὶ τὸ πεισθῆναί τινας « je trouve étonnant ce fait que certaines gens aient pu se laisser convaincre... » est, au point de vue du temps, aussi précis que le tour tout semblable employé immédiatement auparavant (1, 1, 19) : θαυμάζω οὖν ὅπως ποτὲ ἐπείσθησαν « je me demande avec étonnement comment certaines gens ont pu se laisser convaincre ». Il va d'ailleurs sans dire que l'infinitif avec l'article, quand celui-ci ne le détermine pas dans le sens d'un sujet précis, situé dans un moment du temps peut n'exprimer que l'aspect : c'est ainsi que τὸ θανεῖν opposera « le fait de mourir, la mort » (dépourvu de toute durée) en face de τὸ ζῆν « le fait de vivre » (duratif), tandis que τὸ θανεῖν τινας περὶ τῆς πατρίδος signifiera qu'*effectivement dans le passé* certaines personnes *sont mortes* pour leur patrie.

§ 77. C'est en effet dans le sens d'une véritable **proposition** munie le plus souvent d'un *sujet* (tandis que l'infinitif sans article est au plus susceptible d'avoir un objet) et présentant ainsi les diverses possibilités

---

1. On exclut le cas de la déclarative infinitive dans laquelle l'infinitif n'est qu'un équivalent de l'indicatif.

d'une proposition *autonome* que l'article, dans sa détermination, a entraîné l'infinitif : l'article, comme le relatif *quod* du latin, signifie alors « *ce fait que* ». Quand le *sujet* de la proposition de l'infinitif substantivé est *autre* que celui de la phrase où il se trouve, il est toujours à l'*accusatif*, selon l'analogie évidente de la proposition infinitive (cf. § 308) ; au contraire si le sujet des deux propositions est *le même*, le sujet de l'infinitif est au *nominatif* comme dans l'exemple classique λέγεται Ὅμηρος τυφλὸς γενέσθαι (cf. en latin : *dicitur Homerus caecus fuisse*) ; enfin quand le sens reste général et le sujet indéterminé, on fait généralement l'économie de ce sujet.

Thc. 1, 23 τὰς αἰτίας προὔγραψα ...τοῦ μή τινα ζητῆσαι « j'ai décrit les causes de la guerre... pour que (génitif de cause) personne n'eût à chercher... ». Ici le sujet, bien qu'indéterminé, était nécessaire pour éviter que l'on n'entendît pas προὔγραψα ...τοῦ μὴ ζητῆσαι « j'ai décrit... pour ne pas rechercher ».

Xén. *Mém.* 1, 2, 10 τῶν ἰσχὺν ἄνευ γνώμης ἐχόντων τὸ τοιαῦτα πράττειν ἐστίν « agir de la sorte, c'est le fait de ceux qui ont pour eux la force sans l'intelligence ». Il n'était pas utile, pour l'intelligence de la phrase, que l'on exprimât l'indéfini et que l'on dît τό τινας τοιαῦτα πράττειν.

Dém. 8, 11 οὐδενὶ τῶν πάντων πλέον κεκράτηκε ἢ τῷ πρὸς τοῖς πράγμασι γίγνεσθαι πρότερος « c'est par le fait d'être attentif aux événements plus que tout le monde que Philippe a dû son triomphe plutôt qu'à aucun autre moyen ».

b) Participe

§ 78. L'article ne pouvait augmenter les emplois du participe autant qu'on vient de le voir pour ceux de l'infinitif : au premier chef le participe, du fait qu'il est régulièrement muni d'une flexion, n'avait pas à en attendre une de l'article. C'est au point de vue du **temps** que la détermination de l'article a eu des conséquences semblables dans les deux domaines : comme on le sait, seul le participe futur exprimait *de droit* le *temps*, tandis que les participes présent, aoriste et parfait rendaient essentiellement la notion d'*aspect*, fort secondairement celle de temps (cf. § 281). Par exemple, seul le participe γελασόμενος signifiait « devant rire », tandis que γελάσας, au moins dans une tournure telle que : εἶπε γελάσας « il dit en riant », n'exprimait pas plus le temps que γελῶν, dans : λέγει γελῶν « il dit en riant ». Au contraire, avec l'article les différences de temps étaient parfaitement rendues : ὁ γελῶν ne peut se rapporter qu'à un présent ou un imparfait, ὁ γελάσας qu'à un moment du passé, comme ὁ γελασόμενος, qu'à un moment du futur.

§ 79. C'est surtout dans le **classement** des êtres (et des objets) caractérisés par l'état (et par l'action) du verbe que le participe a tiré le plus grand parti de la détermination que lui apportait l'article. Grâce à lui, le participe peut désigner, soit un *individu* défini par l'activité du verbe, soit un *ensemble d'individus, également donnés par la réalité*, qui sont définis dans les mêmes conditions : par exemple, ὁ λέγων peut se rapporter à l'homme qui parle devant nous, οἱ λέγοντες à ceux que nous entendons (ou pouvons entendre) parler : l'article détermine un *individu*, ou une *somme* d'*individus* qui est, de ce fait, limitée. Mais le même article peut aussi définir la *catégorie* ouverte qui est représentée comme celle des hommes que définit l'usage de la parole : ὁ λέγων (dont οἱ λέγοντες ne diffère guère) est alors l'homme qui est en *situation* de parler (*consécution*), ou *supposé* parler (*hypothèse*). En face de tel ou tels orateurs, on a l'Orateur (ou les Orateurs). On ne s'étonnera pas de voir s'adjoindre à ces valeurs générales de consécution et d'hypothèse une notion de *finalité*, nettement développée au *participe futur*, qui comportait par lui-même des significations voisines de la finalité. La langue, qui dispose de deux négations, οὐ et μή, donne un moyen *pratique* de distinguer les *séries constatées* (et *closes*) des *classes conçues* (et *ouvertes*) : les unes usent de οὐ, et les autres de μή.

Plat. *Ap.* 32 B τοὺς δέκα στρατηγοὺς τοὺς οὐκ ἀνελομένους τοὺς ἐκ ναυμαχίας ἐβούλεσθε ἀθρόους κρίνειν « les dix stratèges, ceux qui n'avaient pas relevé les morts après la bataille navale, vous avez voulu les juger en bloc ». Il s'agit du groupe *limité* des dix stratèges qui n'ont pas relevé les morts après la bataille des Arginuses.

Ménandre. *Monost.* 422 ὁ μὴ δαρεὶς ἄνθρωπος οὐ παιδεύεται « l'homme qui n'a pas été étrillé par la vie ne se forme jamais ». Il s'agit là d'une *série* soit *supposée* (ἐάν τις μὴ δαρῇ), soit considérée comme liée en *conséquence* à certaines conditions (οὕτως ἔχει ... ὥστε μὴ δαρῆναι), en tout cas d'une série *ouverte*.

Dém. 21, 30 νόμους ἔθεσθε πρὸ τῶν ἀδικημάτων ἐπ᾽ ἀδήλοις μὲν τοῖς ἀδικήσουσιν, ἀδήλοις δὲ τοῖς ἀδικησομένοις « vous avez institué des lois avant les délits, dans des conditions où on ne connaît pas encore les futurs délinquants, où on ne connaît pas encore les futures victimes ». Ici le temps se mêle à la consécution, sans que la finalité intervienne.

Dém. 21, 49 νόμον δημοσίᾳ τὸν ταῦτα κωλύσοντα τέθεινται « ils ont, par des dispositions de caractère public, établi une loi pour empêcher ces abus ». Dans cet exemple, l'idée de conséquence est au second plan, et cède le pas à celle de finalité : « en vue d'empêcher ces abus ».

Remarque. — L'emploi du participe substantivé à l'aide de l'article est devenu si courant qu'on a pu même, dans quelques cas (surtout avec la négation μή qui suffit à signaler le caractère de généralité et de consécution de la tournure), se passer de l'article pour exprimer une notion d'indétermination dans la catégorie envisagée :

Xén. *Cyr.* 8, 1, 2 τίς ἂν πόλις ὑπὸ μὴ πειθομένων ἁλοίη ; « quelle ville pourrait être prise par *des* gens qui n'obéiraient pas à leurs chefs ? ».

E. L'article avec les propositions et les formes citées
en dehors de la flexion.

§ 80. L'article donne aussi fréquemment à des propositions entières,
parfois complexes, la valeur d'un *substantif abstrait* « le fait de… » assez
comparable, pour le sens, à un infinitif substantivé.

Eur. *Hipp.* 264 τὸ λίαν ἧσσον ἐπαινῶ τοῦ μηδὲν ἄγαν « l'excès je
l'approuve moins que le *rien de trop* ».

Xén. *Cyr.* 5, 1, 21 τὸ δ'ἐὰν μένητε παρ' ἐμοί, ἀποδώσω, εὖ ἴστε, ἔφη,
αἰσχυνοίμην ἂν εἰπεῖν « la phrase : « Si vous restez auprès de moi, je
vous le rendrai », sachez-le bien, dit-il, je rougirais de la prononcer. »

L'article au *neutre* a la possibilité d'introduire n'importe quel *mot*
— nom, verbe, pronom — *fléchi ou non*, que l'on veut isoler : il s'agit,
le plus souvent, soit d'une expression que l'on *reprend* dans la *forme
même sous laquelle elle avait été employée*, soit des *éléments* d'un mot
soumis à une *analyse grammaticale*.

Ar. *Guêpes* 980 Καίτοι τὸ κατάβα τοῦτο πολλοὺς δὴ πάνυ ἐξηπάτησεν
« pourtant ce « descends ! » a vraiment trompé bien des gens ! ». Il est
fait allusion à l'expression du juge : κατάβα « descends (de la barre) ; la
cause est entendue » (v. 978).

Dém. 18, 88 τὸ δ' ὑμεῖς ὅταν εἴπω, τὴν πόλιν λέγω « quand je dis *vous*,
j'entends la cité ».

Plat. *Crat.* 394 B Ἀστυάναξ τε καὶ Ἕκτωρ οὐδὲν τῶν αὐτῶν γραμμάτων ἔχει πλὴν τοῦ τ « Astyanax et Hector n'ont d'autre lettre
commune que le *tau* ».

CHAPITRE III

LES ÉLÉMENTS PERSONNELS

§ 81. On entend, sous cette dénomination commune les *pronoms* et les *adjectifs* qui comportent une indication de *personne*.

En attique, les *trois* personnes entrent dans un système fortement construit de formes *non réfléchies* et *réfléchies* : mais c'est là le résultat de longs efforts. Seuls sont anciens les pronoms (et adjectifs) de la *première* et de la *seconde* personne — pour la *troisième*, il n'existait point de pronom ni d'adjectif —, ainsi que le *réfléchi* : celui-ci « renvoyait », *sans considération de personne, de genre ni de nombre*, au sujet *important* de la phrase, qui n'en était pas nécessairement le sujet *grammatical*.

La langue homérique ignore encore l'usage du démonstratif d'identité αὐτός « même » pour donner, aux *trois personnes*, aux *trois genres*, aux *trois nombres* des *réfléchis* qui correspondent à des non-réfléchis : quand αὐτός est employé avec un réfléchi, il lui donne seulement une valeur d'*insistance*. A peine trouve-t-on quelques exemples dans lesquels αὐτός commence à servir de pronom de la *troisième* personne : H 204 εἰ δὲ καὶ Ἕκτορά πέρ φιλέεις καὶ κήδεαι αὐτοῦ « si tu as vraiment de l'affection pour Hector et de la sollicitude pour *lui* ». Par ailleurs, l'adjectif possessif ὅς, construit sur le réfléchi, peut encore renvoyer à une *première* ou à une *seconde* personne aussi bien qu'à la *troisième* : ainsi ι 27 οὔτοι ἔγωγε ἧς γαίης δύναμαι γλυκερώτερον ἄλλο ἰδέσθαι « Non ! ne je puis avoir sous les yeux spectacle plus doux que celui de *ma* patrie » ou α 402 ... δώμασι οἷσι ἀνάσσοις «...tu peux régner sur *ton* palais (= ce palais qui t'appartient en propre) ».

§ 82. Si on observe de près, en attique, la symétrie des formes réfléchies, on constate qu'elle est assez extérieure. A la *première* et à la *seconde* personne, le pronom d'identité αὐτός se combine au *singulier* avec le pronom personnel, tandis qu'au *pluriel* les deux éléments composants restent autonomes : ἐμαυτόν en face de ἡμᾶς αὐτούς. A la *troisième* personne, le vieux pronom réfléchi, qui était par lui-même indifférent au nombre, se combine avec αὐτός *aussi bien au pluriel qu'au singulier* : ἑαυτούς comme ἑαυτόν. De plus l'attique continue à employer, dans des conditions définies, les formes fléchies du réfléchi (ἕ, οὗ, οἷ), mais seulement au *singulier*, tandis que les formes fléchies de σφε sont usitées au *pluriel*. On voit qu'en dépit des apparences il subsiste, en attique même, une distinction profonde entre les pronoms des deux premières personnes et ce qui sert à l'expression de la troisième (avec ou sans retour au sujet).

On étudiera d'abord les *pronoms personnels* et les *pronoms réfléchis ;* ensuite les *adjectifs* qui se rapportent à ces deux catégories.

I. Pronoms personnels.

§ 83. Sauf au *nominatif*, toujours *accentué*, les pronoms de la première et de la seconde personne possèdent *deux* sortes de formes, qui se distinguent au moins par l'*accent* : σοῦ orthotonique s'oppose à σου atone, tandis qu'il y a en plus une différence de thème entre ἐμοῦ orthotonique et μου atone. En principe, l'*atone* indique qu'*on ne s'attache pas particulièrement* à la personne désignée, tandis que l'*orthotonique* la *souligne avec emphase*.

§ 84. Pour employer le *nominatif*, il faut avoir ses raisons, puisque la langue n'exprime pas ordinairement le pronom sujet : λέγω suffit à donner son expression à « *je* dis ». Ce sont des motifs variés, d'ordre *affectif* ou *intellectuel*, qui arrêtent, pour ainsi dire, l'attention sur une personne. Dans le second cas, qui est le plus fréquent, il s'agit d'une *opposition*, d'une *précision*, d'une *restriction* (ou au contraire d'une *extension*) à une personne.

Soph. *Ant.* 997 τί δ'ἔστιν; ὡς ἐγὼ τὸ σὸν φρίσσω στόμα « Qu'est-ce à dire ? Je suis épouvanté, moi, par ce que tu me dis. » En se servant du pronom, Créon insiste sur la violence de ses sentiments personnels.

Plat. *Banq.* 201 C Ἐγώ, ὦ Σώκρατες, σοὶ οὐκ ἂν δυναίμην ἀντιλέγειν « Pour moi, Socrate, je ne saurais te tenir tête dans une controverse». Non sans mauvaise humeur, Agathon oppose son attitude à celle d'autres, qui se prêteraient au jeu de Socrate.

Soph. *Phil.* 248 Ἦ γὰρ μετέσχες καὶ σὺ τοῦδε τοῦ πόνου ; « As-tu pris part, toi précisément, à cette dure campagne ? »

Soph. *Phil.* 246 Πῶς εἶπας ; οὐ γὰρ δὴ σύ γ' ἦσθα ναυβάτης « Que dis-tu ? Mais non ! Tu n'étais pas, toi du moins, parmi les hommes à bord. »

Plat. *Banq.* 201 D ἣ δὴ καὶ ἐμὲ τὰ ἐρωτικὰ ἐδίδαξεν « c'est elle qui m'a instruit, pour mon compte, des choses de l'Amour ».

§ 85. *Aux autres cas*, la langue avait le choix entre formes atones et formes accentuées. *En principe*, l'adoption des unes de préférence aux autres doit se justifier par la *pensée ou le sentiment du sujet parlant ; en principe*, il n'y a aucune raison pour que le *pluriel* se comporte autrement que le *singulier*. Mais, *en pratique*, des transitions insensibles font passer d'exemples vigoureusement *sentis* à d'autres qui sont entièrement *figés, codifiés par l'usage* et que l'on constate sans pouvoir les justifier ; mais, *en pratique*, l'opposition entre atones et toniques, *très nette au singulier*, est pour ainsi dire *inexistante au pluriel* : c'est seulement quelques exemples — en joignant les rares témoignages littéraires à ceux des grammairiens — que l'on a au *pluriel* des formes *atones*. Le caractère emphatique de la forme *accentuée*, au *singulier*, est quelque chose de senti, dans Soph. *El.* 402 Σὺ δ'οὐχὶ πείσει καὶ συναινέσεις ἐμοί ; «Mais toi, tu ne te laisseras donc pas persuader, ni ne céderas aux conseils que, *moi*, je te donne?» en face de l'atone (v. 413) εἴ μοι λέγοις τὴν ὄψιν, εἴποιμ᾽ ἂν τότε.« Si tu me disais ce que fut ce rêve, peut-être pourrais-je alors parler. » Mais, à côté des innombrables ἡμῶν/ὑμῶν ou ἡμῖν/ὑμῖν, à peine peut-on signaler quelques cas d'*atones* [1] au *pluriel*, comme A 147 ὄφρ᾽ ἥμιν Ἑκάεργον ἱλάσσεαι ἱερὰ ῥέξας « afin qu'en offrant un sacrifice tu nous rendes l'Archer propice » ou Apoll. Dys. περὶ συντάξεως 130, 23 ἤκουσ᾽ ἥμων.

§ 86. En revanche, on ne peut discerner s'il y a (ou non) volonté d'insistance quand un pronom est placé *en tête de la phrase*, ou *au début du vers*, ou suit immédiatement une *ponctuation forte* : en effet, une forme enclitique, qui repose pour l'accent sur le mot qui la précède, ne peut, en principe, constituer le premier mot de la phrase. Assurément, il y a présomption qu'un pronom mis en tête attire l'attention ; mais on constate qu'en dehors de la position initiale le pronom prend la forme de l'atone dans des constructions parallèles :

ν 230 ἀλλὰ σάω μὲν ταῦτα, σάω δ᾽ἐμέ· σοὶ γὰρ ἔγωγε εὔχομαι ὥστε θεῷ, καί σευ φίλα γούναθ᾽ ἱκάνω « Sauve ces trésors, sauve-moi : *à toi* j'adresse une prière comme à un dieu (ou, plus probablement : je *t*'adresse...) et je touche en suppliant tes genoux ».

Ε 809 σοὶ δ᾽ ἤτοι μὲν ἐγὼ παρά θ᾽ ἵσταμαι ἠδὲ φυλάσσω, καί σε προφρονέως κέλομαι Τρώεσσι μάχεσθαι « *Toi*, je suis à tes côtés (ou, plus simplement : « je suis à *les* côtés »), je te garde et je t'invite franchement à te battre contre les Troyens. »

§ 87. D'une façon générale, *un pronom personnel qui dépend d'une préposition se met à la forme tonique* : le fait a été déjà établi par Hérodien (I, 559, 11 : αἱ μετὰ προθέσεως (ἀντωνυμίαι) ἀεὶ ὀρθοτονοῦνται). Si cet usage se justifie parce qu'on insiste généralement sur la personne désignée, il n'en est pas devenu pour cela figé et automatique : les mss. attestent des exemples (particulièrement nets à la 1re personne) de pronoms atones après préposition :

Soph. *El.* 352 ἐπεὶ δίδαξον, ἢ μάθ᾽ ἐξ ἐμοῦ, τί μοι κέρδος γένοιτ᾽ ἂν τῶνδε ληξάσῃ γόων « enseigne-moi donc — ou alors apprends-le de ma bouche ! — ce que je gagnerais à cesser mes pleurs ».

Plat. *Phèdre* 236 D παῦσαι πρός με καλλωπιζόμενος « cesse de faire des façons avec moi ».

§ 88. Il y a des usages déjà constatés par les Anciens, et qui ne se laissent que peu (ou point) justifier. Apollonius Dyscole (περ. συντ. p. 121) avait remarqué qu'un pronom personnel *immédiatement précédé* de καὶ « et » ou de ἤ « ou bien » est de *forme accentuée*, tandis qu'il est atone dans l'ordre inverse. Il y aurait de l'artifice à soutenir que l'insistance est plus forte dans le premier exemple que dans le second.

---

1. Au point de vue de l'accentuation, ἡμῖν atone s'oppose à ἡμῖν accentué comm ἡμίν atone à ἡμίν accentué (cf. VENDRYÈS, *Acc.*, p. 97).

Soph. *O. R.* 1478 καί σε τῆσδε τῆς ὁδοῦ δαίμων ἄμεινον ἢ ᾿μὲ φρουρή-σας τύχοι « que, pour te payer d'être ainsi venu, la Divinité te garde mieux qu'elle ne l'a fait pour moi ! »

Eur. *Or.* 736 Μενέλεως κάκιστος εἴς με καὶ κασιγνήτην ἐμήν « Méné-las se conduit mal envers moi et envers ma sœur.» L'atone est ici d'au-tant plus curieux qu'on attend naturellement la forme accentuée après une préposition.

Enfin il semble que l'emploi des deux formes est devenu *stéréotypé* quand le pronom se combine avec αὐτός « même ». Rien ne justifie cette règle pratique que αὐτός, *précédant le pronom,* ne l'admet qu'*atone,* tandis qu'il est *accentué* quand αὐτός le *suit* ; d'ailleurs on rencontre aussi la forme accentuée après αὐτός.

Hdt. 2, 10 κατά περ οἱ ἱρέες ἔλεγον, ἐδόκεε καὶ αὐτῷ μοι « selon que s'exprimaient les prêtres, c'était aussi ma propre façon de voir ».

Lys. 1, 4 τοὺς παῖδας τοὺς ἐμοὺς ᾔσχυνε καὶ ἐμὲ αὐτὸν ὕβρισεν « il a déshonoré mes enfants et m'a outragé moi-même ».

Plat. *Banq.* 220 E συνδιέσωσε καὶ τὰ ὅπλα καὶ αὐτὸν ἐμέ « il m'a aidé à sauver mes armes, ainsi que moi-même ».

§ 89. Faisant fonction d'**adjectif possessif**, les pronoms personnels expriment l'idée de possession aux formes *atones* du *génitif singulier* et aux formes *toniques* du *génitif pluriel,* sauf quand ils renvoient direc-tement ou indirectement au sujet important de la phrase (*réfléchi*). Il n'y a qu'une nuance de style entre ἡ ψυχή μου et ἡ ἐμὴ ψυχή « mon âme ». Quand le substantif est précédé de l'article, le pronom personnel *précède* ou *suit immédiatement* le nom ; d'une manière générale, le pronom ne peut *s'intercaler* entre l'article et le substantif que lorsque celui-ci est modifié par une *épithète.* On trouve pourtant chez les Tragiques des exemples dans lesquels le pronom s'intercale entre l'article et le substantif non qualifié : mais ils restent *extrêmement rares.*

Plat. *Banq.* 215 E οὐδ᾿ ἐτεθορύβητό μου ἡ ψυχή « et mon âme n'en restait pas troublée ».

Lys. 1, 19 πρὸς τὰ γόνατά μου πεσοῦσα « tombant à mes genoux ».

Isocr. 4, 58 et 4, 64 κατέφυγον ἐπὶ τοὺς προγόνους ἡμῶν « ils ont eu recours à nos ancêtres » et ἡμῶν οἱ πρόγονοι « nos ancêtres ».

Thc. 1, 32 ἡ δοκοῦσα ἡμῶν πρότερον σωφροσύνη « ce qui apparaissait naguère comme notre sagesse ».

Soph. *O. R.* 62 τὸ μὲν γὰρ ὑμῶν ἄλγος εἰς ἕν᾿ ἔρχεται « vos souffrances n'atteignent que chacun d'entre vous ».

§ 90. Cependant on fait constamment l'économie du pronom (ou de l'adjectif) possessif quand il s'agit d'*appartenances naturelles* — ainsi l'*esclave* par rapport au *maître,* les *enfants* vis-à-vis des *parents,* le *citoyen* à l'égard de son *pays,* etc. — *à la seule condition que le nom soit déterminé par l'article.* Pour dire simplement : « *ma* fille m'a dit » ou

« *mon* esclave est venu au-devant de moi » on n'emploie que l'article : ἡ θυγάτηρ εἶπέ μοι et ὁ παῖς ἡπάντησέ μοι. Il faut avoir de fortes raisons d'insister pour dire ἡ θυγάτηρ μου εἶπέ μοι ou ὁ παῖς μου ἡπάντησέ μοι.

II. Adjectif possessif non réfléchi.

§ 91. Les adjectifs ἐμός et σός, ἡμέτερος et ὑμέτερος « mon » et « ton », « notre » et « votre », sont vivement concurrencés par la tournure, précédemment étudiée, du génitif du pronom. Bien que logiquement les deux tours soient équivalents, ὁ ἐμὸς πατήρ fait plus « littéraire » que ὁ πατήρ μου : l'adjectif est particulièrement fréquent dans la tragédie, tandis que, dans des documents étrangers à la littérature comme les papyrus, le pronom est seul usité. D'ailleurs le grec moderne, qui ignore l'emploi de l'adjectif, se sert de l'ancien *génitif* au singulier (ὁ πατέρας μου, ἡ μητέρα σου) et de l'ancien *accusatif* au pluriel (ὁ ἀδερφὸς μας, ἡ ἀδερφή σας).

Soph. *Ant.* 318 τί δὲ ῥυθμίζεις τὴν ἐμὴν λύπην ὅπου ; ; « Pourquoi appuies-tu ainsi sur le point sensible de ma souffrance ? »

Soph. *Ant.* 453 οὐδὲ σθένειν τοσοῦτον ᾠόμην τὰ σὰ κηρύγμαθ' « je ne croyais pas que tes édits eussent assez de pouvoir... »

§ 92. Comme il n'y a pas de pronom personnel à la 3e personne, un adjectif possessif ne saurait être formé sur lui : cependant, il peut paraître étrange que l'adjectif ἑός(ὅς), fait sur le réfléchi, puisse être employé, chez les poètes, comme adjectif possessif non réfléchi. En réalité, l'adjectif se rapporte, non au sujet grammatical de la phrase, mais à la presonne la plus importante, et garde sa valeur primitive de « propre à » :

Hym. *Aphr.* 203 ...ξανθὸν Γανυμήδεα μητίετα Ζεὺς ἥρπασ' ἑὸν διὰ κάλλος « Quant au blond Ganymède, le prudent Zeus l'enleva à cause de sa beauté. » L'adjectif signifie « qui lui était propre » et se rapporte au personnage dont il est principalement question, Ganymède.

§ 93. L'adjectif possessif n'équivaut pas seulement à un *génitif du sujet*, mais à un *génitif de l'objet*. Cet usage est courant, en poésie comme en prose, et à toutes les époques de la langue.

λ 202 ἀλλά με σός τε πόθος, σά τε μήδεα... σή τ' ἀγανοφροσύνη μελιηδέα θυμὸν ἀπηύρα « ce sont les regrets de ta présence, le souci que je me faisais de toi et le souvenir de ta bonté ... qui m'ont ravi à la douceur de la vie ».

Thc. 1, 69 αἱ ὑμέτεραι ἐλπίδες ἤδη τινάς που ἔφθειραν « les espoirs qu'il mettaient en vous ont entraîné la perte de certaines gens ».

Remarque. — De façon un peu comparable à *iste* en latin (et pour les mêmes raisons), σός peut avoir une valeur de *dénigrement*, tout en se rapportant à la seconde personne :

Eur. *Hipp.* 113 τὴν δὲ σὴν Κύπριν πόλλ' ἐγὼ χαίρειν λέγω « ta chère Cypris, je lui souhaite bien du bonheur ! »

III. **Pronom réfléchi.**

§ 94. Le pronom réfléchi renvoie à la personne qui, *aux yeux de celui qui parle, domine* la *phrase* ou la *proposition*. Cette personne en est souvent le *sujet grammatical* ; mais elle peut aussi y remplir les fonctions de *complément*, direct ou indirect.

Xén. *An.* 1, 5, 12 Κλέαρχος ἀφιππεύει ἐπὶ τὴν ἑαυτοῦ σκηνήν « *Cléarque* revient à cheval vers *sa* tente ».

Ar. *Nuées*. 385 ἀπὸ σαυτοῦ 'γώ σε διδάξω « c'est en faisant appel à *ton* propre fonds que je vais t'instruire ».

Xén. *An.* 2, 3, 25 πολλῶν ἀντιλεγόντων ὡς οὐκ ἄξιον εἴη βασιλεῖ ἀφεῖναι τοὺς ἐφ᾽ ἑαυτὸν στρατευσαμένους « beaucoup de gens s'opposaient au projet, en disant qu'il n'était pas de la dignité du *Grand Roi* de laisser échapper des hommes qui avaient marché contre *lui* ».

Les propositions *complétives déclaratives*, de *volonté*, de *but*, de *crainte*, etc., dépendant étroitement de la principale, forment avec elle un tout, qui est dominé par la personnalité de celui qui *déclare, veut, s'efforce, redoute*, etc. Le pronom se rapporte, non au *sujet de la proposition dans laquelle il se trouve, mais à celui de la principale* :

Xén. *Mém.* 1, 2, 8 ἐπίστευε τῶν συνόντων ἑαυτῷ τοὺς ἀποδεξαμένους ἅπερ αὐτὸς ἐδοκίμαζεν εἰς τὸν πάντα βίον ἑαυτῷ τε καὶ ἀλλήλοις φίλους ἀγαθοὺς ἔσεσθαι « il croyait fermement que ceux de *ses* familliers qui avaient accepté ce qu'il considérait comme juste seraient, jusqu'à la fin de leurs jours, de fidèles amis pour *lui* et entre eux ».

§ 95. *Même quand le pronom renvoie logiquement au sujet de la proposition, le réfléchi peut ne pas être employé*, si *l'auteur* juge les choses à *son point de vue*, et non *au point de vue du sujet*. Rien ne prouve mieux à quel point le réfléchi est *subjectif*. Il arrive que, dans une même phrase, on trouve un réfléchi et un pronom personnel qui se rapportent à la la même personne : *mais le point de vue n'est pas le même*.

Xén. *Mém.* 4, 7, 1 τὴν ἑαυτοῦ γνώμην ἀπεφαίνετο Σωκράτης πρὸς τοὺς ὁμιλοῦντας αὐτῷ « *Socrate* révélait *sa* pensée à ceux qui *le* fréquentaient. » L'adjectif *sa* et le pronom *le* désignent également Socrate ; mais, dans le second cas, l'auteur considère *objectivement* les disciples de Socrate : οἱ ὡμίλουν αὐτῷ.

§ 96. C'est à tort qu'on considère comme des réfléchis les pronoms σφᾶς, σφῶν, σφίσι (accentués), lorsqu'ils figurent dans une proposition *sans se rapporter au sujet important de la phrase*. Cette erreur s'explique : aussi bien dans les manuscrits que dans l'enseignement des grammairiens anciens on distingue mal les formes *atones* de ce pronom (qui ont une valeur *anaphorique*) des formes *accentuées* (qui seules font fonction de *réfléchi*). On remarquera qu'on ne voit jamais à ces prétendus réfléchis en σφᾶς se substituer les réfléchis du type courant ἑαυτόν.

Thc. 3, 3 τὰς τῶν Μυτιληναίων τριήρεις, αἳ ἔτυχον βοηθοὶ παρὰ σφᾶς (sic) κατὰ τὸ ξυμμαχικὸν παροῦσαι, κατέσχον οἱ Ἀθηναῖοι « quant aux navires de Mytilène, qui se trouvaient chez eux comme renfort en vertu de l'alliance, les Athéniens s'en saisirent ». Il faut voir ici en σφας un enclitique anaphorique, équivalant à αὐτούς, tandis que les formes accentuées doivent être réservées pour le cas où σφε est réfléchi (comme dans Antiph. 6, 35 ἡγήσαντο ταύτην σφίσιν ἔσεσθαι σωτηρίαν « ils considérèrent qu'ils auraient ce moyen de salut »).

Quand il fait fonction d'adjectif possessif réfléchi, le pronom s'inter-cale entre l'article et le nom pour les trois personnes, sauf quand on emploie le réfléchi indirect, qui ne s'intercale jamais. Avec l'exemple théorique ἀγαπῶ τὰ ἐμαυτοῦ τέκνα « j'aime mes enfants », on obtient le tableau suivant :

ἀγαπῶ τὰ ἐμαυτοῦ (ἀγαπῶμεν τὰ ἡμῶν αὐτῶν) τέκνα
ἀγαπᾷς τὰ σαυτοῦ (ἀγαπᾶτε τὰ ὑμῶν αὐτῶν) τέκνα
ἀγαπᾷ τὰ ἑαυτοῦ (ἀγαπῶσι τὰ ἑαυτῶν) τέκνα

mais :

φάσκουσιν ὅτι ἀγαπῶσι τὰ τέκνα σφῶν αὐτῶν.

§ 97. L'attique, très conservateur, a gardé les vieux réfléchis ἕ et σφᾶς à côté de ἑαυτόν et ἑαυτούς : mais il ne se sert pas indifféremment de ces formes variées. En général, ἕ et σφᾶς expriment le réfléchi indirect, en face de ἑαυτόν, affecté au réfléchi direct. Il en résulte que ἕ et σφᾶς sont surtout employés dans les complétives infinitives qui rapportent des paroles (style indirect, cf. § 315) ou expriment une volonté. Cepen-dant Thucydide se sert de σφᾶς pour renvoyer directement au sujet, dans les mêmes conditions que ἑαυτόν.

Plat. Banq. 175 A καὶ ἓ μὲν ἔφη ἀπονίζειν τὸν παῖδα « et il (Aristo-dème) disait qu'un esclave s'occupait de ses ablutions ».

Xén. Cyr. 2, 4, 7 ἔλεξαν ὅτι πέμψειε σφᾶς ὁ Ἰνδῶν βασιλεύς « ils dirent que le roi des Indiens les avait envoyés ».

Xén. An. 1, 1, 1 ἐβούλετο οἷ τὼ παῖδε παρεῖναι « il voulait avoir ses deux fils auprès de lui ».

Thc. 4, 8 ἐπὶ τὰς ἐν τῇ Κερκύρᾳ ναῦς σφῶν τὰς ἑξήκοντα ἔπεμψαν « ils envoyèrent à leur flotte de Corcyre les soixante navires ».

Remarque. — L'opposition entre les formes atones-anaphoriques et toniques-réfléchies, qui s'est en partie maintenue en attique, continue des usages très anciens, que l'on trouve dans la langue homérique. Il suffit de comparer les exemples suivants :
B 197 φιλεῖ δέ ἑ μητίετα Ζεύς « le prudent Zeus l'aime (αὐτόν = un roi) ».
O 574 ἀμφὶ ἓ παπτήνας « jetant autour de lui des regards inquiets. »
And. 1, 15 ἔφη εἶναι ἀνδράποδον οἷ « il dit qu'il avait un esclave ».
En revanche, le réfléchi aux deux premières personnes, qui n'est pas moins strict en attique que pour la troisième, est encore en formation chez Homère : la langue se contente souvent du pronom personnel, encore qu'elle essaie, à l'aide de αὐτός, ce qui deviendra la tournure courante du réfléchi :
K 378 ἐγὼν ἐμὲ λύσομαι « je me rachèterai ».

φ 249 ἦ μοι ἄχος περί τ' αὐτοῦ καὶ περὶ πάντων « c'est bien pénible pour moi et pour vous tous ».

A 271 καὶ μαχόμην κατ' ἔμ' αὐτόν « et *je* combattais selon *moi-même* (c'est-à-dire : « de toutes mes forces »).

IV. Adjectif possessif réfléchi.

§ 98. Les adjectifs ἐμός (ἡμέτερος) et σός (ὑμέτερος) servent indifféremment, qu'il y ait (ou non) retour au sujet important ; pour la *troisième* personne, étant donné que le réfléchi a fini par être exclusivement réservé à son expression, la langue disposait de ἑός, ὅς (bâti sur *swe/ *se) et de σφέτερος (bâti sur σφε) : mais l'attique n'a gardé que σφέτερος. D'une façon générale, la prose attique se sert beaucoup de moins de l'adjectif possessif réfléchi que du pronom réfléchi lui-même : ὁ ἑαυτοῦ πατήρ, ὁ σεαυτοῦ πατήρ, ὁ ἐμαυτοῦ πατήρ constituait un système beaucoup plus clair.

Dém. 53, 12 τῶν κτημάτων σοι τῶν ἐμῶν κίχρημι ὅ τι βούλει « sur mes biens je te prête tout ce que tu veux ».

Dém. 40, 8 ὑμεῖς τοὺς ὑμετέρους παῖδας ἀγαπᾶτε « vous aimez vos enfants ».

Lys. 24, 19 τοῖς τὰ σφέτερα σώζειν βουλομένοις « ceux qui veulent conserver ce qui est à eux ».

La prose attique, qui ne se sert plus de ἑός/ὅς, n'a rien conservé de l'essai intéressant dont témoignent Homère et la langue poétique : il consistait à faire suivre l'adjectif possessif du *génitif de* αὐτός, aux nombre et genre voulus. Ainsi s'opposait nettement ὁ ἐμὸς πατήρ *non réfléchi* à τὸν ἐμὸν αὐτοῦ πατέρα *réfléchi*.

I 290 ὅσσ' οὔ πώ τις ἐῇ ἐπέδωκε θυγατρί « (des cadeaux) comme jamais personne n'en a jusqu'à présent donné à sa fille ».

χ 218 σῷ δ' αὐτοῦ κράατι τίσεις « tu le paieras de ta propre tête ».

Soph. *O. R.* 1247 τὴν δὲ τίκτουσαν λίποι τοῖς οἷσιν αὐτοῦ δύστεκνον παιδουργίαν « tandis qu'il (Laïos) laissait la mère donner des enfants — tristes enfants — à son propre fils ».

Remarque. — On trouve, d'Hésiode à la Κοινή, mais exceptionnellement en attique, des exemples dans lesquels σφέτερος renvoie, comme ἑός chez Homère, à une 1re ou à une 2e personne, au singulier ou au pluriel. Ainsi Hsd. *Trav.* 2 Μοῦσαι... Δί' ἐννέπετε. σφέτερον πατέρ' ὑμνείουσχι « Muses, chantez Zeus, célébrant ainsi *votre* père » ; Xén. *Cyr.* 6, 1, 10 περὶ τῶν σφετέρων φρουρίων ὡς ἐπιβουλευσομένων πολλάκις πράγματα εἶχον « au sujet de nos fortins, en pensant qu'ils seraient attaqués, je me tourmentais souvent ». Thcr. 22, 67 σφετέρης μὴ φείδεο τέχνης « ne ménage pas ton talent ».

CHAPITRE IV

LA PHRASE

A. Structure de la phrase.

Phrases nominales, verbales et sans verbe

§ 99*. Le type normal de la phrase, du moins dans les langues modernes de l'Europe occidentale, est la phrase **verbale**, qui comporte un *prédicat* exprimé par un *verbe* et qui se rapporte à un *sujet* ; dans : «le train *part*», on pose l'*action de partir* pour la *notion nominale de train* ; de même dans : « le chat *est* blanc », on pose la *qualité de blancheur* pour tel *chat*. A la phrase verbale on oppose, en grec, comme dans nombre de langues indo-européennes ou non, le type dit **nominal** dans lequel le prédicat est un *nom* : par exemple : ἄριστ᾽ν ὕδωρ « la meilleure chose — l'eau » ; une langue comme la nôtre ne peut en ce cas se passer d'un lien, d'une « copule » — le verbe « être » dépouillé de sa valeur forte d'existence — pour unir le sujet et la qualité. Enfin on admet ordinairement l'existence de phrases nominales-verbales, dans lesquelles le prédicat, qui est un *verbe*, comporte une qualité et contient comme *implicitement* une *phrase nominale* : par exemple : Ξ 472 οὔ μέν μοι κακὸς εἴδεται « il ne me semble pas (= il n'est pas pour moi) de basse naissance ». Cette triple distinction, qui est traditionnelle (cf. *M. V.* § 868), répond-elle vraiment à la réalité ? La phrase nominale typique, comme ἄριστον ὕδωρ, est-elle radicalement différente de phrases telles que ἄριστόν ἐστιν ὕδωρ ou ὕδωρ διαρρεῖ ? Quels rapports établir entre la phrase nominale, qui *exclut* une notion verbale, et les phrases verbales elliptiques qui, au moyen de l'ellipse, font l'*économie* d'un verbe ? N'y a-t-il pas, en dehors d'une phrase nominale exactement définie, des types de « *phrases sans verbe* » à distinguer de la phrase nominale et de la phrase à ellipse verbale ?

§ 100. Dans une étude récente, qui oblige à examiner sur nouveaux frais le problème de la phrase nominale, tel qu'il avait été posé par Meillet (*M. S. L* XIV, pp. 1-26), M. Benveniste a démontré (*B. S. L.*, t. 46, 19-36) sur des langues des types les plus différents que la phase *nominale* était, au point de vue de la *fonction*, équivalente à la phrase *verbale*, mais qu'elle ne pouvait être considérée comme une sorte de *degré zéro* d'une phrase à verbe *être* : pour reprendre un exemple frappant cité par lui, *omnis homo — mortalis* est symétrique de *omnis homo — moritur*, mais n'est pas une forme réduite de *omnis homo est mortalis*. Dans ce cas, entre la phrase sans verbe et la phrase à verbe *être* il y a « opposition de nature, non de degré » (p. 27). La phrase nominale, selon lui, relève du style *direct*, elle est *assertive* et cherche à imposer une *conviction* au nom de *vérités permanentes* : ainsi Hdt. 3, 53 τυραννὶς χρῆμα σφαλερόν « la tyrannie (est) chose scabreuse » affirme *intemporellement* le caractère de toute tyrannie ; au contraire, quand Diomède dit d'Achille (I 699) ὁ δ'ἀγήνωρ ἐστὶ καὶ ἄλλως « il est bien assez orgueilleux sans cela », il s'agit d'une qualité *constatée* dans un sujet *déterminé* et situé dans le *temps*. Il est bien assuré que la phrase nominale exactement définie ne comporte rien de verbal, parce que, dit M. Benveniste (p. 27), « l'élément assertif, étant nominal, n'est pas susceptible des déterminations que la forme verbale porte » : mais que penser de nombreuses tournures dans lesquelles le verbe est *absent* — verbe « être » le plus souvent, mais non pas nécessairement ? Faut-il toujours parler de phrases nominales, même quand il s'agit de *constatations individuelles et qui n'échappent pas au temps* ? Ou faut-il penser que nous avons affaire à l'ellipse d'un verbe peu caractéristique, c'est-à-dire à une façon *économique* de s'exprimer, la notion verbale « allant de soi » — non seulement à l'indicatif, comme le plus souvent, mais aussi à d'autres modes, par une sorte de convention tacite entre interlocuteurs qui savent « ce que parler veut dire » ? Le problème, fort délicat, consiste à tracer une ligne de démarcation entre des phrases dont l'idée verbale est *exclue* (et qui seules méritent d'être appelées *nominales*) et d'autres phrases « *sans verbe* » pour raison *d'économie verbale*, mais qui sont sous-tendues par des notions verbales.

§ 101. La véritable phrase nominale devra nécessairement présenter *à la fois* les signes caractéristiques justement dégagés par M. Benveniste : elle sera *intemporelle* et *générale* et exprimera une *vérité affirmée (ou niée)* avec force. Dans un passage d'Hérodote (II, 2), l'auteur explique la présence de ἐστὶ dans la phrase : ἐπὶ χιόνι πεσούσῃ ἀνάγκη ἐστὶ ὗσαι ἐν πέντε ἡμέρῃσι « après une chute de neige, il arrive fatalement qu'il pleuve dans les cinq jours », comme une *application particulière* de ce qu'il a posé antérieurement *en principe*. A notre sens, on ne peut plus parler de phrase nominale dans ce cas, mais de phrase *verbale* avec *être* : et si nous avions ἀνάγκη ὗσαι, il n'y aurait qu'une *ellipse* du verbe qui figure dans le passage, mais non une phrase nominale. Nous ne contestons pas qu'il y ait une *différence de nature* entre ἄριστον ὕδωρ et ἄριστον ὕδωρ ἐστί ; mais nous pensons qu'entre ἄριστον τὸ ὕδωρ — c'est-à-dire une eau déterminée — et ἄριστόν ἐστι τὸ ὕδωρ il n'y a qu'une *différence* dans l'expression : nous passons ainsi facilement de « Cette eau est excellente » à « Excellente, cette eau ». Si cette façon de voir est fondée, il y aura un assez grand nombre d'exemples acceptés comme des «phrases nominales» et qui devront en être exclus : ainsi A 404 ὁ γὰρ αὖτε βίη οὗ πατρὸς ἀμείνων « c'est que lui, par sa force, est au-dessus de son père », cité par M. Benveniste, n'est pas une phrase nominale, parce que ce jugement de valeur n'est valable que pour le *seul* Briarée ; de même H 52 οὐ γάρ πώ τοι μοῖρα θανέειν « ce n'est pas encore ton heure de mourir » n'est pas une phrase nominale, puisque l'heure dernière d'Hector, prédite par Hélénos, est chose *singulière*, et ne présente qu'une différence d'expression avec Υ 209 (cité également par M. Benveniste) μήτηρ δέ μοί ἐστ᾽ Ἀφροδίτη « Aphrodite est ma mère ». Aussi bien, il ne faudrait pas voir dans des types de phrases telles que δῆλον, θαυμαστόν + complétive des « assertions nominales de valeur intemporelle » ; du moins, quand ils s'appliquent à des objets singuliers et situés dans le temps, ils relèvent de l'ellipse verbale ; et la preuve que dans Π 620 χαλεπόν σε ...σβέσσαι μένος « il est difficile ... d'éteindre l'ardeur belliqueuse... » le neutre χαλεπόν n'a rien de «général» ni d' «intemporel», c'est que la langue dit aussi bien (Φ 482) χαλεπὸς εἰ ...σβέσσαι ; de même δῆλον ὅτι ἐστίν (ὁ δεῖνα) qui passe si facilement, parce qu'il est déterminé et particulier, à δῆλος ὁρᾶσθαι ὤν (Eur. *Or.* 350) « il est évident qu'il est, à le voir, (du sang de Tantale) ».

§ 102. D'après les exemples allégués jusqu'ici, on pourrait croire que ces phrases verbales sans verbe exprimé ne font l'ellipse que du verbe *être* et que la 3e *personne de l'indicatif singulier* de ce verbe : c'est justement parce qu'une ellipse particulièrement fréquente — celle de la 3e pers. du sing. de l'indicatif présent du verbe d'existence — aboutit, pour la forme, au même schéma qu'une phrase nominale authentique que les rapports de la phrase nominale et de l'ellipse verbale apparaissent si inextricablement emmêlés. Voici d'ailleurs d'autres *personnes* du verbe *être* qui appartiennent à l'ellipse, comme δ 206 τοίου γὰρ καὶ πατρός, ὃ καὶ πεπνυμένα βάζεις « d'un tel père (*tu*) es) le fils, toi qui tiens des propos si avisés » ou I 225 δαιτὸς μὲν ἐΐσης οὐκ ἐπιδευεῖς « d'un banquet où chacun à sa part (*nous*) ne (sommes) pas dépourvus ». Mais dans un domaine où la phrase nominale trouve d'excellentes conditions de développement — celui des *proverbes et des sentences morales* — on trouve des exemples frappants d'*ellipse* qui intéressent les verbes les plus divers et dans *d'autres conditions que celles d'une* 3e *personne de l'indicatif* : si ἀεὶ γεωργὸς εἰς νέωτα πλούσιος « le laboureur (est) toujours riche pour l'année d'après » a bien tous les caractères d'une phrase nominale, d'autres proverbes attestent des ellipses, souvent très fortes, qui ne sont intelligibles que parce que celui qui parle et celui qui écoute savent bien de quoi il retourne : ainsi ὁ Κρὴς τὸν πόντον « le Crétois (fait semblant d'ignorer) la mer » ou ὄνος τῆς λύρας « l'âne (a entendu) la lyre » font une économie *consciente* de ἀγνοεῖ ou de ἤκουσε. C'est une ellipse de même nature, encore qu'elle s'appliquant à des cas différents, que celle qui donne, dans *trois* vers des *Oiseaux* d'Aristophane (427-429) *quatre* ellipses du verbe *être* et qui fournit (*Guêpes*, 1179) la tournure μὴ σύ γε μύθους, exactement recouverte par notre expression familière · « Pas d'histoires ! » L'impatience, le désir de faire impression sur l'auditeur, l'absence d'équivoque dans l'objet, le contexte enfin, et sans doute des gestes que nous ne pouvons plus voir, tout contribuait à faire passer, de façon sans doute courante dans la langue familière, même l'ellipse d'un subjonctif de défense comme παρέχης [1].

§ 103. Après avoir ainsi tenté de distinguer.les domaines respectifs de la phrase nominale et de la phrase elliptique, il faut se demander ce qu'on doit penser de phrases *généralement non-verbales* et qui peuvent passer pour les plus élémentaires de la syntaxe : j'entends par là des phrases chargées d'*affectivité* et le plus souvent de forme *exclamative*. Une interjection, telle que αἰαῖ « hélas ! » ou οἴ « oh ! » n'est qu'un cri de douleur ou de joie (parfois les deux en même temps) ; mais on peut parler de phrase dès qu'à une interjection s'associe un *élément fléchi* dont le sujet parlant a conscience : ainsi Eur. *Ph.* 373 οἴ μοι τῶν ἐμῶν κακῶν « Hélas ! pour mes malheurs ! » est une phrase exclamative simple et *toujours dépourvue de verbe.* Avec le développement du génitif (cf. § 466), on a des tournures telles que Eur. *Méd.* 1052 ἀλλὰ τῆς ἐμῆς κάκης, τὸ καὶ προέσθαι μαλθακοὺς λόγους « mais quelle faiblesse est la mienne, d'ouvrir mon cœur à des paroles de lâcheté ! » On ne peut appeler nominale (au sens exact du terme) une phrase telle que X 477 ἐγὼ δύστηνος « Que je suis malheureuse ! ». De fait, l'exclamation douloureuse d'Andromaque n'est pas *intemporelle*, puisqu'elle se situe dans *l'instant* ; elle n'est pas *générale*, puisqu'elle n'est valable que pour *elle*. Mais une autre phrase exclamative telle que dans Matth. 5, 4 μακάριοι οἱ πενθοῦντες « heureux ceux qui pleurent ! » a tous les caractères d'une phrase nominale authentique ; elle est intemporelle, générale, et exprime une vérité que l'on veut faire entrer dans les cœurs. Comment interpréter cette collusion imprévue d'une phrase exclamative et d'une phrase nominale véritable ? La phrase nominale se situe dans *l'éternel*, c'est-à-dire en dehors du *temps* (et du verbe qui pourrait l'exprimer) : elle *exclut* le verbe ; la phrase exclamative, qu'elle soit, comme le plus souvent, *située dans l'instant* et personnelle, ou *générale* et valable de façon permanente, n'a que faire, elle aussi, du *temps* et du *verbe* : aussi l'économie du verbe est-elle systématique, *puisqu'il ne sert à rien*. Nous voyons qu'*à la limite le type* de l'*ellipse du verbe se rapproche du type à verbe exclu.* D'ailleurs, il ne faudrait pas être nous-mêmes les dupes des distinctions que nous établissons *in abstracto* : pour le sujet parlant, il existait *quelques types* de phrases sans verbe et un très grand nombre de possibilités d'ellipse : il devait passer facilement de l'une à l'autre, d'autant qu'il n'y avait entre elles aucune distinction formelle. De la phrase nominale la plus stricte on passait, *par des gradations insensibles*, à des types où l'ellipse était plus ou moins constante (ou plus ou moins occasionnelle) jusqu'aux types variés de la phrase verbale.

---

1 On se référera à l'important rapport de P. CHANTRAINE : la *Stylistique grecque* dans les *Actes du 1er Congrès de la Fédération internationale des Associations d'Études Classiques*

Phrases négatives et interrogatives

§ 104*. La phrase **négative** — comme la phrase **interrogative** qui en est inséparable — ne transforme pas dans sa tructure la phrase **positive**, mais modifie totalement sa signification par l'adjonction de particules spécialisées que sont les **négations**. Le grec dispose de deux négations qui s'opposent l'une à l'autre, l'une « **objective** », qui est οὐ(κ), l'autre « **subjective** », qui est μή, dont les emplois respectifs seront étudiés au chapitre XI.

L'origine de οὐ — diphtongue « vraie » — est des plus obscures : il suffit de rappeler qu'on a rapproché cette négation du préverbe v. sl. *u-* (privatif en premier terme de composé), de l'adverbe skr. *áva* (= de haut en bas), du lat. *au-*, de l'irl. *ó* (= en partant de), de l'arm. *oč* et même, en désespoir de cause, qu'on a pensé à un emprunt au substrat préhellénique ; au contraire μή est parfaitement soutenue par d'autres témoignages, comme ind. ir. *mā* ou arm. *mi*. D'une façon générale οὐ et μή, qui sont toutes les deux *proclitiques* (l'« accent » de μή n'étant qu'une apparence), *font corps avec le mot qu'elles précèdent immédiatement* — le mot même qu'elles *modifient* : la place *normale* d'une négation modifiant une *notion verbale* est de *précéder immédiatement* le verbe ; et les *litotes*, si nombreuses en grec, donnent à ce sujet les exemples les plus variés. Cependant οὐ, quand il est placé *en tête d'une phrase*, présente une valeur particulière : au lieu de nier, comme exclu de la réalité, le contenu de la phrase, il affirme que le contenu est une *contre-vérité* ; on peut le traduire par : « il n'est pas vrai que... » ; ainsi dans Dém. 18, 179 οὐκ εἶπον μὲν ταῦτα, οὐκ ἔγραψα δέ « *on ne peut pas dire* que j'aie parlé ainsi, sans rédiger un projet de décret » et, d'une façon générale, dans celles des parataxes qui n'ont pas la forme interrogative. Cependant οὐ reprend (ou semble reprendre) son *accent* primitif (?) quand, après une phrase positive, il équivaut *à lui seul à la* phrase négative correspondante : ainsi Hdt. 1, 139 τὸ Πέρσας μὲν λέληθε, ἡμέας μέντοι οὔ « ce fait a échappé aux Perses, mais à nous, *non* ». Ce qui est dit ici de οὐ est valable pour μή que sur *un seul point* : la place de la négation précédant *immédiatement* le mot qu'elle modifie. En effet les litotes, qui relèvent de la constatation, ne se rencontrent qu'avec la négation objective ; de même pour la place en tête de phrase et pour l'équivalence à une proposition négative.

§ 105. La négation — *aussi bien objective que subjective* — se combinait soit avec la conjonction τε, soit avec la particule δέ : οὔτε (μήτε) et οὐδὲ (μηδὲ). Οὔτε (μήτε) était employée après la négation οὐ, et souvent en corrélation avec d'autres οὔτε, négatives comme elle, ou avec un τε positif : ainsi, en face de δ 566 οὐ νιφετὸς οὔτ' ἄρ χειμὼν πολὺς οὔτε ποτ' ὄμβρος « il n'y a pas de neige, ni naturellement de gros hiver, ni jamais de pluie », il existe des tournures telles que : Xén. *An.* 7, 7, 48 οὔτε διενοήθην πώποτε ἀποστερῆσαι ἀποδώσω τε « je *n'ai jamais* pensé vous en priver *et* je vous le rendrai ». Sous la forme οὐδὲ la négation était singulièrement plus *expressive* : souvent pour *renforcer* un verbe positif elle en nie vigoureusement le contraire ; ainsi *Hymn. Apoll.* 1 μνήσομαι οὐδὲ λάθωμαι « je penserai, *bien loin de* l'oublier, à...» ; employé en corrélation avec un autre οὐδὲ, il est plus fort que οὔτε... οὔτε (Thuc. 1, 142 Καὶ μὴν οὐδ' ἡ ἐπιτείχισις, οὐδὲ τὸ ναυτικὸν αὐτῶν ἄξιον φοβηθῆναι « En vérité, ni leurs ouvrages de fortification dirigés contre nous, ni leur flotte ne valent pas la peine que nous nous en effrayions »). C'est avec οὐδὲ seulement que s'est développé le sens fort de «*pas ... même*», «*non ... plus*» (lat. *ne ... quidem*), comme dans Soph. *O. R.* 1303 ἀλλ' οὐδ' ἐσιδεῖν δύναμαί σε « mais je ne puis même pas te voir » ; c'est avec οὐδὲ que εἷς, d'abord employé comme synonyme emphatique de οὔτις « personne » (il conserve encore cette valeur chez Dém. 19, 312 οὐδ' ἂν εἷς φήσειεν « non ! personne n'oserait le dire »), a fini, sous la forme οὐδεὶς «personne» et οὐδὲν « rien », par se substituer à οὔτις : déjà chez Homère (A 412) dans ἄριστον Ἀχαιῶν οὐδὲν ἔτισεν « il n'a pas honoré du tout le plus vaillant des Achéens », apparaît en germe la valeur forte de οὐδὲν qui, apocopée, devait donner au gm. sa négation objective δὲν.

Remarque. — L'ionien a connu une forme *renforcée* de οὐ à l'aide de -κι (appartenant à l'indéfini τις) : ainsi B 238 ἠὲ καὶ οὐκί « ...ou non » ; et l'attique une forme d'*insistance* οὐχί. Peut-être subsiste-t-il quelque chose de cette dernière dans g. m. ὄχι « non », qui fait difficulté. Tandis que μή s'est bien conservé parfois avec une nasale parasitaire μήν, οὐ a disparu.

§ 106. Pas plus que la phrase négative, la phrase **interrogative** ne présentait une structure qui lui fût propre : son originalité était de comporter une certaine **intonation**, peut-être ascendante comme la nôtre, dont nous n'avons à vrai dire aucun témoignage précis pour l'état ancien du grec, mais qui est tellement générale (sans parler du grec moderne lui-même) qu'on peut en restituer l'existence. Entre la constatation *négative* : « il n'est pas venu » et l'interrogation : « il n'est pas venu ? » il n'y a précisément qu'une différence d'intonation, que signale notre point d'interrogation.

La phrase interrogative peut se présenter dans **deux conditions** générales fort différentes, qui entraînent elles-même l'emploi de procédés différents :

1º l'interrogation est **totale**, intéresse toute la phrase et porte sur un **fait** dont l'existence même est **mise en doute** par celui qui pose la question : « Est-il venu ? » ou « N'est-il pas venu ? » La question peut être posée pour ainsi dire *objectivement*, ou, au contraire, avec le *désir d'une confirmation* ou *la crainte d'un démenti*. Les interrogatives de ce type sont souvent *négatives*, et comportent fréquemment l'emploi de οὐ et de μή, soit seuls, soit associés à des particules (οὔκουν par ex.) ; mais de bonne heure des *particules* se sont spécialisées dans cette fonction ;

2º l'interrogation est **partielle** et n'intéresse que des **circonstances** secondaires, le fait dont on désire connaître les modalités n'étant pas mis en doute. Si je dis : « Lequel des deux est venu ? » ou « Quand est-il venu ? », je suis sûr du fait que quelqu'un est venu ; mais je désire une précision d'*identité*, ou de *moment*. Ces modalités sont très nombreuses, tandis que, dans le cas précédent, il s'agit au plus de l'existence ou de la non-existence du fait en question. Dans ce type d'interrogation, la langue dispose des *pronoms, adjectifs* et *adverbes interrogatifs*, tous formés sur le démonstratif $k^{we}/_o$ (cf. *ci-dessus* § 30), sauf le pronom (adjectif) interrogatif τίς qui, fait sur l'atone indéfini τις, repose pour la forme sur l'anaphorique $k^w{}_i$ (cf. *ci-dessus* § 49).

§ 107. L'interrogation ne consiste souvent que dans l'*intonation* avec laquelle est prononcée une phrase quelconque, positive ou négative :

Plat. *Mén.* 75 B Βούλει σοι χαρίσωμαι ; « Tu veux que je te fasse ce plaisir· ? » et, quelques lignes plus haut : Οὐ μανθάνεις ὅτι ζητῶ τὸ ἐπὶ πᾶσιν τούτοις ταὐτόν ; « Tu ne comprends pas que je cherche ce qu'il y a de commun en tout cela ? »

Plat. *Ap.* 28 D μὴ τὸν 'Αχιλλέα οἴει φροντίσαι θανάτου καὶ κινδύνου ; « Tu ne vas pas croire qu'Achille ait pu se soucier de la mort ni du danger ? »

Mais déjà chez Homère la particule ἦ s'est spécialisée dans une valeur interrogative : elle s'associe à οὐ et à μή, en particulier.

Ο 18 ἦ οὐ μέμνῃ ὅτε τ'ἐκρέμω ὑψόθεν... ; « Est-ce que tu ne te souviens pas quand tu fus suspendue de bien haut... ? » Comme dans le second exemple du *Ménon*, on attend une réponse : « mais *si* ! »

ζ 200 ἦ μή πού τινα δυσμενέων φάσθ' ἔμμεναι ἀνδρῶν ; « croyez-vous par hasard que c'est là un de nos ennemis ? » La négation μή, chargée d'appréhension et de volonté négative, est employée dans cet exemple où on attend une réponse : « mais *non* ! ».

La particule « indifférente » d'interrogation est ἄρα, qui repose sur ἦ et ἄρα ; οὐκ se combine avec οὖν sous les formes οὔκουν et οὐκοῦν pour poser de façon impatiente ou discrète une question pour laquelle on espère un *assentiment* ; quant à μῶν, il a été fréquemment employé quand on attend une *dénégation*. D'ailleurs on a cessé assez vite d'analyser ces particules qui sont devenues de simples outils de l'interrogation, comme l'indiquent des tournures telles que μῶν μή (cf. chapitre XII *s. v°*).

§ 108. L'interrogation, qui ne porte que sur une *modalité inconnue* d'un *fait assuré*, est exprimée par les nombreux *pronoms interrogatifs* et par les *adverbes interrogatifs* qui en sont inséparables. Les conditions de l'interrogation ayant changé, la *place* des éléments qui marquent l'interrogation peut aussi se modifier. Quand l'interrogation porte sur la phrase entière, il faut nécessairement que la particule interrogative, si elle existe, soit en *tête de la phrase* ; au contraire, quand l'interrogation n'est que partielle, on peut assurément l'annoncer dès le début de la phrase : mais elle est aussi fréquemment *différée* jusqu'au moment où se

présentent les mots, souvent accessoires et impliqués dans la subordination, sur lesquels l'interrogation porte en effet. Le grec atteste
ainsi des tours nombreux *qui ne peuvent pas être exactement rendus dans
notre langue* parce que, du moins dans le français correct, l'interrogation
porte sur la phrase entière (et non sur un de ses membres), de même
qu'elle ne peut être employée qu'*une seule* fois par phrase :

Plat. *Gorg.* 504 B Τί οὖν ὄνομά ἐστιν ἐν τῷ σώματι τῷ ἐκ τῆς τάξεώς
τε καὶ τοῦ κόσμου γιγνομένῳ ; « Quel nom porte, en ce qui concerne le
corps, le principe de l'ordre et de l'organisation ? » Pronom interrogatif
en tête de phrase. On ne doute pas de l'existence de la santé ; mais sa
dénomination est un problème qui occupe l'attention.

Plat. *Phéd.* 63 A. Τί γὰρ ἂν βουλόμενοι ἄνδρες σοφοὶ ὡς ἀληθῶς δεσπότας ἀμείνους αὐτῶν φεύγοιεν ; « Qu'est-ce que de véritables sages
auraient dans la tête (m. à m. : « quoi voulant ils éviteraient...) pour
vouloir fuir des maîtres qui leur sont supérieurs ? »

Soph. *O. C.* 412 ἃ δ' ἐννέπεις, κλύουσα τοῦ λέγεις ; « ce que tu
déclares, tu le dis pour l'avoir entendu de la bouche de qui ? »

Xén. *Mém.* 2, 2, 1 καταμεμάθηκας οὖν τοὺς τί ποιοῦντας τὸ ὄνομα
τοῦτο ἀποκαλοῦσιν « tu connais ce que font ceux qui méritent ce nom
(m. à m. : tu connais les *quoi* faisant méritent ce nom ») ? »

Dém. 18, 126 δεῖ με ...καὶ δεῖξαι τίς ὢν κἀκ τίνων ῥᾳδίως οὕτως ἄρχει
τοῦ κακῶς λέγειν ...αὐτὸς εἰρηκὼς ἃ τίς οὐκ ἂν ὤκνησε τῶν μετρίων ἀνθρώπων φθέγξασθαι; «il faut ...que je montre l'homme qu'il est et issu de
quelle famille, lui qui si légèrement prend l'initiative de la calomnie
... alors qu'il a tenu des propos que, je me le demande, quel honnête
homme n'aurait pas hésité à proférer (m. à. m : *quel* étant et issu de
quels parents il prend ... alors qu'il a tenu des propos que *quel* honnête
homme n'eût pas ... »).

Xén. *Mém.* 2, 2, 3 τίνας οὖν ὑπὸ τίνων εὕροιμεν ἂν μείζονα εὐεργετη-
μένους ἢ παῖδας ὑπὸ γονέων ; « qui donc voyons-nous recevoir plus de
bienfaits (et) de qui ? que les enfants de leurs parents ? »

§ 109. L'interrogation double, au lieu de poser *une* question sur l'*identité* de l'*auteur* d'une action (ou sur la *modalité* de cette action), considérant que *deux objets* seulement sont en jeu, se sert du pronom interrogatif πότερος (ou de sa forme neutre prise adverbialement πότερον)
suivi de la particule disjonctive ἤ.

Plat. *Gorg.* 493 D Ἀλλὰ πότερον πείθω τί σε καὶ μετατίθεσθαι ...ἢ
...οὐδέν τι μᾶλλον μεταθήσει; « Mais (laquelle des deux choses) est-ce
que je te fais changer d'avis, ou ... tu n'en changeras pas pour cela ? »

B. L'accord.

§ 110. Les éléments de la phrase étant originairement autonomes,
l'accord entre le *verbe* et le *sujet*, entre l'*attribut* et le *sujet*, entre le *quali-*

ficatif et le *nom qualifié* est, en principe, quelque chose de *secondaire*, encore que, pour certaines catégories, il soit déjà de date indo-européenne. L'extension croissante de l'accord et son emploi de plus en plus rigoureux sont comparables à ceux de la *conjugaison* dans le système du verbe ou de la *rection* des prépositions. Les apparences et nos propres habitudes risquent de nous abuser : dans un exemple tel que οἱ ἄνθρωποι λέγουσιν « les hommes disent », il faut voir plutôt un *parallélisme* entre la *pluralité* exprimée par ἄνθρωποι et la *pluralité* exprimée (de tout autre façon) par λέγουσι qu'un *accord automatiquement réglé*. De même, dans une phrase telle que τὰ χρήματά ἐστι χρήσιμα « l'argent est utile », l'attribut semble se régler automatiquement, pour le *nombre*, le *genre* et le *cas* sur le sujet : mais l'autonomie des deux éléments subsiste, et apparaît dans une phrase telle que χρησιμώτερον νομίζουσι τὰ χρήματα ἢ ἀδελφούς « ils considèrent l'argent comme (chose) plus utile que leurs propres frères » (Xén. *Mém.* 2, 3, 1). De plus, l'accord est pénétré de *considérations subjectives*, qui l'empêchent d'avoir la rigidité qu'on lui prête : ainsi, le verbe s'accorde avec l'*attribut* plutôt qu'avec le *sujet* quand c'est le premier qui est le plus *intéressant*, ou même simplement quand l'attribut, *exprimé en dernier lieu*, laisse une *impression plus forte parce qu'elle est la dernière*. La règle connue, suivant laquelle le qualificatif *peut* s'accorder avec le *dernier* de plusieurs noms ne surprend que si l'on s'obstine à voir dans l'accord quelque chose de *rigidement logique :* au contraire, en partant du principe de l'autonomie, la règle apparaît aussi naturelle que l'autre possibilité, qu'on ne discute pas, d'accorder le qualificatif avec la *totalité* des noms qualifiés.

Quatre cas généraux seront successivement considérés :

I. Accord du **verbe** avec le **sujet** (que ce dernier soit *unique* ou *multiple*), ou avec l'attribut, ou avec l'**apposition** au sujet.

II. Accord de l'**attribut**, avec le **nom** auquel il se rapporte.

III. Accord dè l'**adjectif qualificatif** avec le **nom** qu'il qualifie.

IV. Anomalies dans l'accord.

I

§ 111. *En principe,* quand la phrase ne comporte qu'un **seul** *sujet,* le verbe se met au *même nombre* que ce sujet et, si le sujet est *pronom personnel*, à la *même personne* :

Plat. *Phéd.* 59 C Ξένοι δέ τινες παρῆσαν ;... Ἐγώ σοι ἐξ ἀρχῆς πάντα πειράσομαι διηγήσασθαι. « Y avait-il des étrangers ?... En prenant les choses depuis le commencement, je vais tâcher de te raconter tout. »

Quand la phrase comporte **plusieurs** *sujets au* singulier, l'accord peut se faire dans deux sens différents : si c'est l'idée de *pluralité* qui, se dégageant des sujets considérés comme un *ensemble*, l'emporte dans l'esprit de celui qui parle, le verbe se met au *pluriel* ; si ces sujets sont des *pronoms personnels*, une *première* personne l'emporte sur une *seconde* et une *seconde* sur une *troisième*. Au contraire, si les divers sujets peuvent être envisagés *séparément*, ce sont des *considérations subjectives* qui règlent l'accord : ainsi l'*importance* plus grande conférée à l'un des sujets peut faire accorder le verbe avec lui seul ; souvent c'est avec le sujet le plus *voisin* du verbe (et en même temps le *dernier exprimé*) que se fait l'accord :

Xén. *An.* 1, 4, 8, ἀπολελοίπασιν ἡμᾶς Ξεννίας καὶ Πασίων « Xennias et Pasion nous ont abandonnés ».

Plat. *Gorg.* 500 D ἐπειδὴ ὡμολογήκαμεν ἐγώ τε καὶ σύ «puisque nous sommes tombés d'accord, toi et moi... »

Plat. *Phéd.* 61 D οὐκ ἀκηκόατε σύ τε καὶ Σιμμίας; « n'avez-vous pas été instruits, Simmias et toi ?... »

Hdt. 5, 21 εἴπετό σφι καὶ ὀχήματα καὶ θεράποντες καὶ ἡ πᾶσα πολλὴ παρασκευή « les suivaient des voitures, des serviteurs et tout un abondant matériel». L'emploi du singulier εἴπετο est dû plutôt à l'*importance* accordée aux voitures, qui encombrent le plus qu'à la *proximité* du neutre ὀχήματα suivant immédiatement le verbe.

Xén. *An.* 1, 10, 1, βασιλεὺς καὶ οἱ σὺν αὐτῷ διώκων εἰσπίπτει « le Roi, avec son entourage, poursuit sa marche et fond sur l'adversaire ». Bien que οἱ σὺν αὐτῷ soit plus rapproché de εἰσπίπτει que βασιλεύς, le verbe est au *singulier* parce que le Roi concentre l'intérêt sur sa personne.

Plat. *Lys.* 207 E εἴ σε φιλεῖ ὁ πατὴρ καὶ ἡ μήτηρ καὶ εὐδαίμονά σε ἐπιθυμοῦσι γενέσθαι... « si ton père te chérit, et ta mère, et s'ils désirent te voir heureux... ». Ici le sujet : πατήρ n'a sur l'autre sujet : μήτηρ aucun avantage d'ordre psychologique, comme le montre d'ailleurs le pluriel qui suit : l'accord du verbe s'est fait avec le sujet *le plus rapproché*.

§ 112. Au principe posé de l'accord en *nombre* du verbe avec son sujet, il y a, du moins en attique, **deux exceptions générales**, d'importance très inégale d'ailleurs : l'une concerne le **pluriel neutre**, auquel répond un verbe au singulier ; l'autre se rapporte à l'accord, assez indécis, du duel nominal avec un verbe qui peut être, non seulement au *duel*, mais aussi au *pluriel*.

§ 113. L'exemple traditionnel : τὰ ζῷα τρέχει « les animaux courent » n'est rigoureusement valable que pour l'attique. Sans parler des poèmes homériques, qui ne craignent pas d'employer successivement, *dans le même vers*, le singulier et le pluriel (B 135 καὶ δὴ δοῦρα σέσηπε νεῶν καὶ σπάρτα λέλυνται), des textes dialectaux, comme les *Tables d'Héraclée* et, plus tard, la Κοινή emploient constamment le pluriel du verbe avec un pluriel neutre nominal. On a vu ci-dessus (§ 23), à propos du nombre, que cette exception n'en est pas réellement une, et que le « pluriel neutre » n'était primitivement qu'une formation de *collectif*. On comprend que la pluralité, dans l'inanimé, ait apparu sous la forme d'un *ensemble complexe* ou d'un *amas d'objets peu distincts*, ce qui s'accorde bien avec le *singulier* ; quand l'objet inanimé prenait quelque importance, il passait à l'animé : c'est ainsi que le collectif inanimé ἄστρα désigne l'*amas* des étoiles du ciel, tandis que l'animé ἀστήρ est employé pour une *étoile*, une *constellation nettement diffé-* *renciée*. Cependant, en attique même, on rencontre le pluriel du verbe après *neutre pluriel* dans deux cas :

1º quand ce neutre désigne des **êtres** *agissants exprimés au neutre* *grammatical ;*

2º quand on veut insister sur la **pluralité** d'objets inanimés, qu'ils soient *dispersés à travers l'espace, dans un ordre de succession dans le* *temps*, ou susceptibles d'être *exactement dénombrés*.

Thc. 1, 58 τὰ τέλη τῶν Λακεδαιμονίων ὑπέσχοντο αὐτοῖς « les autorités de Sparte (= οἱ ἐν τέλει) leur firent des promesses ».

Xén. *An.* 1, 8, 20, τὰ ἅρματα ἐφέροντο τὰ μὲν δι 'αὐτῶν τῶν πολεμίων, τὰ δὲ καὶ διὰ τῶν Ἑλλήνων « quant aux chars, ils étaient emportés, les uns à travers les rangs des ennemis, d'autres aussi dans les rangs des Grecs ».

Xén. *Hell.* 2, 3, 8, ἑβδομήκοντα τάλαντα, ἃ περιεγένοντο « soixante-dix talents, qui furent de reste ».

§ 114. On constate parfois en attique un certain flottement dans l'accord du verbe et du sujet quand l'un d'eux est exprimé au *duel* : il arrive que le *sujet* au *duel* ait, pour lui répondre, un *verbe* au *pluriel* et que, réciproquement, un *verbe* au *duel* se rapporte à une *dualité exprimée* *au pluriel*. De nombreuses raisons contribuent à ces échanges : d'abord δύο et ἄμφω, en dépit de leur sens et de leur forme, peuvent toujours se rapporter à un nom exprimé au *pluriel* ; de plus, l'extrême rareté du *duel de la* 1re *personne* (pratiquement remplacé par un pluriel) peut entraîner l'emploi du pluriel pour le nom ou le pronom étroitement associés à la forme verbale ; d'autre part, après une *série* de formes exprimées au duel, il peut y avoir une certaine *lassitude* à insister sur la dualité des objets ; enfin la *logique* (accord selon le sens) justifie l'emploi du verbe au *duel, même quand il s'agit d'un assez grand nombre* *d'objets ou de personnes*, quand on distingue, *même implicitement, deux* *groupes* différents au sein de cette pluralité.

Thc. 5, 59 δύο ἄνδρες, Θράσυλλός τε... καὶ ᾿Αλκίφρων, ...προσελθόντε ῍Αγιδι διελεγέσθην « deux hommes d'Argos, Thrasylle... et Alciphron... vinrent trouver Agis et entrèrent en conversation avec lui ».

Soph. *El.* 950 μόνα λελείμμεθον « nous restons seules, toutes deux ». Très rare, ce duel de la 1re personne pluriel est remplacé ordinairement par le pluriel comme dans Ar. *Ois.* 664 ἵνα καὶ νὼ θεασώμεθα «afin que, nous deux aussi, nous puissions regarder ».

Soph. *Ant.* 55 ἀδελφὼ δύο μίαν καθ'ἡμέραν αὐτοκτονοῦντε τὼ ταλαι-πώρω μόρον κοινὸν κατειργάσαντ᾿ « nos deux frères, se sont donné, dans un même jour, les malheureux ! un commun trépas ».

Plat. *Théét.* 152 E περὶ τούτου πάντες ἑξῆς οἱ σοφοὶ πλὴν Παρμενίδου ξυμφέρεσθον, Πρωταγόρας τε καὶ Ἡράκλειτος, καὶ Ἐμπεδοκλῆς « sur ce poiht tous les philosophes à la file, sauf Parménide, sont tombés d'accord, Protagoras et Héraclite, et aussi Empédocle ». Bien que *trois* chefs d'école soient ici nommés, Platon emploie le duel, parce qu'il pense aux *deux* tendances opposées : Protagoras-Héraclite d'une part, et, de l'autre, Empédocle.

II

§ 115. L'accord en **cas** de l'attribut avec son **sujet** n'a, lui non plus, rien de fondamental. Si, dans la phrase *nominale*, et dans la phrase sans verbe (cf. § 100) ils sont également au *nominatif*, c'est parce qu'on pose, *côte à côte* pour ainsi dire, *en dehors de tout rapport de syntaxe*, un *nom* et une *qualité* : ainsi le *graffito* du type : Δῆμος καλός « Démos (est) beau ». Le développement de la phrase à verbe *être* et de ses équivalents n'a rien changé à ces conditions : cependant la *concordance constante* du cas entre le sujet et l'attribut a entraîné insensiblement l'idée d'un *accord nécessaire* entre le sujet et l'attribut ; la preuve en est que, lorsque s'est constituée la proposition infinitive, caractérisée par un sujet à l'*accusatif*, l'attribut se rapportant à ce sujet s'est mis au même cas. Enfin, il faut tenir compte de ce fait que rien ne permet de distinguer par la forme l'attribut du qualificatif, dont l'accord avec le nom qualifié remonte à l'époque indo-européenne : c'est seulement grâce au développement de l'*article* que la langue a eu le moyen de distinguer, en nombre d'exemples, des adjectifs en fonction de *prédicats* d'autres adjectifs en fonction de *qualificatifs*. On comparera, en face de Xén. *Hell.* 3, 2, 9 διὰ φιλίας τῆς Θράκης « à travers *une* Thrace amie » (*attribut*), le *qualificatif* simple διὰ τῆς φιλίας Θράκης « à travers *la* Thrace amie ».

§ 116. Pour ce qui est de l'accord en **genre** et en **nombre**, on doit distinguer l'attribut se rapportant à un *sujet* unique de l'attribut se rapportant à des *sujets* multiples.

En principe, l'attribut s'accorde en *genre* et en *nombre* avec le sujet *unique* lorsque l'adjectif doit exprimer l'idée que le sujet est *caractérisé* par la qualité considérée ; au contraire, lorsque celle-ci est présentée comme ayant une valeur *générale*, l'adjectif se met le plus souvent au *neutre singulier — quels que soient le nombre et le genre du sujet*. Quand une *qualité générale* s'applique à un sujet *indéterminé*, l'attribut est attesté le plus souvent au *neutre pluriel*.

Plat. *Gorg.* 499 D ἆρ 'οὖν ἀγαθαὶ μὲν αἱ ὠφέλιμοι, κακαὶ δὲ αἱ βλαβεραί; « Les plaisirs utiles ne sont-ils pas bons, et mauvais les plaisirs nuisibles ? »

Plat. *Lois* 663 E καλὸν ἡ ἀλήθεια « c'est une belle chose que la vérité ».

L'insistance porte sur l'*adjectif*, tandis qu'elle porterait sur le *nom* dans le tour : καλὴ ἡ ἀλήθεια « la vérité est belle ».

Eur. *Or.* 772 δεινὸν οἱ πολλοί, κακούργους ὅταν ἔχωσι προστάτας « c'est quelque chose d'épouvantable que la foule, quand elle a des coquins à sa tête ».

Thc. 1, 8 καταστάντος τοῦ Μίνω ναυτικοῦ, πλωϊμώτερα ἐγένετο πρὸς ἀλλήλους « quand l'empire maritime de Minos se fut établi, il y eut plus de possibilités de communications maritimes des uns avec les autres ».

Remarque. — La signification généralisante du neutre est souvent rendue plus *expressive* par des noms à *valeur indéterminée* comme χρῆ ια, κτῆμα, πρᾶ ͅμα, qui corre--pondent à notre emploi du mot *chose* et de ses équivalents : ainsi Ar. *Nuées* 1 τὸ χρῆ ια τῶν νυκτῶν ὅσον « Ce que cela peut être quelque chose de long que les nuits ! »

§ 117. Un adjectif *attribut* au superlatif, quand il est accompagné d'un *génitif partitif* représenté par un nom appartenant à *un autre genre que le sujet* peut s'accorder en genre avec le nom au génitif aussi bien qu'avec le sujet.

Φ 253 αἰετοῦ... τοῦ θηρητῆρος, ὅς θ᾽ ἅμα κάρτιστός τε καὶ ὤκιστος πετεηνῶν « d'un aigle chasseur, qui est à la fois le plus fort (m.) et le plus rapide (m.) des oiseaux (n.) ».

Hdt. 5, 24 κτημάτων πάντων ἐστὶ τιμιώτατον ἀνὴρ φίλος « de tous les biens (n.) le plus précieux (n.) est un homme (m.) qui est votre ami ».

§ 118. Quand l'attribut s'applique à *plusieurs sujets*, il y a lieu de considérer quatre cas principaux : les sujets sont : a) *tous inanimés,* b) *à la fois animés et inanimés*, c) *animés dans un seul genre*, d) *animés dans les deux genres*. D'ailleurs, si des usages sont généralement suivis, il convient de rappeler qu'il ne peut s'agir de règles rigoureuses ; dans une *énumération de sujets*, celui qui parle établit le plus souvent une hiérarchie selon leur importance : il pourra toujours accorder l'attribut avec le sujet qui lui semble le plus *significatif* ; de plus, la distinction entre le genre animé et le genre inanimé étant, en grec, plus *grammaticale* que d'ordre *logique* (cf. § 4), des accords κατὰ σύνεσιν sont toujours possibles, et même fréquents.

a) L'attribut de sujets *inanimés* se met *au pluriel neutre* :

Xén. *Mém.* 4, 2, 32 οὐκοῦν... καὶ τὸ ὑγιαίνειν καὶ τὸ νοσεῖν, ὅταν μὲν ἀγαθ ͅῦ τινος αἴτια γίγνηται, ἀγαθὰ ἂν εἴη « ainsi donc, la santé et la maladie, quand elles deviennent la cause de quelque avantage, peuvent être avantageuses ».

b) Lorsque des *animés et inanimés* figurent côte à côte comme sujets, le genre qui l'emporte à l'attribut est celui qui répond le mieux aux intentions de celui qui parle. En tout cas, à la différence de ce qui a été posé plus haut à propos de l'accord du sujet et du verbe, *l'accord de l'attribut aux sujets ne semble pas influencé par leur proximité plus ou moins grande de l'attribut*. Quand cet accord semble se faire *mécaniquement* avec le dernier sujet, ce n'est qu'une apparence : il y a toujours une raison de *sens général,* qui a entraîné le choix d'un genre de préférence à l'autre.

Σ 514 ἄλοχοί τε φίλαι καὶ νήπια τέκνα ῥύατ' ἐφεστάοτες « leurs femmes et leurs jeunes enfants défendaient le rempart sur lequel ils étaient postés ». Malgré la proximité de τέκνα, c'est *l'animé* (masculin) qui impose son genre au participe, parce que les femmes et les enfants sont considérés comme des *êtres agissants.*

Xén. *An.* 1, 4, 8 καίτοι ἔχω γε αὐτῶν καὶ τέκνα καὶ γυναῖκας ἐν Τράλλεσιν φρουρούμενα « pourtant je tiens leurs enfants et leurs femmes sous ma surveillance à Tralles ». Malgré la proximité de γυναῖκας à φρουρούμενα, le neutre l'emporte parce que les femmes et les enfants sont considérés ici comme des *gages.*

Xén. *An.* 6, 3, 22 ὁρῶσιν... γράδια καὶ γερόντια καὶ πρόβατα ὀλίγα καὶ βοῦς καταλελειμμένους «Ils voient... de pauvres vieilles, de pauvres vieux, quelques moutons et des bœufs abandonnés. » En dépit de l'apparence, ce n'est pas parce que βοῦς, animé, précède *immédiatement* le participe que celui-ci atteste ce genre : l'animé est entraîné par le *sens* de γερόντια et de γράδια, animés en réalité, bien qu'inaminés pour le genre grammatical.

c) Lorsque plusieurs sujets sont *tous du masculin* ou *tous du féminin,* l'attribut se met naturellement au *masculin* ou au *féminin* ; mais le *neutre* est possible, du moins quand les sujets ne sont pas *effectivement* des êtres animés, en particulier quand il s'agit de *qualités abstraites.*

Plat. *Euthyd.* 279 B εὐγένειαί τε καὶ δυνάμεις καὶ τιμαί... δῆλά ἐστιν ἀγαθὰ ὄντα « la naissance, le pouvoir, les honneurs... sont évidemment des biens ».

d) Lorsque les sujets sont *à la fois* du *masculin* et du *féminin,* l'attribut est caractérisé par le *masculin,* c'est-à-dire par la forme propre de *l'animé* ; mais il suffit que l'un des sujets, malgré le genre grammatical qui l'attache à l'animé, soit *effectivement inanimé* pour que l'attribut soit mis au *neutre.*

Hdt. 7, 11 αὐτοί τε ὤνθρωποι καὶ ἡ γῆ αὐτῶν ἐπώνυμοι τοῦ καταστρεψαμένου καλέονται «les habitants et le pays portent le nom de celui qui les a soumis à sa loi ».

Plat. *Rép.* 562 A ἡ καλλίστη πολιτεία τε καὶ ὁ κάλλιστος ἀνὴρ λοιπὰ ἂν ἡμῖν εἴη διελθεῖν « il nous resterait à examiner (en quoi consistent) le politique idéal et le régime idéal ». Ici le neutre est employé, comme attribut d'un abstrait et d'un être agissant parce qu'il s'agit, de part et d'autre, d'une *définition* ; au contraire, dans Eschn. 2, 118 ἡ τύχη καὶ Φίλιππος ἦσαν τῶν ἔργων κύριοι « la Fortune et Philippe étaient maîtres de la situation », l'attribut est au *masculin animé,* parce que la Fortune et Philippe sont considérés, l'un et l'autre, comme des *forces agissantes.*

III

§ 119. En principe, un adjectif épithète — qu'il soit *qualitatif, quantitatif, démonstratif, possessif, personnel, numéral* — s'accorde en cas en nombre et en genre avec le nom auquel il se rapporte : cette sorte d'accord remonte à l'époque indo-européenne. En ce qui concerne le *cas*, la règle est absolue ; au contraire, pour le *genre* et pour le *nombre*, il y a lieu de distinguer le cas où il y a *plusieurs* substantifs modifiés par l'adjectif ou *un seul*.

§ 120. C'est seulement quand un substantif unique désignant **deux** objets est qualifié par un adjectif qu'il peut exister une différence de **nombre**. Dans la langue homérique, mais jamais en attique, on trouve parfois un ·*qualificatif* au *pluriel* tandis que le *substantif* s'exprime au *duel* : ce n'est qu'un exemple de plus de l'incohérence avec laquelle la langue épique use du duel. En attique, au contraire, le désaccord n'est possible qu'avec l'adjectif numéral δύο, et seulement dans les conditions définies : tout se passe comme si δύο, au *nominatif-accusatif*, admettait *ordinairement* le *pluriel*, tandis que δύο, en fonction de *génitif-datif*, est *rarement* employé avec un pluriel et δυοῖν de façon *exceptionnelle* dans les mêmes conditions :

λ 211 φίλας περὶ χεῖρε βαλόντε « jetant tous deux nos (deux) bras autour de notre cou ».

Plat. *Phéd.* 71 A μεταξὺ ἀμφοτέρων τῶν ἐναντίων δυοῖν ὄντοιν δύο γενέσεις « entre tous les couples de contraires, étant deux, il y a toujours deux générations ».

Dém. 41, 3 οὐσῶν αὐτῷ δύο θυγατέρων « comme il avait deux filles » en face de Lyc. 86 προσελθόντων δ'αὐτῷ δυοῖν ἀνδρῶν « deux hommes s'étant approchés de lui ».

§ 121. En ce qui concerne le **genre**, il n'y a que quelques cas de *désaccord*, mais uniquement en poésie : pour des raisons *formelles* — les désinences pronominales du duel étant communes au masculin et au féminin — on voit employer au duel des *adjectifs masculins* se rapportant à des *substantifs féminins*. Par ailleurs, on explique par un accord κατὰ σύνεσιν que le qualificatif soit souvent à l'*animé* alors que le nom est, grammaticalement, mais non logiquement, un *inanimé* :

Soph. *O. C.* 1112 ἐρείσατ᾽, ὦ παῖ, πλευρὸν ἀμφιδέξιον ἐμφύντε τῷ φύσαντι « mon enfant (à Antigone), soutenez-moi (il songe aussi à Ismène) de chaque côté en vous serrant toutes deux (duel masculin) contre votre père ».

Esch. *Choéph.* 893 τέθνηκας, φίλτατ᾽ Αἰγίσθου βία « tu es mort, vaillant Egisthe qui m'étais si cher ! » On pense à φίλτατ᾽ Αἴγισθε tout en employant la périphrase Αἰγίσθου βία.

§ 122. Quand l'adjectif épithète se rapporte à plusieurs substantifs, on ne le répète que pour des raisons de *clarté*, ou afin de produire un *effet* : le plus souvent, il s'accorde en *genre* et en *nombre* avec le *substantif qui est le plus proche de lui*. L'importance attribuée par le sujet parlant à tel substantif n'entre pas *directement* en ligne de compte, puisque précisément la *place de l'adjectif* indique qu'on attache plus d'intérêt à tel objet qu'à tel autre. La règle d'accord qui vient d'être énoncée n'admet que quelques exceptions, plus apparentes que réelles, et qui concernent le *genre* plutôt que le *nombre* : le manque d'accord provient, soit d'une *pensée incomplètement exprimée*, soit d'un *groupement implicite* qui se fait dans l'esprit.

Plat. *Crat*. 436 D δεῖ περὶ τῆς ἀρχῆς παντὸς πράγματος παντὶ ἀνδρὶ τὸν πολὺν λόγον εἶναι καὶ τὴν πολλὴν σκέψιν « il faut que tout homme fasse porter sur le principe de tout objet l'essentiel de sa réflexion et l'essentiel de son étude ». La répétition se justifie assez par la volonté d'*insistance* de l'auteur.

λ 202 ἀλλά με σός τε πόθος σά τε μήδεα... σή τ' ἀγανοφροσύνη μελιηδέα θυμὸν ἀπηύρα « mais c'est le regret de toi et le chagrin de toi..., c'est ta bonté (c'est-à-dire le regret de ta bonté) qui m'ont ravi la douce existence ». La répétition s'explique par l'émotion de la vieille mère d'Ulysse en présence de son fils.

Esch. *Eum*. 437 λέξας δὲ χώραν καὶ γένος καὶ ξυμφορὰς τὰς σάς « dis-nous le pays, la famille, et les malheurs qui sont les tiens ».

Λ 244 πρῶθ' ἑκατὸν βοῦς δῶκεν, ἔπειτα δὲ χίλι' ὑπέστη αἶγας ὁμοῦ καὶ ὄïς, τά οἱ ἄσπετα ποιμαίνοντο « il avait d'abord offert cent bœufs, puis avait promis mille (n.) chèvres (f.) et brebis (f.) à la fois, qui (n.) faisaient partie de son immense troupeau ». Ici le neutre χίλια se rapporte à un groupe implicitement formé : μῆλα « petit bétail », qui comprend également les chèvres et les moutons.

IV

§ 123. Les principales anomalies que l'on relève dans les emplois de l'accord tiennent à deux causes, non seulement différentes, mais opposées. L'une est d'ordre *psychologique*, et montre la pensée l'emportant sur la correction grammaticale : c'est l'**accord selon le sens,** κατὰ σύνεσιν. L'autre, au contraire, est une victoire de la forme sur la pensée, parce qu'une forme, sentie comme étroitement liée à une autre, entraîne l'autre de façon *mécanique* et non justifiée logiquement : c'est l'**attraction**. Ainsi, on peut admettre que la phrase de Thucydide (1, 10) : Μυκῆναι μικρὸν ἦν «Mycènes ... n'était que peu de chose », s'explique parce que l'idée de *ce peu de chose* qu'était Mycènes à l'époque homérique l'a emporté sur l'accord attendu du verbe avec le pluriel Μυκῆναι : c'est le **sens** qui l'a emporté. Au contraire dans Xén. *Mém*. 4, 4, 13, τίνας τούτους (τοὺς νόμους) νομίζεις ; « qu'est-ce que ces lois auxquelles tu crois ? », le neutre logiquement attendu τί τούτους νομίζεις; a été entraîné par l'animé : c'est un cas d'**attraction**.

a) ACCORD SELON LE SENS

§ 124. Fréquemment, le *nombre* exprimé par un *verbe* n'est pas en accord avec celui du nom qui est le *sujet* de ce verbe : cela se rencontre souvent quand le sujet est un nom *collectif* (contenant une pluralité réelle) ou quand, derrière un nom de valeur *générale*, on songe à tous les cas *particuliers* qu'il peut embrasser :

Esch. 1, 84 ἤρετο τὸν δῆμον εἰ οὐκ αἰσχύνοιντο γελῶντες « il demanda au peuple, s'ils (= les citoyens) n'avaient pas honte de se livrer au fou rire ».

Dém. 8, 41 ἐάν τι συμβῇ πταῖσμα, ἃ πολλὰ γένοιτ' ἂν ἀνθρώπων, πάντα καταφεύξεται πρὸς ὑμᾶς « s'il se produit un échec — (*un de ces échecs*) qui arrivent en grand nombre dans la vie d'un homme-tout cela viendra chercher un refuge chez vous ». Le grand nombre des accidents possibles s'est substitué, dans l'expression, à l'idée indéterminée d'un échec.

§ 125. Il arrive souvent qu'entre un verbe au *participe* — c'est-à-dire à un mode susceptible de distinguer les *genres* — et le sujet de la proposition, en particulier dans les propositions infinitives, le sens prenne le pas sur l'accord attendu et, par exemple, qu'un participe de genre **animé** se rapporte à un nom qui n'est **inanimé** que grammaticalement.

Thc. 4, 15 ἔδοξε τὰ τέλη, καταβάντας ἐς τὸ στρατόπεδον « on décida que les autorités (n.), allant voir (m.) ce qui se passait à l'armée... »

§ 126. Il se produit aussi qu'on s'adresse au **vocatif** à une personne *unique* alors que l'on a en vue, soit *deux personnes* formant un couple, soit un ensemble de personnes qui entourent celui auquel on s'est adressé ; dans des conditions assez semblables, à un impératif singulier répond un sujet qui comporte une pluralité indéterminée :

Hés. *Boucl.* 350 Κύκνε πέπον, τί νυ νῶϊν ἐπίσχετον ὠκέας ἵππους; « Mon bon Cycnos, pourquoi dirigez-vous tous deux contre nous vos cavales rapides ? » On a vu par les vers précédents que Cycnos est soutenu par Arès.

β 310 Ἀντίνο', οὔ πως ἔστιν ὑπερφιάλοισι μεθ' ὑμῖν δαίνυσθαι «Antinoos, il est impossible de faire table commune avec les arrogants que vous êtes... ». Télémaque parle à celui des Prétendants qui lui a adressé la parole, mais il songe aussi à tous les autres.

Ar. *Ois.* 1186 χώρει δεῦρο πᾶς ὑπηρέτης « Viens ici, tout ce qu'il peut y avoir comme serviteurs. » Logiquement, on attendrait πᾶς ὑπηρέτης χωρούντων (ou aù moins χωρείτω). On comparera en latin (Tér. *Ad.* 634) : *aperite aliquis actutum ostium* « ouvrez quelqu'un (qu'*on* ouvre) tout de suite la porte ! »

§ 127. Le sens peut même tirer d'un adjectif la notion d'un *nom* en lui appliquant un genre qui va de soi — par exemple le *pluriel* qui considère les êtres qui font effectivement partie de la catégorie exprimée par le nom :

Thc. 2, 45, 2 δεῖ καὶ γυναικείας τι ἀρετῆς, ὅσαι νῦν ἐν χηρείᾳ ἔσονται, μνησθῆναι « il faut aussi dire quelque chose du courage féminin, de ces femmes qui vivront maintenant dans le veuvage ».

§ 128. On doit distinguer des cas précédents celui dans lequel un verbe — qui est toujours exprimé le premier et souvent en tête de phrase — présente le *singulier*, tandis que le sujet qui suit est au *pluriel* ou au *duel* : le plus souvent on rencontre ἔστι, ἦν « il y a, il y avait », et l'expression courante ἔστιν οἵ « il y a des gens qui » (cf. lat. *sunt qui*) ou son synonyme γίγνεται « il se produit » ; mais il existe aussi quelques exemples isolés avec d'autres verbes. En fait, la *notion d'existence* est posée d'abord, et le sujet (qui peut comporter une pluralité ou une dualité) n'est pensé qu'ensuite : c'est par le même processus que nous disons « il y a des gens », tandis que, dans l'ordre inverse, la phrase *des gens il y a* nous semblerait absurde. Les Anciens appelaient ce manquement à l'accord grammatical σχῆμα Πινδαρικόν (ainsi fragm. 78 θύεται ἄνδρες « des hommes sacrifient » qui repose sur l'anacoluthe θύεται· ἄνδρες (θύουσιν). Le tour doit être ancien (en lat., chez Térence, *absente* nobis, cf. *En. Th.* p. 149) et il est resté régulier en brittonique(*M. V.* § 841).

Plat. *Gorg.* 500 D εἰ ἔστι τούτω διττὼ τὼ βίω «s'il existe ces deux genres de vie ».

Plat. *Rép.* 363 A χρὴ δίκαιον εἶναι, ἵνα δοκοῦντι δικαίῳ εἶναι γίγνηται ἀπὸ τῆς δόξης ἀρχαὶ καὶ γάμοι « il faut être juste, afin qu'il résulte de cette réputation, pour l'homme que l'on dit juste, des charges et de belles alliances ».

T 258 ἴστω νῦν Ζεύς ...Γῆ τε καὶ Ἥλιος καὶ Ἐρινύες « Témoin de mon serment Zeus ...Terre et Soleil, et les Erinnyes... ». Dans une adjuration aussi solennelle, toutes les divinités attestées entrent en ligne de compte : le pluriel semblerait donc nécessaire. Mais ἴστω est posé en premier lieu, et les noms de personnes divines n'interviennent qu'ensuite

Remarque. — On comprend généralement sous la même désignation une tournure beaucoup plus rare et qui n'a rien à voir avec l'accord selon le sens : il s'agit de phrases dans lesquelles le *verbe* se met au *singulier* encore qu'il soit *toujours précédé* d'un sujet au pluriel. Il semble y avoir là une extension analogique, assez artificielle (et d'un emploi extrêmement limité) de la tournure τὰ ζῷα τρέχει sous l'influence de tournures telles que ἔστιν οἵ : de fait, il y a accord entre le nom au pluriel et le verbe au singulier, comme dans le cas du neutre, mais dans le domaine de l'animé ; de plus, il y a accord entre le verbe au singulier et un sujet animé, mais sans que le verbe précède nécessairement le nom, comme dans ἔστιν ...οἵ.

Hymn. Dém. 279 ξανθαὶ δὲ κόμαι κατενήνοθεν ὤμους « ses blonds cheveux se répandirent (litt. : «se répandit ») sur ses épaules ». Le mot est rare, d'une étymologie discutée ; mais il ne semble pas impossible que l'auteur de l'hymne ait pu le prendre pour un pluriel.

Pind., *Ol.* 11, 4 μελιγάρυες ὕμνοι ἀρχὰ λόγων τέλλεται «des hymnes harmonieux naissent (litt. : « naît), prélude de la gloire de la postérité ». Ici τέλλεται est indiscutablement au singulier ; mais on peut se demander si ce n'est pas un accord κατὰ σύνεσιν entre l'apposition au sujet et le verbe qui a entraîné le singulier.

b) ATTRACTION

§ 129. Un cas important d'attraction se produit souvent quand un verbe s'accorde en nombre, non pas avec son *sujet*, mais avec l'attribut de ce sujet (ou avec une *apposition* à ce sujet) quand *l'attribut et l'apposition sont plus rapprochés du verbe que le sujet*. Il y a là un effet purement *mécanique* : l'accord se fait avec la détermination du sujet qui a fait la dernière impression. Assurément, il n'est pas toujours aisé de distinguer, dans quelques cas particuliers, *l'attraction automatique* d'une « faute d'accord », imputable en réalité à l'accord κατὰ σύνεσιν ; mais, dans la grande majorité des exemples, le caractère purement *formel* de l'accord n'est pas discutable.

Hdt. 2, 15 τὸ δ'ὧν πάλαι αἱ Θῆβαι Αἴγυπτος ἐκαλέετο « à date ancienne, Thèbes s'appelait Ægyptos ». Il semble qu'ici seule la proximité immédiate de l'attribut et du verbe ait entraîné l'accord au singulier.

Esch. 3, 133 Θῆβαι δέ, Θῆβαι, πόλις ἀστυγείτων, μεθ' ἡμέραν ἐκ μέσης τῆς Ἑλλάδος ἀνήρπασται « Thèbes, Thèbes, la cité voisine de la nôtre, en un jour s'est vue balayée du cœur même de la Grèce. » L'apposition ἀστυγείτων πόλις entraîne l'accord du verbe au singulier : mais il se peut, en raison du pathétique du passage, que l'orateur veuille surtout insister sur ce fait que c'est là une voisine d'Athènes, Thèbes, qui a été anéantie.

Thc. 1, 10, Μυκῆναι μικρὸν ἦν « ce n'était pas grand chose que Mycènes ». L'accord de ἦν avec le neutre μικρόν relève-t-il de l'attraction, ou de l'accord κατὰ σύνεσιν qui donne la première place à la faible importance des cités de l'époque homérique ? Il est difficile de décider en ce cas.

En revanche, nombre d'exemples sont de pure attraction automatique, comme dans ce passage d'Antiphon, où aucune forme d'accord κατὰ σύνεσιν ne semble devoir justifier le singulier du verbe en désaccord avec le sujet au pluriel :

Antiph. 2 γ 8 αἱ χορηγίαι εὐδαιμονίας ἱκανὸν σημεῖόν ἐστι « les chorégies sont un signe suffisamment clair de fortune ».

§ 130. Quand un **pronom** — généralement *démonstratif*, plus rarement *interrogatif* ou *relatif* — introduit un substantif en fonction d'*attribut*, le pronom *peut* conserver le genre *neutre*, qui est logiquement attendu ; mais il s'accorde très fréquemment en *genre* et en *nombre* avec le nom. A la différence du latin qui généralise l'attraction, surtout avec le démonstratif, cette assimilation mécanique n'est *nullement obligatoire*. L'attraction de genre ne se produit pas seulement quand le pronom et son attribut sont au *nominatif*, mais encore quand ils sont à l'*accusatif* et au *génitif*.

Plat. *Phèdre* 245 C μόνον δὴ τὸ αὐτὸ κινοῦν οὔποτε λήγει κινούμενον, ἀλλὰ καὶ τοῖς ἄλλοις ὅσα κινεῖται, τοῦτο πηγὴ καὶ ἀρχὴ κινήσεως « seul ce qui se meut soi-même ne peut jamais s'arrêter dans son mouvement ; au contraire, pour toutes les autres choses qui se meuvent, c'est le principe et la source du mouvement ». Cicéron au contraire traduit dans les *Tusculanes* : *hic fons, hoc principium mouendi*. On rencontre aussi le neutre pluriel : Xén. *Mém.* 1, 2, 43 ταῦτά ἐστι νόμος « voilà ce qu'est la loi ».

　　Xén. *Mém.* 4, 4, 13 καὶ τίνας τούτους νομίζεις ; « et qu'entends-tu par ces lois ? » En latin, les deux tours coexistent à l'interrogatif : ainsi Cic. *Par.* 27 *quae est enim ciuitas ?* « Qu'est-ce qu'une cité ? » et *Dom.* 72 *quid est exsul ?* « qu'est-ce qu'un exilé ? » (cf. *Er. Th.*, p. 131).

　　ι 268 ἱκόμεθ᾽, εἴ τι πόροις ξεινήϊον ...ἥτε ξείνων θέμις ἐστίν « nous sommes venus vers toi, pour le cas où tu nous ferais un cadeau d'hospitalité, ou quelque autre présent, comme il est d'usage entre hôtes ». Le tour apparaît bien développé chez Homère ; on en trouve l'équivalent chez Hérodote avec le présentatif en fonction de relatif (Hdt. 7, 54 περσικὸν ξίφος, τὸν ἀκινάκην καλέουσι « l'épée perse, que l'on appelle *akinakes* »), et l'emploi de l'attraction reste le même en attique : Plat. *Phil.* 40 A λόγοι μήν εἰσιν ἐν ἑκάστοις ἡμῶν, ἃς ἐλπίδας ὀνομάζομεν « il y a bien des raisonnements dans chacun de nous, — que nous appelons des espérances ». A comparer : Cic. *De Fin.* 2,30 *quam nemo unquam uoluptatem appellauit appellat* « il appelle plaisir ce que jamais personne n'a appelé ainsi ».

　　Plat. *Euthyphr.* 2 A Οὗτοι Ἀθηναῖοι δίκην αὐτὴν καλοῦσιν, ἀλλὰ γραφήν « les Athéniens ne l'appellent pas « procès privé », mais « procès public ».

　　Plat. *Phèdre* 245 E ταύτης οὔσης φύσεως ψυχῆς « ceci étant la nature de l'âme ».

　　§ 131. Quand un **verbe impersonnel** affecte un sujet exprimé au datif, l'attribut de ce sujet peut être mis lui-même au datif *par attraction*. Mais, en grec comme en latin, l'accusatif logiquement attendu est toujours possible ; dans les deux langues, le sens semble assez bien défendre ses droits contre l'attraction :

　　And. *de Red.* 26 ἔμοιγε ὑπάρχει δημοτικῷ εἶναι « il est de ma nature d'être un bon démocrate » est à comparer à Cic. *Tusc.* I, 33 *licuit esse otioso Themistocli* « Thémistocle pouvait vivre loin des affaires ». Mais Thucydide emploie l'accusatif justifié κατὰ σύνεσιν par l'équivalence des tours ἔξεστίν μοι εἶναι = ἔξεστιν ἐμὲ εἶναι en 4,20 Λακεδαιμονίοις ἔξεστιν ὑμῶν φίλους γενέσθαι « il est possible aux Lacédémoniens de devenir vos amis », que l'on comparera à Cic. *pr. Balb.* 29 *ciui Romano licet esse Gaditanum* « il est permis à un citoyen romain d'être citoyen de Gadès ».

　　§ 132. Mais c'est dans les rapports du **pronom relatif** avec son **antécédent** — nom ou pronom -- que les cas les plus nets d'attraction se présentent. D'une façon générale, le relatif ὅς maintient moins bien sa position que son correspondant latin *qui* : l'attraction en *cas* du relatif par son antécédent (exprimé ou non), si commune en grec, est assez rare en latin, où elle est peut être due à l'influence même du grec.

§ 133. Il faut distinguer la façon dont se comporte, au point de vue de l'attraction, le pronom relatif proprement dit des autres éléments relatifs, qu'ils soient *indéfinis* (ὅστις), *qualitatifs* (οἷος, ἡλίκος), ou *quantitatifs* (ὅσος) : en effet les seconds poussent beaucoup plus loin le mécanisme de l'attraction, puisque la forme finit par avoir absolument le pas sur le sens. Pour ce qui est du relatif ὅς, il a fréquemment tendance à prendre le *cas* qui serait celui de son antécédent logique ; mais en *principe*, cette substitution de cas n'est possible que si le relatif remplit dans la phrase relative la fonction d'un *complément* d'objet direct, l'antécédent s'exprimant au *génitif* ou au *datif*. Cependant, même dans le cas du relatif, il est toujours possible au pronom d'échapper à l'attraction, de même qu'on peut relever quelques exemples dans lesquels le relatif remplit les fonctions d'un *datif* ou même d'un *nominatif*.

Plat. *Ménex.* 237 E πᾶν τὸ τεκὸν τροφὴν ἔχει ἐπιτηδείαν ᾧ ἂν τέκῃ (= τούτῳ ὃ ἂν τέκῃ) « tout être qui enfante porte en lui la nourriture nécessaire à l'être qu'il a enfanté ».

Xén. *Cyr.* 3, 1. 33 σὺν τοῖς θησαυροῖς οἷς ὁ πατὴρ κατέλιπεν (= οὓς ...κατέλιπεν) « avec les trésors que son père lui avait laissés ».

Plat. *Gorg.* 509 A ὧν ἐγὼ ἐντετύχηκα, οὐδεὶς οἷός τ' ἐστὶν ἄλλως λέγων μὴ οὐ καταγελαστὸς εἶναι « de tous ceux que j'ai rencontrés (τούτων οἷς ἐντετύχηκα), personne ne peut échapper au ridicule en parlant d'une autre façon ».

Thc. 7, 67... βλάπτεσθαι ἀφ' ὧν (ἀπὸ τούτων ἅ...) παρεσκεύασται « ...les endommager en se servant des engins préparés ».

§ 134. Mais de même que le relatif est attiré par le cas de l'antécédent, il se produit, moins fréquemment peut-être, une attraction du *relatif* sur son *antécédent* qu'on est convenu d'appeler **attraction inverse**. Le mot, encore que traditionnel, n'est peut-être pas très heureux, parce qu'il donne l'impression de ne représenter autre chose que le premier type d'attraction pour ainsi dire retourné. De fait, l'attraction inverse est liée à certain type de phrase, qui comporte une *anticipation* — généralement exprimée à des cas non impliqués dans la flexion, comme le *nominatif*, ou peu impliqués, comme *l'accusatif* — à la fois de l'antécédent et du relatif. Il s'agit là de procédés qui relèvent de la langue parlée ; ce sont des *nominatifs* ou des *accusatifs en suspens*, que l'on retrouve non seulement en latin, mais dans une langue qui, comme l'allemand, ne connaît pas l'attraction du relatif; souvent d'ailleurs un anaphorique (où un démonstratif) reprend la proposition relative ainsi lancée en avant, et le pronom employé rétablit, pour ainsi dire, la vraie fonction du relatif dans la phrase :

Soph. *O. C.* 1150 λόγος δ'ὃς ἐμπέπτωκεν ἀρτίως ἐμοὶ στείχοντι δεῦρο συμβαλοῦ γνώμην « (à propos d')un bruit, qui n'est parvenu tout à l'heure, quand je venais ici, renseigne-moi ».

Lys. 19, 47 τὴν οὐσίαν ἣν κατέλιπε τῷ υἱεῖ οὐ πλέονος ἀξία ἐστίν « quant au patrimoine qu'il a laissé à son fils, il ne vaut pas grand chose ».

On comparera la tournure, qui semble avoir été fréquente en latin parlé : Plaut. *Asin.* 621 *patronus qui uobis fuit futurus, perdidistis* « le patron que vous auriez dû avoir, vous l'avez perdu ».

Soph. *O. R.* 449 τὸν ἄνδρα τοῦτον ὃν πάλαι ζητεῖς ...οὗτός ἐστιν ἐνθάδε « l'homme que tu recherches depuis longtemps ... il est ici-même ». On compare dans *K. G.* II, 2, p. 414 : *Den liebsten Buhlen, den ich hab, der leit beim Wirt im Keller.* « Le cher fiancé que j'ai, il a pris pension en prison. »

C. Indépendance et subordination.

§ 135. La subordination, qui rattache étroitement à une proposition indépendante, appelée dans ce cas *principale*, d'autres propositions qui perdent alors leur autonomie, a pris une telle importance dans l'image que nous portons en nous de la phrase écrite que nous sommes toujours tentés de la considérer comme un moyen nécessaire à l'expression de la pensée. En réalité, elle est l'aboutissement d'une longue évolution, non seulement d'ordre intellectuel, mais d'ordre littéraire, qui a tendu à se substituer à l'état ancien, dans lequel les phrases, jouissant de leur autonomie, se succédaient sans lien, ou avec ces tenons légers, à peine spécialisés au début, que sont les conjonctions de coordination et les particules : c'est l'état de la **parataxe**, d'où l'**hypotaxe** (ou subordination) est sortie. La subordination est donc, dans son développement, quelque chose de « récent », au même titre que la « rection » des prépositions ou la « conjugaison » des verbes à partir d'un thème de présent donné. On peut supposer d'autant plus facilement à l'origine un type de phrase non liée (ou faiblement liée) que, dans la conversation courante (en particulier pour donner une impression de rapidité), nous employons des propositions que parfois aucun lien n'unit, même la plus petite conjonction : le célèbre *Vidi, veni, vici* est aussi « asyndétique » dans la juxtaposition de ces trois parfaits, qui représentent une succession de faits essentiels, que telle phrase que j'ai pu prononcer ce matin : « Je suis content ; j'ai fini mon chapitre ; ce n'était pas facile ! », qui équivaut à une *principale* (je suis content) et à deux *subordonnées*, l'une *causale* (*parce que* j'ai fini mon chapitre), l'autre *concessive* (*bien que* ce ne fût pas facile).

§ 136. Aussi loin que nous remontions dans l'histoire du grec, c'est-à-dire chez « Homère », nous ne trouvons qu'un nombre réduit de cas définis dans lesquels on a à la fois *parataxe et asyndète* : ce procédé, qui devait se maintenir intact dans la langue jusqu'à la disparition des anciennes particules, était employé, soit quand on *rapporte textuellement* des paroles prononcées[1], soit quand on donne un *ordre*, soit quand on *montre un objet* (démonstratif), soit quand, *au figuré*, on donne la *justification* de la phrase immédiatement précédente. A un point de vue très différent, la parataxe asyndétique peut être, à l'occasion, un puissant effet de style, qui indique la *vivacité* des sentiments, l'*émoi*, le *trouble* : l'absence des particules, constamment employées au moins dans la prose écrite, produit un effet de désordre, l'absence de contrôle normal : c'est un peu comme l'absence de ὤ, la *particule* si courante devant un vocatif, qui traduit un trouble intérieur (cf. *ci-dessous*, § 499).

δ 464 αὐτὰρ ἐγώ μιν ...προσέειπον· Οἶσθα, γέρον « quant à moi, ... je lui dis : « Tu sais bien, vieillard... » L'asyndète, qui joue ici le rôle de guillemets ouverts, se trouve aussi, comme des guillemets fermés, après les paroles rapportées. Ainsi : Xén. *An*. 1, 3, 19 « δοκεῖ μοι... βουλεύεσθαι. Ἔδοξε. « Je suis d'avis de ... mettre en délibération. On fut de cet avis. »

ο 171 Τὸν δ' Ἑλένη ... φάτο μῦθον· Κλῦτέ μευ « alors Hélène ... lui dit ces mots : « Écoute-moi ».

Xén. *An*. 1, 5, 10 διφθέρας συνέσπων· ἐπὶ τούτων διέβαινον « ils attachèrent des peaux ensemble ; sur ces peaux ils passèrent le fleuve ».

Dém. 18, 265 Ἐδίδασκες γράμματα, ἐγὼ δ᾽ ἐφοίτων· ἐτέλεις, ἐγὼ δ᾽ ἐτελούμην· ἐγραμμάτευες, ἐγὼ δ᾽ἠκκλησίαζον· ἐτριταγωνίστεις, ἐγὼ δ᾽ ἐθεώρουν ·ἐξέπιπτες, ἐγὼ δ᾽ ἐσύριττον « Tu enseignais la lecture ; moi, je faisais des études. Tu initiais les autres ; moi, je me faisais initier. Tu étais scribe ; moi, membre de l'Assemblée. Tu jouais les troisièmes rôles ; moi, j'étais au théâtre. Tu tombais ; moi, je sifflais. » L'asyndète sépare ces phrases parataxiques et en souligne la cinglante ironie.

Eur. *Hipp*. 354 Γυναῖκες, οὐκ ἀνασχέτ᾽ οὐκ ἀνέξομαι ζῶσ᾽ ·ἐχθρὸν ἦμαρ, ἐχθρὸν εἰσορῶ φάος. Ῥίψω, μεθήσω σῶμ᾽, ἀπαλλαχθήσομαι βίου θανοῦσα ·χαίρετ᾽ ·οὐκέτ᾽ εἴμ᾽ ἐγώ « Femmes, je ne vivrai pas pour supporter ce qui n'est pas supportable ; le jour me fait horreur ; j'ai horreur de voir la lumière. Je précipiterai, je lancerai mon corps dans le vide ; par la mort je me libérerai de la vie. Adieu ! Je ne suis plus d'ici ! » Le trouble de Phèdre se trahit dans ces juxtapositions à dessein dépourvues de tout lien.

§ 137. Si la parataxe asyndétique a de tout temps été limitée dans ses emplois, la parataxe liée (ou syndétique) apparaît abondamment à date ancienne, chez « Homère » et aussi chez Hérodote, et la subordi-

1. La tendance à généraliser la subordination apparaît dans un emploi particulier de ὅτι introduisant sans *changement de personne* — il ne s'agit donc pas là d'une subordination véritable — des paroles effectivement prononcées : par exemple, Thc. 1, 137 ἐδήλου ἡ γραφὴ ὅτι Θεμιστοκλῆς ἥκω παρὰ σέ « Il y avait dans la lettre (que) : « Moi, Thémistocle, je viens me réfugier auprès de toi. »

nation se réduit à quelques types (surtout des temporelles ; quelques
complétives et quelques hypothétiques ; peu de finales, de consécutives ou de causales). Puis la subordination prend de l'extension et de
la complexité, en même temps que la langue se développe intellectuellement, pour atteindre au ve et au ive siècle sa plus parfaite expression :
mais dès les débuts de la Κοινή, on voit nettement se dessiner comme
un retour à l'état parataxique. En réalité, c'est un fléchissement de la
culture qui se manifeste à ce moment : car il est certain que, même au
ve siècle, un homme peu cultivé devait s'exprimer d'une façon où
la subordination était bien moins constante et rigoureuse que les
textes littéraires ne le font penser : la *richesse de la subordination*
ne dépend pas seulement de la *date* du témoignage, mais du *degré de
culture* de celui qui s'exprime. Assurément, il y a eu une énorme régres-
sion de la subordination du grec ancien au grec moderne ; en particulier, la conjonction καὶ est employée d'une façon qui équivaut à différents types de subordonnées. Nous ne sommes pas surpris de lire dans
le *Nouveau Testament*, texte relevant d'une Κοινή assez proche de la
langue parlée, des tours qui font déjà penser à la syntaxe parataxique
du grec moderne ; mais, même au ve siècle, en un temps où la subordination a atteint son ἀκμή, un auteur, comme Aristophane, pour donner l'impression d'une langue *populaire* (ou au moins familière), mul-
tiplie les parataxes : là encore, l'état que nous connaissons par le
grec moderne semble singulièrement proche. Voici deux exemples
caractéristiques : Matth. 18, 21 ποσάκις ἁμαρτήσει εἰς ἐμὲ ὁ ἀδελφός μου
καὶ ἀφήσω αὐτῷ ; « combien de fois mon frère pourra-t-il pécher à mon
égard *et* (pour que je lui pardonne = consécutive ὥστε + inf.) je
lui *pardonnerai* ?» et Ar. *Ois.* 493 sqq : εἰς δεκάτην γάρ ποτε παιδαρίου
κληθεὶς ὑπέπινον ἐν ἄστει | κἄρτι καθηῦδον ·καὶ πρὶν δειπνεῖν τοὺς
ἄλλους, οὗτος ἄρ' ᾖσεν· | κἀγὼ νομίσας ὄρθρον ἐχώρουν ʽΑλιμουντάδε · |
κἄρτι προκύπτω ἔξω τείχους καὶ λωποδύτης παίει ῥοπάλῳ με τὸ
νῶτον· | κἀγὼ πίπτω μέλλω τε βοᾶν · ὁ δ' ἀπέϐλισε θοἰμάτιόν μου
« Invité pour le « dixième jour » d'un garçon, j'avais un peu bu en ville,
et je venais de m'endormir ; et avant que les autres fussent à table, cet
animal (le coq) naturellement se mit à chanter ; et moi, pensant que
c'était le jour, je me hâtais vers Halimonte ; et juste je sors le nez hors
des remparts, et voilà qu'un brigand me donne un coup dans le dos avec
son gourdin ; et moi je tombe, et je veux crier ; mais l'autre m'avait
soulevé mon manteau. » On comparera cette phrase courante en grec
moderne (Pernot *Gramm.* § 488) : δὲν εἶχε τελειώσει τὸ λόγο κ' ἔφυγε «il
avait à peine achevé de parler *et* (= qu') il partit ».

§ 138*. Comme l'hypotaxe n'est qu'un développement pris par la
parataxe primitive et que sans doute la seule forme de subordination
qui soit de date indo-européenne est la proposition relative, on conçoit
aisément que la distinction entre « principale » et « subordonnée » n'ait
rien d'absolu. Tout d'abord, il est resté d'anciennes juxtapositions qui,

sans présenter jamais *ni subordonnant, ni aucun autre signe de subordination*, ont fini par être *assimilées* à des subordonnées : ainsi les complétives exprimant la *crainte*, du type δέδοικα μὴ εἴπῃ, qui sont pensées comme « je crains *qu*'il ne parle », alors que la parataxe primitive était quelque chose comme : « j'ai peur : qu'il ne parle pas ! » La *proposition infinitive* n'est primitivement qu'une indépendante admettant un double objet suivi d'un infinitif construit librement ; et il n'est pas plus difficile de constater que les complétives participiales des verbes de perception (§ 309) qui ont pour équivalent, dans la langue même, d'authentiques subordonnées introduites par ὡς, ne comportent effectivement qu'une indépendante avec un participe senti d'abord comme apposé : αἰσθάνομαι αὐτοῦ ψευδομαρτυροῦντος « je vois bien qu'il porte un faux témoignage » n'est autre chose que « je le vois — portant un faux témoignage ». Dans les *consécutives*, du moins la consécution « constatée » est rattachée à la « principale » dont elle « dépend » par un lien si lâche que nous hésitons parfois entre une ponctuation « faible », comme une virgule, et une ponctuation « forte », comme un point en haut. Même les propositions subordonnées qui semblent le plus étroitement attachées à leur principale, comme les *finales* introduites par ἵνα, reposent en réalité sur une parataxe : λέγω ἵνα εἰδῇ « je dis afin qu'il sache » suppose un emploi adverbial, mais pas encore relatif de ἵνα (qui est attesté chez Homère, par ex. K 127) et a pu, à date ancienne, être senti de la façon suivante : « je parle : là (= alors, dans ces conditions) qu'il sache... »,

§ 139. Les choses étant ainsi, on doit se demander à quels **signes** on peut reconnaître qu'une proposition est dépendante d'une autre : ceux-ci sont au nombre de cinq et d'ordre divers. Il arrive fréquemment que, pour une subordonnée donnée, il y ait convergence de *plusieurs* signes de subordination ; mais il suffit qu'**un seul** de ces signes apparaisse pour qu'on puisse parler de subordonnée. Par exemple, une *déclarative* introduite par ὡς comporte à la fois : 1° une conjonction de type *relatif* ; 2° la possibilité de présenter un *optatif* « *oblique* » de subordination, comme ἔλεγον ὅτι ἀδικοίη en face de λέγω ὅτι ἀδικεῖ ; 3° un changement de personne, puisque ἀδικεῖ (3e personne) se substitue à ἀδικεῖς (2e personne) du style direct. Au contraire, dans la *protase* d'une *subordonnée hypothétique*, comme l'exemple classique εἰ πλούσιος γενοίμην, τοὺς πενέτας ἂν βοηθοίην, *aucun des trois signes indiqués n'*apparaît. Assurément εἰ *a fini par devenir* la conjonction qui introduit l'hypothèse, mais la phrase repose essentiellement sur l'état suivant : « dans telles conditions je deviendrais riche : je secourrais les pauvres » ; autrement dit, c'est la légère *pause*, qui sépare nécessairement les deux optatifs, qui est le signe de la subordination. Les cinq signes sont les suivants :

§ 140. 1°) *Un* léger temps d'arrêt *entre la principale et la subordonnée*

— ou, dans l'ordre inverse, entre la subordonnée et la principale. A ce type appartiennent les propositions dépendantes de *crainte*, du type δείδω μή τι πάθῃ « j'ai peur : qu'il ne lui arrive rien ! » et un certain nombre de tours attestés, quelques-uns seulement à date ancienne, d'autres au contraire qui se sont maintenus en attique : ainsi Z 340 ἐπίμεινον, ἄρηια τεύχεα δύω « attends, que je prenne mes armes de combat » ou Plat. *Phèdre* 228 E βούλει ἀναγνῶμεν ; « veux-tu, que nous lisions ? » Les *conditionnelles* avec εἰ, les *finales* avec ἵνα, qui appartenaient, on l'a vu, originellement à ce type, ont été progressivement senties comme introduites par εἰ et ἵνα, assimilées aux conjonctions de type relatif. Il en est de même des *interrogatives indirectes* introduites par εἰ (interrogation simple) et par πότερον ... ἤ (interrogation double).

§ 141. 2°) Le pronom relatif ὅς ainsi que les conjonctions *fondées sur le thème de relatif*, telles que ὡς, ὅπως, ὅτε, ὄφρα, et aussi les *adverbes* tels que ἐπεὶ (ἐπειδὴ) sentis comme inséparables de conjonctions d'origine relative (ἐπειδὴ = ὅτε). Si on songe aux emplois variés dont ὡς est susceptible avec des modes différents, si on songe à l'importance réelle de la phrase relative, on admettra sans difficulté que le thème de relatif, qui a sans doute été la *première* (pour ne pas dire la *seule*) forme de subordination en indo-européen, est resté en grec le moyen *par excellence* d'exprimer la subordination. Dans les types de phrases qui continuent le mieux les types les plus anciens, le *relatif* (ou la conjonction de type relatif) était pour ainsi dire rappelé dans la principale par le thème de *présentatif* *so *sā *tod : ainsi l'on a ὅτε ... τότε, ἕως ...τέως, ὡς ...ὣς ou, dans l'ordre inverse οὗτως ...ὡς : tout se passe comme si on éprouvait le besoin de resserrer le lien de subordination en le *rappelant* dans la principale ou, dans l'ordre inverse, en l'*annonçant* dès la principale. Les « conjonctions » qui introduisent les subordonnées *temporelles d'antériorité* (πάρος, πρότερον et surtout πρὶν), étrangères en elles-même au thème de relatif, se présentent dans des conditions comparables : l'adverbe qui fait fonction de conjonction d'antériorité est, dans la plupart des cas, annoncé dans la « principale » par un autre adverbe d'antériorité, qui peut d'ailleurs n'être autre que lui-même : ainsi à côté de πάρος ...πρὶν ou πρότερον ...πρὶν, on a souvent πρὶν ....πρίν. D'ailleurs, les subordonnées exprimant l'antériorité appartenant à l'ensemble des subordonnées temporelles introduites par une conjonction de type relatif, on a pu, de bonne heure, faire l'économie du premier πρὶν, et considérer cet adverbe comme l'*équivalent* d'une véritable conjonction.

§ 142 3°) Le changement de personne est aussi un signe irrécusable de subordination dans des catégories importantes de propositions dépendantes — en particulier dans les *complétives déclaratives* (autres que les infinitives) et dans les *interrogatives indirectes* : c'est ainsi que dans la *déclarative conjonctive* introduite par ὡς — comme : λέγει ὡς

ἀσθενεῖ » il dit qu'il est malade » —, une 3ᵉ *personne*, ἀσθενεῖ, se
substitue à la 1ʳᵉ *personne* attendue en style direct : λέγει · ἀσθενῶ « il
dit : je suis malade » ; c'est ainsi que dans l'*interrogative indirecte* :
(αὐτὸν ἐρωτᾷ τίς ἐστι), la 3ᵉ *personne* du singulier, répondrait à une
2ᵉ *personne* si l'expression de la pensée était *directe* : ἐρωτᾷ αὐτὸν τίς
ἐστι « il (lui) demande qui il est » recouvre la phrase suivante en style
direct : αὐτὸν ἐρωτᾷ · τίς εἶ ; « il lui demande : qui es-tu ? » De plus,
surtout dans les infinitives complétives, il se produit cette autre modifi-
cation dans l'expression de la personne, qui substitue un *réfléchi* dans le
style indirect à un pronom *non-réfléchi* du style direct : ainsi dans Plat.
Banq. 174 A ἔφη γὰρ οἷ Σωκράτη ἐντυχεῖν λελουμένον « il disait qu'il
avait rencontré Socrate lavé de frais » on aurait pour correspondant, en
style direct : τοιάδ' ἔφη · ἐνέτυχον (ἐγώ), ou dans Xén. *An.* 5, 7, 25 οἱ
Κερασούντιοι ...σαφῶς νομίζοντες ἐπὶ σφᾶς ἴεσθαι « les gens de Céra-
sonte... pensant que, de toute évidence, on marchait contre eux » on
aurait : τοιάδ' ἐνόμιζον· ἐφ'ἡμᾶς ἴενται.

§ **143.** 4°) On peut également considérer comme signe de subordination la substitution d'une *forme* **non-personnelle** *du verbe* (*infinitif*
ou *participe*) à l'*indicatif de constatation* qui caractériserait une proposition indépendante : ce changement modal suffit à définir, en l'absence
de tout autre signe de dépendance, des *complétives infinitives déclaratives* ou *des complétives participiales de perception* comme relevant de la
subordination. Ainsi νομίζω αὐτὸν τοιαῦτα εἰπεῖν comporte, par la présence même de l'infinitif, un lien de subordination qui n'existerait pas
dans τόδε νομίζω · τοιαῦτα εἶπε « Je pense ceci : voilà ce qu'il a dit. » De
même, le participe de la phrase οἶδα αὐτὸν ἐξελθόντα « je sais qu'il est
parti » en face de la tournure parataxique : οἶδα τοῦτο · ἐξῆλθε « voilà
ce que je sais : il est parti ».

§ **144*.** 5°) Mais on doit voir le signe *indirect* le plus important de la
subordination — par opposition à la subordination *directement* exprimée
par une conjonction de type relatif — dans la possibilité de substituer
un *optatif* à un *indicatif* (ou à un *subjonctif*) quand la principale appartient à la *sphère du passé* : c'est l'*optatif* dit oblique, que l'on peut
appeler plus justement *optatif de subordination secondaire* (cf. § 202).
Cette possibilité de dégrader en un « *possible* » (optatif) la *constatation*
(indicatif) ou la *finalité* et l'*éventualité* (subjonctif), que l'on aurait dans
un ensemble situé dans le présent-futur, intéresse un grand nombre de
propositions dépendantes : ainsi les *déclaratives conjonctives* comme
λέγει ὅτι (ὡς) ἐστί/ἔλεγε ὅτι εἴη, les *interrogatives indirectes*, comme
ἐρωτᾷ τίς ἐστι/ἠρώτα τίς εἴη, les *finales* comme πράττω ἵνα εἰδῇ/ἔπρατ-
τον ἵνα εἰδείη, les *temporelles*, comme ὅταν ἐξέλθῃ, ἱματίον ἔχει/ὅτε
ἐξέλθοι, ἱματίον εἶχε, les subordonnées d'*appréhension*, comme δέδοικα
μὴ ἐκφύγῃ, ἐδεδοίκη μὴ ἐκφύγοι, même les *causales* comme βοᾷ ...ὅτι
ἐκεῖ βασιλεύς ἐστι/ἐβόα ...ὅτι ἐκεῖ βασιλεὺς εἴη, toutes ces propositions

prouvent *au moins virtuellement* leur caractère de subordination par
le fait qu'elles admettent l'optatif oblique — même celles d'entre elles
qui, comme les subordonnées de crainte, reposent sur une parataxe. Au
contraire ni les *relatives*, ni les *consécutives*, ni les *conditionnelles* n'admettent ordinairement la possibilité d'un optatif de subordination
secondaire : un *indicatif* de constatation, un *optatif* « potentiel », les
temps secondaires de l'indicatif faisant fonction d'*irréels du présent* ou du
passé ou (de *possibles du passé*), gardent toujours leur valeur *modale* :
on a vu que c'est par d'autres moyens que ces propositions peuvent
prouver leur caractère de subordonnées.

D. **Ordre des mots.**

§ 145. La phrase indo-européenne étant caractérisée par l'*autonomie*
des éléments qui la constituaient, l'ordre des mots était *en principe*
absolument libre, puisque chacun d'entre eux pouvait, en toute position, indiquer clairement, *par ses seuls moyens*, le rôle qu'il jouait dans
la phrase. De plus l'*intonation* des mots variait selon les circonstances et,
par exemple, un verbe placé *en tête de phrase* et dans *toutes les subordonnées* était *tonique*, tandis qu'à l'*intérieur* et dans *toutes les principales* il était *atone* : le grec, qui a si profondément bouleversé les types
anciens d'intonation, conserve un cas, d'ailleurs unique, de cette opposition dans ἔστι *accentué* en *tête de phrase* en face de ἐστὶ à l'*intérieur*
constamment *atone*. En revanche, le grec homérique nous donne une
idée exacte de l'*autonomie* des éléments de la phrase, par exemple dans
A 39-41

Σμινθεῦ, εἴ ποτέ τοι χαρίεντ' ἐπὶ νηὸν ἔρεψα
ἢ εἰ δή ποτέ σοι κατὰ πίονα μηρί' ἔκηα
ταύρων ἠδ' αἰγῶν

que l'on pourrait traduire ainsi, en mettant en relief à la fois l'*indépendance* de chaque mot, et la *variété* qu'apportait l'opposition des mots
toniques et des mots *atones*[1] : « Sminthée, si (atone) — jamais (atone) —
pour toi (atone) un agréable là-dessus (atone) temple j'ai bâti ou
(atone) — si (atone), vois-tu, jamais (atone) — pour toi (atone) — entièrement (atone) de gros cuissots j'ai brûlé de taureaux et (atone) de
chèvres... » Le préverbe ἐπὶ s'introduisant entre le qualificatif χαρίεντ'
et le qualifié νηόν ne gêne pas plus l'expression de la pensée que le verbe
ἔκηα, séparé lui-même de son préverbe κατὰ, n'empêche μηρί(α) d'avoir
comme complément du nom ταύρων ἠδ' αἰγῶν au début du vers
suivant.

146. Mais cet ordre, pour être libre, n'en était pas pour cela arbitraire : chaque langue a tendu à se fixer au moins un ordre *courant* des

---

1. L'atonie est attachée à la fonction remplie par le mot, *quelle que soit la place qu'il
occupe dans la phrase*, à la différence de ce qu'il se passait en indo-européen pour le verbe.

mots ; si considérable que soit le « jeu » qui, dans une langue comme le grec, existe toujours entre les éléments de la phrase, il y a des *habitudes* qu'il est d'autant plus intéressant d'observer que les *intentions*, les « *effets* » de l'auteur se traduisent souvent par des *dérogations* à ces habitudes. C'est un fait bien connu que le *déterminant* (nom de nombre, génitif adnominal, épithète) se place avant le *déterminé* : on dit couramment δύω κύνες (β 11), θεῶν ἕδος (ζ 42) πηκτὸν ἕδος (*Hymn. Dém.* 196), pour désigner « deux chiens », « le séjour des Dieux », « un siège massif » ; mais ἄνδρε δύω (δ 27) a une valeur emphatique et veut dire : « ces personnages qui sont deux » ; mais *Hymn. Dém.* 341 λιπὼν ἕδος Οὐλύμποιο indique la rapidité (ἄφαρ, ἐσσυμένως) avec laquelle Hermès, obéissant à l'ordre de Zeus, quitte l'Olympe, son séjour, pour les profondeurs de la Terre ; mais la magnificence du siège de Circé est exprimée, non seulement par la succession de trois adjectifs descriptifs, mais aussi par la place de θρόνου devant ἀργυροήλου, καλοῦ, δαιδαλέου (κ 314). Ce serait d'ailleurs une lourde erreur de croire que bien d'autres raisons — le mètre, l'économie de la phrase, etc. — n'ont pu faire adopter l'ordre le moins courant : mais il y a là des *possibilités d'intention* qu'il convient d'examiner dans chaque cas singulier. Sans préciser des usages qui gardent toujours tant de liberté, nous emprunterons des exemples, non à la *poésie*, mais à la *prose*. En effet la contrainte du mètre peut entraîner des déplacements de mots et, plus encore, des disjonctions dans des groupes naturels ; de plus, un vers comme l'hexamètre épique, qui a des limites fixes, donne à l'*initiale* une valeur très particulière (que souligne le *rejet*). Enfin, dans l'hexamètre en particulier, il y a des places du vers qui sont sensibles (l'intervalle entre deux coupes, l'intervalle entre une coupe unique et la ponctuation « bucolique »), tandis que la fin du vers, encombrée de « formules », est souvent la partie sacrifiée. Ajoutons enfin que le jeu des *particules* qui tiennent un rôle si important dans l'ordre des mots s'est développé dans la prose, tandis que, dans la poésie de toute époque, elles sont beaucoup moins variées et précises.

§ 147. Il faut accorder une attention particulière aux *deux premières places* de la phrase. On conçoit aisément que l'*attaque* de la phrase ait beaucoup d'importance, comme aussi sa *fin*, qui peut laisser dans l'esprit une impression durable ; mais en grec, la *fin* de phrase, sauf en ce qui concerne le rythme, n'a pas beaucoup de signification pour ce qui fait notre objet, et ce n'est que grâce à de fortes disjonctions d'éléments ordinairement groupés qu'elle peut être le siège d'un « effet » ; au contraire, la *seconde position* de la phrase, qui joue un peu le rôle d'un temps faible suivant un temps fort, doit être considérée de près.

§ 148. Ce serait une erreur de croire que la **première place** de la phrase soit toujours occupée par un mot que l'on veut mettre en lumière. Cette position est en effet la place ordinaire des *conjonctions* (καί qui *coordonne*, et toutes celles qui *subordonnent*), des *démonstratifs*, des *négations*, des éléments *interrogatifs* (pronoms ou particules), enfin d'un certain nombre de *particules* (dont la principale est l'adversative ἀλλά cf. ci-dessous § *s. v°*). Il est rare que le *sujet* de la phrase — défini ou non — occupe cette position. On peut donc dire que, dans l'usage courant, le premier mot de la phrase a pour fonction de déterminer sa *structure générale* — ce qui fait d'elle une phrase *coordonnée* à ce qui précède, ou *subordonnée* à une principale subséquente, ou *négative*, ou *interrogative* ; sauf quand le verbe exprime un *ordre* (impératif), il n'apparaît à la première place que pour être mis en vedette, *comme n'importe quel autre élément de la phrase*, précisément par contraste avec la construction ordinaire. Voici quelques exemples, tirés du *Gorgias* de Platon :

482 D Καί σου κατεγέλα, ὥς γέ μοι δοκεῖ, ὀρθῶς τότε « Et il s'est moqué de toi, ce me semble, à juste titre à ce moment-là ». — 484 C ᾽Εὰν γὰρ καὶ πάνυ εὐφυὴς ᾖ « Quand un homme est même fort bien doué... ». — 507 D Οὗτος ἔμοιγε δοκεῖ ὁ σκοπὸς εἶναι « Cela me semble être le but... ». — 511 A Οὐκ οἶδ᾽ ὅπη στρέφεις τοὺς λόγους « Je ne sais comment tu retournes les raisonnements... ». — 480 B τί γὰρ δὴ φῶμεν ; « Qu'avons-nous donc à dire ? » et ῟Αρ᾽οὖν καὶ τὸ μὴ ἀδικεῖν ; « Est-ce (qu'il réussira) aussi à ne pas commettre l'injustice ? ». — 515 E ᾽Αλλὰ τάδ᾽ ἀκούω οὐκέτι « Mais ce n'est plus une chose que j'aie entendue par ouï dire... ». — 484 C φιλοσοφία γάρ τοί ἐστιν, ὦ Σώκρατες, χαρίεν « La Philosophie est sans doute, Socrate, un objet plein de charmes. » — 510 B Σκόπει δὴ καὶ τόδε « Examine donc aussi ce point. » L'impératif est à sa place ordinaire, tandis que, quelques lignes plus loin (510 C), l'indicatif dans la phrase : Λείπεται δὴ ἐκεῖνος μόνος ἄξιος λόγου doit être traduit en soulignant la place *insolite* du verbe : « Reste donc seul digne d'entrer en ligne de compte, l'homme... ».

§ 149. La position du second mot était la position naturelle des *particules* qui relient les phrases entre elles, de tous les éléments *atones* — *pronoms indéfinis*, formes *non accentuées* du *pronom personnel*, *adverbes indéfinis* de *temps* et de *manière* — d'une façon générale tout ce qui, encore que nécessaire à l'expression de la pensée, ne mérite pas de retenir l'attention : il est caractéristique que le *vocatif*, en principe étranger à la phrase, est le plus démuni de toute signification d'appel *personnel* quand il occupe la seconde (ou la troisième) place : de fait, surtout quand il s'agit d'éléments atones, il faut compter par *groupes accentués*, ce qui peut, si l'on compte des mots, mettre le troisième ou le quatrième mot de la phrase dans la position de second mot ; il faut aussi considérer comme un *tout* les particules associées soit en « collocation », soit en « combinaison » (cf. Ch. XII). 506 C ῎Ακουε δὴ ἐξ ἀρχῆς ἐμοῦ ἀναλαβόντος τὸν λόγον « Écoute-moi donc reprendre depuis le début l'argumentation. » — 510 A Εἰ ἄρα-τις ἐννοήσειεν « Si donc quelque jeune homme s'imaginait ...». — 505 C Οὐδέ-γέ-μοι μέλει « Je ne m'inquiète même pas du tout... ». — 499 E ῞Ενεκα γάρ-που τῶν ἀγαθῶν ἅπαντα ἡμῖν ἔδοξεν πρακτέον εἶναι « C'était en vue du bien qu'il nous a paru bon d'agir en toutes choses » : dans ce dernier exemple, on remarquera comment, avec une liberté qui peut sembler difficilement concevable à des hommes qui parlent une langue à ordre fixe, la particule γάρ et l'adverbe indéfini που s'insèrent entre ἕνεκα et le nom qu'elle détermine : ἀγαθῶν. — 510 B Ὁρᾷς, ὦ Σώκρατες, ὡς ἐγὼ ἑτοῖμός εἰμι ἐπαινεῖν « Tu vois, Socrate, que je suis tout prêt à t'approuver » : vocatif sans accent dans un long dialogue.

§ 150. En dehors de ces *deux* positions particulières, il y a à l'intérieur de la phrase des **habitudes**, fort souples d'ailleurs, mais assez constantes pour qu'un manquement à l'ordre attendu provoque quelque surprise, qui peut être utilisée comme effet de style.

§ 151. Le sujet de la phrase — sauf les cas examinés au § précédent — n'est ordinairement exprimé qu'après les mots qui font partie de la « seconde position ». Il est souvent repoussé plus avant dans la phrase et, quand celle-ci comporte le verbe *être* (ou ses synonymes) et un *attribut* au sujet, c'est souvent l'*attribut* qui précède le sujet. Au contraire quand un verbe *actif* contient *implicitement* le *sujet*, cette même position est occupée par l'*objet direct*. L'*attribut* qui détermine le sujet, l'*objet* qui détermine le verbe « transitif » sont donc exprimés **avant** ce qu'ils déterminent : c'est une application de ce principe très général, qui remonte à l'indo-européen, d'après lequel le *déterminant* précède le *déterminé*, c'est-à-dire l'ordre inverse du nôtre (κακὴ αἶσα en face de « sort malheureux », ou πατρὸς φιλία en face de « affection d'un père ».)

Plat. *Gorg.* 503 A Εἰ γὰρ καὶ τοῦτό ἐστι διπλοῦν, τὸ μὲν ἕτερόν που τούτου κολακεία ἂν εἴη ...τὸ δ' ἕτερον καλόν, τὸ παρασκευάζειν ὅπως ὡς βέλτισται ἔσονται τῶν πολιτῶν αἱ ψυχαί « De fait, si l'éloquence apparaît sous une forme double, la première pourrait n'être que flatterie, mais noble la seconde, celle qui travaille à faire en sorte que les âmes des citoyens soient les meilleures possibles.» On voit ici le sujet précéder l'attribut, puis l'ordre inverse : d'ailleurs, caractérisés l'un et l'autre par la même forme du nominatif, ils n'ont jamais été nettement distingués l'un de l'autre dans la conscience du sujet parlant.

522 B οὔτε γὰρ ἡδονὰς ἃς ἐκπεπόρικα ἔξω αὐτοῖς λέγειν, ἃς οὗτοι εὐεργεσίας καὶ ὠφελίας νομίζουσιν « je n'aurai pas le moyen de leur vanter les plaisirs que je leur aurai procurés, ces plaisirs qu'ils prennent pour des bienfaits et des services ». Quelques lignes plus loin : Δικαίως πάντα ταῦτα ἐγὼ λέγω ...ὥστε ἴσως ὅτι ἂν τύχω, τοῦτο πείσομαι « C'est d'après la justice que je vous dis cela... aussi peut-être, tout ce qu'il peut m'arriver, aurai-je à l'endurer » (*Cf.* § 152) On remarquera que, dans la première de ces deux dernières phrases, où δικαίως, disjoint de λέγω, est mis en vedette, l'objet direct passe même avant le pronom « emphatique » sujet : ἐγώ.

§ 152. Le **verbe** est de tous les éléments importants de la phrase celui qui conserve, en grec, la plus grande *mobilité*. Il est exact, comme on le dit souvent, qu'il occupe généralement dans la phrase une position *centrale* : mais il peut aussi bien être rejeté à la *fin* de la phrase qu'en prendre la *tête*. La plupart des langues indo-européennes, même quand elles ont gardé beaucoup de liberté dans la disposition des mots, tendent à assigner au verbe une place préférée : le latin le repousse à la *fin* de la phrase, comme le vieil-irlandais *commence* systématiquement par lui ; en grec, il ne semble point avoir une place où il se complaise. Il en résulte qu'il peut être précédé aussi bien que suivi de son *objet*, précédé aussi bien que suivi par les *participes* qui expriment des circonstances accessoires de l'action verbale. Seul l'*adverbe*, selon le principe rappelé plus haut, *précède* systématiquement le verbe qu'il modifie (sauf effets recherchés au moyen de l'ordre inverse).

Plat. *Gorg.* 522 C Δικαίως πάντα ταῦτα ἐγὼ λέγω, καὶ πράττω τὸ ὑμέτερον δὴ τοῦτο, ὦ ἄνδρες δικασταί, οὔτε ἄλλο οὐδέν · ὥστε ἴσως, ὅ τι ἂν τύχω, τοῦτο πείσομαι « C'est d'après la Justice que je vous dis tout cela, et j'agis dans votre intérêt, juges, votre seul intérêt ; aussi peut-être, tout ce qu'il peut m'arriver, aurai-je à l'endurer. » Dans ces quelques phrases, égales par la longueur et voisines par le sens, on relève les dispositions suivantes : 1° après la « mise en vedette » de δικαίως (qui fait naturellement groupe avec λέγω), on a l'*objet direct*, le *pronom-sujet* et le *verbe* ; 2° le *sujet* et le *verbe* ; 3° après la « mise en vedette » de ἴσως (qui fait groupe naturel avec πείσομαι), l'*objet direct* (représenté par la relative ὅ τι ἂν τύχω), puis le *verbe* qui contient le sujet. La seule chose qu'on puisse hasarder, c'est qu'il y a peut-être un lien entre l'*emploi* d'un mot quelconque *mis en vedette*, et le *refoulement, en fin de phrase*, du *verbe* (et du *sujet*, s'il le contient implicitement).

521 E τοὺς νεωτάτους ὑμῶν διαφθείρει τέμνων τε καὶ καίων, καὶ ἰσχναίνων καὶ πνίγων ἀπορεῖν ποιεῖ « il *déforme* les plus jeunes d'entre vous *en sectionnant* et en *cautérisant* ; également, *en les faisant* se dessécher et étouffer, il les *réduit à rien* ». On a l'impression que c'est une question de « style » (chiasme) qui a entraîné, pour les verbes à l'indicatif et pour les couples de participes, des positions inverses dans les deux membres de la phrase.

523 C νῦν μὲν γὰρ κακῶς αἱ δίκαι δικάζονται « maintenant les jugements sont mal rendus » en face de la disposition inverse, rendue plus expressive par la disjonction dans 522 A (défense du médecin accusé par un cuisinier devant un tribunal d'enfants) : « Ταῦτα πάντα ἐγὼ ἐποίουν, ὦ παῖδες, ὑγιεινῶς « Tout cela je le faisais, mes enfants, en vue de votre santé. »

§ 153. Il ne saurait être question de déterminer, même de façon très schématique, la place des mots qui remplissent les fonctions de génitif ou de datif par rapport au *nominatif-sujet* ou à l'*accusatif-objet*. Tout au plus semble-t-il que le **datif** d'attribution, quand il entre en concurrence avec l'accusatif de l'objet direct, est de préférence exprimé *en premier lieu* [1]. Quant au **génitif adnominal**, on s'attendrait qu'il précédât constamment le mot qu'il détermine, comme ce devait être le cas en indo-européen : mais, de même qu'en latin on emploie aussi bien l'ordre *orbis terrarum* et l'ordre *terrae motus*, on trouve les deux s'appliquant à un même objet, *et dans la même phrase* : avec l'*article*, l'ordre suivant : article — nom déterminatif — nom déterminé, *est particulièrement fréquent*, mais n'a rien de nécessaire. Quant aux déterminations de *circonstances* (manière, temps, lieu), elles peuvent apparaître à toutes les positions de la phrase : cependant on constate qu'elles sont souvent exprimées *peu après la « seconde position »*. Grâce à la liberté dans l'ordre des mots, un même cas, comme le génitif, peut être conjointement employé dans la phrase avec d'autres génitifs, qui expriment d'autres fonctions.

Plat. *Gorg.* 526 D καὶ σκοπῶ ὅπως ἀποφανοῦμαι τῷ κριτῇ ὡς ὑγιεστάτην τὴν ψυχήν « et je vise à présenter au juge l'âme la mieux portante ». On pourrait ici se demander si ce n'est pas le caractère plus massif de ὡς ὑγιεστάτην τὴν ψυχήν qui l'a fait rejeter à la fin de la phrase : ce n'est pas le cas dans 512 C καὶ τῷ υἱεῖ αὐτοῦ οὔτ' ἂν δοῦναι θυγατέρα θέλοις « et à son fils tu ne voudrais pas donner ta fille, ni... ».

516 A Ὄνων ...ἐπιμελετής « un gardien d'ânes » et un peu plus loin (516 B) : ἢ οὐ δοκεῖ σοι κακὸς εἶναι ἐπιμελητὴς ὁστισοῦν ὁτουοῦν ζῴου « ou bien n'est-ce pas un mauvais gardien, quel qu'il soit, d'un animal, quel qu'il soit... ? ».

515 B ἢ ἄλλου του ἄρα ἐπιμελήσει ἡμῖν ἐλθὼν ἐπὶ τὰ τῆς πόλεως πράγματα... ; « N'auras-tu pas d'autre souci, une fois arrivé aux affaires de la Cité...? » Mais, en dépit de sa fréquence, cet ordre du génitif adnominal encadré entre l'article et le nom déterminé, n'exclut en aucune façon des constructions post-posées du même génitif déterminé ; par exemple : 516 A ἐπὶ τελευτῇ τοῦ βίου τοῦ Περικλέους « à la fin de la vie de Périclès ».

516 D ἵνα αὐτοῦ δέκα ἐτῶν μὴ ἀκούσειαν τῆς φωνῆς « afin de ne pas entendre sa voix pendant dix ans ». Αὐτοῦ est dissocié de φωνῆς, lui-même au génitif comme complément de ἀκούω ; quant à δέκα ἐτῶν, il représente un génitif de mesure ; de plus le groupe αὐτοῦ ...τῆς φωνῆς est dissocié, non seulement par la détermination temporelle δέκα ἐτῶν, mais aussi par la présence du verbe qui, avec sa liberté d'allures coutumières est entré dans le groupe (μὴ ἀκούσειαν). Dans le même membre de phrase, le génitif remplit *trois* fonctions différentes.

§ 154. Il résulte des remarques précédentes que, pour mettre en valeur un mot quelconque, il faudra obtenir un effet de *surprise* par rapport à ce que l'on peut considérer comme l'*ordre des mots le plus*

---

1. Il va de soi que la datif atone du pronom personnel, si fréquemment employé, se place dans la seconde position ; par exemple, Plat. *Gorg.* 513 A εἰ δέ σοι οἴει ὁντινοῦν ἀνθρώπων παραδώσειν « Si tu crois que n'importe qui pourra te donner... ».

banal. Trois moyens sont alors à la disposition de l'écrivain, qui probablement étaient encore beaucoup plus employés dans la langue parlée. Le premier consiste à frapper au plus tôt l'attention de l'auditeur *en le mettant en tête de la phrase le plus qu'il est possible* ; le second, bien plus rarement employé seul, mais fréquemment associé à une disjonction, consiste à l'isoler comme *dernier mot de la phrase* ; enfin, le moyen *constant*, quelle que soit la position du mot dans la phrase, le plus souple et le plus varié, qui est la *disjonction* des groupes de mots grammaticalement associés.

§ 155. **N'importe quel mot** peut être mis en vedette, même l'équivalent logique d'une *particule* qui, sans volonté d'insistance, serait à sa place normale, c'est-à-dire à la seconde : ce peut être un *mot* ou un *groupe de mots*, un *verbe*, le *sujet*, l'*objet direct ou indirect*, l'*attribut*, ou telles *circonstances* (surtout des circonstances de temps). Quelques exemples donneront une idée de cette variété :

Plat. *Gorg.* 512 B Διὰ ταῦτα οὐ νόμος ἐστὶ σεμνύνεσθαι τὸν κυβερνήτην « C'est pour ces raisons-là qu'il n'est pas dans les habitudes du pilote de prendre de grands airs » : διὰ ταῦτα expressif se substitue à l'ordre attendu, qui serait οὐ γὰρ νόμος. — 482 A Λέγει γάρ, ὦ φίλε ἑταῖρε, ἀεὶ ἃ νῦν ἐμοῦ ἀκούεις « Oui, elle dit, mon cher ami, elle dit sans cesse ce que tu m'entends dire » : la mise en lumière de λέγει est renforcée par le fait que la phrase précédente se termine par le même verbe (παῦσον ταῦτα λέγουσαν « empêche-là de dire ce qu'elle dit ») et par la disjonction de ἀεί, séparé du verbe par un vocatif insignifiant.

492 E Οἱ λίθοι γὰρ ἂν οὕτω γε καὶ οἱ νεκροὶ εὐδαιμονέστατοι εἶεν « Les pierres, à ce compte-là, et les morts seraient les plus heureux qui soient » : on remarquera que le groupe οἱ λίθοι, qui rejette γὰρ à la 3e place, exprime l'impatience sarcastique de Calliclès ; la disjonction importante des deux noms, du sujet joue aussi son rôle ; l'effet est sensible par rapport à l'ordre banal, qui serait : οἱ γὰρ ἂν λίθοι καὶ οἱ νεκροὶ οὕτως εἶεν εὐδαιμονέστατοι.

503 C Θεμιστοκλέα οὐκ ἀκούεις ἄνδρα ἀγαθὸν γεγονότα... ; « Quant à Thémistocle, n'entends-tu pas dire qu'il a été un homme de bien ? » Suivent disjoints : Cimon, Miltiade et Périclès.

516 E Ἀληθεῖς ἄρα, ὡς ἔοικεν, οἱ ἔμπροσθεν λόγοι ἦσαν « ils étaient donc vrais, semble-t-il, nos arguments de tout à l'heure... ».

519 A ἄνευ γὰρ σωφροσύνης καὶ δικαιοσύνης λιμένων καὶ νεωρίων καὶ τειχῶν καὶ φόρων καὶ τοιούτων φλυαριῶν ἐμπεπλήκασι τὴν πόλιν « C'est sans se préoccuper de sagesse ni de justice que de ports, d'arsenaux, de remparts, de tributs et autres bêtises ils ont gorgé notre ville. » Sous l'effet de sa conviction *passionnée*, intense en cet endroit, Platon lance en avant la pensée audacieuse bafouant les hommes politiques qui ont écrasé Athènes sous un appareil militaire qui, sans l'irremplaçable Justice, n'était plus qu'un enfantillage.

Ailleurs, c'est un *génitif*, ou un *datif*, qui est mis en vedette par le même procédé : par exemple : 494 B χαραδριοῦ τινα αὖ σὺ βίον λέγεις, ἀλλ' οὐ νεκροῦ οὐδὲ λίθου « Alors, c'est l'existence d'un *pluvier* que tu me proposes, non celle d'un cadavre ou d'une pierre » et 520 B Μόνοις δ' ἔγωγε καὶ ᾤμην τοῖς δημηγόροις ....οὐκ ἐγχωρεῖν μέμφεσθαι « Je croyais que *seuls* les orateurs politiques... n'avaient pas le droit de se plaindre... ».

§ 156. Il semble que, d'une façon générale, le dialogue platonicien ne recourre guère au second procédé, qui est au contraire frappant (sinon fréquent) dans l'*éloquence politique* : il y a chez Démosthène en parti-culier certains effets qui marquent la *fin de phrase*, comme les coups de poing qui ponctueraient un discours devant un auditoire populaire. On pourrait citer comme exemples de ce procédé, qui s'accompagne souvent de disjonction, les passages suivants de la *Couronne* :
Dém. 18, 62 ὁ γὰρ ἐνταῦθ' ἑαυτὸν τάξας τῆς πολιτείας εἴμ'ἐγώ «l'homme qui s'est mis dans le rang pour défendre le régime, c'est moi ! » ; 99 τῶν ἐθελοντῶν τότε τριηράρχων πρῶτον γενομένων τῇ πόλει, ὧν εἷς ἦν ἐγώ « quand il y eut pour la première fois au service de la ville des triérarques bénévoles, dont je fus, moi ! » ; 101 οὐχ ὑπῆρχον οἱ ταῦτ' ἐροῦντες οὗτοι ; « N'aviez-vous pas des gens pour tenir ce langage — ces gens-ci ? »

§ 157. La disjonction d'éléments logiquement liés ou même ordinai-rement associés dans l'ordre le plus courant (partant le moins expressif) joue un rôle considérable dans la phrase, surtout quand celle-ci, animée d'un sentiment *vif*, vise à frapper l'*attention*. Nous n'en prendrons qu'un exemple, emprunté à Dém. 18, 23 : il montre comment l'orateur use de la *disjonction* (qui s'associe dans le passage à la ponctuation en fin de phrase), pour insister sur le caractère, selon lui, inexistant des services rendus par Eschine à la communauté. Par exemple : la négation, avec les reprises composées qui la suivent, est bien plus catégorique, du fait de la disjonction ; οὐδ'ἂν εἷς φήσειεν est plus expressif que οὐδεὶς ἂν φήσειεν, de même que οὐκ ...οὐδαμοῦ dit plus que οὐδαμοῦ, qui logique-ment peut suffire.
Dém. 18, 23 Οὐ τοίνυν ἐποίησας οὐδαμοῦ τοῦτο, οὐδ' ἤκουσέ σου ταύτην τὴν φωνὴν οὐδείς. Οὔτε γὰρ ἦν πρεσβεία πρὸς οὐδένας τότ' ἐσταλμένη τῶν Ἑλλή-νων, ἀλλὰ πάλαι πάντες ἦσαν ἐξεληλεγμένοι, οὔθ'οὗτος ὑγιὲς περὶ τούτων εἴρηκεν οὐδέν « Hé bien non ! Tu n'as agi ainsi en aucune circonstance, et elle ne s'est pas non plus fait entendre, cette belle voix, de personne. En fait, il n'y avait alors point d'ambassade envoyée chez personne parmi les Hellènes, mais depuis longtemps on avait vu clair dans leurs inten-tions, et cet individu n'a rien dit de sensé à ce sujet, rien ! » On remar-quera que chaque phrase *commence* par une *négation* et se *termine* de même ; la phrase est entourée de négations comme d'un cadre. Pour mesurer l'importance des disjonctions, il suffirait de reprendre les mêmes termes, mais dans l'ordre le plus *ordinaire* : la pensée perdrait son accent, tout en conservant la même valeur logique : Οὐδαμοῦ τοίνυν ἐποίησας τοῦτο, οὐδεὶς δ' ἤκουσέ σου ταύτην τὴν φωνήν. Οὔτε γὰρ πρεσ-βεία ἦν τότ' ἐσταλμένη πρός οὐδένας τῶν Ἑλλήνων, ἀλλὰ πάντες πάλαι ἦσαν ἐξεληλεγμένοι, οὐδ' οὗτος ὑγιὲς οὐδὲν εἴρηκεν περὶ τούτων.

CHAPITRE V

LES VOIX

§ 158. Les difficultés que les grammairiens grecs ont rencontrées pour définir ce qu'ils appellent διαθέσεις apparaissent bien dans les dénominations qu'ils ont imaginées. Ainsi, selon Denys le Thrace, il faut distinguer *trois* διαθέσεις : ἐνέργεια, πάθος et μεσότης. La première implique une *activité* (notre *actif*) ; la seconde un *état* (notre *passif*) ; quant à la troisième, susceptible d'exprimer à la fois une activité et un état, ils l'ont appelée *mixte* ou *intermédiaire* — ce que rend fort mal notre dénomination de *moyen*, calquée elle-même sur le lat. *medium*. Pour reprendre les exemples donnés par Denys le Thrace, τύπτω indique l'*action* de frapper, τύπτομαι le fait de *subir* cette action ; au contraire, διέφθορα « je suis perdu », qui appartient au moyen διαφθείρομαι, ou ἐγραψάμην « j'ai fait inscrire pour moi », expriment, l'un un *état*, l'autre une *action* (d'ailleurs colorée d'une valeur *subjective* particulière). En réalité, trompés par l'importance *logique* de l'opposition de l'*agent* au *patient*, les grammairiens anciens ont considéré comme essentielle la distinction de l'actif et du passif : en conséquence, ils laissaient dans une situation *secondaire* et *équivoque* le moyen. Or, si l'on considère à la fois le développement des voix dans les langues indo-européennes et leur histoire en grec même, on constate qu'il n'y a que deux voix *fondamentales* : l'*actif* et le *moyen* ; le *passif* ne s'est que lentement constitué aux dépens du moyen, auquel il a emprunté la plupart de ses formes et dans lequel il est resté profondément engagé. Suivant l'expression piquante de Wackernagel, « au lieu de considérer le passif comme le complément naturel de l'actif, on devrait, à vrai dire, s'étonner de son existence ». C'est là un *luxe* que la langue aurait pu ne pas s'offrir, tandis que l'actif et le moyen ont à leur base l'opposition entre l'*objectif* et le *subjectif*, dont l'importance est capitale dans le système du verbe grec.

I. **Actif.**

§ 159. Pour la **forme**, il est aisé de définir l'actif par ses *désinences* qui, parfait mis à part, l'opposent vigoureusement au moyen : mais il est difficile de préciser, au point de vue de la **signification**, les valeurs qui lui sont propres. Dire seulement qu'il exprime l'*activité* ou l'*action*, c'est n'indiquer que la plus apparente de ses caractéristiques : en effet, si cette notion est évidente dans une construction transitive, comme ἔχειν ἵππον « avoir (ou tenir) un cheval », elle s'atténue notablement dans un tour intransitif, comme εὖ ἔχειν « se bien porter », et s'évanouit dans εὖ πάσχειν « recevoir des bienfaits, être bien traité », qui exprime si bien l'*état* dû à l'*activité d'un autre* qu'il sert couramment de *passif* à εὖ ποιεῖν « faire du bien ». Notons qu'il est assez imprévu que ce même verbe πάσχειν, auquel se rattache le mot πάθος qui définit le passif, soit de forme uniquement *active* (futur mis à part).

§ 160. Les affinités sémantiques entre l'actif et le moyen peuvent être si étroites que l'on doit considérer comme un fait constaté, mais non susceptible de justification, l'existence de verbes *uniquement actifs* ou *uniquement moyens* : pour que les deux voix dégagent leurs significations caractéristiques, il faut, en principe, qu'elles soient attestées *toutes les deux pour tous les thèmes d'un même verbe*. C'est parce que γράφομαι, γράψομαι, ἐγραψάμην, γέγραμμαι « j'écris pour *mon compte* » s'oppose à γράφω, γράψω, ἔγραψα, γέγραφα que la valeur *subjective* propre au moyen s'affirme. Au contraire, on ne saurait expliquer pourquoi la racine *sek*ʷ « suivre » s'exprime uniquement sous forme moyenne (ou déponente) dans skr. *sácate*, gr. ἕπεται, lat. *sequitur* : même si on était tenté de voir dans l'idée de *suivre* l'intérêt particulier que le sujet peut prendre à l'action, on en serait empêché par la forme lituanienne, qui est un actif. De même, l'existence de hitt. *ēšzi* « il est assis » interdit toute tentative de justification sémantique des formes moyennes du skr. *āste* ou du gr. ἧσται. A l'intérieur même du grec, les faits ne sont pas moins apparents. On sait que nombre de *futurs* de verbes *actifs* se présentent avec des désinences *moyennes*, comme ἀκούσομαι (en face de ἀκούω), ou τεύξομαι (en face de τυγχάνω) : comme le futur grec repose normalement sur un *désidératif*, on pourrait établir un lien entre la valeur, naturellement subjective, du désidératif et le sens propre du moyen ; on pourrait faire observer que, parmi ces verbes, il y en a beaucoup qui expriment une *opération de l'esprit* ou une *perception des sens*, qui sont éminemment subjectives. Mais alors pourquoi ἔδομαι et πίομαι — des subjonctifs au point de vue morphologique — sont-ils des formes moyennes en face de ἔδω|ἐσθίω et πίνω ? Si les *verbes de sensation* sont particulièrement entraînés vers le moyen, pourquoi tant d'incohérence, au point de vue de la voix, dans l'expression du *toucher* en grec ? De fait, ἅπτομαι est uniquement moyen ; θιγγάνω, pour lequel on attendrait un futur *θίξομαι sur le type τυγχάνω | τεύξομαι ou ἁμαρτάνω | ἁμαρτήσομαι, n'atteste guère que θίξω, tandis que son synonyme ψαύω n'a que des désinences actives. Aussi bien, en passant d'un dialecte à l'autre, la voix peut changer : l'ionien emploie καταλαμβάνεσθαι « s'emparer » en face de att. καταλαμβάνειν, et la distinction, rigoureusement observée en attique, entre μοιχεύειν « tromper sa femme » et μοιχεύεσθαι « tromper son mari », disparaît dans la Κοινή, qui ne connaît plus qu'une forme unique (et moyenne) : μοιχᾶσθαι.

§ 161. L'actif exprime, soit une *action s'appliquant à un objet* (construction **transitive**), soit une *action ne comportant pas d'objet* (construction **intransitive**), soit un *état*. Quand le verbe actif (intransitif) exprime un *état*, on se rapproche, pour le sens, d'un *passif* ; certains emplois intransitifs peuvent apparaître, à première vue, comme transitifs et sémantiquement proches d'un *moyen* ; enfin l'ἐνέργεια de l'actif, qui semble se dissoudre quand le verbe exprime un *état*, se renforce quand la même voix prend une valeur *causative*. Mais s'il existe des *constructions* transitives et intransitives, aucun verbe n'est, *par lui-même*, transitif ou intransitif : tout ce qu'on peut dire, c'est que tel verbe comporte *ordinairement* un objet direct, mais le verbe le plus constamment transitif peut *toujours* être employé *sans objet direct*.

§ 162. On a vu plus haut, à propos de κάσχειν, qu'un verbe principalement actif pouvait équivaloir logiquement à un *passif*. Ce serait une erreur de croire que c'est là un cas extrême et qui serait dû à la signification particulière de ce verbe. On passe insensiblement d'une notion d'ἐνέργεια assez affaiblie en construction transitive à des valeurs, plus diluées encore, en construction intransitive, pour aboutir à un *état qui comporte une action subie*, c.-à-d. un véritable *passif*. Ainsi le verbe οἰκεῖν, bien que transitif dans οἰκεῖν τὴν πατρίδα « habiter son pays », ne comporte que juste assez d'« énergie » pour créer et maintenir un état de fait ; celle-ci est presque vide de son contenu dans ἀσφαλῶς οἰκεῖν « vivre dans la sécurité » ; enfin, dans la tournure bien connue ἡ πόλις οἰκεῖ, il faut bien rendre cet actif par le passif : « la ville *est gouvernée*.»

§ 163. Beaucoup de verbes — surtout des verbes de *mouvement* — comportent *ordinairement* la construction *transitive* et la construction *intransitive* : ainsi ἄγω, qui signifie, selon le cas, aussi bien « pousser, diriger » que « s'avancer, se diriger », comme dans Xén. *Hell.* 4, 4, 13 ἄγειν τὸ στράτευμα « diriger l'armée » en face de Xén. *An.* 4, 8, 12 ταύτῃ ἄξει ὁ λοχαγός « c'est par là que se dirigera le commandant ». Souvent, dans le second cas, on commet deux erreurs : on suppose qu'un object direct — pronom réfléchi renvoyant au sujet ou à un objet extérieur — est « sous-entendu » ; on semble croire que ce pronom réfléchi supposé rapproche le verbe actif des *valeurs moyennes*. Il n'en est rien : τρέπω signifie, non seulement *tourner* et *faire tourner*, mais *tourner dans une direction* (par ex. « dans le sens de la fuite »), sans qu'il faille imaginer, dans le dernier cas, ἑαυτόν « lui-même » ou δίφρον « son char », qui seraient « sous-entendus ». D'ailleurs, même si la tournure ἔτραπε ἑαυτόν ou δίφρον existait dans la pensée du sujet parlant ⟨Π 657 φύγαδ' ἔτραπε « il se tourna vers la fuite »), l'actif n'en serait pas pour cela plus proche du moyen. *Le moyen n'a rien à voir avec le réflexif*, et jamais on n'a pu dire en grec *ἀποκτείνεται, « il se tue », à la place de ἀποκτείνει ἑαυτόν. Hérodote (9,72), qui emploie le moyen ἐσφαγιάζετο pour dire que Pausanias immolait une victime *pour son compte*, se sert de l'actif et du réfléchi au sens de « se sacrifier, se donner la mort ». Aussi bien, dans notre langue même, nous ne répugnons nullement à exprimer à l'aide de la *seule voix active* ce qui correspond effectivement aux *trois* voix du grec ; « *changer* l'aspect d'un lieu » est *actif*, tandis que « les usages *changent* lentement » est un *passif*, et que « *changer* de vêtement » est réellement un *moyen* (c'est-à-dire : faire une action à laquelle on prend un intérêt personnel).

§ 164. Quand l'actif tire de son propre fonds cette valeur renforcée d'« énergie » qu'on appelle *causative*, il ne signifie plus seulement *accomplir* l'action, mais la *faire faire* : ainsi, dans Xén. *An*. 4, 4, 5 προπέμψας ἑρμηνέα εἶπεν ὅτι βούλοιτο διαλεχθῆναι τοῖς ἄρχουσι « envoyant un interprète en avant, il leur *fit* dire qu'il voulait parler à leurs chefs ». Aussi bien le moyen, plus encore que l'actif, est susceptible d'exprimer la notion d'une *activité particulièrement efficace* : souvent même, quand le moyen et l'actif sont employés concurremment, la valeur factitive est plutôt réservée à la voix moyenne, qui ajoute une idée d'intérêt personnel à la notion d'activité intense ; ainsi, tandis que διδάσκειν τινά signifie simplement : « *donner* un enseignement à quelqu'un », le moyen est causatif et signifie : « *faire donner* un enseignement ».

Remarque. Le grec offre cette particularité de posséder parfois à l'aoriste deux formations, l'une transitive, l'autre intransitive (et apparemment réfléchie). En face de ἵστημι « placer », on a ἔστησα « j'ai placé » et ἔστην « je me suis placé ». Il faut se garder de mettre ἔστην en rapport avec le moyen ἵσταμαι, comme le prouve l'existence des deux formes ἔσϐην « je me suis éteint » et ἔσϐεσα « j'ai éteint » à côté de σϐέννυμι « éteindre », verbe pour lequel le moyen n'est pas attesté.

II. **Moyen.**

* § 165. Les grammairiens indiens avaient imaginé, pour désigner l'actif et le moyen, deux dénominations heureuses que Wackernagel rappelle avec raison (*Vorl*., I, p. 124) : *parasmaipadam* « *mot pour un autre* » et *ātmanepadam* « *mot pour soi-même* ». De fait, excepté quelques exemples de moyen « dynamique », on peut garder cette double définition dans tous les cas où un même verbe oppose formation moyenne à formation active. En face de l'actif correspondant, le moyen exprime que l'action accomplie possède aux yeux du sujet une *signification personnelle*. On entend par là que l'action est rapportée, soit au *sujet lui-même*, soit à ce qui constitue *sa sphère propre* : il en résulte que le moyen pourra rendre, non seulement le *succès* de la volonté qui s'impose, mais encore les *défaites* subies quand elle s'incline devant une volonté plus forte. Cette définition subjective de la voix moyenne ôte toute raison d'être à une distinction, courante mais peu heureuse,

qui oppose un *moyen direct* (ou *réfléchi*) à un *moyen indirect*. On a vu
précédemment que jamais le moyen ne présente une valeur proprement réfléchie : c'est à tort que λούομαι est rendu par « je me baigne »
en face de λούω « je baigne » ; λούομαι ne signifie pas autre chose que :
« j'accomplis l'action de baigner par rapport à moi » ; d'où l'importante
série des verbes employés au moyen pour indiquer les soins que l'on
donne à son corps. Aussi bien, la grammaire traditionnelle avoue que
ces emplois de « réfléchis » ne sont pas les plus fréquents : mais, précisément parce qu'elle y voit la valeur fondamentale du moyen, et comme
par ailleurs elle n'a pas un sens assez aigu de l'autonomie des voix, elle
recourt parfois à de véritables artifices pour tirer, grâce aux complai-
sances du moyen *direct*, le sens de la forme moyenne *en partant de
l'actif*. Voici un exemple de cette erreur : la racine i. e. **geus* indiquant
l'idée de « goûter, tirer jouissance de ... » (cf. skrt. *juṣáte*, lat. *gustat*),
le moyen γεύομαι ne signifie pas autre chose que « goûter pour son
compte, déguster ». Au contraire, l'ἐνέργεια de l'actif s'est affirmée
avec une valeur *causative* : γεύω signifie donc « faire goûter ». Or, selon
Riemann-Cucuel (*Synt.* p. 99), on part de l'actif « faire goûter » ; on
donne ensuite au moyen la valeur « réfléchie » qu'il est censé ajouter à
l'actif « se faire goûter », et on aboutit à l'égalité suivante : « se faire
goûter » c'est-à-dire « goûter ».

§ 166. Dans beaucoup de cas, l'intérêt personnel qui s'attache à
l'action ne modifie pas sensiblement la signification du verbe, par
rapport à l'actif : c'est rendre suffisamment le moyen que de traduire
λύεσθαι τὸν ἵππον par « dételer *son* cheval ». On s'attend normalement
à voir le moyen ἐρύομαι τὴν ναῦν signifier « mettre à l'eau *son* bateau »
en face de ἐρύω (τὴν) ναῦν « mettre à l'eau *le* bateau (dont il a été
question), ou *un* bateau ». Mais la nuance subjective peut être plus
subtile. Pourquoi Agamemnon, quand il propose de mettre à flot une
embarcation pour apporter à Chrysès une réparation, dit-il : νῆα
μέλαιναν ἐρύσσομεν, tandis que, lorsqu'il propose de profiter de la
nuit pour mettre toute la flotte en position de départ, il emploie le
moyen : ἔπειτα δέ κεν ἐρυσαίμεθα νῆας ἁπάσας ? Logiquement, l'embarcation destinée à Chrysès et la flotte entière font également partie des navires dont il dispose : mais c'est une embarcation *quelconque* qu'il enverra dans le premier cas, tandis que, dans le second, il
s'inquiète *personnellement* de ses forces navales.

§ 167. Mais il ne s'agit pas toujours que de nuances. Avec certains
verbes, le moyen prend (et conserve) des significations particulières
qui, bien qu'elles se justifient aisément en partant du sens primitif du

---

1 Peut-être le tour « je me baigne », dans lequel nous croyons voir un réfléchi, n'est-il
que la façon du français d'exprimer que le sujet fait l'action *pour son compte* ; le procédé
se rencontre aussi dans d'autres langues. On se référera à l'important article de
M. VENDRYÈS (*B. S. L.*, 44, 1-20), qui pose dans sa généralité le problème suivant : *Une
catégorie verbale ; le mode de participation du sujet*.

verbe, peuvent être assez différentes de l'actif correspondant. Jamais
on n'emploie indifféremment νόμους τιθέναι et νόμους τίθεσθαι :
tandis que le premier indique une législation *imposée* à un peuple, le
second ne peut se rapporter qu'aux lois qu'un peuple *libre* se donne *à
lui-même* : ainsi dans Xén. *Mém.* 4, 4, 19 Ἔχοις ἂν οὖν εἰπεῖν, ἔφη,
ὅτι οἱ ἄνθρωποι αὐτοὺς (τοὺς ἀγράφους νόμους) ἔθεντο ; … Ἐγὼ μέν,
ἔφη, θεοὺς οἶμαι τοὺς νόμους τούτους τοῖς ἀνθρώποις θεῖναι «Pourrais-
tu dire, dit-il, que les lois (non écrites) les hommes *se* les *sont données* ?*—
Pour moi, je pense, dit-il, que ces lois-là les Dieux les *ont données*
(imposées) aux hommes ». Jamais non plus on n'emploie l'un pour
l'autre ποιεῖσθαι εἰρήνην, qui ne peut s'appliquer 'qu'au peuple qui
fait la paix au nom de la communauté, c'est-à-dire en son nom propre,
et ποιεῖν εἰρήνην, qui ne saurait se rapporter qu'à l'ambassadeur qui
est l'artisan, le négociateur de la paix. Par ailleurs, la valeur fixée au
moyen de ποιεῖσθαι avec des génitifs de prix (πολλοῦ ποιεῖσθαι) est
bien connue : comme une évaluation de caractère figuré ne peut être
que subjective, il n'y a point de tour correspondant à l'actif. Parfois
la valeur subjective du moyen entraîne des développements de sens
imprévus : le verbe actif τιμωρεῖν (fait sur τιμωρός < *τιμα-ϝορος cf. lat.
uereor) exprime une vigilance qui se manifeste, soit en *défendant* qui
est attaqué, soit en *vengeant* qui a succombé : c'est *défendre* et *venger*.
Le moyen indique, soit qu'on veille sur son propre honneur *en se
défendant* ou *en se vengeant*, soit qu'on *fait sienne* la cause d'autrui :
d'où une signification seconde de « punir », qui rejoint l'actif.

§ 168. Il arrive souvent que l'intérêt personnel que l'on porte à
l'action donne à celle-ci une nuance « déterminée » : en face de εὑρίσκειν
« trouver », εὑρίσκεσθαι signifie fréquemment « *arriver à* trouver ».
Mais une défaite n'est pas moins « personnelle » qu'une victoire : s'il
est des succès qu'on enregistre à son actif, il y a des conditions qu'il
faut accepter pour son compte. On devine à quel point cette seconde
possibilité a pu contribuer au développement du *passif* à partir des
formes moyennes. De fait, si la langue ne permettait pas d'affirmer, à
l'aoriste par exemple, qu'il ne peut s'agir que d'un moyen, on pourrait
croire à un passif authentique — ce qui a pu faire parler d'un «moyen
passif» (cf. *M. V.*, p. 312) ; dans Δ 115 πρὶν βλῆσθαι Μενέλαον, on
pourrait traduire, comme si le texte portait βληθῆναι « avant que
Ménélas ne fût atteint » ; cependant, le moyen serait rendu plus exactement par la traduction suivante : «avant que Ménélas ne se fît blesser. »
C'est à cette valeur particulière qu'un certain nombre de verbes
moyens doivent la signification propre qui les oppose à l'actif : γαμῶ
signifiant « prendre femme, se marier » (en parlant de l'homme), γαμοῦ-
μαι, employé en parlant de la femme, veut dire proprement « *se laisser
prendre* pour femme ». De même μισθῶ « louer les services de quelqu'un »
et μισθοῦμαι « *se laisser louer*, s'engager », ou δανείζω «donner de l'argent
pour un prêt, accorder un emprunt », et δανείζομαι « se faire donner

de l'argent à prêt, *contracter* un emprunt », διδάσκειν « *donner* un
enseignement » et διδάσκεσθαι « *recevoir* un enseignement », etc.

§ 169. On a vu plus haut que l'ἐνέργεια, commune à l'actif et au
moyen, était susceptible d'être particulièrement *forte* et de donner à
quelques verbes une valeur *causative*, renforcée par l'intérêt personnel
qu'exprime par lui-même le moyen. Qu'il suffise de citer Hdt. 1, 31
Ἀργεῖοι σφέων εἰκόνας ποιησάμενοι ἀνέθεσαν ἐς Δελφούς « les
Argiens, après avoir *fait faire* leurs statues, allèrent les consacrer à
Delphes », ou Plat. *Mén*. 93 D Θεμιστοκλῆς Κλεόφαντον τὸν υἱὸν ἱππέα
ἐδιδάξατο ἀγαθόν « Thémistocle *fit donner* à son fils Cléophante
l'éducation d'un parfait chevalier ». La notion d'ἐνέργεια se manifeste
également, mais sous une autre forme, dans les exemples dits de *moyen*
«dynamique» : il s'agit là d'une valeur dans laquelle le moyen apparaît
comme plus *expressif*, plus *fort* que l'actif, sans que l'idée d'intérêt
personnel soit nettement sentie. Chez Homère, on relève des couples
comme ἀκούω | ἀκούομαι, λάμπω | λάμπομαι, σπέρχω | σπέρχομαι, qui
sont employés *sans différence de sens* (ou même de *ton*) *appréciable* : il
constituent pour le poète des doublets très commodes. Cependant on
peut observer des essais de différenciation, d'ailleurs peu nombreux :
dans le couple ὁρῶ | ὁρῶμαι « voir », le moyen semble avoir été surtout
employé pour exprimer le *figuré* (προορῶμαι « prévoir », ὑφορῶμαι
« suspecter ») ; dans le couple πολιτεύω | πολιτεύομαι « être citoyen »,
πολιτεύομαι veut dire « participer à la vie politique de son pays ».

Remarque I. — On a soutenu que le moyen pouvait exprimer, par opposition à l'actif, un *rapport local* : on remarquera que les verbes cités par Stahl
(p. 55) expriment *par eux-mêmes* (aussi bien à l'actif qu'au moyen) un *rapprochement* (ou un *éloignement*) dans l'espace, ou bien que le moyen s'explique
parce qu'il est employé avec une valeur *figurée*. Ἀποπέμπεσθαι « renvoyer »
n'implique pas un éloignement plus accusé que ἀποπέμπειν : on dit indifféremment ἀποπέμπειν γυναῖκα et ἀποπέμπεσθαι. L'emploi de νοεῖσθαι et de σκοπεῖσθαι, en face de νοεῖν et de σκοπεῖν, n'a rien à voir avec l'espace : νοεῖσθαι
indique une *conception* (*abstraite*) en face d'une *perception* (*concrète*) exprimée
par νοεῖν ; σκοπεῖσθαι est dit au *figuré* en face de σκοπεῖν , pris le plus souvent au sens propre.

Remarque II. — L'existence d'un moyen « réciproque » est assez probléma-
tique en grec : rien qui soit comparable à l'opposition, qui est nette en sanskrit,
entre *vádati* « il parle » et *vádētē* « ils se parlent entre eux » (Brugmann-Thumb,
p. 527). Parmi les exemples cités, il y en a qui ne sont attestés qu'au moyen,
comme μάχομαι : « combattre », de structure fort obscure : il faut remarquer
que πολεμῶ, qui n'est pas moins « réciproque », n'est attesté qu'à l'actif. Le
verbe ἐρίζομαι, cité comme un exemple de moyen réciproque, semble employé,
sans différence de sens appréciable, comme ἐρίζω (E 172 et A 6). De plus, on
rencontre trop fréquemment le réciproque ἀλλήλους avec ces verbes pour que
l'on n'ait pas des doutes sur cette valeur « réciproque » attribuée au moyen.
Enfin on observera que, dans un certain nombre de verbes allégués, comme
διαλέγομαι « discuter », ou συντίθεμαι « assembler », ce sont les préverbes qui
expriment, sinon la réciprocité, du moins une idée d'association.

III. Passif.

§ 170. Le verbe indo-européen, qui se plaçait au point de vue de *l'action* (actif) ou de *l'agent* (moyen), n'éprouvait guère le besoin sans doute d'avoir une formation indépendante de *passif* : seulement quelques racines, à certains temps comme le *parfait de forme moyenne*, pouvaient recevoir un sens passif, comme en skr. *dadé* « il est (ou a été) donné ». La création d'un passif à l'aide de désinences moyennes est une *création* du grec : l'innovation répondait d'ailleurs à des tendances générales, puisqu'elle s'est produite dans d'autres langues de façon comparable. De fait, le passif n'est pas simplement, comme on a tendance à le croire, l'*envers* de l'actif : si ces deux phrases *Pierre aime Paul* et *Paul est aimé de Pierre* sont logiquement équivalentes, la première répond à un type *fondamental*, tandis qu'on peut assister, en grec même, au *développement progressif* de la seconde. En particulier, l'expression de l'*agent responsable de l'état subi* est moins indispensable, manque normalement à certains thèmes, comme celui de *parfait*, qui a précisément joué un rôle important dans la constitution du passif.

§ 171. Le passif est resté profondément engagé dans le moyen, si on se place au point de vue des *formes*. Dans l'*Iliade*, le passif fait encore figure assez mince en face du moyen : à côté de 230 exemples de voix moyenne, dans le chant A, on ne relève que 24 cas de passif ; encore faut-il en défalquer *neuf* qui, passifs pour la forme, sont moyens pour le sens (comme κινηθέντος au v. 47). On sait que c'est seulement à l'*aoriste* et au *futur* que la langue, à des dates d'ailleurs très différentes, a éprouvé la nécessité de distinguer les deux voix : mais, pour l'un comme pour l'autre, la régularité de la formation ne doit pas nous faire illusion. Tout d'abord, l'aoriste en -θην est loin d'être réservé à l'expression du passif, tandis que, réciproquement, d'indiscutables passifs sont attestés sous forme moyenne. Il suffit de songer à ces verbes moyens dans lesquels l'aoriste existant est uniquement en -θην, ou admet la coexistence d'une forme moyenne et d'une forme passive : en face de αἰδοῦμαι « avoir égard », on trouve à la fois αἴδεσθεν (H 93) et αἰδεσσάμην (I 640) ; δύναμαι « pouvoir » atteste deux doublets en -θην, ἐδυνήθην et ἐδυνάσθην. La langue a eu d'ailleurs tendance à substituer la forme en -θη aux formes moyennes plus anciennes : ainsi διελέχθην de διαλέγομαι « discuter », a évincé διελεξάμην (Λ 407), et ἀπεκρίθην, de ἀποκρίνομαι « répondre », a pris la place de ἀπεκρινάμην. Réciproquement, *des formes moyennes servent à l'expression du passif* : en attique même, ἐσχόμην « je fus possédé » est beaucoup plus courant que ἐσχέθην (Eur. *Hipp.* 27) ; Hérodote emploie encore ἐλιπόμην avec la valeur de ἐλείφθην (4, 84 αὐτοῦ ἐλίποντο « ils furent abandonnés sur la place »), mais on ne le fait plus guère après lui : il est significatif qu'Aristophane, faisant allusion (*Nuées* v. 1357) au fragment 13 de Simonide : ἐπέξατ' ὁ Κριὸς οὐκ ἀεικέως « le Bélier s'est fait tondre de la belle façon », substitue ἐπέχθη à ἐπέξατο. Il en est de même pour le futur en -θήσομαι, qui apparaît à date *récente* : en effet, tandis que l'aoriste en -θην est entièrement constitué chez Homère, le futur en -θήσομαι, inconnu à Homère et à Hérodote, n'est pas attesté avant Eschyle. Il ne manque pas d'exemples de verbes dans lesquels un futur de forme moyenne continue à rendre un futur passif, tandis que le nouveau futur peut être appliqué à des valeurs moyennes. Ainsi dans Xén. *Cyr.* 2, 3, 10 πληγήσομαι est employé au sens de « je serai frappé », alors qu'on attend πληχθήσομαι, sur le même type que ἐπλήχθην ; en sens contraire, Platon, qui emploie le futur moyen attendu de ἄχθομαι, c'est-à-dire ἀχθέσομαι (*Hipp. Maj.* 292 E), se sert ailleurs du futur à forme passive (ἀχθεσθήσομαι, *Gorg.* 506 B).

§ 172. L'indépendance du passif par rapport à l'actif apparaît nettement en plusieurs points. L'agent responsable de l'état causé (*Pierre est aimé par Paul*) doit être *nécessairement* exprimé si le passif n'est considéré que comme de l'actif « retourné ». En réalité, sur les 15 exemples de passif retenus dans le Chant A, *il n'y en a que trois dans lesquels la forme verbale soit suivie de complément* (v. 104 μένεος φρένες... πίμπλαντ' v. 149 ἀναιδείην ἐπιειμένε v. 246 χρυσείοις ἥλοισι πεπαρμένον) : *or aucun d'entre eux n'introduit l'agent responsable de l'état subi.* Dans une tournure connue comme ταῦτα πέπρακται ἐμοί « cela, c'est mon œuvre », il ne s'agit point, comme on le dit souvent, d'un datif de la personne « mis pour » ὑπό suivi du génitif : il n'y a pas d'agent, et la phrase signifie « cela, c'est chose faite *à mon point de vue* ». D'ailleurs il n'y a jamais eu *une seule construction constante* de l'agent après un verbe passif : on dit à juste titre que, dans ce cas, l'agent est introduit par ὑπό, ce qui oppose l'*agent* à l'*instrument* (datif sans préposition). Mais si ὑπό est le plus fréquemment usité, on peut toujours se servir de ἐκ, de πρός, de παρά, de διά, de ἀπό, sans parler de la construction du *datif d'intérêt*, spécialisée au parfait : au contraire, à l'actif, il n'y a qu'un seul tour : δίδωμί τινι, qui s'oppose aux possibilités variées du passif. Voici des exemples qui, chacun avec une nuance différente, introduisent l'agent de l'action subie par un autre : Xén. *Hell.* 3, 1, 6 ἐκείνῳ ἡ χώρα ἐκ βασιλέως ἐδόθη « ce pays lui avait été donné *par* (= faveur *venant de...*) le roi »; Soph. *Aj.* 1029 ᾧ δὴ τοῦδ' ἐδωρήθη πάρα ζωστῆρι « avec le baudrier qui lui avait été donné *par* lui (= *de sa main*) ; Hdt. 1, 61 ἀτιμάζεσθαι πρὸς Πεισιστράτου « être traité honteusement *par* (= *du fait de*) Pisistrate » ; Dém. 3, 31 διὰ τούτων ἅπαντα πράττεται « tout est fait *par* eux (= passe par leurs mains) » ; Xén. *Hell.* 7, 1, 5 ἀπὸ τῶν θεῶν δέδοται ὑμῖν εὐτυχεῖν « c'est par (= venant de) les Dieux que le succès vous est dévolu ». Autrement dit, que l'on examine les formes mêmes du passif ou que l'on considère l'expression, qui n'est jamais nécessaire, de l'agent responsable de l'état subi, tout implique *subordination* du passif par rapport au *moyen*, *indépendance* vis-à-vis de l'*actif*, dont il n'est jamais la forme retournée. A côté des deux voix fondamentales, le passif tient la place *secondaire* d'une formation relativement récente, qui n'a jamais pu nettement se caractériser dans ses *formes* propres, ni fixer des *emplois* parfaitement définis.

CHAPITRE VI

LES MODES DANS LES PROPOSITIONS
INDÉPENDANTES

I. Indicatif.

§ 173. Ce mode exprime les *conditions constitutives de la réalité.*
Parmi celles-ci, il en est que l'on *constate* effectivement *à un moment
quelconque du temps* ; mais d'autres *étaient* (ou *ont été*) *possibles* dans
des temps d'ailleurs révolus ; d'autres enfin sont *formellement exclues
de la réalité présente.* En d'autres termes l'indicatif constate ce qui *fut,*
ce qui *est,* ce qui *sera* ; mais il enregistre aussi ce qui *pouvait* (ou *a pu*)
être dans le passé et *ce qui ne saurait être* dans le présent.
Trois cas doivent être envisagés :
a) conditions constatées ;
b) conditions possibles dans le passé ;
c) conditions exclues du présent.

A. Conditions constatées.

§ 174. L'indicatif n'apporte aucune modalité particulière à ce
qu'expriment l'*aspect* (lié au *thème*) et le *temps* (lié aux *désinences*).
Ainsi, dans λύω, le mode indicatif n'ajoute rien à sa valeur de *duratif*
dans le présent ; de même pour ἔλυον, à celle de *duratif dans le passé* ;
λύσω, dépourvu d'aspect par définition, n'exprime pas autre chose
que le *futur* ; ἔλυσα le *momentané dans le passé,* λέλυκα, ce qui est *définitivement acquis dans le présent-futur,* ἐλελύκη *ce qui était définitivement acquis dans le passé.*

B. Conditions possibles dans le passé.

§ 175. Ces conditions peuvent n'avoir été valables que *dans* un
seul cas ou, au contraire, s'être affirmées **autant de fois** que s'est présenté un autre phénomène, avec lequel elles sont mises en corrélation.
Singulières ou générales, elles sont exprimées par *les* **temps passés** *de
l'indicatif* accompagnés par la particule ἄν : l'*imparfait* (accessoirement
le *plus-que-parfait*), et l'*aoriste.* Seules les *différences d'aspect font
employer un thème de préférence à l'autre* : si ce qu'on appelle ordinairement un « *irréel du passé* » est exprimé couramment par l'*aoriste,* c'est
parce que ce possible du passé apparaît comme *dépouillé* de toute
substance et de toute durée ; le « *potentiel du passé* » peut s'exprimer,

selon la notion même *aussi bien au thème de présent qu'au thème d'aoriste*;
il en est de même pour la *répétition dans le passé*.

Dém. 27, 63 τί ποτ' ἂν ἔπαθον ὑπ' αὐτῶν εἰ πλείω χρόνον ἐπετρο-
πεύθην ; « que n'aurais-je pas subi de leur fait, si j'étais resté plus
longtemps sous leur tutelle ? » Possible du passé dépourvu de durée,
dit « irréel du passé ».

Dém. 18, 225 ἐκ παλαιῶν χρόνων καὶ ψηφισμάτων πολλῶν ἐκλέξανθ'
ἃ μήτε προῄδει μηδεὶς μήτ' ἂν ᾠήθη τήμερον ῥηθῆναι « ... tirant d'une
foule de vieux décrets des dispositions que personne ne connaissait
avant cela et ne *pouvait penser* voir invoquer aujourd'hui ». Possible
du passé, vu ici de façon ponctuelle, dit « potentiel du passé ». Ne se
distingue nullement, au point de vue du sens, de cet autre exemple, où
ἄν est accompagné par un *imparfait* : Xén. *An.* 1, 5, 8 θᾶττον ἢ ὥς τις
ἂν ᾤετο μετεώρους ἐξεκόμισαν τὰς ἁμάξας « plus rapidement qu'on ne
pouvait le penser, ils soulevèrent les chariots et les transportèrent ».

Xén. *Mém.* 4, 6, 13 εἰ δέ τις αὐτῷ περί του ἀντιλέγοι μηδὲν ἔχων
σαφὲς λέγειν... ἐπὶ τὴν ὑπόθεσιν ἐπανῆγεν ἂν πάντα τὸν λόγον, « si
quelqu'un le contredisait sans avoir rien à dire de positif... il ramenait
toute la discussion à son point de départ ». Possibilité générale et
répétée dans le passé ; dans cet exemple, le *duratif* accompagne εἰ,
tandis que c'est le *momentané* dans le suivant : Xén. *An.* 2, 3, 11 εἴ
τις αὐτῷ δοκοίη... βλακεύειν, ἔπαισεν ἄν « si quelqu'un (= tous ceux
qui...) lui semblait travailler sans ardeur, il le frappait ».

§ 176. Cependant les conditions possibles dans le passé, singulières
ou générales, peuvent aussi être rendues par les *temps passés* eux-
mêmes, *sans qu'il soit nécessaire de les souligner à l'aide de la particule* ἄν.

a) En premier lieu, des verbes qui expriment par eux-mêmes une
possibilité, une *nécessité*, une *opportunité*, une *convenance*, se mettent à
l'*imparfait sans* ἄν pour indiquer qu'une possibilité existait dans le
passé *sans qu'elle se soit réalisée*. Le français dispose de deux tournures
en ce cas : soit de l'*imparfait* également, aussi logique qu'en grec, soit
du *conditionnel passé*, tout à fait illogique, parce qu'il a l'air d'exprimer
un « *irréel du passé* ».

Xén. *Mém.* 1, 2, 17 ἐχρῆν τὸν Σωκράτη μὴ πρότερον τὰ πολιτικὰ
τοὺς συνόντας διδάσκειν ἢ σωφρονεῖν « Socrate ne devait pas (ou :
n'aurait pas dû) enseigner à ses familiers la politique avant la morale ».

b) L'imparfait, du fait de sa valeur de duratif dans le passé, peut
rendre la répétition dans le passé ; ou plutôt, s'appliquant à des actes
qui effectivement se répétaient, il les traduit en *durée passée*.

Xén. *Mém.* 4, 6, 15 ὁπότε δὲ αὐτός τι τῷ λόγῳ διεξίοι, διὰ τῶν μάλιστα
ὁμολογουμένων ἐπορεύετο « quand il voulait examiner à fond une
question, il passait par les notions les plus incontestées ».

c) Enfin il y a des expressions qui équivalent à des **possibles du passé**
et dans lesquelles le verbe est à un *temps passé* sans ἄν : ainsi ὀλίγου
(δεῖν) « peu s'en faut » qui s'associe à un *aoriste*, ou τὸ ἐπ' ἐμοί « en ce

qui me concerne », qui est suivi d'un *plus-que-parfait* exprimant un état
acquis dans le passé :

Thc. 8, 35 προσβαλόντες τῇ πόλει... ὀλίγου εἷλον « attaquant la
ville,... peu s'en fallut qu'ils ne s'en emparassent». Ce qui équivaut à :
« ils prenaient presque » ou « ils l'auraient presque prise ».

Xén. *Hell.* 3, 5, 9 τὸ μὲν ἐπ᾽ ἐκείνοις εἶναι ἀπωλώλειτε· ὁ δὲ δῆμος
οὑτοσὶ ὑμᾶς διέσωσε « s'il n'y avait eu qu'eux (m. à m. « pour ce qui
était d'eux »), vous étiez des hommes morts ; mais le peuple ici présent
vous a sauvés » ; ce qui équivaut à : « vous auriez péri, si le peuple... ».

d) Un **vœu** rétrospectif, c'est-à-dire le regret de ce qui *pouvait* se
produire, mais ne s'est pas effectivement produit, s'exprime souvent
à l'aide de εἴθε, *qui n'est jamais accompagné de* ἄν : en réalité, εἴθε
rend l'idée de vœu, et l'aoriste constate *ce qui ne s'est pas passé*.

Xén. *Mém.* 1, 2, 46, εἴθε σοι... τότε συνεγενόμην ὅτε δεινότατος
σαυτοῦ ἦσθα « Ah ! que n'ai-je été là... quand tu possédais ta plus
grande maîtrise ! »

Remarque. — La langue homérique se sert constamment de la périphrase
à l'aide de ὤφελον « je devais » pour exprimer le regret dans les mêmes conditions ; l'infinitif *aoriste* est de règle puisqu'il s'agit d'une notion générale. En
attique, le tour s'est maintenu, surtout dans le style poétique, mais ὄφελον
s'est affaibli à un tel point qu'il est précédé souvent de εἴθε, ce qui rejoint le
cas précédent :
Γ 428 ἤλυθες ἐκ πολέμου· ὡς ὤφελες αὐτόθ᾽ ὀλέσθαι « Te voici revenu du
combat : comme tu devais (= tu aurais dû) y trouver la mort ! ».
Eur. *Méd.* 1 εἴθ᾽ ὤφελ᾽ Ἀργοῦς μὴ διαπτάσθαι σκάφος « Plût au Ciel que la nef
Argo n'eût jamais franchi... ».

C. CONDITIONS EXCLUES DU PRÉSENT.

§ 177. Quand on constate, dans la *réalité présente*, que certaines
conditions, supposées par hypothèse, sont *exclues* de cette réalité, on les
représente comme des *possibles du passé* : en conséquence on emploie
l'*imparfait* (et l'*aoriste*) accompagnés de ἄν. L'irréel du présent *est
exprimé comme un* possible du passé. Le plus souvent, il est traduit par
l'imparfait, parce que l'hypothèse qui touche la réalité est considérée
ordinairement dans son *développement* ; mais l'aoriste intervient dès
qu'on a des raisons particulières *d'exclure toute considération de durée*.
En particulier, on voit souvent (c'est une conséquence de l'autonomie
relative de la protase et de l'apodose) la première moitié de la période
hypothétique rendue par un *imparfait*, et la seconde par un *aoriste*,
alors qu'elles se rapportent également à la réalité présente, alors que
toute antériorité de l'aoriste à l'imparfait est inconcevable. *Il serait
donc inexact de prétendre que l'irréel du présent n'est exprimé que par
l'imparfait avec* ἄν ; ce n'est vrai que pour la *majorité* des exemples.

Ar. *Guêpes* 706 εἰ γὰρ ἐβούλοντο βίον πορίσαι τῷ δήμῳ, ῥάδιον ἦν
ἄν « s'ils voulaient (à l'heure qu'il est) donner au peuple de quoi vivre,
cela leur serait facile (mais ils ne le veulent pas) ».

Plat. *Ap.* 38 A εἰ μὲν γὰρ ἦν μοι χρήματα, ἐτιμησάμην ἂν χρημάτων ὅσα ἔμελλον ἐκτίσειν « si j'avais de l'argent, je proposerais comme l'estimation de ma peine, tout l'argent que je pourrais payer ». L'aoriste n'est pas antérieur à l'imparfait : Socrate paierait *immédiatement*. On reste exclusivement dans le présent, et Socrate dit ensuite (38 A) : τιμῶμαι τοσούτου (τριάκοντα μνῶν).

II. Subjonctif.

§ 178*. Les Anciens avaient défini heureusement le subjonctif et l'optatif en les appelant διαθέσεις ψυχῆς « modalités de l'âme ». En opposition avec l'indicatif, qui constate *objectivement*, le subjonctif et l'optatif expriment des dispositions *subjectives*.

§ 179. En grec, comme déjà en indo-européen, le subjonctif possède deux valeurs distinctes : l'idée de **volonté** et celle d'**éventualité**. Ces notions ne sont pas d'ailleurs également subjectives : tandis que la *volonté* ne voit que son *objet*, l'*éventualité* se fonde sur une *prévision de la réalité*, en partant d'observations antérieures ; dans la première, *le moi s'affirme, même en dehors de la réalité* ; dans la seconde, il y a un *jugement inséparable de la réalité*. On s'est souvent demandé, en se plaçant au point de vue de la théorie, si l'une des notions est antérieure à l'autre : en tout cas, *tout se passe comme si*, à en juger par l'évolution ultérieure de la langue, la notion de *volonté* était la plus ancienne ; le subjonctif de volonté a résisté beaucoup plus longtemps que le subjonctif éventuel . Quoi qu'il en soit à l'origine, la langue semble avoir tout fait pour distinguer *au maximum* les deux subjonctifs : dès le début, les négations s'opposent et, en attique, tandis que la particule ἄν est *nécessaire* pour souligner le subjonctif *éventuel* (dans les subordonnées), elle n'est *jamais* en usage pour soutenir le subjonctif de *volonté*. Ainsi :

A 26 Μή σε, γέρον... παρὰ νηυσὶ κιχείω « Que je ne te rencontre pas, vieil homme... auprès des vaisseaux », c'est-à-dire, « je ne *veux* pas te voir ».

H 195 οὐ γάρ τίς με βίῃ... δίηται « personne ne pourra me contraindre à fuir », c'est-à-dire « on ne peut *s'attendre* à me voir... ».

Eur. *Ion* 758 εἴπωμεν ἢ σιγῶμεν ; « nous faut-il parler, ou nous taire ? » (volonté).

Plat. *Euthyphr.* 14 E οὐδὲν γὰρ ἡμῖν ἐστιν ἀγαθὸν ὅ τι ἂν μὴ ἐκεῖνοι δῶσιν « nous n'avons aucun bien qu'ils (les Dieux) ne nous donnent » (éventualité générale).

A. SUBJONCTIF DE VOLONTÉ.

§ 180. Le subjonctif de volonté se présente sous des formes diverses dans les propositions indépendantes ainsi que dans les propositions subordonnées : mais qu'il s'agisse d'*exhortation*, de *prohibition*, de *déli-*

bération, d'*appréhension* ou de *finalité*, on a toujours à faire à une
volonté s'appliquant, soit à la *personne dont elle émane*, soit à une
personne (*ou un objet*) *extérieurs*. L'exhortation, la prohibition, la délibération s'expriment dans des propositions indépendantes ; l'appréhension dans une forte mesure, et surtout la finalité apparaissent dans
des subordonnées, à propos desquelles elles seront étudiées : mais c'est
toujours la *valeur propre* du mode qui justifie les unes et les autres,
c'est-à-dire la *volonté*.

§ 181. Le subjonctif d'**exhortation** n'est employé que pour la *première
personne* (*moi* et *nous*), puisque l'impératif est usité pour les autres
personnes, que l'exhortation soit positive ou négative. Souvent il
est précédé d'un *impératif* consciemment employé, ou d'un *impératif*
figé (ἄγε, φέρε, à comparer à fr. « tiens » ou « voyons »), ou même d'un
adverbe comme δεῦρο, δεῦτε, qui est senti comme l'équivalent d'un
impératif.

Plat. *Prot.* 311 A μήπω ἐκεῖσε ἴωμεν, πρῴ γάρ ἐστιν, ἀλλὰ δεῦρο
ἐξαναστῶμεν εἰς τὴν αὐλήν « n'allons pas encore là-bas (il est trop tôt),
mais levons-nous et venons ici, dans la cour ».

Eur. *Hipp.* 567 ἐπίσχετ', αὐδὴν τῶν ἔσωθεν ἐκμάθω «taisez-vous, que
j'entende qui parle à l'intérieur ».

Plat. *Phéd.* 63 B φέρε δή... πειραθῶ πρὸς ὑμᾶς ἀπολογήσασθαι
« voyons... que j'essaie de prononcer ma défense devant vous ».

Eur. *Bacch.* 341 δεῦρό σου στέψω κάρα «viens, que je couronne ta tête ».

§ 182. La **défense** s'applique au contraire à des personnes autres
que *moi* et *nous* ; comme l'impératif, il se rapporte à des *deuxièmes* ou
des *troisièmes personnes*. A la différence de l'impératif, qui interdit
une *action déjà commencée*, ou pose *en principe* une interdiction, le
subjonctif de défense, *qui n'est pas employé en dehors de l'aoriste*,
exprime une sorte d'avertissement négatif : on peut souvent le traduire
par : « ne va pas, n'allez pas... ». Cette signification se dégage de façon
particulièrement nette quand le subjonctif aoriste est associé dans la
même phrase à un impératif présent.

Soph. *O. C.* 731 ὃν μήτ' ὀκνεῖτε, μήτ' ἀφῆτ' ἔπος κακόν « l'homme
qui est devant vous, ne le craignez point (= cessez de le craindre ;
cf. v. 729) et ne lancez point (= n'allez point lancer) contre lui une
parole mauvaise ».

§ 183. Le subjonctif **délibératif** suppose une *question que la personne se pose à elle-même sur l'opportunité de ses propres démarches* :
elle s'applique à *moi* et à *nous* (ou à des équivalents de premières personnes). D'ailleurs souvent la volonté apparaît moins que l'*intonation
de l'interrogation*, qui exprime souvent l'*indignation* ou le *décourage-
ment* : mais les sentiments opposés impliquent un sursaut ou un
fléchissement de la volonté.

Dém. 9, 17 τοῦτον εἰρήνην ἄγειν ἐγὼ φῶ πρὸς ὑμᾶς ; « faut-il que je vous dise que cet homme est en état de paix avec vous ? »

Ar. *Gren.* 1134 ἐγὼ σιωπῶ τῷδε ; « Moi, me taire devant lui ? »

Soph. *O. C.* 170 Θύγατερ, ποῖ τις φροντίδος ἔλθῃ ; « Ma fille, à quoi nous décider ? »

§ 184. En usant du *subjonctif* d'**appréhension**, la volonté écarte des images dont la *réalisation* (ou la *non-réalisation*) serait *fâcheuse* : dans le premier cas, la négation est μή, dans le second μὴ οὐ. En attique, ce subjonctif exprime souvent une appréhension tout extérieure, une *réserve de politesse*. C'est le subjonctif d'appréhension qui justifie l'emploi qui est fait de ce mode dans les subordonnées exprimant la crainte : il est pour ainsi dire impossible de distinguer nettement les emplois dans les subordonnées et dans les indépendantes, les premières reposant sur une ancienne juxtaposition qui est devenue subordination.

B 195 μή τι χολωσάμενος ῥέξῃ κακὸν υἷας Ἀχαιῶν « qu'il n'aille pas, dans sa colère, malmener les fils des Achéens (Gare ! qu'il *n*'aille *pas* ! »).

Hdt 5, 79 ἀλλὰ μᾶλλον μὴ οὐ τοῦτο ᾖ τὸ χρηστήριον « mais plutôt *qu'il n'arrive pas* que l'oracle ne *soit pas* dans ce sens », c'est-à-dire « je crains que l'oracle *ne* veuille *pas* ».

Plat. *Gorg.* 462 E μὴ ἀγροικότερον ᾖ τὸ ἀληθὲς εἰπεῖν « (je crains) qu'il ne soit un peu rude de dire la vérité » qui équivaut à « peut-être apparaîtrait-il rude de dire... ».

B. Subjonctif éventuel.

§ 185. Le subjonctif **éventuel** ne s'est pas maintenu en attique dans des propositions indépendantes, si par ailleurs il joue un rôle important dans les subordonnées. Cependant on ne peut s'en faire une idée exacte en général sans considérer comment il se comporte dans la langue homérique : ce seront les mêmes valeurs modales que l'on rencontrera dans les différentes subordonnées qui comportent l'éventuel. Le subjonctif éventuel exprime essentiellement cette idée « *qu'on peut* s'attendre *à ce que...* » La parenté logique du subjonctif éventuel avec le futur est évidente, mais ne permet point cependant qu'on puisse parler, comme l'ont fait quelques auteurs, de « subjonctif à valeur de futur ». C'est même sur ce point que les rapports qui unissent ce temps à ce mode, anciens et nombreux, apparaissent comme les plus étroits ; cependant il y a toujours une nuance de sens entre le *futur* — qui voit un *fait prochain* prendre place dans la *réalité* — et le *subjonctif* — qui *s'attend* à voir se produire un fait *probable* ou *normal*. Cette nuance apparaît nettement quand le futur et le subjonctif sont employés côte à côte :

π 437 οὐκ ἔσθ' οὗτος ἀνὴρ οὐδ' ἔσσεται, οὐδὲ γένηται, ὅς κεν Τηλεμάχῳ σῷ υἱεῖ χεῖρας ἐποίσει « il n'existe pas, ni n'*existera*, ni *ne peut exister* (= on ne peut s'attendre à son existence), celui qui oserait porter la main sur ton fils Télémaque ».

§ 186. Toujours chez Homère (et *exclusivement* chez lui), on voit se développer les deux valeurs possibles de l'éventualité : s'attendre à un *fait unique* considéré comme probable, ou s'attendre à un *fait normal*, valable pour le nombre *indéterminé* des cas où telles conditions sont remplies. Il est facile de reconnaître là le départ des valeurs bien connues de l'éventuel dans les subordonnées, c'est-à-dire le *futur attendu* ou la *permanence* (répétition) *indéterminée* ; la parenté étroite de l'*éventuel* (subjonctif) et du *possible* (optatif), qui se manifeste si amplement dans les subordonnées, apparaît nettement dans des propositions indépendantes, dans lesquelles les deux modes peuvent être employés successivement :

A 137 εἰ δέ κε μὴ δώωσιν, ἐγὼ δέ κεν αὐτὸς ἕλωμαι « s'ils ne me donnent pas (une compensation), on peut s'attendre (= on me *verra*) à me voir la prendre moi-même ». Ici l'éventuel attendu.

δ 692 ἄλλον κ' ἐχθαίρῃσι βροτῶν, ἄλλον κε φιλοίη « *on peut s'attendre* à voir un roi haïr l'un, tandis qu'il *pourrait* aimer l'autre ». Ici, il s'agit d'une loi générale, exprimée tour à tour à l'éventuel et au possible.

§ 187. L'attique n'a pas conservé cette possibilité d'expression de l'éventuel dans les propositions indépendantes : rapproché de la réalité, il est exprimé par un *futur* ; incertain, il est versé avec l'*optatif de possibilité*. Cependant, dans une expression telle que τί πάθω ; « Que va-t-il m'arriver ? », il est probable qu'il s'agit du maintien de l'ancienne valeur dans une expression toute faite, parfois associée à un futur. Si elle s'est maintenue, c'est parce qu'elle était soutenue par une catégorie vivante, le subjonctif délibératif qui dépend, comme on a vu plus haut, de la volonté.

III. L'optatif.

§ 188. Ce mode doit son nom (εὐκτικὴ ἔγκλισις) à la plus apparente des deux fonctions qu'il remplit : l'optatif formule avant tout le souhait, s'il exprime par ailleurs la possibilité. On s'est attaché à chercher laquelle de ces deux notions serait la plus ancienne : ainsi, selon Lange, le mode exprimerait « d'une façon générale la faculté d'imaginer », tandis que, d'après Mutzbauer, l'idée de vœu serait primitive et la notion de possibilité secondaire. En tout cas, ces essais de réduction à un principe unique, quel qu'en soit d'ailleurs le degré plus ou moins grand de vraisemblance, ne doivent pas faire oublier que, pour l'optatif ainsi que pour le subjonctif (cf. § 179) *tout se passe comme si* la langue avait cherché à distinguer *le plus possible* les deux sortes d'optatif.

a) Dès l'origine, les *négations* s'opposent :

δ 223 οὔ κεν ἐφημέριός γε βάλοι κατὰ δάκρυ παρειῶν « il ne saurait, de tout le jour, laisser couler une larme de ses joues ».

α 386 μὴ σέ γ᾽ ἐν ἀμφιάλῳ Ἰθάκῃ βασιλῆα Κρονίων ποιήσειεν « Puisse le fils de Cronos ne jamais te faire régner sur Ithaque entourée des flots ! »

b) Déjà chez Homère, une *particule* (κε ou ἄν) tend à *soutenir* l'optatif de *possibilité* — ce qui deviendra une règle en attique — tandis que l'optatif de vœu a disparu comme mode et s'est fondu dans la Κοινή avec le subjonctif avant qu'on ait cherché à le préciser par une particule quelconque :

ζ 57 οὐκ ἂν δή μοι ἐφοπλίσσειας ἀπήνην... ; « ne pourrais-tu pas me faire équiper un char ? »

Χ 346 αἴ γάρ πως αὐτόν με μένος καὶ θυμὸς ἀνείη ὤμ᾽ ἀποταμνόμενον κρέα ἔδμεναι « Puissé-je voir mon cœur et ma colère m'inciter à trancher tes chairs crues et à les manger... ! »

§ 189. Il me semble d'ailleurs, pour des raisons d'ordre différent, que la notion de vœu a chance d'être la plus ancienne : le vœu est quelque chose de primitif et de tout concret, de vraiment spontané ; il faut une raison déjà exercée pour distinguer, parmi les souhaits, ceux qui sont possibles de ceux qui ne le sont pas (voir l'« irréel » et le « potentiel »), et l'exemple de Χ 346 montre qu'il suffit d'un mouvement de colère pour qu'on émette un vœu nettement impossible (Achille étant convaincu qu'il ne saurait être anthropophage !) Aussi bien, si la notion de possibilité est secondaire, on s'explique assez qu'elle ait dû être précisée par ἄν (κε), à la différence de l'optatif de vœu, comme on a vu que ce fut le cas pour le subjonctif éventuel en face du subjonctif de volonté.

§ 190. D'Homère à l'époque attique, l'optatif de vœu n'a pas été sensiblement modifié dans ses emplois, d'ailleurs peu complexes. Il n'en est pas de même pour l'*optatif de possibilité*. D'abord, il a perdu beaucoup de terrain, gagné par l'*irréel du présent* et les *possibles du passé*, à l'avantage des temps secondaires de l'indicatif avec ἄν ; mais, par ailleurs, il n'a cessé de développer une fonction qui apparaît déjà chez Homère : *exprimer une étroite subordination entre un verbe dépendant et un verbe principal qui se situent tous les deux dans le passé.* Numériquement parlant, les gains dépassent très largement les pertes ; mais cette extension, qui tendait *à vider l'optatif de son sens propre* pour en faire un *signe de subordination*, a beaucoup contribué à précipiter le déclin de ce mode, qui s'est fondu dans le subjonctif.

A. OPTATIF DE SOUHAIT.

§ 191. Il sert à exprimer une *prière* (positive ou négative) ou une *imprécation* ;

Ar. *Gren.* 177 ἀναβιοίην νυν πάλιν « Plutôt revivre, alors ! »
Ar. *Cav.* 833 μὴ ζῴην « Puissé-je ne plus être en vie ! ».

P 416 ἀλλ' αὐτοῦ γαῖα μέλαινα πᾶσι χάνοι « mais qu'ici même la terre noire s'entr'ouvre pour engloutir tout le monde ! »

§ 192. *Primitivement*, l'optatif pouvait servir à traduire toutes les prières, tous les souhaits, indifféremment, qu'ils fussent *réalisables* ou *non*. Pour être plus exact, la réalisation ou la non-réalisation du vœu n'entrait pas en considération. Le mode exprime *également* des vœux de réalisation possible et des vœux de réalisation impossible ; c'est le cas chez Homère :

γ 218 εἰ γάρ σ' ὡς ἐθέλοι φιλέειν γλαυκῶπις Ἀθήνη ὡς Ὀδυσσῆος περικήδετο « Daigne la déesse aux yeux pers, Athéna, te chérir autant... qu'elle entourait Ulysse de sa sollicitude ». Le vœu formé est parfaitement réalisable : Nestor souhaite à Télémaque d'être l'objet, de la part d'Athéna, de la même sollicitude qu'Ulysse.

ξ 468 εἴθ' ὡς ἡβώοιμι, βίη δέ μοι ἔμπεδος εἴη, ὡς ὅθ' ὑπὸ Τροίῃ λόχον ἤγομεν « Puissé-je avoir la jeunesse, et la même solidité vigoureuse, comme lorsque sous Troie nous conduisions nos bataillons ! » Nestor sait bien que son grand âge interdit à ce vœu toute possibilité de réalisation.

§ 193. Cependant l'emploi de ὄφελον « je *devrais* (ou j'*aurais dû*) » atteste, dès les plus anciens textes, le souci de distinguer le *vœu réalisable* du *regret*, qui sera plus tard exprimé en attique *régulièrement* par les *possibles du passé* (imparfait et aoriste sans ἄν).

α 217 ὡς δὴ ἐγώ γ' ὄφελον μάκαρός νύ τευ ἔμμεναι υἱὸς ἀνέρος « comme je devais (= Que ne suis-je...) être le fils d'un homme heureux ! » Télémaque se voit le fils du plus infortuné des hommes.

Eur. *El.* 1061 εἴθ' εἶχες, ὦ τεκοῦσα, βελτίους φρένας « Plût au Ciel que tu eusses, mère, de meilleurs sentiments ! » Electre, qui connaît sa mère, exprime comme un possible du passé le vœu qu'elle sait irréalisable dans le présent.

Esch. *Ag.* 1537 ἰὼ γᾶ, γᾶ, εἴθε μ' ἐδέξω πρὶν τόνδ' ἐπιδεῖν « Ah ! Terre ! Terre ! Plût au Ciel que tu m'accueillisses (ou m'eusses accueillie) dans ton sein, avant que je l'aie vu... »

§ 194. Mais en attique même, il est toujours possible d'user de l'optatif de vœu, même si ce vœu est *absurde*, quand le vœu n'exprime qu'un *désir, et néglige consciemment les conditions de la réalité contraire* :

Eur. *Hec.* 836 εἴ μοι γένοιτο φθόγγος ἐν βραχίοσι « Que je voudrais que mes bras fussent doués de parole ! »

§ 195. L'optatif *aoriste* exprime couramment des vœux *formés dans le présent*, mais se rapportant à des actes *passés* : c'est même un des cas très rares dans lesquels une notion de *temps passé* intervient à l'optatif aoriste ; le sens en est : « Puisse — vœu que je forme *à l'instant* — ceci s'*être* (ou *ne s'être pas*) *produit* ». L'emploi, qui était *libre* chez Homère, est *limité* en attique à quelques expressions, du type « *puisse-t-il être mort* (ou *ne pas être né*) ! » et semble y avoir été maintenu sous l'influence de formules rituelles de malédiction (comme ὡς ὄλοιτο).

ν 229 χαῖρέ τε καὶ μή μοί τι κακῷ νόῳ ἀντιϐολήσαις « Salut, et fasse le Ciel que tu *m'aies rencontré* sans intention mauvaise ! »

Eur. *Hipp.* 407 ὡς ὄλοιτο... ἥτις... ἦρξατ' αἰσχύνειν λέχη « Puisse-t-elle avoir péri misérablement ... celle qui ... la première, a osé souiller la couche nuptiale ! »

Eur. *Andr.* 766 ἦ μὴ γενοίμαν ἦ πατέρων ἀγαθῶν εἴην... μέτοχος « Puissé-je n'être pas née... ou avoir en partage une noble ascendance! ».

§ 196. En dehors des vœux à proprement parler, l'optatif exprime nombre d'idées qui, sous la forme du souhait, équivalent à un *subjonctif d'exhortation*, ou à un *ordre poli* (suggéré plutôt qu'imposé), ou à une *concession*, etc.

X 304 μὴ μὰν ἀσπουδί γε καὶ ἀκλειῶς ἀπολοίμην « Puissé-je ne pas périr, sans combat ni sans gloire ! » Hector s'exhorte à la lutte dernière.

Ω 149 κῆρύξ τίς οἱ ἔποιτο γεραίτερος « qu'un héraut d'un certain âge l'accompagne... » Zeus donne un ordre sous cette forme courtoise.

Ω 226 αὐτίκα γάρ με κατακτείνειεν Ἀχιλλεὺς ἀγκὰς ἑλόντ' ἐμὸν υἱόν « Puisse Achille me tuer sur-le-champ, tenant mon fils dans mes bras ! » Autrement dit : « Je consens à mourir, si seulement j'ai tenu... ».

Remarque. — Les textes de lois dialectaux fournissent des exemples nombreux d'optatifs pour exprimer des prescriptions. Ainsi à Chypre (Edalion, v⁵ s. *Schw.* 679) on lit οπι σις κε τας Ϝρϵτας τᾱσδε λυσε, ανοσιjᾱ Ϝοι γενοιτυ « si quelqu'un rompt ces conventions, qu'il y ait pour lui délit d'impiété (= ἀνοσία αὐτῷ γένοιτο) ». On a voulu y voir le témoignage d'une valeur « volontative », que l'optatif posséderait comme le subjonctif ; mais c'est tout à fait inutile. Les optatifs sans particules (κε, ἄν ou νύ) sont des optatifs de souhait ; les autres, qui sont accompagnés de particules, présentent l'ordre, non plus comme un *souhait* poli, mais comme une *possibilité* désirable ; ainsi à Olympie (SGDI 1157) ουζε κα ειε « il ne saurait non plus y avoir (séance) ».

B. Optatif de possibilité.

§ 197. Des deux emplois de l'optatif de possibilité — direct dans des propositions indépendantes, indirect comme signe de subordination dans des propositions dépendantes, — nous n'examinerons en détail ici que le premier ; mais, en renvoyant pour les détails d'application du second aux différents types de subordonnées, nous montrerons comment l'optatif de possibilité a pu servir de signe à la subordination dans le passé.

§ 198. S'il subsiste chez Homère des témoignages *certains* d'optatifs de possibilité qui ne soient pas précisés par une particule, et en attique quelques exemples *très probables, en règle générale* un optatif de possibilité *doit* être soutenu par ἄν (κε) :

Λ 838 Πῶς τ᾽ ἄρ᾽ ἔοι τάδε ἔργα ; « Comment ces choses pourraient-elles se passer ? »

Plat. *Gorg.* 492 Β τί τῇ ἀληθείᾳ αἴσχιον καὶ κάκιον εἴη σωφροσύνης τούτοις τοῖς ἀνθρώποις ; « que pourrait-il y avoir en vérité de plus honteux et de plus funeste que la sagesse pour des hommes de cette sorte (= les aspirants à la tyrannie) ? » La particule ἄν, acceptée par la plupart des éditeurs, n'est qu'une adjonction de Coraï. On peut toujours supposer, dans un texte en prose, que la particule a été fortuitement omise par un ancêtre de la tradition manuscrite ; cependant le nombre, relativement assez grand, de ces « omissions » en attique (cf. Stahl, p. 299), incite à la circonspection.

Plat. *Gorg.* 486 Β κατηγόρου τυχὼν πάνυ φαύλου καὶ μοχθηροῦ, ἀποθάνοις ἄν, εἰ βούλοιτο θανάτου σοι τιμᾶσθαι « mis en face d'un vil et misérable accusateur, tu mourrais s'il voulait te faire condamner à mort ».

§ 199. A la différence d'Homère (qui peut encore exprimer à l'optatif des « possibles du passé »), l'attique n'use de l'optatif que si la possibilité est placée dans le présent-futur : il n'a même pas conservé la faculté, qu'avait gardée la langue d'Hérodote, d'exprimer, avec l'optatif *aoriste*, une *possibilité présente* se rapportant à des *faits passés* :

Ε 388 καί νύ κεν ἔνθ᾽ ἀπόλοιτο Ἄρης... εἰ μὴ μητρυιή... Ἑρμέᾳ ἐξήγγειλεν « alors Arès *aurait péri*, si leur marâtre (= la marâtre des fils d'Alôeus) n'eût dénoncé leurs actes à Hermès ».

Thc. 3, 56 νῦν οὐκ ἂν εἰκότως βλαπτοίμεθα « *maintenant* nous aurions tort de nous laisser léser ».

Hdt 2, 11 Κοῦ.. πρότερον ἢ ἐμὲ γενέσθαι οὐκ ἂν χωσθείη ἂν ὁ κόλπος ; « comment le golfe (dont, selon les conceptions de l'auteur, l'Égypte est formée) *pourrait-il* ne pas (en se plaçant *maintenant*) *s'être comblé* avant ma naissance? ».

§ 200. Enfin l'optatif ne peut pas, dans le *présent-futur*, être en *contradiction* avec les conditions existantes de la réalité présente : autrement dit, il n'exprime que le *potentiel du présent*. Cependant l'hypothèse, même la plus *absurde* (cf. § 194), du moment qu'elle est un *jeu de l'esprit*, une *possibilité pure qu'on ne confronterait pas avec la réalité*, se met également au même mode : si la comparaison avec la réalité est faite, on ne peut avoir que l'*irréel du présent* (possibles du passé).

Hdt 3, 119 ἀνὴρ μέν μοι ἂν ἄλλος γένοιτο, εἰ δαίμων ἐθέλοι « je pourrais avoir un second mari, si les dieux le voulaient ».

Plat. *Hipp.* I, 281 D εἰ...ὁ Βίας ἀναβιοίη, γέλωτ᾽ ἂν ὄφλοι πρὸς ὑμᾶς « si... Bias revenait parmi nous, il vous ferait rire à ses dépens ».

L'hypothèse est invraisemblable elle-même ; mais elle en en *dehors de toute confrontation avec la réalité présente.*

Eur. *I. A.* 1211 εἰ μὲν τὸν Ὀρφέως εἶχον, ὦ πάτερ, λόγον....ἐνταῦθ᾽ ἂν ἦλθον « si j'avais, ô mon père, le langage d'Orphée... voilà à quoi je recourrais ». Considérée en elle-même, l'hypothèse est beaucoup moins absurde que la précédente : mais ce qui importe ici, c'est que l'hypothèse soit *exclue de la réalité présente.*

§ 201. Un souci d'urbanité a multiplié en attique les emplois, déjà connus et largement utilisés par Homère, de l'optatif *d'atténuation polie* : ainsi adoucit-on ce qu'il peut y avoir de brutal dans un *ordre,* d'indiscret ou d'importun dans une *demande,* ou même de trop tranchant dans une *affirmation* de la *volonté* ou de l'*intelligence* :

Ω 263 οὐκ ἂν δή μοι ἄμαξαν ἐφοπλίσσαιτε τάχιστα ; « Ne pourriez-vous pas, je vous prie, m'apprêter immédiatement un char ? » Priam dissimule ainsi son mécontentement, devant le peu d'empressement que montrent ses fils.

ζ 57 πάππα φίλ᾽, οὐκ ἂν δή μοι ἐφοπλίσσειας ἀπήνην ; « Papa chéri, ne pourrais-tu pas me faire apprêter un chariot ? » Discrétion et réserve d'une jeune fille bien élevée quand elle parle à son père.

ξ 155 πρὶν δέ κε, καὶ μάλα περ κεχρημένος, οὔτι δεχοίμην « avant (le retour d'Ulysse), je ne saurais rien accepter, en dépit de ma pauvreté ». Ulysse, faux mendiant, refuse poliment, mais avec fermeté, les vêtements qu'on lui propose.

Plat. *Gorg.* 502 D δημηγορία ἄρα τίς ἐστιν ἡ ποιητική ; — Φαίνεται. — Οὐκοῦν ῥητορικὴ δημηγορία ἂν εἴη « la poésie est donc une sorte de discours au peuple ? — Je le crois. — Alors, il y a des chances pour que cela soit un discours au peuple relevant de la rhétorique ». Socrate est sûr de sa conclusion ; mais il amortit ce qu'elle aurait d'un peu sec dans le ton.

C. OPTATIF DE SUBORDINATION.

§ 202*. Le grec s'est servi à date ancienne —Homère en atteste de nombreux exemples — de l'optatif, *qui n'est en ce cas jamais accompagné de* ἄν, pour indiquer une **subordination** étroite entre une subordonnée et sa principale quand elles se situent dans le **passé** ; d'ailleurs *jamais l'optatif de subordination secondaire n'a eu un caractère obligatoire* ; on *peut* simplement user de l'optatif pour exprimer le rapport strict des deux propositions. Si cet emploi est ancien en grec, il est limité à cette langue : il est d'autant plus délicat d'en démêler les origines.

§ 203. En principe, la plupart des subordonnées dépendant de principales à un temps *secondaire* — qu'il s'agisse de *temporelles,* de *finales,* de *délibératives, d'interrogatives indirectes,* de *propositions tra-*

duisant la crainte — peuvent s'exprimer à l'*optatif*, qui est le substitut de l'*indicatif* aussi bien que du *subjonctif*. A tous ces emplois, qui sont déjà bien représentés dans Homère, il faut ajouter, après Homère et Hésiode, l'optatif employé dans les *déclaratives* introduites par ὡς ou ὅτι.

A 610 ἔνθα πάρος κοιμᾶθ', ὅτε μιν γλυκὺς ὕπνος ἱκάνοι « il dormait là naguère, quand le doux sommeil le prenait » (κοιμᾶται... ὅτε... ἱκάνῃ).

γ 2 ἠέλιος δ' ἀνόρουσε... ἵν' ἀθανάτοισι φαείνοι « le soleil se leva.... pour éclairer les Immortels » (ἀνορούει...ἵνα... φαείνῃ).

Ξ 507 πάπτηνεν δὲ ἕκαστος, ὅπῃ φύγοι αἰπὺν ὄλεθρον « chacun d'eux lançait des regards éperdus, se demandant par où échapper au gouffre du trépas » (παπταίνει... ὅπῃ φύγῃ).

ρ 368 ἀλλήλους δ'εἴροντο τίς εἴη καὶ πόθεν ἔλθοι « ils se demandaient les uns aux autres qui il était et d'où il venait » (ἀλλήλους ἔρονται τίς ἐστι).

Ε 567 περὶ γὰρ δίε ποιμένι λαῶν... μή τι πάθοι « il avait très peur pour le pasteur d'hommes... redoutant qu'il lui arrivât quelque chose » (περὶ δέδοικε... μή τι πάθῃ).

Hymn. Aphr. (fin du VIIᵉ siècle ?) 214 εἶπεν δὲ ἕκαστα ὡς ἔοι ἀθάνατος « Iris lui donna tous les détails (= à Trôs, père de Ganymède) et lui dit que son fils était immortel » (λέγει...ὡς ἐστὶν ἀθάνατος).

§ 204. Il résulte de ces exemples qu'un optatif — qui ne peut être qu'optatif de possibilité — se substitue dans le passé à une *constatation objective* ou à un *éventuel*. Tout se passe comme si une subordonnée, étroitement liée à une principale passée, voyait ses *constatations* ou son *attente* se dégrader en des *possibles placés hors du temps* : l'optatif de subordination secondaire, c'est un *possible de pure hypothèse*. Cette interprétation est vérifiée par les exemples homériques, qui témoignent d'optatifs de possibilité *même après un temps principal*. Si la langue a pu donner l'expression du *possible* à des *volontés prêtes à se réaliser* ou à des *éventualités effectivement attendues*, il n'est pas étonnant qu'elle ait choisi cette expression du *possible* quand la subordonnée paraissait si engagée dans le passé qu'elle excluait toute *réalité* dans la constatation ou toute *éventualité* dans l'attente :

ρ 249 τόν ποτ' ἐγών... ἄξω τῆλ' Ἰθάκης, ἵνα μοι βίοτον πολὺν ἄλφοι « je l'emmènerai... loin d'Ithaque, pour qu'il *puisse* me rapporter beaucoup d'argent (du fait de sa vente comme esclave) ».

Hymn. Herm. 202 ἀργαλέον μὲν ὅσ' ὀφθαλμοῖσιν ἴδοιτο πάντα λέγειν « il est difficile de dire tout ce qu'on *peut* bien voir de ses yeux ». Il est probable que l'absence systématique de ἄν s'explique pour éviter toute confusion avec d'autres *optatifs-potentiels de présent-futur* accompagnés de ἄν, et pour briser tout contact avec les *éventuels* toujours accompagnés de ἄν — ces *éventuels* qui doivent être précisément dégradés en *possibles*.

Remarque. — On relève souvent dans une consécutive dépendant d'une principale attestant, soit un *optatif* (de *vœu* ou de *possibilité*), soit les *temps secon-*

daires de l'indicatif en fonction *d'irréel du présent ou du passé*, les mêmes caractéristiques modales, *sans que jamais la particule* ἄν soit employée alors qu'elle
l'est dans la principale. Il n'y a pas plus lieu de parler *d'attraction modale* [1],
c'est-à-dire de contagion purement *formelle*, que dans le cas, précédemment
examiné, des relatives déterminatives : en réalité les déterminations modales
s'expliquent *pour elles-mêmes*, dans un cas comme dans l'autre, parce que la
consécutive en grec garde toujours, par rapport à sa principale, cette autonomie
qu'elle n'a plus en latin et en français, qui soulignent l'un et l'autre cette vassa-
lisation à l'aide du subjonctif de subordination : Ξ 107 νῦν δ' εἴη. ὅς τῆσδέ
γ' ἀμείνονα μῆτιν ἐνίσποι « Fasse le Ciel qu'il y ait quelqu'un qui (=celui-
là qu'il) donne un meilleur avis que le mien ! »
Ar. *Gren.* 97 γόνιμον δὲ ποιητὴν ἂν οὐχ εὕροις... ὅστις ῥῆμα γενναῖον λάκοι
« mais on ne pourrait pas trouver un poète... qui fit (= celui-là il ferait) entendre
de mâles accents ».

IV. L'impératif.

§ 205. Aussi isolé dans la conjugaison, au point de vue de la *forme*,
que le vocatif peut l'être dans la flexion, l'impératif est étroitement associé, au point de vue du *sens*, au *subjonctif de volonté*. Il y a
cependant cette différence que l'effort de volonté exprimé par le subjonctif peut porter *aussi bien sur le sujet agissant que sur une autre
personne* ; au contraire, *l'impératif énonce un ordre qui ne peut s'appliquer qu'à autrui* ; c'est par l'effet d'une sorte de fiction, d'ailleurs naturelle, que le sujet agissant peut se donner à lui-même un *ordre*, qui n'est
en réalité qu'une exhortation déguisée. L'impératif exprime essentiellement un *ordre*, c'est-à-dire une manifestation *positive* de volonté ;
le subjonctif au contraire, du moins primitivement, n'exprimait que
la *défense*, c'est-à-dire une manifestation *négative* de volonté ; de fait,
les textes les plus anciens, en indien védique, n'attestent pas encore
d'exemples dans lesquels la négation prohibitive *mā* (gr. μή) soit
employée avec l'impératif ; le fait n'apparaît que dans quelques exemples
en sanskrit classique et dans des parties récentes de l'*Avesta*. Pratiquement, en attique, l'*impératif* donne un **ordre positif** à l'aide des thèmes
de *présent* ou d'*aoriste* (accessoirement de *parfait*) ; il sert également à
l'expression de la **défense**, mais uniquement au thème de *présent*. Quant
au *subjonctif*, incapable d'exprimer un ordre positif avec quelque
thème que ce soit, il ne peut rendre une *défense* qu'à l'aide du *thème
d'aoriste*, le thème de présent étant exclu. Autrement dit, ποίει et μή
ποίει sont courants, ainsi que μὴ ποιήσῃς ; *μὴ ποιῇς n'est pas plus
attesté que *ποιῇς, et μὴ ποίησον est exceptionnel. Cette répartition
de formes — qui sera étudiée au chapitre VII, puisqu'elle dépend des
« temps » — n'est pas valable, semble-t-il, pour la 3ᵉ *personne de l'impératif*, au singulier comme au pluriel : ces formations, certainement
récentes, ne montrent pas la même rigueur que les formes anciennes de
l'impératif, c'est-à-dire la 2ᵉ *du singulier* et la 2ᵉ *du pluriel* ; les oppo-

1. L'attraction modale, à laquelle on attribuait naguère un rôle important dans la
syntaxe latine, voit maintenant son ancien domaine considérablement réduit (cf. Er.
Th., p. 340-343).

sitions d'aspects semblent s'évanouir, lorsqu'il s'agit de formations qui n'appartiennent pas au fonds le plus ancien de la langue (cf. le futur).

ο 263 εἰπέ μοι εἰρομένη νημερτέα, μηδ᾽ ἐπικεύσῃς « réponds en vérité à mes questions, et ne me dissimule rien ».

A 363 ἐξαύδα, μὴ κεῦθε νόῳ, ἵνα εἴδομεν ἄμφω « exprime-toi, ne cache rien en ton esprit, afin que nous sachions tous les deux ».

Soph. *fragm.* 453 μὴ ψεῦσον, ὦ Ζεῦ, μή μ᾽ ἕλῃς ἄνευ δορός « ne me trompe pas, Zeus, ne me laisse pas surprendre sans ma lance ». Le caractère insolite de cet impératif aoriste (2e personne) a été relevé par Aristophane dans sa parodie (*Thesm.* 870) : μὴ ψεῦσον, ὦ Ζεῦ. τῆς ἐπιούσης ἐλπίδος « ne me trompe pas, Zeus, dans mes espoirs à venir ! »

Esch. *Sept.* 1066 δράτω τι πόλις καὶ μὴ δράτω τοὺς κλάοντας Πολυνείκη· ἡμεῖς γὰρ ἴμεν « que la Cité fasse quelque chose ou ne fasse rien à ceux qui pleurent Polynice ; nous irons (pour l'ensevelir)...» comme Plat. *Ap.* 17 C μηδεὶς ὑμῶν προσδοκησάτω « qu'aucun de vous ne s'attende... »

§ 206*. Fréquemment l'impératif est employé avec une valeur *concessive* : on donne pour ainsi dire à autrui *l'ordre* de continuer d'agir comme il le fait, en l'assurant que le résultat n'en sera pas modifié. Le sens est en gros le suivant : « Fais comme tu veux (= tu auras beau faire) : rien ne sera changé. » Plus rarement, il prend une signification de *supposition* (avec une troisième personne) :

Soph. *Ant.* 1168 Πλούτει τε γὰρ κατ᾽ οἶκον, εἰ βούλει, μέγα, καὶ ζῆ τύραννον σχῆμ᾽ ἔχων « Sois riche et prospère dans ta maison, et puissamment, si tu veux ; vis avec toute la pompe d'un tyran (je n'en ferai pas moins selon ma volonté) ». Cf. fr. « cause toujours ».

Xén. *Hier.* VIII, 3 προσειπάτω τινὰ φιλικῶς ὅ τε ἄρχων καὶ ὁ ἰδιώτης « qu'un prince et un particulier saluent aimablement (= supposons que) quelqu'un ».

Remarque. — En principe, l'impératif ne devrait se rencontrer que dans des propositions indépendantes. Cependant la souplesse du lien relatif et le croisement des deux expressions de pensée voisines amènent des impératifs dans des propositions relatives :
Hdt. 1, 89 κάτισον ...φυλάκους, οἳ λεγόντων ὡς ἀναγκαίως ἔχει « dispose des gardes, qui (on pense : et eux, qu'ils disent) disent qu'il est nécessaire... ».
Ar. *Ois.* 54 ἀλλ᾽ οἶσθ᾽ ὃ δρᾶσον ; « Eh bien ! sais-tu ce qu'il faut faire ? » On pense à : « tu sais ce qu'il faut faire (οἶσθα ὅ τι ἐργαστέον) » et à « fais tu sais quoi ? » (δρᾶσον οἶσθ᾽ ὅ τι) : de ce croisement résulte la tournure considérée.

V. L'infinitif.

§ 207. L'infinitif peut être défini comme la forme *substantive* du verbe : il exprime essentiellement l'*idée verbale*. Le mot grec ἀπαρέμφατος, qui le désigne, est aussi significatif que son calque latin *infinitiuus* ne l'est pas ; il veut dire, en effet : « qui ne possède pas de signification accessoire. » C'est de cette façon négative que l'infinitif a été défini comme représentant l'*idée verbale nue*.

§ 208*. A la différence d'autres modes, qui continuent des formes et des emplois remontant à l'indo-européen, l'infinitif est de date relativement récente : il suppose des capacités d'*abstraction* qui vont de pair avec un certain développement intellectuel : partout où ces conditions se sont trouvées remplies, il a grandi, mais de façon *indépendante* dans chaque langue. Aussi a-t-il été un mode en perpétuel « devenir », jusqu'au moment où, exagérant ses tendances nominales, il a fini par apparaître dans le système du verbe comme une pièce inutile : d'une des formations les plus abondantes et les plus caractéristiques de l'attique rien ne subsiste dans la langue d'aujourd'hui qui, pour se créer de nouveau un infinitif, a recouru à une périphrase reposant sur θέλω ἵνα (θὰ).

§ 209. Un grand nombre d'emplois de l'infinitif (*sans article*) relèvent des propositions *complétives*, soit à titre de *sujet*, soit à titre d'*objet* : ils seront étudiés ci-dessous (Ch. VIII, 1) avec la subordination ; pour l'infinitif substantivé au moyen de l'article, ou se reportera ci-dessus au 4ᵉ paragraphe D du chapitre II. On ne considérera, dans le présent chapitre, que les emplois dans lesquels on use *librement* de l'infinitif, ou qui équivalent à un *mode personnel* indépendant, ou qui ajoutent à la proposition indépendante des déterminations secondaires *juxtaposées*, non *subordonnées*.

§ 210. L'infinitif (*sans article*) peut équivaloir à un **impératif** — à la 2ᵉ personne du singulier — qui se rapporte soit à un *être imaginaire*, soit à une *personne déterminée*. Ce procédé d'expression, très fréquent chez Homère, s'est assez bien maintenu en attique. *L'idée verbale*, posée pour elle-même, vaut comme un *ordre* donné pour sa réalisation : le tour ne nous est pas inconnu, encore que nous n'en usions que pour des *prescriptions d'ordre général* et le plus souvent *négatives* (cf. « ne pas se pencher par la portière » ou ital. *non mangiare* « ne mange pas » en face de *mangia*).

Hdt 1, 32 πρὶν δ' ἂν τελευτήσῃ, ἐπισχεῖν μηδὲ καλέειν κω ὄλβιον « avant qu'il soit mort, attends et ne lui donne pas encore le nom d'homme heureux ».

Esch. *Prom.* 712 οἷς μὴ πελάζειν « ne t'approche pas (des Scythes) ». Ici la personne est déterminée.

§ 211. L'infinitif **exclamatif** s'emploie avec deux valeurs différentes : il traduit l'*étonnement* et l'*indignation*, mais aussi introduit un *vœu*, à la façon d'un *optatif de souhait*. Dans le deuxième cas, *il ne comporte jamais l'article* — ce qui arrive au contraire fréquemment dans le premier :

Ar. *Ach.* 816 ‘Ερμᾶ ’μπολαῖε, τὰν γυναῖκα τὰν ἐμὰν οὕτω μ’ ἀπο-
δόσθαι τάν τ’ ἐμαυτοῦ ματέρα « Par Hermès Marchand ! Puissé-je
vendre ma femme et ma mère à ce prix-là ! »

Esch. *Eum.* 837 ἐμὲ παθεῖν τάδε « Est-il possible que cela
m’advienne ! »

Ar. *Nuées* 268 τὸ δὲ μηδὲ κυνῆν οἴκοθεν ἐλθεῖν ἐμὲ τὸν κακοδαίμον’
ἔχοντα « Dire que je n’ai même pas pris, malheureux que je suis, un
bonnet en sortant de chez moi ! »

§ 212. L’infinitif (*sans article*) sert à exprimer des *déterminations
accessoires* fort variées : les unes se rattachent à des *adjectifs* (parfois
même à des *noms* dont elles précisent et limitent la qualité) ; d’autres
sont en rapport avec des *verbes* — le plus souvent avec un sens de
finalité ; enfin certaines de ces déterminations sont si indépendantes
de la proposition, dans laquelle elles font figure d’*incises*, qu’on peut
parler d’*infinitif absolu*.

a) Les adjectifs indiquant, de façon générale, qu’une *personne* est
capable ou qu’une *chose* est *susceptible* de la qualité considérée sont fréquemment déterminés par l’*infinitif* qui précise l’*angle particulier* sous
lequel doivent être considérées les *possibilités* de l’adjectif.

Plat. *Rép.* 556 B μαλακοὺς καρτερεῖν « sans énergie pour (ce qui est
de) supporter ».

Plat. *Ménex.* 239 B ὁ χρόνος βραχὺς ἀξίως διηγήσασθαι « le temps
est court pour (ce qui est de...) célébrer dignement ».

Eur. *Hipp.* 346 οὐ μάντις εἰμὶ τἀφανῆ γνῶναι σαφῶς « je ne suis pas
devin pour (ce qui est de...) connaître de façon distincte ce qui est
obscur ».

b) On parle parfois d’*infinitif de but* après des verbes signifiant
donner (*refuser*), ou *choisir*, ou des verbes qui représentent l’*objet d’un
mouvement*. En réalité, il n’y a aucun rapport entre ces infinitifs et la
finalité, qui implique un *effort* vers le but proposé. Il n’y a pas plus de
finalité dans ces infinitifs que dans notre tournure : « venir chercher »
qui, elle aussi, équivaut à : « venir *pour* chercher ».

Plat. *Gorg.* 480 C αὐτόν... παρέχειν... τέμνειν καὶ καίειν ἰατρῷ « se
confier... pour (ce qui est de) couper et cautériser... au médecin ».

Plat. *Ap.* 28 E οἱ ἄρχοντες, οὓς ὑμεῖς εἵλεσθε ἄρχειν μου « les
magistrats, que vous aviez choisis pour (ce qui est de...) me donner des
ordres ».

Thc. 6, 50 δέκα δὲ τῶν νεῶν προὔπεμψαν ἐς τὸν μέγαν λιμένα πλεῦ-
σαί τε καὶ κατασκέψασθαι... καὶ κηρῦξαι « ils envoyèrent d’abord dix
navires dans le grand port... pour le rallier et observer... et publier... ».

Eur. *Ion* 1559 ἡμᾶς δὲ πέμπει τοὺς λόγους ὑμῖν φράσαι « il nous a
envoyés vous dire ces paroles ».

§ 213. *L’infinitif absolu* atteste presque toujours un sens *limitatif* :
la portée naturelle de la phrase dans laquelle il s’insère s’en trouve

retouchée et *réduite*. Selon les tendances naturelles de la langue, on a cherché à incorporer à la phrase cet infinitif, qui était sans lien avec elle, en recourant à la conjonction ὡς « dans la mesure où... ». Contrairement à ce qu'on a pu soutenir (Riemann-Cucuel, p. 195), un tour tel que ὡς ἐμοὶ δοκεῖν ne comporte point d'*ellipse* (= dans la mesure où *il m'est possible* de l'affirmer) ; d'ailleurs la forme la plus ancienne est ἐμοὶ δοκεῖν. S'il est vrai que ὡς ἔπος εἰπεῖν « pour ainsi dire » est le type le plus *courant*, cela ne signifie point que ce soit la forme la plus *ancienne*. Effectivement, τὸ σύμπαν εἰπεῖν « à tout dire », ou τὸ ὀρθῶς εἰπεῖν « à vrai dire », témoignent de l'état primitif et doivent être mis sur le même plan que ὀλίγου δεῖν, πολλοῦ δεῖν, « il s'en faut de peu, de beaucoup ». Souvent la *limitation* contient une *hypothèse* : εἰκάσαι « à en conjecturer » est proche de : « si on le conjecture », ou ἀκοῦσαι « pour l'oreille », ou ἰδεῖν « pour la vue ». Enfin *l'infinitif* du verbe *être* est employé dans des tournures où il nous paraît, non seulement *superflu* (*explétif*), mais *gênant* : ainsi ἑκὼν εἶναι « volontairement », τὸ ἐπί (τινα) εἶναι « en ce qui concerne (quelqu'un) », κατὰ δύναμιν εἶναι « selon les possibilités », τὰ νῦν εἶναι « pour l'instant ». Il semble que, dans ces expressions toutes faites, εἶναι signifie, après l'adjectif, « *pour ce qui est d'être* (*ainsi*) », et amène un *renforcement expressif* du tour considéré.

Hdt. 1, 172 αὐτόχθονες δοκέειν ἐμοί εἰσι « ils sont, à ce qu'il me semble, autochtones » à côté de Hdt. 4, 167 ἀπεπέμπετο ἡ στρατιή, ὡς ἐμοὶ δοκέειν, ἐπὶ Λιβύων καταστροφῇ « l'armée fut envoyée, me semble-t-il, pour la destruction des Libyens ».

Dém. 20, 18 ἔστι δὲ τοῦτο οὑτωσὶ μὲν ἀκοῦσαι λόγον τιν' ἔχον « c'est là quelque chose, *à l'entendre ainsi* (= si on écoute sans réflexion), qui comporte quelque raison ».

Hdt. 8, 116 οὔτε αὐτὸς ἔφη ἑκὼν εἶναι δουλεύσειν « il disait que lui-même ne se laisserait pas volontairement asservir (par Xerxès) ».

Thc. 4, 28 ἐκέλευεν ἥντινα βούλεται δύναμιν λαβόντα, τὸ ἐπὶ σφᾶς εἶναι, ἐπιχειρεῖν « il l'invita à prendre en mains toutes les forces militaires qu'il voudrait pour tenter, en ce qui les concernait, l'entreprise ».

VI. Le participe.

§ 214. Le participe peut être défini comme la forme **adjective** du verbe : tandis que l'infinitif exprime la notion verbale comme le ferait un **substantif** abstrait (cf. § 207), le participe détermine une **qualité** rendue par le verbe. Le mot grec μετοχή, c'est-à-dire « participation », indique que les Anciens avaient été frappés par ce fait que, du point de vue de la forme, le participe tient à la fois du *nom*, puisqu'il possède une *flexion*, et du *verbe*, puisqu'il entre dans les cadres des « temps ». Si, sémantiquement parlant, l'infinitif et le participe tiennent à la fois du nom et du verbe, le participe mérite seul ce nom, si on se place au point de vue de la morphologie : l'infinitif a été de plus en plus attiré vers le nom — ce qui lui a été fatal (§ 208), tandis que le participe, qui, par définition, était à cheval sur les deux systèmes du nom et du verbe, s'est mieux défendu et a subsisté, mais sous une forme invariable et assez figée, dans la langue moderne.

§ 215. Si on met à part le participe *complétif*, qui sera étudié ci-dessous (Ch. VIII, I) avec les autres propositions subordonnées, ce mode peut, dans une proposition indépendante, remplir diverses fonctions importantes : en tant qu'*adjectif*, il peut être *épithète et attribut* ; susceptible de *se substantiver*, il équivaut, grâce au jeu de l'article, à un *nom*, de signification *particulière* ou *générale* (cf. chap. II, D) ; par ailleurs, équivalant logiquement à de véritables subordonnées, il peut exprimer les diverses *circonstances* qui accompagnent l'*action*, mais sans cesser d'appartenir à la proposition indépendante ; enfin il peut garder, à l'égard de la phrase, une autonomie si complète qu'il contribue à former des tournures *absolues*, dont les principales sont le *génitif* et l'*accusatif*.

§ 216. Le participe remplit constamment la fonction d'un **adjectif** qualificatif : *accompagné de l'article*, il peut être *épithète* ; *sans article*, il répond à un *attribut*. En tout cas, épithète ou attribut, le participe dégage la *qualité* comme pourrait le faire un *adjectif* ou une *proposition relative*.

Thc. 3, 88 στρατεύουσιν ἐπὶ τὰς Αἰόλου νήσους καλουμένας « leur flotte de guerre cingle vers les îles appelées Éoliennes ».

Plat. *Gorg.* 500 C ...τί ποτ' ἐστὶν οὗτος ἐκείνου διαφέρων « ... en quoi donc celui-ci est-il supérieur à celui-là ? »

§ 217. C'est le jeu des **aspects** (§ 281), auxquels s'ajoutent des considérations proprement *temporelles*, qui permet au participe d'exprimer le *temps*. Le participe *présent* est susceptible d'exprimer « notre » *simultanéité*, moins parce qu'il est situé dans le présent que parce qu'il est *duratif* ; de même, si le participe *aoriste* rend souvent « notre » *antériorité* c'est moins parce que le participe a subi l'influence, proprement temporelle, de l'indicatif, que parce que l'action secondaire est considérée *en dehors de toute durée* ; le même participe aoriste peut également exprimer une *simultanéité* dans certaines conditions. Quant au participe *futur*, qui ne comporte pas d'aspect, il est exclu de l'expression du temps, et réservé à celle de la *finalité*.

Thc. 2, 39 εὐθὺς νέοι ὄντες τὸ ἀνδρεῖον μετέρχονται « dès la jeunesse ils visent à la vaillance ». Il y a, pour nous, simultanéité.

Thc. 6, 59 τυραννεύσας ἔτη τρία... Ἱππίας ἐχώρει ὑπόσπονδος ἐς Σίγειον « *après* avoir été tyran pendant trois ans..., Hippias se retira à Sigée en vertu d'une convention » ; mais Plat. *Phéd.* 60 C εὖ γ' ἐποίησας ἀναμνήσας με « tu as bien fait en me rappelant » ; le participe aoriste ne comporte aucune antériorité, mais exprime au contraire ici la simultanéité dans le passé.

§ 218. Le participe exprime souvent la *cause* et introduit l'*explication* du verbe de la proposition. Encore qu'il se suffise à lui-même, il est souvent accompagné par la conjonction ὡς, quand on ne prend pas à son propre compte la cause donnée.

Plat. *Phéd.* 63 A Τί γὰρ ἂν βουλόμενοι ἄνδρες σοφοὶ ὡς ἀληθῶς δεσπότας ἀμείνους αὐτῶν φεύγοιεν ; « Quelle idée auraient donc (m. à m. « voulant quoi » ?) de véritables philosophes de chercher à fuir des maîtres qui leurs sont supérieurs ? ».

Xén. *An.* 1, 2, 1 τὴν πρόφασιν ἐποιεῖτο ὡς Πισίδας βουλόμενος ἐκβαλεῖν « il donnait pour prétexte, qu'il voulait, disait-il, chasser les Pisidiens ».

§ 219. Le *moyen* dont on use, la *manière* avec laquelle on procède sont fréquemment rendus par le participe : ce mode, dans ce cas, se rattache très étroitement au verbe principal : il s'agit de circonstances qui non seulement *entourent* l'action, mais souvent sont *indiscernables* de l'action elle-même :

Xén. *Cyr.* 3, 2, 25 ληζόμενοι ζῶσιν « ils vivent de pillage », c'est-à-dire « au moyen de pillages ».

Xén. *Mém.* 4, 4, 4 προείλετο μᾶλλον τοῖς νόμοις ἐμμένων ἀποθανεῖν ἢ παρανομῶν ζῆν « il aima mieux périr en restant dans la légalité que vivre en la violant ».

§ 220. Le participe *futur*, qui n'exprime pas de circonstances *temporelles*, est employé pour rendre une idée de *finalité*. On verra plus loin que, dans le futur, finalité et consécution sont souvent peu discernables : en tout cas, au participe futur, tout se passe comme si le participe *sans article* avait valeur *finale*, et le participe *avec article* une signification surtout *consécutive* :

A 13 ἦλθε λυσόμενος « il vint pour racheter (sa fille) ». La volonté vise à un but précis ; la phrase est nettement finale.

Xén. *An.* 2, 4, 5 ὁ ἡγησόμενος οὐδεὶς ἔσται « il n'y aura personne pour nous servir de guide ». On remarquera le maintien de l'article en fonction d'attribut. La volonté n'intervient pas ici et la phrase équivaut à une consécutive : οὐδεὶς ἔσται οὕτω διακείμενος ὥστε ἡγεῖσθαι « il n'y aura personne de disposé à nous servir de guide ».

§ 221. Fréquemment le participe indique une *condition* et est l'équivalent d'une *protase* dans une période conditionnelle : le participe répond en ce cas à toutes les possibilités qui peuvent être envisagées.

Eur. *Phén.* 504 ἄστρων ἂν ἔλθοιμ' ἡλίου πρὸς ἀντολὰς καὶ γῆς ἔνερθε, δυνατὸς ὢν δρᾶσαι τάδε « j'irais jusqu'aux lieux où les astres et le soleil se lèvent et jusque dans les profondeurs de la terre, si j'étais capable de faire cela ». Equivaut à : ἔλθοιμ' ἄν... εἰ δυνατὸς εἴην, c'est-à-dire à un optatif d'*hypothèse pure*.

Plat. *Banq.* 208 D οἴει σὺ Ἄλκηστιν ὑπὲρ Ἀδμήτου ἀποθανεῖν ἄν, ἢ Ἀχιλλέα Πατρόκλῳ ἐπαποθανεῖν..., μὴ οἰομένους ἀθάνατον μνήμην ἀρετῆς περὶ ἑαυτῶν ἔσεσθαι ; « crois-tu qu'Alceste serait morte pour Admète ou qu'Achille aurait voulu suivre Patrocle dans la mort... s'ils n'avaient pas pensé qu'on garderait éternellement le souvenir de leur courage ? » Equivaut à : οὐκ ἂν ἀπέθανον...εἰ μὴ ᾤοντο (ou μὴ ᾠήθησαν).

§ 222. Le participe présente souvent les circonstances entourant l'action comme étant la *cause* de cette action : plus ou moins étroitement solidaire du verbe principal, il *s'en détache légèrement* dans les tournures non interrogatives, tandis qu'il est généralement en *tête de phrase* dans les interrogations.

Plat. *Phéd.* 102 D λέγω δὴ τοῦδ' ἕνεκα, βουλόμενος δόξαι σοι ὅπερ ἐμοί « je m'exprime ainsi, parce que je veux que tu aies la même opinion que moi ».

Plat. *Phéd.* 63 A Τί γὰρ ἂν βουλόμενοι ἄνδρες σοφοὶ ὡς ἀληθῶς δεσπότας ἀμείνους αὐτῶν φεύγοιεν ; « en vue de quel objet de véritables philosophes voudraient-ils échapper à des maîtres qui leur sont supérieurs ? »

§ 223. Enfin le participe *restreint* souvent la *portée* de la phrase à laquelle il appartient, donnant aux circonstances qui entourent l'action une valeur *concessive* : le participe est fréquemment précisé dans ce sens par καίπερ ; mais il se suffit très souvent à lui-même.

Xén. *Cyr.* 3, 2, 15 ὀλίγα δυνάμενοι προορᾶν ...περὶ τοῦ μέλλοντος πολλὰ ἐπιχειροῦμεν πράττειν « bien que ne pouvant prévoir l'avenir que dans une faible mesure..., nous entreprenons d'agir en beaucoup de choses ».

§ 224. Deux constructions autonomes intéressent le participe : le génitif et l'accusatif absolus. Par lui-même, le génitif absolu est bien plus important et beaucoup plus fréquemment employé que l'accusatif absolu : mais ce dernier, si relativement restreint que soit l'usage qu'on en fait, concerne plus directement le participe.

On verra ci-dessous (§ 470) par quel ensemble de raisons convergentes la langue a pu choisir le **génitif** pour exprimer des circonstances accessoires, tout à fait indépendantes, au moins *en principe*, de l'action de la proposition dans laquelle elles s'insèrent. Quoi qu'il en soit des origines du génitif absolu, le *participe est indispensable à son expression* : le substantif peut manquer, s'il est facile à suppléer ; mais, à la différence de ce qu'il se passe en latin, le *participe est toujours exprimé* : le type *Cicerone consule*, si fréquent parce qu'il n'y a pas en latin de participe présent du verbe *être*, est sans exemple en grec. En principe, le génitif absolu comporte un nom qui, formant le sujet de cette sorte de proposition autonome, ne doit être rattaché à la proposition dans laquelle il se trouve par *aucun* *lien grammatical* : cependant, le grec est moins strict que le latin et le « sujet » du génitif absolu peut même se rapporter au « sujet » de la proposition, en vue de produire un *effet*. Notons enfin que le participe en construction absolue garde — et même développe — toutes ses possibilités : il peut être *conditionnel, temporel, causal, concessif*, etc.

Eur. *Bacch.* 773 οἴνου δὲ μηκέτ' ὄντος οὐκ ἔστιν Κύπρις « le vin manquant (= *Si* ou *quand* il n'y a plus de vin), c'en est fait de Cypris ».

Xén. *An.* 3, 2, 10 οὕτω δ'ἐχόντων, εἰκός... « les choses étant ainsi, il est naturel... ». Dans cette tournure, où le génitif absolu a une valeur *causale*, le sujet se restitue aisément.

Thc. 1, 114 διαβεβηκότος ἤδη Περικλέους... ἠγγέλθη αὐτῷ... « comme Périclès avait déjà passé (en Eubée).,,, on vint lui annoncer ». Logiquement on devrait avoir : διαβεβηκότι Περικλεῖ... ἠγγέλθη qui serait plus régulier, mais moins expressif.

Remarque. — Souvent la valeur causale du génitif absolu est renforcée par ὡς « comme quoi, parce que » ; ainsi Xén. *Hell.* 7, 5, 20 παρήγγειλεν αὐτοῖς παρασκευάζεσθαι ὡς μάχης γενομένης « il leur ordonna de se préparer, parce que le combat allait avoir lieu (litt. : « comme quoi le combat ayant lieu »). Cependant, à la différence de l'*accusatif absolu animé*, la conjonction n'est jamais nécessaire.

§ 225. L'accusatif absolu se rattache directement à la valeur de *rapport* qui est fondamentale à ce cas : celle-ci est prise dans toute sa *généralité*, que rien ne limite puisque l'accusatif absolu est essentiellement au *neutre*. Pour parler plus exactement, on a affaire, plutôt qu'à un accusatif — ce qui n'a pas beaucoup de sens pour un neutre — au « cas indéterminé » caractéristique de ce genre : on comprend que ce cas indéterminé puisse être employé absolument. Des expressions indiquant une *convenance*, une *possibilité*, une *nécessité*, etc., en passant par des *participes neutres* à valeur générale (comme εἰρημένον), on en est venu à des *accusatifs absolus animés* : mais dans ce cas, l'accusatif absolu doit être nécessairement précédé de ὡς ou ὥσπερ « comme, de même que », qui précise le rapport. Comme le participe faisant partie du génitif absolu, le participe absolu à l'accusatif garde toutes ses possibilités de sens. Le tour n'apparaît qu'en attique et que chez Hérodote.

Hdt. 5, 49 παρέχον δὲ τῆς Ἀσίης πάσης ἄρχειν εὐπετέως, ἄλλο τι αἱρήσεσθε ; « alors qu'il vous est possible d'exercer facilement votre suprématie sur toute l'Asie, vous irez vous emparer d'autre chose ? ».

Xén. *Mém.* 1, 2, 20 Διὸ καὶ τοὺς υἱεῖς οἱ πατέρες... ἀπὸ τῶν πονηρῶν ἀνθρώπων εἴργουσιν, ὡς τήν...τῶν χρηστῶν ὁμιλίαν ἄσκησιν οὖσαν τῆς ἀρετῆς « les pères écartent leurs fils des gens malhonnêtes, comme (= pensant que) la fréquentation des gens de bien entraînant à la vertu ». Pour d'autres exemples, on se référera au § 438.

Remarque. — On parle quelquefois aussi de *nominatif absolu* à propos du participe (cf. *Schw.-Deb.*, p. 403). Mais il ne s'agit pas là de participes qui constituent avec un nom (ou une possibilité générale) une proposition autonome : ils se rattachent le plus souvent, pour le *sens*, au sujet *important* de la phrase, qui peut ne pas être au nominatif. Il ne faut pas non plus oublier que, sans considération de participe, le nominatif est par lui-même (comme il apparaît dans les exemples de *nominatiuus pendens*) un cas absolu (cf. *Schw.-Deb.*, p. 66). Enfin la fréquence relative de ces participes du nominatif peut être liée à ce fait que le participe tendait à devenir invariable — ce qui est le cas en g. m. — sous la forme du *nominatif* (βλέποντας « en voyant »). Dans la plupart des cas, comme dans Eur. *Cycl.*, 330 δοραῖσι θη:ῶν σῶ,α περιδ,λὼν ἐ,ὸν καὶ πῦρ ἀν:ίθων χιόνος ιὐδέν μοι μέλει « en enveloppant mon corps de peaux de bêtes et en faisant du feu, peu n'importe la neige » la phrase équivaut logiquement à περιδαλὼν ὀλιγωρῶ, ce qui suffit à justifier le nominatif.

CHAPITRE VII

LES TEMPS

Notions générales. Temps et aspects.

§ 226*. Il est difficile de rendre compte de ce que sont les temps en grec. D'abord la notion même de temps apparaît, du point de vue psychologique, dans des conditions assez différentes de celles auxquelles nous sommes habitués ; ensuite, malgré leur nom, les thèmes « temporels » expriment essentiellement, non le **temps**, mais l'**aspect** et considèrent l'action verbale sous un angle non pas **objectif**, mais **subjectif**.

§ 227. Les grammaires nous ont habitués à diviser mentalement la durée en trois zones : *passé, présent, futur*. Nous avons dans l'esprit une représentation toute *spatiale* du temps : on le figurerait comme une *ligne* sans limites, dirigée vers la droite ; la ligne qui, à gauche, constitue le *passé*, est segmentée sur une certaine longueur qui est notre *présent*, pour continuer à droite en se prolongeant indéfiniment dans le *futur*. Cette conception abstraite, qui fait du temps quelque chose de réalisé, serait encore plus inexacte en grec que dans une autre langue [1]. Le futur, en particulier, est profondément différent du présent, de l'aoriste et du parfait : tandis qu'à l'indicatif le présent a ses désinences primaires, les passés leurs désinences secondaires et l'augment, le parfait ses désinences particulières, le futur est lié au présent dont il possède les désinences. Mais il y a plus : le grec n'exprime pas le *temps relatif* — c'est-à-dire ni l'*antériorité relative* dans le passé ou l'avenir, ni la *simultanéité*. Autrement dit, les temps du grec ont gardé, les uns par rapport aux autres, cette *autonomie* caractéristique de l'état de choses le plus ancien : nous en sommes très souvent gênés parce que l'analogie du latin ou de notre langue nous entraîne à voir une notation du « temps relatif », alors que le temps en question se justifie *par lui-même*. Ainsi dans α 41 ἐκ γὰρ Ὀρέσταο τίσις ἔσσεται Ἀτρείδαο, ὁππότ' ἂν ἡβήσῃ « c'est d'Oreste, quand il aura atteint l'âge d'homme, que pour l'Atride viendra sa vengeance », on pourrait croire que le subjonctif aoriste répond au « futur antérieur » du français ou du latin : mais en réalité l'aoriste est justifié par son seul aspect, et indique l'*aboutissement* à l'âge viril. Ce serait aussi une erreur de croire que le même aoriste puisse exprimer l'antériorité dans le passé, notre « plus-que-parfait » ; comme dans τ 478 ἡ δ' οὔτ' ἀθρῆσαι δύνατ' ἀντίη οὔτε νοῆσαι· τῇ γὰρ Ἀθηναίη νόον ἔτραπε « elle (Pénélope) ne pouvait pas voir les signes (que lui faisait Euryclée), bien qu'elle fût en face d'elle,

1. On renvoie, pour l'analyse du système des temps et des modes, au livre si suggestif de G. GUILLAUME, *Temps et verbe*, et en particulier aux pp. 90 et sqq.

ni comprendre : car Athéna *avait détourné* son esprit ». Ainsi traduisons-nous : mais l'aoriste ἔτραπε indique une action dont la durée dans le passé est ici *sans intérêt*, et n'a aucun lien avec l'imparfait précédent δύνατ'. Langue d'un peuple à tempérament intuitif, le grec ne s'est jamais soucié d'exprimer ces rapports abstraits : il cherche au contraire à se présenter les modalités de l'action dans son devenir et par rapport à celui qui agit. Le grec est sensible à l'aspect, parce que celui-ci est *concret* et *subjectif*.

§ 228. La notion d'**aspect** est fondamentale en grec : ce mot, traduit du sl. *vid* (all. *Aktionsart* ou *Aspekt*), exprime différentes perspectives sous lesquelles apparaît l'action. On peut considérer celle-ci dans son *développement (duratif)*, ou la voir *ramassée en un point (ponctuel)* ; elle peut apparaître comme une *énergie tendue vers un but (déterminé)*, ou au contraire être *sans objet (indéterminé)* ; l'aspect oppose la *subjectivité* plus grande des thèmes de présent ou de parfait à l'*objectivité* relative du thème d'aoriste. *C'est l'aspect qu'expriment les thèmes dits temporels :* **en principe, on ne peut parler de temps proprement dit qu'à l'indicatif.** Cette distinction a inspiré le plan qui sera suivi ici : on étudiera d'abord les temps à l'indicatif — mode où temps et aspects sont étroitement unis — pour passer ensuite à d'autres modes (subjonctif, optatif, infinitif et participe), dans lesquels la notation de temps, quand elle existe, n'est que secondaire.

§ 229. L'aspect verbal repose sur l'*opposition très vive* (et qui était destinée à durer) du **présent** à l'**aoriste**. On admet généralement sans discuter que le thème de présent considère l'action dans son *développement* : mais le caractère *ponctuel* de l'aoriste, ce thème le tire-t-il de son propre fonds, ou le doit-il simplement au fait qu'il n'est pas le présent ? Théoriquement, les deux positions peuvent se défendre. Proposer une genèse de l'aspect, comme on l'a parfois tenté, me paraît assez présomptueux. Cependant la seconde thèse me semble devoir bénéficier d'une prévention favorable [1]. En tout cas, primitive ou secondaire, l'opposition du *présent duratif* à l'*aoriste ponctuel* est constante et le grec, au cours de son histoire, n'a cessé de la rendre encore plus rigoureuse. Bien des raisons interviennent, qui donnent à l'action une *durée « intéressante »* ou qui font *négliger* cette durée : le plus souvent ces raisons sont purement *subjectives*. Si je constate la vaillance morale que Socrate a montrée devant la mort, j'emploie l'*aoriste* : Σωκράτης ἀπέθανε γενναίως, parce que les détails, le développement même de cette mort ne m'intéressent pas ; au contraire, si j'en fais le récit, c'est l'*imparfait* qui convient : Σωκράτης τοιῷδε τῷ τρόπῳ ἀπέθνῃσκε, encore que (cela va sans dire) les conditions *objectives* de la mort du philosophe

1. « S'il on est sûr (du point de vue de l'indo-européen) que le présent indique le procès qui se développe, on ne saurait déterminer avec rigueur la valeur de l'aoriste : procès aboutissant à un terme défini, ou procès pur et simple. » (MEILL. *Intr.*[7], p. 250).

n'aient pas changé. Souvent, dans un processus qui se développe, on arrête son attention sur un moment, que l'on considère comme « important », de ce développement : ainsi l'*entrée* dans un état nouveau, ou l'*aboutissement* d'un long effort. Les valeurs peuvent être assez différentes : si, dans l'histoire d'une dynastie établie depuis longtemps, l'auteur dit, à propos du fils qui succède au père, (ὁ δεῖνα) ἐϐασίλευσε cela veut dire que tel prince *à commencé son règne* ; au contraire, quand il s'agit du fondateur de la maison, la même phrase signifie : « *il est parvenu au trône.* » C'est dans le passé, entre l'aoriste indicatif et l'imparfait, que l'opposition entre les deux thèmes devrait être, en principe, la plus tranchée, si l'aspect n'était pas avant tout subjectif. Assurément, il y a des cas très nets, comme A 437 ἐκ δὲ καὶ αὐτοὶ βαῖνον ἐπὶ ῥηγμῖνι θαλάσσης, ἐκ δ᾽ ἑκατόμϐην βῆσαν Ἑκηϐόλῳ Ἀπόλλωνι « m. à m. : « ils *descendaient* sur la grève marine et *firent* descendre l'hécatombe destinée à l'Archer Apollon » : ce qui importe ici le plus, c'est le débarquement des hommes, et non celui des victimes. Mais il y a beaucoup de cas .— même des séries de cas — où l'imparfait est employé là où, *selon notre logique*, nous attendrions un aoriste : l'imparfait est riche de perspectives, tandis que l'aoriste en est dépourvu ; *or toute perspective suppose, par définition, un sujet qui regarde.* Ainsi, on a souvent observé que les verbes tels que *envoyer, annoncer* se mettent le plus souvent à l'*imparfait*, même quand des conditions particulières sembleraient devoir entraîner l'aoriste, comme dans Thc. 3, 49 τριήρη εὐθὺς ἄλλην ἀπέστελλον κατὰ σπουδήν « ils envoyèrent (m. à m. « ils envoyaient ») *aussitôt* une autre trière, en toute hâte » ; c'est parce qu'il y a, dans l'esprit de celui qui écrit, la perspective des actes qui suivront cette initiative. Aussi les deux temps sont-ils souvent possibles l'un et l'autre: les scholiastes ont gardé le souvenir de discussions entre les éditeurs alexandrins d'Homère, et on nous dit, en Z 174, qu'Aristarque admettait à la fois ξείνισσε et ξείνιζε.

§ 230. Si le présent et l'aoriste existent l'un par rapport à l'autre en s'opposant, le **parfait** reste isolé dans sa valeur d'aspect, de même que, morphologiquement, il est caractérisé par des désinences particulières : il indique qu'un *état*, qui est lui-même gros d'*états antérieurs* (ou *d'actions antérieures*), peut être considéré comme *acquis*. Si on se place au point de vue du temps, le parfait ancien intransitif, tel que μέμηνα « je suis fou » (de μαίνομαι) est comparable à un *présent*, mais à un *présent qui suppose un état antérieur autre que la folie*, et qui implique que cette folie est *définitive* : le parfait est donc quelque chose qu'on peut représenter comme une *parallèle* à la ligne du passé-présent, mais plus imprégné de subjectivité. Devenu *transitif* et *résultatif*, le parfait a donné de ce fait à l'*action antérieure à l'état acquis* une importance telle que celui-ci a été relégué au second plan : le parfait a eu désormais tendance à se confondre avec l'aoriste, ce qui a d'ailleurs entraîné rapidement son déclin. Dans Homère, chez qui le parfait résultatif n'est encore attesté que par *quelques* exemples, l'aoriste et le parfait ne sont jamais employés l'un pour l'autre, même dans certains passages où la nuance de sens, assez faible, a pu être contestée (par exemple : Ω 765 ἤδη γὰρ νῦν μοι τόδε ἐεικοστὸν ἔτος ἐστὶν ἐξ οὗ κεῖθεν ἔβην καὶ ἐμῆς ἀπελήλυθα πάτρης « voici la vingtième année que *je suis partie* de la-bas et *suis restée éloignée* de ma patrie »), les deux aspects restent distincts. Au contraire, Démosthène peut parfois se servir du parfait comme d'un *aoriste emphatique* pour rappeler les services rendus par lui à la communauté : ainsi en 18, 112 ὥσθ᾽ ἅπαντα τὸν βίον ὑπεύθυνος εἶναι ὁμολογῶ ὧν ἢ διακεχείρικα, ἢ πεπολίτευμαι παρ᾽ ὑμῖν· ὧν μέντοι γ᾽ ἐκ τῆς ἰδίας οὐσίας ἐπαγγειλάμενος δέδωκα τῷ δήμῳ... « aussi, dans tout l'ensemble de ma vie, je me déclare comptable devant vous, soit pour mon administration financière, soit pour ma politique : pour les actes cependant dans lesquels je me flatte d'avoir fait des libéralités au peuple en prélevant sur ma fortune personnelle... ». En admettant que les deux premiers parfaits se justifient comme tels (la politique et l'administration de Démosthène se présentant, quand il compose la *Couronne*, comme un ensemble achevé), ce n'est certes pas le cas pour δέδωκα, renforcé dans sa valeur emphatique par ἐπαγγειλάμενος.

§ 231. Le futur se présente en grec dans des conditions particulières : ce thème, du moins à date ancienne, *n'a pas d'aspect propre*, et est beaucoup plus proche d'un *mode* que d'un *temps*. A la différence du latin ou du français, le futur grec n'est pas une *réalité future* comme le le présent ou les passés sont des *réalités présentes* ou *passées* : il ne représente qu'une *virtualité qui tend à se réaliser dans le présent*[1]. On peut dire que le futur, en grec ancien, comporte, à la place de l'élément subjectif de l'aspect, un autre élément subjectif, qui est de nature *modale* et l'apparente au *subjonctif*. Ce fait est gros de conséquences, particulièrement apparentes dans la syntaxe des propositions relatives à valeur finale ou consécutive. Le grec moderne, qui a perdu le parfait et dont le système de l'aspect est dominé par l'opposition présent-aoriste, a étendu cette opposition au futur, devenu d'ailleurs un *temps* au même titre que le présent ou le passé : il a créé *deux* futurs, l'un, *duratif* (bâti sur *thème de présent*), l'autre *momentané* (bâti sur *thème d'aoriste*). Ainsi, tandis que le grec ancien ne fera aucune distinction entre un futur s'appliquant à un cas *unique* et celui qui comporte *une répétition*, la langue moderne oppose le futur *momentané* au futur *duratif*. Traduit en g. m., le futur ἐσόψομαι, *cas unique*, dans E 212 εἰ δέ κε νοστήσω καὶ ἐσόψομαι ὀφθαλμοῖσι πατρίδ᾽ ἐμήν « quand je serai revenu et reverrai de mes yeux mon pays » serait rendu par θὰ δῶ (de l'aoriste εἶδα = εἶδον), tandis que le futur ἀκούσεται dans Esch. *Sept.* 196 κεῖ μή τις ἀρχῆς τῆς ἐμῆς ἀκούσεται « ceux qui n'écouteront pas mes ordres » serait

---

1. Dans la terminologie de M. Guillaume, le futur grec est « afférent » au présent — se dirige, pour ainsi dire, vers lui — tandis que le futur, en latin ou en français, est « efférent », c'est-à-dire s'en éloigne.

exprimé par θἀκούει (sur thème de présent), parce qu'il s'agit d'un fait général et permanent.

I. Les temps à l'indicatif.

A. Présent.

§ **232.** La notion de **présent** est très élastique. On a vu que la représentation spatiale de la durée faussait la réalité, même si on avait soin d'interrompre, pour faire place au présent, la ligne indéfiniment prolongée du temps : le réduire, comme semblerait le supposer sa définition théorique, à un *point*, limite entre ce qui n'est plus et ce qui va être, lui ôterait toute réalité. Le présent concret comporte une large bande, non seulement de ce *futur* qui, en grec, « vient » à lui, mais aussi de *passé* réel. De plus, il est propre à exprimer le *permanent*, qui dépend plus encore de l'aspect duratif du thème que du temps proprement dit. Les exemples suivants montrent le *moment présent*, le présent comportant une *frange de passé* ou de *futur*, et enfin le *permanent* :

X 339 λίσσομ' ὑπὲρ ψυχῆς καὶ γούνων « je t'en conjure, par ta vie et tes genoux. ».

Plat. *Prot.* 317 C πολλά γ' ἔτη ἤδη εἰμὶ ἐν τῇ τέχνῃ « voilà bien des années (*déjà*) que je suis de la partie ».

E 813 οὐ σύ γ' ἔπειτα Τυδέος ἔκγονός ἐσσι « Non ! Tu n'es plus après cela (*désormais*) le fils de Tydée... ».

Soph. *Phil.* 436 πόλεμος οὐδέν' ἄνδρ' ἑκὼν αἱρεῖ πονηρὸν, ἀλλὰ τοὺς χρηστοὺς ἀεί « la guerre ne prend pas volontiers (*d'ordinaire*) l'homme qui est un lâche, mais toujours les plus braves ».

§ **233.** Le présent qui, comme thème, indique une action qui se développe est susceptible d'exprimer l'**effort** fait pour réaliser quelque chose, souvent d'ailleurs l'*effort voué à un échec* (aspect imperfectif). Bien que ces présents *de conatu* soient logiquement voisins du *futur*, c'est à tort que l'on a voulu parfois corriger des présents de ce genre en des futurs — comme dans l'exemple suivant, pour lequel Cobet proposait de lire : κωλύσεις.

Ar. *Thesm.* 918 σὺ τὴν ἐμὴν γυναῖκα κωλύεις ἐμέ... ἐπὶ Σπάρτην ἄγειν ; « tu veux toi, m'empêcher, moi... d'emmener ma femme à Sparte ? »

§ **234.** Le présent dit **historique** repose sur la possibilité de remettre sous nos yeux, comme si nous en étions actuellement les témoins, des faits appartenant effectivement au passé. Tandis que les imparfaits descriptifs, qui insistent aussi sur les développements de l'action passée, sont aussi anciens que la langue, le présent historique n'apparaît qu'à partir d'Hérodote : il fallait sans doute un certain degré d'abstraction pour détacher ainsi du passé ce qui lui appartient en droit. C'est un moyen *expressif*, dont on a d'ailleurs rapidement abusé. Ainsi, chez Hérodote, il faut se reporter à 1, 10 pour voir l'effet de surprise que cause le présent ἐπορᾷ après une longue suite d'imparfaits et d'aoristes, dans la phrase : καὶ ἡ γυνὴ ἐπορᾷ μιν ἐξιόντα « et la femme le voit sortir » ; il s'agit en effet du coup d'œil, gros de conséquences, que la femme du roi Candaule jette sur Gygès, indiscret malgré lui. C'est pour des raisons semblables que les *circonstances importantes de la vie*, en particulier quand on présente les personnages dans un prologue, sont si souvent exprimés au présent. Mais le souci de varier l'expression conduit parfois les auteurs à associer *sans différence de sens*, un présent « historique » à un aoriste dépourvu de relief :

Eur. *El.* 9-11 θνῄσκει γυναικός... δόλῳ... Αἴγισθος δὲ βασιλεύει « (Agamemnon) meurt... dans un guet-apens dressé par sa femme... Egisthe est roi ».

Eur. *Héc.* 268 κείνη γὰρ ὤλεσέν νιν εἰς Τροίαν τ' ἄγει « c'est elle qui *cause sa perte* et le conduit à Troie ». En réalité, il s'agit d'une sorte d'hendiadys : « elle a causé sa perte en le conduisant à Troie ».

Remarque. — Certains verbes qui, par leur sens même, indiquent le passage d'un état à un autre, considéré comme *définitif*, peuvent avoir au présent une valeur très voisine d'un *parfait*, auquel d'ailleurs ils sont parfois associés : ainsi νικᾶν, ἀποθνῄσκειν, ἀπόλλυσθαι , etc.

Soph. *O. R.* 118 Θνῄσκουσι γάρ, πλὴν εἷς τις, ὅς... οὐδὲν εἴχ' εἰδὼς φράσαι « ils sont morts sauf un seul... qui n'a rien pu dire de ce qu'il savait (sauf une chose) ».

Ar. *Paix* 355 ἀπολλύμεθα καὶ κατατετρίμμεθα « nous sommes morts et nous sommes en miettes ».

B. Imparfait.

§ 235. L'imparfait exprime *l'aspect* duratif dans le **passé**, d'une façon d'autant plus nette qu'il contraste ordinairement avec l'aoriste. Le caractère et l'évaluation de la durée dans le passé dépendent, plus encore que pour le présent, *du point de vue personnel* de celui qui parle. Quand on emploie l'expression : ἠλίθιος ἄρ' ἦσθα « (Je le vois !) Tu n'es qu'un imbécile ! », on s'étonne de la bêtise de l'interlocuteur qui a pu passer inaperçue jusqu'au moment qu'on s'en avise : mais *cette durée passée se soude au présent*. Inversement, si on veut restituer leur vivacité à des faits anciens, la durée sera appliquée à un moment du passé — *qui peut avoir été fort court en lui-même : mais nous avons des raisons personnelles de nous y attarder.*

§ 236. Cette durée peut être *d'un seul tenant* (et s'appliquer à un fait **unique** qui s'est effectivement développé) ou, au contraire, **morcelée** (et consister en une suite de faits identiques qui se sont *souvent reproduits*) : en tout cas, continue ou fragmentée, la durée dans le passé est exprimée par l'imparfait. Mais si ce temps traduit normalement *des faits qui se répètent*, il n'exprime pas la *connexion dans le passé de deux séries de répétitions* : on sait que c'est l'optatif « secondaire » qui exprime ce rapport, comme dans Plat. *Phéd.* 59 D ἐπειδὴ δὲ ἀνοιχθείη (τὸ δεσμωτήριον), εἰσῆμεν « chaque jour qu'on ouvrait la prison, nous entrions ». Si on use de l'imparfait, c'est qu'on *s'intéresse* à la *durée* du phénomène ou à une *suite* de faits identiques ; si cette durée n'est pas « intéressante », on se sert de *l'aoriste* :

Π 207 ταῦτά μ' ἀγειρόμενοι θάμ' ἐβάζετε « voilà ce que vous me criiez souvent aux oreilles, en vous pressant autour de moi. » Achille se représente les reproches continuels des siens.

A 396 πολλάκι γάρ σευ πατρὸς ἐνὶ μεγάροισιν ἄκουσα εὐχομένης « souvent je t'ai entendu dire, dans le palais de ton père, en te glorifiant... » Achille ne s'intéresse pas, dans leur développement, aux paroles fréquentes dans lesquelles Thétis vantait le secours apporté par elle aux dieux : *il note ce fait* que sa mère s'est souvent vantée.

§ 237. Comme le présent — puisque cette valeur est attachée au thème — l'imparfait exprime l'effort *dans le* passé (*imperfectum de conatu*). Il y a souvent un contraste voulu entre l'*imparfait*, qui exprime ces efforts, et l'*aoriste* qui en traduit l'aboutissement, positif ou négatif.

Xén. *An.* 3, 3, 5 διέφθειρον προσιόντες..τοὺς στρατιώτας, καὶ ἕνα γε λοχαγὸν διέφθειραν « s'approchant... des soldats, ils essayaient de les débaucher ; et ils parvinrent même à débaucher un capitaine ».

§ 238. L'imparfait indique, de façon courante, que l'on *s'intéresse au développement de faits passés*. Aussi est-il constamment employé dans toute *description détaillée et concrète*, par opposition à l'aoriste, temps de la *chronologie pure et du procès-verbal*. Ce contraste apparaît de façon particulièrement nette dans les poèmes homériques, où reviennent si souvent des actions semblables exprimées dans des termes semblables. Le poète veut-il décrire un combat remarquable ou s'arrêter sur les préparatifs minutieux d'un banquet ? Il emploie l'*imparfait*. Mais s'il note les apprêts d'un repas quelconque, ou s'il consigne un combat de peu d'intérêt, c'est de l'*aoriste* qu'il use. On comparera, par exemple Π 101-111, où est dépeinte la résistance énergique d'Ajax, au duel d'Énée et de Diomède (E 297-310) : l'un ne présente que des imparfaits, l'autre que des aoristes (sauf une comparaison, naturellement descriptive). On pourra aussi confronter la beuverie des Prétendants (α 106-112) à quelques repas ordinaires (Ω 621 sqq). On remarque justement que les verbes qui introduisent un *récit* ou des *questions* (λέγειν, ἐρωτᾶν), ainsi que ceux qui expriment une *prière*, un *ordre*, une *mission* (αἰτεῖν, ἐπιτέλλειν, ἀγγέλλειν) sont constamment employés à l'imparfait, alors qu'à nos yeux l'aoriste semblerait plus indiqué. Pour la première catégorie de verbes, il est évident que c'est la considération des paroles ou des questions qui doivent suivre — si on les rapporte, c'est qu'on trouve qu'elles ont de l'intérêt ! — qui entraîne l'imparfait ; pour les autres, on a proposé de voir dans ce temps le besoin de noter un « effet prolongé » (*Fortwirken*, Stahl *o. l.*, p. 97) ; par exemple :

l'ordre donné ne se termine, par un succès, ou par un échec, que lorsque la personne visée a pu réagir. Les choses me semblent plus simples : si l'imparfait est constamment usité d'Homère à Xénophon [1], c'est parce qu'il est riche de « perspectives » que ne comporte pas l'aoriste : un ordre peut être considéré comme le point de départ de tout un développement d'actions ; de plus, il faut noter que les verbes de la seconde catégorie impliquent un *effort* de la volonté pour peser sur la volonté d'autrui ; en tout cas, c'est l'aspect qui commande l'emploi de l'imparfait :

Thc. 6, 32 παρελθὼν αὐτοῖς... ἔλεγε καὶ παρήνει τοιάδε « montant à la tribune et prenant la parole,... il leur donna ces conseils ». Le discours fini, l'aoriste est employé (6, 35) : ὁ Ἑρμοκράτης τοσαῦτα εἶπε.

Λ 273 ἐς δίφρον δ᾽ ἀνόρουσε καὶ ἡνιόχῳ ἐπέτελλε « il bondit sur son char et donna ordre au conducteur... ».

Xén. *An.* 7, 5, 9 ὁ Ἡρακλείδης εἰσαγαγὼν τοὺς ἄλλους στρατηγοὺς πρὸς Σεύθην λέγειν ἐκέλευεν αὐτούς « Héraclide introduisit les autres stratèges auprès de Seuthès et leur fit dire... ».

§ 239. Pas plus qu'aucun autre temps en grec, l'imparfait ne traduit le *temps relatif* (cf. *supra* § 227) — ni *simultanéité*, ni *antériorité* — encore que nous en ayons souvent l'illusion. Il n'est pas établi de rapport logique entre les temps de deux faits passés : l'imparfait et l'aoriste ont chacun *leur valeur propre*, et c'est de la *juxtaposition* des deux formes que ressort la simultanéité, ou l'antériorité. La preuve en est que les mêmes grammaires, qui enseignent que l'*aoriste*, dans un tour tel que εἶπε γελάσας, exprime la *simultanéité*, reconnaissent à l'*imparfait*, après un aoriste, la même valeur ; réciproquement, l'*antériorité relative*, généralement attribuée à l'aoriste, est pratiquement (et fréquemment) attestée à l'imparfait : il en résulterait donc que les deux temps secondaires de l'indicatif sont *également* capables d'exprimer l'antériorité relative et la simultanéité ! En réalité, même quand il y a dépendance étroite entre les deux formes, *jamais l'une ne commande l'autre* : les deux moments du passé, que nous mettons en rapport l'un avec l'autre, sont aussi indépendants que dans une tournure paratactique.

Β 1 ἄλλοι μέν ῥα θεοί... εὗδον παννύχιοι, Δία δ᾽οὐκ ἔχε νήδυμος ὕπνος « tandis que tous les Dieux... dormaient la nuit entière, Zeus était le seul à n'être pas possédé du doux sommeil ». C'est la juxtaposition des deux faits passés, qu'oppose entre eux la parataxe, qui fait leur « simultanéité ».

Xén. *An.* 1, 2, 10 Ξεννίας ὁ Ἀρκὰς τὰ Λύκαια ἔθυσε καὶ ἀγῶνα ἔθηκε· τὰ δὲ ἆθλα ἦσαν στλεγγίδες χρυσαῖ· ἐθεώρει δὲ τὸν ἀγῶνα καὶ Κῦρος

---

1. La différence d'aspect, qui apparaît bien et constamment dans le vieil-attique, entre l'imparfait qui introduit les paroles et l'aoriste qui les clôt (comme dans l'ex. ci-dessous), tend à s'évanouir à partir de Xénophon, même quand cet historien rapporte ses plus importants discours : ainsi *An.* 3, 1, 15 ἔλεξεν et 26 τοῦτ᾽ ἔλεξεν.

« Xennias d'Arcadie célébra les jeux en l'honneur de Zeus Lykaios et institua un concours : les prix étaient des étrilles d'or ; Cyrus se trouvait aussi parmi les spectacteurs ». L'imparfait ἐθεώρει est employé, non pour exprimer la simultanéité, mais parce que ce temps *duratif* convient à l'action.

Xén. *An.* 3, 4, 7 ἐνταῦθα πόλις ἦν ἐρήμη μεγάλη, ᾤκουν δ'αὐτὴν τὸ παλαιὸν Μῆδοι « il y avait là une ville abandonnée, de grandes proportions, *qu'avaient autrefois habitée* les Mèdes ». Le même imparfait est censé exprimer maintenant l'*antériorité dans le passé*, que nous devons nécessairement rendre par notre plus-que-parfait. L'imparfait figure ici, parce qu'on se représente, dans sa *durée*, le temps que les Mèdes ont habité la ville.

On pourrait peut-être objecter que les exemples cités ne figurent pas dans des propositions étroitement dépendantes d'autres propositions : mais, dans une relative dépendant d'une principale à l'*aoriste*, l'*imparfait* exprimera « l'antériorité relative »... à moins que ce ne soit l'*aoriste* !

Ψ 142 ξανθὴν ἀπεκείρατο χαίτην, τήν ῥα Σπερχειῷ ποταμῷ τρέφε « il *coupa* sa blonde chevelure, qu'il *avait laissé* pousser pour l'offrir au Sperchios » ;

δ 65 νῶτα βοός ...θῆκεν ...τά ῥά οἱ γέρα πάρθεσαν «il leur *offrit* de l'échine de bœuf ...qu'on lui *avait présentée* comme un morceau de choix ».

Remarque. — Il existe un emploi familier de l'imparfait, dans lequel ce temps se rapporte en réalité au présent, et qui n'est pas sans rapport avec « l'imparfait de découverte » (cf. plus haut § 235 : ἠλίθιος ἄρ' ἦσθα). La comédie en fournit de nombreux exemples, et on peut comparer avec des tours « affectifs » tels que : « Qu'elle *était* jolie cette petite fille ! » ou « On *était* bien sage, alors ? » :

Ar. *Gren.* 438 τουτὶ τί ἦν τὸ πρᾶγμα ; « Qu'est-ce que c'*était* encore que cette histoire-là ? »

C. AORISTE.

§ 240. La théorie stoïcienne des temps, à laquelle l'**aoriste** doit son nom, a justement mis en lumière ce qu'il y a de *négatif* dans l'aoriste, surtout si on l'oppose au présent. Les Stoïciens distinguaient deux types de temps — *déterminés* (ὡρισμένοι) et *indéterminés* (ἀόριστοι) Ils considéraient comme « déterminés » le « duratif » (παρατατικός) — c'est-à-dire le *présent* et l'*imparfait* — ainsi que l' « achevé » (συντελικός) — c'est-à-dire le *parfait* et le *plus-que-parfait* ; au contraire sont « indéterminés » l'*aoriste* et le *futur*. L'aoriste est effectivement ce qui est *dépouillé des valeurs subjectives* de *durée* ou d'*achèvement* qu'expriment présent et parfait, et il est mis sur le même plan que le futur qui, on le sait, est *dépourvu d'aspect*.

§ 241. L'aoriste indicatif *constate* un fait passé dont la durée — *effectivement* brève ou longue — n'a pas d'*intérêt* aux yeux du sujet parlant. Si l'aoriste est le plus *objectif* des temps du verbe, cette objectivité est secondaire et, elle aussi, *négative*. Soutenir que l'aoriste exprime directement le « momentané », c'est parler comme si le grec pouvait *immédiatement* considérer l'action de façon *objective*, telle que la *réalité* la lui fournit : cette *objectivité relative*, ce n'est autre chose que le rejet *des conditions subjectives de la durée ou de l'achèvement*. Il en résulte que, si l'aoriste exprime effectivement des actions brèves, ce n'est pas nécessairement parce qu'elles n'ont eu effectivement que peu de durée : c'est parce que le sujet parlant trouve cette durée négligeable. En conséquence tout fait passé, quelle qu'ait été sa durée ou sa brièveté, peut être noté, en *principe*, aussi bien par l'imparfait que par l'aoriste.

Lys. 12, 4 ἔτη τριάκοντα ᾤκησε « il a vécu trente ans (à Athènes) ». Le fait est là : le métèque Céphalos a été, pendant un temps d'ailleurs fort long, domicilié à Athènes.

Lyc. 21 καὶ ᾤκει ἐν Μεγάροις πλείω ἢ πέντε ἔτη « il a vécu à Mégare plus de cinq ans ». On insiste sur le fait que le personnage n'a cessé d'habiter Mégare, pendant un temps qui, *par lui-même*, n'est pas considérable.

§ 242. A l'aoriste, la notion verbale, dépouillée de toute durée, tend à se réduire à un *point* (aspect *ponctuel*). Dans ces conditions, supposons qu'à un état, qui a duré plus ou moins longtemps, succède un *état nouveau* : le fait d'*entrer dans le nouvel état* de choses ne pourra être exprimé que par l'aoriste. On l'appellera *inchoatif* quand il rend le *passage* de l'état ancien à l'état nouveau ; on l'appellera *terminatif* quand cet état nouveau est considéré comme l'*aboutissement d'un long effort*. Dans un cas comme dans l'autre, les valeurs terminative et inchoative dues à l'*aspect* existent à côté de la valeur *temporelle, qui reste attachée au passé* :

Thc. 6, 55 πρεσβύτατος ὢν Ἱππίας ἦρξεν « étant l'aîné, Hippias *s'empara* du pouvoir ».

Esch. *Prom.* 204-6 ἐγὼ τὰ λῷστα βουλεύων πιθεῖν... οὐκ ἠδυνήθην «et moi qui voulais les conseiller pour le mieux..., je *n'arrivai pas* à les convaincre ».

§ 243. Pas plus que i'imparfait ni aucun autre temps, l'aoriste n'exprime l'*antériorité relative*. C'est un fait assuré que bien souvent un *aoriste*, surtout dans une position étroitement subordonnée, doit être rendu par le temps qui traduit en français l'antériorité relative dans le passé, c'est-à-dire le *plus-que-parfait* : mais on a vu plus haut que l'imparfait pouvait également remplir ce rôle apparent, et qu'en réalité *l'emploi de chaque thème se justifiait seulement pour lui-même* :

Xén. *An.* 1, 10, 19 ὥστε ἄδειπνοι ἦσαν οἱ πλεῖστοι τῶν Ἑλλήνων· ἦσαν δὲ καὶ ἀνάριστοι· πρὶν γὰρ δὴ καταλῦσαι τὸ στράτευμα πρὸς ἄριστον βασιλεὺς ἐφάνη «aussi la plupart des Grecs ne prirent ce soir-là aucune nourriture, et déjà le matin ils n'*avaient* pas *mangé* ; en effet, avant que l'armée fît halte pour le premier repas, le Roi *était apparu* ». Le grec voit sous l'aspect duratif la situation des Grecs dépourvus de nourriture, jusqu'à la brusque arrivée du Roi (ἐφάνη).

Xén. *An.* 5, 4, 23 οἱ δ᾽ ἄλλοι βάδην ἐπορεύοντο ἐπὶ τὸ χωρίον, ἀφ᾽ οὗ τῇ προτεραίᾳ οἱ βάρβαροι ἐτρέφθησαν « le reste de l'armée marcha lentement vers la position d'où la veille les Barbares *avaient été chassés* ». Il n'y a pas plus coïncidence entre l'aoriste et notre plus-que-parfait qu'entre l'imparfait et notre passé défini dans la principale.

§ 244. L'aoriste et l'imparfait étant constamment associés l'un à l'autre, on doit tâcher de préciser leur *valeur réciproque.* Assurément, quand un état qui durait dans le passé est brusquement interrompu, l'opposition des deux temps est nette : Ψ 228 πυρκαϊὴ ἐμαραίνετο, παύσατο δὲ φλόξ « le bûcher était en train de se consumer, et la flamme s'arrêta » ; mais ce serait une erreur grave que d'attribuer, *dans la pratique*, une valeur absolue à cette distinction de *principe*. Des considérations de style, le tempérament même de l'écrivain peuvent entraîner l'emploi de l'un de préférence à l'autre : on a souvent remarqué l'abondance de l'*imparfait* dans la prose d'un conteur, comme Hérodote. Faut-il en conclure qu'à l'exception de cas nets — et relativement rares — comme celui qui vient d'être cité, tout fait passé étant susceptible d'être considéré comme pourvu ou comme dépourvu de durée « intéressante », il n'y a dans les emplois de l'imparfait et de l'aoriste que *fantaisie personnelle et arbitraire* ? Ce serait aller trop loin : si la marge personnelle est grande, très grande même, il y a des cas où l'imparfait (ou l'aoriste) semblent difficilement pouvoir être employés : Wackernagel (*Vorl.*, I, 181-2) signale que si, sur les vases, les signatures comportent à la fois ἐποίει et ἐποίησεν (selon que l'artiste se voit *à l'œuvre* ou qu'il se considère comme l'*auteur* de l'œuvre), *jamais* on ne rencontre, sur une dédicace, autre chose que l'aoriste ἀνέστησε (ἀνέθηκε), parce qu'il ne s'agit pas du *travail de l'artisan*, mais de l'*acte de consécration*. En réalité, il n'y a que des cas d'espèce. Vouloir chercher dans la succession des imparfaits et des aoristes l'application d'un principe défini serait fausser les faits. Selon Kühner-Gerth (II, p. 157), les *faits essentiels* seraient exprimés à l'*aoriste*, tandis que les verbes d'*importance secondaire et descriptifs* se mettraient à l'*imparfait*. L'exemple qu'il cite de Thc. 2, 52 semble lui donner tout à fait raison : mais, si on change de passage ou d'auteur, la théorie se retourne :

Hdt. 1, 95 οὗτοι περὶ τῆς ἐλευθερίης μαχεσάμενοι τοῖσι Ἀσσυρίοισι ἐγένοντο ἄνδρες ἀγαθοὶ καὶ ἀπωσάμενοι τὴν δουλοσύνην ἐλευθερώθησαν. Μετὰ δὲ τούτους καὶ τὰ ἄλλα ἔθνεα ἐποίεε τὠυτὸ τοῖσι Μήδοισι. Ἐόντων δὲ αὐτονόμων πάντων ἀνὰ τὴν ἤπειρον, ὧδε αὖτις ἐς τυραννίδα περιῆλθον. Ἀνὴρ ἐν τοῖσι Μήδοισι ἐγένετο σοφός, τῷ ὄνομα ἦν Δηιόκης, παῖς δὲ ἦν Φραόρτεω. Οὗτος ὁ Δηιόκης ἐρασθεὶς τυραννίδος ἐποίεε τοιάδε « ceux-ci (les Mèdes) se *montrèrent* braves en combattant les Assyriens pour se libérer et, secouant le joug de la servitude, se *rendirent* libres.

Après eux, les autres peuples *firent* (m. à m. *faisaient*) la même chose que les Mèdes. Alors qu'ils étaient libres sur toute l'étendue du continent, voici comment ils *vinrent* de nouveau à avoir un maître. Il y *eut* (m. à m. : *il y avait*) parmi ces Mèdes un homme avisé, nommé Déïokès, et qui était fils de Phraorte. Ce Déïokès, convoitant le pouvoir absolu, *procéda* (m. à m. *procédait*) de la façon suivante... » A la rigueur, on peut considérer le premier ἐποίεε comme accessoire ; mais le second joue un rôle capital, puisqu'il introduit le récit. En réalité je crois que le premier ἐποίεε est justifié, parce qu'Hérodote pense à la *suite* des libérations de peuples en Asie Mineure, et le second parce qu'il annonce un récit *détaillé* des manœuvres de Déïokès.

§ 245. Il faut avouer qu'il y a des cas dans lesquels *on ne peut rendre compte* de l'emploi fait des deux temps à la fois, dans les mêmes conditions, à moins que le changement de thème ne soit dû au désir d'éviter une répétition, de donner de la variété à l'expression ; ainsi dans Hdt. 7, 63 οὗτοι δὲ ὑπὸ μὲν Ἑλλήνων ἐκαλέοντο Σύριοι, ὑπὸ δὲ τῶν Βαρβάρων Ἀσσύριοι ἐκλήθησαν « ces gens-là, s'ils *étaient appelés* Syriens par les Grecs, *furent appelés* Assyriens par les Barbares ». Dans l'examen des cas particuliers, il sera prudent de garder présentes à l'esprit les conclusions un peu désenchantées, mais conformes à la réalité, de F. Hartmann (*Aorist und Imperfectum* K. Z., 48, p. 45) : « Si nous cherchons à établir en conclusion les résultats de nos recherches philologiques, les difficultés semblent plus grandes encore que lors de nos enquêtes purement linguistiques. Les frontières entre la valeur temporelle de l'aoriste et celle de l'imparfait se confondent en bien des passages : surtout elles semblent disparaître tout à fait dans certaines catégories sémantiques.... En réalité, malgré de nombreux progrès dans la connaissance des cas particuliers, l'image générale est encore plus trouble et plus opaque ».

§ 246. Les différentes valeurs de l'aoriste qui ont été considérées jusqu'à présent comportent *à la fois l'aspect et le temps* : elles se situent toutes dans le *passé* — ce passé qu'indiquent à la fois les désinences secondaires et l'augment. Cependant l'aspect peut prendre une importance telle que, *malgré la présence des caractéristiques secondaires*, l'aoriste s'applique, non plus au passé, mais au *présent* : c'est ce que prouvent, selon nous, certains emplois peu remarqués de l'aoriste, qui sont en rapport étroit avec la solution proposée pour l'aoriste « gnomique ».

Des verbes qui indiquent un *brusque mouvement de l'âme — explosion* de la joie ou de la douleur, adhésion *immédiate* par exemple — sont souvent employés à l'aoriste alors qu'ils se situent effectivement dans le *présent*. On prétend que la formule ἐπήνεσα « d'accord », si fréquente dans le dialogue, se justifie « parce que le sentiment provoqué en moi par les paroles de mon interlocuteur appartient déjà au passé »

(Koch, p. 381) : il n'en est rien, et le témoignage du grec moderne, toujours si précieux quand se posent des questions d'aspect, nous interdit de tels artifices. En effet, pour dire « *je tombe* de sommeil », «*je meurs* de froid», on emploie, non pas les présents νυστάζω ni κρυώνω, mais les *aoristes* νύσταξα et κρύωσα ; *l'aoriste est à ce point dépourvu de toute valeur temporelle qu'il peut s'appliquer à l'avenir*, comme dans cette phrase : σοῦκοψα, ὅπου σε βρῶ, τὴ μύτη « où que je te rencontre, je te coupe (= je te *couperai*) aussitôt le nez ! » Ces valeurs du grec moderne apparaissent déjà fort bien dans la langue ancienne :

Ar. *Ois.* 630 ἐπηπείλησα καὶ κατώμοσα « je *lance* cette menace et *jure* ce serment ».

Ar. *Cav.* 697 ἤσθην ἀπειλαῖς, ἐγέλασα ψολοκομπίαις, ἀπεπυδάρισα μόθωνα, περιεκόκκασα « Je *jubile* de tes menaces ! *Je me tords de rire* devant tes foudres mouillées ! Je *danse* un môthon endiablé ! *Je crie* cocorico ! »

Eur. *Méd.* 791 ᾤμωξα δ᾽ οἷον ἔργον ἔστ᾽ ἐργαστέον τοὐντεῦθεν ἡμῖν «*J'éclate* en lamentations, quand je pense à l'acte qu'il me faudra faire, ensuite... »

Soph. *Aj.* 536 ἐπήνεσ᾽ ἔργον καὶ πρόνοιαν ἣν ἔθου « *Bravo* pour ton action et pour la prévoyance dont tu as fait preuve ! »

§ 247. La théorie de l'**aoriste gnomique** est délicate, comme le montrent les nombreuses explications qui en ont été proposées. Je crois qu'il faut, avant toute discussion et pour éviter des paralogismes inconscients, bien distinguer de l'*aoriste d'expérience* l'aoriste « gnomique ». Le premier est réellement un *passé* : il constate qu'on a *souvent, toujours vu* (ou *qu'on n'a jamais vu*) un phénomène se produire ; l'aoriste est *toujours modifié par un adverbe*, qui lui donne la valeur généralisante de *vérité d'expérience*. Au contraire, l'aoriste « gnomique » *se suffit à lui-même* pour exprimer une vérité reconnue.

Hés. *Trav.* 240 πολλάκι καὶ ξύμπασα πόλις κακοῦ ἀνδρὸς ἀπηύρα « *souvent on a vu* même une cité entière pâtir de la faute d'un seul criminel ». *Aoriste d'expérience*.

Ι 329 κάτθαν᾽ ὁμῶς ὅ τ᾽ ἀεργὸς ἀνὴρ ὅ τε πολλὰ ἐοργώς « *ils meurent* également, le guerrier sans ressort et celui qui a tout un passé de vaillance ». *Aoriste gnomique*.

L'explication la plus courante tire (ou croit tirer) l'aoriste gnomique de l'aoriste d'expérience : Stahl dit en propres termes (p. 133) que « l'aoriste empirique apparaît volontiers dans les sentences générales et peut en ce cas être appelé aussi gnomique ». Mais comment passer de la constatation *passée* — « le brave et le lâche *sont morts* » — à cette *loi générale et valable pour tous les temps* — « le brave et le lâche *meurent* également » ? En réalité, les partisans de cette théorie ne se rendent pas compte qu'ils sont dupes de la filiation qu'ils établissent entre l'aoriste empirique et l'aoriste gnomique. *Or si le premier prend une signification générale, c'est parce que l'aoriste, valable pour le seul passé,*

est modifié, au moins implicitement, par « toujours » ou par « jamais » ;
ou alors il faut admettre, comme nous le pensons, que *l'aoriste n'a pas,
en ce cas, valeur de temps.* Plus fragile encore apparaît la théorie de
Delbrück et de Blass, selon laquelle le point de départ de l'aoriste
gnomique devrait être vu dans de véritables aoristes, dont l'antériorité
s'applique à des présents permanents. Ainsi en Δ 141 ὡς δ' ὅτε τίς τ'
ἐλέφαντα γυνὴ φοίνικι μιήνῃ... παρήϊον ἔμμεναι ἵππων · κεῖται δ' ἐν
θαλάμῳ, πολέες τέ μιν ἠρήσαντο ἱππῆες φορέειν « comme lorsqu'une femme
teinte de pourpre un ivoire... pour en faire une bossette de mors — la
pièce est en magasin, et beaucoup de cavaliers désirent la porter — »
le sens premier de ἠρήσαντο aurait été : «*ont désiré* la porter avant qu'elle
fût réservée au trésor royal » ; puis cet aoriste, effectivement environné
de présents permanents, en aurait pris la valeur, par suite d'une sorte
de contagion. Cette explication, dont il est inutile de souligner le caractère artificiel, ne serait valable que dans quelques comparaisons, alors
que, chez Homère, l'aoriste gnomique est déjà parfaitement constitué.

Je crois que le véritable principe d'explication a été découvert par
Musič (*L'aoriste gnomique en langue grecque et en langue croate* 1892),
quand il a établi un rapprochement entre l'aoriste gnomique et des
proverbes de sa langue natale ; de part et d'autre *l'aspect seul existe,
à l'exclusion du temps.* Ainsi, en reprenant la comparaison précédemment citée, l'aoriste ἠρήσαντο se justifie parce que l'action de « con-
voiter » *est dépouillée de toute durée* : «*les cavaliers ne sont que convoi-
tise...* ». De même A 218 ὅς κε θεοῖς ἐπιπείθηται, μάλα·τ' ἔκλυον αὐτοῦ
« celui qui écoute les Dieux, c'est un fait qu'ils sont *tout oreilles* à sa
prière ». Faute d'admettre que, *même à l'indicatif, même avec l'augment
et les désinences secondaires,* le thème d'aoriste est capable d'exprimer
l'aspect pur, comme on l'a vu pour ἐπήνεσα ou ἐγέλασα avec une
autre valeur, Wackernagel, aussi bien que Brugmann, n'admettait pas
sans réticence les vues de Musič : l'un avouait qu'il devait supposer
que l'augment — particulièrement fréquent chez Homère quand
l'aoriste a valeur gnomique — indique, non le passé, mais la réalité ;
l'autre essayait de le rattacher à tout prix au passé, en rappelant que
les sentences morales, en Grèce comme en Orient, peuvent avoir été
extraites de contes traditionnellement situés dans le passé. Il est
certain que l'aoriste d'expérience a aidé au développement de l'aoriste
gnomique, et qu'on pouvait passer facilement de « *on a toujours vu* » à
« *on voit* (toujours) » ; cependant, malgré des échanges entre ces deux
types d'aoriste, rien n'est, en principe, plus différent de l'aoriste gnomique que l'aoriste d'expérience.

D. PARFAIT.

§ 248. On ne peut donner du parfait une définition qui convienne
à la fois aux deux valeurs qu'il atteste en grec. L'opposition présent-

1. On trouvera un exposé d'ensemble et une bibliographie récente de cette question
si discutée dans *Schw.-Deb.*, pp. 285-286.

aoriste, déjà très nette aussi loin qu'on puisse remonter dans l'histoire de la langue, est une réalité permanente, que l'on peut saisir dans le grec d'aujourd'hui : au contraire le parfait s'est rapidement développé et modifié en quelques siècles pour disparaître assez tôt de l'usage. Une étude du parfait grec ne peut être qu'historique : cette nécessité a dicté son titre à l'ouvrage de M. Chantraine [1], auquel nous renvoyons le lecteur.

§ 249. Tel qu'il apparaît sous sa forme la plus ancienne, le parfait se définit, au point de vue de l'*aspect*, comme exprimant un état et, au point de vue du *temps*, comme se situant sinon dans le *présent*, du moins dans l'actuel : Apollonius Dyscole l'appelait justement « un achèvement présent » (συντέλεια ἐνεστῶσα). On comprend que souvent ce parfait de type ancien soit associé à un *présent*, comme dans Esch. *Prom.* 51 ἔγνωκα, τοῖσδε κοὐδὲν ἀντειπεῖν ἔχω « Je comprends, et à cela je n'ai rien à répondre ! ». De plus, *l'aspect tout subjectif du thème de parfait ne comporte pas d'objet* : πέφυκα signifie « je suis naturellement » en face de ἔφυσε παῖδα « il a engendré un fils ». Tandis que, dans le second cas, selon la juste remarque de M. Chantraine, « le verbe seul n'a guère de sens, et le complément à l'accusatif est indispensable pour que la phrase s'achève », dans le premier cas, le verbe se suffit entièrement à lui-même. Les parfaits de type ancien sont donc intransitifs et s'opposent au parfait transitif à sens résultatif que la langue s'est créé. De ce nouveau parfait, Homère n'offre que quelques exemples, et il est encore une nouveauté chez Hérodote et chez Thucydide ; mais, de Platon à Démosthène, il se développe avec une grande rapidité. Le parfait résultatif *amène l'objet à un état présent* : il est donc, par définition, *transitif*. De plus, comme il s'intéresse à l'objet, comme il a tendance à attribuer plus d'importance à *l'action antérieure qui a abouti à l'état présent*, il est attiré vers ce *passé*, alors que le parfait d'état s'en tient inébranlablement au *présent*. Suivant la formule de M. Chantraine (p. 19), « l'action se prolonge dans le présent, mais le point de départ en est dans le passé, *et c'est par le passé qu'il faut traduire* ». Deux exemples, que nous empruntons au même auteur, soulignent bien l'opposition des deux parfaits dans une seule forme :

Hés. *Trav.* 591 καὶ βοὸς ὑλοφάγοιο κρέας μήπω τετοκυίης « et la chair d'une génisse brouteuse de branches *qui n'est pas encore mère* ». Il s'agit de l'*état* de la génisse qui n'est ni stérile, ni mère d'un veau. L'objet, qui existe réellement, n'est pas pris en considération ; l'*état présent* laisse tout à fait dans l'ombre les faits *antérieurs* (la vache qui *a mis bas*).

Ar. *fragm.* 185 ᾠὸν μέγιστον τέτοκεν ὡς ἀλεκτρύων « *elle a fait* un très gros œuf, comme une poule ». *L'objet* ᾠόν est nécessaire à la phrase : ce qui est mis en relief, c'est *l'action de la ponte, qui a abouti à un œuf*.

---

1. P. CHANTRAINE, *Histoire du parfait grec*.

§ 250. Si on se place au point de vue du temps, l'étude historique du parfait nous montre, déjà dans le *parfait d'état*, *des affleurements de passé* : devenu *résultatif* dans le plus grand nombre des cas, le parfait finit par éliminer la valeur primitive d'*état acquis* ; dès lors, le parfait était entraîné dans l'orbite de l'aoriste, ce qui a entraîné sa disparition.

a) Le parfait (intransitif) est souvent l'expression d'un **état présent**, sans arrière-pensée d'états ou d'actions antérieurs, un état auquel s'ajoute parfois une nuance de **définitif**. Il s'associe souvent au *présent* de verbes qui, par leur sens même, expriment un *état*. Comme le présent, le parfait d'état est susceptible d'exprimer ce qui est *permanent* — en particulier les *vérités générales* — mais à un moindre degré.

X 52 εἰ δ' ἤδη τεθνᾶσι « *s'ils sont morts* maintenant... » qui a pour pendant, au v. 49 : εἰ μὲν ζώουσι μετὰ στρατῷ « *s'ils sont vivants* dans l'armée adverse... ».

Tyrtée, II, 14 τρεσσάντων δ' ἀνδρῶν πᾶσ' ἀπόλωλ' ἀρετή « quand les soldats ont peur, c'en est fait de toute vaillance ».

Mais, à la différence du présent et se rapprochant en cela de l'*aoriste*, le parfait traduit souvent la *brusque substitution d'un état stable* à un état antérieur ; tandis que l'aoriste indique l'*entrée* dans un état nouveau, le parfait exprime qu'un *état stable* succède à un autre état, surtout à la suite d'une *action*.

Ar. *Gren.* 970 ἢν κακοῖς που περιπέσῃ, ...πέπτωκεν ἔξω τῶν κακῶν « s'il tombe sur un obstacle... ça y est ! Il tombe, en se tirant d'affaire ». Il est impossible de rendre en français le jeu de mots, et l'allusion aux dés : πέπτωκα indique que l'homme habile est hors d'affaire et que le résultat est acquis, comme pour les dés qu'on vient de lancer.

Cependant, dès Homère, le parfait d'état peut insister, dans un très petit nombre d'exemples, sur l'action *antérieure* dont les conséquences durables se déroulent dans l'état présent. Il y a donc, à date ancienne, plus qu'une amorce de cette valeur de *passé* que le parfait d'état contient virtuellement, et que le parfait résultatif allait développer en lui donnant la prééminence.

Ο 90 Ἥρη, τίπτε βέβηκας ; « Héra, pourquoi *es-tu venue* et te trouves-tu ici ? »

b) Le *parfait résultatif* se situe encore, en une large mesure, dans le *présent*, en ajoutant la nuance de *définitif* : c'est en particulier le cas lorsque le parfait s'oppose à un aoriste. Mais de bonne heure la considération de l'action portant sur l'objet l'entraîne vers le passé. En tout cas, du moins en attique, si la distinction entre le parfait et l'aoriste est délicate et relève souvent plutôt du style que de la grammaire, le parfait n'est pas interchangeable avec l'aoriste. Même s'il se situe franchement dans le passé, il conserve, à défaut d'une signification très nette d'acquis et de définitif, une *force particulière*, qui fait de lui une sorte d'*aoriste emphatique*. On se reportera au livre de M. Chantraine pour se faire une idée de la rapidité de développement du parfait résultatif, qui à la différence du parfait intransitif, fait *partie intégrante* de la conjugaison ; on trouvera également dans son ouvrage le rapport qu'il y a, suivant les écrivains et les époques, entre le parfait d'état et le parfait résultatif. Ce n'est qu'à partir de Démosthène, qui d'ailleurs fait de ce parfait un usage déjà excessif, qu'on peut parler, semble-t-il, de *choix arbitraire* entre le parfait et l'aoriste : cependant, on ne saurait l'affirmer puisqu'on ne peut sentir si le parfait, comme il est probable, ne rendait pas un autre *accent* que l'aoriste, même dans des conditions logiquement identiques.

Soph. *Trach.* 486 καὶ στέργε τὴν γυναῖκα, καὶ βούλου λόγους οὓς εἶπας ἐς τήνδ' ἐμπέδως εἰρηκέναι « sois indulgente à l'égard de cette fille et consens que ce que tu *as dit* à son sujet *soit parole immuable* ». Ce parfait est fort proche, pour le sens, d'un parfait d'état.

Tyrtée, 5, 1 Αὐτὸς γὰρ Κρονίων καλλιστεφάνου πόσις Ἥρης Ζεὺς Ἡρακλείδαις τήνδε δέδωκε πόλιν « c'est le fils de Cronos lui-même, c'est l'époux d'Héra aux belles couronnes qui *a donné* (*définitivement*) cette ville aux Héraclides ». Dans cet exemple ancien, le parfait résultatif, dont c'est un des premiers témoignages, glisse au *passé*.

Eur. *Troy.* 468 πτωμάτων γὰρ ἄξια πάσχω τε καὶ πέπονθα κἄτι πείσομαι « un tel écroulement convient à mes malheurs présents et passés, et aussi à mes malheurs futurs ». Il est difficile d'affirmer qu'il ne subsiste pas dans πέπονθα l'idée que celle qui parle subit toujours la *conséquence présente et durable* de ses malheurs passés ; on pourrait aussi penser à une valeur emphatique du parfait, au lieu de l'aoriste ἔπαθον attendu.

Ar. *Nuées* 135 ἀμαθής γε νὴ Δί' ὅστις οὑτωσὶ σφόδρα ἀπεριμερίμνως τὴν θύραν λελάκτικας καὶ φροντίδ' ἐξήμβλωκας ἐξηυρημένην « Malappris que tu es, par Zeus, d'avoir avec tant de brutalité et d'irréflexion heurté ma porte et provoqué l'avortement d'une idée parfaitement mise au point ! ». « Dans sa colère, le disciple insiste sur l'énormité de la faute commise », remarque M. Chantraine, qui compare l'exemple de *Gren.* 38, dont toute emphase est exclue.

Dém. 18, 198 ἀντέκρουσέ τι καὶ γέγονε οἷον οὐκ ἔδει ; πάρεστιν Αἰσχίνης. « Y a-t-il eu un échec, ou s'est-il passé quelque chose qui n'aurait pas dû arriver ? Eschine est là ! » On a l'impression que la recherche de l'expression variée a fait passer l'écrivain de l'aoriste au parfait.

Remarque. — C'est dans des textes peu littéraires ou étrangers à la littérature — comme le *Nouveau Testament*, les inscriptions ou les papyrus — que l'on constate le mieux le fléchissement du parfait, qui *disparaît*, tandis que la littérature des premiers siècles de notre ère l'emploie *abondamment*, voire à tort et à travers — autre preuve que la forme n'était plus *sentie*, mais seulement *écrite*. On sait que le grec moderne s'est constitué un nouveau parfait, de forme périphrastique, comme ἔχω πλεμένο « j'ai tressé » et ἔχω πλέξει (beaucoup plus fréquent) pour l'actif et εἶμαι πλεμένο « j'ai été tressé » pour le passif. D'ailleurs la distinction de sens, à l'actif, entre un aoriste *très fréquent* et un parfait *assez rare* peut être difficilement déterminée en raison même de l'inégale fréquence des deux emplois.

E. Plus-que-parfait.

§ 251. Le temps appelé traditionnellement *plus-que-parfait* n'étant que le prétérit du parfait, c'est-à-dire le *parfait rapporté au passé*, il en résulte qu'il exprimera l'*état acquis*, s'il répond à un parfait d'état, ou l'*action ayant produit un résultat durable*, s'il correspond à un parfait résultatif, mais l'un comme l'autre dans le *passé* :

Thc. 4, 2 Ἀθηναῖοι... ἐς Σικελίαν ἀπέστειλαν... Εὐρυμέδοντα καὶ Σοφοκλέα · Πυθόδωρος γὰρ ὁ τρίτος ἤδη προαφῖκτο ἐς Σικελίαν « les Athéniens... envoyèrent en Sicile.... Eurymédon et Sophocle ; en effet Pythodore, le troisième, *était déjà* en Sicile, où il était arrivé auparavant. »

Xén. *Cyr.* 1, 4, 5 ταχὺ δὲ τὰ ἐν τῷ παραδείσῳ θηρία ἀνηλώκει διώκων... ὥστε ὁ Ἀστυάγης οὐκέτ' εἶχεν αὐτῷ συλλέγειν θηρία « bientôt il *fit*, en le forçant, un tel massacre de gibier dans le domaine (*et de façon si définitive*) qu'Astyage n'arrivait plus à lui en rabattre ».

Si le plus-que-parfait, parce qu'il est situé dans le *passé*, ne peut exprimer, comme le parfait, la *permanence*, il rend également la *brusque substitution, dans le passé, d'un état stable à un état antérieur* :

Thc. 4, 23 ἀφικομένων δὲ αὐτῶν διελέλυντο εὐθὺς αἱ σπονδαὶ αἱ περὶ Πύλον « dès leur arrivée, ce fut aussitôt la rupture (*sans appel*) de la trêve de Pylos ».

Aussi voisin de l'imparfait pour le sens que le parfait peut l'être du présent, le plus-que-parfait est fréquemment associé à l'imparfait, comme temps *descriptif* dans le passé. D'ailleurs la nuance de *définitif*, d'*état* (ou de *résultat*) *acquis* est souvent très faible :

K 151 ἀμφὶ δ' ἑταῖροι εὗδον, ὑπὸ κρασὶν δ' ἔχον ἀσπίδας · ἔγχεα δέ σφιν ὄρθ' ἐπὶ σαυρωτῆρος ἐλήλατο « autour de lui, ses compagnons dormaient, la tête sur leur bouclier ; et leurs javelines étaient dressées, plantées sur leur pointe inférieure ».

On a signalé, à propos de l'imparfait et de l'aoriste, que, malgré les apparences, ces deux temps n'exprimaient en aucune façon le *temps relatif* — ni simultanéité, ni antériorité dans le passé. L'illusion risque d'être particulièrement tenace au plus-que-parfait puisque tout parfait résultatif s'exprimera en français, s'il est rapporté au passé, par notre plus-que-parfait. Les deux exemples qui suivent montrent que, en valeur absolue comme en valeur relative, le plus-que-parfait grec traduit, *pour lui seul,* les notions d'*état acquis* (ou de *résultat acquis*) *dans le passé* :

Hdt. 1, 85 Κροῖσος μέν νυν ὁρέων ἐπιόντα ὑπὸ τῆς παρεούσης συμφορῆς παρημελήκεε « Crésus, voyant (le Perse) marcher sur lui, *restait accablé* sous le poids de son malheur présent ».

ν 92 ἀτρέμας εὗδε, λελασμένος ὅσσα πεπόνθει « il dormait tranquillement, dans l'oubli des peines qu'il *avait endurées* ». C'est la nécessité de traduire par un passé le résultatif qui amène, en apparence, le même temps en grec et en français ; le sens est le suivant : « oubliant le fardeau *toujours pesant* de ses peines, il dormait ».

F. Futur.

§ 252. On a vu plus haut (§ 231) que, si le futur est indifférent à l'aspect, il n'en est pas davantage pour cela un temps *objectif*, comme le futur du latin ou le nôtre : c'est un **virtuel**, qui indique qu'une chose doit se réaliser, c'est-à-dire *arriver à la réalité* ; par conséquent il participe de la *subjectivité* d'un *mode*. De plus, par ses origines mêmes qui le rattachent au *désidératif* indo-européen, le futur comporte toujours une certaine part de *volonté*. On pourrait dire que le futur grec est fondé sur un rapport variable entre la *virtualité* et le *désir* : la virtualité conduit au *temps*, tandis que le désir rapproche du *mode* qui est celui de la volonté et de l'éventualité : le *subjonctif*. *Pratiquement*, l'un des termes l'emporte si nettement sur l'autre qu'il le laisse dans l'ombre, dans un très grand nombre de cas, et on pourra parler de *futur temporel* s'opposant à un *futur de désir* : *mais le rapport subsiste toujours* et il y a place pour un nombre illimité de cas qui participent d'une façon notable de l'un et de l'autre.

§ 253. Le futur temporel, ne comportant pas d'aspect, s'appliquera **indifféremment** d'une part à des réalisations *demandant de la durée, répétées* ou de caractère *permanent*, d'autre part à des réalisations *brusques, uniques* et *sans lendemain*.

Ar. *Ois.* 726 (ἢν οὖν ἡμᾶς νομίσητε θεούς) οὐκ ἀποδράντες καθεδούμεθ' ἄνω σεμνυνόμενοι παρὰ ταῖς νεφέλαις ὥσπερ χὠ Ζεύς « (si vous nous honorez comme des Dieux) nous ne vous lâcherons pas pour *aller nous installer* noblement dans les nuées, comme le fait Zeus ». Il s'agit ici de tout un *programme* concernant l'avenir.

Ar. *Gren.* 199 οὔκουν καθεδεῖ δῆτ' ἐνθαδί, γάστρων ; « Tu vas me faire le plaisir de t'asseoir ici, ventru ? » Il s'agit dans ce passage, avec le même verbe, d'une action *unique* et *précipitée*.

La valeur de *virtualité* du futur, très proche d'ailleurs de la *permanence* exprimée par l'aoriste ou le présent, justifie des emplois dans lesquels ce temps rend une *possibilité permanente* :

Hdt. 5, 56 οὐδεὶς ἀνθρώπων ἀδικῶν τίσιν οὐκ ἀποτίσεται « il n'est pas possible qu'un homme ici-bas, s'il commet une faute, n'en doive pas subir le châtiment ».

Hdt. 1, 173 εἰρομένου δὲ ἑτέρου τὸν πλησίον τίς εἴη, καταλέξει ἑωυτὸν μητρόθεν « quand quelqu'un demande au voisin qui il est, celui-ci se nommera d'après sa mère. »

§ 254. Mais, dans beaucoup d'exemples, la valeur temporelle et la valeur de désir se mêlent si étroitement, qu'on doit les faire intervenir *toutes les deux*.

Eur. *Hérac.* 715 οἶδ' οὐ προδώσουσίν σε, μὴ τρέσῃς, ξένοι « n'aie crainte : ces étrangers-là *ne t'abandonneront pas* (et aussi : « n'ont pas l'*intention* de t'abandonner »).

Lys. 30, 32 δεινόν μοι δοκεῖ εἶναι, εἰ ... ὑμᾶς τοσούτους ὄντας καὶ ἠδικημένους ὑπὸ τουτουὶ πείσουσιν ὡς οὐ χρὴ δίκην παρ' αὐτοῦ λαμβάνειν « cela me paraît bizarre, s'ils doivent (ou « veulent ») vous convaincre, vous qui êtes si nombreux à avoir souffert par sa faute, qu'il ne faut pas tirer vengeance de lui ».

Eur. *Méd.* 1309 Παῖδες τεθνᾶσι χειρὶ μητρῴᾳ σέθεν. — Οἴμοι, τί λέξεις · ὥς μ' ἀπώλεσας, γύναι « Tes enfants sont morts sous les coups de leur mère — Hélas ! que *veux-tu dire* ? Femme, tu me tues ! » La valeur de désir est d'autant plus nette, dans cette expression si fréquemment employée par Euripide, qu'elle s'applique à une affreuse nouvelle, *qui vient d'être apportée.*

§ 255. Inversement, la valeur *modale* de désir peut prendre une telle importance, qu'elle rejette au second plan le temps proprement dit, quand le futur indique, soit une *volonté personnelle* (positive ou négative), soit une *nécessité impersonnelle* (matérielle ou morale). Ces futurs-là, qui sont souvent associés à des subjonctifs, équivalent à des *subjonctifs* ou à des *impératifs.*

Hymn. Apoll. 1 μνήσομαι οὐδὲ λάθωμαι Ἀπόλλωνος Ἑκάτοιο « Je veux parler — et il ne faut pas que je l'oublie (= bien loin de l'oublier) — d'Apollon Archer ».

Eur. *Ion* 758 εἴπωμεν, ἢ σιγῶμεν, ἢ τί δράσομεν ; « Nous faut-il parler, ou nous taire, ou que devons-nous faire ? »

Plat. *Prot.* 338 A ὡς οὖν ποιήσετε καὶ πείθεσθέ μοι « Agissez donc ainsi, et croyez-moi. »

Eur. *Méd.* 1319 εἰ δ' ἐμοῦ χρείαν ἔχεις, λέγ' εἴ τι βούλει, χειρὶ δ' οὐ ψαύσεις ποτέ « si c'est moi que tu demandes, dis tout ce que tu veux ; mais que jamais ta main ne me touche ! »

Quant à la *nécessité impersonnelle,* d'ordre matériel ou moral, elle s'exprime beaucoup plus dans des propositions étroitement subordonnées (relatives finales ou consécutives) que dans des propositions faiblement subordonnées ou indépendantes :

Plat. *Rép.* 372 C ἄνευ ὄψου, ἔφη, ὡς ἔοικας, ποιεῖς τοὺς ἄνδρας ἑστιωμένους. Ἀληθῆ, ἦν δ'ἐγώ, λέγεις, ἐπελαθόμην ὅτι καὶ ὄψον ἕξουσιν « C'est avec du pain sec, à ce qu'il semble, que tu fais manger ces gens-là ! — Tu as raison, dis-je : j'avais oublié qu'ils *doivent* avoir aussi des mets ».

Xén. *Mém.* 2, 1, 17 οἱ εἰς τὴν βασιλικὴν τέχνην παιδευόμενοι τί διαφέρουσι τῶν ἐξ ἀνάγκης κακοπαθούντων, εἴ γε πεινήσουσι καὶ διψήσουσι « ceux qu'on élève pour le métier de roi, en quoi auront-ils une vie différente de ceux qui sont misérables par nécessité, s'ils *doivent* souffrir de la faim et de la soif ? »

Plat. *Ménex.* 234 B ἡ βουλὴ μέλλει αἱρεῖσθαι ὅστις ἐρεῖ ἐπὶ τοῖς ἀποθανοῦσι « le Conseil va choisir celui qui *doit* parler en l'honneur des morts ».

Dém. 19, 43 ἔδει ψήφισμα νικῆσαι τοιοῦτο, δι 'οὖ Φωκεῖς ἀπολοῦνται « il fallait assurer le succès d'un décret qui *devait* consommer la ruine de la Phocide ».

Remarque I. — Le futur est souvent employé avec des verbes exprimant la *volonté* ou une *demande*, alors que celles-ci se situent effectivement dans le présent : il faut y voir une *atténuation polie*, qui est analogue à l'*optatif* suivi de ἄν ou à notre *conditionnel* (Cf. § 201).

Eur. *Méd.* 259 τοσοῦτον οὖν σου τυγχάνειν βουλήσομαι, ἤν μοι πόρος... ἐξευρεθῇ... πόσιν δίκην τῶνδ' ἀντιτείσασθαι κακῶν... « je voudrais obtenir de toi une chose seulement : s'il se découvre... un moyen... de faire payer à mon époux le mal qu'il me fait... ». Médée, qui n'est qu'une étrangère, parle avec des égards au chœur composé de femmes de Corinthe.

Dém. 21, 58 παραιτήσομαι δ' ὑμᾶς μηδὲν ἀχθεσθῆναί μοι « je vous demanderais de ne pas m'en vouloir... ».

Remarque II. — La langue a introduit au futur, pour quelques verbes, dès les poèmes homériques, une opposition d'aspect entre futurs « *déterminés* » et futurs « *indéterminés* » : dans un nombre, d'ailleurs fort restreint, de verbes, le futur *qui n'est pas orienté vers un but précis* est bâti sur thème de *présent*, tandis que le futur *déterminé* est fait sur un thème d'*aoriste*. Il y a là comme une amorce de ce qui devait devenir, en grec moderne, le système des deux futurs :

M 166 οὐ γὰρ ἔγωγ' ἐφάμην ἥρωας 'Αχαιοὺς σχήσειν ἡμέτερόν γε μένος « je ne pouvais pas prétendre que les héros achéens *soutiendraient notre choc* impétueux ».

ζ 281... ἕξει δέ μιν ἥματα πάντα « il la *possédera* (comme femme) à tout jamais ».

Ar. *Guêp.* 138 τὺ περιδραμεῖται σφῶν ταχέως δεῦρ' ἕτερος ; « L'un de vous deux ne va-t-il pas *faire le tour* par ici ? »

Ar. *Gren.* 193 οὔκουν περιθ.έξει δῆτα τὴν λίμνην κύκλῳ ; « Ne vas-tu pas en courant *faire le tour de ce lac ?* ».

G. « FUTUR ANTÉRIEUR ».

§ 256. L'expression traditionnelle de futur antérieur pour désigner le *futur à redoublement* est d'autant plus malencontreuse que ce temps n'exprime pas plus qu'un autre l'antériorité relative et que même *jamais* il ne peut servir à noter ce qu'est pour nous l'antériorité dans le futur : ce qui correspond à fr. « je serai content quand il sera parti » ou à lat. *cum exierit, laetabor*, ne peut être en gr. que ὅταν ἐξέλθῃ, τοῦτ' ἀγαπήσω. Même l'expression de *futur achevé* (*futurum exactum*) n'est vraie qu'en partie : originellement ce futur n'est qu'une forme de *désidératif à redoublement*, qui n'a rien à voir avec le thème de parfait : mais le grec, qui a fait du redoublement dit « grammatical » la caractéristique permanente du parfait, ne pouvait faire de ce futur qu'un *futur du parfait*. Les grammairiens anciens (Denys d'Halicarnasse περ. συνθ. VI, 43) voyaient dans cette formation très incomplète [1] un *futur rapproché* (ὁ μετ' ὀλίγον μέλλων) : il ne faudrait pas, de cette définition imprévue, tirer cette conséquence que les Anciens gardaient le sentiment d'une certaine *indépendance* de la forme en question par

---

1. Assez bien représenté au médio-passif, le futur redoublé est beaucoup plus rare à l'actif, où il est parfois suppléé par la périphrase du participe parfait suivi de ἔσομαι.

rapport au parfait : il est probable qu'ils songeaient à la valeur de *brusque substitution d'un état futur à un état antérieur*, que le futur redoublé doit effectivement au thème de parfait. En tout cas, le futur redoublé se comporte exactement comme un parfait : quand le parfait a valeur de *présent*, le futur redoublé équivaut à un *futur simple* ; si le premier est *intransitif*, l'autre l'est aussi ; quand le parfait est *expressif*, le futur atteste la même valeur.

Ar. *Pl.* 1027 φράζε καὶ πεπράξεται « parle, et ce sera (aussitôt) une chose faite ».

Hdt. 8, 62 ὑμεῖς δέ, συμμάχων τοιῶνδε μουνωθέντες, μεμνήσεσθε τῶν ἐμῶν λόγων « quant à vous, privés de tels alliés, vous vous souviendrez de ce que je vous dis ».

Ar. *Lys.* 634 ὧδέ θ᾽ ἑστήξω παρ᾽ αὐτόν « voilà comment je me tiendrai près de lui ».

Ar. *Gren.* 265 κεκράξομαι γὰρ κἄν με δῇ δι᾽ ἡμέρας « je braillerai tout le jour s'il le faut. »

Remarque. — Le futur simple et le futur redoublé font partie de la conjugaison ; mais ces deux formes sont loin d'épuiser l'expression du temps à venir. La périphrase à l'aide de μέλλω (cf. § 280) — qui indique à la fois l'*imminence* et l'*obligation* — joue un grand rôle en attique : mais elle est sans importance pour l'évolution ultérieure de la langue. D'autres ont été essayées, mais sans succès : ainsi la périphrase avec ἔρχομαι (cf. fr. *je vais sortir*) qui, attestée dès l'épopée, ne s'est jamais développée en attique ni dans la langue ultérieure. Il n'en est pas de même des périphrases à l'aide de ἔχω « j'ai » et βούλομαι, θέλω « je veux ». La première a été employée, dans la Κοινή de basse époque, comme moyen d'expression du futur : ainsi, dans la *Vie de St. Hypatios* (450 de notre ère), on lit λιμὸς ἔχει γενέσθαι « une famine aura lieu » ; aussi bien, en g. m., ἔχω νὰ πάθω équivaut à μέλλω πάσχειν. Quant à la périphrase à l'aide de θέλω, on sait qu'elle est, sous la forme syncopée θὰ (de θέλω ἵνα), le moyen par lequel la langue moderne exprime ses deux futurs.

II. Les temps au subjonctif.

§ 257. Personne ne conteste que les « temps » du subjonctif — surtout au présent et à l'aoriste — ne répondent qu'à des considérations d'aspect, quand ce mode exprime la *volonté* ; mais, lorsqu'il possède une signification d'*éventualité*, on croit trouver, entre un subjonctif présent et un subjonctif aoriste par exemple, l'opposition que nous sentons entre une simultanéité et une antériorité également relatives. Ainsi Stahl enseigne (p. 167 sqq.) que le *subjonctif présent* traduit la *simultanéité* et la *priorité durative* (« *priorisch dauernd* ») tandis que la *priorité en soi* (« *priorisch an sich* ») serait représentée par le *subjonctif aoriste*. Dans les quatre exemples suivants, que nous avons empruntés à Stahl lui-même, le premier présente une valeur de *finalité*, tandis que les trois autres sont *éventuels* :

Dém. 4, 18 ἵν᾽ ἢ διὰ τὸν φόβον... ἡσυχίαν ἄγῃ, ἢ παριδὼν ταῦτα ἀφύλακτος ληφθῇ « afin que la crainte le fasse *tenir tranquille* ou que, négligeant ces menaces, il ne se tienne plus sur ses gardes et se *laisse sur-*

prendre ». Opposition relevant uniquement de l'aspect entre « se tenir tranquille » qui est *duratif*, et « se faire surprendre » qui est *ponctuel*.

Xén. *Cyr.* 5, 1, 21 ἐὰν μένητε παρ' ἐμοί, (χάριν) ἀποδώσω « si vous restez à mes côtés, je vous témoignerai ma reconnaissance ». « Simul-tané », selon Stahl.

τ 6 χρή...μνηστῆρας μαλακοῖσι ἔπεσσιν παρφάσθαι, ὅτε κέν σε μεταλ-λῶσιν ποθέοντες « il faut... abuser les prétendants avec des paroles aimables, quand ils t'interrogent avidement ». « Priorité durative ».

Xén. *An.* 5, 1, 4 περιμένετ' ἔστ' ἂν ἔλθω « restez, jusqu'à ce que je sois rentré. « « Priorité en soi ».

§ 258. Nous avons, en commençant l'étude des temps, soutenu l'opinion que le grec n'exprime *jamais* le temps relatif. Mais, étant donné que ce que nous considérons comme une illusion est particulière-ment tenace au subjonctif aoriste, nous devrons montrer que ce ne sont pas des considérations de *simultanéité*, de *priorité durative* ou de *priorité en soi* qui entraînent l'emploi des temps. Ainsi, dans le 2e et le 3e exemple. μένητε et μεταλλῶσιν sont au *présent* parce qu'ils expriment, l'un la *durée* (« demeurer »), l'autre la *répétition* (« poser de multiples questions ») ; au contraire, ἔλθω énonce, pour elle-même, l'*idée de retour*, et la phrase signifie « rester jusqu'à mon *retour* » plutôt que « rester jusqu'à ce que je *sois rentré* » : c'est la notion même de retour, dépouillée de toute considération subjective et durative, qui entraîne l'emploi de l'*aoriste*. Mais, pour démontrer notre point de vue, nous devrons prouver : 1°) que c'est par un *pur artifice* que l'on prétend trouver une « *priorité en soi* » dans certains exemples où le *subjonctif aoriste* figure à côté d'un *subjonctif présent* ; 2°) qu'il y a des cas où le *subjonctif aoriste* est parfaitement susceptible d'exprimer une *simulta-néité* ; 3°) que, réciproquement, des faits dont l'*antériorité relative* est évidemment considérée *pour elle-même*, peuvent se trouver au *sub-jonctif présent*. Enfin il nous faudra également expliquer 4°) pour quelles raisons *notre* simultanéité relative est si *ordinairement* exprimée par le subjonctif présent et *notre* antériorité relative par le subjonctif aoriste.

Ι 313 ἐχθρὸς γάρ μοι κεῖνος... ὅς χ' ἕτερον μὲν κεύθῃ ἐνὶ φρεσίν, ἄλλο δὲ εἴπῃ « j'ai en horreur l'homme... qui a une idée derrière la tête et dit une autre chose ». Stahl, en citant cet exemple, l'interprète ainsi : « celui qui pense autrement qu'il *n'a parlé* » (*der anders denkt als er gesprochen hat*). Or Stahl ne proposerait-il pas la même explication, mais retournée, si le texte portait κεύσῃ et λέγῃ ? Il aurait beau jeu de démontrer que l'homme sournois *dit* une chose alors qu'il en a *dissimulé* d'autres. En réalité, le présent κεύθῃ exprime ce que l'on *garde* dans son esprit, tandis que εἴπῃ sert à rendre les propos (*déter-minés*) qu'énonce le sournois. Il n'y a là aucune notation de temps relatif.

Eur. *Alc.* 725 θανεῖ γε μέντοι δυσκλεής, ὅταν θάνῃς « tu mourras pourtant dans la honte quand tu mourras ». La reprise d'expression θανεῖ/θάνῃς exclut toute antériorité relative ; on ne saurait imaginer de comprendre : « tu *mourras* dans la honte quand tu *seras mort* ». Le subjonctif aoriste est employé dans ce cas parce qu'il s'agit de l'*idée nue de mort* (τὸ θανεῖν) : « à ta mort ».

Lyc. 150 ἐὰν μὲν Λεωκράτην ἀπολύσητε, προδιδόναι τὴν πόλιν... ψηφιεῖσθε « si vous acquittez Léocrate, ce sera la trahison de la cité... que vous entraînerez par votre vote ». Dans cet exemple, il serait *absurde* de faire intervenir une idée d'antériorité ; l'adversaire ne peut envisager, comme une éventualité *probable*, l'acquittement de son adversaire : « quand vous aurez acquitté ». Il ne s'agit ici que de l'idée d'un non-lieu ; et on pourrait traduire : « Un non-lieu en faveur de Léocrate ? C'est entraîner, etc. ». Aussi bien Stahl reconnaît-il loyalement que le subjonctif aoriste note, en cet exemple, la simultanéité (p. 169).

Dém. 21, 33 καὶ πάλιν γε τὸν ἄρχοντα, ταὐτὸ τοῦτο, ἐὰν μὲν ἐστεφανωμένον πατάξῃ τις ἢ κακῶς εἴπῃ, ἄτιμος, ἐὰν δὲ ἰδιώτην, ἰδίᾳ ὑπόδικος « et, par ailleurs, il en est de même pour l'archonte : si c'est couronné (c'est-à-dire dans l'exercice de ses fonctions), qu'on le frappe ou l'injurie, le coupable est frappé d'*atimie* ; si c'est en tant que particulier, c'est à titre de particulier que le coupable est poursuivi » à comparer avec Dém. 23, 50 « ἄν τις τύπτῃ τινά » φησὶν « ἄρχων χειρῶν ἀδίκων » ὡς, εἴ γ' ἡμύνατο, οὐκ ἀδικεῖ. « "Αν τις κακῶς ἀγορεύῃ » « τὰ ψευδῆ » προσέθηκεν, ὡς εἴ γε τἀληθῆ, προσῆκον « Si on frappe quelqu'un », dit la loi, « en portant à tort les premiers coups », parce qu'elle considère que si on a frappé pour se défendre, on n'est pas coupable. « Si on injurie quelqu'un »,« de façon calomnieuse » ajoute-t-elle, en considérant que, si les propos sont vrais, on a le droit d'agir ainsi ». Si on examine les faits de façon objective, le cas de légitime défense et le cas de paroles sévères, mais justifiées, sont exactement parallèles ; et on pourrait soutenir que πατάξῃ et εἴπῃ doivent leur aoriste à une considération d'antériorité relative. En réalité, il n'y a pas plus d'antériorité relative dans πατάξῃ que dans τύπτῃ : l'aoriste considère *un* cas de violence, tandis que le présent envisage la *possibilité permanente* d'actes de violence ; le premier se rapporte *à un* délinquant pris pour exemple, le second à *tout* délinquant.

§ 259. Cependant, on constate effectivement que, dans un très grand nombre de cas, tout se passe comme si le **subjonctif aoriste** d'une temporelle dépendant d'une principale au **futur** exprimait l'**antériorité relative** et correspondait à notre **futur antérieur**. De fait, l'action est souvent considérée, à un temps « virtuel » comme l'est le futur en grec, hors de toute considération de durée et *pour elle-même* : d'ailleurs elle s'applique le plus frequemment à un *cas singulier*, un *aboutissement*, un *commencement*, c'est-à-dire dans des conditions « déterminées » qui entraînent l'emploi de l'*aoriste*.

Au contraire, faut-il insister sur le *développement* de l'action, sur l'*effort* qui tend à l'accomplir, sur la *généralisation* de cette même action ? Le thème de *présent* s'impose. De la disproportion que l'on constate à l'avantage du subjonctif aoriste il n'y a pas plus de conclusion à tirer, concernant le temps relatif, qu'il ne serait possible de le faire en comparant les emplois respectifs des *impératifs présents* et des *impératifs aoristes*. Une fois de plus, ce sont des considérations subjectives qui entraînent l'emploi de l'aoriste ou du présent. Voici d'ailleurs deux exemples dans lesquels répondent à un « futur antérieur » logique un subjonctif aoriste et un subjonctif présent :

Plat. *Gorg.* 484 C τὸ μὲν οὖν ἀληθὲς οὕτως ἔχει, γνώσει δέ, ἂν ἐπὶ τὰ μείζω ἔλθῃς ἐάσας ἤδη φιλοσοφίαν « Telle est la réalité ; et tu le reconnaîtras si tu vises plus haut (lat. : *cognosces... si petieris*) en laissant désormais de côté la philosophie ». C'est le *but* déterminé à atteindre qui justifie l'*aoriste*.

Plat. *Gorg.* 503 D ἐὰν ζητῇς καλῶς, εὑρήσεις « si tu cherches bien, tu trouveras (lat : *si quaesieris... reperies*). » C'est l'*effort* de la recherche, avec ce qu'il comporte de duratif, qui entraîne l'usage du thème de *présent*.

Remarque. — On a constaté que, principalement sur les inscriptions, le subjonctif *aoriste* est très fréquent après ἐπειδάν alors que, pratiquement, on ne rencontre guère que le subjonctif *présent* avec ἐάν. Cette différence d'emploi, à laquelle il faut se garder d'attribuer une rigueur excessive, s'explique : par son sens même, ἐπειδάν « *après que* » suppose un *point de départ précis* dans l'avenir, tandis que ἐάν « lorsque » admet et, le plus souvent, comporte des *considérations de durée* ou de *répétition*.

III. Les temps à l'optatif.

§ 260. L'optatif présente en grec deux valeurs différentes : il est un **mode**, qui exprime le *vœu* et la *possibilité* ; mais il est aussi un **signe**, qui indique qu'une *volonté*, ou une *éventualité*, ou une *constatation* dépendent étroitement de conditions passées. En tant que *mode*, l'optatif n'est pas moins *indifférent* au *temps* que le subjonctif ou l'impératif ; mais comme signe de *subordination secondaire*, il exprime (ou non) le *temps* selon qu'il remplace un *indicatif* ou un *subjonctif* — à telles enseignes que l'**optatif futur** du discours indirect n'a d'autres raisons d'être que de répondre, dans un ensemble secondaire, à l'**indicatif futur** du discours direct.

§ 261. L'*optatif de vœu* peut s'appliquer à *n'importe quel moment du temps* : un souhait est parfois *rétrospectif*, encore que, le plus souvent, il se rapporte au présent et à l'avenir. En tout cas, le temps où se situe le vœu ne ressort que du contexte : μὴ γενοίμην peut signifier, par lui-même, aussi bien « puissé-je ne pas *avoir été* ! » que « puissé-je ne pas *être maintenant* ! » ou « puissé-je n'*être jamais* ! ». Ce serait une erreur que de voir un lien entre la valeur temporelle de l'aoriste et le caractère rétrospectif du vœu dans « puissé-je ne pas avoir été ! » : dans les

3 cas considérés on use également de l'optatif aoriste parce que γίγνομαι
y a le sens de « prendre existence » et exclut toute considération de
durée. D'ailleurs on voit parfois deux optatifs, l'un au présent, l'autre
à l'aoriste, qui s'appliquent en réalité à un même moment du temps,
mais considèrent l'action sous des aspects différents :

Hdt 1, 70 τάχα δὲ ἂν καὶ οἱ ἀποδόμενοι λέγοιεν « il peut se faire
que ceux qui ont vendu (le cratère) *aient raconté* ». On aurait également le thème de présent à l'indicatif : τάχα οἱ ἀποδόμενοι... ἔλεγον
« peut-être... racontaient-ils », qui indiquerait que le récit est considéré
dans son *développement*.

Hdt 9, 71 ταῦτα μὲν καὶ φθόνῳ ἂν εἴποιεν « il peut se faire que ces
propos *aient été tenus* par jalousie ». L'auteur *n'a pas lieu de s'intéresser
au développement* de propos dont il lui a suffi d'analyser le contenu : les
deux exemples s'opposent comme ἔλεγε τοιάδε — qui annonce le
développement de paroles qu'on va rapporter, et ὡς εἰπών — qui considère ces mêmes paroles comme un *point*.

§ 262. Quand l'optatif est un **signe** *de subordination secondaire*, il
y a un vif contraste entre les cas où ce mode est le substitut d'un *subjonctif* et ceux où il est le substitut d'un *indicatif*. Dans les premiers,
les emplois de présents et d'aoristes *relèvent uniquement de* l'**aspect** ;
dans les seconds, les temps de l'optatif méritent leur nom et *correspondent exactement aux* **temps** *de l'indicatif*. Il est naturel qu'on retrouve
sous l'optatif qui en est le substitut, l'opposition fondamentale entre
le subjonctif et l'indicatif au point de vue de l'aspect et du temps.

υ 138 ἀλλ' ὅτε δὴ κοίτοιο καὶ ὕπνου μιμνήσκοιτο, ἡ μὲν δέμνι᾽ ἄνωγεν
ὑποστορέσαι δμωῇσιν « lorsqu'il songeait à se coucher et à dormir, elle
ordonnait aux servantes de lui dresser un lit ».

η 138 ᾧ πυμάτῳ σπένδεσκον, ὅτε μνησαίατο κοίτου « (Hermès) en
l'honneur de qui ils versaient la dernière libation, lorsqu'ils songeaient
à se coucher ». Dans ces deux subordonnées d'éventualité temporelle,
où l'optatif tient la place d'un subjonctif, la différence de « temps »
traduit une différence dans la façon de considérer l'action : « quand
Laërte *voulait* se coucher, elle donnait des ordres à ses servantes » et
« ils versaient une dernière libation, avant de penser à dormir, avant
l'*heure* du coucher ».

§ 263. Au contraire, dans toutes les propositions relevant du *style
indirect* à la fois au sens large et au sens restreint du terme, dans les
déclaratives, causales, interrogatives indirectes qui appartiennent à la
« sphère du passé », les **temps de l'optatif** *correspondent exactement aux*
temps de l'indicatif. Ainsi l'*optatif présent* équivaut à un *indicatif
présent* (ou *imparfait*) ; l'*optatif aoriste* représente un *indicatif aoriste* ;
l'*optatif parfait* répond à un *indicatif parfait* (ou *plus-que-parfait*) ;
enfin l'*optatif futur* — c'est même là son seul emploi — correspond à
un *indicatif futur* :

Plat. *Ap.* 21 A ἤρετο... εἴ τις ἐμοῦ εἴη σοφώτερος « il demanda (à l'oracle) s'il y avait un homme plus sage que moi ». On aurait dans l'interrogation directe : Τίς ἐστι σοφώτερος αὐτοῦ ;

Xén. *An.* 4, 4, 9 ἔλεγον ὅτι κατίδοιεν νύκτωρ πολλὰ πυρὰ φαίνοντα « ils disaient qu'ils avaient vu de nuit briller un grand nombre de feux ». S'exprimant directement, les gens que l'on fait parler diraient : κατείδομεν...

Hdt. 3,75 ἔλεγε ὅσα ἀγαθὰ Κῦρος Πέρσας πεποιήκοι « il disait tous les bienfaits dont les Perses étaient redevables à Cyrus ». Equivaut à : ὅσα Κῦρος πεποίηκε.

Xén. *An.* 4, 1, 25 ἔφη εἶναι ἄκρον ὃ εἰ μή τις προκαταλήψοιτο ἀδύνατον ἔσεσθαι παρελθεῖν « il disait qu'il y avait une hauteur ainsi placée qu'on ne pourrait passer, à moins de s'en être emparé auparavant ». S'exprimant directement, ces hommes diraient : εἰ μή τις προκαταλήψεται, ἀδύνατον ἔσται παρελθεῖν.

IV. Les temps à l'infinitif.

264. Forme *nominale* et, de ce fait, étrangère à la distinction des désinences primaires et secondaires, l'infinitif devrait, *en théorie*, dans ce que nous appelons ses « temps », n'exprimer que les valeurs attachées à *l'aspect* des thèmes sur lesquels il est bâti. Mais l'infinitif a pris un tel développement dans les propositions subordonnées, il y est si souvent le substitut d'un mode *objectif* qu'il comporte très fréquemment des valeurs vraiment *temporelles*. En conséquence tout infinitif, s'il exprime toujours les valeurs d'aspect qu'il doit à son thème, peut aussi, soit exclure le temps, soit l'exprimer ordinairement, soit seulement l'admettre. Par ailleurs, il ne faut pas attribuer à la présence ou à l'absence de *l'article* une importance primordiale : en principe, que ce soit avec ou sans article, l'infinitif devient susceptible d'exprimer le *temps* quand il cesse d'être une *possibilité générale abstraite* pour traduire des *conditions particulières concrètes*.

A. Infinitif exprimant l'aspect.

§ 265. L'infinitif présent atteste les valeurs précédemment signalées (§ 232 et sqq), à propos de l'indicatif, comme se rattachant à l'aspect : autrement dit, il traduit la *permanence*, la *durée*, la *répétition*, *l'effort*. Le plus souvent *il n'est pas accompagné de l'article* : mais il l'admet parfois, à condition qu'il s'agisse d'une *possibilité générale abstraite*.

Esch. *Sept* 619 φιλεῖ δὲ σιγᾶν ἢ λέγειν τὰ καίρια « il a coutume de se taire ou de ne dire que ce qui convient ».

Thc. 5,26 ξυνέβη μοι φεύγειν τὴν ἐμαυτοῦ ἔτη εἴκοσι « il m'est arrivé de rester exilé de mon pays pendant vingt ans ».

Plat. *Gorg.* 492 A δεῖ... ἱκανὸν εἶναι... ἀποπιμπλάναι ὧν ἂν ἀεὶ ἡ ἐπιθυμία γίγνηται « il faut... être capable... d'assouvir (à chaque occasion) tous les désirs dont on peut avoir envie ».

Dém. 18, 103 πόσα χρήματα τοὺς ἡγεμόνας τῶν συμμοριῶν... οἴεσθέ μοι διδόναι « vous imaginez quelles fortunes les présidents des symmories... cherchaient à m'offrir ! ».

Eur. *fragm.* 639 Τίς δ'οἶδεν εἰ τὸ ζῆν μέν ἐστι κατθανεῖν, κατθανεῖν δὲ ζῆν κάτω νομίζεται ; « Qui sait si vivre (= *être en vie*) n'est pas mourir (= *passer de vie à trépas*), et si mourir ne passe pas pour vivre dans le monde d'en bas ? »

C'est quand l'infinitif *présent* s'oppose à un infinitif *aoriste* — comme dans le dernier exemple — que les diverses valeurs d'aspect du thème de présent se dégagent le plus nettement : le fait se produit fréquemment quand l'infinitif est employé en fonction d'*impératif*, ou avec une valeur *exclamative* :

Esch. *Prom.* 712 οἷς μὴ πελάζειν « ne t'approche pas d'eux » ou plutôt « tiens-toi à l'écart » en face du v. 718 ὃν μὴ περάσῃς « ne traverse pas ce fleuve ».

Esch. *Eum.* 837 Ἐμὲ παθεῖν τάδε... ἐμέ... κατά τε γᾶν οἰκεῖν « Moi, subir ce coup du sort !... Moi, habiter (=demeurer dans) ce pays ! »

§ 266. **L'infinitif aoriste s'applique à un fait, en dehors de toute considération de temps**, à condition que, *même s'il comporte effectivement de la durée, celle-ci n'entre pas en ligne de compte.* Aussi sera-t-il fréquemment employé, et *indifféremment*, soit que le fait se situe à un *moment quelconque du temps* (passé, présent, futur), soit que le fait, *pris en lui-même*, soit *étranger à la notion de temps.* La présence ou l'absence de l'article et la fréquence relative des deux constructions sont déterminées par les mêmes conditions que pour l'infinitif présent.

Isoc. IV, 102 πλεῖστον χρόνον τὴν ἀρχὴν κατασχεῖν ἠδυνήθημεν « pendant très longtemps nous pûmes maintenir notre pouvoir ». Malgré le préverbe κατα- et les mots πλεῖστον χρόνον, ce n'est pas la durée *effective* de l'empire qui importe ici, mais le *fait historique de l'hégémonie.*

Thc. 1,56 τάδε ξυνέβη γενέσθαι τοῖς Ἀθηναίοις καὶ Πελοποννησίοις διάφορα ἐς τὸ πολεμεῖν « il arriva qu'entre les Athéniens et les Péloponnésiens se produisirent ces conflits qui amenèrent la guerre ».

δ 553 ἐθέλω δέ, καὶ ἀχνύμενός περ, ἀκοῦσαι « je veux, malgré ma peine, entendre ».

Soph. *Aj.* 1083 ὅπου δ' ὑβρίζειν... παρῇ, ταύτην νόμιζε τὴν πόλιν χρόνῳ ποτὲ ἐξ οὐρίων δραμοῦσαν ἐς βυθὸν πεσεῖν « là où la licence... peut se permettre toutes les violences, sache bien qu'un jour viendra où cette cité, après une navigation heureuse, sombrera dans l'abîme ».

Thc. 1,23 τὰς αἰτίας προέγραψα... τοῦ μή τινα ζητῆσαι « j'ai d'abord exposé les causes (de la rupture)... pour qu'on n'eût pas à chercher... ». L'infinitif à valeur finale considère l'action verbale *pour elle-même.*

Le thème d'aoriste exprimant l'entrée dans un état nouveau ou considérant ce même état comme un *aboutissement*, l'infinitif peut être inchoatif aussi bien que terminatif.

Hymn. Dém. 203 ἐτρέψατο πότνιαν ἀγνὴν μειδῆσαι γελάσαι τε « elle incita la sainte souveraine à *se mettre* à sourire et à rire.

Isoc. 15,80 εἰπεῖν... ἀξίως τῆς πόλεως... οὐκ ἂν πολλοὶ δυνηθεῖεν « *arriver* à parler d'une façon digne de notre cité, il n'y aurait pas, sans doute, beaucoup de gens à pouvoir le faire «.

Remarque. — On ne peut tirer argument (cf. Stahl, p. 157) du fait que les infinitifs aoristes « gnomiques » ne sont attestés que dans des propositions déclaratives, pour trouver confirmation des origines prétendument temporelles de l'aoriste gnomique. L'infinitif aoriste exprimant par lui-même l'*idée pure*, on ne peut affirmer que tel infinitif soit de valeur gnomique. Ainsi, dans l'exemple cité par Stahl : ὅθεν οὐκ ἔλποιτό γε θυμῷ ἐλθέμεν ὅν τινα πρῶτον ἀποσφήλωσιν ἄελλαι « là d'où on pourrait croire que ne puisse jamais revenir celui que les vents y ont d'abord jeté », rien n'autorise à rendre le grec par : *unde non putaret redire solere* ; ἐλθέμεν indique la possibilité générale de retour. De plus, parmi les exemples cités, quelques-uns sont bien temporels, mais relèvent de l'aoriste *empirique* (comme Xén. *Éc.* 4, 21).

§ 267. L'infinitif parfait exprime, selon la nature même de ce thème, soit l'*état définitif*, soit *le résultat d'une action antérieure.* Aux *parfaits d'état* s'associent naturellement des *présents duratifs* et s'opposent des *aoristes*, dont ils ne sont parfois qu'une forme plus *expressive* :

Plat. *Prot.* 358 C ἀμαθίαν ἄρα τὸ τοιόνδε λέγετε τὸ ψευδῆ ἔχειν δόξαν καὶ ἐψεῦσθαι περὶ τῶν πραγμάτων τῶν πολλοῦ ἀξίων ; « N'appelez-vous pas ignorance le fait d'avoir une opinion erronée et d'être dans l'erreur au sujet d'objets de grande importance ? »

Soph. *Ant.* 442-3 φῂς ἢ καταρνῇ μὴ δεδρακέναι τάδε ; — Καί φημι δρᾶσαι... « Avoues-tu, ou nies-tu, avoir fait ce qu'il dit (= en être responsable) ? — Oui, je déclare que je l'ai fait (= que j'ai commis cet acte) ».

Lys. 8,15 κἀκεῖνος οὔτε ἀκοῦσαι πώποτε ἔφασκεν οὔτε ἀπαγγεῖλαι πρὸς Εὐρυπτόλεμον καὶ οὐ ταῦτα μόνον, ἀλλ' οὐδὲ διειλέχθαι πολλοῦ χρόνου « et il prétendait qu'il n'en avait jamais entendu parler, ni n'était venu le rapporter à Euryptolème ; ce n'était pas seulement cela : il ne lui avait même pas parlé du tout depuis longtemps ».

L'infinitif futur, étranger à l'aspect, est naturellement exclu de cette première division.

B. L'INFINITIF ET LE TEMPS.

Trois positions doivent être envisagées : ou le temps est **exclu**, ou il est **normalement exprimé**, ou il est seulement **admis**.

a) *Temps exclu.*

§ 268. Lorsque l'infinitif rend la notion verbale dans sa **généralité**, il est étranger à toute distinction de temps, et l'emploi des différents thèmes se justifie uniquement par l'*aspect*. L'opposition avec les cas où l'infinitif exprime normalement le temps est particulièrement frappante lorsque l'infinitif est précédé de l'article : quand celui-ci équivaut à un fait *précis*, il rend le *temps* aussi fidèlement que l'indicatif auquel il correspond ; au contraire, dès qu'il note une *possibilité générale d'action*, il exclut toute considération de temps.

Dém. 8,63 ἀλλ' ἐν αὐτῷ τῷ τὴν εἰρήνην ποιήσασθαι, πόσ' ἐξηπάτησθε « mais au moment même où vous avez fait la paix (= ἐν ᾧ ἐποιήσασθε) sur combien de points n'avez-vous pas été bernés ! »

Esch. *Ag.* 1359 τοῦ δρῶντός ἐστι καὶ τὸ βουλεῦσαι πέρι « même à qui veut agir, il convient d'abord de réfléchir ». Τὸ βουλεῦσαι exprime le fait même de la réflexion.

§ 269. L'infinitif exclut le temps quand il dépend de verbes exprimant soit la **volonté personnelle**, comme βούλομαι » je veux », κελεύω « j'ordonne », soit l'**obligation abstraite**, comme δεῖ ou χρή « il faut », soit la **capacité**, comme δύναμαι « je peux », οἷός τ' εἰμί « je suis de taille à », soit la **possibilité** (d'ordre matériel ou moral), comme ἔξεστι « il est possible », ou la **convenance**, comme προσήκει « il convient ».

Plat. *Ménex.* 245 C ἠθέλησαν αὐτῷ ἐκδιδόναι... οἱ ἄλλοι σύμμαχοι... μόνοι ἡμεῖς οὐκ ἐτολμήσαμεν οὔτε ἐκδοῦναι οὔτε ὀμόσαι « les autres alliés... *consentirent à cet abandon...* ; seuls, nous n'osâmes ni les *livrer* ni *prêter serment* ». Cette traduction, empruntée à l'éd. Méridier, rend finement les différences d'aspect.

Plat. *Ménex.* 236 A τί ἂν ἔχοις εἰπεῖν, εἰ δέοι σε λέγειν ; « Qu'aurais-tu à *dire*, s'il te fallait *parler* ? » Le français met en valeur, grâce à ces deux verbes, l'opposition de l'aoriste déterminé et du présent indéterminé.

« rien n'est donc plus légitime que de rendre *un* premier hommage à leur mère elle-même », que l'on comparera à 237 D πῶς οὐχ ὑπ' ἀνθρώπων γε ξυμπάντων δικαία ἐπαινεῖσθαι ; « comment (ce pays), ne mériterait-il pas d'être l'objet *des* éloges du monde entier ? ».

§ 270. L'infinitif exclut généralement le temps quand il exprime une **détermination générale.** Celle-ci se rattache souvent, d'une façon très libre, à une *qualité* — exprimée par un nom, un adjectif, un verbe, une proposition, — avec une valeur plus ou moins *consécutive* ; mais aussi elle s'exprime dans une proposition consécutive *régulière*, introduite par ὥστε ou ὡς. Seul l'aspect commande l'emploi d'un thème de préférence à l'autre :

Soph. *O. R.* 1334 τί γὰρ ἔδει μ' ὁρᾶν, ὅτῳ γ' ὁρῶντι μηδὲν ἦν ἰδεῖν γλυκύ ; « Pourquoi *aurais-je gardé la vue*, moi qui, en la gardant, n'*aurais* rien d'agréable à *voir* ? » en face de Soph. *Aj.* 818 δῶρον... ἀνδρός... μάλιστα μισηθέντος, ἐχθίστου θ'ὁρᾶν « présent... de l'homme que j'ai le plus haï et qui me fut le plus odieux à voir (= à *regarder*) ». La détermination générale s'attache ici à des adjectifs.

β 58 οὐ γὰρ ἔπ' ἀνήρ, οἷος Ὀδυσσεύς, ὅς κεν ἀρὴν ἀπὸ οἴκου ἀμύναι.

Ἡμεῖς δ' οὔ νύ τι τοῖοι ἀμυνέμεν « car il n'y a plus personne, comme était Ulysse, pour *écarter* de cette maison le malheur. Nous, nous ne sommes pas de taille à l'en *tenir écarté* ». Infinitif libre à valeur consécutive, se rattachant à toute une proposition.

Esch. *Sept* 907 ἐμοιράσαντο δ'ὀξυκάρδιοι κτήμαθ' ὥστ' ἴσον λαχεῖν « dans la violence de leurs cœurs, ils se sont partagé le patrimoine à parts égales » en face de Ar. *Cav.* 329 ἐφάνη... ἀνὴρ ἕτερος πολύ σου μιαρώτερος ὥστε με χαίρειν « il a paru... un homme beaucoup plus répugnant que toi, de quoi me ravir ».

§ 271. L'infinitif précédé de l'article peut parfois n'exprimer que l'aspect, *même quand il s'agit d'un cas particulier*, à condition que celui-ci ne représente pas un *fait positif et constaté*, mais une *question posée à l'occasion de ce qui peut devenir un fait*. Naturellement, l'infinitif précédé de l'article exclut le temps, quand il exprime l'idée verbale en général : il n'y a là rien que de conforme à la définition donnée plus haut et, avec ou sans article, l'infinitif se comporte de la même façon.

Thc. 1,37 ...Κερκυραίων τῶνδε οὐ μόνον περὶ τοῦ δέξασθαι σφᾶς τὸν λόγον ποιησαμένων « puisque les Corcyréens ici présents ne se sont pas contentés de parler au sujet de leur accueil par vous... ». Naturellement, dans la bouche de l'adversaire, il ne s'agit pas d'un accueil *effectif*, mais de la *question* qui se pose aux Athéniens d'accueillir (ou non) la thèse de Corcyre.

Plat. *Phéd.* 67 C Κάθαρσις εἶναι ἄρα οὐ τοῦτο ξυμβαίνει, ὅπερ πάλαι ἐν τῷ λόγῳ λέγεται, τὸ χωρίζειν ὅτι μάλιστα ἀπὸ τοῦ σώματος τὴν ψυχήν, καὶ ἐθίσαι αὐτὴν καθ'αὑτὴν πανταχόθεν ἐκ τοῦ σώματος συναγείρεσθαί τε καὶ ἀθροίζεσθαι « La *catharsis* ? N'est-ce pas, comme dit la vieille tradition, le fait de *tenir* l'âme *séparée* du corps autant que possible et de lui *donner l'habitude* de se ramener, de se ramasser sur elle-même en partant de tous les points du corps ? »

b) *Infinitif exprimant normalement le temps.*

§ 272. Tout infinitif s'appliquant à des propos effectivement prononcés, ou exprimant le contenu implicite d'une pensée traduit normalement les mêmes différences de temps que *l'indicatif*, parce qu'il équivaut à un *jugement objectif* : avec cette valeur il n'est jamais précédé de l'article. De même l'infinitif — mais toujours précédé de l'article en ce cas — s'appliquant à un fait constaté (ou constatable), se comporte, pour le temps, comme l'*indicatif*.

Xén. *An.* 1, 2, 13 ('Επύαξα) ἐλέγετο Κύρῳ δοῦναι πολλὰ χρήματα « on disait qu'Epyaxa avait donné à Cyrus beaucoup d'argent ». Équivaut à : οὕτως οἱ ἄνθρωποι ἔλεγον· 'Επύαξα ἔδωκε Κύρῳ πολλὰ χρήματα.

Xén. *Mém.* 1, 1, 2 θαυμαστόν μοι φαίνεται... τὸ πεισθῆναί τινας « il me paraît étonnant... que des gens aient pu se laisser convaincre...» Équivaut à : τόδε μοι φαίνεται θαυμαστόν· ἐπείσθησάν τινες...

§ 273. Il y aura donc une parfaite correspondance entre l'infinitif et les temps de l'indicatif bâtis sur le même thème : l'*infinitif présent* représentera le *présent* et l'*imparfait* de l'indicatif ; l'*infinitif aoriste*, l'*aoriste* indicatif ; l'*infinitif parfait*, le *parfait* et le *plus-que-parfait* ; l'*infinitif futur* répond au *futur* de l'indicatif. Comme l'infinitif *avec article* s'appliquant à un **fait particulier** se comporte comme l'infinitif *sans article* à valeur déclarative, nous donnerons *indifféremment* des exemples empruntés à l'une ou à l'autre tournure :

Xén. *An.* 1, 3, 17 ἐγώ φημι ταῦτα φλυαρίας εἶναι « je déclare que ce *sont* paroles en l'air ».

Xén. *An.* 5, 8, 8 ἀνὴρ κατελείπετο διὰ τὸ μηκέτι δύνασθαι πορεύεσθαι « on allait abandonner un homme parce qu'il ne *pouvait* plus avancer ».

Plat. *Banq.* 174 A ἔφη οἷ Σωκράτη ἐντυχεῖν λελουμένον « il disait qu'il *avait rencontré* (= « *J'ai rencontré* ») Socrate bien lavé ».

Thc. 2,87 οὐ κατὰ τὴν ἡμετέραν κακίαν τὸ ἡσσῆσθαι προσεγένετο « ce n'est pas de la lâcheté de notre part qui amena la *défaite (considérée comme un état durable)* ».

Ω 546 τῶν σε, γέρον, πλούτῳ τε καὶ υἱάσι φασὶ κεκάσθαι « on dit que *tu te distinguais* entre tous (= ἐκέκασσο) par ta richesse et le nombre de tes fils ».

Thc. 7,71 ἀνέλπιστον ἦν τὸ κατὰ γῆν σωθήσεσθαι « on n'espérait plus que le salut viendrait du côté de la terre ».

Remarque. — Le futur fait pour ainsi dire la transition entre le mode *objectif* qu'est l'*indicatif* et les « *possibles* » ; de fait, l'infinitif futur s'associe à un autre infinitif modifié par ἄν *sans aucune différence de sens* : Ainsi Thc. 8,2 λογιζόμενοι,... κινδύνων τε τοιούτων ἀπηλλάχθαι ἄν... καί... αὐτοὶ τῆς πάσης Ἑλλάδος ἤδη ἀσφαλῶς ἡγήσεσθαι « spéculant sur cette idée... qu'ils *pourraient* être désormais à l'abri de tels dangers... et... qu'ils *prendraient* tranquillement la tête de la Grèce ».

274. Modifié par ἄν, l'infinitif peut équivaloir à tous les **possibles** que le grec exprime, à l'aide de l'optatif et des temps secondaires de l'indicatif. Que ces possibles soient ou non confrontés avec la réalité concomitante ; que cette confrontation soit en *accord* avec ces conditions (*potentiels*) ou en *désaccord* avec elles (*irréels*), peu importe : l'infinitif correspond, avec la même rigueur qu'à l'indicatif, aux « temps » de ces possibles. Autrement dit, l'infinitif est toujours exprimé par le même **thème** que le possible qui lui équivaudrait dans une proposition indépendante. Ainsi le *potentiel du présent-futur* sera exprimé *à la fois* par l'*infinitif présent* et l'*infinitif aoriste* — parce que la langue choisit, selon l'aspect, entre l'*optatif présent* et l'*optatif aoriste* ; en revanche l'*irréel du présent*, exprimé par l'*imparfait* de l'indicatif seulement, ne peut être rendu que par l'*infinitif présent*. Pour les possibles du passé, l'irréel sera *le plus souvent* représenté par l'*infinitif aoriste* et le potentiel *le plus souvent* par l'*infinitif présent* : mais, comme on sait, les deux thèmes peuvent être employés dans les deux derniers types d'hypothèses.

Soph. *Aj.* 263 ἀλλ' εἰ πέπαυται, κάρτ' ἄν εὐτυχεῖν δοκῶ « mais, s'il est calme, je pense que tout peut aller bien pour lui » en face de Xén. *Mém.* 1, 1, 14 τοῖς μὲν (δοκεῖ) ἀεὶ πάντα κινεῖσθαι, τοῖς δ'οὐδὲν ἄν ποτε κινηθῆναι « les uns (pensent) que tout *est* en un perpétuel mouvement, les autres que rien ne saurait jamais *se mettre* en mouvement ». On aurait, entre κάρτ' ἄν εὐτυχοίη et οὐδὲν ἄν ποτε κινηθείη, la même opposition d'aspect.

Thc. 4,40 ἀπεκρίνατο... πολλοῦ ἄν ἄξιον εἶναι τὸν ἄτρακτον (λέγων τὸν ὀϊστόν), εἰ τοὺς ἀγαθοὺς διεγίγνωσκε « il répondit... que le roseau (il appelait ainsi la flèche) mériterait beaucoup de considération, s'il savait distinguer les braves ». On aurait, à l'*irréel du présent* : πολλοῦ ἄν ἦν... εἰ διεγίγνωσκε.

Thc. 3,89 ἄνευ σεισμοῦ, οὐκ ἄν μοι δοκεῖ τὸ τοιοῦτο συμβῆναι « sans le tremblement de terre, je crois que rien de semblable ne se serait produit ». Cet irréel du passé équivaut à : εἰ μὴ σεισμὸς ἐγένετο, οὐκ ἄν τὸ τοιοῦτο συνέβη. Le potentiel du passé, plus rare, peut *aussi* être rendu par le thème d'aoriste, outre le thème de *présent* ; ainsi dans Ar. *Cav.* 1295 : φασὶ γάρ ποτ' αὐτὸν ἐρεπτόμενον τὰ τῶν ἐχόντων ἀνέρων οὐκ ἄν ἐξελθεῖν ἀπὸ τῆς σιπύης « on dit qu'un jour, bâfrant chez des gens qui avaient de quoi, il ne *pouvait* pas *arriver à sortir* du garde-manger », où l'aoriste est visiblement dû à l'aspect.

c) *Infinitif admettant le temps.*

§ 275. Un infinitif dépendant d'un verbe susceptible d'exprimer à la fois une opinion et une volonté comportera le temps dans le premier cas, mais l'exclura dans le second. De même qu'en français nous passons constamment de « dire qu'on fasse » à « dire qu'on fera », le grec aura toujours l'occasion de ne pas exprimer le temps, même pour les verbes *déclaratifs* les plus typiques, quand ceux-ci n'ont pas une valeur d'opinion : ainsi φημὶ, qui serait *déclaratif* dans la phrase οὐκ ἔφασαν πορεύσεσθαι « ils *disaient qu'ils ne marcheraient pas* », est *volontatif* dans Xén. *An.* 4, 5, 15 οὐκ ἔφασαν πορεύεσθαι « *ils refusaient de marcher* ». De même ἐλπίζειν signifie à la fois « *penser* qu'une chose *va* se produire » et « *vouloir* qu'une chose *se produise* » ; ὁμολογεῖν veut dire en même temps « *concéder* » et « *promettre* » ; δοκεῖν « se *figurer* » et « *décider* » ; ὀμνύναι « *déclarer* dans un serment » et « *s'engager* par serment » etc.

Esch. *Cho.* 527 τεκεῖν δράκοντ' ἔδοξεν « elle crut *avoir donné* le jour à un serpent », en face de Thc. 1, 139 ἐδόκει ἅπαξ περὶ ἀπάντων βουλευσαμένους ἀποκρίνασθαι « on jugea bon de *donner après délibération une seule réponse* sur l'ensemble de la question ».

ε 178 εἰ μή μοι τλαίης γε, θεά, μέγαν ὅρκον ὀμόσσαι μήτι μοι αὐτῷ πῆμα κακὸν βουλευσέμεν ἄλλο « si tu ne voulais pas, déesse, jurer par le Grand Serment que tu ne *méditeras* plus de nouveaux tourments contre moi », en face de δ 253 ὤμοσα καρτερὸν ὅρκον, μὴ μὲν πρὶν Ὀδυσῆα μετὰ

Τρώεσσ' ἀναφῆναι « j'ai promis, par un serment redoutable, de ne pas révéler la présence d'Ulysse parmi les Troyens, avant de... ».

§ 276. Les tours impersonnels, qui expriment un jugement de valeur, comme « il est bon, il est mauvais » (καλόν ἐστι, κακόν ἐστι) sont également susceptibles d'exprimer (ou de ne pas exprimer) le temps. En effet la tournure comporte assez de *généralité* pour que l'action puisse être considérée *en elle-même*, c'est-à-dire sous son seul *aspect* ; mais aussi elle peut contenir assez de *réalité concrète* pour qu'on éprouve le besoin de situer celle-ci dans le *temps*.

Théogn. 425 πάντων μὲν μὴ φῦναι ἐπιχθονίοισι ἄριστον, μηδ' ἐσιδεῖν αὐγὰς ὀξέος ἠελίου, φύντα δ'ὅπως ὤκιστα πύλας 'Αίδαο περῆσαι καὶ κεῖσθαι πολλὴν γῆν ἐπιεσσάμενον « le plus grand des biens pour les hommes de la terre, c'est de n'*être* pas *né* et de n'*avoir* pas *vu* les rayons ardents du soleil ; mais quand on est né, c'est de *franchir* le plus tôt possible les portes de l'Hadès et de dormir, en ayant sur soi un grand manteau de terre ». Φῦναι et, plus encore, ἐσιδεῖν sont des *temps* ; au contraire, περῆσαι exprime l'aspect ponctuel de « franchir » en face du duratif κεῖσθαι.

§ 277. Dans les exemples précédents, la notation du temps se justifiait au moins par une *partie* de la signification normale du verbe ; mais il y a plus : le temps peut être marqué même dans des cas où il serait naturellement *exclu*, si ceux-ci ne se rattachaient pas *implicite-ment à une pensée* ou à la considération d'un fait, *fait particulier* dûment constaté. C'est ainsi que des infinitifs de *consécution générale* et de *volonté*, peuvent (au moins en apparence) *admettre le temps*, qu'ils *excluent par définition* :

Lys. 5,2 ἐνόμιζον... οὕτως μετοικεῖν αὐτὸν ἐν ταύτῃ τῇ πόλει, ὥστε πολὺ πρότερον ἀγαθοῦ τινος τεύξεσθαι παρ' ὑμῶν ἤ... εἰς τοσοῦτον κίνδυνον κατα-στήσεσθαι « je pensais qu'étranger domicilié dans cette ville il y vivait dans des conditions *à devoir espérer* de vous une récompense plutôt que de *devoir être impliqué* dans une si grave affaire ». En dépit du caractère *général* de la consécution, le temps, marqué par le futur, indique que la phrase est dominée tout entière par le verbe ἐνόμιζον et équivaut à : ἐνόμιζον αὐτόν... οὕτω μετοικοῦντα... πρότερον τεύξεσθαι... ἢ καταστή-σεσθαι.

Ar. *Gren.* 673 ἐβουλόμην δ' ἂν τοῦτό σε πρότερον νοῆσαι, πρὶν ἐμὲ τὰς πληγὰς λαβεῖν « j'aurais bien voulu que tu y *eusses songé*, avant que *j'eusse reçu* les coups ». Malgré l'apparence, βούλομαι, introduisant un irréel du passé, n'exprime pas la *volonté*, mais le *regret qu'un fait ne se soit pas produit*. Logiquement, le v. des *Grenouilles* équivaut à ceci : ἐβουλόμην ἂν γενέσθαι τὸ σὲ πρότερον νοῆσαι « j'aurais voulu que *se produisît* (*aspect*) ce fait que tu *eusses songé* (*temps*) ». Le verbe βούλομαι admet donc ici le temps, comme le marquerait aussi bien une périphrase avec ὀφέλλω (Hés. *Trav.* 174 μηκέτ' ἔπειτ' ὤφελλον ἐγὼ πέμπτοισι μετεῖναι ἀνδράσιν, ἀλλ' ἢ πρόσθε θανεῖν ἢ ἔπειτα γενέσθαι « que j'aurais dû ne pas avoir à vivre avec les hommes de la cinquième race, mais être mort avant ou naître après !

§ 278. Puisque tant de verbes expriment à la fois l'opinion et la volonté, on peut prévoir qu'une analogie abusive empiète à la fois sur les terrains légitimes du temps et de l'aspect : il faut admettre une sorte de « zone franche » à la limite des deux emplois. Aussi bien, il arrive *plus souvent* que le *temps soit marqué là où il est logiquement injustifié* que l'inverse. D'ailleurs une critique serrée des exemples allégués en diminue beaucoup le nombre ; trop souvent des corrections prétendument nécessaires sont proposées (et même introduites dans le texte) faute d'avoir suffisamment considéré les abords de la phrase ou sa signification profonde :

Plat. *Ap.* 37 B πολλοῦ δέω ἐμαυτόν γ᾽ ἀδικήσειν καὶ κατ᾽ ἐμαυτοῦ ἐρεῖν αὐτός « il s'en faut que je doive me faire du mal à moi-même et parler contre moi ». Stahl déclare (p. 203) que cet infinitif est « sans exemple » et propose d'introduire μέλλειν dans le texte ; mais, si on se reporte au texte de·Platon, on constate que la phrase entière est sous la dépendance de la *conviction intime de l'auteur* : πεπεισμένος ἐγὼ μηδένα ἀδικεῖν, πολλοῦ δέω κ. τ. λ. Il faut donc entendre de la façon suivante : « Convaincu que je ne fais de mal à personne, je *pense* également que tant s'en faut que j'*irais* me nuire à moi-même... »

Xén. *An.* 4, 5, 15 οὐκ ἔφασαν πορεύεσθαι « ils disaient qu'ils ne marcheraient pas ». En ce passage, Stahl déclare qu'il est nécessaire d'écrire πορεύσεσθαι, parce que οὔ φημι ne pourrait avoir ici son sens volontatif de « dire non, refuser » qu'en s'appliquant à une volonté extérieure : mais en réalité, cette distinction logique est bien fragile, à supposer qu'elle soit bien fondée en fait, et οὔ φημι a été traité comme φθονέω (Cf. λ 381 οὐκ ἂν. . φθονέοιμι ἀγορεῦσαι).

§ 279. Cependant il est bien vrai qu'il y a des cas où le fait que le *temps* n'est pas considéré surprend (et ne se justifie pas *logiquement*) après un verbe de *déclaration* ou d'*opinion* ; il y a aussi les cas, plus choquants encore, où un verbe de *volonté* admet des distinctions de *temps*. Mais c'est quelque chose de naturel encore que de peu logique : c'est une sorte de « jeu » qui se produit dans le fonctionnement de l'instrument qui doit exprimer, si souvent avec le même verbe, déclaration et volonté.

Γ 28 φάτο γὰρ τίσασθαι ἀλείτην « il se disait qu'il allait tirer vengeance du coupable ». En ce passage, la majorité des mss. donne l'aoriste, la minorité le futur (adopté par certains éditeurs). Je crois cependant qu'ici intervient, non pas l'idée temporelle attendue, mais celle de l'expiation ; il se disait que c'était *l'heure de la vengeance*.

τ 215 σεῦ, ξεῖνε, ὅτω πειρήσεσθαι « j'ai l'idée, étranger, de te sonder en ce point ». Evidemment, le futur n'a pas plus de sens ici qu'il n'en aurait après βούλομαι : mais, s'il ne se justifie pas, il s'excuse par l'entraînement de la construction si fréquente du déclaratif οἴω, οἴομαι.

Plat. *Prot.* 338 E ὅμως δὲ ἠναγκάσθη ὁμολογῆσαι ἐρωτήσειν « cependant il fut contraint de consentir à l'interroger ». Il se produit un croisement naturel entre « *dire qu'on est d'accord* » et « *consentir, vouloir bien* ».

Aussi bien la spontanéité et la souplesse de ces échanges apparaît de façon frappante dans deux vers *identiques* de l'*Hymne à Apollon* dans lesquels le verbe φρονέω, selon tous les manuscrits, donne d'abord l'aoriste attendu, puis un futur injustifié :

Hymn. Apoll. v. 247 ἐνθάδε δή φρονέω περικαλλέα νηὸν τεῦξαι « j'ai idée (= je veux) de bâtir ici même un temple magnifique » et v. 287 ἐνθάδε δὴ φρονέω τεύξειν περικαλλέα νηόν. Pourtant aucune nuance de sens ne peut se déceler entre les deux, et la tradition des manuscrits est unanime.

§ 280*. **Note sur le verbe ΜΕΛΛΩ.** Le cas particulier de μέλλω est délicat, parce qu'il semble à la fois *exprimer le temps et l'exclure*. En tout cas, dès les poèmes homériques, ce verbe qui signifie à la fois *être sur le point de* et *devoir* (dans tous les sens du mot), admet l'infinitif à *tous les* « temps » : l'infinitif aoriste en particulier, tantôt atteste une valeur temporelle, tantôt ne traduit que l'aspect :

Λ 22 μέγα κλέος οὕνεκ' Ἀχαιοὶ ἐς Τροίην νήεσσιν ἀναπλεύσεσθαι ἔμελλον « la grande nouvelle, que les Achéens devaient cingler vers Troie avec leurs navires ». L'infinitif futur ne peut être que *temporel*.

Υ 451 ᾧ μέλλεις εὔχεσθαι ἰὼν ἐς δοῦπον ἀκόντων « à qui tu dois adresser une prière, en allant vers le fracas des javelines ».

ξ 133 τοῦ δ'ἤδη μέλλουσι κύνες ταχέες τ'οἰωνοὶ ῥινὸν ἀπ' ὀστεόφιν ἐρύσαι « maintenant, les chiens et les oiseaux rapides doivent *avoir arraché* la chair de ses os ». Temps rendu.

Π 46 ἦ γὰρ ἔμελλεν οἷ αὐτῷ θάνατόν τε κακὸν καὶ κῆρα λιτέσθαι « oui, il devait, pour son propre compte, supplier la Mort funeste et le Trépas ». Temps exclu.

Le verbe μέλλω, qui n'a aucun correspondant en dehors du grec, ne peut être défini dans son sens premier : la signification de « hésiter », attribuée dans l'*Etymologisches Wörterbuch* de Walde-Pokorny à une racine *mel est d'autant moins vraisemblable que μέλλω « hésiter » n'est pas homérique ; quant au rapport proposé avec μέλει μοι, il est possible et même vraisemblable, mais ne peut être démontré. Le verbe admettant des distinctions de temps, il était naturel qu'on voulût rattacher le verbe à ceux qui expriment *l'opinion* (Stahl, p. 195-6) : mais comment se fait-il qu'il soit le plus souvent indifférent au temps (Ω 46 par ex.) ? Je crois au contraire que le sens fondamental de μέλλω est « avoir à faire » puis « devoir », avec la triple valeur que nous attribuons au second verbe, quand nous disons « il *doit* sortir dans un instant (*mox egressurus est*) », « il *doit* faire beau ce matin, il *doit* être sorti (*forsitan mane tempus bonum sit, forsitan egressus sit*) », « on *doit* aimer son prochain (*debemus alios diligere*) » : il exprime à la fois la proximité *dans l'avenir*, la probabilité, la convenance et *la* nécessité morale. Sans doute le tour le plus ancien est l'impersonnel μέλλει « il y a à faire, il doit se faire », qui a rapidement passé au type personnel. Or on a vu plus haut que les tournures impersonnelles impliquant un *jugement de valeur* étaient susceptibles d'exprimer le *temps* : κρεῖττόν ἐστι μὴ γενέσθαι veut dire, selon les cas, « il vaut mieux *ne pas exister* » ou « il vaut mieux *ne pas être né* ». De même μέλλω εἰπεῖν et μέλλω λέγειν n'expriment le plus souvent que des différences d'*aspect* : cependant μέλλω εἰπεῖν peut *aussi* signifier « je dois *avoir dit* ». Quant au futur μέλλω ἐρεῖν, il n'est nullement comparable à l'infinitif temporel des verbes déclaratifs, encore qu'il soit lui-même exclusivement *temporel* : il est surajouté, comme un véritable *pléonasme*, dû au souci de renforcer l'idée de futur, et s'applique *souvent* à un *futur lointain*, tandis que μέλλω λέγειν ou μέλλω εἰπεῖν se rapportent à un *futur plus rapproché*. Autrement dit, *l'aspect commande partout l'emploi de l'infinitif*, sauf dans deux cas : lorsque l'*aoriste* est *rétrospectif*, et lorsque la langue renforce, par l'emploi du futur qui ne comporte pas d'aspect, l'idée de *proximité*, de *probabilité ou* de *nécessité immédiate* :

Dém. 18,8 μέλλων... τοῦ ἰδίου βίου παντός... λόγον διδόναι « au moment où je vais... vous rendre compte... de toute ma vie privée ». Le *duratif* est nécessaire ici : il s'agit d'une démonstration qui occupe une grande partie de la *Couronne*.

Ar. *Ois.* 367 τί μέλλετ'...ἀπολέσαι παθόντες οὐδὲν ἄνδρε ; « pourquoi allez-vous... faire périr ces deux hommes qui ne vous ont rien fait ? » Il s'agit ici d'un aspect *déterminé*.

Dém. 18, 8... ὅ τι μέλλει συνοίσειν... τοῦτο παραστῆσαι πᾶσιν ὑμῖν... γνῶναι « ce qui devra contribuer à la gloire commune.... (je demande aux Dieux) de vous l'inspirer dans votre décision ». Le futur est *éloigné* ici ; mais Démosthène insiste sur la *nécessité pressante*. Thucydide par ailleurs emploie le même infinitif pour exprimer un *futur rapproché* dans 2, 71 καθίσας τὸν στρατὸν ἔμελλε δηώσειν τὴν γῆν « après avoir fait prendre position à son armée, il allait ravager le pays ».

V. Les temps au participe.

§ 281. Aussi bien pour le participe que pour l'infinitif, il est possible de distinguer, dans tous les temps de ce mode, à l'exception du futur, ce qui relève de l'*aspect* et ce qui exprime le *temps* : cependant les choses sont plus complexes parce que le participe — *du moins dans notre langue* — exprime tantôt le *temps* absolu, tantôt le *temps* relatif. Le *temps absolu* place son objet dans le temps *par rapport au moment où l'on parle*, tandis que le *temps relatif* est en étroite corrélation avec un *verbe principal*. Par exemple, dans Thc. 2, 47 οὔτε... ἰατροὶ ἤρχουν τὸ πρῶτον θεραπεύοντες ἀγνοίᾳ « au début, les médecins n'arrivaient pas

(à combattre l'épidémie), soignant leurs malades sans la connaître »,
le participe θεραπεύοντες rend le *temps absolu*, au même titre que
ἦρκουν, ou comme le ferait une proposition explicative telle que :
ὅτι ἐθεράπευον ἀγνοίᾳ. Au contraire, en A 88, οὔ τις ἐμεῦ ζῶντος...
σοί... βαρείας χεῖρας ἐποίσει « personne, moi vivant.... ne te fera
sentir le poids de son bras », ἐμεῦ ζῶντος est *relatif* à ἐποίσει et exprime
la *simultanéité* par rapport à ce verbe (= ἕως ἂν ζῶ). Tandis que le
temps *absolu* s'exprime dans le *présent*, le *passé* ou le *futur*, le temps
relatif se traduit en *simultanéité* et en *antériorité relatives*. Tel est le
point de vue de langues comme le latin ou le français : or le grec n'exprime pas le temps relatif ; et *notre* simultanéité, *nos* antériorités relatives seront rendues par l'aspect des **thèmes**. Par exemple, un *participe
présent* exprimera, *à notre point de vue*, une *simultanéité* dans Pind.
Pyth. 10, 44 θρασείᾳ δὲ πνέων καρδίᾳ μόλεν « il arriva respirant une
noble audace » ; mais la même simultanéité — du moins pour nous —
sera exprimée par un *participe aoriste* dans εἶπε γελάσας « il dit en
riant ». En réalité le participe présent est employé parce qu'il *comporte*
une considération de *durée*, qui est *exclue* dans le cas de l'aoriste. Il
pourra exister, en gros, des *concordances* entre la *simultanéité* et le
participe *présent,* entre les *antériorités* et le participe *aoriste* ; mais ce
sont des raisons implicites toutes différentes qui amènent en grec ces
emplois : une fois de plus, nous constatons une grande **autonomie** entre
des formes verbales qui, **pour nous**, sont étroitement liées en un
système.

On étudiera successivement ce qui, dans les divers « temps » du
participe, relève de l'*aspect*, ou exprime à proprement parler le *temps* :
les équivalences avec notre temps relatif ne concernent naturellement
que la première catégorie.

A. Participe présent.

§ 282. Le *participe* présent doit au *thème* sur lequel il est formé de
pouvoir exprimer, soit l'*effort*, soit la *permanence* (cf. *supra* § 232 et 233).

Isocr. 1, 18 αἰσχρόν ἐστι διδόμενόν τι ἀγαθὸν παρὰ τῶν φίλων μὴ
λαβεῖν « il est mal de ne pas accepter d'un ami le présent qu'il *veut*
nous faire ».

Dém. 6, 30 ἔλεγον ὡς ἐγὼ ὕδωρ πίνων εἰκότως δύστροπος καὶ δύσκολός
εἰμι « ils disaient que, bien naturellement, un buveur d'eau comme
moi avait mauvais caractère et mauvaise humeur ».

§ 283. C'est l'**aspect** du thème qui justifie, sans qu'intervienne
aucune considération de temps, l'emploi du *participe présent*, dans les
cas où il y a pour nous *simultanéité* (temps relatif). Si le participe
présent rend *fréquemment* notre simultanéité, c'est parce que l'action
qu'il exprime est vue dans son *développement*. Naturellement, cet
aspect duratif est employé, quel que soit le *temps* du verbe dans la

sphère duquel le participe est, au moins à notre point de vue, compris.

Hdt. 1, 8 ἅμα κιθῶνι ἐκδυομένῳ συνεκδύεται καὶ τὴν αἰδῶ γυνή « en même temps qu'elle se dépouille de son linge, la femme se dépouille aussi de sa pudeur ».

Thc. 3, 58 ἔθαπτεν αὐτοὺς νομίζων ἐν γῇ φιλίᾳ τιθέναι « il les y fit enterrer en croyant qu'il déposait leurs corps dans une terre amie ».

ω 48 μήτηρ δ' ἐξ ἁλὸς ἦλθε... ἀγγελίης ἀίουσα « ta mère est sortie de l'onde... en entendant annoncer (ta mort) ».

Esch. Cho. 717 κοὐ σπανίζοντες φίλων βουλευσόμεθα « et ce n'est pas étant dépourvue d'amis que nous délibérerons ».

§ 284. En réalité, cette simultanéité que, poussés par les habitudes de notre propre langue, nous serions tentés d'attribuer au participe présent, est si étrangère au grec que le même participe présent recouvrira parfois des *antériorités réelles* ; de plus, nous verrons, *dans la même phrase*, également simultanés au verbe principal selon nous, des participes *aoristes* à côté de participes *présents*, pour de simples différences d'aspects :

Thc. 2, 29 πρότερον πολέμιον νομίζοντες πρόξενον ἐποιήσαντο « les Athéniens, qui le considéraient antérieurement (= l'avaient considéré) comme leur étant hostile, firent de lui leur proxène ».

Plat. Ap. 31 A ὑμεῖς δ'ἴσως τάχ' ἂν ἀχθόμενοι, ὥσπερ οἱ νυστάζοντες ἐγειρόμενοι, κρούσαντες ἄν με πειθόμενοι Ἀνύτῳ ῥᾳδίως ἂν ἀποκτείναιτε « pour vous, il pourrait se faire qu'*impatientés* comme des gens somnolents qu'on réveille, vous *fiant* à Anytos *dans un mouvement de colère*, vous me fassiez périr étourdiment ». Les trois participes ἀχθόμενοι, κρούσαντες et πειθόμενοι sont, pour nous, également simultanés par rapport à l'aoriste ἀποκτείναιτε ; mais, pour le grec, κρούσαντες est dépouillé de toute durée — nuance finement rendue dans la trad. Croiset.

§ 285. Au contraire, le participe exprime le **temps** — et équivaut à un *présent* ou à un *imparfait* de l'indicatif — quand il exprime des *actions qui sortent de la zone d'influence du verbe principal*. On doit à ce propos bien distinguer la *subordination logique* — celle d'une proposition relative, temporelle, etc., par rapport à sa principale — de la *dépendance temporelle* — celle du participe par rapport au verbe dont il exprime des modalités. Le participe montre cependant quelque autonomie en souffrant d'être remplacé par des propositions *relatives*, *temporelles*, *causales*, *concessives* qui, malgré leur subordination logique à la principale, ont un verbe indépendant par rapport au verbe principal.

Eur. Or. 546 ἀνόσιός εἰμι μητέρα κτανών, ὅσιος... τιμωρῶν πατρί « *je suis* impur *ayant tué* ma mère (= parce que...), mais pur... *vengeant* mon père ». On aurait : ὅτι τὴν μὲν μητέρα ἔκτανον, τῷ δὲ πατρὶ τιμωρῶ.

M 374 ἐπειγομένοισι δ'ἵκοντο « ils les rejoignirent, alors qu'ils subissaient une forte pression. » On aurait : ὅτε ἠπείγοντο.

Ar. *Lys.* 436 δημόσιος ὢν κλαύσεται « tout agent public qu'il est, il gémira ». On aurait (tournure rare d'ailleurs) : καίπερ ἐστί.

Thc. 2, 15 ἡ ἀκρόπολις ἡ νῦν οὖσα πόλις ἦν « ce qui est maintenant l'Acropole était toute la ville ». De même : ὃ (ἣ) νῦν ἡ πόλις ἐστί.

B. Participe parfait.

§ 286. Le *participe* parfait se comporte comme le participe présent, avec lequel il a tant d'affinités pour ce qui est de l'*aspect*, en y ajoutant la nuance particulière *d'acquisition définitive* : aussi, *dépendant du verbe de la proposition*, pourra-t-il exprimer ce qui est pour nous la *simultanéité*. Au contraire, *précédé (ou non) de l'article*, il rendra le *temps* et équivaudra à un *parfait de l'indicatif* ou à un *plus-que-parfait*, quand il est *indépendant* du verbe, dans les conditions ci-dessus indiquées :

Plat. *Rép.* 376 A ὃν μὲν ἂν ἴδῃ ἀγνῶτα, χαλεπαίνει. οὐδὲν δὲ κακὸν προπεπονθώς « (le chien) quand il voit un inconnu, fait le méchant sans avoir auparavant subi de lui aucun mal ».

Dém. 18, 176 οἶμαι (ὑμᾶς)... τὸν ἐφεστηκότα κίνδυνον τῇ πόλει διαλύσειν « je pense que vous... pourrez dissiper la menace pesant de façon permanente sur notre cité ». Équivaut à : ὃς ἐφέστηκε.

C. Participe aoriste.

§ 287. Le *participe* aoriste doit en premier lieu à son thème la valeur **inchoative** qui a été déjà signalée ; il indique alors, quel que soit le temps du verbe auquel il se rapporte, l'*entrée brusque dans un état nouveau* :

υ 272 μάλα δ'ἧμιν ἀπειλήσας ἀγορεύει « il nous *parle* en se *mettant à nous menacer* fortement ».

I 453 πατὴρ δ'ἐμὸς αὐτίκ' οἰσθεὶς πολλὰ κατηρᾶτο « mon père, *se doutant aussitôt* de la chose, m'*accablait* de ses malédictions ».

§ 288. Dans les mêmes conditions de *dépendance* au verbe de la proposition, le participe aoriste semble correspondre à notre **temps relatif**, mais avec deux valeurs opposées : il peut exprimer, non seulement la **simultanéité** (*non durative*), mais aussi *l'antériorité* au verbe de la proposition. La contradiction n'est qu'apparente : mais si la valeur de *simultanéité* (non durative) se justifie bien quand on part de l'*aspect*, l'antériorité relative semble en revanche faire intervenir des considérations de *temps*. Il faut donc montrer que le participe aoriste dépendant — qu'il rende *notre* simultanéité ou *notre* antériorité relative — est uniquement commandé par l'aspect.

§ 289. Lorsque le participe aoriste implique une **simultanéité**, c'est de façon aussi *indirecte* qu'au présent : la forme indique seulement que *toute considération de durée est exclue de l'action secondaire*. Celle-ci peut être ponctuelle par elle même ; mais le plus souvent l'aoriste est employé parce que l'action est envisagée de façon abstraite, et qu'il s'agit « *du fait de...* ». D'ailleurs si *pratiquement* le verbe de l'action principale est, lui aussi, à l'aoriste, c'est parce qu'il est naturel que l'action principale et l'action secondaire soient *également* considérées en dehors de toute durée. Mais la fréquence du tour εἶπε γελάσας « il dit en riant » ne doit nullement faire supposer qu'il existe un *lien de nature temporelle* entre l'indicatif et le participe : aussi bien, le participe aoriste exprime la même simultanéité non-durative, *quel que soit le temps du verbe principal* :

Plat. *Banq.* 187 C τὴν ὁμολογίαν πᾶσι τούτοις... ἡ μουσικὴ ἐπιτίθησιν ἔρωτα καὶ ὁμονοίαν ἀλλήλων ἐμποιήσασα « l'accord entre tous ces éléments... la musique l'*établit* en *créant* entre eux (= par le fait...) une concorde et un amour réciproques ».

ξ 364 οὐδέ με πείσεις εἰπὼν ἀμφ' 'Οδυσῆι « tu ne me *convaincras pas en ainsi parlant* (= par ce fait que...) au sujet d'Ulysse ».

θ 178 ὤρινάς μοι θυμὸν ἐνὶ στήθεσσι φίλοισιν εἰπὼν οὐ κατὰ κόσμον « tu *as soulevé* (de la colère) dans mon cœur *en parlant* de façon déplacée ». C'est le *fait* que de telles paroles ont été prononcées qui entraîne l'emploi de l'aoriste ; au contraire, si on s'intéresse à leur *développement* — quand il s'agit d'une énumération détaillée — le participe *présent* apparaît, *alors que le verbe principal est toujours à l'aoriste* ; ainsi ξ 361 ἦ μοι μάλα θυμὸν ὄρινας ταῦτα ἕκαστα λέγων « oui, *tu as soulevé* (beaucoup de pitié) dans mon cœur, *en parlant, dans le détail*, de tous les maux que tu as soufferts ».

§ 290. Certains verbes comme φθάνω « devancer », λανθάνω « échapper aux regards », τυγχάνω « se trouver » présentent un intérêt particulier parce que le participe, avec lequel ces verbes se construisent, exprime naturellement une simultanéité. Or on constate que le *participe aoriste* sert à rendre cette simultanéité *par rapport à n'importe quel temps*, et non seulement à côté d'un aoriste ; même en ce dernier cas, le *participe présent* est sinon *fréquent*, du moins possible, dès qu'une considération de *durée* intervient :

Hdt. 8, 25 οὐδ' ἐλάνθανε... ταῦτα πρήξας « il ne *passait* pas inaperçu... en commettant cet acte ».

Plat. *Gorg.* 487 D εὐλαβεῖσθαι παρεκελεύεσθε ἀλλήλοις, ὅπως μή... λήσετε διαφθαρέντες « vous vous conseilliez réciproquement..., de prendre garde à ne pas vous laisser gâter un jour (*futur* en grec) à votre insu ».

Thc. 2, 2 ᾗ καὶ ῥᾷον ἔλαθον ἐσελθόντες « c'est pourquoi ils entrèrent facilement sans se faire voir ». 'Εσελθόντες indique ici le *fait* d'entrer, l'incursion ; mais si c'est un *état* qui échappe à l'intention, le participe présent est employé, *même à côté d'un aoriste indicatif*, comme dans

Plat. *Crit.* 49 B πάλαι, ὦ Κρίτων, ἐλάθομεν ἄρα τηλικοίδε γέροντες ἄνδρες πρὸς ἀλλήλους σπουδῇ διαλεγόμενοι ἡμᾶς αὐτοὺς παίδων οὐδὲν διαφέροντες ; « Se peut-il, Criton, que depuis si longtemps, des vieux comme nous, nous ne nous soyons pas rendu compte qu'en discutant gravement nous ne différions en rien des enfants ? »

§ 291. Le participe aoriste peut-il exprimer, comme on le pense souvent, l'*antériorité relative* ? *A priori*, ce serait très surprenant. On a vu que si l'*aoriste indicatif* répond le plus souvent à notre *plus-que-parfait* (antériorité dans le passé), comme en λ 523 ὅτ' εἰς ἵππον κατεϐαίνομεν, ὃν κάμ᾽ Ἐπειός « lorsque nous allions entrer dans le cheval de bois qu'*avait construit* Épéios », cela ne tient en rien à l'aoriste lui-même, qui offre la même valeur que dans une proposition indépendante ; or le participe, c'est-à-dire une forme qui, en principe, ne comporte pas de considération de temps, serait capable d'exprimer l'antériorité relative. Wackernagel rapproche, dans ses *Vorlesungen* (I, p. 175), ces deux formules homériques courantes : ὡς ἄρα φωνήσας ἀπέϐη et καί μιν φωνήσας ἔπεα πτερόεντα προσηύδα. *A nos yeux*, il y a *antériorité relative* dans le premier exemple, et on pourra traduire « *ayant* ainsi *parlé* il s'éloigna » ; au contraire, il y a *simultanéité* dans le second, et nous disons : « *prenant* la parole, il lui adressait ces paroles ailées. » Mais, *en se plaçant au point de vue du grec*, il n'y a que deux valeurs différentes rendues également par l'aoriste : φωνήσας ἀπέϐη signifie « sur ces paroles » *sans considération de durée*, et φωνήσας προσηύδα « prenant la parole », avec une signification *inchoative*, qui *exclut toute durée*. Une idée d'antériorité ressort, pour nous, de tels participes, qui expriment en réalité tout autre chose. D'ailleurs quelques lignes d'Hérodote montreront la complète indifférence de la langue au « temps relatif » aussi bien au participe qu'à l'indicatif :

Hdt. 1, 127 ἀκούσας δὲ ταῦτα ὁ Ἀστυάγης Μήδους τε ὥπλισε πάντας καὶ στρατηγὸν αὐτῶν ὥστε θεοϐλαϐὴς ἐὼν Ἅρπαγον ἀπέδεξε, λήθην ποιεύμενος τά μιν ἐόργεε. Ὡς δὲ οἱ Μῆδοι στρατευσάμενοι τοῖσι Πέρσῃσι συνέμισγον, οἱ μέν τινες αὐτῶν ἐμάχοντο, ὅσοι μὴ τοῦ λόγου μετέσχον « quand il *eut entendu* cela, Astyage arma tous les Mèdes et, aveuglé qu'il était par les Dieux, il désigna pour les commander Harpage, *oubliant* ce qu'il lui avait fait. Les Mèdes *se mettant en campagne* en vinrent aux mains avec les Perses ; il y en eut parmi eux qui combattirent — ceux qui n'*avaient* pas *trempé* dans le complot ». Ce n'est pas fausser le sens que de faire exprimer à ἀκούσας l'antériorité relative (= quand il eut entendu), puisque cette antériorité est fondée dans la réalité ; mais ἀκούσας n'exprime pas plus, au participe, l'antériorité relative que l'indicatif correspondant μετέσχον ou le plus-que-parfait ἐόργεε — de même que la simultanéité rendue, *pour nous*, par λήθην ποιεύμενος n'est pas liée au présent. Ἀκούσας et ὥπλισε indiquent l'un et l'autre un processus dépourvu de durée, mais le second est seul à rendre, en plus, le temps ; au contraire, στρατευσάμενοι, qui est inchoatif, est dépourvu de durée, bien que se rattachant étroitement à συνέμισγον, dans lequel l'action verbale est considérée dans son développement.

§ 292. Au contraire, le participe aoriste est temporel et équivaut à un *indicatif aoriste* quand il se rapporte à des *actions indépendantes du verbe principal.* Il correspond, comme on l'a vu au présent, à une proposition *relative,* ou à une *temporelle,* une *concessive,* une *causale,* etc. Les oppositions de temps sont particulièrement nettes dans les propositions participiales dépendant d'un verbe de *sensation* : au participe *présent* de simultanéité s'appliquant à l'objet *actuellement* perçu s'oppose le participe *aoriste* indiquant que l'objet *a fait partie* de la perception :

Eur. *Hel.* 485 εἰ τὴν μὲν αἱρεθεῖσαν ἐκ Τροίης ἄγων ἥκω δάμαρτα « si j'arrive avec cette épouse que j'ai ramenée de Troie ». On aurait de même : ἣν ἀφειλόμην.

Plat. *Prot.* 314 B ἀκούσαντες καὶ ἄλλοις ἀνακοινωσώμεθα « après avoir entendu, nous communiquerons à d'autres ces propos ». Équivaut à : ὅταν ἀκούσωμεν.

Soph. *El.* 885 ἐγὼ μὲν ἐξ ἐμοῦ τε κοὐκ ἄλλου σαφῆ σημεῖ' ἰδοῦσα τῷδε πιστεύω λόγῳ « C'est pour avoir vu de mes yeux — non par ceux d'autrui — que je crois à ce que je te dis ».

Κ 47 οὐ γάρ πω ἰδόμην, οὐδ' ἔκλυον αὐδήσαντος ἄνδρ' ἕνα τοσσάδε μέρμερ' ἐπ' ἤματι μητίσασθαι « je n'ai pas encore vu — ni n'ai entendu personne qui *l'ait dit* — qu'un seul homme ait pu, en un seul jour, méditer tant d'exploits » en face de Eur. *Alc.* 371, τάδ' εἰσηκούσατε πατρὸς λέγοντος « vous avez entendu votre père vous *dire...* ».

D. Participe futur.

§. 293. Le *participe* futur, bâti sur un thème qui ignore l'aspect, n'en exprime pas moins, du fait de ce thème, les notions de *désir* et d'*intention,* dont on a souligné le caractère *semi-modal* et l'affinité avec le *subjonctif.* De fait, le participe futur fournit nombre d'exemples dans lesquels l'ancienne valeur *désidérative* est restée très nette ; dans d'autres, on a affaire à des idées de *destination,* souvent indistinctes de la finalité, et qui sont toutes proches du futur ; enfin, naturellement, il exprime aussi le *temps à venir.* Cependant, même quand le futur est le plus vigoureusement un *temps,* il subsiste quelque chose de cette valeur modale.

§. 294. C'est le *désir,* ou la *volonté,* qui justifie l'usage du participe futur après les *verbes de* mouvement : or, selon Magnien (*Fut. gr.,* p. 12). ces emplois représentent les *trois quarts* des exemples de participes futurs chez Homère, et encore près de la *moitié* dans l'œuvre d'Aristophane. Ce ne sont pas des futurs temporels ; car la proximité dans le temps de la réalisation du désir n'entre pas en considération :

Α 12 ἦλθε θοὰς ἐπὶ νῆας Ἀχαιῶν λυσόμενός τε θύγατρα φέρων τ' ἀπερείσι' ἄποινα « il vint auprès des vaisseaux rapides des Achéens avec l'intention de racheter sa fille et en apportant une énorme rançon ».

Ar. *Guêpes* 214 ἥξουσιν... οἱ ξυνδικασταὶ παρακαλοῦντες τουτονὶ τὸν πατέρα « les juges ses confrères seront ici... désirant appeler mon père que voici ».

§ 295. Mais le participe futur n'exprime pas seulement l'idée de « *voulant faire* » : il rend aussi celle de « *chargé de faire* ». La parenté entre le *désir* (et la *volonté*) d'une part et, de l'autre, l'*obligation*, est étroite — l'*obligation* n'étant autre chose qu'une *volonté qui cherche à agir sur une autre, en se plaçant au point de vue de cette dernière*. On passe naturellement de ἦλθε ποιήσων « il vint avec le *désir* de faire, *pour* faire » à ἐλθὲ ποιήσων « viens avec la *charge* de faire, *pour* faire ».

Hdt. 1, 113 τὸν μὲν ἔφερε θανατώσων παῖδα, τοῦτον παραδιδοῖ τῇ ἑωυτοῦ γυναικί « l'enfant qu'il apportait pour le faire mourir... il le remet à sa propre femme ». Ici la volonté personnelle du bouvier n'est pas en question, puisqu'il élude l'obligation émanant de l'ordre de son maître pour sauver Cyrus destiné à périr.

§ 296. Mais ces valeurs quasi-modales et subjectives étaient irrésistiblement entraînées vers le temps, c'est-à-dire vers le futur. Celui-ci ne peut exprimer que le *temps absolu*, puisqu'il ne comporte pas ces aspects qui ont au moins l'air, dans les thèmes de présent et d'aoriste, d'avoir quelque rapport avec notre *temps relatif*. C'est ainsi que l'on passe, de tournures qui ont une *apparence désidérative*, mais sont déjà entrées dans le temps, à des *futurs uniquement temporels*, équivalant à des *futurs de l'indicatif*. La *présence* ou l'*absence de l'article* se justifient suivant les mêmes règles qu'ailleurs :

Hdt. 2, 35 ἔρχομαι περὶ Αἰγύπτου μηκυνέων τὸν λόγον « je vais *pour* consacrer à l'Égypte d'amples développements ». En réalité, c'est un *futur immédiat*, comme le nôtre et avec la même périphrase : « je vais consacrer... ».

Soph. *Ant.* 460 θανουμένη γὰρ ἐξῄδη « je savais·bien que je mourrais » c'est-à-dire : « je savais bien ceci : *je mourrai* ».

Plat. *Tim.* 38 B καὶ πρὸς τούτοις ἔτι τὰ τοιάδε, τό τέ γε γεγονὸς εἶναι γεγονός, καὶ τὸ γιγνόμενον εἶναι γιγνόμενον, ἔτι δὲ τὸ γενησόμενον εἶναι γενησόμενον « il s'y ajoute encore ce principe que ce dont l'existence est acquise reste acquis, que ce qui se fait reste ce qui se fait, que ce qui se fera (= ἃ γενήσεται) reste ce qui se fera ».

§ 297. Cependant, même en des cas où nous rendrons naturellement le futur du grec par notre propre futur, il restera dans le temps quelque chose d'assez voisin d'un mode : ceci tient à ce fait que notre futur même comporte souvent de la *consécution* et *de la finalité étroitement unies*. Pour mieux faire saisir à quel point le futur occupe, en grec et aussi en français, une position intermédiaire entre le temps et le mode, il suffit d'imaginer l'exemple suivant, transposé en latin à l'aide du participe en *-urus*, qui pourtant est pénétré de finalité, lui aussi :

Soph. *El.* 1197 οὐδ' οὐπαρήξων οὐδ' ὁ κωλύσων πάρα ; « N'y a-t il personne qui te défendra et qui l'arrêtera ? » En réalité, c'est plutôt : « personne pour te défendre » *nemo qui te defendat*, tandis que serait inintelligible la phrase suivante : *Num nemo adest te defensurus* ?

VI. Les temps à l'impératif.

§ 298. Dans la théorie comme dans la pratique, la justification des temps à l'impératif constitue la question la plus délicate de la syntaxe du verbe. L'accord ne se fait que sur un seul point : *les raisons qui incitaient le sujet parlant à employer un impératif présent ou un impératif aoriste n'avaient rien à voir avec te temps*. Les deux aspects, dégagés, comme nulle part ailleurs, de toute accointance avec le temps, jouent avec une extrême liberté. Ainsi, en *trois* vers, *sans que change le verbe ni l'objet*, on passe d'un impératif aoriste à un impératif présent :

Ar. *Gren.* 1379-1381 Καὶ λαβομένω τὸ ῥῆμ' ἑκάτερος εἴπατον
καὶ μὴ μεθῆσθον πρὶν ἂν ἐγὼ σφῷν κοκκύσω.
— Ἐχόμεθα — Τοὖπος νυν λέγετον εἰς τὸν
[σταθμόν.

« Tenant en mains (les plateaux de la balance), dites tous deux chacun votre phrase ; et ne les lâchez pas avant que j'aie crié : Coucou ! — Nous les tenons. — Hé bien ! Dites donc tous deux votre vers, en vous tenant au-dessus de la balance. » Il s'agit du même acte ; mais, semble-t-il, le vers est considéré d'abord comme une *unité*, tandis qu'ensuite il est considéré comme formé d'une *suite de syllabes articulées*.

Cette liberté est si grande que, dans un certain nombre d'exemples, la différence entre le présent et l'aoriste finit par devenir *imperceptible*, du moins pour nous. Pourquoi l'orateur dit-il au greffier qui doit donner lecture des pièces : λέγε, mais : ἀνάγνωθι, sans jamais se servir de : εἰπέ ni de : ἀναγίγνωσκε ? Aussi a-t-on pu penser que, mis à part un certain nombre d'usages clairs et assurés, la justification des emplois nous échappait tout à fait. D'autres, au contraire, ont voulu ramener des emplois si variés à un *principe unique d'explication* : mais ils ont de la peine à rejoindre la diversité des cas *singuliers*, tandis que les premiers sont hors d'état de tirer d'observations, souvent fines et fondées sur la connaissance de la langue, la raison profonde de ses emplois.

§ 299. La question se complique encore de ce fait que, si l'impératif exprime au **présent** et à l'**aoriste** des ordres positifs, *il ne recourt pour ainsi dire jamais à l'aoriste* pour des ordres **négatifs** : on dit ποίει et ποίησον, et μὴ ποίει ; mais seulement μὴ ποιήσῃς — le tour μὴ ποίησον étant *presque sans exemple*, et μὴ ποιῇς *inconnu à la langue*. De plus, les *troisièmes personnes* de l'impératif, de création récente, ne se comportent pas comme les *deuxièmes personnes*, qui sont caractéristiques du mode (§ 205). On ne s'accorde guère poùr *dater* relativement ces emplois divers : tandis que les uns voient, dans μὴ ποιήσῃς le souvenir d'un « injonctif » indo-européen, les autres font justement remarquer que ce subjonctif, loin de constituer un archaïsme, ne semble s'être développé qu'après Homère. Quoi qu'il en soit, *il n'y a pas de symétrie* entre l'expression de l'ordre et celle de la défense (cf. § 205) ; aussi bien, en grec moderne, cette dissymétrie subsiste en partie : un ordre *positif* s'exprime *à la fois* à l'*impératif* et au *subjonctif* (γράφε/γράψε et νὰ γράφῃς | νὰ γράψῃς), à la différence de l'ordre *négatif*, pour lequel seul le *subjonctif* (νὰ μὴ(ν) γράφῃς | νὰ μὴ(ν) γράψῃς) est possible.

§ 300. L'impératif permet, je crois, de dégager ce qu'il y a de plus profond dans cette *antinomie présent-aoriste*, dont tant de cas particuliers oñt souligné l'importance fondamentale : le présent est essentiellement **indéterminé** dans son aspect, tandis que l'aoriste est **déterminé**[1]. L'*aoriste* insiste sur le *sens et la direction de l'action*, sur son *objet*, sur les conditions *précises* dans lesquelles il se manifeste ; au contraire, le *présent*, accordant toute son attention au développement de la *durée*, *s'intéresse peu à son objet* (quand il existe), et place l'action dans des *conditions qui excluent un terme précis* — qu'il s'agisse de *durée continue*, de *répétition indéfinie*, ou de *durée continuée*. Je crois que les diverses modalités d'indétermination du présent et de détermination de l'aoriste peuvent être résumées dans le tableau suivant dans lequel, en prenant ποιῶ comme exemple, on a marqué le point de vue positif et le point de vue négatif.

§ 301. I. **Présent indéterminé.**

A. *Indétermination de l'*objet : ποίει « agis » (sans considération précise d'objet) et μή ποίει « n'agis pas » (mêmes conditions).

B. *Indétermination des* modalités *de l'action*. Celle-ci peut être *itérative, durative, durative-continuée*.

a) *itérative* : ποίει « agis » (que l'action se manifeste par une *série d'actes* ou qu'elle *se répète*) et μὴ ποίει « n'agis pas » (mêmes conditions).

b) *durative* : ποίει « agis » (l'action comportant une durée *intéressante*) et μὴ ποίει « n'agis pas » (mêmes conditions).

1. Faute d'avoir pu trouver un adjectif comportant également un substantif qui rendît ma pensée, j'ai dû recourir au couple de contraires *déterminé/indéterminé*, alors que ces termes sont employés couramment par tout le monde (sans m'excepter) avec une valeur différente. Mais au fond, il s'agit d'une seule et même tendance : d'une part, *orientation vers l'objet*, intérêt porté aux conditions *précises* de l'action, et de l'autre, *mouvement dirigé* ; d'une part, *indifférence à l'objet*, *faible intérêt* porté aux conditions de l'action, et de l'autre, mouvement *qui ne comporte pas de terme*. Je regrette aussi que le « temps » appelé ἀόριστος soit, d'une façon paradoxale, défini comme *déterminé* : mais on a vu que, pour les Stoïciens qui ont inventé ce terme, l'indétermination signifiait l'absence de considérations subjectives et de durée (§ 240).

c) *durative-continuée* : ποίει « agis » (comme tu fais), c'est-à-dire
« *continue* à agir ainsi » et μὴ ποίει « n'agis pas » (comme tu fais), c'est-
à-dire « *cesse* d'agir ainsi ».

§ 302.   II. Aoriste déterminé.

A. *Détermination de l'*objet : ποίησον « fais ceci » (avec objet précis)
et μὴ ποιήσῃς « ne fais pas ceci » (mêmes conditions).

B. *Détermination des* modalités *de l'action*. Celle-ci peut être *singulière, ponctuelle, exclusive de toute durée*.

a) *singulière* : ποίησον « fais ceci » (en excluant pour l'action la possibilité de s'exprimer par une série d'actes ou de se répéter) et μὴ ποιήσῃς
« ne fais pas ceci » (mêmes conditions).

b) *ponctuelle* : ποίησον « fais ceci » (l'action étant considérée en dehors
de toute durée) et μὴ ποιήσῃς « ne fais pas ceci »:

c) *exclusive de toute durée* : ποίησον « fais immédiatement ceci », et
μὴ ποιήσῃς « ne fais absolument pas ceci ».

§ 303. Il nous a paru nécessaire de justifier les divisions de ce tableau
de deux façons :

1º Il faut montrer que, dans des conditions homogènes comportant
un assez grand nombre d'exemples de même sens, l'usage attesté répond
aux distinctions proposées.

2º Il est nécessaire de prouver que le tableau s'accorde avec des
observations empiriques, mais certaines, sur les emplois d'impératif et
qu'il apporte quelque lumière aux difficultés reconnues dans la valeur
respective des deux thèmes.

§ 304. Pour répondre à la première question, nous avons fait, dans
le *Gorgias* de Platon, le dépouillement des impératifs positifs et négatifs
ainsi que des subjonctifs aoristes de défense : il a paru intéressant de
retenir les exemples de présents et d'aoristes pour le sens de « répondre », particulièrement fréquents dans un dialogue fort animé.

I. Présent.

A. « faire réponse » 474 C ἀποκρίνου « réponds ». 496 C εὖ μάλα σκε-
ψάμενος ἀποκρίνου « après avoir bien réfléchi, réponds·». 498 A Ἀλλὰ
τί τοῦτο ; — Οὐδέν. — Ἀλλ' ἀποκρίνου « Mais à quoi cela tend-il ? —
A rien — Réponds seulement ». 497 B ἀποκρίνου καὶ ἡμῶν ἕνεκα
« réponds, quand ce ne serait que pour nous ». 515 C Ὡμολογήκαμεν ἢ
οὔ ; — Ἀποκρίνου « Sommes-nous d'accord, oui ou non ? — Réponds. »

Ba. « faire les réponses » 448 A Ἀποκρίνου. — Ἐρώτα « Réponds à
mes questions — Pose m'en ! ». 462 B καὶ νῦν δὴ τούτων ὁπότερον βούλει
ποίει, ἐρώτα ἢ ἀποκρίνου — Ἀλλὰ ποιήσω ταῦτα. — Καί μοι ἀπόκριναι.

ἐπειδὴ Γοργίας... « Hé bien ! choisis maintenant le rôle que tu veux, pose les questions ou *réponds-y*. — C'est bien ce que je vais faire. — *Réponds donc à cette question* : puisque Gorgias... ».

II. AORISTE.

A. « **Répondre à cette question** » 450 C ἀλλ' ἀπόκριναι · εἰσὶν ἡμῖν τέχναι ; ἦ γάρ ; « Réponds à cette question : il y a des arts chez nous ? N'est-il pas vrai ? ». 462 B (cf. § précédent). 449 D ἀπόκριναι οὕτως καὶ περὶ τῆς ῥητορικῆς, περὶ τί τῶν ὄντων ἐστὶν ἐπιστήμη ; « Réponds à cette question qui concerne la rhétorique : de quel objet est-elle la science ? ». 463 C ἀπόκριναι ὁποῖον μόριον (τῆς κολακείας) ἡ ῥητορική ἐστιν « Réponds à cette question : Quelle partie de l'art du flatteur constitue la rhétorique ? ».

Bc. « **répondre sans délai** » ἀπόκριναι δή « Réponds donc ! ». 505 D ἀπόκριναι οὖν καὶ τὰ λοιπά, ἵνα ἡμῖν ὁ λόγος κεφαλὴν λάβοι « réponds donc tout de suite en disant ce qui reste à dire, pour que notre discussion s'achève ».

§ 305. Examinons maintenant, en nous servant du tableau proposé, quelques difficultés reconnues et quelques constatations d'expérience. Il y a des cas où la conviction des partisans résolus de la distinction des deux thèmes semble fléchir, tant les conditions apparaissent *identiques*, alors que les deux thèmes sont successivement employés. « La distinction entre l'aoriste et le présent est souvent presque imperceptible pour nous », avouent Kühner-Gerth (II p. 191). En particulier, ils citent deux couples d'exemples, que nous reprenons :

E 684 μὴ δή με ἕλωρ Δαναοῖσιν ἐάσῃς κεῖσθαι « ne laisse pas mon corps devenir *la* proie des Danaens ».

X 339 μή με ἔα παρὰ νηυσὶ κύνας καταδάψαι 'Αχαιῶν « ne laisse pas les chiens mettre en pièces mon corps près des vaisseaux des Achéens ».

En réalité, E 684 est *déterminé* en modalité *singulière* (Ba) : Sarpédon demande que son corps ne soit pas abandonné sur le terrain pour être *la* proie des Danaens ; au contraire, X 339 est *indéterminé*, en modalité itérative ou durative à la fois (Aa, Ab) : Hector demande que son corps ne soit pas abandonné, destiné à être *une* proie déchirée par des chiens qui viendront souvent (ou longtemps) insulter ses restes.

Soph. *Phil.* 1075 μείνατ', εἰ τούτῳ δοκεῖ, χρόνον τοσοῦτον, εἰς ὅσον τά τ' ἐκ νεὼς στείλωσι ναῦται « restez, s'il y consent, juste le temps qu'il faudra pour que les marins appareillent ».

Xén. *An.* 5, 1, 4 περιμένετε ἔστ' ἂν ἐγὼ ἔλθω « restez jusqu'à mon retour ».

Les conditions de l'attente ne sont pas les mêmes de part et d'autre. La première est *déterminée dans son objet* et *ponctuelle* (II A et B*b*) : il ne s'agit que d'un instant d'attente, pendant une manœuvre assez courte ou, du moins, de durée insignifiante. Au contraire la seconde est *indéter-*

minée dans son objet et *durative* (I A et B*b*) : Chirisophe a beau assurer aux Grecs désireux de s'embarquer qu'il reviendra bientôt (ἥξω ταχέως) ; le terme de l'attente n'est pas visible, et il faudra aux Grecs de la patience (préverbe περι-).

On a remarqué qu'une prière adressée à la divinité est presque toujours exprimée à l'*aoriste*, tandis que les requêtes que les hommes s'adressent entre eux sont plus souvent au présent qu'à l'aoriste (voir F. W. Mosley, *Notes of the Biblical Use of the Present and Aorist Imperative, Jouén. Théol . Stud.*, IV, 279-281 et E. Kieckers *I. F.* ,24, 1909, p. 10-17).

Ainsi, selon la statistique donnée par M. Kieckers pour Euripide, il y aurait, dans les rapports entre les humains et la divinité, 72 aoristes contre 17 présents et, dans les rapports entre humains 59 présents contre 30 aoristes. Est-ce à dire que les hommes, dont la destinée est brève, savent qu'ils doivent presser les Immortels d'exaucer leur requête ? C'est possible, et l'emploi de l'aoriste répondrait à B*c* du tableau. L'impatience d'un être éphémère peut jouer un rôle, mais celui-ci n'est pas le plus important. Il suffit de comparer le texte de l'*Oraison dominicale* en Luc et en Mathieu :

Luc 11, 3 τὸν ἄρτον ἡμῶν τὸν ἐπιούσιον δίδου ἡμῖν τὸ καθ' ἡμέραν « notre pain de vie (?) donne-le nous *chaque jour.* »

Matth. 6, 11 τὸν ἄρτον ἡμῶν τὸν ἐπιούσιον δὸς ἡμῖν σήμερον «notre pain de vie (?), donne-le nous *aujourd'hui.*» La prière, en Mathieu, a un contenu déterminé et singulier (II B*a*) ; la formule de Luc est indéterminée et durative (I B*a*).

S'il y a tant de prières exprimées à l'aoriste, c'est peut-être parce que toute prière de demande est *déterminée* dans ses termes et dans son objet, et, au moment même où elle est prononcée, *individuelle* et *pressante.*

CHAPITRE VIII

LES MODES DANS LES PROPOSITIONS DÉPENDANTES

I. Propositions complétives.

§ 306. A propos de toute proposition subordonnée la question se pose de savoir si elle est (ou non) **complétive** : on désigne ainsi toute proposition qui, équivalant logiquement à un *substantif* dont la fonction s'exprimerait par un *cas* de la *flexion*, est *indispensable* à l'expression de la pensée contenue dans le *verbe principal*. Par exemple « je déclare *qu'il est bon* » ne diffère pas de : « je proclame sa *bonté* » ; la complétive vaut un *régime direct (accusatif)*. Ailleurs, dans une tournure telle que « je m'étonne *que tu attendes* », la complétive peut être remplacée par un *génitif* (ablatif) de point de départ : θαυμάζω σε τῆς ἐλπίδος ; la tournure« je m'indigne *de le voir méchant* » n'est autre chose qu'un *datif*, qui apparaîtrait dans ἀγανακτῶ τῇ κακίᾳ αὐτοῦ. Il convient d'insister sur ce fait que la dénomination de complétive se fonde uniquement sur le *sens* de la proposition subordonnée et sur la *fonction* qu'elle remplit par rapport à la principale : *aucun indice formel n'est attaché à l'expression des complétives*. Assurément, *pratiquement*, nombre de complétives sont introduites par ὡς ou par ὅτι : mais ces conjonctions peuvent introduire bien autre chose que des complétives ; réciproquement, une subordonnée, issue de juxtaposition, qui n'est introduite par aucune conjonction, comme μὴ ἀληθὲς ᾖ dans φοβοῦμαι μὴ ἀληθὲς ᾖ, n'est pas moins complétive que λέγω ὅτι ἀληθές ἐστιν, parce qu'elle équivaut à φοβοῦμαι τὴν ἀλήθειαν. Aussi bien, des conjonctions qui sont le plus souvent affectées à l'expression de la finalité ou de l'hypothèse, comme ὅπως ou εἰ, peuvent introduire une complétive, à condition que l'équivalence fondamentale soit assurée : τὸν ποιμένα δεῖ ἐπιμελεῖσθαι ὅπως αἱ οἶες τὰ ἐπιτήδεια ἕξουσι « le berger doit veiller à ce que ses brebis aient ce qui leur est nécessaire » pourrait être remplacé par : « doit veiller *aux besoins nécessaires* du troupeau », de même que ἀγανακτῶ εἰ τοῦτο λυπεῖ σε « je m'indigne de voir que cela te chagrine » n'est autre chose que « je m'indigne *de ton chagrin* ».

§ 307. Ces propositions, formellement si diverses mais logiquement identiques, se sont développées dans trois directions principales : *jugement, action, perception*. Les propositions de **jugement** expriment *l'attitude mentale* du sujet parlant : cette pensée peut s'énoncer dans une *déclaration indirecte*, ou rester *implicite*. Les propositions d'*action* expriment la **volonté** qui tend vers un but, ou les *conditions* même de l'action : autrement dit, l'action que comporte le verbe principal peut être considérée soit comme *émanant d'une personne* (*volonté*), soit comme *résultant d'un ensemble de circonstances générales*, (*nécessité*, *possibilité*, etc.). Quant aux propositions de **perception**, elles expriment la *prise de possession de la réalité* par le sujet parlant : c'est « l'appréhension » du réel par les *organes des sens* (ou ce qui peut leur être comparé) ; ce sont les réactions diverses de la *sensibilité* au contact de la réalité. Enfin, il faut réserver une place à part aux **interrogatives indirectes** : ce sont avant tout des *propositions de jugement* ; mais le fait qu'elles posent une *question* (au lieu d'exprimer une *pensée*) entraîne l'intervention de la volonté et de l'action.

A. Propositions de jugement.

§ **308.** En principe, tout verbe comportant une *opération de l'esprit* et, au premier chef, un **jugement** qui peut être traduit par la *parole* ou rester *implicite*, exprime son complément soit dans une *proposition* **infinitive**, soit dans une *proposition* **conjonctive** généralement introduite par ὡς ou par ὅτι. *Théoriquement, les deux procédés d'expression sont également possibles* : *effectivement*, certains verbes admettent couramment les deux constructions ; mais aussi, pour tel verbe, la *pratique* enseigne que l'une des deux tournures *prévaut* au point d'exclure sa rivale : si λέγω admet à la fois l'infinitive et la conjonctive, φημὶ ne se construit jamais avec ὡς ni ὅτι. De plus, l'usage enseigne que ὅτι et ὡς, souvent interchangeables, peuvent aussi comporter des *différenciations de sens* assez nettes. Quoi qu'il en soit, la facilité avec laquelle les auteurs passent du type infinitif au type conjonctif, allant même jusqu'à les contaminer d'une façon illogique, mais compréhensible, fait apparaître à plein l'équivalence foncière des deux procédés d'expression :

Thc. 8, 78 οἱ στρατιῶται... διεβόων, ὡς... φθείρεται τὰ πράγματα ...τὸν δ᾽ αὖ Τισσαφέρνην τάς τε ναῦς... οὐ κομίζειν καὶ τροφὴν ὅτι οὐ ξυνεχῶς οὐδ᾽ ἐντελῆ διδοὺς κακοῖ τὸ ναυτικόν « les soldats... criaient partout... que la situation était compromise... que, de son côté, Tissapherne n'amenait pas les navires en question et que... n'assurant pas le ravitaillement de façon constante ni effective... compromettait le succès de la flotte ».

Xén. *Cyr.* 2, 4, 15 ἀκούω ὅτι καὶ συνθηρευτάς τινας τῶν παίδων σοι γενέσθαι αὐτοῦ « on m'a dit que plusieurs de ses fils sont tes compagnons de chasse ».

§ **309.** Il est impossible d'établir une liste, si grossière soit-elle, des verbes qui admettent les deux constructions, ou ont généralisé l'une au détriment de l'autre. *En principe*, les verbes qui indiquent une *activité intellectuelle excluant une perception du réel* relèvent de la catégorie considérée. Cependant il y a lieu de faire des distinctions, Les uns lui appartiennent de façon *constante*, comme « *dire* », « *penser* », « *croire* » et les verbes qui s'y rattachent ; mais il en est d'autres qui, en *raison des sens variés qu'ils expriment, comportent* (ou *non*) *une perception du réel* : suivant le cas, la complétive est participiale, ou infinitive-conjonctive ; d'autres encore n'appartiennent à la catégorie que d'une façon *exceptionnelle et occasionnelle.* Pour les premiers, on peut avoir affaire à une *affirmation* (φάσκειν), ou à une *dénégation* (ἀρνεῖσθαι) ; la pensée peut être exprimée *directement par la parole* (λέγειν, ἀγορεύειν), ou *indirectement* et par un *intermédiaire quelconque* (γράφειν, ἀγγέλλειν) ; elle se teinte de *sentiments* et d'*attitudes* variés — *menace* (ἀπειλεῖν), *aveu* (ὁμολογεῖν), *promesse* ou *serment* (ὑπισχνεῖσθαι, ὀμνύναι). Quant aux seconds, ils relèvent à la fois des verbes de perception et des verbes de jugement : quand αἰσθάνομαι exprime la *perception d'un état de chose existant,* il est complété par une proposition *participiale* ; mais lorsqu'il s'agit d'une *aperception intellectuelle* ou *affective,* la complétive est de type *conjonctif* ou *infinitif.* Le passage d'un type à l'autre est si fréquent que même un verbe *excluant couramment la construction infinitive* — comme *savoir* — l'admet sous de certaines conditions, de même qu'un verbe de jugement nettement caractérisé — comme *nier* — peut, à l'occasion, être complété par une *proposition participiale.* Il en résulte nécessairement que les listes qu'on établirait ne pourraient qu'être *trop courtes et trop longues à la fois* : trop courtes, parce qu'elles ne tiendraient pas compte des cas mixtes, ou occasionnels ; trop longues, parce qu'on y ferait figurer des verbes qui n'expriment pas nécessairement une activité intellectuelle pure.

Soph. *O. R.* 362 φονέα σὲ φημὶ τἀνδρὸς οὗ ζητεῖς κυρεῖν « j'affirme que tu es le meurtrier de l'homme dont tu recherches l'assassin ».

Xén. *Mém.* 4, 4, 11 ἥσθησαί μου ψευδομαρτυροῦντος ; « m'as-tu vu rendre un faux témoignage ? »

Xén. *Mém.* 1, 4, 13 ψυχή... θεῶν... ἥσθηται ὅτι εἰσίν « l'âme... a le sentiment, pour ce qui est des Dieux, qu'ils existent ».

Soph. *Ant.* 473 ἀλλ' ἴσθι τοι τὰ σκλήρ'... ἄγαν φρονήματα πίπτειν μάλιστα « mais sache bien que les esprits trop opiniâtres... sont les plus sujets à se laisser abattre ». Il ne s'agit pas là d'un savoir *positif,* ayant un *objet réel* ; ce n'est qu'un *rappel* : « songe que... ».

Eur. *Alc.* 1158 οὐ γὰρ εὐτυχῶν ἀρνήσομαι « je ne nierai pas que je suis heureux ». Dans presque tous les cas, « nier » (cf. plus haut) entraîne une complétive infinitive ou conjonctive : ici le participe de perception du réel l'emporte parce que, dans le cas présent, l'essentiel est moins dans la *déclaration négative* (οὐκ ἀρνήσομαι) que dans la *non-dissimulation d'un état de choses réel* (οὐκ ἀποκρύψομαι ὑμᾶς εὐτυχῶν « je ne vous dissimulerai pas mon bonheur *effectif* »).

§ 310. De même, *en principe,* l'équivalence est aussi complète entre ὡς et ὅτι qu'entre le type conjonctif et le type infinitif ; mais, *en pratique,* la coexistence des deux conjonctions a parfois entraîné des différenciations de sens qui, pour être d'origine secondaire, n'en sont pas moins importantes : en général, on emploie ὡς quand le jugement énoncé comporte des *réserves* — comme quand le verbe principal est *négatif* ou quand on ne prend pas *à son compte* ce que dit quelqu'un.

Xén. *An*. 1, 3, 5 οὔποτ᾽ ἐρεῖ οὐδείς,ὡς ἐγώ ... τὴν τῶν βαρβάρων φιλίαν εἱλόμην « non, jamais personne ne dira que, moi... j'ai donné mes préférences à l'amitié de ces Barbares ».

Lys. 7, 34 λέγων ὅτι μοι πάντες ἔτι εἰσὶν οἱ θεράποντες « en disant — le prévenu parle de lui-même et donne ses propos comme un *fait* — que j'ai encore tous mes serviteurs » en face de Lys .12, 22 λέγουσιν ὡς οὐδὲν κακὸν οὐδ᾽ αἰσχρὸν εἰργασμένοι εἰσίν « ils disent — ce sont ses adversaires — qu'ils n'ont à leur actif rien de honteux ni de déshonorant ».

§ **311.** Logiquement inséparables des complétives se rattachant explicitement à un verbe sont d'autres complétives qui, introduites par une conjonction — le plus souvent ὡς ou ὅτι —, donnent, pour ainsi dire, le *contenu* d'une *phrase* ou d'un *mot*, ce que l'on *met* dans cette phrase ou dans ce mot. Ces valeurs de ὡς et de ὅτι sont comparables à celles du latin *quod* « à savoir que ». C'est d'ailleurs également une complétive *sans verbe déclaratif* qui est à l'origine de ce qu'on considère comme le ὡς à valeur explicative, traduit généralement par « car », en tête de phrase :

Plat. *Ménex.* 241 B τοῦτο ἄξιον ἐπαινεῖν τῶν... τότε ναυμαχησάντων, ὅτι τὸν ἐχόμενον φόβον διέλυσαν τῶν...Ἑλλήνων « il vaut la peine de célébrer les marins..., qui ont alors combattu, sur ce point que (= je veux dire que...), grâce à eux, la Grèce a été délivrée du second objet de ses craintes. »

Soph. *Phil.* 914 τί ποτε λέγεις, ὦ τέκνον ; ὡς οὐ μανθάνω.. « Que dis-tu donc, mon enfant ? Car je ne comprends pas. » Il s'agit d'une complétive se rattachant implicitement à la déclaration suivante : « je t'assure que je ne comprends pas ».

Remarque. — Si on constate qu'en attique beaucoup de verbes admettent également l'infinitif et la conjonction, ce serait une erreur de croire que cet équilibre soit ancien, ni qu'il se soit maintenu dans la langue. Chez Homère, la complétive des verbes de jugement est de type infinitif : mais on voit le type conjonctif prendre progressivement de l'importance. Il semble, en particulier, que la langue ait tenu à l'opposition, qui repose sur l'emploi de ὡς /ὅτι, entre un jugement donné avec réserve et un jugement donné sans réserve : le g. m. différencie, dans la même intention, deux conjonctions également très voisines : on dit σοῦ λέω πού εἶναι ἄρρωστος « je te dis qu'il est malade », mais φαίνεται πώς εἶναι ἄρρωστος « il paraît qu'il est malade ».

§ **312.** *En principe*, une complétive de jugement, *qui ressortit au style* indirect, doit s'exprimer aux mêmes *modes* que le *jugement lui-même posé en style direct* : λέγω (ἔλεγον) ὅτι ἀσθενής ἐστι « je dis (je disais) qu'il est (ou, en français : était) malade » présente le même emploi de l'indicatif que la phrase directe : τόδε λέγω· Ἀσθενής ἐστι. Ce principe s'applique — *sans autre restriction que l'usage de l'optatif de subordination secondaire* — *à toutes les complétives de forme conjonc-*

tive : il en résulte que, dans la complétive, non seulement un *indicatif* répond à un *indicatif du style direct*, mais encore les *optatifs de possibilité* dans le présent futur aussi bien que les *irréels du présent ou du passé* gardent *sans changement* le mode ou la locution modale du style direct.

Soph. *El.* 560 λέξω δέ σοι ὡς οὐ δίκῃ γ᾽ ἔκτεινας « je te dirai que c'est contre toute justice que tu as tué ». De même, en style direct : « Οὐ δίκῃ γ᾽ ἔκτεινας ».

Xén. *An.* 2, 1, 10 ἀπεκρίνατο ὅτι πρόσθεν ἂν ἀποθάνοιεν ἢ τὰ ὅπλα παραδοίησαν « il répondit qu'ils mourraient avant de livrer leurs armes » De même, en style direct : « Πρόσθεν ἂν ἀποθάνοιμεν... ἢ παραδοῖμεν ».

Plat. *Rép.* 330 A ἀπεκρίνατο... ὅτι οὔτ᾽ ἂν αὐτὸς Σερίφιος ὢν ὀνομαστὸς ἐγένετο οὔτ᾽ ἐκεῖνος Ἀθηναῖος « (Thémistocle) répondit... qu'il n'aurait pas été illustre, s'il avait été de Sériphos, ni l'autre, s'il avait été Athénien ». De même, en style direct : « Οὔτ᾽ ἂν ἐγὼ αὐτός... ἐγενόμην... οὔτ᾽ ...ἂν σύ... ἐγένου ».

Lys. 10, 25 (ἔλεγεν) ὅτι κρεῖττον ἦν αὐτῷ τότε ἀποθανεῖν « (il dit) qu'il valait mieux alors pour lui de périr ». En style direct : « Κρεῖττον ἦν μοι... » Toute confusion avec un indicatif est exclue, puisque la langue peut dire, soit ἔλεγεν ὅτι κρεῖττόν ἐστιν, soit ἔλεγεν ὅτι κρεῖττον εἴη, au sens de « il disait qu'il était préférable », mais non, au moins en principe, ἔλεγεν ὅτι κρεῖττον ἦν.

§ 313. A la différence de ce qu'on vient de voir pour les complétives conjonctives, les complétives de type infinitif semblent exclure radicalement toute correspondance *modale* avec les phrases du style direct, puisque l'on a d'une part l'*infinitif*, de l'autre l'*indicatif*, et que λέγω αὐτὸν τεθνάναι « je dis qu'il est mort » diffère de : οὕτω λέγω· Τέθνηκε « Voici ce que je dis : « Il est mort ». Mais la correspondance entre les deux moyens d'expression reste rigoureuse dans les *thèmes*, à défaut des *modes* : en effet, sauf au futur, il faut se garder de parler de *temps*, alors qu'il s'agit d'*aspects*, encore que ces infinitifs soient susceptibles, *secondairement*, mais *couramment*, de rendre, en plus de l'aspect, le temps. L'infinitif exprimera le **temps** quand il est le substitut *d'un indicatif de constatation* : ainsi l'*infinitif présent* recouvre un *indicatif présent* (ou *imparfait*) ; l'*infinitif futur* ne peut être autre chose que l'équivalent du *futur indicatif* ; l'*infinitif aoriste* correspond à l'*aoriste de l'indicatif* et l'*infinitif parfait* répond à la fois au *parfait* de l'indicatif et au *plus-que-parfait*. Au contraire, l'infinitif n'est qu'**aspect** lorsque, *accompagné* de ἄν, il rend les divers « **possibles** » qui seraient exprimés, en style direct, par l'*optatif* et les *temps secondaires de l'indicatif* : l'infinitif futur étant exclu (du moins en attique), l'infinitif parfait étant assez rare, on peut poser en principe que tout *infinitif* (*présent* ou *aoriste*) correspond *rigoureusement* à un *optatif* (*présent* ou *aoriste*), ou à un *temps secondaire de l'indicatif*, que celui-ci soit bâti sur *thème de présent* ou sur *thème d'aoriste*.

Thc. 4, 28 οὐκ ἔφη αὐτὸς ἀλλ᾽ ἐκεῖνον στρατηγεῖν « il disait que ce n'était pas lui-même qui commandait en chef, mais l'autre ». Style direct : οὐκ ἐγὼ αὐτός, ἀλλ' ἐκεῖνος στρατηγεῖ.

Thc. 4, 28 ἔφη... ἐντὸς ἡμερῶν εἴκοσι ἢ ἄξειν Λακεδαιμονίους ζῶντας ἢ αὐτοῦ ἀποκτενεῖν « il avait dit qu'en moins de vingt jours il ramènerait les Lacédémoniens prisonniers ou qu'ils les massacrerait sur place ». Style direct : ἄξω ἢ ἀποκτενῶ.

Xén. *Cyr.* 1, 2, 1 ὁ Κῦρος λέγεται γενέσθαι Καμβύσεω « on dit que Cyrus était le fils de Cambyse» Style direct : Κῦρος ἐγένετο.

Dém. 29, 37 φησὶν αὐτὸς αἴτιος γεγενῆσθαι « il déclare lui-même qu'il en est responsable ». Style direct : αἴτιος γεγένημαι.

Xén. An. 2, 3, 18, οἶμαι γὰρ ἂν οὐκ ἀχαρίστως μοι ἔχειν « je pense que je ne trouverais pas d'ingratitude... ». En style direct, optatif *présent* exprimant le *potentiel* du présent futur : οὐκ ἂν ἀχαρίστως μοι ἔχοι.

Thc. 2,20 τοὺς δ' Ἀθηναίους ἤλπιζεν... ἴσως ἂν ἐπεξελθεῖν καὶ τὴν γῆν οὐκ ἂν περιιδεῖν τμηθῆναι « il espérait que les Athéniens... tenteraient peut-être une sortie et ne supporteraient pas de laisser dévaster leur pays ». En style direct, optatif *aoriste* exprimant le *potentiel* du présent futur : Ἴσως ἂν ἐπεξέλθοιεν... καὶ οὐκ ἄν... περιίδοιεν ».

Dém. 49, 35 οἴεσθε γὰρ τὸν πατέρα οὐκ ἂν φυλάττειν καὶ τὴν τιμὴν λαμβάνειν τῶν ξύλων ; « pensez-vous que mon père ne s'en serait pas occupé et n'aurait pas reçu le paiement du bois ? » En style direct, ce « possible du passé » serait également exprimé à l'aide du thème de *présent* : ὁ πατήρ μου οὐκ ἂν ἐφύλαττεν... καὶ ἐλάμβανε.

Thc. 3,89 ἄνευ σεισμοῦ οὐκ ἄν μοι δοκεῖ τὸ τοιοῦτο ξυμβῆναι γενέσθαι « sans le tremblement de terre, il me semble qu'il ne serait rien arrivé de semblable ». En style direct, cet « irréel du passé » s'exprimerait aussi avec le thème d'*aoriste* : εἰ μὴ ὁ σεισμὸς ἐγένετο, τὸ τοιοῦτο ξυμβῆναι οὐκ ἂν ἐγένετο.

§ 314. Le principe selon lequel le mode (ou l'aspect) du verbe de la complétive est le même que celui de la phrase correspondante en style direct *peut ne pas être appliqué* quand la proposition principale appartient à la « sphère du passé ». En effet, la complétive peut être considérée sous *deux angles différents* : si on est sensible à la *réalité* du jugement explicite ou implicite, le *mode de constatation* est maintenu ; si, au contraire, on incline à ne voir dans ce jugement qu'un élément solidaire d'une *réalité morte*, le mode de constatation, vidé de son contenu réel, devient *virtualité* et *possibilité*, si bien que l'*optatif de pure possibilité (qui n'est jamais accompagné de ἄν)* se substitue à l'indicatif. C'est l'optatif appelé « oblique », ou « de subordination secondaire » (cf. § 202); il semble que ce serait le définir plus exactement que le nommer « optatif de dégradation du réel dans le passé ». Ce substitut de l'indicatif, qui est encore inconnu dans l'*Iliade* et dans l'*Odyssée* (du moins en ce qui concerne les complétives), n'a cessé de se développer avec les progrès de la subordination : c'est un fait qu'un auteur comme Xénophon emploie bien plus fréquemment l'optatif que Platon ou, plus encore, que Thucydide. Il est à remarquer que la dégradation du réel peut atteindre, non seulement la *complétive elle-même*, mais les *propositions qui en dépendent*, si bien que l'optatif donne à la phrase entière une sorte de tonalité secondaire.

Hymn. Aphr. 214 εἶπεν δὲ ἕκαστα... ὡς ἔοι ἀθάνατος... ἥματα πάντα « il dit tout en détail.. et qu'il était immortel... à tout jamais ». C'est le premier exemple connu d'optatif secondaire dans une complétive déclarative.

Xén. *An.* 2, 1, 3 οὗτοι ἔλεγον ὅτι Κῦρος μὲν τέθνηκεν, Ἀριαῖος δὲ πεφευγὼς ἐν τῷ σταθμῷ εἴη... ὅθεν τῇ προτεραίᾳ ὡρμῶντο « ils disaient que Cyrus était mort et qu'Ariée, après avoir fui, se trouvait à l'étape... dont ils étaient partis la veille ». Il semble que, dans cette phrase, l'indicatif et l'optatif n'aient été employés conjointement que pour varier l'expression : on remarquera cependant qu'il y a une différence, dans le degré de certitude, entre la mort de Cyrus, constatée par tous, et la position que, disait-on, tenait Ariée.

Thc. 1,90 οἱ Ἀθηναῖοι... τοὺς Λακεδαιμονίους ταῦτ' εἰπόντας, ἀποκρινάμενοι ὅτι πέμψουσιν εἰς αὐτοὺς πρέσβεις περὶ ὧν λέγουσιν, εὐθὺς ἀπήλλαξαν « les Athéniens... se débarrassèrent aussitôt des Lacédémoniens qui soutenaient cette thèse en répondant qu'ils leur enverraient des ambassadeurs sur la question en débat » en face de, quelques lignes plus loin : ὁ μὲν ταῦτα διδάξας καὶ ὑπειπὼν τἆλλα ὅτι αὐτὸς τἀκεῖ πράξοι, ᾤχετο « après avoir donné ces instructions et laissé entendre qu'il réglerait seul là-bas la situation, il partit ». On remarquera que *l'optatif futur* — dont c'est là précisément le seul emploi — ne semble pas moins *réel* que l'*indicatif futur*, la résolution de Thémistocle ne le cédant en rien, pour la vigueur, à la fin de non-recevoir des Athéniens.

Xén. *Hell.* 5, 4, 8 εἶπε ὅτι ἄνδρα ἄγοι... ὃν εἴρξαι δέοι « il dit qu'il amenait un homme.....qu'il fallait mettre en prison ».

§ 315. En vertu du même principe, le *temps* ne doit pas plus changer, quand on passe du style direct au style indirect, que le *mode* : aussi, dans une phrase comme « il disait qu'il était malade », n'a-t-on le choix qu'entre l'*indicatif présent* (ἔλεγε ὅτι ἀσθενεῖ) ou l'*optatif présent* (ἔλεγε ὅτι ἀσθενοίη), l'imparfait que l'usage du français pourrait faire employer étant (en principe) exclu puisque, dans le type direct, celui qui parle ne dit pas autre chose que : Ἀσθενῶ. Il en résulte que, lorsque l'*imparfait* est employé (ou le *plus-que-parfait*) dans une phrase dépendant du passé, c'est que ces temps se justifient *par eux-mêmes* et seraient également employés en *style direct*. Cette règle n'a d'ailleurs rien d'*ancien* dans la langue, ni de *rigide* : Homère fait constamment usage de l'imparfait (ou du plus-que-parfait), alors que, selon la règle classique, seuls le présent de l'indicatif et l'optatif seraient corrects ; aussi bien les auteurs attiques, surtout, semble-t-il, quand on a lieu d'insister plutôt sur la *réalité des faits* que sur l'attitude de la *pensée qui se les représente*, peuvent *exceptionnellement* employer un imparfait ou un plus-que-parfait apparemment incorrects :

Xén. *An.* 3, 3, 12 ἀκούσας Ξενοφῶν ἔλεγεν ὅτι ὀρθῶς ἠτιῶντο καὶ αὐτὸ τὸ ἔργον αὐτοῖς μαρτυροίη « après les avoir entendus, Xénophon dit qu'ils l'*accusaient* à juste titre (= quand ils lui imputaient des fautes graves) et que les faits eux-mêmes *parlaient* (= en ce moment) en leur faveur ». En style direct, on aurait l'*imparfait* et le *présent* de l'indicatif : Ὀρθῶς ἠτιᾶσθε (τότε) καὶ τὸ ἔργον... μαρτυρεῖ (νῦν).

X 438 οὐ γάρ οἵ τις... ἤγγειλ' ὅτι ῥά οἱ πόσις ἔκτοθι μίμνε πυλάων « personne en effet »... ne lui avait appris que son époux était resté hors des remparts ». En style direct, on aurait pourtant le *présent* μίμνει.

Xén. *An.* 3, 1, 2 ἐν πολλῇ ἀπορίᾳ ἦσαν οἱ Ἕλληνες, ἐννοούμενοι ὅτι ἐπὶ ταῖς βασιλέως θύραις ἦσαν, κύκλῳ δὲ αὐτοῖς πόλεις πολέμιαι ἦσαν, ἀγορὰν δὲ οὐδεὶς ἔτι παρέξειν ἔμελλεν, ἀπεῖχον δὲ τῆς Ἑλλάδος οὐ μεῖον ἢ μύρια στάδια ...προὐδεδώκεσαν δὲ αὐτοὺς καὶ οἱ βάρβαροι, μόνοι δὲ καταλελειμμένοι ἦσαν.,. « les Grecs étaient complètement démoralisés en songeant qu'ils étaient aux portes du Grand-Roi, et qu'ils étaient entourés de villes hostiles, et que personne n'allait leur fournir un marché, et qu'ils étaient à plus de dix mille stades de la Grèce et que les Barbares aussi les avaient complètement trahis, et qu'ils étaient entièrement abandonnés ». Ce qu'il y a *réellement* dans les événements l'emporte sur la *représentation* que les Grecs peuvent s'en faire : ἐπὶ ταῖς βασιλέως θύραις ἦσαν· οὕτω γὰρ ἐνενοοῦντο.

Note annexe sur le style indirect proprement dit.

§ 315 *bis.* On appelle **style indirect** au sens *large* les modes d'expression au moyen desquels des **paroles** *effectivement prononcées* ou, au moins, une **pensée** *implicitement formulée*, sont **étroitement rapportées** à la **personne** dont elles émanent. On peut dire de la plus brève des complétives déclaratives qu'elle est déjà du style indirect ; mais on n'emploie ordinairement au sens *restreint* ce terme que lorsqu'il s'agit d'un **ensemble** de quelque ampleur, qui mérite, par certains procédés assez complexes qui lui sont propres, l'étude spéciale qui lui est traditionnellement consacrée. Remarquons d'abord que le lien qui rattache les paroles à celui qui les a prononcées peut être, ou fort *strict*, ou, au contraire, *relâché* jusqu'à disparaître, sans compter que de brusques retours au style direct sont toujours possibles. Même en latin, langue dans laquelle le style indirect a été de bonne heure rigoureusement codifié — il apparaît déjà comme tel dans le *senatusconsulte des Bacchanales* en 186 av. J. C. —, il y a toujours place pour un style indirect moins lié et qui parfois ne reste tel que par le changement de la personne : par exemple (*Er. Th.*, p. 368) dans Horace *Sat.*, 1, 9 : *ventum erat ad Vestae, quarta jam parte diei praeterita, et casu tum respondere vadato debebat ; quod ni fecisset, perdere litem :* « *Si me amas, inquit, paulum hic ades* « on était arrivé au temple de Vesta, et le quart de la journée était déjà passé : il devait répondre à une assignation ; s'il ne le faisait pas (disait-il), il perdrait son procès. « Si tu m'aimes, dit-il, assiste-moi un moment» et, dans la correspondance de Cicéron, (*ad. Att.* 9, 2ª, 3) *...currens ad illum Postumus Curtius venit nihil nisi classes loquens et exercitus* : *eripiebat Hispanias, tenebat Africam* « Postumus Curtius vint en courant vers lui (César), n'ayant à la bouche que flottes et armées : il enlevait l'Espagne, il tenait l'Afrique... ».

§ 316. Il serait facile d'opposer le style indirect du latin, massif et comportant des correspondances compliquées, mais régulières, au style indirect, du grec, dont la souplesse, et même la désinvolture, est très grande. On a souvent souligné ce fait que, langue d'administrateurs et de juristes, le latin trouvait dans le style indirect un moyen de garder des prescriptions et des édits sous une forme objective et durable ; au contraire il n'y a pas en grec de style officiel avant les monarchies hellénistiques. De plus l'esprit des Grecs, plus vif peut-être que celui des Latins et moins sensible à l'exactitude de la lettre, était de nature moins favorable à un système rigide et prolongé. Tandis qu'en latin il apparaît entièrement constitué *de bonne heure*, en grec *il suit les progrès de la subordination* : fort libre et capricieux dans la prose d'Hérodote, il prend sa forme la plus achevée chez les historiens et les philosophes du Vᵉ siècle — chez Thucydide en particulier — et moins pour rapporter des paroles prononcées que pour développer la pensée implicite d'un homme ou d'un groupe d'hommes. Ce fut pour peu de temps : car le style direct reprit rapidement des droits sur lesquels, à vrai dire, le style indirect n'avait jamais considérablement empiété.

§ 317. En dehors de ces causes d'ordre *psychologique*, il y en avait d'autres, plus impérieuses encore, qui limitaient en grec l'emploi du style indirect. La première de toutes est que le grec, à la différence du latin, ne possède pas un *mode de la subordination* : tandis qu'une proposition qui serait dépendante dans le style direct — une relative détermi-native par exemple — recevrait en latin le signe du subjonctif, le grec doit garder le *mode* du style direct, ou recourir à l'infinitif — ce qui est plutôt conventionnel que fondé en raison. De plus, l'exacte *correspon-dance des temps* qui caractérise le verbe latin et maintient la cohésion du style indirect, est inconnue du grec : les temps, comme les modes en général, restent ce qu'ils sont dans le style direct : même dans le seul cas où un mode (l'*optatif*) peut exprimer la subordination dans un ensemble secondaire, le grec n'est jamais contraint de s'en servir ; s'il l'utilise avec une certaine habileté, il peut conserver aussi l'*indicatif*, ou le *subjonctif*, du style direct. En regard de ces *deux infériorités* graves, le grec ne peut invoquer à son profit que *deux avantages* : tandis que le latin ne dispose que de la *proposition infinitive* pour rendre l'*indicatif* des propositions principales, le grec a le choix entre la *proposition infi-nitive* et les *complétives* introduites par ὅτι (ou par ὡς) et qui souvent utilisent l'*optatif de subordination secondaire*. De plus, grâce aux formes propres du *réfléchi indirect* (cf. § 97) qui renvoient à la personne de qui émanent les paroles, il peut éviter des équivoques qui gênent le latin dans l'emploi de son unique pronom réfléchi.

§ 318. Il résulte de cette situation que le style indirect a **l'infinitif** pour seule caractéristique **modale**, mis à part les cas des *complétives conjonctives* dans lesquelles un **optatif** de subordination secondaire peut établir un lien *étroit* entre ce qui a été dit et celui qui a parlé. C'est pourquoi l'infinitif est constamment employé, dans les propositions *dépendantes* aussi bien que dans les *principales*, pour rappeler que la phrase est le rapport d'une parole ou d'une pensée. Les propositions principales du style direct prennent, en style indirect, la forme de la **proposition infinitive**, avec sujet à l'*accusatif* : mais on peut faire l'*économie* de ce sujet, quand il est le même que la personne qui parle et que tout risque d'équivoque est exclu. Le **changement de personne** dans les pronoms personnels (ou le remplacement d'une 3e personne par un « réfléchi indirect ») n'apparaît de façon prolongée que lorsqu'il s'agit de paroles rapportées, mais non de l'explicitation d'une pensée. Ainsi le style indirect du grec se présente-t-il le plus souvent comme des *touches espacées* qui rappellent, en se servant de l'infinitif, qu'il s'agit des paroles ou de la pensée d'un autre ; le sujet à l'accusatif, l'optatif de subordination secondaire, le changement de personne, l'emploi du « réfléchi indirect » n'apparaissent pas nécessairement, mais soutiennent et complètent l'infinitif dans l'expression du style indirect.

§ 319. L'infinitif employé d'*emblée* ou, comme il arrive fréquemment, *dépendant* d'une *proposition conjonctive complétive* à l'*optatif de subordination secondaire*, transpose, comme en latin, les **indicatifs** des propositions **principales** et **indépendantes** du style direct ; mais il *peut* apparaître dans **toute espèce de subordonnées** : *relatives, temporelles, comparatives, hypothétiques* etc.

Hdt. 3, 23 Ἀπὸ τῆς κρήνης δὲ ἀπαλλασσομένων ἀγαγεῖν σφέας ἐς δεσμωτήριον ἀνδρῶν, ἔνθα τοὺς πάντας ἐν πέδῃσι χρυσέῃσι δεδέσθαι· ἔστι δὲ ἐν τούτοισι τοῖσι Αἰθίοψι ὁ χαλκὸς σπανιώτατον « en quittant cette fontaine, on les aurait conduits — il s'agit des Ichtyophages envoyés en reconnaissance du côté de l'Éthiopie — dans une prison d'hommes, où tous les prisonniers étaient liés avec des chaînes d'or ; d'ailleurs, chez ces Éthiopiens, c'est le bronze qui est le métal le plus rare ». L'infinitif est employé dès le début de la phrase ; le sujet n'est pas exprimé, parce qu'il va de soi que ce sont les Ichtyophages auxquels renvoie σφέας ; la relative *spatiale* introduite par ἔνθα est également marquée par l'infinitif. Puis l'auteur abandonne le style indirect et semble prendre à son compte personnel la dernière phrase.

Hdt 2, 121β ὡς δὲ γνῶναι αὐτὸν ἐν οἵῳ κακῷ ἦν, ἰθέως καλέειν τὸν ἀδελφεὸν καὶ δηλοῦν αὐτῷ τὰ παρεόντα καὶ κελεύειν τὴν ταχίστην ἐσδύντα ἀποταμεῖν αὐτοῦ τὴν κεφαλήν, ὅκως μὴ αὐτὸς ὀφθεὶς καὶ γνωρισθεὶς ὃς εἴη προσαπολέσῃ « quand il eût compris, (dit-on) dans quelle triste situation il se trouvait, — il s'agit du voleur du roi Rhampsinit, pris au piège à l'entrée du trésor du pharaon —, il appelle immédiatement son frère et lui montre ce qu'il en est ; il lui donne l'ordre de se glisser au plus vite (dans la cachette) et de lui trancher la tête, de peur que, si on le voyait et le reconnaissait, il ne l'entraînât aussi dans sa perte ». Ici la *subordonnée temporelle* introduite par ὡς nous rappelle, dès le début de la phrase, que nous sommes toujours dans un récit. On remarquera avec quelle souplesse la langue use de l'*optatif de subordination secondaire* : l'optatif εἴη relie l'interrogative indirecte à l'imparfait ἐκέλευε (traduit par l'infinitif κελεύειν) ; mais le subjonctif éventuel reste ce qu'il serait dans le style direct, sauf la personne (ἀπόταμε τὴν κεφαλήν μου, ὅκως μὴ ἐγώ σε ἀπολέσω).

Xén. *Cyr.* 5, 2, 4 ἀπήγγελλον τῷ Κύρῳ ὅτι τοσαῦτα εἴη ἔνδον ἀγαθὰ ὅσα ἐπ' ἀνθρώπων γενεάν, ὡς σφίσι δοκεῖν, μὴ ἂν ἐκλιπεῖν τοὺς ἔνδον ἐόντας « ils rapportaient à Cyrus qu'il y avait à l'intérieur tant de denrées que jamais, comme il leur semblait (disaient-ils), ceux qui étaient dedans ne seraient à court de ravitaillement pendant une génération d'hommes ». On aurait en style direct : τοσαῦτά ἐστιν ὅσα, ὡς ἡμῖν δοκεῖ, οὐκ ἂν ἐκλίποι... ». Tandis que la principale du style direct est exprimée par l'*optatif* secondaire, les deux *subordonnées* — l'une *relative*, l'autre *comparative* — sont marquées de l'*infinitif*.

Hdt 3, 108 λέγουσι δὲ καὶ τόδε Ἀράβιοι, ὡς πᾶσα ἂν γῆ ἐπίμπλατο τῶν ὀφίων τούτων, εἰ μὴ γίνεσθαι κατ' αὐτοὺς οἷόν τι κατὰ τὰς ἐχίδνας ἠπιστάμην γίνεσθαι « les Arabes disent aussi que la terre entière serait pleine de ces serpents s'il ne se produisait pour eux (disent-ils) ce que je savais se produire pour les vipères ». Style direct : πᾶσα ἂν γῆ ἐπίμπλατο ...εἰ μὴ ἐγίγνετο. C'est une *hypothétique* qui est ici à l'infinitif.

§ 320. L'infinitif ne traduit pas seulement les énonciatives du style direct ainsi que les subordonnées qui en dépendent : il exprime aussi des *propositions* d'action — ordre, prières, désir, suggestions — qui, dans le système du latin, sont rendues par le *subjonctif*. En latin, ce subjonctif est non plus *signe de subordination*, mais expression de la *volonté* ; si le grec, qui possède également le subjonctif de volonté, ne s'en est pas servi, c'est à la fois parce qu'il ne dispose pas d'une concordance exacte des temps et qu'il passe constamment des complétives déclaratives aux complétives d'action ; en particulier il se fait des échanges permanents entre « dire » et « dire de » (cf. § 275).

Xén. *An.* 1, 3, 14 εἷς δὲ εἶπε... στρατηγοὺς μὲν ἑλέσθαι ἄλλους... τὰ δ'ἐπιτήδει' ἀγοράζεσθαι ...καὶ συσκευάζεσθαι· ἐλθόντας δὲ Κῦρον αἰτεῖν πλοῖα, ὡς ἀποπλέοιεν· ἐὰν δὲ μὴ διδῷ ταῦτα, ἡγεμόνα αἰτεῖν Κῦρον... Ἐὰν δὲ μηδὲ ἡγεμόνα διδῷ, συντάσσεσθαι τὴν ταχίστην, πέμψαι δὲ καὶ προκαταληψομένους τὰ ἄκρα, ὅπως μὴ φθάσωσι μήτε Κῦρος μήτε οἱ Κίλικες καταλαβόντες ὧν πολλοὺς καὶ πολλὰ χρήματα ἔχομεν ἀνηρπακότες.

« Un homme dit... de désigner d'autres stragèges ...d'acheter des vivres
et de plier bagages ; ... d'aller demander à Cyrus des bateaux, pour
pouvoir partir par mer ; s'il ne les donne (= donnait) pas, de lui
demander un guide... S'il ne veut (= voulait) même pas leur donner ce
guide, de se mettre sur le champ en position de bataille et d'envoyer des
hommes occuper les hauteurs, afin qu'on ne soit pas prévenu par Cyrus
ni par les Ciliciens « auxquels nous avons pris beaucoup de butin ».
On remarquera que, bien que situés dans un ensemble secondaire (εἶπε)
les subjonctifs διδῶ et φθάσωσι restent ce qu'ils seraient au style
direct : le brusque retour au style direct, en fin de phrase, est caractéristique des tendances profondes de la langue, qui n'aime guère à
prolonger le style indirect.

§ 321. Le changement de **personne** des pronoms est important quand
une conversation entre plusieurs personnes est rapportée au style
indirect : comme une *première* et une *seconde personne* se confondent
avec les *troisièmes personnes,* il faut éviter les confusions entre ces troisièmes personnes de valeur diverse : les réfléchis indirects ne peuvent
renvoyer qu'à la *personne qui parle,* tandis que les réfléchis ordinaires
concernent seulement, selon la règle générale, le *sujet important* de la
proposition. Le préambule du *Banquet* de Platon introduit assez
longuement le dialogue à l'aide du style indirect, puisque l'ouvrage est
censé être le récit fait à Apollodore par Aristodème du fameux souper
chez Agathon : un passage de ce début donne une idée exacte du jeu des
pronoms :
Plat. Banq. 174 D Τοιαῦτ' ἄττα σφᾶς ἔφη διαλεχθέντας ἰέναι. Τὸν οὖν
Σωκράτη, ἑαυτῷ πως προσέχοντα τὸν νοῦν κατὰ τὴν ὁδὸν πορεύεσθαι
ὑπολειπόμενον, καὶ περιμένοντος οὗ κελεύειν προϊέναι εἰς τὸ πρόσθεν.
Ἐπειδὴ δὲ γενέσθαι ἐπὶ τῇ οἰκίᾳ τῇ Ἀγάθωνος, ἀνεῳγμένην κατα-
λαμβάνειν τὴν θύραν, καί τι ἔφη αὐτόθι γελοῖον παθεῖν. Οἱ μὲν γὰρ
εὐθὺς παῖδά τινα ἔνδοθεν ἀπαντήσαντα ἄγειν οὗ κατέκειντο οἱ ἄλλοι
« Telle était, [disait Aristodème] leur (=notre) conversation, quand
ils (= nous) se mirent en route. Alors Socrate, se concentrant en lui-
même, marchait sur le chemin, un peu en arrière et, comme il (= je)
l'attendait, le (= me) pria de continuer à avancer. Quand il (= je)
avait été à la maison d'Agathon, il (= je) avait trouvé la porte ouverte
et il disait qu'il lui (= me) était arrivé une plaisante aventure. L'esclave
qui, venant de l'intérieur, était venu à sa (= ma) rencontre, l' (= m')
avait conduit à l'endroit où étaient déjà installés les convives ». On
remarquera que le réfléchi direct ἑαυτῷ se rapporte à Socrate (προσέχοντα ἑαυτῷ τὸν νοῦν), tandis que les réfléchis indirects renvoient à
Aristodème ou à ceux qui font groupe avec lui (οὗ, οἷ, σφᾶς), et qu'il
est fait constamment l'économie du sujet de toutes les infinitives,
non seulement dans les énonciatives, mais aussi dans la temporelle
ἐπειδὴ γενέσθαι, parce qu'il ne peut y avoir de doute sur la
personne.

§ 322. C'est peut-être chez Thucydide qu'on peut trouver l'exemple le plus achevé et le plus rigoureux du style indirect prolongé en grec : pour mesurer le chemin parcouru depuis Hérodote, on peut faire la comparaison avec les ξ § 97-99 du livre IV, dans lesquels Thucydide donne *en substance* les arguments opposés des Athéniens et des Thébains dans l'affaire de Délion. Les deux cités, par l'intermédiaire de leurs hérauts, soutiennent leurs points de vue : c'est un « *échange de notes* », selon la formule moderne , qui est ainsi exprimé au style indirect. Au contraire, quand il s'agit d'une *grande question* de portée générale — comme l'ample discussion entre les Athéniens et les Méliens —, ou des idées soutenues par un homme représentatif, Thucydide recourt, on le sait, au style direct, plus personnel et plus nuancé de toutes les manières. Aussi le style indirect en grec, parvenu à ce qu'on peut considérer comme son ἀκμή, se rapproche considérablement des emplois du style indirect latin à date ancienne :

... Τοσαῦτα τοῦ κήρυκος εἰπόντος, οἱ Ἀθηναῖοι πέμψαντες παρὰ τοὺς Βοιωτοὺς ἑαυτῶν κήρυκα τοῦ μὲν ἱεροῦ οὔτε ἀδικῆσαι ἔφασαν οὐδὲν οὔτε τοῦ λοιποῦ ἑκόντες βλάψειν· οὐδὲ γὰρ τὴν ἀρχὴν ἐσελθεῖν ἐπὶ τούτῳ, ἀλλ' ἵνα ἐξ αὐτοῦ τοὺς ἀδικοῦντας μᾶλλον σφᾶς ἀμύνωνται. Τὸν δὲ νόμον τοῖς Ἕλλησιν εἶναι, ὧν ἂν ᾖ τὸ κράτος τῆς γῆς ἑκάστης, ἤν τε πλέονος ἤν τε βραχυτέρας, τούτων καὶ τὰ ἱερὰ ἀεὶ γίγνεσθαι, τρόποις θεραπευόμενα οἷς ἂν πρὸς τοῖς εἰωθόσι καὶ δύνωνται. Καὶ γὰρ Βοιωτοὺς καὶ τοὺς πολλοὺς τῶν ἄλλων, ὅσοι ἐξαναστήσαντές τινα βίᾳ νέμονται γῆν, ἀλλοτρίοις ἱεροῖς τὸ πρῶτον ἐπελθόντας οἰκεῖα νῦν κεκτῆσθαι. Καὶ αὐτοὶ εἰ μὲν ἐπὶ πλέον δυνηθῆναι τῆς ἐκείνων κρατῆσαι, τοῦτ' ἂν ἔχειν· νῦν δέ, ἐν ᾧ μέρει εἰσίν, ἑκόντες εἶναι ὡς ἐκ σφετέρου οὐκ ἀπιέναι. «... Le héraut ayant ainsi parlé, les Athéniens envoyèrent le leur aux Béotiens, en disant qu'ils n'avaient fait aucune offense au territoire sacré et qu'ils ne lui porteraient pas volontairement atteinte dans la suite. Si, au début, ils y avaient pénétré, ce n'était pas dans cette intention, mais plutôt pour *s*'en faire un lieu de défense contre d'injustes agresseurs. Chez les Hellènes c'était l'usage, quand ils étaient les maîtres d'un pays, vaste aussi bien qu'exigu, de l'être aussi toujours des lieux sacrés qui s'y trouvaient, en les respectant autant qu'il était en leur pouvoir et aussi en suivant la coutume. De fait, les Béotiens et la plupart des autres peuples, lorsqu'ils chassent par la force les habitants d'un pays et s'emparent de lieux sacrés qui ne sont pas à eux, s'en regardent comme les possesseurs définitifs. S'ils avaient pu *eux· mêmes* s'emparer d'une plus grande partie de la Béotie, ils la conserveraient ; mais en fait, pour la partie qu'ils occupaient ils n'en sortiraient pas de leur plein gré, la considérant comme *leur* appartenant ». Dans ce passage central, on remarquera avec quelle *sobriété* sont exprimées les notations de *pronoms* (ici soulignés) renvoyant aux Athéniens qui ont chargé leur héraut de ce message. *L'infinitif* est employé *constamment* pour traduire les indépendantes du style direct, mais *fort peu* dans les subordonnées (ici seulement dans l'hypothétique εἰ... δυνηθῆναι) dont le temps, ainsi que les modes, sont sauvegardés. Grâce au fait qu'il n'est jamais perdu de vue qu'un *nominatif* (αὐτοί par ex.) peut toujours renvoyer aux Athéniens, de qui émanent indirectement ces propos, une extrême *économie* dans les moyens d'expression est possible. La tournure indirecte n'entraîne aucun alourdissement, ni aucun ralentissement, ni aucune équivoque ; comme il n'y a pas de concordance des temps, l'on reste dans le présent du message confié au héraut athénien : il suffit de comparer avec la traduction française, qui oblige à une monotone transposition dans le passé (sans même imaginer ce que pourrait avoir de massif une traduction en latin) pour apprécier l'élégance que, même sous cette forme prolongée et savamment méditée, conserve le style indirect en grec.

B. PROPOSITIONS D'ACTION.

§ 323. On a vu (§ 306) que les verbes d'action se répartissaient en deux catégories suivant que l'action est exercée par la **volonté** d'une personne ou qu'elle est en **virtualité** sous la forme de **possibilité** générale : d'un côté l'*action qui se déploie*, de l'autre l'*action en réserve*. Dans le premier cas, la complétive fait fonction d'**objet direct** et équivaut à un *accusatif* : βούλομαι ἐξελθεῖν « je veux sortir » est tout à fait comparable à : « je cherche *une issue* » ; dans le second cas, la complétive fait fonction de sujet et équivaut à un *nominatif* : προσήκει βαδίζειν « il convient de marcher » est tout à fait comparable à : « *la marche* convient. » En tout cas, que la complétive soit objet direct ou sujet, elle est toujours exprimée par l'*infinitif*.

§ 324. Les verbes indiquant l'*action exercée par une* **volonté** sont d'autant plus nombreux que cette *action* porte *à la fois* sur des *êtres* et sur des *choses* et que, d'autre part, cette **volonté** peut être ou *forte* — à la fois dans le sens *positif* et dans le sens *négatif* — ou *faible*. Ces verbes exprimeront donc, de la façon la plus variée, toutes les formes de *pression* sur les *êtres* ou d'*action* sur les *choses*. C'est, outre *vouloir* et *préférer* (βούλεσθαι, προαιρεῖσθαι) ; *demander, exiger* (δεῖσθαι, ἀξιοῦν) ; *exhorter, persuader* (παραινεῖν, πείθειν) ; *commander* (ἄρχειν) ; *enseigner* (διδάσκειν) ; *décider* (l'impersonnel ἔδοξε, qui édicte souvent des dispositions d'ordre public) ; *accoutumer* (ἐθίζειν), qui s'applique à des *personnes* ; c'est *commencer à* (ἄρχεσθαι) ; ou *essayer* πειρᾶσθαι ; ou διαπράττεσθαι « arriver à », qui implique une action sur le réel existant. A côté de ces volontés, *fortes et positives*, il y en a de *fortes et négatives*, comme *défendre* (ἀπαγορεύειν), *empêcher* (κωλύειν) ; il en existe aussi de *déficientes*, qui se manifestent par la *crainte* (φοβεῖσθαι), le *laisser-faire* ou le *laisser-aller* (παριέναι, ἐᾶν). On remarquera d'ailleurs que certains de ces verbes, qui comportent aussi, soit un *avis*, soit une *pensée d'espoir ou de promesse*, soit un *engagement de serment* (qui entraîne l'adhésion de la volonté, mais s'exprime par une formule), sont susceptibles d'avòir pour complétives des infinitives ou des conjonctives introduites par ὡς ou ὅτι, comme les verbes de jugement. Réciproquement, des verbes de jugement, quand ils comportent un *ordre*, se construisent comme des verbes d'action : il˙existe en grec le même contraste qu'en français entre « *dire que* » et « *dire de* ».

A 313 λαοὺς δ' Ἀτρείδης ἀπολυμαίνεσθαι ἄνωγεν « l'Atride donne à ses hommes l'ordre de se purifiɜr ».

Thc. 1, 107 ἤρξαντο...τὰ μακρὰ τείχη... οἰκοδομεῖν « ils se mirent... à construiré... les Longs Murs ». Au contraire, le même verbe avec le participe de perception, signifierait : « ils commencèrɜnt *par* construire... ».

Xén. *An.* 1,2,2 ὑποσχόμενος μὴ πρόσθεν παύσασθαι πρὶν αὐτοὺς καταγάγοι οἴκαδε « promettant de ne pas s'arrêter avant de les avoir rétablis dans leurs foyers », en face de Xén. *Cyr.* 6, 1, 21 ἐκ τούτου ὑπέσχετο μηχανὴν παοέξειν « à la suite de quoi il s'engagea en disant qu'il leur fournirait une machine de guerre... ».

Thc. 1, 118 ὁ δὲ (θεὸς) ἀνεῖλεν αὐτοῖς... κατὰ κράτος πολεμοῦσι νίκην ἔσεσθαι « (le Dieu) leur répondit... qu'en combattant de toutes leurs forces ils auraient la victoire », en face de Thc. 1, 126 ἀνεῖλεν ὁ θεὸς ἐν τῇ τοῦ Διὸς τῇ μεγίστῃ ἑορτῇ καταλαβεῖν τὴν Ἀθηναίων ἀκρόπολιν « le Dieu lui répondit en lui disant de s'emparer de l'Acropole pendant la plus grande fête de Zeus », tout à fait comparable à Xén. *Hell.* 5, 2, 29 εἰπὼν μηδένα παριέναι εἰς τὴν ἀκρόπολιν « ayant dit de ne laisser entrer personne sur l'Acropole », tandis que εἰπὼν οὐδένα παρελεύσεσθαι εἰς τὴν ἀκρόπολιν signifierait : « ayant dit que personne n'entrerait sur l'Acropole ».

Remarque. — On doit ajouter aux verbes indiqués les périphrases nominales qui leur sont équivalentes : il est évident que, dans *Pyth.* 3, 111 : ἐλπίδ' ἔχω κλέος εὑρέσθχι; l'expression ἐλπίδ' ἔχειν suivie de l'infinitif est traitée comme le verbe ἐλπίζω lui-même.

§ 325. Quand les complétives infinitives font fonction de sujet de la proposition principale, celle-ci est, en premier lieu, représentée par des **verbes impersonnels** et par des **périphrases nominales** au neutre : c'est sous cette forme qu'apparaît le mieux cette *virtualité générale* d'action qui est la caractéristique de la catégorie. Ces verbes expriment. *de façon générale*, la *nécessité* (δεῖ, χρή, ἀνάγκη ἐστὶν), la *possibilité* (ἔξεστι), la *convenance* (προσήκει), toute *qualité abstraite* en général (καλόν ou κακόν ἐστι) ; d'ailleurs parmi ces virtualités, l'une peut se *réaliser* : c'est le cas de συμβαίνω « il arrive, il se produit que... ». On pourrait croire que la complétive fait fonction d'*objet* et équivaut à un *accusatif* (voire à un autre cas), lorsque la *possibilité*, de *générale* se faisant *particulière*, passe du type *impersonnel* au type *personnel*. Ainsi δύναται ἐξελθεῖν « il peut sortir », dans lequel l'infinitif a l'air d'être complément d'*objet*, a pour origine un *impersonnel*, conservé dans Hérodote (par ex. 7, 134 τοῖσι Σπαρτιήτῃσι καλλιερῆσαι οὐκ ἐδύνατο

« il n'était pas possible aux Spartiates d'obtenir d'heureux auspices »),
qui est passé au type *personnel* suivant la tendance bien connue de
la langue, en même temps que la *possibilité générale* devenait *capacité
particulière*. De même, des tournures dans lesquelles l'infinitif ne semble
plus du tout faire *fonction de sujet*, appartiennent cependant à la catégorie envisagée : ainsi Eur. *Hipp.* 346 οὐ μάντις εἰμὶ τἀφανῆ γνῶναι « je
ne suis pas prophète pour comprendre ce qui est caché » équivaut à
« je ne suis pas capable de » et, en dernière analyse, « il ne m'est pas
possible de... ». Quelques exemples peuvent donner une idée du *nombre*
et de *la variété* des tours qui indiquent la *capacité* (ou l'*incapacité*), la
suffisance (ou l'*insuffisance*), le fait d'*être* (ou de n'*être pas*) *qualifié* pour
une activité quelconque.

Thc. 8, 52 οὐ φάσκων ἀνεκτὸν εἶναι ξυγκεῖσθαι κρατεῖν βασιλέα τῶν
πόλεων... « disant qu'il n'était pas supportable que l'on admît que le
Grand-Roi pût être le maître des cités... ». Ξυγκεῖσθαι κρατεῖν est le
sujet de ἀνεκτὸν εἶναι, qui est lui-même objet de οὐ φάσκων.

Soph. *Ant.* 736 ἄλλῳ γὰρ ἢ 'μοι χρή με τῆσδ' ἄρχειν χθονός ; « est-ce
pour moi ou pour un autre que j'ai à gouverner ce pays ? »

Hdt 7, 166 συνέβη... Γέλωνα νικᾶν « il arriva que... Gélon fut vainqueur ».

Thc. 3, 52 οὐκέτι ἔχοντες σῖτον οὐδὲ δυνάμενοι πολιορκεῖσθαι
« n'ayant plus de ravitaillement et ne pouvant plus subir les rigueurs
du siège ».

§ 326. Ce sont seulement ces considérations d'*aspect* qui comman-
dent l'emploi des divers « temps » de l'infinitif dans une proposition
de volonté ; en conséquence, on ne devrait pas avoir, dans une complétive d'action, d'*infinitif futur*, puisque celui-ci n'exprime que le temps ;
pratiquement l'infinitif futur n'est employé en ce cas que pour des
raisons secondaires et par contamination avec les complétives de jugement. En fait, le jeu d'aspect se réduit à l'opposition entre *thème de
présent* et *thème d'aoriste* ; le *thème de parfait*, beaucoup plus rarement
employé, possède ses significations particulières. L'*infinitif présent* est
employé quand une notion de *durée* et d'*indétermination* intervient ;
l'*infinitif aoriste* est d'usage quand la *durée est exclue, quand le fait est
considéré en lui-même* et, d'une façon générale, quand le procès exprimé
par le verbe est *déterminé* — en particulier par l'*entrée en action* ou par
l'*aboutissement de l'action*. Dans la pratique, l'*infinitif aoriste est sensiblement plus* fréquent *que l'infinitif présent* ; quant à l'*infinitif parfait*,
il implique l'*état acquis*.

Thc. 1,24 πέμπουσιν ἐς τὴν Κέρκυραν πρέσβεις... δεόμενοι μὴ σφᾶς
περιορᾶν φθειρομένους, ἀλλὰ τούς τε φεύγοντας ξυναλλάξαι σφίσι καὶ τὸν
τῶν βαρβάρων πόλεμον καταλῦσαι: « ils envoient une députation à
Corcyre... en leur demandant de ne pas les laisser écraser d'un œil indifférent, mais de s'entremettre auprès des bannis de leur cité et de mettre
un terme à la guerre que leur faisaient les Barbares ». L'infinitif présent

περιορᾶν indique l'indifférence *prolongée* que redoutent les Épidamniens ; les infinitifs aoristes ξυναλλάξαι et καταλῦσαι indiquent, le premier, le *fait de s'entremettre* (sans considération de durée), le second, l'*aboutissement de l'action* (encore renforcé par le préverbe κατα-.)

Plat. *Crit.* 46 A οὐδὲ βουλεύεσθαι ἔτι ὥρα,.ἀλλὰ βεβουλεῦσθαι ˙τῆς γὰρ ἐπιούσης νυκτὸς παντὰ ταῦτα δεῖ πεπρᾶχθαι « ce n'est plus le moment de délibérer, mais de s'en tenir à la délibération prise ; il faut en effet qu'à la nuit prochaine tout cela soit exécuté ».

Thc. 1, 27 ἐδεήθησαν δὲ καὶ τῶν Μεγαρέων ναυσὶ σφᾶς ξυμπροπέμψειν « ils demandèrent aux Mégariens de les faire escorter par des navires ». Ce tour, très fréquent chez Thucydide, ne semble pas pouvoir se justifier directement : on peut penser qu'a joué sur ce point l'analogie de quelques verbes qui, *impliquant à la fois une pensée et une volonté*, admettent à la fois l'infinitif *présent* (ou *aoriste*) et l'infinitif *futur*, comme ἐλπίζω ποιεῖν (ποιῆσαι) « j'espère faire » en face de ἐλπίζω ποιήσειν « j'espère que je ferai ».

C. PROPOSITIONS DE PERCEPTION.

§ 327. En principe, la complétive d'un verbe indiquant une **perception** — c'est-à-dire une prise de contact avec le réel — se met au **participe** ; mais cette construction typique, qui est *toujours possible* pour tous les verbes de la catégorie, n'est pas *la seule possible* dans la pratique : la perception du réel n'existe que par rapport à une *pensée* et à une *sensibilité* et.engage souvent, soit l'*activité de l'individu*, soit des *possibilités générales d'action* ; il en résulte qu'à côté de la complétive au participe, on a la *complétive* conjonctive avec ὡς ou ὅτι (sur le modèle des verbes d'action). La première impression, d'après laquelle les **trois** tournures seraient toujours possibles, n'est pas fondée en réalité : on peut toujours montrer comment se justifient les constructions ordinairement attestées. Il suffira de prendre trois exemples pour montrer comment s'explique cette apparente confusion. Ainsi le verbe οἶδα « savoir » ; or ˙*savoir* est une notion complexe qui, non seulement *constate* en l'enregistrant un fait existant, mais en tient compte dans les *constructions de l'esprit* et comporte des *virtualités de connaissances* ; aussi en résulte-t-il que la complétive dépendant de οἶδα pourra être, non seulement un participe, mais une proposition introduite par ὡς ou ὅτι (comme les propositions de *jugement*), ou une *proposition infinitive* (comme dans les verbes exprimant une *possibilité générale d'action*). Au contraire, il en ira tout autrement pour λανθάνω « échapper à l'attention », ou ἄρχομαι « commencer ». Le premier comportera, outre le *participe*, la *complétive avec* ὡς ou ὅτι quand le verbe a le sens *abstrait* « il ne m'échappe pas » ; mais, comme le verbe n'intéresse pas l'*activité* de l'individu, on ne rencontre pas d'exemple d'*infinitif* avant la Κοινή ; quant au second, qui exclut toute valeur *intellectuelle*, il admet l'*infi-*

nitif des verbes de *volonté*, puisque « se mettre à » indique une *détermination* de l'activité.

Thc. 1,69 τὸν Μῆδον ἴσμεν ἐκ περάτων γῆς... ἐλθόντα « Les Mèdes, nous le savons... sont venus du bout du monde ». C'est le *fait* qui importe.

Xén. *An.* 1, 8, 21 ἤδει βασιλέα ὅτι μέσον ἔχοι τοῦ στρατεύματος « il savait que le Grand-Roi occupait le centre de l'armée ». C'est la *connaissance* du fait et le parti qu'on en tire qui importent.

Η 238 οἶδ᾽ ἐπὶ δεξιά, οἶδ᾽ ἀριστερὰ νωμῆσαι βῶν « je sais manier la peau de bœuf, soit à droite, soit à gauche ». Ici, il s'agit d'une *capacité générale d'action*, que confirme l'infinitif aoriste νωμῆσαι.

Xén. *Cyr.* 4, 2, 5 ἔλαθον ἡμᾶς ἀποδράντες « ils se sont enfuis en échappant à notre vigilance ». Le *fait* est intéressant.

Xén. *Mém.* 3, 5, 24 οὐ λανθάνεις με ὅτι... λέγεις « il ne m'échappe pas que... tu dis ».

Plat. *Banq.* 186 B ἄρξομαι ἀπὸ τῆς ἰατρικῆς λέγων « je parlerai d'abord de la médecine ».

Thc. 1, 107 ἤρξαντο... τὰ μακρὰ τείχη οἰκοδομεῖν « ils se mirent... à la construction des Longs Murs ».

C'est l'existence d'un *état de fait* qui justifie, dans tous les exemples. l'emploi du participe : il en résulte que, dans certains cas, c'est la considération de la *personne qui perçoit ou ressent son objet* qui l'emporte ; dans d'autres, au contraire, c'est le *fait* qui est considéré comme *intéressant*, tandis que la *personne* qui le constate reste au *second plan*. Dans le premier groupe, la complétive a tendance à être de type *conjonctif* avec ὡς ou ὅτι ; dans le second, la complétive est plus constamment *participiale*.

§ 328. Les verbes marquant une **perception**, *physique* ou *intellectuelle*, construisent leur objet au *participe* : mais ils sont susceptibles de se compléter, soit par une *complétive conjonctive* introduite par ὡς ou ὅτι, soit par l'*infinitif de pur aspect* (quand une idée d'action ou de possibilité générale intervient), soit par l'*infinitif temporel* (quand le verbe en question équivaut logiquement à un verbe de jugement). Ainsi ὁρᾶν admet la subordonnée à l'aide de ὡς ou ὅτι, mais exclut, de par son sens, aussi bien l'*action* que le *jugement* : il n'en est pas de même pour ἀκούειν, auquel *quatre* constructions permettent d'indiquer les sens qu'il comporte ; quant aux verbes qui indiquent l'*information*, la *connaissance*, la *reconnaissance*, la *compréhension* (αἰσθάνεσθαι, γιγνώσκειν, μανθάνειν), ils peuvent *tous* se construire avec le participe et avec la conjonction ὡς/ὅτι ; pour l'infinitif, il est beaucoup plus souvent de *pur aspect* que *temporel*, parce que la considération d'*activité* intervient plus souvent que celle de *jugement*.

Xén. *Mém.* 1, 1, 11 οὐδεὶς πώποτε Σωκράτους οὐδὲν ἀσεβές... οὔτε πράττοντος εἶδεν οὔτε λέγοντος ἤκουσεν « personne jusqu'à ce jour n'a vu Socrate... en train de commettre une action impie, ni ne l'a entendu parler avec impiété ». Il s'agit ici, pour un sens comme pour l'autre, de la prise de contact avec le réel.

Plat. *Ap.* 24 D ὁρᾷς... ὅτι σιγᾷς καὶ οὐκ ἔχεις εἰπεῖν ; « vois-tu... que tu te tais et n'as rien à dire ? »

Xén. *Cyr.* 2, 4, 8 ἀκούει τοὺς πολεμίους προσιόντας « il entend dire que l'ennemi s'approche ». Il s'agit ici, non plus du *contenu de l'audition* (Xén. *Mém.*, 1, 1, 11), mais de la *nouvelle de l'arrivée*, d'ailleurs certaine, de l'ennemi.

Xén. *An.* 7, 6, 43 λέγει ὅτι ἀκήκοε ὡς ἀποθανοῖτο « il dit qu'il avait entendu dire qu'il mourrait ». Ici l'optatif futur est le substitut normal du futur du style direct ; les propos des gens dont il se fait l'écho disaient : « Il mourra. »

Esch. *Prom.* 1068 τοὺς προδότας γὰρ μισεῖν ἔμαθον « j'ai appris à avoir horreur des traîtres », en face de Hdt. 3, 1 διαβεβλημένος ὑπὸ Ἀμάσιος οὐ μανθάνεις ; « ne comprends-tu pas que tu es entièrement trompé par Amasis ? » s'explique par l'idée de *capacité générale* (d'action) qui est incluse dans le verbe.

Thc. 1, 43 γνόντες τοῦτον ἐκεῖνον εἶναι τὸν καιρόν « vous rendant compte que c'est le moment opportun » en face de Soph. *Aj.* 807 ἔγνωκα... ἠπατημένη « je me rends compte que...(mon époux) m'a déçue » s'explique par l'idée de *jugement* porté sur la situation ; l'infinitif d'action n'est pas exclu, comme il apparaît dans un autre passage de Sophocle (*Ant.* 1089 ἵνα γνῷ ... τρέφειν « afin... qu'il apprenne à nourrir... », qui est à rapprocher de Esch. *Prom.* 1068).

§ 329. Les verbes qui, mettant en évidence un **état de choses existant**, soulignent pour ainsi dire la perception, se construisent naturellement avec le *participe* ; mais il suffit que cette évidence soit d'ordre intellectuel pour que l'infinitif des verbes de jugement apparaisse, ou la complétive conjonctive introduite par ὡς (ou ὅτι). Tel est le cas de δεικνύναι « montrer (quelque chose qui est) », mais aussi « montrer (que quelque chose est) » ; ou celui de φαίνεσθαι « apparaître (comme étant réellement) », mais aussi « sembler (sans être) ». Ailleurs c'est l'*infinitif de pur aspect* (à la différence des infinitifs précédents, susceptibles d'exprimer le temps) qui, se rattachant, non au jugement, mais à l'*activité*, peut exister à côté du participe : tel est le cas de ποιεῖν au sens de « faire que » à côté de ποιεῖν « se représenter comme étant ».

Thc. 4,73 ἔδειξαν ἑτοῖμοι ὄντες « ils montrèrent qu'ils étaient prêts » en face de : Thc. 4, 38 τὰς χεῖρας ἀνέσεισαν δηλοῦντες προσίεσθαι τὰ κεκηρυγμένα « ils levèrent les bras (pour se rendre) en montrant (= en faisant entendre) qu'ils acceptaient les termes de la proclamation », ou Thc. 1, 143 καὶ δεῖξαι Πελοποννησίοις ὅτι τούτων γε ἕνεκα οὐχ ὑπακούσεσθε « et montrer aux gens du Péloponnèse que, pour tous ces biens, vous ne vous soumettrez pas ».

Plat. *Phéd.* 107 C ἡ ψυχὴ ἀθάνατος φαίνεται οὖσα « l'âme apparaît comme étant (effectivement) immortelle » en face de Xén. *Banq.*

1,15 καὶ ἅμα λέγων ταῦτα ἀπεμύττετό τε καὶ τῇ φωνῇ σαφῶς κλαίειν ἐφαίνετο « en parlant ainsi, il se mouchait et, d'après sa voix, il paraissait pleurer réellement (sans éprouver d'attendrissement : c'est un bouffon) ».

Plat. *Banq.* 174 C ἄκλητον ἐποίησεν ἐλθόντα τὸν Μενέλεων ἐπὶ τὴν θοίνην « (Homère) a représenté Ménélas venant au festin sans y être convié » et Xén. *Cyr.* 6, 2, 29 ἡ κατὰ μικρὸν παράλλαξις πᾶσαν ποιεῖ φύσιν ὑποφέρειν τὰς μεταβολάς « des modifications insensibles permettent à n'importe quel tempérament de supporter les changements ».

§ 330. Tous les verbes exprimant un *état de la* sensibilité ou un *mode de* l'activité causé par la réalité existante comportent normalement la *complétive participiale* (ou la *complétive conjonctive* introduite par ὡς/ὅτι quand on veut mettre en évidence particulière le fait qui est la cause de l'état considéré). Au contraire, si ces mêmes verbes admettent l'*infinitif*, c'est que le sens qu'ils prennent les rapproche des verbes d'*activité*, positifs ou négatifs. Parmi les plus fréquents on citera les verbes qui traduisent la *joie* (ἥδεσθαι) et la *souffrance* (ἀλγεῖν), le *contentement* (ἀγαπᾶν) ou l'*indignation* (ἀγανακτεῖν), le fait de *prendre bien* (ou *mal*) *les choses* (εὖ, κακῶς φέρειν), le *regret* d'une faute commise (μεταμέλειν), la *gêne* éprouvée devant une situation embarrassante ou humiliante (αἰσχύνεσθαι, αἰδεῖσθαι) etc. Ces verbes se rapportent à des états divers de la *sensibilité* ; mais il en est d'autres qui affectent l'*activité* de l'individu, dans la mesure où elle est *ralentie* (ou *stimulée*) par la réalité : tels *laisser faire* (περιορᾶν), *patienter* (καρτερεῖν, ὑπομένειν) *renoncer à* (ἀπειπεῖν) ou, dans le sens opposé, l'*emporter* sur (κρατεῖν), *vaincre* (νικᾶν), etc.

Hdt. 3,34 ἥσθη ἀκούσας ταῦτα «il prit plaisir à entendre ces propos ».

Plat. *Phéd.* 62 E τοὺς φρονίμους ἀγανακτεῖν ἀποθνήσκοντας πρέπει «il convient que les gens de sens se révoltent contre la mort». Mais il est, non seulement possible, mais fréquent, d'employer ὡς, ὅτι et aussi εἰ.

Plat. *Phéd.* 63 A ῥᾳδίως φέρεις ἡμᾶς ἀπολείπων « tu supportes aisément de nous abandonner ».

Plat. *Ap.* 38 E οὔτε νῦν μοι μεταμέλει οὕτως ἀπολογησαμένῳ « et je ne me repens pas de m'être ainsi défendu ».

Xén. *Cyr.* 5, 1, 21 τοῦτο μὲν οὐκ αἰσχύνομαι λέγων· τὸ δὲ Ἐὰν μένητε παρ' ἐμοί, ἀποδώσω, εὖ ἴστε, αἰσχυνοίμην ἂν εἰπεῖν « je ne suis pas gêné en parlant ainsi (c'est-à-dire que je ne puis encore me reconnaître des services rendus) ; mais pour dire « si vous restez avec moi, je vous le rendrai », sachez bien que je serais gêné de le faire ». D'un côté les paroles effectivement prononcées *entraînent* (ou non) un sentiment de gêne ; de l'autre, on *hésiterait* à parler ainsi.

Thc. 1, 86 τοὺς ξυμμάχους... οὐ περιοψόμεθα ἀδικουμένους «nous ne laisserons pas d'un œil indifférent... brimer nos alliés ». Ici il s'agit d'une *situation* effective *qu'on ne laissera pas se prolonger*. Au contraire, avec l'*infinitif* le sens est plutôt le suivant : *ne pas admettre une possibilité*.

Thc. 1,35 ἀπὸ τῆς ὑμετέρας ἀρχῆς δύναμιν προσλαβεῖν περιόψεσθε « vous laisserez (les Corinthiens) prendre un surcroît de puissance aux dépens de votre empire ».

Eschn. 3, 241 ἃ ἐγὼ οὔτε τότε ἐκαρτέρουν ἀκούων « propos que je n'ai pas eu alors la patience d'écouter ».

Isocr. 6, 47 ἀπείποιμεν ἂν ἀκούοντές τε καὶ λέγοντες εἰ πάσας τὰς τοιαύτας πράξεις ἐξετάζοιμεν « nous renoncerions (vous) à écouter et (moi) à parler, si nous passions en revue tous les actes de cette sorte ».

Xén. Ag. 9, 7 εὐεργετῶν νικᾷ « il surpasse tous les autres par ses bienfaits ».

§ 331. De la façon la plus générale, tous les verbes impliquant un contact *avec la réalité* — qu'il s'agisse d'une prise *de contact*, d'un *contact* prolongé ou d'une cessation *de contact* — se construisent avec le *participe* : *à moins que cette réalité ne se vide de son contenu effectif, il n'y a pas d'autre construction possible.* L'*infinitif* ne se substitue au participe que lorsque intervient une *considération (générale) d'activité.* Ainsi se comportent : *commencer* (ἄρχομαι) ; *ne pas cesser de* (διατελεῖν) ; *s'arrêter* (παύεσθαι) ; *rencontrer* par hasard ou à la suite d'une recherche (τυγχάνειν, εὑρίσκειν) ; *prévenir l'arrivée* (effective) *de quelqu'un* (φθάνειν) ; *échapper aux regards* alors qu'on fait quelque chose (λανθάνειν).

Plat. Banq. 186 B ἄρξομαι ἀπὸ τῆς ἰατρικῆς λέγων « je commencerai par parler de la médecine », c'est-à-dire « le début de mon discours sera effectivement consacré à ce sujet », en face de Thc. 1, 5 ἤρξαντο περαιοῦσθαι ναυσὶν ἐπ᾽ ἀλλήλους « ils se mirent à entrer en relations maritimes les uns avec les autres » c'est-à-dire « ils se mirent à la navigation commerciale ».

Si, en face de Xén. Mém. 3, 6, 1 Γλαύκωνα ...οὐδεὶς ἐδύνατο παῦσαι ἑλκόμενόν τε ἀπὸ τοῦ βήματος καὶ καταγελαστὸν ὄντα « quant à Glaucon... personne ne pouvait l'empêcher de se faire arracher de la tribune ni de se rendre grotesque », on a l'*infinitif* quand il s'agit, non d'*actes réels* qu'on arrête, mais d'une possibilité générale qu'on entrave, comme dans Hdt. 5,67 ῥαψῳδοὺς ἔπαυσε ἀγωνίζεσθαι « il empêcha les rhapsodes de concourir entre eux », un verbe comme διατελῶ, qui indique un état *exclusif de toute activité*, ne connaît d'autre construction que celle du participe : Thc. 7,38 παρασκευαζόμενοι ταῦτα ὅλην τὴν ἡμέραν διετέλεσαν οἱ Ἀθηναῖοι « les Athéniens, pendant toute la journée, ne cessèrent de se livrer à ces préparatifs ».

Thc. 2,6 ὁ κῆρυξ ἀφικόμενος εὗρε τοὺς ἄνδρας διεθαρμένους « le héraut, à son arrivée, trouva les hommes exécutés » atteste la construction concrète (et de beaucoup la plus courante) de εὑρίσκω « trouver quelqu'un (ou quelque chose) dans un certain état » ; mais l'*infinitif* des *verbes de jugement* apparaît quand εὑρίσκω signifie « trouver que », comme dans Hdt. 1, 125 φροντίζων εὕρισκε ταῦτα καιριώτατα εἶναι « en réfléchissant, il trouva que les mesures suivantes étaient le plus opportunes ».

Plat. *Crit.* 49 B ἐλάθομεν ἡμᾶς αὐτοὺς παίδων οὐδὲν διαφέροντες ; « nous a-t-il échappé (*ce fait réel*) que nous ne différons en rien des enfants ? ». Comme la réalité est toujours présente effectivement, l'infinitif n'*apparaît jamais* (mis à part *un* exemple discutable, dans Plat. *Rép.* 333 E) à côté du participe.

Xén. *An.* 3, 4, 49 φθάνουσιν ἐπὶ τῷ ἄκρῳ γενόμενοι τοὺς πολεμίους « ils préviennent l'ennemi en occupant la hauteur » ne se comporte pas autrement au participe puisque, là aussi, il s'agit d'un fait réel. Mais l'*infinitif* est quelquefois attesté, parce que l'idée de volonté, qui existe à l'état latent dans « prévenir », prend de l'importance au détriment de la considération de la réalité : ainsi Ar. *Cav.* 935 ὅπως... φθαίης ἔτ' εἰς ἐκκλησίαν ἐλθεῖν » pour que tu *veuilles* encore arriver le premier à l'assemblée ».

D. Propositions interrogatives indirectes.

§ 332. Logiquement, c'est aux propositions complétives de *jugement* que s'apparentent étroitement les propositions complétives d'interrogation indirecte. Au lieu qu'un *jugement, rattaché à un verbe de pensée,* soit *porté* sur la *réalité,* on se demande si le *jugement répond* (*ou non*) à la réalité. Les propositions interrogatives indirectes, *excluant* l'usage de *l'infinitif,* sont des complétives de type **conjonctif** au sens large du terme — qu'elles soient introduites par une *particule interrogative,* comme εἰ, πότερον, ἆρα, ou par un *pronom* (*ou adverbe*) interrogatif, spécialisé ou non dans l'expression de l'interrogation indirecte, comme ὅστις, ὁποῖος, ὁπόσος, ὅπου ou ποῖος, πόσος, τίς, οἷος, ὅσος, voire le simple relatif ὅς. La tournure infinitive étant exclue, le principe, indiqué plus haut à l'occasion du style indirect (§ 308), est appliqué *sous réserve* que, dans l'*expression indirecte, les temps et les modes restent ce qu'ils seraient dans l'expression directe.* Il ne s'agit pas seulement des *temps de l'indicatif* qui expriment une *constatation,* mais encore de l'*optatif de possibilité* et des *possibles du passé* (rendus par les temps passés de l'indicatif accompagnés de ἄν); de plus, à ces valeurs modales qui ont été déjà examinées à propos des propositions complétives de jugement, il faut adjoindre le *subjonctif délibératif* qui exprime, non une *attitude de la pensée,* mais une *hésitation de la volonté.*

Soph. *Ant.* 41 εἰ ξυμπονήσεις καὶ ξυνεργάσῃ σκόπει « (considère) si tu veux t'associer à mes efforts et à ma tâche ».

Esch. *Prom.* 903 οὐδ' ἔχω τίς ἂν γενοίμαν « je ne sais pas ce que je pourrais faire ».

Dém. 18, 64 ἡδέως ἂν ἐροίμην τῆς ποίας μερίδος γενέσθαι τὴν πόλιν ἐβούλετ' ἄν « je demanderais volontiers de quel parti il aurait voulu que que fût notre ville ».

Esch. *Prom.* 470 οὐκ ἔχω σόφισμ' ὅτῳ ἀπαλλαγῶ « je n'ai pas de moyen ingénieux pour me tirer d'affaire ».

Plat. *Ap.* 21 B ἠπόρουν τί ποτε λέγει « je me demandais ce qu'il *voulait* bien dire ».

§ **333.** Cependant, quand l'interrogation indirecte appartient à la sphère du passé, l'optatif de subordination secondaire *peut* se substituer à l'*indicatif de constatation* ou au *subjonctif d'éventualité*, dégradés l'un et l'autre en simples *possibilités*. En ce cas, le *mode* seul est changé et, à l'intérieur de la sphère du passé, il y a une telle équivalence entre, d'une part, le subjonctif et l'indicatif, de l'autre, l'optatif, que les deux modes peuvent être employés *successivement*, pour varier le style, dans la même phrase. Les seules modifications de temps — *fort rares* — que l'on rencontre sont dues au contact permanent des interrogatives indirectes et des relatives, le passage de l'une à l'autre étant facilité encore par ce fait que nombre d'interrogatives indirectes sont elles-mêmes introduites par le *pronom relatif* : ces emplois ne sont dus qu'à la contamination des deux types voisins de construction et ne peuvent être logiquement justifiés :

Xén. *Cyr.* 2, 4, 7 ἔλεξαν ὅτι πέμψειε σφᾶς ὁ Ἰνδῶν βασιλεύς, κελεύων ἐρωτᾶν ἐξ ὅτου ὁ πόλεμος εἴη « ils dirent que le roi des Indiens les avait envoyés en les chargeant de demander quelle était la cause de la guerre».

Soph. *Ant.* 270 οὐ γὰρ εἴχομεν... ὅπως δρῶντες καλῶς πράξαιμεν « nous ne savions pas... comment faire pour nous en trouver bien ». On aurait dans la sphère du présent : οὐκ ἴσμεν ὅπως δράσωμεν « nous ne savons pas comment il faut que (subj. délibératif) nous agissions ».

Xén. *An.* 3, 5, 13 ὅμοιοι ἦσαν θαυμάζουσι ὅποι ποτὲ τρέψονται οἱ Ἕλληνες καὶ τί ἐν νῷ ἔχοιεν « ils avaient l'air de gens qui se demandaient avec étonnement de quel côté se porteraient les Grecs et ce qu'ils avaient dans la tête ».

Xén. *Cyr.* 5, 4, 5 ἐπεὶ ἐγνώσθη ὃς ἦν « lorsqu'on eût reconnu qui il était ». Logiquement, deux tournures seules sont possibles : ὅς ἐστιν et ὃς εἴη : mais il faut ici considérer qu'il y a eu *croisement* entre les tournures interrogative indirecte et relative ; on pense à la double possibilité d'expression « quel homme il était » et « l'homme qu'il était », d'autant que l'usage du relatif favorise le glissement vers le second type. Ce cas excepté, les emplois d'imparfaits et d'aoristes indicatifs dans ces propositions s'expliquent par les mêmes raisons que celles qui ont été données plus haut (§ 312) à propos des complétives de jugement : l'imparfait et l'aoriste se justifient *pour eux-mêmes*, comme dans *une interrogation directe* ; ainsi Dém. 30, 19 τούτων ἕκαστον ἠρόμην εἴ τινες εἶεν μάρτυρες ὧν ἐναντίον τὴν προῖκ' ἀπέδοσαν, αὐτὸν δ' Ἄφοβον εἴ τινες παρῆσαν ὅτ' ἀπελάμβανεν «j'ai demandé à chacun séparément devant quels témoins ils avaient remis la dot, et à Aphobos lui-même quels gens étaient là quand il l'a reçue ». En style direct on aurait, d'une part εἰσιν et, de l'autre, déjà l'imparfait παρῆσαν, qui existerait dans l'interrogation directe.

II. **Propositions causales.**

§ 334. Les propositions *causales* établissent un rapport de cause à effet entre deux phénomènes qui, en principe, appartiennent également à la réalité. Elles sont introduites par des conjonctions qui traduisent immédiatement le rapport *logique*, comme ὅτι, ὅ (διότι), ὡς et, en poésie οὕνεκα (ὁθούνεκα) ; mais la causalité peut être rendue, de façon indirecte, par des conjonctions principalement *temporelles*, comme ἐπεί, ἐπειδή, ὅτε, ou *conditionnelles*, comme εἰ. Il n'y a là que des façons différentes d'appréhender la réalité. Le mode est essentiellement celui de la *constatation*, c'est-à-dire l'indicatif .

Hdt. 3, 74 τοῖσι μάγοισι ἔδοξε .. Πρηξάσπεα φίλον προσθέσθαι, ὅτι τε ἐπεπόνθεε πρὸς Καμβύσεω ἀνάρσια... καὶ διότι μοῦνος ἠπίστατο τὸν Σμέρδιος... θάνατον « les Mages avaient décidé de se faire de Préxaspe un ami, parce qu'il avait souffert de Cambyse un traitement indigne... et parce qu'il était le seul à connaître... la mort de Smerdis ».

Hdt. 1,10 ὡς οὐκ ἐδύνατο διαφυγέειν ἦν ἕτοιμος « ne pouvant trouver d'échappatoire, il (Gygès) prit son parti ».

Soph. *Aj.* 123 ἐποικτίρω δέ νιν... ὁθούνεκ' ἄτῃ συγκατέζευκται κακῇ « je le plains... parce qu'il est enchaîné à une destinée de malheur ».

Plat. *Gorg.* 448 B ἐπειδὴ σὺ βούλει, ἀποκρίνου « puisque tu le veux, réponds ».

Plat. *Banq.* 206 B ὅτε δὴ τοῦτο ὁ ἔρως ἐστὶν ἀεί .. τῶν τίνα τρόπον διωκόντων... ἡ σπουδὴ καὶ ἡ σύντασις ἔρως ἂν καλοῖτο « puisqu'il est acquis que l'amour consiste toujours en cela, ... quels sont ceux — et selon quel comportement dans la recherche — dont le zèle et l'attention pourraient être appelés « amour »? ».

Hdt. 1, 129 Ἀστυάγης δέ μιν ("Αρπαγον) ἀπέφαινε τῷ λόγῳ σκαιότατον μέν γε καὶ ἀδικώτατον ἐόντα πάντων ἀνθρώπων, σκαιότατον μέν γε, εἰ παρεὸν αὐτῷ βασιλέα γενέσθαι ...ἄλλῳ περιέθηκε τὸ κράτος, ...ἀδικώτατον δέ, ὅτι τοῦ δείπνου εἵνεκεν Μήδους κατεδούλωσε « Astyage lui démontra (à Harpage) point par point qu'il était le plus maladroit et le plus injuste des hommes, puisque, ayant la possibilité de devenir roi lui-même, il avait revêtu un autre du pouvoir... et le plus injuste, puisque, à cause du repas en question, il avait entraîné pour les Mèdes leur asservissement. »

§ 335. L'explication fournie par la proposition causale peut ne pas se rapporter à la réalité *donnée*, mais à des conditions considérées comme conformes aux conditions de la réalité, ou contraires à ces mêmes conditions ; la subordonnée causale exprime, comme dans une proposition indépendante, le *potentiel du présent-futur* à l'aide de l'optatif avec ἄν, et, à l'aide des *temps passés de l'indicatif* avec ἄν, le *potentiel du passé*, *l'irréel du présent* et *l'irréel du passé*.

Ar. *Eccl.* 1039 οὐ γὰρ ἡλικίαν ἔχει παρὰ σοὶ καθεύδειν, τηλικοῦτος ὤν, ἐπεὶ μητὴρ ἂν αὐτῷ μᾶλλον εἴης ἢ γυνή « il n'a pas l'âge qu'il faudrait pour dormir avec toi, jeune comme il est, parce que tu serais plutôt sa mère que sa femme ». Potentiel du présent-futur.

Eur. *Alc.* 555 οὐ δῆτ᾽, ἐπεί μοι συμφορὰ μὲν οὐδὲν ἂν μείων ἐγίγνετο « non pas, parce que mon malheur n'en était pas moindre ». Potentiel du passé, que nous exprimerions sous la forme de l'irréel du passé : « n'en eût pas été ».

Soph. *Phil.* 1037 ἔξοιδα ὡς θεοῖς μέλει, ἐπεὶ οὔποτ᾽ ἂν στόλον ἐκπλεύσατ᾽ ἂν τόνδε « je sais bien que les Dieux s'en soucient, parce que vous n'auriez jamais entrepris cette traversée ». Irréel du passé.

§ 336. Les propositions causales présentent avec les complétives — surtout les complétives de **jugement** — des affinités très étroites. On se rappelle d'ailleurs (§ 306) que les complétives ne présentent aucun signe particulier ; de plus, sans parler de rapports sémantiques évidents, la fréquence de conjonctions, comme ὡς et ὅτι, communes aux deux sortes de propositions, favorisaient les influences réciproques. C'est ainsi qu'une proposition causale, quand elle est en même temps l'expression d'une *pensée* et se rattache à la *sphère du passé*, *peut*, encore que le fait soit assez rare, substituer à l'indicatif attendu un **optatif de subordination secondaire**.

Thc. 4, 55 τοὺς στρατηγοὺς ἐζημίωσαν, ὡς δώροις πεισθέντες ἀποχωρήσειαν « ils frappèrent d'amende les stratèges, parce, pensait-on, ils s'étaient laissé acheter pour se retirer ».

§ 337. Le lien entre subordonnée et principale, si lâche quand la causale est introduite par ὅτι ou ὡς, peut se resserrer au point que la causale doit être considérée comme faisant fonction de **complétive** — c'est-à-dire indispensable à l'expression de la pensée principale — après nombre de verbes exprimant des *sentiments*, comme l'*admiration* ou le *ressentiment* (θαυμάζειν, ἄχθεσθαι), l'*envie* (φθονεῖν), l'*indignation* (ἀγανακτεῖν), la *honte* (αἰσχύνεσθαι), etc. Le contenu de ces sentiments est exprimé par la causale, introduite par εἰ « s'il est vrai que, puisque... ».

Hdt. 1, 155 καὶ ἔπειτα θαυμάζω, εἴ μου ἀπεστᾶσι « et je m'étonne, après cela, qu'ils se révoltent contre moi ! »

Eur. *Ion* 1302 φθονεῖς ἄπαις οὖσ᾽ εἰ πατὴρ ἐξηῦρέ με « n'ayant pas d'enfants, tu es jalouse de moi, parce que mon père m'a retrouvé ».

Plat. *Crit.* 43 B ἀγανακτεῖ ...εἰ δεῖ ἤδη τελευτᾶν « il s'indigne... parce qu'il doit maintenant mourir ».

Remarque. — Il arrive exceptionnellement que la causale comporte un *vœu* à l'*optatif* (ou un *ordre* à l'impératif) : ainsi dans Sophocle *O. R.* 661 οὐ τὸν πάντων θεῶν θεὸν πρόμον Ἅλιον (ζητῶ τὸν ὄλεθρόν σου v. 659), ἐπεὶ ἄθεος ἄφιλος... ὀλοίμαν, φρόνησιν εἰ τάνδ᾽ ἔχω « Non, par le premier de tous les Dieux le Soleil (je ne cherche pas ta mort), parce que puissé-je mourir... abandonné des hommes et des dieux, si j'ai cette pensée ! »

§ 338. Une catégorie particulière de causales, qu'on pourrait appeler négatives, présente une signification **concessive** : un effet est constaté alors que ce qui est considéré comme sa cause normale *a fait défaut*. Les causales concessives sont introduites par ἐπεί (ἐπεί γε) ou εἰ καί (καὶ εἰ): leur signification négative les limite à l'emploi de l'*indicatif* :

Plat. *Banq.* 187 A ὥσπερ ἴσως καὶ Ἡράκλειτος βούλεται λέγειν, ἐπεὶ τοῖς γε ῥήμασιν οὐ καλῶς λέγει « comme peut-être l'entend Héraclite, bien qu'il ne l'exprime pas très heureusement ». Le causale serait : « Héraclite l'entend ainsi, puisqu'il s'exprime en ces termes » ; la concessive signifie au contraire que la *déficience* de l'expression n'empêche pas de comprendre la pensée.

Soph. *O. R* 302 εἰ καὶ μὴ βλέπεις, φρονεῖς δ'ὅμως οἵᾳ νόσῳ σύνεστιν « bien que tu n'y voies pas, tu saisis pourtant quel mal s'acharne (sur notre cité) ».

III. **Propositions comparatives.**

§ 339. Les propositions **comparatives**, qui sont le plus souvent introduites en attique par ὡς (précisé fréquemment en ὥσπερ, ὥστε ne se maintenant qu'en poésie et dans une faible mesure) et par ὅπως, se construisent naturellement avec l'indicatif, puisqu'elles établissent un rapport de ressemblance entre deux objets fournis par la réalité. Assurément les comparatives expriment (ou supposent) aussi des modalités *subjectives*, comme l'*éventualité* et la *possibilité* ; mais ces valeurs modales se justifient pour elles-mêmes et se surajoutent à la comparaison : par exemple, Soph. *Aj.* 1369 ὡς ἂν ποιήσῃς, πανταχῇ χρηστός γ' ἔσῃ « comme tu feras, tu t'en tireras toujours à ton honneur » exprime un *éventuel* qui est dû en réalité au futur de la principale, de même que Xén. *Mém.* 3, 8, 1 ὁ Σωκράτης ἀπεκρίνατο, ὡς ἂν (ἀποκρίναιτο) πεπεισμένος μάλιστα πράττειν τὰ δέοντα « Socrate répondit, comme (répondrait) un homme convaincu de faire son devoir » suppose un *optatif potentiel* si clair que la particule ἄν suffit à la suggérer. Si ὡς fréquemment employé avec un *participe* ne diffère pas, au point de vue du sens, d'un *indicatif* dont il est le substitut, comme Esch. *Ag.* 672 λέγουσιν ἡμᾶς ὡς ὀλωλότας « ils parlent de nous comme (on parle) de morts », les emplois formulaires de ὡς avec l'*infinitif*, comme ὡς εἰπεῖν « pour ainsi dire », supposent un verbe de possibilité générale à l'indicatif, dont on fait l'économie : ὡς ἔπος εἰπεῖν équivaut à : « comme il est possible (ἔνι) de le dire en un mot », d'où : « en un mot, pour ainsi dire ».

§ 340. Il est difficile de délimiter avec rigueur le domaine propre des comparatives : en effet, si l'on met à part ὥσπερ, uniquement comparatif, ὡς et ὅπως sont bien loin d'être réservés à l'expression de la comparaison : ces conjonctions — telles *comme* en français, *ut* en latin, *wie* (ou *als*) en allemand — introduisent des déclaratives, des consécutives, des causales, avec le même mode *indicatif* ; avec le *subjonctif*, elles peuvent exprimer des temporelles ou des finales. Cette amphibologie formelle, qui se rencontre dans les langues différentes, semble assez naturelle, et peu gênante en effet, parce que la comparaison est un rapport *simple* entre deux termes : en français, nous ne voyons aucune difficulté à employer la même conjonction *comme* pour une *comparative* (*comme* un lion se précipite), pour une *temporelle* (*comme* je sortais, un ami est venu me voir) ou pour une *causale* (*comme* il faut mourir un jour, on doit se tenir toujours prêt). M. Debrunner, dans l'étude approfondie, qu'il a donnée des comparatives, (*Schw. Deb.* p. 662 sqq.), me semble avoir abusivement étendu le domaine véritable de ce genre de propositions : il a fait entrer dans son chapitre des propositions qui n'ont avec les comparatives d'autre point commun que d'être introduites par ὡς ou par ὅπως, et qui sont effectivement des *finales* (B 363), des *temporelles* (A 600), ou des *causales* (ι 413).

§ 341. La forme la plus ancienne de la proposition comparative — et la plus solennelle — est la comparaison de type **homérique** : introduite par le proclitique ὡς, la comparaison est reprise au second terme par ὥς (ainsi « accentué » selon la tradition, mais réellement proclitique, lui aussi), qui devrait en réalité porter son accent propre, c'est-à-dire ὥς (cf. οὐδ' ὥς ou καὶ ὥς). C'est assurément un des types les plus anciens de subordination (cf. *supra*, § 141) : le thème **yo* de relatif est d'abord exprimé, puis le thème de démonstratif **so*, **sā*, **tod* repris en corrélation : ὡς... ὥς, c'est-à-dire **yō ...sō*, comme ὅτε ...τότε. Bien que la comparaison « homérique » occupe souvent plusieurs vers, *elle ne porte jamais que sur un point précis* : c'est le goût de la description et du pittoresque qui donne une telle ampleur à son premier terme ; de ce fait, elle n'admet pas les *ellipses* de verbe, si fréquentes dans des comparatives qui n'ont pas d'autre objet que la comparaison de deux objets. D'ailleurs il n'y a pas que des comparaisons « homériques » chez Homère : les exemples ne manquent pas de ὡς annoncé par οὕτως, ni de ὡς en anastrophe (écrit ὥς) avec ellipse du verbe, sans parler des emplois de ἠΰτε (cf. § 344 *Rem.* II).

E 499 ὡς δ'ἄνεμος ἄχνας φορέει ἱερὰς κατ' ἀλωὰς ἀνδρῶν λικμώντων, ὅτε τε ξανθὴ Δημήτηρ κρίνῃ ἐπειγομένων ἀνέμων καρπόν τε καὶ ἄχνας, αἱ δ'ὑπολευκαίνονται ἀχυρμιαί· ὥς τότ' Ἀχαιοὶ λευκοί ὕπερθ' ἐγένοντο κονισάλῳ « comme le vent emporte les balles de blé, sur les aires sacrées, les jours où l'on vanne et où la blonde Déméter tire parti du souffle des brises pour séparer la balle du grain ; les tas de son deviennent tout blancs ; ainsi les Achéens apparaissent tout blancs dans le haut du corps ». La comparaison met en rapport la blancheur des tas de son et la blancheur de la poussière qui recouvre les Achéens.

δ 148 οὕτω νῦν καὶ ἐγὼ νοέω, γύναι, ὡς σὺ ἐΐσκεις « pour moi je pense qu'il en est ainsi que tu compares » c'est-à-dire « qu'il en est selon ta comparaison ».

E 78 θεὸς δ'ὣς ἐτίετο δήμῳ « il était dans son pays honoré comme un Dieu ».

§ 342. En attique, on peut distinguer quatre types différents de propositions comparatives. Dans la première, on établit un parallèle complet entre les termes de la comparaison : on se sert de ὅπως ...ὡς (οὕτω, ὧδε) ou de ὥσπερ ...οὕτω (ὧδε) ; le rapport du relatif et du corré·latif peut être inversé : οὕτως ...ὡς ; *jamais* dans la comparative il n'est fait *ellipse* d'un verbe. La seconde porte sur une qualité : ὡς ou ὥσπερ n'ont *jamais de corrélatif* dans ce cas ; l'ellipse du verbe est exclue. La troisième se rapporte à une **quantité**, qui pourrait être rendue par : *autant que*, la comparaison portant sur le *plus* ou le *moins* d'un objet unique, il ne saurait être question de corrélation ; l'ellipse du verbe est *constante*. Enfin la quatrième compare **deux** objets qui sont dans le même **état** ou font la même **action** : pas de corrélatif, et l'ellipse du verbe est *constante*.

Xén. *Cyr.* 5, 1, 23 ὅπως γιγνώσκετε, οὕτω καὶ ποιεῖτε « comme vous le jugez bon, ainsi agissez ».

Plat. *Ion* 534 A ὥσπερ οἱ κορυβαντιῶντες οὐκ ἔμφρονες ὄντες ὀρχοῦν-ται, οὕτω καὶ οἱ μελοποιοί « comme les gens saisis du délire des Cory-bantes n'ont pas leur raison quand ils dansent, de même font les poètes lyriques ».

Thc. 7, 67 οὕτως ὅπως δύνανται « ainsi qu'ils peuvent ».

Plat. *Rép.* 334 A ὡς γοῦν ὁ λόγος σημαίνει « comme l'indique clai-rement le raisonnement », ou Plat. *Banquet* 176 C ὡς ἔοικεν « ainsi qu'il semble, à ce qu'il semble ».

Thc. 4, 84 ἦν δὲ οὐδὲ ἀδύνατος, ὡς Λακεδαιμόνιος, εἰπεῖν « il n'était pas non plus, pour un Lacédémonien, (pour autant qu'un Lacédémonien peut être orateur) sans moyens oratoires ». A la même catégorie appartiennent, soit des expressions tout à fait *stéréotypées* comme ὡς ἔπος εἰπεῖν « pour ainsi dire » ou ὡς συντόμως « pour parler brièvement », soit des tournures encore senties et originales, comme Thc. 4, 36 ὡς μικρὸν μεγάλῳ εἰκάσαι « dans la mesure où (on peut) se représenter des événements à petite échelle sur des événements à grande échelle ». De même avec des *noms de nombre* : Xén. *An.* 1, 2, 3 ὁπλίτας ἔχων ὡς πεντακοσίους « ayant des hoplites comme (qui en aurait) cinq cents ». C'est à la même origine qu'on doit rattacher l'emploi de ὡς avec un **superlatif** pour indiquer *le plus haut degré d'une qualité* : le plus souvent, on fait l'ellipse du verbe ; mais parfois l'idée de possibilité est exprimée (à l'éventuel) dans la comparative : Plat. *Gorg.* 503 A ὅπως ὡς βέλτισται ἔσονται « pour que les âmes deviennent les meilleures possibles (mot à mot : « autant qu'il est possible les meilleures »), en face de Xén. *An.* 3, 2, 6 μαχομένους ὡς ἂν δυνώμεθα κράτιστα « combattant avec toute la vaillance dont nous sommes capables ». Souvent l'expression est *inversée*, et se rencontre avec des adjectifs qui, par eux-mêmes, expriment une qualité éminente : ainsi

Plat. *Gorg.* 496 C ὑπερφυῶς ὡς « prodigieusement (autant qu'on peut le faire), aussi prodigieusement que possible ».

§ 343. Les emplois de ὡς avec le **participe** sont nombreux : ils comportent tous, du moins à l'origine, une comparaison ; mais la fréquence de cette construction avec le *génitif absolu* (parfois avec l'accusatif absolu) a entraîné le sens primitif dans des voies nouvelles, que possède ordinairement le génitif absolu, en particulier, les valeurs de *cause* et d'*hypothèse* ; les constructions avec un *nominatif* ou un *accusatif* ont subi à leur tour cette influence :

Thc. 2, 7 παρεσκευάζοντο ὡς πολεμήσοντες « ils faisaient leurs préparatifs, comme (font) des gens qui vont se battre ».

Esch. *Ag.* 672 λέγουσιν ἡμᾶς ὡς ὀλωλότας « ils parlent de nous comme (on parle) de morts ».

Thc. 7, 25 ὡς καὶ τῶν Ἀθηναίων προσδοκίμων ὄντων ἄλλῃ στρατιᾷ καὶ ἢν φθάσωσιν αὐτοὶ πρότεροι διαφθείραντες τὸ παρὸν στράτευμα αὐτῶν, διαπεπολεμησόμενον « comme (il va de soi) étant donné que les Athéniens étaient attendus avec le reste de leur armée et que, s'ils arrivaient eux-mêmes à mettre à mal les troupes qu'ils avaient devant eux, ce serait la fin de la guerre ». Ici, le génitif et l'accusatif absolus qui se succèdent donnent à la phrase cette valeur *causale*, qu'ils possèdent fréquemment eux-mêmes, quelque chose comme « parce que » ou « puisque ».

§ 344. Déjà dans l'épopée, la langue se sert de ὡς εἰ — qui correspond à lat. *quasi* — pour comparer à une situation *possible* la situation *existante* d'un individu : pour rendre l'idée de *comme si*, le mode attendu est l'*optatif* ; de fait, c'est bien ce qu'on trouve, et il n'y a pas d'ellipse possible pour le verbe. Mais ὡς εἰ (le plus souvent suivi de τε) a pu être employé, dès les plus anciens textes, comme un synonyme plus *étoffé* de ὡς ; il introduit alors des comparaisons entre deux objets, ainsi que des évaluations numériques. Puis la conjonction comparative — soit sous la forme ὡς, soit la forme ὥσπερ — s'est encore chargée, et a donné des expressions complexes telles que ὡσπερεί, ὡσανεί, ὡσπερανεί qui, équivalant au tour familier « comme qui dirait », perdent tout lien avec l'optatif et pratiquent normalement l'ellipse du verbe : ὡσπερεί en particulier finit par être un simple synonyme de ὡς ἔπος εἰπεῖν « pour ainsi dire », et Longin peut employer τὸ ὡσπερεὶ φάναι pour rendre : « l'expression *pour ainsi dire* ».

Λ 389 οὐκ ἀλέγω, ὡς εἴ με γυνὴ βάλοι « je ne m'en soucie pas (du coup porté), comme si une femme me frappait ».

N 492 λαοὶ ἕπονθ', ὡς εἴ τε μετὰ κτίλον ἕσπετο μῆλα « les hommes le suivaient, comme d'ordinaire les moutons suivent le bélier ».

Plat. *Gorg.* 479 A φοβούμενος ὡσπερανεὶ παῖς τὸ κάεσθαι « ayant peur des cautères, comme qui dirait un enfant ».

Dém. 18, 214 ὡσπερανεὶ καὶ κατακλυσμὸν γεγενῆσθαι τῶν πραγμάτῶν ἡγούμενοι « pensant que les événements ont disparu comme (qui dirait) dans une tornade ».

Plat. *Crat.* 422 A (τὰ ὀνόματα) ἃ ὡσπερεὶ στοιχεῖα τῶν ἄλλων ἐστί « des noms qui sont, pour ainsi dire, les éléments de base des autres ».

Remarque I. — L'attique a gardé des traces, dans la comédie, d'un tour fort ancien, bien représenté chez Homère, et qui a son correspondant en latin : ὡς signifiant « autant, aussi vrai que » est en corrélation avec un οὕτω précédent qui exprime à *l'optatif* un *vœu*, réellement « potentiel » ou de possibilité pure. Sous une forme moins solennelle, que le grec n'a pas conservée, le latin pouvait faire l'*économie* de la conjonction *ut*, en mettant *ita* suivi du subjonctif dans une sorte d'*incise* : Cic. *ad Att.* 1, 16 : *saepe (ita me Di ament) te desideraui* « souvent (que dans ces conditions les Dieux me donnent leurs faveurs !) j'ai regretté ton absence » ; la tournure solennelle : *ita me di ament, ut ...te amo* « qu'à cette condition les Dieux me donnent leur faveur que (= autant que)... je t'aime », qui est dans *Plaute* (*Ps.* 493), est au contraire toujours *complète*, comme en témoignent les deux langues. Ainsi N 825 αἲ γὰρ οὕτω γε Διὸς πάϊς αἰγιόχοιο εἴην...ὡς νῦν ἡμέρη ἥδε κακὸν φέρει Ἀργείοισι « Puissé-je être le fils de Zeus qui porte l'égide (suivi d'un autre ἀδύνατον) dans l'exacte proportion où je dis (= aussi vrai que) que ce jour portera malheur aux Argiens » ne diffère pas d'un potentiel authentique comme Ar. *Nuées* 520 οὕτω νικήσαιμί τ' ἐγὼ καὶ νομιζοίμην σοφὸς ὡς ὑμᾶς... ἠξίωσ' ἀναγεῖσ' ὑμᾶς« Puissé-je être vainqueur et réputé un habile homme, aussi vrai que je vous ... ai considérés comme des gens capables de goûter (ma pièce) ! »

Remarque II. — La conjonction ἠΰτε, si fréquente chez Homère pour introduire la comparaison de deux objets, le plus souvent de façon brève, mais parfois aussi une comparaison plus importante avec un verbe exprimé (Φ 237 μεμυκὼς ἠΰτε ταῦρος « mugissant comme un taureau » ou X 139 ἠΰτε κίρκος ...οἴμησε «comme un épervier ...prend son vol ») est rapidement sortie de l'usage. Les *Hymnes* en attestent encore quelques exemples, mais, sauf dans un fragment, déjà l'œuvre d'Hésiode en a perdu le souvenir.

IV. **Propositions temporelles.**

§ 345. Dans une proposition subordonnée temporelle l'action (ou la série d'actions) mise en relation avec l'action (ou la série d'actions) de la principale pose un rapport de *simultanéité*, de *postériorité* ou d'*antériorité*. Ces expressions n'impliquent nullement le « temps relatif » tel qu'il a été défini plus haut et dont la considération est étrangère à la langue : la subordonnée temporelle met en rapport deux termes, qui s'expriment au « temps absolu » et *chacun pour lui-même*. On constatera que la simultanéité et la postériorité se comportent, dans leur expression, de façon comparable, tandis que l'antériorité s'en distingue nettement dans la plupart de ses emplois.

A. SIMULTANÉITÉ.

§ 346. Le rapport de simultanéité peut s'établir entre deux actions singulières, mais aussi s'appliquer à une **répétition**, soit **illimitée**, soit limitée : par cette dernière expression nous entendons que le deuxième terme apparaît *le* **même nombre** *de fois* que le premier. De plus, la simultanéité peut être appelée **indéterminée** quand la durée des deux actions mises en rapport coïncide *en gros*, et **déterminée** quand le développement de la première *est arrêté par l'apparition de la seconde*. Ainsi, tandis que ὅτε « lorsque » exprime une simultanéité assez imprécise, ἕως « tant que » traduit une simultanéité totale ; mais ils sont l'un et l'autre *indéterminés* ; au contraire ἕως « jusqu'à ce que » implique que le premier état a duré jusqu'au moment où le second, coïncidant un instant avec lui, est venu l'interrompre (simultanéité *déterminée*). D'ailleurs il serait aussi difficile qu'artificiel de vouloir répartir dans ces différentes catégories les conjonctions qui introduisent les subordonnées temporelles : ce ne serait à la rigueur possible que pour celles d'entre elles qui possèdent la signification la plus précise, mais ne sont pas les plus courantes. Assurément ἐν ᾧ « dans le même temps que » rend la simultanéité *indéterminée totale*, tandis que μέχρι οὗ « jusqu'à ce que » traduit la *simultanéité déterminée* ; mais ἐπεί, qui signifie à la fois « lorsque » et « après que » appartient à la fois à la *simultanéité* (indéterminée) et à la *postériorité* ; ἕως, qui veut dire en même temps « tant que» et « jusqu'à ce que » est, suivant le cas, *indéterminée* ou *déterminée* dans la simultanéité qu'elle exprime.

§ 347. Se rapportant à une *action* (ou un *état*) unique, la simultanéité s'exprime au moyen des *temps* de l'indicatif, quand elle relève du passé ou du présent ; au contraire, quand elle relève du futur, elle s'exprime au moyen du subjonctif éventuel accompagné de ἄν, du moins en attique. Avec le futur proprement dit il faut également entendre tout ce qui peut logiquement s'y rattacher, comme des *présents d'action imminente*, des *impératifs* qui engagent vivement l'avenir, certains *parfaits*, etc.

Dém. 1,20 ἕως ἐστὶ καιρός, ἀντιλάβεσθε τῶν πραγμάτων « pendant qu'il en est temps encore, redevenez les maîtres de la situation ».

Xén. *Cyr.* 7, 5, 39 ὁ ὄχλος πλείων καὶ πλείων ἐπέρρει, ἕωσπερ ἔφθασεν ἑσπέρα γενομένη « la foule arrivait de plus en plus dense, jusqu'au moment où le soir tomba avant que... ».

Φ 112 ἔσσεται... ἦμαρ, ὁππότε τις καὶ ἐμεῖο Ἄρη ἐκ θυμὸν ἕληται « un jour viendra... où quelqu'un, à son tour, m'arrachera la vie dans le combat ».

Xén. *Cyr.* 3, 3, 18 οὐκ ἀναμένομεν, ἕως ἂν ἡ ἡμετέρα κακῶται « nous n'attendons pas (= nous ne supporterons pas) que notre pays soit ravagé ».

Dém. 4,14 ἐπειδὰν ἅπαντα ἀκούσητε, κρίνατε « quand vous aurez tout entendu, portez votre sentence ».

Ar. *Cav.* 395 οὐ δέδοιχ᾽ ὑμᾶς, ἕως ἂν ζῇ τὸ βουλευτήριον « je n'ai pas peur de vous, tant que le Conseil existera ».

§ 348. La *répétition* illimitée est rendue, dans le *présent-futur* — qui apparaît souvent sous la forme de l'*actuel* ou du *permanent* — par le subjonctif *éventuel*, puisqu'il s'agit d'un phénomène dont on attend normalement qu'il se répète : le subjonctif, *toujours précédé de ἄν en prose*, se rapporte, non seulement à des *présents* de sens variés, mais encore à des *parfaits* proches de présents et à des *aoristes de constatation* qui, eux aussi, font partie de l'actuel. *Il n'y a pas, dans le présent-futur, de répétition* limitée : en effet ce n'est qu'au passé qu'on peut affirmer qu'une action s'est produite *autant de fois* qu'une autre s'est manifestée. *Au* passé, *la répétition* illimitée est exprimée par l'*optatif sans ἄν*, substitut du subjonctif dans le domaine du passé : d'*éventuelle* qu'elle était au présent-futur, elle se dégrade en un *possible*. Quant à la *répétition* limitée, elle s'exprime par l'indicatif, puisqu'elle constate effectivement que le fait n° 2 est apparu *autant de fois* que le fait n° 1 s'est produit.

Xén. *Cyr.* 3, 2, 7 μισθοῦ στρατεύονται, ὁπόταν τις αὐτῶν δέηται « ils se battent pour une solde, quand on a besoin d'eux ».

Φ 199 δείδοικε Διὸς μεγάλοιο κεραυνόν ...ὅτ' ἀπ' οὐρανόθεν σμαραγήσῃ « il redoute la foudre du grand Zeus... quand elle tombe avec fracas des hauteurs du ciel ».

P 728 ἀλλ' ὅτε...ἐν τοῖσιν ἑλίξεται... ἂψ τ'ἀνεχώρησαν « mais quand (le sanglier)... se retourne au milieu (des chiens)... on voit (ordinairement) ceux-ci reculer ».

Xén. *An.* 1, 2, 7 παράδεισος... ἀγρίων θηρίων πλήρης, ἃ ἐκεῖνος ἐθήρευεν ἀπὸ ἵππου, ὁπότε γυμνάσαι βούλοιτο « un grand parc... plein de bêtes sauvages qu'il chassait à cheval quand il voulait s'exercer ». Répétition illimitée dans le passé.

Xén. *Mém.* 3, 4, 3 ὁσάκις κεχορήγηκε,... νενίκηκε « autant de fois qu'il a été chorège... autant de fois il a remporté la victoire ». Répétition limitée dans le passé : il y a exacte concordance entre le nombre des victoires remportées et celui des liturgies remplies.

Remarque I. — La langue considère souvent comme relevant de la répétition *limitée* des cas que nous ferions rentrer dans le cadre de la répétition *illimitée* ; elle emploie dans ce cas l'*imparfait*, qui montre le phénomène dans son développement *duratif*, mais n'exprime nullement par lui-même l'idée de répétition :
Xén. *An.* 4, 7, 16 ᾖδον καὶ ἐχόρευον, ὁπότε οἱ πολέμιοι αὐτοὺς ὄψεσθαι ἔμελλον « ils chantaient et dansaient, quand leurs ennemis devaient les voir ».

Remarque II. — Les exemples précédemment cités s'appliquent à des circonstances *ayant effectivement existé dans le passé*, ou qui sont *attendues dans l'avenir*. Mais il est toujours possible de considérer des circonstances proprement temporelles comme de *pures hypothèses* de l'esprit : comme telles, elles s'expriment au moyen de l'*optatif sans ἄν* :
Xén. *Hipp.* 7, 4 φρονήσεως δεῖ πολλῆς πρὸς τοὺς πολὺ πλείους καὶ τόλμης, ὁπότε καιρὸς προσπέσοι « il faut beaucoup de sang-froid devant un adversaire supérieur en nombre, et l'audace, quand surviendrait (= pour le cas supposé où...) une occasion favorable ».

B. Postériorité.

§ 349. S'appliquant à un cas unique, la postériorité s'exprime à l'indicatif (*aoriste* ou *imparfait*) quand il s'agit du *passé*, et au subjonctif (*aoriste*) s'il s'agit de l'*avenir* ; le *présent* et l'*actuel* excluent, de par leur sens même, toute idée de postériorité. S'appliquant à une *répétition* illimitée, la postériorité s'exprime au moyen du subjonctif (*aoriste*) dans le *présent-futur*, et au moyen de l'optatif (*aoriste*) quand il s'agit du passé.

Xén. *An.* 1, 9, 7 ἐπεὶ δὲ κατεπέμφθη ὑπὸ τοῦ πατρὸς σατράπης Λυ-δίας... πρῶτον ἐπέδειξεν « après qu'il eût été envoyé par son père comme satrape de Lydie... il montra dès l'abord... »

Thc. 2, 34 ἐπειδὰν κρύψωσι γῆ... λέγει « après qu'on a recouvert de terre (les restes des morts)..., un orateur prend la parole ».

Xén. *An.* 4, 5, 8 ἐπειδή τι ἐμφάγοιεν, ἀνίσταντο « après avoir mangé quelque chose, ils se relevaient ».

C. Antériorité.

§ 350. Pour voir clair dans les emplois assez délicats de la conjonction πρίν, « avant que » — la seule qui pratiquement en attique exprime l'antériorité — il faut partir de l'usage homérique, mais sans vouloir en déduire logiquement, comme on a tendance à le faire trop souvent, les règles de l'usage attique. On constate que chez Homère, sur 88 exemples de πρίν, *il n'y en a pas* un seul *où la conjonction soit suivie de l'*indicatif : on ne relève que des *infinitifs*, sauf 6 cas de *subjonctif* et 1 cas d'*optatif secondaire*, qui, à la différence des infinitifs, dépendent de principales *négatives* ou *interrogatives*. Ainsi pratiquement, on ne rencontre que deux types de phrases : X 153 πλυνοί... ὅθι εἵματα σιγαλόεντα πλύνεσκον Τρώων ἄλοχοι... τὸ πρὶν ἐπ' εἰρήνης πρὶν ἐλθεῖν υἷας Ἀχαιῶν « des lavoirs... où les épouses des Troyens lavaient leurs beaux vêtements... jadis, en temps de paix, avant que vinssent les fils des Achéens » et x 175 οὐ γάρ πω καταδυσόμεθ', ἀχνύμενοί περ, εἰς Ἀίδαο δόμους, πρὶν μόρσιμον ἦμαρ ἐπέλθη « nous ne descendrons pas, en dépit de notre affliction, aux demeures d'Hadès, avant que soit venu le jour de notre destin ». Quand il s'agit d'exprimer une antériorité *effectivement constatée dans le passé*, la langue recourt à la locution prépositionnelle πρίν γ' ὅτε, suivie d'un *temps passé de l'indicatif* : ainsi I 587 ἀλλ' οὐδ' ὣς τοῦ θυμὸν ἐνὶ στήθεσσι ἔπειθον, πρὶν γ'ὅτε δὴ θάλαμος πύκ' ἐβάλλετο « cependant même ainsi, ils ne persuadaient pas son cœur au fond de sa poitrine, avant que l'appartement ne fût (= réellement) violemment ébranlé (par l'ennemi) ». Dans ce dernier cas, la proposition principale se trouve être *fréquemment* négative ou interrogative. C'est de ces constatations que l'on est parti pour vouloir établir un rapport logique entre le caractère *positif* ou *négatif* de la phrase principale et les diverses constructions de πρίν. Ainsi, dans la grammaire de Koch, on pose en principe que πρίν « *doit* être construit avec l'*infinitif* quand la *proposition principale* est *affirmative* » et que « quand la *proposition principale* est *négative*, πρίν se construit, en règle générale, avec le verbe fini ». En réalité, si on laisse de côté la relation établie entre le caractère positif ou négatif de la principale et les diverses constructions de πρίν il ressort de l'usage homérique les trois tendances suivantes :

1° Dans l'énorme majorité des cas, l'**infinitif**, exprimant le rapport d'antériorité sous la forme la plus **abstraite**, indifférent aux temps aussi bien qu'aux conditions de la réalité, suffit à rendre la notion d'antériorité.

2° Il se constitue déjà, à l'aide de ὅτε (qui d'ailleurs progressivement s'effacera devant πρίν : *Hymn. Apoll.* 356 ὃς τῇ γ' ἀντιάσειε φέρεσκέ μιν αἴσιμον ἦμαρ, πρίν γέ οἱ ἰὸν ἐφῆκεν 'Απόλλων « celui qui le rencontrait se voyait emporter par son jour fatal, jusqu'au moment où Apollon eût décoché » l'expression à *l'indicatif* d'une *antériorité effectivement constatée dans le passé*.

3° Le *subjonctif éventuel* sert déjà à exprimer dans le *présent-futur* une *antériorité escomptée*, qui est rendue par *l'optatif* de possible dans le passé.

Nous allons voir l'attique donner un plein développement à ces trois tendances fondamentales.

§ 351. L'infinitif exprime *pour lui-même* le rapport de temps établi entre les deux termes : c'est pour cela que le verbe est le plus souvent à *l'aoriste*, c'est-à-dire rendu par l'aspect le plus *dépouillé*. L'antériorité de la subordonnée à la principale, bien qu'étant le plus souvent *effective* et *constatée dans la réalité*, n'est pas considérée *par rapport à cette réalité effective* : ainsi, dans l'exemple cité au § précédent, il est *sans intérêt* que les Achéens soient venus *réellement* (ou non) en Troade — ce qui ne fait d'ailleurs aucun doute : ce qui importe seulement, c'est le rapport d'antériorité entre le *fait* de laver le linge (dans le passé) et le *fait* de l'arrivée des Achéens. — Étant donné qu'il exprime un rapport abstrait, *l'infinitif est indifférent au temps* : il pose le rapport d'antériorité aussi bien dans le *présent* que dans le passé ou dans l'*avenir*, parce qu'il reste *en dehors de la catégorie du temps*. En revanche, les oppositions *d'aspect* expliquent les emplois *d'infinitifs présents* en face *d'infinitifs aoristes* ; ces derniers l'emportent naturellement en nombre, puisque précisément l'aoriste, exprimant l'idée verbale *dépouillée de durée*, est particulièrement propre à rendre un rapport **abstrait** d'antériorité. Nombre de cas particuliers se justifient par des considérations d'aspect : ainsi, si l'infinitif est *toujours à l'aoriste* après une principale négative, cela ne tient point à la présence de l'idée négative, mais à ce fait que οὐ... πρίν « pas avant que », équivalant logiquement à « jusqu'à ce que », comporte une idée *d'aboutissement « déterminé »*, que seul peut rendre le thème d'aoriste.

Ar. *Plut.* 376 κατηγορεῖς γὰρ πρὶν μαθεῖν τὸ πρᾶγμά μου « tu m'accuses avant que de prendre connaissance de mon affaire ».

Xén. *An.* 1, 4, 16 διέβησαν πρὶν τοὺς ἄλλους ἀποκρίνασθαι « ils franchirent le fleuve, sans attendre la réponse des autres ».

Ar. *Lys.* 97 πρὶν λέγειν, ἐπερήσομαί τι σμικρόν « avant de parler, je poserai une petite question ».

Ar. *Ois.* 495 καὶ πρὶν δειπνεῖν τοὺς ἄλλους, οὗτος ἄρ᾽ ἦσεν « et avant que les autres fussent *en train* de manger, alors ce coq là se mit à chanter ». L'infinitif présent se justifie par l'idée de durée.

Eur. *Alc.* 281 λέξαι θέλω σοι, πρὶν θανεῖν, ἃ βούλομαι « je veux te dire, avant de mourir, mes dernières volontés ». L'infinitif aoriste exprime, dépourvue de durée, l'heure de la mort.

Soph. *Aj.* 1418 ἦ πολλὰ βροτοῖς ἔστιν ἰδοῦσιν γνῶναι· πρὶν δ᾽ ἰδεῖν δ᾽, οὐδεὶς μάντις τῶν μελλόντων ὅ τι πράξει « Oui, il y a bien des choses que les mortels peuvent comprendre en les voyant : mais, avant de voir, personne ne peut deviner comment tournera l'avenir ». L'identité d'aspect dans ἰδοῦσι et dans ἰδεῖν exclut pour le second toute interprétation de valeur temporelle : de part et d'autre, il s'agit du *fait* de voir, considéré de la façon la plus générale et la plus abstraite.

Remarque. — On vient de voir que, si l'*infinitif aoriste* est constant après une principale négative, le fait est dû à des considérations d'aspect, mais non pas à l'idée négative elle-même. On constate de même que les *principales néga-tives* sont, avec πρίν suivi de l'infinitif, beaucoup plus nombreuses que les principales *positives*. Le fait s'explique en partant de la valeur de l'aspect d'aoriste : celui-ci, exprimant le rapport d'antériorité de la façon la plus abstraite, exclut le plus souvent la constatation *personnelle* et l'attente *subjec-tive*, c'est-à-dire des conditions positives et concrètes. Ainsi les deux exemples suivants, l'un positif, l'autre négatif, admettent également πρίν avec l'infinitif : mais le premier comporte un caractère concret et des considérations de durée qui n'existent pas dans le second.
Ar. *Guêpes* 1086 γλαῦξ γὰρ ἡμῶν πρὶν μάχεσθχι τὸν στρατὸν διέπτετο « une chouette avait survolé notre armée avant le combat (= avant que la bataille se déroulât) ».
Xén. *Cyr.* 8, 1, 38 οὔτ᾽ αὐτός πcτε πρὶν ἰδρῶσαι δεῖπνον ἡρεῖτο « personnel-lement il ne prenait pas son dîner avant de se faire transpirer (= sans provo-quer la sudation). »

§ 352 2° *Les* **temps passés** de l'indicatif expriment, comme il est naturel, une **antériorité effectivement constatée.** Dans la plupart des cas, l'*aoriste* est employé, parce que, du fait de son aspect, ce temps implique une constatation *pure et simple* dans le passé : en particulier, quand la principale est négative ou interrogative, οὐ... πρίν, équivalant logi-quement à « jusqu'au moment où », est constamment suivi de l'*indi-catif aoriste* : mais, lorsque la proposition subordonnée implique expres-sément un développement duratif de l'action, il est fait usage de l'*impar-fait* :

Hdt. 1, 13 τούτου τοῦ ἔπεος Λυδοί τε καὶ οἱ βασιλεῖς αὐτῶν λόγον οὐδένα ἐποιεῦντο, πρὶν δὴ ἐπετελέσθη « de cet oracle les Lydiens ni leurs rois ne tinrent compte, avant qu'il ne s'accomplît (= jusqu'au moment où il devint fait accompli) ».

Thc. 1, 118 οἱ Λακεδαιμόνιοι οὔτε ἐκώλυον ...ἡσύχαζόν τε ...πρὶν δὴ ἡ δύναμις τῶν Ἀθηναίων σαφῶς ἤρετο καὶ τῆς συμμαχίας αὐτῶν ἥπτοντο « les Lacédémoniens... ne faisaient pas obstacle (à la consti-tution de l'empire athénien)... et ne bougeaient pas... avant que la puissance athénienne ne s'élevât vraiment et ne portât atteinte à leurs alliances ». C'est progressivement que les Lacédémoniens ont vu s'élever la menace que constituait, pour eux et leurs alliés, l'empire athénien.

Remarque. — La proposition principale dont dépend πρίν est *le plus souvent négative* : insister sur une antériorité réellement constatée, c'est le plus fréquemment indiquer *qu'il ne s'est passé aucun événement avant tel autre*. Il est plus rare qu'on veuille insister sur le caractère *effectif* du rapport d'antériorité quand il s'agit *de deux faits possibles* : ceux-ci sont alors naturellement exprimés par l'*infinitif d'antériorité pure*, qui ne se soucie pas de préciser si le rapport d'antériorité répond (ou non) à la réalité :

Xén. *An.* 1, 2, 26 (οὐ) τότε Κύρῳ ἰέναι ἔθελε, πρίν ἡ γυνὴ αὐτὸν ἔπεισε « il ne voulut pas se rendre alors auprès de Cyrus, avant que sa femme ne l'en eût persuadé ». Le sens est : « jusqu'au moment où *effectivement*. »

Soph. *O. R.* 776 ἠγόμην δ' ἀνὴρ ἀστῶν μέγιστος τῶν ἐκεῖ, πρίν μοι τύχη τοιάδ' ἐπέστη « je passais pour le premier citoyen, là-bas, avant qu'il ne m'advînt l'événement que voici ». Après une phrase positive, l'indicatif se justifie par le désir qu'éprouve Œdipe d'insister sur l'*importance* de cet événement qui doit bouleverser son existence. Autrement, s'il avait voulu entendre qu'avant la *date* où se produisit l'événement il était le premier à Corinthe, l'antériorité pure, c'est-à-dire l'*infinitif*, aurait été suffisante.

§ 353 3° Une **antériorité attendue** s'exprime au moyen du mode de l'*éventualité*, c'est-à-dire du **subjonctif**, si on se trouve dans le domaine du *présent-futur* ; sinon, l'*optatif secondaire* de possibilité se substitue, dans le domaine du *passé*, comme ailleurs, au subjonctif. L'antériorité attendue peut se rapporter à ce qui est *permanent* (répétition *illimitée* dans l'« actuel »), ou à l'avenir (*un seul cas*) ; mais il ne s'ensuit nullement de là que le verbe de la proposition principale doive être expressément mis au présent ou au futur : par exemple, un *ordre* — qu'il soit exprimé par un *impératif*, un *subjonctif* ou un *optatif* de *politesse* — entraîne l'emploi du subjonctif parce que cet ordre spécule sur l'avenir. Pour ce qui est de l'aspect verbal, l'antériorité attendue ne peut admettre que le *thème d'aoriste* ; en effet, l'antériorité attendue est le moment *avant lequel* (ou *jusqu'auquel*) une réalisation est escomptée : ou spécule sur l'*entrée* dans un état de choses « déterminé », *sans considération de durée* :

Soph. *Ant.* 176 Ἀμήχανον δὲ παντὸς ἀνδρὸς ἐκμαθεῖν ψυχήν τε καὶ φρόνημα...πρὶν ἂν ἀρχαῖς τε καὶ νόμοισιν ἐντριβὴς φανῇ « il est impossible de connaître à fond l'âme et l'esprit de chaque homme, avant qu'il se soit montré rompu à l'exercice du pouvoir et des lois ».

Plat. *Ap.* 36 C ἐνταῦθα ἦα, ἐπιχειρῶν ἕκαστον ὑμῶν πείθειν μὴ πρότερον μήτε τῶν ἑαυτοῦ μηδενὸς ἐπιμελεῖσθαι πρὶν ἑαυτοῦ ἐπιμεληθείη « voilà où j'en étais : j'essayais de persuader à chacun de vous de ne se préoccuper d'aucun de ses biens avant de se préoccuper de lui-même ».

Plat. *Ion* 534 B οὐ πρότερον οἷός τε ποιεῖν (ὁ ποιητής) πρὶν ἂν ἔνθεος γένηται « le poète est incapable de faire œuvre de poésie avant d'être possédé par un dieu ».

Esch. *Prom.* 175 οὔποτ'...τόδ' ἐγὼ καταμηνύω, πρὶν ἂν ἐξ ἀγρίων δεσμῶν χαλάσῃ « non jamais... je ne révélerai ce secret avant qu'il ne m'ait délivré de ces liens cruels ».

Ar. *Guêpes* 725 πρὶν ἂν ἀμφοῖν μῦθον ἀκούσῃς, οὐκ ἂν δικάσαις

« avant d'avoir entendu le récit des deux parties, tu ne saurais rendre une sentence (= ne juge pas, avant...) ».

Remarque. — On constate que la proposition principale est bien plus souvent *négative* que *positive* ; la proportion en faveur du type négatif est encore plus considérable que lorsqu'il s'agit d'antériorité constatée. De fait, la proposition principale, si elle implique qu'une chose *ne se passe pas* (ou ne *se passera pas*) avant une autre, s'attache plus fermement à la réalité permanente ou à la réalité à venir que si elle exprime qu'une chose *se passera* : dans ce cas l'*infinitif d'antériorité pure* est beaucoup plus indiqué : l'attente subjective est encore plus facilement négligée que la constatation personnelle de la réalité, du moment que le rapport d'antériorité est posé pour lui-même.

Ar. *Gren.* 78 οὔ, πρίν γ' ἂν 'Ιοφῶντ', ἀπολαβὼν αὐτὸν μόνον, ἄνευ Σοφοκλέους ὅ τι ποεῖ κωδωνίσω « non, je ne ferai rien avant d'avoir pris à part Iophon et éprouvé ce qu'il peut faire sans Sophocle ».

Isocr. 4, 16 ὅστις οὖν ὀίεται τοὺς ἄλλους κοινῇ τι πράξειν ἀγαθόν, πρὶν ἂν τοὺς προεστῶτας αὐτῶν διαλλάξῃ, λίαν ἁπλῶς ἔχει « quand on se figure que les autres accompliront en commun quelque chose de bon avant qu'on ait réconcilié leurs dirigeants, on est bien naïf ». La considération du moment *vivement escompté* où l'on réconciliera les dirigeants a entraîné l'emploi du subjonctif, après une principale positive : si on n'avait pas voulu insister sur la nécessité de réconcilier *effectivement et dans un proche avenir* les gouvernants, on aurait eu le tour courant : πρὶν τοὺς προεστῶτας διαλλάξαι.

§ 354. En principe, toute antériorité liée à des conditions qui sont *en dehors de la réalité* (hypothèse pure), ou *contraires à cette même réalité*, devrait s'exprimer uniquement à l'aide de l'*infinitif*, puisque ce mode pose le rapport en lui-même et sans s'inquiéter de la réalité : c'est d'ailleurs ce qui est souvent attesté. Mais il arrive qu'un *optatif de possibilité* de la principale entraîne l'emploi du même mode avec πρίν, de même que, moins fréquemment, un *irréel du présent ou du passé* amène après πρίν un *temps secondaire* de l'indicatif. Il n'y a point là, semble-t-il, d'attraction modale, mais des emplois *directs* de l'optatif de possibilité pure et des temps secondaires de l'indicatif.

Esch. *Suppl.* 771 οὕτω γένοιτ' ἂν οὐδ' ἂν ἔκβασις στρατοῦ καλή, πρὶν ὅρμῳ ναῦν θρασυνθῆναι « ainsi le débarquement des troupes ne saurait avoir lieu dans de bonnes conditions, avant que le navire ne s'assure d'un bon mouillage ».

Soph. *O. R.* 505 οὔποτ' ἔγωγ' ἄν, πρὶν ἴδοιμι ὀρθὸν ἔπος, μεμφομένων ἂν καταφαίην « jamais, avant de voir justifier la prédiction de devin, je n'approuverais ceux qui l'accusent. « On pourrait comparer le tour suivant, en français : « jamais je ne parlerais... avant que je visse ».

Eur. *Alc.* 360 οὔθ' ὁ Πλούτωνος κύων οὔθ' οὑπὶ κώπῃ ψυχοπομπὸς ἂν Χάρων ἔσχον, πρὶν ἐς φῶς σὸν καταστῆσαι βίον « ni le Chien de Pluton ni, à sa rame, Charon, le Guide des Ames, ne m'arrêteraient, avant de te ramener vivante à la lumière ».

Plat. *Mén.* 86 D οὐκ ἂν ἐσκεψάμεθα πρότερον εἴτε διδακτὸν εἴτε οὐ διδακτὸν ἡ ἀρετή, πρὶν ὅ τί ἐστιν πρῶτον ἐζητήσαμεν αὐτὸ « nous n'examinerions pas si la vertu peut s'enseigner ou non, avant d'avoir d'abord recherché ce qu'elle est en elle-même ».

V. Propositions conditionnelles.

§ **355.** Telle qu'elle est constituée à l'époque classique, la période conditionnelle est fondée sur deux propositions étroitement associées : l'une **projette** la condition (d'où son nom de πρότασις « protase »), tandis que l'autre exprime le résultat de la condition (d'où son nom de ἀπόδοσις « apodose »). A l'origine, (cf. § 139) les deux propositions étaient *autonomes* : ainsi, en H 28, ἀλλ᾽ εἴ μοί τι πίθοιο, τό κεν πολὺ κέρδιον εἴη « *si* tu voulais m'en croire, ce serait bien mieux », il n'y a essentiellement, malgré nos habitudes de traduire, que deux propositions également indépendantes, dont la première est introduite par εἰ : « dans ces conditions tu pourrais m'en croire : ce serait beaucoup mieux ». Le développement de la subordination en grec n'a pas fait disparaître cette autonomie première ; en réalité, c'est parce que les *raisons* sont les mêmes, le plus souvent, qu'on trouve le même mode dans la protase et dans l'apodose ; mais jamais le mode de la protase n'entraîne *automatiquement* le mode de l'apodose et, dans l'association des deux propositions, il subsiste beaucoup de liberté et de « jeu ». D'après la protase, on peut distinguer *trois* attitudes de l'esprit :

A) la protase **repose** sur la réalité *donnée* — ou ce qui peut être considéré comme tel ;

B) la protase **se fonde** sur une éventualité — *cas particulier* ou de caractère *général* ;

C) la protase **spécule** sur une possibilité : elle peut alors, soit *échafauder une hypothèse pour elle-même*, soit la *confronter avec les conditions de la réalité au moment considéré* pour voir si elle est *compatible* (ou *non*) avec ces mêmes conditions.

A. PROTASE REPOSANT SUR LA RÉALITÉ.

§ **356.** Le mode employé dans la protase est l'indicatif, parce que, en formulant la condition, on la considère comme *remplie* dans la réalité : de même, en français, nous employons la tournure « s'il est vrai que », sans éprouver réellement le moindre doute sur la *réalité* de l'assertion ; la protase ne se fonde pas moins sur la réalité que l'apodose. La *protase* se situe aussi bien dans le *présent* que dans le *passé* : en ce qui concerne le *futur*, il faut que celui-ci soit considéré, non comme une *éventualité*, mais comme une *réalité prochaine* ; pratiquement, on rencontre dans la protase le *présent*, l'*imparfait*, le *futur* et l'*aoriste indicatif* (rarement le *parfait*). Quant à l'*apodose*, elle peut présenter *toutes les possibilités de temps et de modes* d'une proposition indépendante. Assurément, *elle atteste souvent les mêmes temps de l'indicatif que la protase* : mais c'est, comme on vient de le rappeler, parce que les raisons sont les mêmes. Autrement, l'apodose peut, par exemple, tirer dès le moment *présent* les conséquences d'une réalité *prochaine* ou, par une sorte d'atténuation, se donner l'air de n'être pas sûre de cette réalité.

Pd. *Ol.* 1, 64 εἰ δὲ θεὸν ἀνήρ τις ἔλπεται λελαθέμεν ἔρδων, ἁμαρτάνει « s'il est vrai qu'un homme espère voir ses actes échapper à la divinité, il se trompe ».

Pd. *Ol.* 1, 54 εἰ δὲ δή τιν' ἄνδρα θνατὸν Ὀλύμπου σκοποὶ ἐτίμασαν, ἦν Τάνταλος οὗτος « s'il est vrai que ceux qui veillent sur l'Olympe ont accordé leurs faveurs à un mortel, Tantale fut cet homme-là ».

Soph. *Aj.* 1308 τοῦτον εἰ βαλεῖτέ που, βαλεῖτε χἠμᾶς τρεῖς « si vous jetez ce corps à la voirie, vous y jetterez aussi nos trois cadavres ».

Soph. *Ant.* 461 εἰ δὲ τοῦ χρόνου πρόσθεν θανοῦμαι, κέρδος αὔτ' ἐγὼ λέγω « s'il est vrai que je mourrai avant mon temps, je déclare que c'est pour moi tout profit ».

Thc. 6,92 εἰ πολέμιός γ' ὢν σφόδρα ἔβλαπτον, κἂν φίλος ὢν ἱκανῶς ὠφελοίην « s'il est vrai que je vous ai fait bien du mal quand j'étais votre ennemi, étant votre ami je pourrais bien — en dépit de la forme atténuée, certitude profonde — vous être grandement utile ».

B. PROTASE SE FONDANT SUR UNE ÉVENTUALITÉ.

§ 357. La protase suppose, soit un *cas* particulier appartenant à l'*avenir*, soit un *fait* général, dont la *réalisation* permanente est l'objet d'une *attente*. Dans un cas comme dans l'autre, le mode *éventuel* — c'est-à-dire le subjonctif — est employé et, du moins en attique, régulièrement accompagné de la particule ἄν. L'apodose est souvent au *futur*, ou au *présent de permanence* ; mais un *parfait*, voisin par le sens du présent, ou un *aoriste* de constatation générale, correspondent souvent à un subjonctif. On conçoit aisément qu'il soit impossible d'établir une distinction rigoureuse entre un *indicatif futur* — qui se donne l'*avenir* comme une *réalité proche* — et un *subjonctif* — qui attend une *éventualité dont la réalisation peut être immédiate* : le tenter serait d'autant plus vain que le subjonctif et le futur possèdent des affinités profondes. *En principe*, le futur comporte quelque chose de plus *affirmé*, de plus assuré que le subjonctif et apparaît bien comme tel dans de nombreux exemples ; mais aussi simplement le *souci de varier l'expression* peut les faire employer *côte à côte dans la même phrase* :

ι 520 αὐτὸς δ', αἴ κ' ἐθέλῃ, ἰήσεται « il me guérira bien, lui, s'il le veut ».

Hdt. 4,28 ἢν σεισμὸς γένηται... τέρας νενόμισται « quand il se produit un tremblement de terre... celui-ci est considéré (ordinairement) comme un prodige ».

Ar. *Guêpes* 594 κἂν τῷ δήμῳ γνώμην οὐδεὶς πώποτ' ἐνίκησεν, ἐὰν μὴ εἴπῃ τὰ δικαστήρι' ἀφεῖναι πρώτιστα μίαν δικάσαντας « et devant l'Assemblée jamais personne n'a fait triompher sa cause, s'il ne dit pas, pour commencer, qu'il faut lever la séance après n'avoir jugé qu'une seule affaire ».

Soph. *Ant.* 86 et 93 ἐχθίων ἔσῃ σιγῶσ', ἐὰν μὴ πᾶσι κηρύξῃς τάδε en face de εἰ ταῦτα λέξεις, ἐχθαρῇ μὲν ἐξ ἐμοῦ « en te taisant, tu te feras encore plus détester de moi, si tu ne publies pas partout ce que je dis » et « en parlant ainsi, tu te feras détester, d'abord par moi... ». On pourrait penser qu'Antigone croit sa sœur plus capable de s'en tenir à des paroles trop prudentes qu'assez forte pour publier d'audacieux projets : mais la nuance est peu consistante.

Eur. *Or.* 1533 εἰ γὰρ Ἀργείους ἐπάξει τοῖσδε δώμασιν... κἀμὲ μὴ σῴζειν θέλῃ... παρθένον τε καὶ δάμαρτα δύο νεκρὼ κατόψεται « s'il lance des Argiens contre cette demeure... et ne veut pas assurer mon salut... il verra deux cadavres, ceux de son épouse et de sa fille ».

§ 358. En revanche quand l'éventualité, **rétrospective** au lieu d'être *prospective*, se rapporte au *passé* au lieu de l'*avenir*, elle ne peut plus concerner qu'un *fait général qu'on pouvait s'attendre à voir se produire*. Le subjonctif est impropre à exprimer l'éventualité dans le passé : aussi la protase se met-elle à l'optatif ; quant à l'apodose, elle présente les *temps passés de l'indicatif*. Cet emploi de l'optatif, encore inconnu chez Homère sauf *un seul* exemple, s'est très développé en attique :

Ω 768 εἴ τίς με καὶ ἄλλος... ἐνίπτοι... ἀλλὰ σύ... κατέρυκες « si quelqu'un d'autre... s'en prenait à moi... eh bien ! toi... tu l'arrêtais »

Thc. 3, 81 τῶν ἐχθρῶν εἴ τινα λάβοιεν, ἀπέκτεινον « s'ils faisaient un ennemi prisonnier, ils le tuaient ».

Remarque. — On dit souvent à tort de cet optatif qu'il exprime la « répétition dans le passé ». Par lui-même, il n'indique rien de tel, encore qu'effectivement il s'applique à une action qui s'est répétée. Une phrase telle que celle du dernier exemple pourrait être ainsi traduite : « quand ils faisaient un ennemi prisonnier, *comme il pouvait arriver*, ils le mettaient à mort ».

C. Protase spéculant sur une possibilité.

359. En principe, toute **possibilité** devrait s'exprimer à l'**optatif** — qu'elle soit *actuelle*, *future* ou *rétrospective*. Tel devait être l'état de choses en indo-européen. En sanskrit, un *optatif* répond régulièrement à un *irréel du passé* qui, en grec classique, serait rendu par l'*aoriste accompagné de* ἄν : la phrase suivante : *yadi putra na jāyethā mama çokāya* « si toi, mon fils, tu n'avais pas été engendré pour mon tourment » deviendrait en attique : εἰ μή... ἐγεννήθης. Aussi bien, dans la langue homérique, il subsiste des témoignages assurés de cet ancien usage de l'optatif. C'est entre « Homère » et l'attique que l'expression des possibles a pris plus de complexité : une logique, devenue plus *exigeante*, a éprouvé davantage le besoin de *comparer* la possibilité envisagée avec les *conditions données dans la réalité au même moment*. Assurément, la langue a gardé le moyen d'exprimer à l'aide de l'optatif une hypothèse

édifiée pour elle-même, sans qu'on la compare avec la réalité ; mais pratiquement l'optatif a fini par être réservé à l'expression du *potentiel du présent futur*, c'est-à-dire quand l'hypothèse est *compatible avec les conditions de la réalité présente* ou *à venir*. Il en résulte qu'il existera, au moins théoriquement, *cinq* positions possibles :

1º l'hypothèse **pure**, *sans considération de temps ni confrontation avec la réalité* ;

2º l'hypothèse *compatible* avec la *réalité* (*présente ou future*), autrement dit le **potentiel** *du* présent (ou du *futur*) ;

3º l'hypothèse *incompatible* avec la *réalité présente* (irréel *du* présent) ;

4º l'hypothèse *compatible* avec la *réalité passée* (potentiel *du* passé) ;

5º l'hypothèse *incompatible* avec la *réalité passée* (irréel *du* passé).

§ 360. 1º **Hypothèse pure.** — Il subsiste chez Homère des *optatifs de pure hypothèse*, qui peuvent se rapporter au *passé* aussi bien qu'au *présent* et sont parfois, non seulement *indifférents à la réalité*, mais encore en *contradiction* avec elle. En attique, l'optatif d'hypothèse pure ne peut plus être employé que dans des conditions **restreintes** *et précises*. Dans une période conditionnelle, *l'hypothèse peut être aussi* **invraisemblable** *que possible : mais elle doit nécessairement appartenir au présent-futur* ; au contraire, un *optatif isolé* est encore susceptible de se rapporter au *passé* : mais il faut qu'au moins la *vraisemblance* soit observée.

E 311 καὶ νύ κεν ἔνθ' ἀπόλοιτο ἄναξ ἀνδρῶν Αἰνείας, εἰ μὴ ἄρ' ὀξὺ νόησε... Ἀφροδίτη « alors c'*eût été* la mort pour Énée, le chef de guerre, si... Aphrodite ne l'avait pas aperçu de son regard perçant ». L'optatif de l'apodose équivaut à ce qui sera un *irréel du passé* — que l'on trouve d'ailleurs dans la protase (εἰ... ἐνόησε).

I 515 εἰ μὲν γὰρ μὴ δῶρα φέροι... οὐκ ἂν ἔγωγέ σε μῆνιν ἀπορρίψαντα κελοίμην « s'il ne t'*apportait* pas de présents..., je ne te pousserais pas moi-même à rejeter ton courroux ». Phénix sait bien qu'Agamemnon offre à Achille des présents (v. 519) ; logiquement son hypothèse, confrontée avec la réalité, se traduirait par un *irréel du présent*.

Soph. *El.* 548 φαίη δ'ἂν ἡ θανοῦσά γ', εἰ φωνὴν λάβοι «(comme moi) la morte dirait, si elle prenait la parole ». Hypothèse gratuite, située dans le présent.

Thc. 1,9 αὗται (αἱ νῆσοι) οὐκ ἂν πολλαὶ εἴησαν « ces îles ne sauraient avoir été nombreuses ». Hypothèse qui présente toute vraisemblance, se rapportant à des possibilités passées.

§ 361. 2º **Potentiel du présent-futur.** — Mise en rapport avec les conditions fournies effectivement par la réalité dans le *présent* ou dans le *futur*, l'hypothèse apparaît comme étant **compatible** avec ces conditions de la **réalité**. Dans un *très grand nombre* de cas, le mode employé, l'*optatif*, caractérise à la fois la *protase* et l'*apodose*, parce que ce sont les mêmes raisons qui comportent, de part et d'autre, l'emploi de ce mode. *Mais jamais l'optatif de la protase n'entraîne automatiquement l'optatif* *dans l'apodose* : ainsi la *protase*, dans le premier membre d'une *parataxe* — c'est-à-dire d'une contradiction constatée — est généralement à *l'indicatif* ; inversement une *apodose*, s'exprimant à l'aide des temps passés de l'indicatif accompagnés de ἄν, peut correspondre à une *protase* à l'optatif ; il arrive même que, *dans une même phrase*, l'auteur change de point de vue et passe de l'*irréel* au *potentiel* (ou inversement).

Plat. *Prot.* 311 D εἰ οὖν τις ἡμᾶς ἔροιτο... τί ἄν ἀποκριναίμεθα; « si on nous posait la question,... que répondrions-nous ? »

Plat. *Ap.* 28 E ἐγὼ μὲν οὖν δεινὰ ἄν εἴην εἰργασμένος, εἰ... τότε μέν... ἔμενον.. . ἐνταῦθα δέ... λίποιμι τὴν τάξιν « j'aurais, moi, une conduite étrange à mon actif si, ...tandis qu'alors je tenais bon... j'allais maintenant abandonner mon poste ».

Xén. *Cyn.* 12, 21 εἰ οὖν εἰδεῖεν τοῦτο... ἵεντο ἄν ἐπὶ τοὺς πόνους « s'ils pouvaient le reconnaître (ce qui est *compatible avec la réalité*)... ils auraient recours aux exercices physiques (ce qui est *incompatible avec leurs façons d'agir*) ».

Xén. *Ec.* 10,3 ποτέρως ἄν με κρίναις ἀξιοφίλητον μᾶλλον εἶναι χρημάτων κοινωνόν, εἴ σοι αὐτὰ τὰ ὄντα ἀποδεικνύοιμι... ἤ εἰ ἐπειρώμην σε ἐξαπατᾶν ...καὶ πορφυρίδας ἐξιτήλους φαίην ἀληθινὰς εἶναι ; « me jugerais-tu comme un associé plus digne de considération si je te montrais les choses telles qu'elles sont (= ce qui est une possibilité) ou... si j'essayais (= ce que je ne veux point faire) de te tromper et de te donner une pourpre de contrefaçon pour de la pourpre véritable ? »

§ 362. 3° Irréel du présent. — Quant l'hypothèse est **incompatible** *avec les conditions de la* réalité **présente**, la protase atteste le plus souvent l'imparfait — c'est-à-dire le passé *duratif* —, quelquefois le *plus-que-parfait* — c'est-à-dire le prétérit de l'état acquis ; quant à l'apodose, elle est le plus souvent exprimée à *l'imparfait, obligatoirement précisé*, du moins en attique, *par la particule* ἄν. Cet emploi de l'imparfait est une création relativement récente de la langue ; chez Homère, l'irréel du présent s'exprime à l'aide de la périphrase par ὤφελον, et c'est seulement dans un fragment de Xénophane qu'apparaît, pour la première fois, l'emploi de l'imparfait dans les deux membres de la période conditionnelle pour rendre l'irréel du présent : εἰ χεῖρας ἔχον βόες, βουσὶν ὁμοίας < καί κε ? > θεῶν ἰδέας ἔγραφον « si les bœufs avaient des mains (ce qu'ils n'ont pas), ils traceraient à l'image des bœufs des représentations des dieux ». Si on part de la valeur d'aspect de l'*imparfait* (et accessoirement du *plus-que-parfait*), on comprend le sens de ce qui exprime l'irréel du présent : *pour exclure une possibilité du présent-futur, la langue l'a rejetée dans le passé*, plus précisément, dans cette forme du passé qui est *durative* comme le présent lui-même, dont l'irréel est exclu.

Plat. *Banq.* 180 C εἰ μὲν γὰρ εἷς ἦν ὁ Ἔρως, καλῶς ἄν εἶχε ·νῦν δέ... « si l'Amour était unique (= ce qu'il n'est pas), ce serait bien ; mais en réalité... »

Lys. 24, 11 εἰ γὰρ ἐκεκτήμην οὐσίαν, ἐπ' ἀστράβης ἂν ὠχούμην « si j'étais en possession d'argent, j'aurais un cacolet pour me transporter ».

Remarque. — Parfois on trouve dans l'apodose un *aoriste*, qui correspond à un *imparfait* de la protase : il n'y a là, contrairement à ce qu'on dit souvent, aucune antériorité relative de la première à la seconde, mais uniquement cette idée que *toute durée est exclue*, ce qui convient à la valeur d'*immédiat* que possède en ce cas l'apodose :

Soph. *Ant.* 755 εἰ μὴ πατὴρ ἦσθ', εἶπον ἄν σ' οὐκ εὖ φρονεῖν » si tu n'étais pas mon père, je dirais *aussitôt* (et non : j'aurais déjà dit) que tu n'as plus ta tête à toi ».

§ 363. 4° **Potentiel du passé.** — Le potentiel du passé est presque méconnu, parce qu'il s'exprime à l'aide de l'imparfait et de l'aoriste accompagnés de ἄν (c'est-à-dire des tournures d'expressions qui ne se distinguent pas de l'irréel du présent ou de l'irréel du passé). Tout au plus le limite-t-on à quelques expressions figées comme ἔγνως ἄν « tu pouvais reconnaître »; mais on ne semble pas lui faire sa place dans la période conditionnelle. En réalité, la protase du potentiel du passé est à l'*imparfait*, généralement repris par l'apodose ; en effet la possibilité du passé est vue dans son *développement* ; le français nous gêne parce que, ne pouvant exprimer les différences d'aspect, il note l'*irréalité de l'hypothèse* et confond ainsi le *potentiel dans le passé* avec l'*irréel du passé*. Au contraire, quand la protase s'entend si aisément qu'on peut faire l'économie de son expression, le potentiel du passé est rendu, soit par l'*imparfait*, soit par l'*aoriste*, selon l'aspect sous lequel se présente l'action : ainsi εἶδες ἄν « tu pourrais voir » en face de ᾤου ἄν « tu pouvais croire». Ce serait d'ailleurs une erreur de penser que le potentiel du passé est limité à des expressions toutes faites comme εἶδες ἄν : on le rencontre dans des tours qui n'ont rien de stéréotypé :

Thc. 1, 9 οὐκ ἄν,.. νήσων... ἐκράτει, εἰ μή τι καὶ ναυτικὸν εἶχεν « il ne pouvait pas régner... sur des îles, s'il n'avait pas également une flotte ». En français, on recourrait spontanément au conditionnel passé et au plus-que-parfait, confondant ainsi irréel du présent et irréel du passé : « il n'*aurait* pas *régné*... s'il *n'avait* pas *eu*... ».

Plat. *Gorg.* 516 E οὗτοι, εἰ ἦσαν ἄνδρες ἀγαθοί, οὐκ ἄν ποτε ταῦτα ἔπασχον « ces gens-là, s'ils pouvaient être gens de bien, ne pouvaient pas alors subir ces disgrâces ». En français : « s'ils *avaient été*... ils *n'auraient* point *subi*... ».

Xén. *Hell.* 6, 4, 16 ὀλίγους ἂν εἶδες « on ne pouvait voir que peu de gens... ».

Xén. *An.* 1, 5, 8 θᾶττον ἢ ὡς ἄν τις ᾤετο, μετεώρους ἐξεκόμισαν τὰς ἁμάξας « plus vite qu'on ne pouvait le penser, ils soulevèrent et transportèrent les chariots ».

Ar. *Gren.* 1022 ὁ θεασάμενος πᾶς ἄν τις ἀνὴρ ἠράσθη δάϊος εἶναι « tout spectateur (de ce drame) (ne) pouvait (qu') être saisi d'une ardeur guerrière ».

Xén. *Hell.* 1, 7, 7, ὀψὲ ἦν καὶ τὰς χεῖρας οὐκ ἂν καθεώρων « il était tard et on ne pouvait plus voir ses mains ».

§ 364. 5° Irréel du passé. — On considère généralement que c'est l'aoriste (et l'aoriste *seul*) qui traduit l'irréel du passé — c'est-à-dire l'incompatibilité de l'hypothèse avec les conditions effectives de la réalité passée. Or ce serait une erreur que de transporter dans le *passé* la distinction fondamentale qui oppose, dans le *présent-futur*, ce qui est admis par la réalité (potentiel) ou exclu par elle (irréel). En effet, dans le passé, il ne peut y avoir que des *possibilités*, la sanction d'une réalité susceptible d'être constatée faisant défaut. On vient de voir que le potentiel du passé s'exprimait à l'*imparfait* ou à l'*aoriste* ; si l'irréel du passé est le plus souvent rendu par un aoriste, c'est parce que ce « possible du passé » est *dépouillé de toute durée intéressante*, s'opposant en cela à la plupart des « potentiels du passé » — *qui sont des possibles qu'on se représente dans leur développement*. En somme, la règle qui « veut » que l'irréel du passé soit exprimé par un aoriste repose sur la juste ·constatation du plus grand nombre des exemples : pourtant l'aoriste n'a rien qui exprime exclusivement l'incompatibilité de l'hypothèse avec les conditions passées — à telles enseignes que l'*imparfait* se substitue à l'aoriste quand l'action est vue dans son développement. En réalité, qu'il s'agisse du potentiel ou de l'irréel dans le passé, il n'y a que des *possibles*, les uns pourvus, les autres dépourvus de durée.

Plat. *Ap.* 32 D ἴσως ἂν διὰ ταῦτ' ἀπέθανον, εἰ μὴ ἀρχὴ διὰ ταχέων κατελύθη « peut-être aurais-je été mis à mort pour cette raison, si le régime n'avait pas tardé à tomber ». Pour faire ressortir l'aspect de l'aoriste dépourvu de durée, on pourrait traduire : « peut-être y avait-il pour moi *possibilité de mort*, s'il n'y avait eu pour le régime des *possibilités de chute rapide* ».

Xén. *An.* 6, 1, 32 οὐδ' ἂν ἔγωγε ἐστασίαζον, εἰ ἄλλον εἵλεσθε « je ne me serais pas révolté, si vous en aviez choisi un autre ». L'apodose, qui rend une *attitude*, est au *duratif*, tandis que le *choix* qu'exprime la protase est *dépourvu de toute durée*.

Nous constatons donc qu'il n'y a de parallélisme entre le présent-futur et le passé que de façon *extérieure*. La distinction du **potentiel** et de l'**irréel** n'est valable que pour le présent-futur ; dans le passé, il n'y a plus que des *possibles* — les uns *chargés de durée* (imparfaits), les autres *hors de toute considération de durée* (aoristes). Si, d'une façon générale, l'imparfait traduit ordinairement le *potentiel* et l'aoriste l'*irréel du passé*, c'est parce qu'on s'intéresse naturellement au *développement* d'une hypothèse *confrontée avec la réalité*, tandis qu'une hypothèse *exclue de la réalité du moment* devient purement *abstraite*, et est naturellement considérée sous un aspect *ponctuel*.

VI. **Propositions consécutives.**

§ 365. La syntaxe de ces propositions, d'ailleurs assez complexe et qui présente des points de contact avec la syntaxe des finales, repose sur une distinction fondamentale : la conséquence qu'elles dégagent peut être, soit simplement **conçue par l'esprit**, soit **constatée** (ou constatable) dans la réalité. En principe, c'est le *point de vue* — subjectif ou objectif — selon lequel on considère le rapport de consécution qui entraîne l'emploi de l'*infinitif* ou de l'*indicatif*. En fait, souvent les deux modes sont *également possibles*, la consécution pouvant être considérée *à la fois* sous l'angle *objectif* et sous l'angle *subjectif* : ainsi dans Esch. *Pers.* 458 ἀμφὶ δὲ κυκλοῦντο πᾶσαν νῆσον, ὥστ' ἀμηχανεῖν ὅποι τράποιντο « (les Grecs) enveloppaient l'île tout entière, de façon que (leurs adversaires) ne sussent où porter leurs pas », c'est sous l'angle *logique* que la consécution est vue : les Perses subissent, du fait des Grecs, un encerclement qui est *de nature* à leur ôter tout moyen de réagir ; mais on pouvait dire aussi bien : κυκλοῦντο, ὥστ' ἠμηχάνουν « ils les encerclaient, si bien que ceux-ci ne savaient que faire » : la phrase voudrait alors dire que l'on pouvait *constater* le désarroi des Perses, conséquence de la manœuvre hardie de leurs adversaires. Les subordonnées consécutives sont généralement introduites par ὥστε, rarement par ὡς ; il suffira de se reporter aux statistiques données par Stahl (p. 492) pour constater que, dans la prose attique du Vᵉ siècle, l'emploi de ὡς est devenu pratiquement *insignifiant* ; c'est seulement dans des œuvres ioniennes, ou qui suivent une tradition ionienne, ou qui subissent l'influence ionisante de la Κοινή, que ὡς consécutif apparaît fréquemment : Hippocrate et Hérodote en usent largement ; Eschyle l'emploie 16 fois et Xénophon plus fréquemment encore.

A. Consécution subjective.

§ 366. Lorsque la consécution est considérée comme une construction de l'esprit, le mode employé est l'infinitif : celui-ci est naturellement apte à exprimer une *possibilité de caractère général,* qui souvent se présente à l'esprit comme une *nécessité logique.* La consécution dépend souvent d'un ensemble de conditions qui l'entraînent nécessairement une fois que celles-ci ont été posées. Étant donné que toute considération objective est exclue, cet ensemble de conditions peut, soit *appartenir à la réalité,* soit par rapport à cette même réalité, lui être *conforme* (*potentiel*), contraire (*irréel*), ou ne présenter qu'un caractère de *probabilité* (*éventuel*) : dans tous ces cas, la conséquence n'apparaissant que comme quelque chose de général et de *logique*, l'*infinitif* est employé, *sans être jamais accompagné de la particule* ἄν (cf. ci-dessous).

Plat. *Banq.* 196 E ποιητὴς ὁ θεὸς σοφὸς οὕτως ὥστε καὶ ἄλλον ποιῆσαι « le dieu est un poète si habile qu'il est capable (de façon générale) d'en rendre un autre poète à son tour ».

Ar. *Cav.* 1261 ἐγώ σε θεραπεύσω καλῶς, ὥσθ' ὁμολογεῖν σε μηδέν' ἀνθρώπων ἐμοῦ ἰδεῖν ἀμείνω « moi, je te soignerai bien, à te faire avouer que tu n'as vu personne au monde qui soit meilleur que moi ».

Ar. *Paix* 333 ἐπιδίδωμι τοῦτό γ' ὑμῖν, ὥστε μὴ λυπεῖν <μ'> ἔτι « je vous l'accorde, de telle sorte que (= à condition que) vous ne m'ennuyiez plus ».

Plat. *Banq.* 175 D εὖ ἂν ἔχοι, εἰ τοιοῦτον εἴη ἡ σοφία ὥστ᾽ ἐκ τοῦ πληρεστέρου εἰς τὸ κενώτερον ῥεῖν « ce serait beau, si le savoir était d'une nature telle qu'il pût couler du vase plein dans le vase vide ! ».

Eur. *Alc.* 358 εἰ δ᾽ ...᾽Ορφέως μοι γλῶσσα καὶ μέλος παρῆν, ὥστε σ᾽ ἐξ ῞Αιδου λαβεῖν, κατῆλθον ἄν « si j'avais les lèvres et la voix mélodieuse d'Orphée... une voix à t'arracher à l'Hadès,... j'y descendrais ».

Plat. *Phéd.* 81 B ἐάν... ἀκάθαρτος τοῦ σώματος ἀπαλλάττηται... ὥστε μηδὲν ἄλλο δοκεῖν εἶναι ἀληθὲς ἢ τὸ σωματοειδές... οὕτω δ᾽ἔχουσαν οἴει ψυχὴν αὐτὴν καθ᾽ αὑτὴν εἰλικρινῆ ἀπαλλάξεσθαι ; « quand... (l'âme) se sépare du corps... sans s'être purifiée, au point de n'attribuer de réalité qu'à ce qui a la nature du corps... crois-tu qu'une âme, se trouvant dans ces dispositions, pourra se détacher du corps de façon autonome, en gardant sa lucidité ? ».

§ 367. Mais la consécution logique se présente de tout autre façon quand ce qui est *conforme à la réalité* (potentiel), *incompatible avec la réalité* (irréels), *attendu dans un avenir proche* (éventuel) repose, non plus comme dans le cas précédent, sur la *principale*, mais sur la **consécutive** elle-même. Comme celle-ci garde un caractère logique et abstrait, l'*infinitif* est maintenu : mais il est, quand il équivaut à un *potentiel* ou à un *irréel, constamment accompagné de* ἄν, c'est-à-dire de la particule qui figurerait dans l'apodose conditionnelle à laquelle équivaut la consécutive ; au contraire, quand il s'agit d'un *éventuel*, c'est-à-dire d'un futur incertain, il y a hésitation entre la consécution subjective et l'objective ; de plus, si l'infinitif est employé, *il n'est jamais accompagné de* ἄν, sa valeur de possibilité générale suffisant à l'expression de conditions qui ne sont pas expressément rapportées à la réalité, comme le potentiel ou l'irréel. La présence de ἄν se justifie donc quand la consécutive entre dans un système conditionnel auquel elle était, dans les exemples du § précédent, restée étrangère.

Xén. *Cyr.* 5, 2, 4, ὅτι τοσαῦτα εἴη ἔνδον ἀγαθὰ ὅσα ἐπ᾽ ἀνθρώπων γενεὰν μὴ ἂν ἐκλιπεῖν « (ils disaient) qu'il y avait à l'intérieur (des habitations) des réserves telles qu'elles ne viendraient pas à manquer pour toute (la durée d') une génération humaine ». La consécutive est impliquée dans un potentiel, qui pourrait s'exprimer ainsi : εἰ ἄνθρωποι ἐπὶ γενεὰν ἐνταῦθα μένοιεν,... οὐκ ἂν ἐκλίποι ταῦτα...

Xén. *Mém.* 4, 8, 1, ἐννοησάτω... ὅτι οὕτως ἤδη τότε πόρρω τῆς ἡλικίας ἦν ὥστ᾽ εἰ καὶ μὴ τότε, οὐκ ἂν πολλῷ ὕστερον τελευτῆσαι « qu'on réfléchisse... qu'il était d'un âge assez avancé pour avoir à mourir peu de temps après, si cela ne s'était pas produit à ce moment ». La consécutive comporte un *irréel du passé* : οὐκ ἂν πολλῷ ὕστερον ἀπέθανεν, εἰ καὶ μὴ τότ᾽ ἐτελεύτησεν.

Hdt. 3, 36 ἐπὶ τῷδε τῷ λόγῳ ὥστε, εἰ μὲν μεταμελήσει τῷ Καμβύσῃ,... δῶρα λάμψονται... ἢν δὲ μὴ μεταμέληται... τότε καταχρήσασθαι « en faisant un calcul de telle sorte que..., si Cambyse se repentait de sa décision... ils recevraient de lui des récompenses... tandis que, s'il ne se repentait pas... ils feraient disparaître (l'enfant) ». On remarquera que, dans le raisonnement, on croit plutôt à la résipiscence de Cambyse qu'à son entêtement ; aussi a-t-on le futur de *consécution objective* (μεταμελήσει) ; l'entêtement étant considéré comme une éventualité à envisager, la consécution est *subjective* : comme elle n'entre, pas plus qu'au § précédent, dans un système conditionnel, *l'infinitif n'est pas non plus accompagné de* ἄν.

B. Consécution objective.

§ 368. En principe, la consécution objective s'exprime à l'aide du mode de la constatation, c'est-à-dire de l'indicatif ; lorsque cette proposition atteste d'*autres modes*, ceux-ci se justifient exactement dans les mêmes conditions que s'ils figuraient dans une *proposition indépendante*. Un rapport de consécution objective se présente sous **deux** formes. Dans le premier cas, la consécutive n'est que l'*aboutissement* d'une *qualité* exprimée dans la *principale* : on peut l'appeler *consécutive* complétive, puisqu'elle constitue le *développement nécessaire* de la principale. Dans le second cas, la consécutive indique que l'*état constaté sort d'un état antérieur* ; la subordination de la consécutive à la principale, étroite dans le cas précédent, est ici si faible que l'on peut donner à cette consécutive le qualificatif de **paratactique**.

Xén. *Hell.* 2, 4, 27 ἤδη μέγα ἐφρόνουν, ὥστε ...προσέβαλον, « ils étaient déjà si pleins d'assurance qu'ils... passèrent à l'attaque (des remparts) ». L'attaque de la ville est la conséquence qui *complète* la phrase principale, en montrant où sa jactance a conduit à l'assaillant.

Xén. *Banq.* 4,21 οὕτω σαφὲς ἔχω εἴδωλον αὐτοῦ ἐν τῇ ψυχῇ ὡς, εἰ πλαστικός... ἦν, οὐδὲν ἂν ἧττον... ὅμοιον αὐτῷ ἀπειργασάμην « dans mon esprit je garde de lui une image si fidèle que, si j'étais... sculpteur..., je ne l'aurais pas représenté... avec plus de ressemblance (que si je l'avais devant moi) ». On pourrait avoir aussi bien : εἰ πλαστικὸς ἦν... οὐδὲν ἂν ἧττον ὅμοιον αὐτῷ ἀπειργασάμην. Le mode est respecté.

Remarque. — Quand une consécutive complétive dépend étroitement d'une proposition qui est elle-même exprimée à l'*infinitif*, ce mode est également employé dans la consécutive au lieu de l'indicatif attendu : *mais jamais la négation n'en est affectée*, si bien qu'il ne peut se produire de confusion entre la consécution objective et la consécution subjective : Xén. *Hell.* 6, 2, 6, ἔφασαν τοὺς στρατιώτας εἰς τοῦτο τρυφῆς ἐλθεῖν ὥστε οὐκ ἐθέλειν πίνειν, εἰ μὴ ἀνθοσμίας εἴη « ils disaient que les soldats en étaient venus à ce point de mollesse qu'ils ne voulaient boire que du vin fin ». La négation οὐ maintient le sens de constatation, tandis que μή signifierait « d'une mollesse à ne plus vouloir boire que du vin fin » et caractériserait, d'une façon générale, l'excès de leur sybaritisme.

§ 369. Les consécutives paratactiques se construisent comme les consécutives complétives, c'est-à-dire en principe avec le mode *indicatif* : mais *objectives* au point d'*exclure* toute considération subjective, elles ne peuvent jamais être proches par le sens de consécutives subjectives. L'*indépendance* de la consécutive par rapport à la proposition à laquelle elle se rattache, son *importance* par rapport à cette proposition dont elle ne dépend que de façon si lâche, sont bien mises en lumière dans ce fait que, souvent, la meilleure traduction en français consiste à couper la phrase, et à faire de la consécutive une indépendante commençant par « aussi » ou par « de fait ». Comme on l'a vu à propos des complétives, l'optatif et les **temps secondaires** de l'indicatif sont admis à titre de « *constatations conditionnelles* ».

Plat. *Ap.* 34 D ἐξ ἀνθρώπων (πέφυκα), ὥστε καὶ οἰκεῖοί μοί εἰσι καὶ υἱεῖς « je suis issu d'êtres humains : aussi ai-je de la famille et des fils ».

Eur. *Or.* 379 βρέφος γὰρ ἦν...ὡς οὐκ ἂν αὐτὸν γνωρίσαιμ' ἂν εἰσιδών « c'était un enfant au berceau : aussi ne pourrai-je pas le reconnaître en le voyant ».

Isée 10, 20, στρατεύεσθαι ἠναγκαζόμεθα, ὥστε οὐδετέρῳ ἂν ἡμῶν δίκην ἐξεγένετο λαβεῖν « nous devions partir en campagne : aussi ni lui ni moi nous n'aurions été en état de nous faire rendre justice ».

Remarque. — Quand une consécution paratactique dépend d'un *infinitif* ou même lorsque celui-ci est impliqué, de façon plus ou moins lâche, dans une tournure de *style indirect* (implicite ou explicite), l'infinitif, signe du style indirect, peut affecter l'expression de la consécution objective, et donner l'*apparence* de la consécution subjective. Il arrive quelquefois qu'on trouve côte à côte *indicatif* et *infinitif* avec la liberté qui, en grec, caractérise le style indirect :

Isée 10, 7 μάρτυρας παρέξομαι ὡς παῖς ὢν ἀπέθανε... ὥστε τὸν κλῆρον ἐπὶ τῇ ἐμῇ μητρὶ γενέσθαι « je produirai des témoins pour prouver qu'il est mort dans son enfance... si bien que l'héritage a réellement passé aux mains de ma mère ».

Hippocrate 1, 50, 3 ἀκρατέα τὰ παιδία τίκτειν καὶ νοσώδέα (εἰκός ἐστι) ὥστε ἢ αὐτίκα ἀπόλλυσθαι ἢ ζῶσι... ἀσθενέα « (il est vraisemblable) qu'ils ne donnent la vie qu'à des enfants malingres et chétifs, si bien que ceux-ci meurent tout de suite... ou vivent dans un état de débilité ».

VII. **Propositions finales.**

§ 370. Il est malaisé de définir les différents types de subordonnées à valeur finale pour les raisons suivantes :

a) L'idée même de finalité ne se distingue parfois qu'imparfaitement de l'idée de **consécution**. Ainsi, un acte étant considéré comme « sortant » d'un autre, on peut y voir, soit un *résultat constaté* (*indicatif*), soit une *possibilité générale de résultat* (*infinitif*) ; mais il est également possible qu'on se représente l'*effort* fourni pour *atteindre le résultat* (*subjonctif*). Aussi n'y a-t-il parfois, entre la consécution et la finalité, qu'une différence de *point de vue*.

b) On a l'habitude, très légitime d'ailleurs, de rattacher aux propositions finales des constructions qui équivalent logiquement à des finales sans exprimer directement une idée de but. De fait, seules méritent à proprement parler le nom de finales, les propositions qui comportent un *subjonctif de volonté* (ou l'*optatif*, son substitut). Mais les emplois de ὅπως ἄν suivi du subjonctif et de l'optatif — pratiquement inséparables de ceux dans lesquel ὅπως est suivi *seulement* du subjonctif — ne reposent que sur des *subjonctifs d'éventualité* (ou des *optatifs de possibilité*) : aussi bien, du moins dans la langue de l'épopée, des relatives de sens final admettent le subjonctif éventuel là où l'attique emploierait le *futur*. Le *futur* lui-même, dont le rôle est important dans certaines finales introduites par ὅπως et capital dans les relatives finales, est un *équivalent* du subjonctif de volonté — un équivalent qui apparaît à la fois dans les *relatives finales* et dans certaines *relatives consécutives*.

c) Aucune des conjonctions qui introduisent ordinairement des finales n'a, par elle-même, une signification finale : ὄφρα et ἕως sont *temporelles* ; ἵνα possède originairement un sens *local* ; ὡς et ὅπως ne sont que des *éléments relatifs* et, comme tels, inséparables des *relatives finales*. Il résulte de tout cela que chacune de ces conjonctions s'est développée de façon indépendante : la finalité exprimée par ἵνα ne se comporte pas comme la finalité exprimée, soit par ὅπως. soit par les relatives à sens final.

§ 371. On a vu plus haut (§ 138) que la subordination des finales repose sur des juxtapositions antérieures, qui ont été partiellement conservées. Or, que la finalité s'exprime dans une *juxtaposition* ou au moyen de la *subordination*, elle est toujours rendue par le *subjonctif*, qui indique la *tension de la volonté vers un but* :

Ψ 71 θάπτέ με ὅττι τάχιστα, πύλας ᾿Αΐδαο περήσω « ensevelis-moi le plus rapidement possible : que je franchisse les portes de l'Hadès ». Juxtaposition : « Je veux franchir... ».

A 202 Τίπτ᾿ αὖτ᾿, αἰγιόχοιο Διὸς τέκος, εἰλήλουθας ; ἦ ἵνα ὕβριν ἴδῃ ᾿Αγαμέμνονος ; «Pourquoi te voici de nouveau, fille de Zeus qui porte l'égide ? Est-ce pour voir l'insolence d'Agamemnon ? » Subordination : « ... dans des conditions où... tu veux voir... ».

En conséquence, il y aura lieu de distinguer deux types de finales, d'une importance fort inégale d'ailleurs : les *finales par juxtaposition* — représentées pratiquement par un type *unique*, mais *très vivant* — et les *finales par subordination*, qui sont en plein développement dans la langue classique et expriment couramment l'idée de finalité.

A. Propositions finales par juxtaposition.

§ 372. Les verbes indiquant la *crainte* (φοβεῖσθαι), le *souci* (φροντίζειν), la *précaution* (εὐλαβεῖσθαι), la *vigilance* (φυλάττεσθαι), sont complétés par une proposition qu'on a fini par sentir comme une *subordonnée*. Une telle finale s'exprime à l'aide du subjonctif *de volonté négative*, quand on est dans le *présent-futur* et au moyen de l'optatif *de possibilité*, quand on est dans le *passé*. Au contraire quand les mêmes verbes expriment, non plus une *volonté négative*, mais une conviction nuancée de crainte et de souci, qui se fonde sur la *réalité*, il ne sont plus suivis du subjonctif, mais de l'indicatif, *qui constate de façon ferme*, ou de l'optatif (avec ἄν), *qui constate de façon atténuée* :

ν 215 ἀλλ' ἄγε δὴ τὰ χρήματα ἀριθμήσω καὶ ἴδωμαι μή τί μοι οἴχωνται κοίλης ἐπὶ νηὸς ἄγοντες « Allons ! Il faut que je compte mes trésors et que je voie qu'ils ne me faussent pas compagnie en me volant quelque chose et en l'emportant sur leur vaisseau creux ». La juxtaposition est encore visible : « Il faut que j'aie l'œil vigilant ; qu'ils ne m'emportent rien !... ».

Κ 25 Μενέλαον ἔχε τρόμος... μή τι πάθοιεν Ἀργεῖοι « Ménélas était possédé de cette crainte... qu'il arrivât quelque chose aux Argiens ». La phrase appartenant au passé, la volonté de Ménélas ne peut être rendue par le *subjonctif de volonté*, mais seulement par l'*optatif de possibilité*.

ε 300 δείδια μὴ δὴ πάντα θεὰ νημερτέα εἶπεν « je crains que tout ce que la déesse a dit ne soit vrai ». Équivaut à : « J'ai peur : elle a sûrement dit vrai. »

Soph. *Trach.* 630 δέδοικα γὰρ μὴ πρῷ λέγοις ἄν τὸν πόθον τὸν ἐξ ἐμοῦ ·πρὶν εἰδέναι τἀκεῖθεν εἰ ποθούμεθα « je crains que tu ne révèles trop tôt mon désir, avant de savoir si là-bas on me désire ». Équivaut à : « J'ai des craintes : il peut se faire que tu révèles trop tôt... »

B. PROPOSITIONS FINALES PAR SUBORDINATION.

§ 373. Des cinq conjonctions à valeur finale qui sont attestées chez Homère, deux n'ont pas tardé à sortir de l'usage : déjà dans l'*Odyssée*, ἕως n'apparaît plus au sens final, et les Lyriques ont été les derniers à se servir de ὄφρα. La tendance de la langue a consisté à favoriser ἵνα aux dépens de ὅπως et ὡς à valeur finale : on sait que c'est ἵνα seulement qui, sous la forme réduite νά, s'est conservé en grec moderne. De même le grec a progressivement éliminé, au profit du subjonctif *final*, les tournures qui reposaient sur un subjonctif *éventuel* : d'après Ph. Weber (*Entwickelungsgeschichte der Absichtssätze*, Würburg, 1884), Thucydide emploie 114 fois ὅπως, 52 fois ἵνα et, *une seule fois*, ὡς ἄν et ὅπως ἄν ; quant à Platon, dont la langue est plus proche de l'usage courant, il use 368 fois de ἵνα, en face de 23 ὅπως, et n'emploie jamais ὡς ἄν.

"INA

§ 374. C'est la conjugaison finale par excellence. A la différence de ὅπως et de ὡς qui, accompagnés de ἄν, admettent un *subjonctif éventuel* ou un *optatif de possibilité*, ἵνα *n'est jamais accompagné de la particule* ἄν. Tandis que ὅπως et ὅς final se construisent, *souvent* pour le premier, *constamment* pour le second, avec le *futur*, *il n'y a aucun exemple sûr de futur après* ἵνα. Cependant ἵνα admet l'usage de l'*optatif* en dehors de l'optatif de subordination secondaire ; si engagée que soit cette conjonction dans la finalité, elle ne perd jamais sa valeur primitive, c'est-à-dire « là où » : c'est ce qui se produit quand ἵνα est suivi, soit d'un *optatif de pure hypothèse*, soit d'un *temps passé de l'indicatif* — conditions dans lesquelles le subjonctif de finalité ne saurait trouver place.

§ 375. *En principe*, une finale introduite par ἵνα se construit avec le *subjonctif*, quand la principale dont elle dépend se situe dans le *présent-futur* ; lorsque celle-ci appartient au *passé*, *l'optatif* de subordination secondaire *peut* se substituer au subjonctif. *Pratiquement*, l'usage est beaucoup plus souple que l'énoncé de principe pourrait le faire supposer. D'abord il va de soi que, quand un aoriste n'exprime pas le passé mais un *fait permanent*, ou une *surprise brusque* dans le présent, le *subjonctif* doit être employé, non *l'optatif* ; de même, dans un récit historique, quand un présent représente effectivement un passé, il est naturel que *l'optatif* soit employé. Mais il suffit qu'une finale appartenant au *passé* soit sentie comme *se prolongeant dans le présent*, ou comme y trouvant comme un *écho* dans la personne du sujet, pour que le subjonctif soit maintenu : réciproquement, il suffit qu'une *considération de passé*, qui peut ne faire que traverser l'esprit, intervienne, pour que *l'optatif* apparaisse, même si la principale appartient indiscutablement au *présent-futur* :

Xén. *Cyr.* 1, 2, 15 ἵνα δὲ σαφέστερον δηλωθῇ πᾶσα ἡ Περσῶν πολιτεία μικρὸν ἐπάνειμι « pour mieux mettre en lumière le régime des Perses dans son ensemble, je vais reprendre brièvement la question ».

Plat. *Ap.* 22 B διηρώτων ἂν αὐτοὺς τί λέγοιεν, ἵν' ἅμα τι καὶ μανθάνοιμι « je leur demandais souvent ce qu'ils voulaient dire, pour apprendre en même temps quelque chose ».

Eur. *Hipp.* 629 ὁ σπείρας... πατήρ... ἀπῴκισ', ὡς ἀπαλλαχθῇ κακοῦ «le père qui l'a procréée... l'établit (il s'agit de la fille qu'il marie) toujours au loin, pour se débarasser de ce fléau ». Aoriste de constatation générale.

Xén. *Cyr.* 2, 1, 4 τί οὖν οὐ καὶ τὴν δύναμιν ἔλεξάς μοι... ὅπως εἰδότες... βουλευώμεθα... ; « Pourquoi ne me dis-tu pas tout de suite ce qu'est leur puissance,... afin... que nous puissions aviser en connaissance de cause... » Aoriste de brusque surprise (cf. § 246).

Eur. *Héc.* 10 πολὺν δὲ σὺν ἐμοὶ χρυσὸν ἐκπέμπει λάθρᾳ πατὴρ ἵνα... τοῖς ζῶσιν εἴη παισὶ μὴ σπάνις βίου « secrètement mon père envoie avec moi une grande quantité d'or... pour que ses enfants, s'ils survivaient, ne fussent pas dans le dénuement ». Récit au présent d'événements passés.

λ 93 τίπτ' αὖτ', ὦ δύστηνε, λιπὼν φάος ἠελίοιο ἤλυθες, ὄφρα ἴδῃς νέκυας καὶ ἀτερπέα χῶρον ; « Pourquoi donc, malheureux, quittant la lumière du soleil, es-tu venu ici, pour voir les Morts et leur pays sans joie ? » Il est probable que le subjonctif, ici maintenu, est dû à ce fait qu'en employant l'aoriste ἤλυθες, le devin Tirésias pense à quelque chose comme : Τί ἥκεις ; « Pourquoi es-tu ici ? ».

Lys. 20, 21 οἴχονται, ἵνα μὴ δοῖεν δίκην » pour échapper au châtiment, les voilà partis ! » En disant : οἴχονται, on pense quelque chose comme le passé ἔφυγον.

§ 376. Dans tous ces exemples, ἵνα semble inséparable du subjonctif final (ou de l'optatif oblique qui en est le substitut) ; mais la valeur primitive *non finale* de ἵνα, c'est-à-dire « là où », apparaît nettement quand on exprime un **vœu en l'air** (*optatif*), ou le **regret** *qu'une chose ne soit pas réalisée* (*temps passés de l'indicatif*) : contrairement à ce que l'on pense ordinairement, il ne s'agit pas d'une « attraction modale » quasi-mécanique entre le mode de la finale et le mode de la principale dont elle dépend, mais au contraire d'un emploi, *fondé sur leurs valeurs propres*, de l'optatif ou des temps secondaires de l'indicatif.

§ 377. Quand la proposition introduite par ἵνα dépend d'une principale dont le verbe est à l'*optatif* — qu'il s'agisse d'*optatif de vœu* ou d'*optatif de possibilité* — elle atteste *souvent* l'optatif : mais celui-ci n'est employé que dans des *conditions déterminées*. De fait, il faut que le vœu (ou la possibilité) se rapporte à l'*optatif d'hypothèse pure*, c'est-à-dire que le vœu soit **en l'air** ou que l'*hypothèse* soit considérée comme un jeu de l'esprit. Au contraire, quand le vœu est **réalisable**, ou quand l'optatif n'est qu'une forme **atténuée** de la réalité, le subjonctif final se maintient, et la prétendue « attraction modale » ne joue pas.

Soph. *Phil.* 324 Θυμὸν γένοιτο χειρὶ πληρῶσαί ποτε ἵν᾽ αἱ Μυκῆναι γνοῖεν ἡ Σπάρτη θ᾽ ὅτι χἠ Σκῦρος ἀνδρῶν ἀλκίμων μήτηρ ἔφυ « Que ce bras ait un jour l'occasion d'assouvir cette fureur, *dans des conditions où* Mycènes et Sparte pourraient bien apprendre à leurs dépens que Scyros, elle aussi, a donné le jour à des braves ! » Ce vœu de Néoptolème n'est pas *sincère*, puisque ce héros ne l'exprime que pour abuser Philoctète.

Ar. *Paix* 412 βούλοιντ᾽ ἂν ἡμᾶς ἐξολωλέναι, ἵνα τὰς τελετὰς λάβοιεν αὐτοὶ τῶν θεῶν « ils voudraient nous voir morts, *dans des conditions où* ils seraient seuls parmi les Dieux à recevoir des sacrifices ». Ce désir de deux divinités, Hélios et Séléné, de voir périr... les Immortels n'est évidemment pas exprimé sérieusement.

σ 202 Αἴθε μοι ὡς μαλακὸν θάνατον πόροι Ἄρτεμις ἁγνή, αὐτίκα νῦν, ἵνα μηκέτ᾽ ὀδυρομένη κατὰ θυμὸν αἰῶνα φθινύθω « Puisse la sainte Artémis m'octroyer maintenant, tout de suite, une mort douce, pour que je ne me ronge plus dans une vie pleine de pleurs ! » Pénélope appelle *sincèrement* la mort libératrice.

Lys. 7, 12 πάντας ἂν βουλοίμην περὶ ἐμοῦ ταύτην τὴν γνώμην ἔχειν, ἵνα ἡγῆσθε... « je voudrais que vous ayez tous cette opinion à mon sujet, afin que vous pensiez... ». C'est évidemment le désir le *plus cher* de celui qui parle.

§ 379. Il arrive même que ἵνα se construise avec l'optatif, alors que le verbe principal est *indifféremment* au *présent-futur ou au passé*. On voit

même dans les textes (sauf quand les éditeurs corrigent systématiquement) un *optatif* à côté d'un *subjonctif* dans la dépendance d'une principale au *présent-futur*. En réalité, ἵνα exprime à l'optatif une *possibilité*,
beaucoup plus voisine de la consécution que de la finalité, tandis que la
finalité est directement rendue par le *subjonctif* : preuve nouvelle de
l'indépendance que l'adverbe relatif ἵνα a toujours sauvegardée en face
de la finalité.

Hdt. 2, 93 τῆς αὐτῆς (γῆς) ἀντέχονται ἐγχριπτόμενοι καὶ ψαύοντες ὡς
μάλιστα, ἵνα δὴ μὴ ἁμάρτοιεν τῆς ὁδοῦ διὰ τὸν ῥόον « les (poissons) se
tiennent en contact avec la rive, se serrent contre elle et la frôlent le
plus possible, pour ne pas être déportés de leur route en raison du
courant ». Exactement : « dans des conditions où ils pourraient …
ne pas… »

Hdt. 8, 76 τῶνδε δὲ εἵνεκεν ἀνῆγον τὰς νέας, ἵνα δὴ τοῖς Ἕλλησι μηδὲ
φυγεῖν ἐξῇ, ἀλλ' ἀπολαμφθέντες ἐν τῇ Σαλαμῖνι δοῖεν τίσιν τῶν ἐπ' Ἀρτεμι-
σίῳ ἀγωνισμάτων « s'ils déployèrent leur flotte, ce fut pour empêcher
les Grecs de fuir et pour leur faire payer, en les encerclant à Salamine,
les combats de l'Artémision ». C'est le subjonctif ἐξῇ qui indique proprement la *volonté* des Perses ; l'optatif δοῖεν n'en est qu'un équivalent, et exprime une conséquence *possible* de la manœuvre : « dans des
conditions où… »

§ 380. Quand la principale, à l'aide des *temps passés de l'indicatif*,
indique qu'une *chose devrait* (ou *aurait dû*) se *produire*, qu'un *vœu
devrait* (ou *aurait dû*) *être exaucé*, la proposition finale introduite par ἵνα
ne saurait comporter le subjonctif, puisque ces irréels *excluent* une
volonté se développant dans le présent-futur : en ce cas ἵνα, qu'il faut
entendre encore une fois avec sa valeur primitive, signifie « dans des
conditions où on *devait* (on *aurait dû*)… ».

Lys. 3, 21, ἐβουλόμην ἂν Σίμωνα τὴν αὐτὴν γνώμην ἔχειν, ἵν' ἀμφοτέρων
ἡμῶν ἀκούσαντες τἀληθῆ ῥᾳδίως ἔγνωτε τὰ δίκαια « je voudrais que
Simon fût dans les mêmes dispositions, pour vous permettre de reconnaître facilement, après nous avoir entendus nous exprimer franchement, où est le bon droit ».

Plat. *Banq.* 181 D χρῆν καὶ νόμον εἶναι μὴ ἐρᾶν παίδων, ἵνα μὴ εἰς
ἄδηλον πολλὴ σπουδὴ ἀνηλίσκετο «il devrait même y avoir une loi défendant d'aimer de jeunes garçons, afin que tant d'ardeur ne se dépensât
point pour un résultat si incertain ».

Plat. *Crit.* 44 D εἰ γὰρ ὤφελον οἷοί τ' εἶναι οἱ πολλοὶ τὰ μέγιστα κακὰ
ἐξεργάζεσθαι, ἵνα οἷοί τ' ἦσαν καὶ ἀγαθὰ τὰ μέγιστα « Plût au Ciel que
la masse fût capable des plus grands forfaits, pour qu'elle fût également
capable d'accomplir les exploits les plus grands ! ». Dans ces conditions
souhaitées, mais exclues de la réalité présente, la consécution se mêle
intimement à la finalité.

"ΟΠΩΣ et 'ΩΣ

§ 381. L'étude de ὅπως et de ὡς présente plus de complexité que celle de ἵνα : en effet le **futur**, équivalent de la finalité, est souvent attesté à côté du subjonctif proprement final et, par ailleurs, l'**éventuel** se développe très largement en marge de ce qui est final. Il en résulte que ὅπως et ὡς ont en commun avec ἵνα des emplois qui relèvent *immédiatement* de la finalité ou qui reposent sur la valeur primitive — c'est-à-dire *relative* — de ὅπως et de ὡς avec un *optatif* de pure hypothèse ou des *irréels* exprimés par les temps secondaires de l'indicatif ; en revanche, les emplois de *futur* et d'*éventuel* sont propres à ces deux conjonctions. Les exemples sont indifféremment empruntés à ὅπως et à ὡς : mais, comme la première est beaucoup plus fréquemment employée que la seconde, les exemples cités sont en plus grand nombre.

A. EMPLOIS COMMUNS A ὅπως | ὡς ET A ἵνα.

§ 382. Comme on a vu plus haut (§ 370), le subjonctif *final* est employé, en principe. quand la subordonnée dépend d'une principale située dans le *présent-futur* et l'**optatif** *de subordination secondaire* quand cette même principale est dans le *passé*. Mais il suffit *pratiquement* qu'une considération de *présent* intervienne dans le passé pour que le *subjonctif* soit maintenu et, réciproquement, qu'une considération de *passé* intervienne dans le domaine du *présent-futur* pour qu'on voie apparaître l'*optatif* :

Soph. *Phil.* 238 γέγωνέ μοι πᾶν τοῦθ', ὅπως εἰδῶ τίς εἶ «dis-moi tout cela, afin que je sache qui tu es ».

E 23 σάωσε δὲ νυκτὶ καλύψας, ὡς δή οἱ μὴ γέρων ἀκαχήμενος εἴη « il le sauva en l'enveloppant dans l'obscurité, afin que son vieux père ne fût pas irrité contre lui ».

Xén. *An.* 1, 6, 6 παρεκάλεσα ὑμᾶς... ὅπως ὅ τι δίκαιόν ἐστι... τοῦτο πράξω περὶ 'Ορόντα τουτουί « je vous ai convoqués... afin que j'exécute ce qui est justice à l'égard d'Orontas ici présent ». La pensée est la suivante : « Si vous *êtes* ici, convoqués par moi... »

Soph. *El.* 760 καί νιν... φέρουσιν ἄνδρες Φωκέων τεταγμένοι ὅπως πατρῴας τύμβον ἐκλάχοι χθονός « une délégation de Phocidiens apporte ici ses restes, pour qu'il ait son tombeau dans la terre de ses pères ». Le présent « historique » dissimule des faits passés (ou que l'on veut ici faire croire tels).

§ 383. "Οπως et ὡς, comme ἵνα, gardent leur signification première (c.-à-d. « de la façon que ») dans certains emplois abusivement attribués à l'attraction modale : un *optatif* dépendant d'une principale dont le verbe est lui-même à l'optatif se justifie, comme on l'a vu plus haut

(§ 378) à propos de ἵνα, quand il s'agit exclusivement d'un *vœu chimérique* ou d'une *hypothèse arbitraire* ; quant aux *temps passés de l'indicatif*, lorsqu'ils dépendent d'une principale s'exprimant aux mêmes temps, ils se justifient par la nécessité de *transposer l'idée de finalité dans le passé*, c'est-à-dire dans une partie du temps qui s'accommode mal du subjonctif éventuel.

Xén. *Cyr.* 1, 6, 22 εἰ δὴ πείσαις ἐπαινεῖν σε πολλούς, ὅπως δόξαν λάβοις,... ἄρτι ἐξηπατηκὼς εἴης ἄν « si tu pouvais persuader à beaucoup de gens de te louanger, *dans des conditions où* tu *pourrais* (= afin d') obtenir la gloire... tu serais bientôt dupé... ». Pur jeu de l'esprit.

Eur. *Héc.* 836 εἴ μοι γένοιτο φθόγγος ἐν βραχίοσι... ὡς πάνθ' ὁμαρτῇ σῶν ἔχοιντο γουνάτων « si seulement mes bras pouvaient être doués de parole, ... *dans des conditions où ils pourraient* (afin de) s'attacher étroitement à tes genoux ! ». Potentiel.

Soph. *El.* 1132 ὡς ὤφελον πάροιθεν ἐκλιπεῖν βίον πρὶν ἐς ξένην σε γαῖαν ἐκπέμψαι... ὅπως θανὼν ἔκεισο τῇ τόθ' ἡμέρᾳ « que j'aurais dû quitter la vie avant de t'envoyer dans une terre étrangère, *dans des conditions où mort, tu aurais* reposé ce jour-là ! » Irréel du passé.

B. Emplois particuliers a ὅπως et a ὡς.

384. En général, les grammaires ne rattachent pas aux propositions subordonnées finales les emplois de ὅπως ou de ὡς avec le futur : elles préfèrent en faire des *complétives* exprimant le contenu de verbes impliquant l'*effort vers un but*. Or, si ces propositions font souvent fonction de complétives, *elles ne le sont pas toujours* ; de plus, ce n'est pas parce qu'on a *constaté* que telle complétive se met au futur qu'on *justifie* la valeur du futur. En réalité, le futur, qui substitue l'idée d'*aboutissement prochain* à celle d'*effort tendu vers un but*, est un « équivalent de la finalité », comme dans les propositions relatives finales. C'est par gradations insensibles que l'on passe de propositions *nettement* complétives à d'autres, qui le sont *beaucoup* moins, pour aboutir à un troisième type, qui ne l'est *nullement*. Aussi bien, il y aurait de l'artifice à vouloir établir une différence de sens entre le *subjonctif* et le *futur*, quand ils sont *également admis* par le même verbe : l'équivalent de la finalité n'est pas plus « objectif » que le mode qui exprime la finalité elle-même :

Thc. 4, 118 (δοκεῖ ἡμῖν) ἐπιμελεῖσθαι ὅπως τοὺς ἀδικοῦντας ἐξευρήσομεν (il nous faut) donner tous nos soins *pour que* nous découvrions les coupables » qui équivaut à «... de donner toute notre activité *à la découverte des coupables* ».

Thc. 3, 4 ἔπρασσον ὅπως τις βοήθεια ἥξει « ils agissaient pour faire arriver des renforts ». Ici la subordonnée est moins dépendante de la principale.

Esch. *Choéph.* 265 σιγᾶθ' ὅπως μὴ πεύσεταί τις « taisez-vous, pour que personne ne sache rien..., mes enfants ». Ici la proposition introduite par ὅπως est *franchement finale*. Quant à l'équivalence du subjonctif et du futur, elle est pratiquement prouvée par les mots qui suivent : ὅπως μὴ πεύσεταί τις, ὦ τέκνα, γλώσσης χάριν δὲ πάντ᾽ ἀπαγγείλῃ τάδε πρὸς τοὺς κρατοῦντας « pour que nul n'en sache rien, mes enfants, et n'aille pas, pour le plaisir de parler, porter cette nouvelle à l'oreille de nos maîtres ».

Xén. *Cyr.* 1, 2, 3 οἱ Περσικοὶ νόμοι ἐπιμέλονται ὅπως μὴ τοιοῦτοι ἔσονται οἱ πολῖται οἷοι πονηροῦ τινος ἢ αἰσχροῦ ἔργου ἐφίεσθαι « les lois perses veillent à ce que les gens de ce pays ne soient pas susceptibles de s'attacher à une action mauvaise ou honteuse», que rien ne distingue de Xén. *Mém.* 2, 2, 6 ἐπιμέλονται (οἱ γονῆς) πάντα ποιοῦντες ὅπως οἱ παῖδες αὐτοῖς γένωνται ὡς δυνατὸν βέλτιστοι « les parents veillent à ce que leurs enfants deviennent les meilleurs possible, et ils font tout pour cela ».

§ 385. En conséquence, tous les verbes qui comportent un **effort** *dirigé vers un* but, comme « s'occuper de » (ἐπιμελεῖσθαι), « se soucier de » (φροντίζειν), « aviser à » (σκοπεῖν), « exhorter à » (παρακελεύειν), peuvent se construire *avec le* futur *aussi bien qu'avec le* subjonctif.

Xén. *An.* 3, 1, 18 ὅπως... μὴ ἐπ᾽ ἐκείνῳ γενησόμεθα, πάντα ποιητέον « il faut tout faire... pour ne pas tomber entre ses mains ».

Hdt. 3, 159 ὡς δ᾽ἕξουσι γυναῖκας οἱ Βαβυλώνιοι, τάδε Δαρεῖος προιδὼν ἐποίησε « pour que les Babyloniens eussent des femmes, voici ce que fit dans sa prudence Darius ».

Hdt. 8, 15 οἱ μὲν... παρεκελεύοντο ὅκως μὴ παρήσουσι ἐς τὴν Ἑλλάδα τοὺς βαρβάρους « les uns... l'engageaient à ne pas faire pénétrer en Grèce les Barbares ».

§ 386. Le subjonctif *éventuel* avec ἄν constitue, avec ὅπως ou ὡς, un autre **équivalent de finalité** : le sens exact de la tournure est dans ce cas : « dans des conditions où *l'on peut s'attendre à ce que...* ». Ce subjonctif doit donc être soigneusement distingué du subjonctif *proprement final*, qui est employé avec ἵνα : on sait d'ailleurs que la particule ἄν soutient l'expression de l'éventuel, mais n'a rien à faire avec la finalité. L'*éventuel* sert donc d'équivalent à la finalité : comme tel, du moins en attique, il *doit être soutenu par* ἄν. Naturellement une telle proposition n'est possible que si le système entier appartient au domaine du *présent-futur*, puisque l'éventuel ne peut se rapporter au passé que si celui-ci équivaut logiquement à un présent :

Esch. *Prom.* 10 τοιᾶσδέ τοι ἁμαρτίας σφὲ δεῖ θεοῖς δοῦναι δίκην, ὡς ἂν διδαχθῇ τὴν Διὸς τυραννίδα στέργειν « telle est la faute pour laquelle il doit satisfaire à la justice divine, *dans des conditions où l'on peut attendre qu'il apprenne* (= afin qu'il apprenne) à se résigner au règne de Zeus ».

Hdt. 1, 22 ταῦτα ἐποίεε... Θρασύβουλος... ὅκως ἂν δὴ ὁ κῆρυξ... ἀγγείλῃ « Thrasybule agissait ainsi... pour que le messager... l'allât dire... » Le récit est au *passé* : mais l'auteur se représente le calcul qui se combine dans l'esprit de Thrasybule au moment où il agit, et le transporte ainsi dans le *présent*.

§ 387. L'optatif de possibilité, *toujours soutenu par* ἄν, est encore un autre *équivalent de la finalité* : il indique les conditions dans lesquelles l'action secondaire *est* (ou *était*) possible. La justification de ce mode *accompagné de* ἄν, fréquemment employé en ionien et chez Xénophon, mais rare en attique, est assez délicate. Il faut d'abord poser qu'il n'a rien à voir avec l'*optatif de subordination secondaire*, puisque celui-ci n'est possible que dans la sphère du passé et que, par ailleurs, il n'est jamais accompagné de ἄν ; *aussi bien*, ὅπως ἄν *suivi de l'optatif peut se rapporter à la sphère du présent*. En réalité, l'optatif conserve sa valeur *fondamentale, qui est d'exprimer un possible, aussi bien dans le passé que dans le présent-futur*. Autrement dit, ce mode est un «possible», mais non un « potentiel ». Il en résulte pratiquement que, dans une « finale » introduite par ὅπως/ὡς et attestant l'optatif, la *justification du mode dépend de la* présence (ou *de l'*absence) *de la particule* ἄν : sans ἄν, l'optatif est signe de subordination secondaire et n'est autre chose qu'un *subjonctif final* transposé, dans le passé, en un *optatif de possibilité* ; avec ἄν, l'optatif exprime une possibilité *formulée pour elle-même* — une possibilité pouvant s'appliquer à n'importe quel moment du temps.

Hdt. 1, 110 κελεύει σε Ἀστυάγης τὸ παιδίον τοῦτο λαβόντα θεῖναι εἰς τὸ ἐρημότατον τῶν ὀρέων, ὅκως ἂν τάχιστα διαφθαρείη « Astyage t'*ordonne* de prendre cet enfant et de l'exposer dans l'endroit le plus désert de la montagne, afin qu'il *disparaisse* au plus tôt ». La valeur véritable de : «afin qu'il disparaîsse» est la suivante : « *dans des conditions où il pourrait se faire qu'il disparût.* »

Thc. 7, 65 τὰς πρώρας... κατεβύρσωσαν, ὅπως ἂν ἀπολισθάνοι... ἡ χεὶρ ἐπιβαλλομένη « ils *avaient garni* les proues... de cuir, afin que *glissât* dessus la main qui les saisirait ». A la différence de l'exemple précédent, *la principale appartient au passé* : l'optatif de pure possibilité s'y rapporte et n'en est pas modifié, puisque cette *possibilité théorique peut s'appliquer à n'importe quel moment du temps*.

Xén. *Cyr.* 8, 8, 14 τῶν φυομένων ἐκ τῆς γῆς τὰς δυνάμεις οἱ παῖδες πρόσθεν ἐμάνθανον, ὅπως τοῖς... ὠφελίμοις χρῷντο « jadis les enfants apprenaient les vertus des plantes sauvages... pour tirer parti... de celles qui sont utiles ». Ici l'optatif n'est que *la dégradation de l'éventuel en possible* dans une proposition *dépendant du passé*.

VIII. **Propositions relatives.**

§ 388. Logiquement l'étude des propositions subordonnées devrait commencer par celle des relatives parce que ce sont elles qui donnent la forme la plus simple de la subordination (cf § 48). De plus, comme un grand nombre de conjonctions introduisant des *temporelles* (ὅτε), des *consécutives* (ὡς, ὥστε), des *finales* (ὅπως, ὡς) sont bâties sur ce même thème, il semblerait naturel que l'on partît de l'étude de la proposition relative. Cependant on a conservé ici l'ordre traditionnel, qui réserve pour la fin l'étude des relatives, parce que ces propositions comportent souvent des considérations de *temps*, de *consécution*, de *finalité*, de *causalité*, qui devaient être antérieurement définies.

§ 389. Il est commode de distinguer des relatives **déterminatives** et des relatives **circonstancielles** : les premières ajoutent au nom (ou au pronom) une détermination *nécessaire*, tandis que les secondes n'ont à exprimer que des conditions *accessoires*. Par exemple, la relative déterminative est *rigoureusement nécessaire au sens de la phrase*, dans οὗτος ὃν ἔϐαλες « celui que tu as atteint », tandis que l'idée de finalité, qui s'exprime dans πέμπει ἀγγέλους οἳ ἐροῦσιν « il envoie des messagers qui diront (= pour dire) », ajoute quelque chose de nouveau à la compréhension de l'antécédent, *mais sans être nécessaire à son expression*. Je m'empresse de dire que cette distinction n'a rien d'*absolu* : dans le proverbe bien connu : νέος δ' ἀπόλλυται ὅντινα φιλῇ θεός « il meurt jeune, celui qui est aimé des Dieux », la proposition relative, encore que *circonstancielle*, parce qu'elle introduit une idée de *temps* et de *condition* (= ἐάν... φιλῇ θεός), n'est pas moins nécessaire au sens de la phrase que la *déterminative*, en ξ 53 : Ζεύς τοι δοίη ὅττι μάλιστα ἐθέλεις « que Zeus te donne tout ce que tu veux ». De plus, il convient de signaler que, contrairement à ce qu'il se produit en latin, les circonstantielles ne sont pas plus *étroitement* subordonnées à la principale que les déterminatives : en principe, et exception faite de l'optatif de subordination, *les temps et les modes restent, dans une circonstancielle, les mêmes que dans une proposition indépendante* ; même lorsque certains usages se fixent (comme l'emploi de l'indicatif futur dans une finale), *le temps et le mode se justifient par eux-mêmes* : aucune comparaison n'est possible entre ξ 331 ὤμοσε... ἔμμεν ἑταίρους οἳ δή μιν πέμψουσι « il a juré... qu'il avait des camarades qui le conduiraient » — tournure qui resterait la même si le verbe principal était au présent (ὄμνυσι) — et les phrases latines correspondantes : *iurauit (iurat) sibi esse socios... qui ducerent (qui ducant)*.

A. Relatives déterminatives.

§ 390. Il n'existe pas en grec de signe de subordination qui permette de distinguer *formellement*, comme c'est souvent le cas en latin, les propositions circonstancielles des propositions déterminatives. Aussi ces dernières ne peuvent-elles être définies que de façon *négative* : les déterminatives sont des relatives *qui excluent toute équivalence*, soit avec une *conditionnelle*, soit avec une *finale*, soit avec une *consécutive*, soit avec une *causale*. Comme il s'agit le plus souvent de définir l'objet par des traits constatés en lui, l'indicatif est le mode le plus employé, et la détermination qu'introduit la relative équivaut à celle d'un *participe* : ὁ ἄνθρωπος ὃν εἶδες équivaut à ὁ ἄνθρωπος ὁ ὀφθεὶς ὑπὸ σοῦ : mais la détermination de l'objet peut être soumise à des **conditions**, qui sont compatibles (ou non) avec le réel : d'où l'emploi de l'*optatif avec* ἄν (potentiel du présent-futur) et des *temps passés de l'indicatif avec* ἄν (possibles du passé), exactement comme dans une proposition indépendante.

Eur. *Méd.* 802 ἀνδρὸς Ἕλληνος λόγοις πεισθεῖσ᾽, ὃς ἡμῖν σὺν θεῷ τείσει δίκην « pour avoir cru les paroles d'un Grec qui, avec l'aide des Dieux, nous paiera une juste réparation ».

Soph. *El.* 1287 φιλτάταν ἔχων πρόσοψιν, ἅς ἐγὼ οὐδ᾽ ἂν ἐν κακοῖς λαθοίμαν « avec ton visage bien-aimé dont, même plongée dans le malheur, je ne pourrais oublier les traits ». Ἐν κακοῖς équivaut à εἰ εἴην ἐν κακοῖς — hypothèse purement théorique puisque effectivement Electre a eu la joie de retrouver son frère.

Ar. *Gren.* 730 καὶ πονηροῖς κἀκ πονηρῶν... χρώμεθα...οἷσι ἡ πόλις πρὸ τοῦ οὐδὲ φαρμακοῖσιν εἰκῆ ῥαδίως ἐχρήσατ᾽ ἄν « nous faisons appel... à des gueux, fils de gueux... dont naguère la cité n'aurait pas voulu, même à titre de victimes expiatoires ». La relative équivaut à la période irréelle suivante : τούτοις οὐ ῥαδίως ἡ πόλις ἐχρήσατ᾽ ἄν, εἰ φαρμακῶν ἐδέησε.

§ 391. Une relative déterminative n'exprime pas seulement une *constatation*, c'est-à-dire un *jugement* ; elle rend aussi la **volonté** et le **désir**. La volonté peut s'appliquer à autrui (*impératif*), ou se rapporter à la personne dont elle émane (*subjonctif délibératif*) ; le désir prend souvent la forme d'un *souhait* (*optatif*). En revanche, sont exclus les emplois de *subjonctif d'éventualité avec* ἄν, inconcevables dans une relative déterminative qui, par définition, exclut toute circonstance de condition ou de temps, et ceux d'*optatif de subordination secondaire*, qui supposent une étroite subordination dans le passé alors que, par définition également, le lien qui rattache la subordonnée à la principale est très lâche.

Lys. 19, 61 οὔκουν ἄξιον τοῖς τῶν κατηγόρων λόγοις πιστεῦσαι μᾶλλον ἢ τοῖς ἔργοις... καὶ τῷ χρόνῳ, ὃν ὑμεῖς σαφέστατον ἔλεγχον τοῦ ἀληθοῦς νομίσατε « il ne convient pas de donner créance aux paroles des accusateurs plutôt qu'aux actes... et au temps qui, pensez-le bien, est l'épreuve la plus sûre de la réalité. »

Plat. *Mén.* 89 E εἰς καλὸν ἡμῖν Ἄνυτος ὅδε παρεκαθέζετο, ᾧ μεταδῶμεν τῆς ζητήσεως « fort à propos Anytos, ici présent, est venu s'asseoir à nos côtés — Anytos à qui il faut que nous fassions connaître notre enquête ».

Esch. *Sept* 426 ἀπειλεῖ δεῖν᾽, ἃ μὴ κραίνοι τύχη « il profère d'épouvantables menaces que veuille le Destin ne pas réaliser ! »

§ 392. Il y a cependant des cas où le mode employé semble ne pas pouvoir se justifier directement : aussi parle-t-on alors d' « attraction modale ». C'est ainsi qu'une déterminative dépendant d'une principale qui contient un *optatif de vœu* (ou de *possibilité*) atteste souvent l'*optatif, qui n'est jamais accompagné de* ἄν, contrairement à ce qui serait de règle dans une proposition indépendante exprimant, sinon le vœu, du moins la *possibilité* : de même une déterminative dépendant d'une principale qui contient un *temps passé de l'indicatif* (avec valeur d'*irréel du présent* ou de *possible du passé*), présente fréquemment l'*imparfait* ou l'*aoriste* — *qui ne sont jamais accompagnés de* ἄν, ce qui n'est pas moins contraire à l'usage des propositions indépendantes. En réalité, l'attraction modale n'est qu'une apparence : l'optatif de la subordonnée est si peu « entraîné » automatiquement par celui de la principale que ce mode peut apparaître également après un *infinitif*. Quant aux possibles du passé, ils sont suffisamment clairs sans la particule ἄν, étant donné le tour général de la phrase et la proximité immédiate de la principale : ce n'est là qu'une *économie dans l'expression*, et les temps secondaires possèdent leur valeur propre — celle qu'ils auraient dans une proposition indépendante. L'optatif et les temps passés de l'indicatif se justifient donc *pour eux-mêmes*, et les raisons alléguées à propos de ἵνα sont également valables :

Xén. *Mém.* 1, 7, 3 κυβερνᾶν κατασταθεὶς ὁ μὴ ἐπιστάμενος... ἀπολέσειεν ἂν οὓς ἥκιστα βούλοιτο « placé à la barre, un homme qui n'y connaîtrait rien... entraînerait dans la mort des gens qu'il voudrait le moins (entraîner dans la mort) ». Hypothèse pure.

Ar. *Guêpes* 1431 ἔρδοι τις ἣν ἕκαστος εἰδείη τέχνην « si seulement chacun pratiquait le métier qu'il connaît (= . qu'il connaîtrait) ! » Souhait sans illusion : optatif de vœu, et non plus de possibilité.

Xén. *Cyr.* 1, 6, 19 τοῦ αὐτὸν λέγειν ἃ μὴ σαφῶς εἰδείη εἴργεσθαι δεῖ « il faut se garder de parler soi-même de ce qu'on ne sait pas à fond». Possibilité permanente.

Antiph. V, 15 εὖ γὰρ ᾔδησθ' ὅτι οὐδεὶς ἂν ἦν σοι ὃς ἐκεῖνον τὸν ὅρκον διομοσάμενος ἐμοῦ κατεμαρτύρησεν « tu savais bien que tu ne trouverais personne pour prêter ce terrible serment avant de déposer contre moi ».

B. RELATIVES CIRCONSTANCIELLES.

a) *Conditionnelles.*

§ 393. Le pronom relatif introduit une proposition qui comporte une condition : ainsi ἀπόκριναι ὃ ἂν ἐρωτῶ σε « réponds à toutes mes questions » équivaut logiquement à : ἐάν τι σὲ ἐρωτῶ, ἀπόκριναι « si je te pose une question, réponds-moi ». D'ailleurs, cette condition se développe souvent dans le temps, et fréquemment les conditionnelles sont en même temps des *temporelles* : dans l'exemple cité, on pourrait traduire : « *quand* j'aurai une question à te poser, réponds-moi. » Logiquement, la relative joue le même rôle que la *protase* dans la période conditionnelle : aussi, conformément aux distinctions antérieurement précisées (§ 355), la relative conditionnelle peut, soit *reposer* sur la *réalité* donnée, soit *se fonder* sur une *éventualité*, soit *spéculer* sur une *possibilité* : ce dernier cas est, pratiquement, bien moins fréquent que les deux premiers.

§ 394. Lorsque la condition **repose** sur la **réalité**, le mode attendu dans la relative est l'indicatif *de constatation*, qui serait également employé dans la protase équivalente : mais si l'indicatif est bien attesté au *présent* et à l'*imparfait*, *il n'y a plus d'équivalence* entre le mode de la protase et celui de la relative quand il s'agit du *futur* : l'avenir est transposé dans l'*éventuel*, et le *subjonctif*, apparaissant le plus souvent sous l'aspect ponctuel (*aoriste*), répond *à la fois* à un *futur* et à un *subjonctif éventuel* de la protase : ἃ ἂν ποιήσῃ « ce qu'il fera » traduit en même temps « s'il *doit* faire » — avec *certitude* dans un avenir *déterminé* — » et « s'il *doit* jamais faire » — un jour *indéterminé*.

Plat. *Ap.* 21 D ἃ μὴ οἶδα οὐδὲ οἴομαι εἰδέναι « ce que je ne sais pas (= εἴ τινα μὴ οἶδα), je ne me figure pas non plus le savoir ».

Xén. *An.* 2, 2, 14 τῶν Ἑλλήνων οἱ μὴ ἔτυχον ἐν ταῖς τάξεσιν ὄντες εἰς τὰς τάξεις ἔθεον « ceux des Grecs qui ne se trouvaient pas (= εἴ τινες μὴ ἔτυχον) dans les rangs couraient reprendre leur place ».

Xén. *An.* 1, 3, 15 τῷ ἀνδρὶ ὃν ἂν ἕλησθε πείσομαι « à l'homme que vous désignerez j'obéirai ». Ici la protase qui correspondrait à la relative serait plutôt, elle aussi, au subjonctif éventuel (ἐάν τινα ἕλησθε) ; mais le futur serait également possible.

§ 395. Lorsque la condition se **fonde** sur une *éventualité générale*, située dans le **présent-futur**, le verbe de la relative est au **subjonctif** (éventuel) *accompagné* de ἄν ; lorsque l'éventualité générale relève du *passé*, le verbe est à l'**optatif** (de possibilité) *sans* ἄν. De même on aurait, dans les protases équivalentes, contraste entre ἐάν et le subjonctif d'une part, εἰ et l'optatif d'autre part :

Xén. *Cyr.* 1, 2, 7 (οἱ Πέρσαι) ὃν ἂν γνῶσι δυνάμενον μὲν χάριν ἀποδιδόναι, μὴ ἀποδιδόντα δέ, κολάζουσιν ἰσχυρῶς « celui qu'ils voient ne pas témoigner sa reconnaissance alors qu'il en a les moyens, les Perses le châtient rudement. ».

Xén. *An.* 2, 5, 32 τῶν βαρβάρων τινὲς ἱππέων διὰ τοῦ πεδίου ἐλαύνοντες ᾧτινι ἐντυγχάνοιεν Ἕλληνι, ἢ δούλῳ, ἢ ἐλευθέρῳ, πάντας ἀπέκτεινον « balayant la plaine, des cavaliers barbares massacraient tous les Grecs qu'ils rencontraient — esclaves ou hommes libres ».

§ 396. Toutes les variétés de possibles sont rendues, dans une relative conditionnelle, *exactement selon les mêmes conditions qu'elles le seraient dans la protase correspondante* : un *potentiel du présent-futur* s'exprime à l'aide de l'*optatif* (sans ἄν), un *irréel du présent* et tous les « *possibles du passé* » à l'aide de l'*imparfait* ou de l'*aoriste indicatif* (sans ἄν). Sur ce point encore, l'« attraction modale », à laquelle on recourt parfois pour justifier l'optatif et les temps secondaires de l'indicatif, est illusoire :

Xén. *An.* 1, 3, 17 ὀκνοίην ἂν εἰς τὰ πλοῖα ἐμβαίνειν ἃ ἡμῖν δοίη « j'hésiterais à m'embarquer sur les vaisseaux qu'il nous donnerait ». On aurait de même l'optatif sans ἄν dans la protase, si le tour était le suivant : ὀκνοίην ἄν ...εἰ δοίη « j'hésiterais... s'il donnait ».

Plat. *Ap.* 17 D ... συνεγιγνώσκετε δήπου ἄν μοι, εἰ ἐν... ἐκείνῃ τῇ φωνῇ τε καὶ τῷ τρόπῳ ἔλεγον ἐν οἷσπερ ἐτεθράμμην « ... vous m'excuseriez si je m'exprimais dans le dialecte et avec l'accent dans lesquels j'aurais été nourri ».

b) *Consécutives.*

§ 397. En principe, une relative à sens **consécutif** s'exprime à l'aide de l'indicatif. Cette règle générale a de quoi surprendre, d'autant que, sur ce point, l'usage du grec est fortement en opposition avec celui du latin et du français ; de plus, la consécution qui s'exprime dans ce genre de propositions est purement d'ordre *logique* : c'est aux emplois de ὥστε (ὡς) suivi de l'infinitif que répond cet indicatif. En fait la subordination n'est jamais étroite dans une relative consécutive en grec : nous traduisons, dans Xén. *An.* 2, 5, 12 τίς οὕτω μαίνεται ὅστις οὐ βούλεται σοὶ φίλος εἶναι ; de la façon suivante : « qui est assez fou *pour se refuser* à être ton ami ? », tandis que, pour rendre rigoureusement le grec, il faudrait traduire : « Quel est le fou, celui (quel qu'il soit) qui *ne veut* pas être ton ami ? » Le grec nie la *réalité* du second terme de la consécution : aussi comprend-on à la fois que l'*indicatif* soit le mode le plus employé dans les relatives consécutives et que la consécution puisse également être rendue par des *équivalents*, l'un *modal* l'autre *à demi modal*. C'est dans ces conditions qu'une consécution *logique* est exprimée par le *mode de la constatation.*

Le plus souvent la relative atteste *le même temps* que la principale dont elle dépend, parce que les deux termes du rapport de conséquence, dont on vient de rappeler l'indépendance relative, se situent le plus souvent dans le même moment du temps :

Dém. 1, 15 τίς οὕτως εὐήθης ἐστὶν ὑμῶν ὅστις ἀγνοεῖ τὸν ἐκεῖθεν πόλεμον δεῦρ' ἥξοντα ; « qui parmi vous est assez naïf pour méconnaître que la guerre de là-bas viendra jusqu'ici ? »

Xén. *Hell.* 7, 5, 17 οὐδὲν γὰρ οὕτω βραχὺ ὅπλον ἑκάτεροι εἶχον ᾧ οὐκ ἐξικνοῦντο ἀλλήλων « il n'y avait pas d'arme si courte dont les deux partis ne se servissent pour s'atteindre ».

§ 398. Comme la conséquence, dans une relative, n'est qu'une *possibilité générale de consécution,* on comprend que puisse être employé un premier équivalent, *de nature modale,* qui substitue l'*optatif,* ou les *temps secondaires de l'indicatif* (avec ἄν), à l'indicatif lui-même : la possibilité générale de consécution est adaptée au *temps*, qu'il s'agisse du *présent-futur* — c'est-à-dire du *potentiel du présent-futur (optatif)*, ou du *passé* — c'est-à-dire du *potentiel du passé (imparfait de l'indicatif avec* ἄν).

Isocr. 8, 52 οὐκ ἔστιν ὅστις τούτων οὐκ ἂν καταφρονήσειεν « il n'y a personne qui ne mépriserait pas ces gens-là ».

Dém. 18, 43 οὐ γὰρ ἦν ὅ τι ἂν ἐποιεῖτε « il n'y avait rien que vous fussiez dans la possibilité de faire ».

§ 399. Tandis que l'optatif et l'imparfait de l'indicatif ne sont que des *équivalents de la consécution* mieux adaptés au temps, il en va autrement du futur, qui peut toujours être employé, *quel que soit le temps du verbe principal*. Le futur y apparaît, une fois de plus, moins comme un *temps* que comme un **mode**. Le futur indique qu'une possibilité de consécution est « *destinée* » à se développer dans certaines conditions ; il est fort proche de la *finalité*, qui traduit l'effort « *destiné* » à parvenir à ses fins. Comme l'expression de l'imminence peut servir de substitut à la *consécution* — la conséquence qui *doit* se dégager — en même temps qu'à la *finalité* — la volonté qui *doit* aboutir —, il est souvent difficile de distinguer, dans une relative au futur, ce qui peut être *final* de ce qui peut être *consécutif*. Peut-être même, dans l'esprit des sujets parlants, le départ entre les deux notions voisines ne se faisait-il que fort peu rigoureusement [1].

Xén. *An.* 6, 3, 16 ἐκεῖ οὐ πλοῖά ἐστιν οἷς ἀναπλευσόμεθα « là-bas, il n'y a pas de vaisseaux *pour* que nous nous embarquions ».

Dém. 19, 43 ἔδει ψήφισμα νικῆσαι τοῦτο, δι' οὗ Φωκεῖς ἀπολοῦνται « il fallait assurer le succès d'un texte de décret *pour* ruiner (destiné à ruiner) les Phocidiens ». Ici l'intention se mêle à la consécution.

Xén. *Cyr.* 2, 1, 29 παιδιὰς τοιαύτας ἐξηύρισκεν, αἱ ἱδρῶτα ἔμελλον παρέχειν « Cyrus imaginait des jeux de ce genre, qui devaient faire transpirer les hommes ».

c) *Finales.*

§ 400. Les propositions relatives à sens final ne comportent pas l'usage du subjonctif de finalité — ce qui peut paraître assez paradoxal. Pas plus chez Homère qu'en attique, le *subjonctif de volonté* qui, on l'a vu, *ne peut être accompagné de* ἄν (ou κεν), *n'est attesté dans une relative finale* : aussi, lorsque le subjonctif (*sans* ἄν) se montre dans une relative, il n'y a jamais une *valeur finale*, mais **délibérative** — c'est-à-dire que le mode est employé comme dans une proposition *indépendante*. C'est le **futur**, dont le sens mi-temporel, mi-modal a été plusieurs fois souligné, qui est employé **exclusivement**, du moins en attique, à l'expression de la *finalité* : plus exactement, l'idée de *destination*, teintée de valeur désidérative, est le substitut normal, en ce cas, de la notion de

---

1. Le verbe μέλλω, qui implique imminence et destination, est employé, à côté du futur, comme équivalent (beaucoup plus rare d'ailleurs) de la consécution.

volonté. Comme cette idée de *destination* est également susceptible de s'appliquer au présent-futur et au passé, le *futur* est employé *indifféremment*, qu'il s'agisse de n'importe quel moment du temps.

Lys. 29,7 μάρτυρας πεπόρισται οἳ μαρτυρήσουσιν αὐτῷ « il s'est procuré des témoins qui *devront* témoigner en sa faveur (= pour témoigner) ».

Xén. *Hell.* 2, 3, 2 ἔδοξε τῷ δήμῳ τριάκοντα ἄνδρας ἑλέσθαι οἳ τοὺς πατρίους νόμους ξυγγράψουσιν « le peuple décida de désigner trente personnes qui *devraient* rédiger (= pour rédiger) une constitution conforme à la tradition ».

Isocr. IV, 44 τοιοῦτον ἔθος παρέδοσαν, ὥστε ἑκατέρους ἔχειν ἐφ' οἷς φιλοτιμηθῶσιν « ils nous ont transmis des traditions telles que les uns et les autres ont des sujets de se glorifier ». On pourrait être abusé par la traduction possible : « pour se glorifier » ; mais le subjonctif ne signifie pas autre chose que : « des raisons pour lesquelles ils *doivent* (= *il faut que*)... se glorifier ».

Remarque. — La périphrase à l'aide de μέλλω peut être employée à la place du futur, ou conjointement à lui, pour varier l'expression :
Thc. 3, 16 ναυτικὸν παρεσκεύαζον ὅ τι πέμψουσιν ἐς τὴν Λέσβον... καὶ ναύαρχον προσέταξαν Ἀλκίδαν, ὃς ἔμελλεν ἐπιπλεύσεσθαι « ils firent les préparatifs d'une expédition maritime qu'ils devaient lancer sur Lesbos ... et mirent à sa tête, comme amiral, Alcidas, qui devait cingler... »

§ 401. L'usage du **subjonctif éventuel** (*avec* ἄν *ou* κεν), qui est attesté chez Homère au sens **final** dans un ensemble *primaire* et auquel répond l'*optatif* (sans ἄν ou κεν) dans un ensemble *secondaire*, *ne s'est pas maintenu en attique* : tout se passe comme si cet « équivalent de la finalité » s'exprimant à l'aide de l'*éventualité* (ou de la *possibilité*) avait dû céder à la concurrence victorieuse du *futur de destination* :

ο 310 καὶ ἅμ' ἡγεμόν' ἐσθλὸν ὄπασσον, ὅς κέ με κεῖσ' ἀγάγῃ « et en même temps, fais-moi accompagner d'un bon guide, qui me conduise jusque-là ». Il n'y a aucun rapport entre le subjonctif du grec et celui du français ; le premier indique l'attente : « pour lequel *je peux m'attendre* à ce qu'il me conduise... ».

ο 458 ἄγγελον ἧκαν, ὃς ἀγγείλειε γυναικί « ils envoyèrent un messager, qui dît à sa femme ». En ce second cas, l'éventuel du présent-futur se dégrade, dans le passé, en une simple possibilité.

d) *Causales.*

§ 402. Toute proposition relative **causale**, ayant pour objet l'explication d'un fait réel (ou considéré comme tel), se met naturellement à l'indicatif, mode de la constatation : que la causale soit voisine d'une *conditionnelle se fondant sur la réalité* (εἰ ou ἐπεί + indicatif), ou qu'elle équivaille à une *subordonnée introduite par* ὅτι « *parce que* », *le mode n'en est nullement affecté* puisque, de part et d'autre, on prend pour appui la réalité : seule la négation éventuellement change de caractère (μή dans le premier cas, οὐ dans le second) :

Plat. *Euthyd.* 302 B ταλαίπωρος... εἶ, ᾧ μήτε θεοὶ πατρῷοί εἰσιν μήτε ἱερά « tu es... un pauvre sire, de ne pas avoir de dieux ancestraux ni de culte (familial) ». La relative équivaut à la conditionnelle suivante : εἴ γε... « s'il est vrai que... (vérité considérée comme donnée) ».

Xén. *Mém.* 2, 7, 13 θαυμαστὸν ποιεῖς, ὃς ἡμῖν οὐδὲν δίδως « tu te conduis d'une façon étrange, toi qui ne nous donnes rien ». La relative équivaut à une causale introduite par ἐπεί « parce que, puisque ».

CHAPITRE IX

LES CAS

Généralités

§ 403.* Prolongeant des théories stoïciennes, retouchées par Denys de Thrace (Ier siècle av. J.-C.), et codifiées par Apollonius Dyscole (IIe s. ap. J.-C.), la grammaire grecque distingue traditionnellement cinq cas (πτώσεις). Mais ces cas, qui doivent peut-être originellement leur nom à une analogie avec le jeu des dés, ont varié à la fois dans leur nombre et dans leur contenu : par exemple, nous savons du philosophe Chrysippe de Soles (IIIe s. av. J.-C.) qu'il distinguait *cinq* cas (περὶ τῶν πέντε πτώσεων), parmi lesquels, un « cas adverbial », tandis qu'au VIe siècle avant notre ère Anacréon, dans une brève poésie, semble attribuer *trois* cas à la *flexion* — autre terme employé : κλίσεις, d'où le latin *declinationes* — dans l'ordre : génitif, datif, accusatif. En réalité, le nominatif, qui est la norme et la base du nom, n'était pas primitivement considéré comme un cas, puisque c'est par rapport à lui que se définissent ces variations que sont effectivement les cas : lorsqu'on fit du nominatif un cas appelé πτῶσις ὀρθὴ ou εὐθεῖα, on avait complètement perdu, comme le fait remarquer M. Schwyzer (*Schw. Debr.* p. 53), le sens de la signification de πτῶσις et de κλίσις, qui impliquent le fait de s'éloigner d'une ligne droite, c'est-à-dire de la norme. Dès lors on pouvait opposer au nominatif, promu cas direct, les autres *cas*, considérés comme *latéraux* (πλάγιαι) ou obliques (*casus obliqui*). Denys de Thrace porte la responsabilité d'avoir ajouté à ces *quatre cas*, qui permettent une construction logique entrevue par les grammairiens anciens et brillamment restituée par M. L. Hjelmslev[1], un cinquième *cas*, le vocatif, que les Stoïciens appelaient justement προσαγορευτικὸν πρᾶγμα et ne comptaient pas plus parmi les cas que les grammairiens indiens qui, n'étant pas dupes d'une forme qui le rapproche si fréquemment du nominatif, le laissaient en dehors de la flexion.

§ 404. Les huit cas de l'indo-européen n'avaient rien d'homogène, et ne constituaient pas plus un système que le verbe une conjugaison. Parmi eux, il en était d'anciens, dont la solidité semble avoir été la plus grande, et de tardifs, qui ont donné de bonne heure des signes de débilité. En particulier, les cas dits *concrets* (locatif, instrumental, ablatif), qui paraissent s'être développés à une période relativement récente de l'indo-européen, ont été aussi les premiers à fléchir : des syncrétismes, opérés au départ de cas plus abstraits, les ont absorbés en tant que

1. L. HJELMSLEV, *La catégorie des cas* (*Acta Jutlandica*, VII, 1, 1935).

formes indépendantes et, à l'intérieur de ces cas nouveaux, ils ont dû souvent user de ces béquilles que sont les « prépositions ». Ainsi, en grec ancien, le datif a englobé sous une forme unique le locatif et le comitatif-instrumental : ce n'est pas un hasard si, en premier lieu pour le locatif et le comitatif, plus tardivement pour l'instrumental, la langue à dû les soutenir et les préciser par diverses prépositions ; de même l'ancien ablatif, syncrétisé par le génitif, dénonce de bonne heure sa faiblesse par l'emploi de prépositions, tandis que le génitif proprement dit n'en a jamais usé.

§ 405. L'histoire de la langue, de l'état ancien à l'état moderne, montre la solidité du **rapport direct**, c'est-à-dire **nominatif-accusatif**, qui est à la fois sans doute le plus *ancien* et certainement le plus *abstrait*, tandis que le cas des « syncrétismes » par excellence et le plus chargé de concret, le **datif**, a entièrement disparu de la langue parlée ; ce n'est pas non plus par hasard si, dans l'histoire même du datif, les fonctions plus concrètes du locatif et de l'instrumental se sont éteintes en premier lieu, tandis que le datif proprement dit devait résister davantage. En grec moderne, le **génitif** — dont les parties les plus concrètes qui correspondent au partitif ou à l'« ablatif » sont constamment soutenues par des prépositions, — donne des signes de faiblesse : au pluriel, on ne l'emploie plus guère ou même plus du tout et, dans certains dialectes, on a tendance, même au singulier, à lui substituer une périphrase à l'aide de ἀπό (suivi, comme toute préposition aujourd'hui, de l'accusatif). En revanche, toute la vitalité du système flexionnel du grec moderne repose sur l'opposition **nominatif-accusatif** : en dépit du nombre et de la variété de ses emplois, le *génitif* (singulier), aujourd'hui dépouillé de ses valeurs prépositionnelles, reste bien loin derrière l'*accusatif*, mais bien loin aussi devant le *vocatif*, puisque la langue a conservé, au moins partiellement, l'usage de ce prétendu « cas ».

§ 406. Encore qu'on doive être très prudent [1] dans toute tentative pour dégager des cas du grec les *principes* qui font l'unité de chacun d'entre eux sous des aspects divers et parfois irréductibles en apparence, il est possible, et peut-être même nécessaire, de se faire au moins une idée du **système** qu'ils constituent. Chaque langue possède le sien, qui lui est propre, mais qui repose sur des éléments hérités ; par exemple, l'analyse si pénétrante que R. Jakobsohn a donnée de la théorie générale des cas en russe (*Beitrag zur allgemeinen Kasuslehre, Gesamtbe-deutungen der Russischen Kasus*, dans les *Travaux du cercle linguistique de Prague*, 6, 1936, pp. 240-287) est particulière à cette langue : mais on peut dégager de son étude quelques notions fondamentales qui permettent de reconstruire, dans son unité fonctionnelle, le système des cas propre au grec.

---

1. Cf. *Schw.-Debr.*, p. 67, *Vorbemerkung*.

Le nominatif n'est pas un cas, mais la base sur laquelle s'organise la flexion : il exprime la *fonction de nommer,* en elle-même : tandis que les autre cas impliquent un *rapport* de *deux termes,* — rapport de verbe à nom ou de nom à nom — le nominatif ne comprend qu'un *terme* ; il peut être figuré par une droite tracée dans un plan. Supposons maintenant un *objet* représenté par un cercle tracé dans le même plan que la ligne droite figurant le nominatif. L'accusatif — que l'on peut figurer par une droite abaissée perpendiculairement à l'objet — l'atteint de la façon la plus *directe* et *totalement* : suivant les cas, c'est le *complément d'objet direct,* ou le *mouvement dirigé,* ou la mesure de la *durée,* de la *distance,* de la *modalité.* Du génitif Jakobsohn disait avec raison qu'il comporte « la limite de la participation de l'objet désigné au

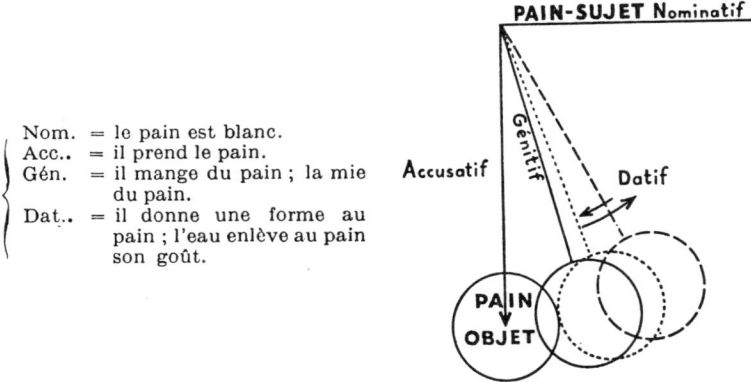

Nom. = le pain est blanc.
Acc.. = il prend le pain.
Gén. = il mange du pain ; la mie du pain.
Dat.. = il donne une forme au pain ; l'eau enlève au pain son goût.

contenu verbal de l'expression » : il peut être figuré par une ligne oblique aboutissant à un cercle qui ne coïncide que *partiellement* avec ce même objet sur lequel l'accusatif exerçait une *efficience* complète : cette notion de *participation* et de *limitation* associées sont valables aussi bien pour expliquer les valeurs *partitives* (ce qui est évident) que les valeurs *adnominales.* Quant au datif, il est représenté par une ligne plus oblique encore ; celle-ci, susceptible de se déplacer à la façon d'un rayon, peut, soit se *rapprocher* de l'objet jusqu'à ce que le cercle qui la termine soit tangent au cercle de l'objet, soit s'*éloigner* de cet objet : c'est le cas qui *donne* à quelqu'un en même temps que c'est celui qui *ôte* à quelqu'un : M. Jakobsohn l'a justement appelé *Randkasus* « cas lisière ». Quant aux cas concrets — ablatif, instrumental et locatif — qui pour des raisons *formelles* se sont syncrétisés avec le génitif ou le datif, ils ne concernent pas dans sa *fonction* le nom qu'ils expriment : ainsi, dans l'exemple du *pain* que nous avons choisi, des phrases telles que : « Les *vers sortent* du pain », « l'*homme vit* de pain », « le *couteau est* dans le pain » intéressent diverses modalités des sujets soulignés, mais non pas la notion de pain.

Remarque. — Dans l'état actuel de la langue, le datif, qui a disparu comme forme, coïncide soit avec le génitif, soit avec l'accusatif. Toute la rection des prépositions, jadis si variée, ne connaît plus que l'accusatif. Le génitif étant inusité au pluriel et souvent attaqué au singulier par la périphrase à l'aide de ἀπό (cf. § précédent), la langue moderne, livrée à elle-même, tendrait à un système à rapport unique, l'*accusatif*, opposé au *nominatif* non impliqué, à côté du vocatif, toujours en marge de la flexion, mais resté vivant..

I. Nominatif.

§ 407. Tandis que les cas impliquent un rapport entre *deux termes*, le nominatif met en place son objet pour lui seul, *de façon* absolue : il exprime *ce dont il s'agit* dans une phrase à laquelle il est logiquement antérieur. C'est le « cas » qui, dans les langues à flexion, ressemble le plus à ce qu'est le *nom* dans une langue sans désinences, c'est-à-dire conçu comme *indépendant* de tout rapport de syntaxe.

Étant donné ce caractère, on comprend que le nominatif serve à présenter le *sujet* d'une proposition, ou une *qualité* affirmée comme appartenant au sujet (*attribut*). Dans une phrase verbale, telle que ὁ βασιλεὺς ἄρχει « le roi gouverne », la notion de *roi* est exprimée indépendamment de toute relation ; dans une phrase nominale, (cf § 100), comme κρέσσων βασιλεύς « le roi (est) le plus fort », les deux notions de *roi* et de *supériorité* sont juxtaposées. Assurément, avec le développement du verbe « copule » εἶναι et de ses équivalents, il peut paraître qu'il y ait, comme on dit, *accord* entre l'attribut et le sujet, entre le nominatif de l'un et le nominatif de l'autre ; de fait, dans des développements secondaires, comme la proposition infinitive φημὶ ἄνθρωπον θνητὸν εἶναι « je déclare que l'homme est mortel », tout se passe comme si l'attribut θνητὸν s'accordait avec le sujet de la proposition, l'accusatif τὸν ἄνθρωπον ; mais cet accord n'a rien d'essentiel. On pourrait figurer ainsi les deux exemples donnés : « *le roi : il gouverne* » et « *le roi : (il est) supérieur en force* ».

§ 408. Le *nominatif* sujet est d'un type très varié, grâce aux facilités que donne l'article, et en raison de l'abondance des formes nominales des verbes (infinitifs et participes). Ainsi, en plus des cas courants où le sujet est un *substantif*, ou un *pronom*, ou un *nom de nombre*, ou une *proposition relative* (ἀπέθανον οἱ ἄριστοι ἦσαν « ils ont péri, ceux qui étaient les plus braves »), le grec peut transformer en un véritable substantif, à l'aide de l'article, ou un *adjectif* (τὸ εὐσεβές = la piété), ou un *infinitif* (τὸ τίκτειν = la maternité), ou un *participe* (οἱ φθονοῦντες = les jaloux), ou n'importe quel *adverbe* (οἱ πάλαι = οἱ παλαιοί, les gens d'autrefois, ou ὁ πάνυ = ὁ ἔνδοξος « le fameux »). Il est même possible (cf. § 80) de faire de toute une proposition — généralement une citation — le sujet d'une autre phrase, à condition de l'introduire par l'article ; ainsi ce fragment de Ménandre : Τὸ Γνῶθι σεαυτὸν πανταχοῦ 'στι χρήσιμον « la maxime : *Connais-toi toi-même* a toujours son utilité ».

§ 409. Encore que l'attribut ait fini par s'accorder avec le sujet qu'il qualifie, à quelque cas que celui-ci soit employé, on retrouve toujours le nominatif essentiel, qui pose la *qualité* pour elle-même : ainsi Δ 350 ποῖόν σ᾽ ἔπος φύγεν ἕρκος ὀδόντων ; « quelle est la parole qui a franchi la barrière de tes dents ? » équivaut à τὸ ἔπος ὃ ἔφυγεν... ἐστὶ ποῖον ; « *est* de quelle nature ? », ou Esch. *Prom.* 322 ἔμοιγε χρώμενος διδασκάλῳ « si tu m'acceptes pour ton maître » équivaut à ἐμοὶ ἂν χρώμενος ὥστ᾽ ἐμὲ διδάσκαλον γενέσθαι σοί « dans des conditions telles que je *sois* ton maître ».

§ 410. A côté de la phrase proprement nominale, de la phrase à verbe *être* (exprimé ou non), il y a quantité d'autres verbes, en poésie ou en prose, qui ajoutent une nuance particulière à la *qualité* attribuée au sujet. En effet celle-ci peut être soit *fondamentale* (τέτυγμαι « je suis fait »), soit *fortuite* (κυρέω « je me trouve être ») ; soit *réelle* (φαίνομαι « j'apparais »), soit *apparente* (δοκῶ « je semble ») ; elle peut être considérée, soit comme un *résultat acquis* (καθέστηκα « je suis là »), soit comme un *aboutissement* (ἀποβαίνω « je finis par être »), ou un *devenir* (γίγνομαι « je deviens »). A cela il faut ajouter les verbes qui présentent cette qualité, soit comme une *convention d'ordre social* (ὀνομάζομαι « être désigné d'un nom », ou ἀποδείκνυμαι « être nommé à une charge »), soit comme une vue *personnelle et subjective* (νομίζομαι « être considéré », κρίνομαι « être jugé »), etc.

§ 411. Ce qui constitue un *titre*, c'est-à-dire un nom qui n'entre pas dans une phrase, se met au nominatif : ainsi le nom d'un ouvrage (Νεφέλαι), ou le nom gravé sur une stèle commémorative ('Αριστοναύτης 'Αριστοναύτου). Il en est de même quand, pour *citer* une expression employée, on l'extrait de la phrase où elle figurait, en la libérant des fonctions qu'elle y remplissait : par exemple, dans Soph. (*Ant.* 566), Créon répond ainsi à la question d'Ismène : Τί γὰρ μόνῃ μοι τῆσδ᾽ ἄτερ βιώσιμον ; 'Αλλ᾽ ἥδε μέντοι μὴ λέγ᾽· οὐ γὰρ ἔστ᾽ ἔτι « Y-a-t-il pour moi une vie possible, seule, sans elle ? — Ne dis plus *elle* ; car elle n'est plus » ; on sait que le pronom ὅδε ne peut s'appliquer qu'à des êtres présents : or Antigone est comme déjà morte. D'autres fois, pour produire un effet, l'auteur même détache de sa phrase un mot, dont il fait une sorte de définition : Eschn. 2,99 : ἀνὴρ δὲ γενόμενος προσείληφε τὴν τῶν πονηρῶν κοινὴν ἐπωνυμίαν συκοφάντης « arrivé à l'âge d'homme il reçut le nom que l'on donne ordinairement aux coquins : *sycophante* ».

§ 412. Souvent un nominatif est comme lancé *en tête d'une phrase*, dont le développement exigerait logiquement un autre cas : en réalité, quand le sujet est ainsi posé, la tournure de la phrase n'est pas encore arrêtée dans l'esprit. Ce tour devait être beaucoup plus fréquent dans la langue parlée ; cependant la langue écrite en offre quelques exemples : Xén. *An.* 2, 5, 41 Πρόξενος δὲ καὶ Μένων... πέμψατε αὐτοὺς δεῦρο « Mais Proxène et Ménon... renvoyez-les ici ». Inversement, dans les *appositions trop longues*, le lien qui unit de nombreux termes de l'énumération au nom dont ils dépendent semble se relâcher, et le nominatif apparaît ; ce n'est plus une phrase, mais une *liste* : Dém. 23, 207 τὰ δὲ τῆς πόλεως οἰκοδομήματα ...τοιαῦτα (ὁρᾷ) ...προπύλαια ταῦτα, νεώσοικοι, στοαί, Πειραιεύς « toutes nos constructions ... (il les voit) comme elles sont, les Propylées, les arsenaux, les portiques, le Pirée ».

Remarque. — Il convient de distinguer de ces nominatifs lancés en tête d'une phrase qui n'est pas encore construite d'autres exemples qui s'expliquent différemment. Par exemple, dans α 51 νῆσος δενδρήεσσα, θεὰ δ' ἐν δώματα ναίει, il faut considérer les deux premiers mots comme une phrase sans verbe : «(C'est) une île boisée, et la déesse y habite.» Par ailleurs, un nominatif en cours de phrase peut s'expliquer, en particulier dans une proposition infinitive, par un accord κατὰ σύνεσιν : ainsi Β 350-353 φημί ..κατανεῦσαι ὑπερμενέα Κρονίωνα... ἀστράπτων ἐπιδέξι', ἐναίσιμα σήματα φαίνων « Je dis ... que le Cronide tout puissant a donné une assurance... en lançant un éclair à droite et en faisant luire des signes favorables ». On pense, malgré la déclarative, à la réalité constatée : Κρονίων κατένευσε ἀστράπτων.

§ 413. Précédé ou non de ὤ (qui doit être distingué de ὦ suivi du vocatif), le nominatif est employé dans les **exclamations** : on constate avec surprise, ou enthousiasme, l'existence d'un *objet* ou d'une *qualité* : ainsi Ar. *Gren.* 652 ἄνθρωπος ἱερός « le saint homme ! » ou ὦ ἔβενος, ὦ χρυσός « Oh ! l'ébène ! l'or ! » dans Thcr. 15, 123. Il est d'ailleurs impossible d'établir une distinction entre le *nominatif exclamatif* et le *génitif*, également *exclamatif*, qui repose sur un ablatif de point de départ et de cause : ainsi Soph. *Aj.* 340 οἴμοι τάλας « Ah ! l'infortuné que je suis ! », ou *El.* 1179 οἴμοι ταλαίνης ...τῆσδε συμφορᾶς « Ah ! la triste destinée qui est la mienne ! ».

§ 414. Enfin le nominatif sert à interpeller. Bien que, dans le détail, le départ ne soit pas toujours facile à faire entre le *nominatif d'interpellation* et le *vocatif*, cette fonction du nominatif n'en existe pas moins, et elle est très ancienne : même quand ils sont de type thématique, des pronoms démonstratifs comme οὗτος n'ont jamais eu de vocatif, pas plus que les pronoms personnels, qui sont d'une autre structure ; on sait par ailleurs qu'il faut descendre jusqu'aux *Septante* pour voir attestés les vocatifs θεέ ou λαέ.

§ 415. Il semble que l'usage indo-européen, conservé régulièrement en védique (*vāyav indraçca*), ait été, dans une invocation à deux personnes unies par la particule *k^we* (skr. *ca*, gr. τε), d'employer le *vocatif* pour la première et le *nominatif* pour la seconde. On cite toujours la formule sacramentelle conservée dans Γ 276 Ζεῦ πάτερ... Ἠέλιός τε « Zeus Père... et toi, Soleil », dont on ne peut guère rapprocher — bien qu'il s'agisse de plusieurs objets et que l'énumération soit longue — la formule finale du *Contre Ctésiphon* d'Eschine (§ 260) : ἐγὼ...ὦ γῆ καὶ ἥλιε... ·καὶ σύνεσις... βεβοήθηκα « Pour moi, vous, Terre et Soleil... et toi aussi, Intelligence, ... tel est le concours que je vous apporte ! » Mais pratique-

ment on trouve l'ordre contraire (Ar. *Cav.* 273 ὦ πόλις καὶ δῆμ’ « ô Cité,
ô Démocratie ! ») et les combinaisons les plus variées, surtout en poésie.
Ainsi Esch. *Prom.* 88-90 ὦ δῖος αἰθήρ... παμμῆτόρ τε γῆ « Divin Ether...
et toi, Terre, Mère universelle » surprend d'autant plus que le vocatif ne
porte que sur ce qui peut passer pour le *contenu attributif* (Terre, qui *es*
la mère universelle) ; plus logique semblerait l'emploi dans Eur. *Suppl.*
277 ὦ φίλος, ὦ δοκιμώτατος Ἑλλάδι « toi qui es mon ami, toi qui es
l'homme le plus estimé de toute la Grèce », ce qui n'exclut pas un
vocatif employé seul avec valeur attributive, comme dans Eschine 2,
152 ὦ πρὸς... τὰ μεγάλα... τῶν πραγμάτων πάντων ἀνθρώπων ἀχρηστό-
τατε « ô toi qui, de tous les hommes de la terre, es... le plus inutile pour
les grandes choses ».

Le vocatif est exclu d'une phrase strictement interpellative, comme
Plat. *Banq.* 172 A Ὦ Φαληρεύς... οὗτος Ἀπολλόδωρος, οὐ περιμένεις ;
« Hé là ! l'homme de Phalère ! Hep, Apollodore, tu ne m'attends pas ? »
On a pu voir dans des exemples où le *nominatif accompagné de l'article*
figure à côté d'un impératif la détermination d'une sorte de *contenu
attributif* ; ainsi Ar. *Ach.* 242 πρόϊθ’ εἰς τὸ πρόσθεν ὀλίγον, ἡ κανφόρος
« avance-toi un peu sur le devant, (= toi qui es) la canéphore ». Il est
préférable de voir dans ce nominatif une interpellation *sans réplique* ;
ainsi Ar. *Gren.* 521 ὁ παῖς, ἀκολούθει δεῦρο τὰ σκεύη φέρων « Mon
garçon, viens ici et suis-moi en portant mes bagages ».

II. Accusatif.

§ 416. Il est impossible de donner de ce cas une *définition* qui
réponde à tous ses emplois. On peut dire cependant que c'est un **rapport
immédiat** (cf. § 406) établi entre deux termes, dont le premier est essentiellement un **verbe** et le second un **nom**. Il rend sans spécification particulière la relation de verbe à nom : par exemple, si on considère l'objet
animé de l'action verbale l'expression βάλλω τινα « j'atteins *quelqu'un* avec une pierre » met en rapport direct le verbe et son objet, tandis que le rapport n'est plus total dans βάλλω τινὸς κατά τι « j'atteins
une partie du corps de quelqu'un sur un point particulier », ou dans βάλλω
τινὶ δειρῇ χεῖρας « je jette *à quelqu'un* mes bras autour de son cou ».

§ 417. Le verbe du premier terme peut exprimer un *état* aussi bien
qu'une *action* : le rapport n'est pas moins direct entre ἀλγῶ et τοὺς ὀδόν-
τας « j'ai mal aux dents » qu'entre ῥήγνυμι et ὀδόντα « je casse une
dent ». Mais on passe facilement de l'*état*, que peut exprimer un *verbe*, à
la *qualité*, qui est couramment rendue par un *adjectif* ; il en résulte que
parfois, et même souvent, les deux termes sont d'apparence également
nominale ; ainsi dans l'accusatif dit *de relation* : πλατὺς τοὺς ὤμους « large
d'épaules ». Malgré l'extension considérable prise par ce tour en grec,
on ne doit pas s'y tromper : il a son point de départ dans un rapport de
verbe à nom.

§ **418.** En eux mêmes, les rapports $\dfrac{\text{ἔχειν}}{\text{τὸν ἵππον}} = \dfrac{\text{tenir}}{\text{le cheval}}$, $\dfrac{\text{νικᾶν}}{\text{νίκην}}$

$= \dfrac{\text{être vainqueur}}{\text{dans une victoire}}$, $\dfrac{\text{ἱκνεῖσθαι}}{\text{ἄλσος}} = \dfrac{\text{atteindre}}{\text{un bois}}$, $\dfrac{\text{ἀπέχειν}}{\text{πολλοὺς σταδίους}} =$

$\dfrac{\text{être éloigné}}{\text{de beaucoup de stades}}$, $\dfrac{\text{διαφέρων}}{\text{τὴν φύσιν}} = \dfrac{\text{différent}}{\text{de tempérament}}$, $\dfrac{\text{ἔτη ἐνενήκοντα}}{\text{ἐβίω}} =$

$\dfrac{\text{il a vécu}}{\text{quatre-vingt-dix ans}}$, sont *de même nature* : c'est uniquement le contenu de l'idée verbale qui change, et qui autorise à parler d'accusatif *d'objet* direct (construction transitive), *d'objet* interne, de direction, *d'extension* spatiale *ou* temporelle, de relation. Il ne faut voir là que des étiquettes commodes, mais conventionnelles ; elles ne désignent pas des *fonctions différentes* remplies par l'accusatif, mais seulement un *même rapport direct verbo-nominal*, dont le premier terme présente des valeurs variées.

A. Accusatif de verbes en fonction transitive.

§ **419.** Des verbes peuvent être employés **transitivement**, c'est-à-dire comporter avec un nom un rapport immédiat ; mais il n'y a pas de verbes qui soient transitifs en eux-mêmes. Si, du fait de leur sens, nombre d'entre eux, qui impliquent une *action* sur une personne ou sur un objet, se construisent *couramment* avec un accusatif, rien ne les empêche de pouvoir être employés intransitivement : ainsi ποιεῖν si fréquemment employé transitivement (par ex. dans εὖ ποιεῖν τινα « faire du bien à quelqu'un ») est *intransitif* dans un tour tel que : εἰσὶν πλούσιοι καὶ καλῶς ποιοῦσι « ils sont riches et c'est tant mieux pour eux ». Réciproquement, un verbe qui ne comporte pas d'objet direct, comme ὀλοφύρομαι « se lamenter » dans Φ 106 τιὴ ὀλοφύρεαι οὕτως ; « Pourquoi gémis-tu ainsi ? », en admet un dans Θ 245 τὸν... πατὴρ ὀλοφύρατο « le Père des Dieux)... gémit sur son destin ».

D'ailleurs, en français même, nous passons constamment, avec un même verbe, d'une construction transitive à une construction intransitive : nous ne faisons aucune difficulté pour dire : « Conduisez-vous ? » après avoir dit « Conduisez-vous votre voiture au garage ? » Le grec a même des possibilités fort étendues pour affecter d'un accusatif (et en même temps d'un passif) des verbes *impersonnels* qui dans notre langue y seraient irréductiblement rebelles : Hérodote peut dire (4, 151) οὐκ ὗε τὴν Θήρην « (pendant sept ans) il ne plut pas sur Théra » comme (4, 31 δ) τὰ καθύπερθε ταύτης τῆς χώρης αἰεὶ νίφεται « il neige constamment au-dessus de cette région ».

§ **420.** La notion même d'objet direct d'un verbe transitif est *double*. En effet, l'action exprimée par le verbe construit transitivement peut *affecter* une personne ou un objet qui lui sont **extérieurs** et existent *indépendamment* d'elle comme « je frappe Pierre » ou « Pierre frappe la porte ». Mais elle peut aussi, du fait de son efficience, *créer elle-même son* **objet**, comme dans νόμισμα κόπτειν « battre monnaie », où la pièce est le résultat de la frappe. Cette seconde variété d'objects directs fait pour ainsi dire la transition entre l'accusatif du premier type et l'accusatif dit de l'*objet interne*, qui sera examiné ci-dessous (cf. § 427).

§ 421. En gardant toujours dans l'esprit ces observations sur la notion de verbe transitif et sur la double nature de l'objet direct qui se rapporte à lui, on pourra considérer comme admettant *généralement* l'accusatif les verbes qui appartiennent aux types suivants :

a) Les verbes exprimant les **moyens** variés d'exercer une **action** — bienfaisante ou nuisible — sur une **personne** :

εὖ (κακῶς) ποιεῖν « faire du bien (du mal) à », ὀνινάναι « aider », ὠφελεῖν « être utile à », θεραπεύειν « servir », aussi bien que βλάπτειν « nuire à », ἀδικεῖν « faire tort à » ; κολακεύειν « flatter » comme λοιδορεῖν « injurier ».

Xén. *Mém.* 2, 3, 8 πῶς δ᾽ ἂν ἐγὼ ἀνεπιστήμων εἴην ἀδελφῷ χρῆσθαι, ἐπιστάμενός τε καὶ εὖ λέγειν τὸν εὖ λέγοντα καὶ εὖ ποιεῖν τὸν εὖ ποιοῦντα ; « Comment pourrais-je ne pas savoir me comporter avec mon frère, moi qui sais dire du bien de qui dit du bien de moi, et faire du bien à qui m'en fait ? ».

Plat. *Rép.* 334 Β ὠφελεῖν μὲν τοὺς φίλους (δοκεῖ) ἡ δικαιοσύνη, βλάπτειν δὲ τοὺς ἐχθρούς « la justice (trouve légitime) de soutenir ses amis et de nuire à ses ennemis ».

Xén. *Cyr.* 1, 4, 8 οἱ φύλακες ἐλοιδόρουν αὐτόν « ses gardes lui faisaient de vifs reproches ».

Mais ὠφελεῖν ou βλάπτειν admettent également un *datif* de la personne (Esch. *Perses* 842 τοῖς θανοῦσι πλοῦτος οὐδὲν ὠφελεῖ « aux morts la richesse ne sert à rien », ou *Eum.* 661 οἷσι μὴ βλάψῃ θεός « quand la divinité n'y porte pas atteinte ») ; ἀδικεῖν peut se construire avec περί, εἰς ou πρός (Plat. *Lois* 845 E) ; et il suffit que λοιδορεῖν passe au moyen pour qu'il soit suivi d'un datif (Ar. *Cav.* 1400 ταῖς πόρναισι λοιδορήσεται « il injuriera les prostituées »).

§ 422. b) Les verbes indiquant que l'on atteint son **objet**, ou bien qu'*on ne l'atteint pas* — l'objet pouvant être *créé* par l'activité même, ou *exister* de façon indépendante, ou se trouve représenté par une *personne*.

Ce **résultat**, s'il s'agit d'une chose, ou ce **contact**, s'il s'agit d'une personne, peut être *obtenu* (ou *évité*), *accepté* (ou *redouté*) ; on peut *devancer* une autre personne dans cette réalisation (ou se *faire distancer* par elle) ; on peut *parvenir* au résultat *sans s'en douter* (ou *sans que d'autres s'en doutent*). De tels verbes sont nombreux, et leur construction à l'aide de l'accusatif est d'autant plus probante qu'il s'agit de verbes plus concrets (ce qui est le cas pour les derniers de la liste suivante : φθάνειν, ἐλλείπειν, λανθάνειν). On peut citer ὑφαίνειν « tisser », qui crée l'objet, ὑφίστασθαι « affronter le danger », qui suppose un objet extérieur, et φεύγειν « éviter », qui s'applique aussi bien à un obstacle matériel qu'à une personne, ainsi que les verbes de même sens ; δέχομαι « accepter » aussi bien que φοβεῖσθαι « redouter » ; ἐλπίζειν « s'attendre à quelque chose », qu'il s'agisse d'un espoir ou d'une crainte ; φθάνειν « arriver au résultat avant un autre » et ἐλλείπειν « ne pas arriver au résultat » ; λανθάνειν « obtenir un résultat à l'insu de... » etc.

Z 456 καί κεν ἐν Ἄργει ἐοῦσα πρὸς ἄλλης ἱστὸν ὑφαίνοις « et peut-être en Argos sous les ordres d'une autre, tu tisserais une toile ». On comparera, pour souligner le sens de *création* de l'objet, des expressions telles que ὑφαίνειν ὄλβον « créer le bonheur, » ὑφαίνειν ὕφασμα « tisser un tissu ».

Thc. 4, 59 οἱ δὲ κινδύνους ἐθέλουσιν ὑφίστασθαι « ils veulent bien affronter les dangers ».

α 11 ὅσοι φύγον αἰπὺν ὄλεθρον « ceux qui ont échappé au gouffre de la mort » comme Eur. *Méd.* 561 πένητα φεύγει πᾶς τις ἐκποδὼν φίλος « le pauvre voit tous ses amis le fuir ».

χ 91 ἀλλ' ἄρα μιν φθῆ Τηλέμαχος κατόπισθε βαλών « mais Télémaque le devança en le frappant par derrière ».

Dém. 18, 295 ἐπιλείψει με λέγονθ' ἡ ἡμέρα τὰ τῶν προδοτῶν ὀνόματα « la journée ne sera pas assez longue (= le jour me fera défaut avant que j'aie fini) pour que je dise les noms de tous les traîtres ».

Thc. 8, 10 ὅπως μὴ λήσωσιν αὐτοὺς αἱ νῆες... ἀφορμηθεῖσαι « pour que les navires ne pussent quitter leur base... à leur insu ».

§ 423. c) Les verbes indiquant une **attitude morale** devant une personne. Ainsi αἰδεῖσθαι « éprouver du *respect* ou de la *gêne* », δεδοι-κέναι « avoir *crainte* », ἐκπλήττεσθαι « être frappé d'*épouvante* » ἐλεεῖν « éprouver de la *pitié* », θαρρεῖν « ne pas avoir *peur* », πενθεῖν « être en *deuil* de... ». On remarquera que ces verbes expriment un sentiment d'*infériorité*, à l'exception de θαρρεῖν, qui est lui-même la négation d'un sentiment de crainte : beaucoup de leurs contraires, qui indiquent la *joie*, la *fierté*, l'*assurance*, comme χαίρω « je me réjouis de », ἀγάλλομαι « je suis fier de », πέποιθα « je crois à », se construisent avec le *datif*, qui exprime le *moyen* grâce auquel le sentiment heureux se réalise. Cependant, des échanges constants se produisant entre les contraires, on voit tout à la fois des tours tels que Eur. *Hipp.* 1339 τοὺς γὰρ εὐσεβεῖς θεοὶ θνήσκοντας οὐ χαίρουσι « les dieux n'aiment pas voir périr les hommes pieux », ou Ar. *Nuées* 992 τοῖς αἰσχροῖς αἰσχύνεσθαι « avoir honte de ce qui est honteux ».

Xén. *Cyr.* 8, 1, 28 μᾶλλον τοὺς αἰδουμένους αἰδοῦνται τῶν ἀναιδῶν οἱ ἄνθρωποι « les gens éprouvent plus de considération pour ceux qui ont le sentiment de l'honneur que pour ceux qui en sont dépourvus ».

Dém. 4, 45 οἱ μὲν ἐχθροὶ καταγελῶσιν, οἱ δὲ σύμμαχοι τεθνᾶσι τῷ δέει τοὺς τοιούτους ἀποστόλους « pendant que nos ennemis se moquent de nous, nos alliés meurent de peur devant un tel corps expédition-naire ».

Τ 225 γαστέρι δ'οὔ πως ἔστι νέκυν πενθῆσαι Ἀχαιούς « ce n'est pas avec leur ventre que les Achéens peuvent pleurer un mort ».

Remarque I. — Chacun des verbes cités a pu étendre par analogie sa construction à des verbes voisins : ainsi, sur le modèle de πενθεῖν τινα, on dit κόπτεσθαι νεκρόν « se frapper rituellement la poitrine (en l'honneur d'un mort) » ou τίλλεσθαι νεκρόν « s'arracher les cheveux (en l'honneur d'un mort) ».

Remarque II. — Les verbes de serment, ὀμνύναι en particulier, se construisent généralement avec l'*accusatif* de la divinité invoquée (ὀμνύναι Δία). De fait, le rituel est censé agir directement sur la personne divine ou sur l'objet sur lequel est porté le serment (cf. E. Benveniste RHR 1947, 81-91, *L'expression du serment dans la Grèce Ancienne*).

§ 424. **d)** Des verbes qui, au *simple*, n'admettent que *faiblement* un object direct ou même semblent l'*exclure*, peuvent être employés en *fonction transitive* quand ils sont précédés des **préverbes** « vides » comme ἀπό, ἐκ et surtout διά et κατά. Ceux-ci, exprimant l'*accomplissement* du procès, exercent sur le verbe une action **causative**. En voici quelques exemples :

ἀπομάχομαί τι « *repousser* en combattant » (Xén. *Hell.* 6, 5, 34) en face de μάχομαί τινι, πρός τινα, ἐπί τινι.

ἐξέρχομαί τι « arriver à réaliser quelque chose » (Thc. 1,70) en face de ἔρχομαι ἐπί τι.

διαπτύειν τινὰ « conspuer quelqu'un » (Dém. 18, 258) en face de πτύειν αἷμα (Ψ 697) « cracher du sang ».

καταπολεμεῖν τινα « battre quelqu'un à la guerre « (Thc. 2, 7) en face de πολεμεῖν τινι, εἴς ou πρός τινα.

καταβοᾶσθαί τινα « vaincre quelqu'un par ses cris ». (Ar. *Cav.* 286) en face de βοᾶν πρός τινα.

§ 425. On confond souvent (K. G. II., p. 300-301 et Riemann-Cucuel, p. 38) ces emplois avec d'autres où la fonction transitive du verbe n'est qu'apparente, et dépend en réalité d'une valeur *concrète* du préverbe : ainsi Thc. 4 92 τὸν ἡσυχάζοντα ἐπιστρατεύειν « marcher contre un peuple pacifique » équivaut à στρατεύειν ἐπὶ τὸν ἡσυχάζοντα, ou Plat. *Phéd.* 85 D (δεῖ)... διαπλεῦσαι τὸν βίον « (il faut) faire la traversée de la vie » à δεῖ πλεῦσαι διὰ τὸν βίον. On remarquera d'ailleurs, parmi les verbes cités, un grand nombre d'entre eux qui impliquent une idée de *mouvement*.

B. DOUBLE ACCUSATIF.

§ 426. On groupe sous cette dénomination des tournures fort différentes, qui n'ont d'autre point commun que de comporter deux accusatif dépendant d'un même verbe : mais c'est une façon bien extérieure de considérer les choses et, à notre sens, on doit réserver cette expression aux tournures dans lesquelles le verbe admet *à la fois deux rapports directs*.

Il faut, en conséquence, exclure de la catégorie : 1°) les accusatifs en fonction d'*attribut* se rapportant à un complément d'objet à l'accusatif, comme Xén. *Cyr.* 1, 3, 18 οὗτος τῶν ἐν Μήδοις πάντων ἑαυτὸν δεσπότην πεποίηκεν « c'est lui qui s'est rendu entièrement maître de la situation chez les Mèdes » ; 2°) les *périphrases verbales* comportant un accusatif, et qui, logiquement, équivalent à un verbe déterminant un seul objet, comme Esch. *Ag.* 814 θεοί... Ἰλίου φθοράς... ψήφους ἔθεντο « les Dieux... ont résolu (mot à mot : ont mis leur vote la ruine de Troie)... la ruine de Troie ».

Il faut distinguer les cas où le verbe s'applique :

a) à un objet **unique**, qui est en même temps défini par un autre rapport direct.

b) **deux** objets distincts à la fois.

§ 427. a) L'objet extérieur peut être déterminé par un autre accusatif exprimant *l'aboutissement de l'idée exprimée par le verbe* : le substantif peut appartenir au même thème (*figure étymologique*), ou à un thème de signification voisine :

Plat. *Ap.* 19 A Μέλητός με ἐγράψατο τὴν γραφὴν ταύτην « Mélétos m'a intenté le présent procès ».

τ 393 οὐλήν, τήν ποτέ μιν σῦς ἤλασε « la blessure que jadis un sanglier lui avait faite ».

L'objet extérieur peut être déterminé par un accusatif, de même thème ou de thème voisin, qui exprime *le contenu de l'idée exprimée par le verbe* :

ο 245 ὅν... φίλει Ζεὺς παντοίην φιλότητα « que Zeus aimait... avec toutes les formes de l'affection ».

Soph. *El.* 1034 οὐδ' αὖ τοσοῦτον ἔχθος ἐχθαίρω σε « je ne te hais pas pourtant d'une telle haine ».

Plat. *Gorg.* 522 A πολλὰ καὶ ἡδέα... εὐώχουν ὑμᾶς « je vous régalais... de beaucoup de mets savoureux ».

L'objet extérieur est repris par un autre rapport direct, qui le **restreint** ou le **précise** : ainsi se définit exactement, sur une *personne*, l'*endroit* qui doit attirer l'attention ou, sur un *objet divisé*, le nombre des *parties* qu'il comporte. Si la première tournure appartient à la langue poétique, la seconde est courante en prose attique, encore que la périphrase par εἰς lui ait fait une vive concurrence.

Ω 58 γυναῖκά τε θήσατο μαζόν « et il a tété une femme (plus précisément) le sein (d'une femme) ».

Plat. *Polit.* 283 D διέλωμεν αὐτὴν δύο μέρη « divisons-la (la science de la mesure (plus précisément) deux parties c.-à-d. " en deux parties " ».

§ 428. b) Dès l'indo-européen, des verbes indiquant le fait d'**enseigner** (*rappeler*), de **demander** (*exiger*), de **dissimuler**, d'**ôter** (*dépouiller*, *déshabiller*) comportaient **deux** objets directs *extérieurs* — l'un se rapportant à une personne et l'autre à une chose. La valeur de ces verbes étant nettement *factitive* (*faire* que soit *su*, *faire* que soit *dit* ou *fait*, *faire* que soit *caché*, *faire* que soit *enlevé*), on peut comparer à la construction sanskrite du *causatif*, comme *ratham açvam vahayāmi* « je fais traîner un char au cheval (mot à mot « je fais traîner un char un cheval »).

Hdt. 1, 136 παιδεύουσι τοὺς παῖδας ...τρία μοῦνα « ils apprennent à leurs enfants... trois choses seulement. »

Hdt. 3, 1 Καμβύσης... αἴτεε Ἄμασιν θυγατέρα « Cambyse... demanda à Amasis sa fille (en mariage). »

Lys. 32, 7 Διογείτων τὴν θυγατέρα ἔκρυπτε τὸν θάνατον τοῦ ἀνδρός « Diogiton tint cachée à sa fille la mort de son mari ».

Xén. *An.* 7, 6, 9 ἡμᾶς... ἀποστερεῖ τὸν μισθόν « (Xénophon) nous... frustre de notre solde ».

§ 429. A partir de ces valeurs fondamentales l'analogie à joué. Ainsi, à côté de διδάσκειν et de ἀναμιμνήσκειν, on voit construire de même façon παιδεύειν « donner une éducation », ou ἐθίζειν « habituer », qui d'ailleurs ont un sens factitif. *Demander* va de la simple *curiosité* (ἱστορεῖν) à l'*exigence* inconditionnelle (εἰσπράττειν « exiger un paie-ment »), en passant par le *requête* suppliante (λίσσεσθαι). Les verbes exprimant une idée de *spoliation* — qui va du *déshabillage* (ἐκδύειν) au *pillage* sur le champ de bataille (συλᾶν, ἐξεναρίζειν) — ont entraîné sans doute leurs contraires, qui indiquent surtout l'idée de *faire revêtir* : Ar. *Lys.* 1021 τὴν ἐξωμίδ' ἐνδύσω σε « je vais mettre sur toi cette exomide ». Les poètes sont allés fort loin dans cette voie, et ont employé le double accusatif avec des verbes qui comportent l'idée de *nettoyer* (issue de *ôter*) ou de *venger* (issue de *demander, exiger réparation*) : ainsi Π 667 αἷμα κάθηρον... Σαρπηδόνα « lave Sarpédon du sang qui le recouvre » ou Eur. *Alc.* 732 Ἄκαστος οὐκέτ' ἔστ' ἐν ἀνδράσιν, εἰ μή σ' ἀδελφῆς αἷμα τιμωρήσεται « Acaste ne compte plus parmi les hommes, s'il ne tire pas vengeance sur toi du sang de ta sœur ».

Remarque I. — Ces constructions ne sont pas les seules possibles, même pour les verbes qui sont les « chefs de file » de la série : Aristophane peut dire : (*Nuées* 382) οὐδέν... περὶ τοῦ πατάγου καὶ τῆς βροντῆς μ' ἐδίδαξας « tu ne m'as pas enseigné sur le fracas du tonnerre » ; Xénophon (*An.* 1, 3, 16) : ἡγεμόνα αἰτεῖν παρὰ τούτου « demander un guide à cet homme... » ; Xénophon encore (*Mém.* 1, 5, 3) : οἱ πλεονέκται τῶν ἄλλων ἀφαιρούμενοι χρήματα « les gens avides, en ôtant aux autres leur fortune... ».

Remarque II. — Au passif, la *chose* reste à l'accusatif, tandis que la *per-sonne* devient le sujet de la nouvelle tournure : Plat. *Ménex.* 236 A μουσικὴν ὑπὸ Λάμπρου παιδευθείς « instruit à la musique par Lampros ». L'actif correspon-dant serait : μουσικὴν ἐμὲ Λάμπρος ἐπαίδευσε.

C. Accusatif de verbes en fonction intransitive.

Ces verbes excluent par définition toute action exercée sur un objet :
certains d'entre eux comportent un objet, tandis que d'autres expriment
seulement les *modalités* de l'action exprimée par le verbe.

§ 430. L'accusatif de **direction** (exemple ἵκετο οὐρανόν « il alla
jusqu'au ciel ») implique un **objet extérieur** — le ciel — qui est le terme
du mouvement, *sans que le mouvement agisse sur lui*. L'accusatif de
relation (exemple : ἀλγῶ τοὺς πόδας « j'ai mal aux pieds ») comporte lui
aussi un *objet* — les pieds — qui est affecté par la *qualité* douloureuse
que le verbe suppose par rapport au sujet : étant admis que celui-ci
souffre, on *délimite* le domaine de sa souffrance. Au contraire les accusatifs **d'objet interne** (εὕδειν γλυκὺν ὕπνον « dormir d'un doux
sommeil »), d'**extension temporelle** (ἕνα μῆνα μένειν « rester un mois »)
ou **spatiale** (δέκα σταδίους ἀπέχειν « être éloigné de dix stades »), ainsi
que tous les emplois **adverbiaux** qui s'y attachent ne comportent pas
d'objet : ils fixent la *modalité* particulière de l'action, comme le ferait un
adverbe : ainsi on pourrait les remplacer par autant d'adverbes, comme
ἡδέως εὕδειν « dormir *doucement* », ου πολὺ ἀπέχειν « être *fort* éloigné »,
ou πολὺ μένειν « rester *longtemps* ».

§ 431. a) L'*accusatif de* direction ne se suffit plus à lui-même en
prose, dès Hérodote : il doit être précisé par les différentes prépositions
qui donnent l'illusion de « vouloir » l'accusatif, ou par la particule post-
posée -δε (type Ἀθήναζε, de plus en plus adverbial). Mais, dans la
langue homérique, l'accusatif de direction est constamment employé,
aussi bien pour les *personnes* que pour les *objets* : la poésie attique en a
fait un usage plus modéré, et limité aux objets.

α 332 ὅτε δὴ μνηστῆρας ἀφίκετο « quand elle fut arrivée auprès des
prétendants ». Peut-être accusatif d'objet direct.

Ζ 87 ξυνάγουσα γεραιὰς νηὸν Ἀθηναίης « réunissant les Anciennes
(de Troie) dans le temple d'Athéné ».

Eur. *Méd.* 6 Οὐ γὰρ ἄν... Μήδεια πύργους γῆς ἔπλευσ' Ἰωλκίας
« Médée... n'eût pas fait fait voile vers les remparts du pays d'Iôlcos ».

b) A considérer le nombre important des *accusatifs de* relation qui se
rapportent à des *adjectifs*, on serait tenté de croire que l'accusatif
exprime ici un rapport de *nom* à *nom* : ainsi, dans πόδας ὠκὺς Ἀχιλλεύς
« Achille aux pieds rapides », aucune idée verbale n'intervient. La
langue a donné une grande extension à cet emploi (d'où le nom d'accusatif *grec* qu'on lui prête parfois), et il est difficile, tant les innovations
de la langue ont été importantes, de faire le raccord avec les quelques
expressions de *dimension*, comme μῆκος « en longueur », μέγεθος « en
grandeur », dont on a des équivalents en avestique, et qui peuvent
remonter à l'état indo-européen. En tout cas, que la nature de ces

quelques expressions ait été nominale ou verbo-nominale à l'origine, on ne peut douter en grec que l'accusatif de relation, considéré dans son extension, ne soit lié au système verbal que le grec a développé, et en particulier à sa richesse en participes. Meillet, citant dans son *Intro-duction* (p. 344) l'exemple de Plat. *Rép*. 453 B διαφέρει γυνὴ ἀνδρὸς τὴν φύσιν, comparait τὴν φύσιν, en face de διαφέρει, à ὁδόν, en face de ἐλθέ-μεναι, dans l'expression ὁδὸν ἐλθέμεναι « aller en route » : de fait, διαφέρει et φύσιν sont bien unis l'un à l'autre dans un *rapport immédiat*, selon la définition générale du cas. Or, dans une langue telle que le grec, διαφέρων τὴν φύσιν avait chance d'être particulièrement fréquent, et le passage de cette forme *à moitié nominale* à une forme *entièrement nomi-nale* comme διάφορος « différent » est d'autant plus facile que, dans cette dernière, le lien sémantique subsistait avec διαφέρω ; ensuite, d'un synonyme à l'autre, il était naturel de passer de διάφορος à ἀνόμοιος, ἄνισος, etc, et de couper ainsi les attaches originelles avec le verbe. Les exemples suivants, empruntés à la langue homérique, montrent comment le glissement a pu se faire :

α 208 ...κεφαλήν τε καὶ ὄμματα καλὰ ἔοικας κείνῳ « par ta tête et tes nobles traits tu *ressembles* à cet homme là ».

Θ 395 δέμας εἰκυῖα θεῆσι « pour le port *ressemblante* aux déesses ».

α 371 θεοῖς ἐναλίγκιος αὐδήν « *semblable* aux dieux par la voix ».

θ 14 δέμας ἀθανάτοισιν ὁμοῖος « *pareil* aux Immortels par la taille ».

Remarque. — Dans le tour : Κύκλωπες δ' ὄνομ' ἦσαν, qui peut se rapprocher de tournures correspondantes en skr. et en v. perse (Meill. *Intr*., p. 345), on fait remarquer que ὄνομα est un nominatif apposé : « Des Cyclopes — c'est leur nom — ils étaient ». On peut comparer à cette phrase de g. m. citée par Brugmann-Thumb (p. 437) : μιὰ φορὰ ἤτανε ἕνας βασιλέας ῞Υπνος τ(ο) ὄνομά του « Il était une fois un roi : Hypnos (était) son nom. »

§ 432. Si l'*accusatif d'objet interne* exprime la modalité d'un verbe qui, le plus souvent, n'est pas, comme on dit, *transitif*, il peut également traduire la modalité d'un verbe, *ordinairement transitif*, mais qui alors est employé absolument : sur ce point on vérifie ce qui a été dit plus haut (§ 419). Ainsi on devra mettre sur le même plan les exemples suivants, dans lesquels l'accusatif de contenu se rapporte à un verbe « intransitif », à un verbe « passif » et à un verbe ordinairement « transitif » :

Eur. *El*. 686 πτῶμα θανάσιμον πεσῇ « tu tomberas en une chute mortelle», ce qui équivaut à θανασίμως πεσῇ.

Hdt. 3, 154 λωβᾶται λώβην ἀνήκεστον « il s'inflige des mutilations inguérissables », ce qui équivaut à ἀνιάτως λωβᾶσθαι.

Ω 733 ἔνθά κεν ἔργα ἀεικέα ἐργάζοιο «dans un endroit où tu travailleras peut-être d'une façon indigne de toi» ce qui équivaut à: ἀεικῶς ἐργάζεσθαι.

Il faut donc que les verbes, quel que soit d'ailleurs leur régime le plus courant, se comportent comme des *intransitifs* pour que leur contenu intérieur puisse être explicité ; rien ne subsiste non plus des différences de *cas* que présentent les verbes dans leurs constructions ordinaires :

malgré ἐρᾶν τινος « désirer quelque chose », on dit ἔρωτα ἐρᾶν, comme, malgré δουλεύειν τινι « être asservi à quelque chose », on dit δουλείαν δουλεύειν.

§ 433. Ce tour a beau être très fréquent en grec et donner l'impression d'être extrêmement libre ; jamais, sur tant d'exemples, on n'en trouve *un seul* où la présence du substantif puisse paraître *inutile*, ou servir uniquement, comme on le dit parfois, au *renforcement* de l'idée exprimée par le verbe. Le substantif se justifie toujours par une détermination dans les modalités du verbe. Les nuances en sont innombrables : cette détermination est souvent *locale* (ou *temporelle*), *quantitative*, *qualitative* et, dans un grand nombre de cas, *restreint* les possibilités multiples du verbe à un cas *défini*.

Dém. 59, 97 τὴν ἐν Σαλαμῖνι ναυμαχίαν ναυμαχήσαντες « ayant remporté la victoire *de Salamine* ».

Eur. *Méd.* 1041 τί προσγελᾶτε τὸν πανύστατον γέλων ; « pourquoi m'adressez-vous votre *dernier* sourire ? »

Dém. 50, 22 πλοῦν πολὺν πεπλευκότων « après avoir fait une *grande* traversée. »

Ar. *Guêpes* 71 νόσον ...ὁ πατὴρ ἀλλόκοτον νοσεῖ « le père souffre... d'un mal *étrange* ».

Xén. *An.* 1, 3, 15 ὡς στρατηγήσοντα ἐμὲ ταύτην τὴν στρατηγίαν... μηδεὶς λεγέτω « que personne... ne vienne me parler de prendre *ce* commandement ».

On sait que le grec a beaucoup de goût pour les « figures étymologiques », dans lesquelles la reprise de l'idée principale donne à la pensée une vigueur particulière : ainsi, dans *Soph. El.* 1154 μήτηρ ἀμήτωρ « une mère qui n'est plus une mère », c'est-à-dire une « mère qui ne mérite plus ce nom ». En conséquence, très fréquemment le nom à l'accusatif reprendra, sous une forme nominale, la *racine même du verbe*. Il était naturel de passer ensuite à des substantifs dont le sens est *voisin* de celui du verbe : même, lorsque le sens est suffisamment clair, la langue fait l'*économie du nom* pour ne retenir que ce qui est nécessaire à déterminer le verbe.

ι 303 αὐτοῦ γάρ κε καὶ ἄμμες ἀπωλόμεθ' αἰπὺν ὄλεθρον « car sur-le-champ nous aussi aurions été emportés dans le gouffre de la mort ».

α 166 ἃ ὄλωλε κακὸν μόρον « il a péri dans un triste destin ».

Plat. *Banq.* 173 A τὰ ἐπινίκια ἔθυεν « il offrait (son sacrifice) de victoire », qui équivaut à ἐπινίκια θύματα θύειν.

Le style noble et, avec des intentions parodiques, la comédie se font un jeu de sauter les intermédiaires de pensée qui peuvent être facilement rétablis : la modalité du verbe est souvent exprimée par un *substantif*, qui contient une *comparaison implicite*, de caractère sublime ou plaisant. Cette tournure est particulièrement fréquente avec les verbes qui dépeignent les *manifestations extérieures* de l'activité humaine :

τ 446 (σῦς) πῦρ δεδορκώς « (un sanglier) au regard de feu », qui équi-vaut logiquement à δέργμα φλογερὸν δεδορκώς.

Eur. *I. T.* 288 πῦρ πνέουσα καὶ φόνον « ne respirant que flamme et que meurtre ». L'expression française appartient elle-même au style noble, et est due à l'imitation du latin *spirare ignem* (Virg.), calque probable du tour grec.

Ar. *Guêpes* 455 (ἀνδρῶν) δικαίων καὶ βλεπόντων κάρδαμα « des hommes intègres et qui ont d'âpres regards». Plus précisément: «qui ont un regard *de cresson* » : il y a chez Aristophane avec βλέπειν — au sens de *voir* ou de *d'être vu* — toute une série d'expressions plaisantes de ce genre.

§ 434. L'accusatif peut indiquer, avec ou sans verbe, l'**extension spatiale** ou **temporelle** ; mais, qu'il s'agisse de *parcourir une distance* ou de se trouver à une *certaine distance d'un point donné*, qu'il faille *traverser de la durée* ou que l'on soit *séparé par une certaine durée d'un moment antérieur*, il faut, une fois de plus, partir de verbes qui, par leur sens même, impliquent ces notions dans leur objet direct : τὴν εὐθεῖαν « tout droit » s'est détaché de constructions telles que ἄγειν τὴν ὁδόν « suivre son chemin » et νύκτα « pendant la nuit » de tours comme ἕνα μῆνα μένειν « rester un mois ».

§ 435. **Parcourir** *un espace* (*suivre une route*) s'exprime couramment chez Homère, et encore chez Hérodote, par le simple *accusatif* ; mais l'attique, sauf dans l'expression courante πλεῖν θάλατταν « naviguer sur mer », ne connaît plus ce tour, et les exemples qu'on pourrait invoquer sont suspects d'être dus à des accusatifs de *contenu verbal*. C'est pour exprimer la *distance où l'on se trouve* que l'accusatif est employé en attique :

γ 71 πόθεν πλεῖθ' ὑγρὰ κέλευθα ; «d'où venez-vous à travers les sentiers humides (de la mer) ? ».

Hdt. 6, 119 τρέπεται τριφασίας ὁδούς « ...se diriger vers trois conduits. »

Xén. *Cyr.* 2, 4, 27 τὰ δύσβατα πορεύεσθαι « suivre un chemin difficile » ; peut-être l'expression est-elle comparable à δύσβατα διαβαίνειν « passer un passage difficile ».

Thc. 6, 49 Μέγαρα... ἀπέχοντα Συρακουσῶν οὔτε πλοῦν πολὺν οὔτε ὁδόν « Mégara (Hyblaea)... qui n'est fort éloignée de Syracuse ni par mer, ni par la route ».

Xén. *Hell.* 2, 4, 5 θέμενος... τὰ ὅπλα ὅσον τρία ἢ τέσσαρα στάδια ἀπὸ τῶν φρουρῶν ἡσυχίαν εἶχεν « après avoir établi ... son camp à environ trois ou quatre stades des sentinelles, il ne bougea plus ».

§ 436. L'écoulement de la durée et son *aboutissement en un point d'où l'on envisage le temps antérieur* s'expriment, aussi bien en attique que chez Homère, par *l'accusatif*. Dans le premier cas, quand la durée est *dénombrée*, on se sert du nombre *cardinal* ; dans le second, on détermine souvent le *point de départ* (= depuis) par οὗτος, et on use du nombre *ordinal*, qui comporte en ce cas *une unité de plus.*

Hdt. 2, 127 βασιλεῦσαι δὲ τὸν Χέοπα τοῦτον Αἰγύπτιοι ἔλεγον πεντήκοντα ἔτεα « ce Chéops, disaient les Égyptiens, régna pendant cinquante ans ».

Xén. *Mém.* 3, 6, 1 οὐδέπω εἴκοσιν ἔτη γεγονώς « n'ayant pas encore vingt ans ». Le participe parfait exclut l'idée de point de départ : le sens n'est pas : «né *depuis* vingt ans », mais : « voilà vingt ans qu'il vit » (cf. latin *viginti annos natus*).

Lys. 24, 6 τὴν δὲ μητέρα τελευτήσασαν πέπαυμαι τρέφων τρίτον ἔτος τουτί « quant à ma défunte mère, c'est (maintenant) la *troisième année* (nous disons : il n'y a que *deux* ans) que je n'ai plus à la nourrir ». Le nombre *ordinal* exprime ce que ce décompte a ᑌe *subjectif et de personnel*, tandis que dans le cas précédent, le nombre cᴜrdinal comptait de *façon objective* : on peut comparer, en latin (*Er. Th.*, p. 26 : *annun jam tertium regnat* «voici deux ans qu'il règne» et *decem annos regnavit*, ou *triginta annos natus*).

Remarque. — L'emploi du nombre *cardinal* pour indiquer le temps où s'est produit un événement (lat. *abhinc*), signalé comme rare dans les grammaires, ne semble pas exister dans la réalité: dans l'éd. Thalheim, l'exemple cité partout de Lysias 7, 10 τέθνηκε ταῦτα τρία ἔτη « il est mort il y a deux ans » disparaît, et on lit : τέθνηκε· κᾶτα τρία ἔτη... ἐμισθώσατο.

§ **437. e)** Même si on élimine tous les adverbes **neutres**, comme πολύ, πολλά, qui *peuvent* reposer sur des accusatifs, mais reposent peut être sur le « cas indéterminé » du neutre, et tous les adverbes sans doute neutres, comme μικρόν, encore que la forme ne soit pas caractéristique du genre, il subsiste en grec un nombre assez considérable d'*adverbes* (au sens le plus général du terme) qui, formellement, se présentent comme des accusatifs féminins : ils expriment une position dans l'*espace* — comme τὴν εὐθεῖαν « directement », μακράν « loin », ou dans le *temps* — comme ἀρχήν « au début », ἀκμήν « récemment », — ou une *modalité* quelconque — comme προῖκα « gratis » et son synonyme δωρεάν, χάριν « au gré de », puis « en faveur de », πρόφασιν « sous prétexte de » etc. Dans les derniers exemples, l'accusatif est aussi dépouillé de valeur concrète qu'il est possible, et ne représente qu'une *possibilité de modalité*.

§ **438.** C'est à cette valeur que se rattache l'*accusatif* absolu. Celui-ci est employé, pour indiquer une *modalité* de *caractère général*, au *participe neutre* de verbes exprimant une *possibilité*, une *convenance*, une *résolution* qui *est, était* ou *sera* convenable (cf. § 225). Ces participes sont susceptibles de recevoir tous les sens qu'ils auraient dans d'autres conditions, avec ou sans ἄν.

Plat. *Ménex.* 246 D ἡμῖν ἐξὸν ζῆν μὴ καλῶς, καλῶς αἱρούμεθα μᾶλλον τελευτᾶν « alors que nous *pourrions* vivre d'une façon qui n'est pas glorieuse, nous *préférons* mourir glorieusement ».

Lys. 30, 4 ὅστις πρῶτον μὲν τέτταρα ἔτη ἀνέγραψεν, ἐξὸν αὐτῷ τριάκοντα ἡμερῶν ἀπαλλαγῆναι « lui qui d'abord, pendant quatre ans, *fit* faire
la transcription, alors qu'il *aurait pu* s'en débarrasser en trente jours. »

L'accusatif absolu est employé — non plus uniquement au neutre,
mais à **tous les genres** — pour exprimer une *modalité possible particulière* dans des propositions introduites par les conjonctions ὡς « dans la
pensée que » ou ὥσπερ « comme si » (cf. § 225) : on s'arrête à *une* représentation possible de la réalité dans un esprit.

Plat. *Rép.* 345 E Τὰς ἄλλας ἀρχὰς οὐκ ἐννοεῖς ὅτι οὐδεὶς ἐθέλει
ἄρχειν ἑκών, ἀλλὰ μισθὸν αἰτοῦσιν, ὡς οὐχὶ αὐτοῖσιν ὠφέλειαν ἐσομένην
ἐκ τοῦ ἄρχειν, ἀλλὰ τοῖς ἀρχομένοις ; « Les autres charges publiques, ne
comprends-tu pas que personne ne veut les exercer pour son plaisir,
mais qu'on réclame d'être payé, dans la pensée que l'exercice du pouvoir servira, non à ceux qui gouvernent, mais à ceux qui sont gou-
vernés ? ».

Xén. *Mém.* 2, 3, 3 οἱ δυνάμενοι... φίλους κτῶνται ὡς βοηθῶν δεόμενοι,
τῶν δ' ἀδελφῶν ἀμελοῦσιν, ὥσπερ ἐκ πολιτῶν μὲν γιγνομένους φίλους, ἐξ
ἀδελφῶν δὲ οὐ γιγνομένους « les gens en place... se font des amis
parce qu'ils ont, pensent-ils, besoin d'appuis, tandis qu'ils laissent
tomber leurs frères, comme s'ils ne pouvaient se faire des amis que parmi
leurs concitoyens, et non parmi leurs frères. »

§ 439. Les emplois précédemment étudiés sont loin d'épuiser toutes
les valeurs que présente en grec l'accusatif : en particulier, certaines
d'entre elles sont malaisées à définir, surtout quand elles concernent des
phrases de type **affectif**, où il n'y a pas de verbe : il semble que l'accusatif, conformément à sa fonction, établisse un *rapport direct* entre le
nom et un processus verbal assez vague. Il y a des *ellipses* du type de
Dém. 4,́ 19 μή μοι μυρίους μηδὲ δισμυρίους ξένους «Pas dix mille mercenaires, je vous prie, ou vingt mille ! », qui peuvent laisser supposer un
λέγε ou un πάρεχε ; mais l'interprétation est déjà plus délicate dans
la très ancienne formule de supplication, où l'ordre des mots est fixé,
(cf. latin : *per te Deos juro*) que l'on lit par exemple dans Eur. *Méd.* 324 :
Μὴ πρός σε γονάτων τῆς τε νεογάμου κόρης « Ah ! non (je) te (supplie)
par tes genoux et par la jeune épousée ! » où un lien personnel *immédiat*
unit le suppliant à la personne divine (ou humaine), qu'il atteste. Il
n'est pas sûr que dans νὴ τὸν Δία « oui, par Zeus » ou dans μὰ τὸν Ποσειδῶ
« non, par Poseidôn » l'accusatif se justifie uniquement par la
construction de ὀμνύναι (cf. § 423 Rem. II). De fait si, en grec à la différence du latin, qui fait un grand usage de l'*accusatif exclamatif* (cf. *Er.
Th.* pp. 19 et 52), le génitif (ablatif) est largement répandu pour rendre
cette fonction, la fréquence et la variété de l'accusatif exclamatif
en grec moderne peut laisser penser que, dans Ar. *Ois.* 1269 Δεινόν
γε τὸν κήρυκα τὸν παρὰ τοὺς βροτοὺς οἰχόμενον, εἰ μηδέποτε νοστήσει
πάλιν « Quelle chose épouvantable que ce héraut parti chez les hommes,
s'il ne doit plus revenir ! », cet accusatif est fort proche de l'*infinitif*

exclamatif (cf. § 211). Quand on relève en grec moderne des tournures telles que νά τους « Les voici ! », ou ἀνάθεμά τον ποὺ ᾿ριξε τά μάγια στὸ πηγάδι « malédiction à celui qui a jeté des sorts dans la source ! », ou, dans la langue des nourrices : νάνι τὴ μπεμπέκα « Dodo, l'enfant do », on est tenté de voir dans νὴ (μὰ) τὸν Δία, qui se prolonge aujourd'hui dans μὰ τὴν Παναγία « par la Vierge », peut-être autre chose qu'une « ellipse » de ὀμνύναι (ou de ὀμώνω) (cf. Τζαρτζ. pp. 91 et 92).

Remarque générale sur l'évolution de l'accusatif.

En grec moderne, l'accusatif, dont l'importance relativement aux autres cas s'est énormément accrue, a généralement conservé les fonctions qu'il remplissait anciennement. Le nombre des constructions transitives s'est beaucoup augmenté : si βλάφτω « je nuis à », ou φοβοῦμαι « je redoute » ont gardé leur complément d'objet à l'accusatif, des verbes tels que συγχωρῶ « pardonner », ἀκούω « obéir à » sont des acquisitions de ce cas aux dépens de l'ancien datif (ou de ses substituts), ou encore, aux dépens du génitif, ξεχωρίζω « se séparer de » ou ἀρχίζω « commencer » ; d'ailleurs ce glissement a été favorisé par l'extension des préverbes « vides », La langue construit toujours avec un double accusatif les verbes factitifs impliquant l'idée de *demander*, d'*enseigner*, de *priver*, et a même légèrement débordé le domaine ancien : on dit, non seulement μὲ ρώτησε τὄνομα μου « il m'a demandé mon nom », μαθαίνω τὸ γιὸ τὰ ἑλληνικά « j'apprends le grec à mon fils » ou τὸν στερεύουνε τὸν ὕπνο « on le prive de sommeil », mais encore, ce qui est nouveau, γεμίζω τὸ σταμνὶ νερό « je remplis d'eau la cruche » ou φορτώνω μουλάρια ἄσημι « je charge d'argent les mulets ». Dans un cas comme ποτίζω κρασὶ τὸν ξένο « je donne du vin à mon hôte » (mot à mot : « j'abreuve de (vin) mon hôte ») on ne peut affirmer (cf. *Schw. Debr.* p. 79) s'il y a un objet extérieur, ou deux, parce que κρασί peut être considéré, soit comme le contenu de l'idée verbale (= ποτίζω πότον), soit comme un second objet, ainsi que dans l'exemple précédent.

L'accusatif de *contenu de l'idée verbale* est resté courant, comme dans κοιμᾶται ὕπνο βαθύ « il dort d'un profond sommeil ». Avec tout un jeu de prépositions, il exprime, comme en grec ancien, la *direction* ; de même il sert toujours à exprimer *l'extension dans l'espace* — voire la *mesure*, ce qui existait en latin, mais non en grec ancien — ou dans le *temps* : τὸ σανίδι εἶναι τρεῖς πήχες μακρύ « la planche a trois coudées de long », ou κοιμᾶται ὅλη τὴ μέρα « il dort toute la journée ». Seul l'accusatif de relation, dont le développement en grec est un phénomène secondaire, ne s'est pas maintenu : déjà dans le *Nouveau-Testament* la tournure par le *datif* (Math. 5, 18 καθαρὸς τῇ καρδίᾳ) fait de grands progrès aux dépens de l'accusatif ; aujourd'hui, la langue dispose de tournures diverses : *larges d'épaules* se dira πλατὺς ἀπ᾿ ὤμους et *j'ai mal à la tête* (anciennement ἀλγῶ τὴν κεφαλήν) deviendra : μοῦ πονεῖ τὸ κεφάλι μου « ma tête a mal ».

III. Génitif.

§ 440. A la différence de l'accusatif qui nous a paru, derrière la multiplicité de ses emplois, remplir une fonction unique, le génitif répond — ou semble répondre — à trois fonctions différentes. En tant que génitif proprement dit, il peut être soit *partitif*, soit *adnominal* : ces deux fonctions, qui coexistent dans le génitif dès l'indo-européen, possèdent un caractère abstrait et, comme nous l'avons brièvement esquissé plus haut (§ 406), reposent sur le principe unique de la *limitation* que l'on peut, je crois, retrouver dans les emplois variés de deux fonctions que l'on étudie ordinairement de façon absolument séparée. Au contraire, en tant qu'il représente un ablatif indo-européen, le génitif grec n'est plus ce cas *grammatical* et *logique* qui souvent équivaut à d'autres cas de la flexion : il est concret, attaché à l'*espace*, et secondairement au *temps*, qui n'est que la projection de la durée dans l'espace.

Si les expressions de *partitif* et d'*ablatif* en parlant du génitif n'ont été discutées par personne, il n'en est pas de même de l'adjectif « *adnominal* » qui, en somme, définit une *fonction* par une *position* (*ad nomen*) : aussi M. Schwyzer s'est-il servi dans son livre (p. 117) d'un néologisme : *pertinentiv*, fait sur la latin *pertinet* d'après le modèle de *concupiscentivus/concupisco*, pour rendre « la notion d'appartenance au sens le plus large ». Il ne me semble pas très utile, tout en reconnaissant la médiocrité du terme courant *adnominal*, de lui substituer une dénomination nouvelle qui ne contribue, pas plus que la dénomination traditionnelle, à rétablir l'unité, à mes yeux, fondamentale, du « partitif » et de l' « adnominal ». Le « partitif » ne semble se distinguer de l' « adnominal » que parce que l'un suppose un *rapport* de **verbe à nom**, tandis que l'autre postule un rapport de **nom à nom** ; mais cette différenciation, pratiquement si importante, ne doit pas faire oublier que la notion de *limitation* est commune aux deux fonctions. Aussi bien, dans l'étude si complète qu'il fait du génitif, M. Schwyzer, qui distingue de part et d'autre des emplois nominaux et des emplois verbaux, ne conteste pas, dans les paragraphes consacrés au *Pertinentiv*, l'*importance* des premiers, puisqu'il voit dans cette fonction le « *cas nominal* » par excellence, tandis que les seconds sont assez *réduits* ; inversement, si on considère les développements auxquels a donné lieu le *partitif*, il apparaît nettement que ce sont les *emplois verbaux* qui tiennent la tête, reléguant à la seconde place des emplois nominaux, dont le caractère secondaire est souvent évident. En somme, l'adjectif *adnominal* a au moins le mérite de souligner, par sa forme même, le rapport de *nom* à *nom* qui est sa raison d'être, en face du partitif, qui est **verbo-nominal**.

§ 441. S'il est possible de reconnaître, dans les emplois du génitif grec, trois grandes lignes — dont deux jumelées — qui répondent aux fonctions, si différentes, du génitif et de l'ablatif indo-européen, il ne faut jamais oublier qu'à l'intérieur d'une *forme unique* les *différentes fonctions* qu'elle remplit *influent* les unes sur les autres. Il arrivera fréquemment, en particulier, que pour un tour donné (et garanti par la comparaison avec d'autres langues), il y ait hésitation, par exemple entre le génitif proprement dit et le génitif représentant un ablatif : ainsi pour le complément du superlatif (§ 469), il est difficile de dire si l'on a affaire à un *génitif partitif* dans ἐλαφρότατος πετεηνῶν « le plus rapide des (= d'entre les) oiseaux », ou à un *génitif ablatif* « le plus rapide des (= en partant des) oiseaux » : le sanskrit connaît les deux constructions ; le latin hésite entre le génitif et un cas prépositionnel (*celerrima auium* ou *ex auibus*) ; les passages fréquents du superlatif au comparatif (qui peut comporter un complément à l'ablatif) et la construction moderne des *deux degrés de comparaison* à la fois (ἀπό d'origine avec l'accusatif) militeraient en faveur de l'ablatif.

A. Génitif partitif.

§ 442. Exprimant essentiellement un **prélèvement** fait sur un tout, un **contact limité** avec une surface, le **choix d'un individu** (ou de plusieurs individus) dans une masse, la **localisation** qu'on peut préciser sur un vaste espace, le génitif locatif qui, pour ainsi dire, ne garde qu'*une partie* de son objet, comporte toujours, au moins implicitement, une **action**, c'est-à-dire une idée verbale, celle de *détacher* ou, pour le moins, de *considérer* une *partie* d'un *tout* : ἐσθίω ἄρτου « manger du pain » présente l'action de manger comme un *prélèvement limité* fait sur la matière indéterminée qu'est le pain considéré comme aliment, et s'oppose à ἐσθίω ἄρτον « manger le pain, avoir le pain pour aliment». Assurément dans une tournure telle que εἷς τούτων, il semble qu'on ait affaire à un rapport de *nom à nom* : mais en réalité, ce qui fait le partitif, c'est l'idée qu'un individu précis et unique est *pris* dans le groupe grossièrement défini des personnes que l'on montre ; de même dans ἔπιπτον ἑκατέρων « il tombait des gens des deux côtés », le génitif partitif, qui remplit la fonction d'un sujet dans la phrase, comporte l'idée verbale qu'on *prend* dans les deux camps des combattants qui tombent.

§ 443. Il résulte de cette valeur fondamentale qu'un génitif partitif peut en principe remplir les fonctions de n'importe quel autre cas de la flexion; l'idée de limitation qu'il contient s'applique aussi bien à un *sujet* (nominatif) qu'à un *objet* (accusatif), aussi bien à ces deux cas « abstraits » qu'aux cas « concrets » du datif, c'est-à-dire l'*instrumental* et le *locatif*. Seul le *datif proprement dit* est rebelle à cette substitution, parce que, aussi bien quand il donne que quand il ôte, il s'applique à une personne *indivisible*. On constatera, si on se reporte aux listes si copieuses données dans *Schw. Deb.* (p. 101 et sq.), que le génitif partitif n'alterne avec un datif que dans le cas de verbes concernant des *choses*, exprimant par eux-mêmes une idée de *contact* et comportant un *préverbe* entraînant un *datif* (qui recouvre en réalité un instrumental-comitatif, comme σύν, ou un locatif, comme ἐν). Si à date ancienne, chez Homère et dans la prose d'Hérodote, on trouve une grande abondance d'exemples de partitif, ce serait une erreur de croire qu'il n'ait dans la suite que perdu du terrain sur toute la ligne : au nominatif en particulier, l'usage du partitif s'est étendu (cf. *Schw. Deb.* p. 102) : N 191 ἀλλ' οὔ πη χροὸς εἴσατο « mais nulle part il n'apparaissait de peau ». On peut dire que la phrase équivaut logiquement à : χρὼς οὐδαμῆ ἐφαίνετο ; mais, dans une phrase *négative*, l'emploi du partitif, bien conservé en gotique et toujours vivace en slave, remontait à l'indo-européen ; c'est seulement en ionien-attique que se développe le partitif dans une phrase *positive*; ainsi Hdt. 3, 102 : εἰσὶ γὰρ αὐτῶν ...ἐνθεῦτεν θηρευθέντες « il y en a (de ces fourmis géantes) ...qui viennent de ces régions où on les a prises à la chasse », ou Xén. *Hell.* 4, 2, 20 ἔπιπτον ἑκατέρων (cité au § précédent).

Ξ 121 'Αδρήστοιο δ'ἔγημε θυγατρῶν « il prit femme parmi les filles d'Adraste ». Équivaut logiquement à ἔγημε θυγατέρα.

Φ 560 λοεσσάμενος ποταμοῖο « (Hector) s'étant baigné dans les eaux du fleuve ». Équivaut logiquement à λουσάμενος ἐν τῷ ποταμῷ (*locatif spatial*).

Ι 224 πλησάμενος δ'οἴνοιο δέπας « et ayant rempli de vin une coupe » peut être comparé à Eur. *Or.* 1363 δακρύοισι γὰρ 'Ελλάδ' ...ἔπλησεν « elle a rempli de larmes... la Grèce » ; mais de tout temps avec les verbes de *plénitude* c'est la construction *partitive* — à l'inverse de ce qui s'est passé en latin (*Er. Th.*, p. 44) — qui a été la plus usuelle, et non la construction *instrumentale*.

τ 306 τοῦδ' αὐτοῦ λυκάβαντος ἐλεύσεται « il viendra à un moment de cette année même ». Équivaut logiquement à : ἐν τῷδε τῷ ἔτει (locatif temporel).

Hdt 4, 140 λελυμένης τῆς γεφύρης ἐντυχόντες « ayant trouvé le pont coupé » en face de 4,110 ἐντυχοῦσαι πρώτῳ ἱπποφορβίῳ « ayant trouvé la première troupe de chevaux » n'est possible qu'en raison de la construction partitive de τυγχάνω et de la présence du préverbe ἐν (datif locatif).

Souvent dans une même tournure les deux constructions — partitive ou non — coexistent et donnent lieu à des distinctions de sens intéressantes. L'opposition est particulièrement nette, en attique aussi bien que chez Homère, pour les verbes du type *boire* ou *manger* : quand les aliments ou la boisson sont considérés *en eux-mêmes*, ou quand la nourriture est absorbée *en totalité*, l'*accusatif* est de règle ; au contraire, si on veut attirer l'attention sur une *quantité* de nourriture prélevée sur un tout, le *génitif* est constamment employé :

λ 96 αἵματος ὄφρα πίω « afin que je boive *du* sang ». Tirésias *prend une partie* du sang des victimes égorgées par Ulysse.

λ 98 ἐπεὶ πίεν αἷμα κελαινόν « après avoir bu le sang aux sombres feux ». Tirésias a retrouvé quelques forces dans cette *boisson* qu'est le sang.

Xén. *Hell.* 3, 3, 6 ἡδέως ἂν καὶ ὠμῶν ἐσθίειν αὐτῶν « (ils disaient) qu'ils auraient plaisir à leur *arracher* un morceau de chair et à la manger crue ».

Xén. *An.* 4, 8, 14 τούτους καὶ ὠμοὺς δεῖ καταφαγεῖν « ces gens-là, il faut les manger tout crus ». Le préverbe κατὰ-, qui implique la consommation *totale* exclut l'emploi du partitif.

§ 444. Le génitif partitif reste tout à fait vivant en attique, aussi bien au propre qu'au figuré. Il indique une **localisation précise** dans l'espace – ou sur un objet *concret* ou sur ce qui peut être *comparé à l'espace* : il désigne l'*individu* pris dans une *catégorie*, aussi bien qu'un *trait* dans une *description*, ou un *rapport particulier* dans une *qualité générale*. Il est significatif que, malgré l'importance si considérable de l'opposition εἰς + acc. et ἐν + dat., la langue ait conservé l'emploi fréquent de εἰς et de ἐν avec le génitif partitif : le sens primitif, qui s'est beaucoup affaibli en même temps que la tournure se sclérosait en formule stéréotypée, semble avoir été celui de : « du côté de, dans les parages de... » ; il va sans dire que, malgré l'opinion courante, jamais un nom signifiant « demeure » n'a été « sous-entendu », pas plus qu'un nom dans l'adverbe ἐμποδὼν « ce qui fait obstacle » issu de *ἐν ποδῶν « (entraves) dans la région des jambes ».

Soph. *Trach.* 984 ποῖ γᾶς ἥκω ; « en quel point de la terre suis-je arrivé ? ».

Ar. *Ach.* 1180 καὶ τῆς κεφαλῆς κατέαγε περὶ λίθῳ πεσών « et il se fit une fracture à la tête en tombant sur une pierre ».

Soph. *Trach.* 705 Οὐκ ἔχω... ποῖ γνώμης πέσω « je ne sais... à quelle pensée m'arrêter ».

Xén. *An.* 4, 8, 4 τῶν πελταστῶν ἀνήρ « un homme de la catégorie des peltastes ».

Xén. *Ec.* 1, 2 οἰκονόμου ἀγαθοῦ ἐστιν εὖ οἰκεῖν τὸν ἑαυτοῦ οἶκον « c'est le fait d'un bon administrateur que de bien administrer sa propre maison ». Il fait partie de la définition *générale* du bon administrateur de montrer ses talents sur un cas particulier, son propre domaine.

Xén. *Cyr.* 4, 6, 9, ἔστι...μοι θυγάτηρ... γάμου ἤδη ὡραία « j'ai... une fille... qui est maintenant mûre pour le mariage ». Ce génitif, qu'on appelle parfois de « relation », précise, dans l'état *général* de maturité, un point de vue *particulier*, celui du mariage.

Plat. *Prot.* 325 D εἰς διδασκάλων πέμποντες « envoyant chez les maîtres d'école » à côté de Plat. *Alc.* I 110 B σοῦ ἐν διδασκάλων ἤκουον « je t'ai entendu dire chez les maîtres d'école ». Ce tour est resté usuel avec des noms propres de *personnes* (type : ἐν ᾽Αγάθωνος « chez Agathon ») ou de *divinités* (type : ἐν Ποσειδῶνος « dans le temple de Poseidon »).

Remarque. — Il serait chimérique de vouloir établir une distinction complète entre certains de ces *partitifs* et nombre d'emplois *adnominaux*. Ainsi l'exemple de Xén. *Ec.* 1, 2 comporte une idée d'appartenance, qui est courante dans le type adnominal ; parfois la même expression est susceptible d'avoir deux significations, dont l'une est partitive et l'autre ne l'est pas : quand ὁ δῆμος τῶν Ἀθηναίων signifie la *plèbe* athénienne — par opposition à l'ensemble de la cité — le génitif est de nature partitive, tandis que ὁ δῆμος τῶν Ἀθηναίων « le peuple d'Athènes » — en tant que cité — peut être considéré comme relevant du génitif adnominal (= cette cité, qui est composée d'Athéniens), au même titre que πόλις Ἀθηνῶν « la cité d'Athènes ».

§ 445. Un grand nombre de verbes, qui impliquent une notion de *limitation*, se construisent ordinairement avec le *génitif partitif* : on donnera dans les paragraphes suivants ceux qui peuvent être considérés comme des « chefs de file ». Il va de soi qu'il convient de leur ajouter les *adjectifs* qui sont apparentés à ces verbes — soit qu'ils en soient dérivés, comme μέτοχος « qui participe à » (μετέχω), soit qu'ils aient au contraire donné naissance à des verbes dénominatifs, comme κοινωνεῖν tiré de κοινωνός. De même les *noms abstraits* qui expriment sous une autre forme la même idée : par exemple dans Dém. 18, 128 Σοὶ δ'ἀρετῆς... τίς μετουσία ; « Quelle participation à la vertu... était la tienne ? »

On construira donc avec le génitif partitif :

§ 446. **a)** les verbes exprimant une **participation**, qui peut être *prise, offerte, revendiquée*, etc. Telle sera la construction ordinaire de μετέχειν, συλλαμβάνειν « prendre sa part de », μεταδιδόναι, κοινωνεῖν « donner une part de, faire participer à » ἀντιποιεῖσθαι, μεταιτεῖν « s'arroger une part de, réclamer sa part de ».

Eur. *Méd.* 946 συλλήψομαι δὲ τοῦδέ σοι... πόνου « je t'aiderai... en prenant ma part dans cette entreprise ».

Xén. *Mém.* 2, 7, 1 χρὴ τοῦ βάρους μεταδιδόναι τοῖς φίλοις « il faut donner à ses amis une partie de son fardeau ».

Hdt. 4, 146 τῆς βασιληίης μεταιτέοντες « revendiquant le trône ».

§ 447. **b)** les verbes qui expriment un **contact effectivement réalisé**, qu'il soit d'ailleurs *momentané* ou *durable* : ainsi ἅπτεσθαι « toucher », ψαύειν « effleurer » aussi bien que ἔχεσθαι « être en contact permanent, s'attacher à » ; par transitions insensibles on passe au sens de « se mettre à », « commencer de ».

Xén. *Mém.* 1, 4, 12 τὴν γλῶτταν τῶν ἀνθρώπων ἐποίησαν οἵαν ἄλλοτε ἀλλαχῇ ψαύουσαν τοῦ στόματος « (les Dieux) ont créé la langue de l'homme en lui donnant la capacité de toucher, tantôt une partie de la bouche, tantôt l'autre ».

Plat. *Banq.* 217 D ἀνεπαύετο... ἐν τῇ ἐχομένῃ ἐμοῦ κλίνῃ « il reposait ...sur le lit contigu au mien ».

Thc. 1, 78 τῶν ἔργων... ἔχονται « ils se mettent... à l'action ».

Thc. 8, 3, ὡς εὐθὺς πρὸς τὸ ἔαρ ἑξόμενοι τοῦ πολέμου » comme des gens qui ont l'intention de se mettre à la guerre dès le printemps ».

Xén. *Hell.* 4, 1, 32 μετὰ τοῦτο ἤοξατο λόγου « ensuite il commença de parler ».

§ 448. c) les verbes qui expriment le fait de tendre vers un contact, que le but soit *atteint*, comme dans τυγχάνειν, στοχάζεσθαι, ou *manqué*, comme dans ἁμαρτάνειν. Au figuré, se construiront de la même façon ceux qui comportent une *aspiration* vers un objet — en particulier le *désir*, l'*amour* — comme ἐπιθυμεῖν « désirer » ou ἐρᾶν « aimer » (qui implique une attirance physique par opposition à φιλεῖν « avoir de l'affection pour »).

Xén. *Cyr.* 4, 1, 2 νίκης τε τετυχήκαμεν καὶ σωτηρίας « nous avons atteint (nos objectifs) la victoire et le salut ».

K 372 ἑκὼν ἡμάρτανε φωτός « il fit exprès de manquer le guerrier ».

Plat. *Banq.* 181 B ἐρῶσι τῶν σωμάτων μᾶλλον ἢ τῶν ψυχῶν «ils s'éprennent du corps (= ils désirent un contact physique) plutôt que de l'âme».

§ 449. d) les verbes qui indiquent le fait de remplir (πίμπλημι), de *charger* un animal (σάττειν), d'*être plein* (γέμειν) au sens *propre* et, avec une valeur *figurée*, la *jouissance* (ἀπολαύειν) ou la *satiété* (κορέννυσθαι). En effet, pour remplir l'objet considéré, on peut *puiser* dans une matière, de même qu'on peut *s'en servir* (dat. instrumental), comme dans Hdt., 3, 80 ὕβρι κεκορημένος «abreuvé (m. à m. : rassasié) d'outrages».

Dém. 8, 74 οὐκ ἐμπλήσετε τὴν θάλατταν τριηρῶν ; « N'allez-vous pas couvrir (m. à m. remplir) la mer de vos trières ? »

Xén. *Banq.* 4, 64 σεσαγμένος πλούτου τὴν ψυχὴν ἔσομαι « je garderai pour toujours une âme chargée de richesses ».

Xén. *Mém.* 4, 3, 11 αἰσθήσεις... δι' ὧν ἀπολαύομεν πάντων τῶν ἀγαθῶν «les sens... grâce auxquels nous jouissons de toutes les choses agréables »

Remarque. — Bien que les verbes contraires exprimant la *disette* et le *dénuement* se construisent avec un *génitif-ablatif*, on peut penser que le génitif partitif n'a pas été sans influence sur leur construction. Le grec, qui ne distingue pas les deux cas, ne prouve rien ; mais l'hésitation du latin entre *egeo panis* et *egeo pane* est significative.

§ 450. c) les verbes de **perception auditive** qui, dès l'époque indo-européenne, opposaient à un *génitif* partitif, indiquant la *personne* dont émane le bruit, un *accusatif*, qui se rapporte au *bruit* lui-même. Tout se passait comme si la voix d'une personne était considérée comme une partie d'elle-même, mais qui ne la livrait pas *tout entière*. En face de véd. *vắcam çṛṇôti* «il entend une voix» et *devásya çṛṇôti* «il entend un dieu », le grec oppose de la même façon Δ 455 δοῦπον ἔκλυε ποιμήν « le pâtre entendit un bruit » et A 357 τοῦ δ'ἔκλυε πότνια μήτηρ « son auguste mère l'entendit ». Si, avec des verbes tels que ἀκούω, cette double construction s'est toujours maintenue, on a eu aussi tendance à préciser par des *prépositions* l'origine du bruit : on lit déjà, en Z 524 αἴσχε' ἀκούω πρὸς Τρώων « j'entends dire des injures aux Troyens » (mot à mot : « venant des Troyens »). De plus, le passage était facile entre le génitif de la *personne* et le génitif du *bruit* lui-même, considéré comme émanant de la personne : en X 447 ἤκουσε... οἰμωγῆς ἀπὸ πύργου « elle entendit... des gémissements qui venaient du rempart » équivaut à ἤκουσε οἰμωζούσης.

§ 451. Mais au départ de cette construction ancienne — pour laquelle d'ailleurs il est impossible de déterminer dans quelle mesure elle était restée *sentie* en grec attique — l'analogie s'est exercée dans deux directions différentes : les verbes d'*intellection* et les verbes de *sensation*.

Des transitions insensibles conduisaient de la perception auditive proprement dite à des verbes indiquant le fait de s'informer, de conserver (*bien* ou *mal*) dans sa mémoire et, d'une façon plus générale, de saisir par l'intelligence : il suffit de penser aux sens multiples que prend « entendre » en français. Ainsi se construiront des verbes tels que πυνθάνομαι « s'informer, apprendre par ouï-dire », μέμνημαι « garder dans l'esprit » et λανθάνομαι « oublier », αἰσθάνομαι « saisir » et μανθάνω « comprendre ».

Ar. *Ach.* 204 τὸν ἄνδρα πυνθάνου τῶν ὁδοιπόρων ἁπάντων » enquiers-toi de l'homme auprès de tous les passants ».

Hymn. Apoll. 1 Μνήσομαι οὐδὲ λάθωμαι· Ἀπόλλωνος « Loin de l'oublier, je penserai à Apollon ».

Plat. *Phil.* 51 B εἴ μου μανθάνεις « si tu me comprends ».

Hdt. 1, 47 καὶ κωφοῦ συνίημι καὶ οὐ φωνεῦντος ἀκούω « je comprends le sourd‹muet, et j'entends celui qui ne parle pas ».

§ 452. D'autre part, le génitif partitif, qui servait naturellement à l'expression de l'*ouïe* (ἀκούω), du *toucher* (ψαύω), et du *goût*, (γεύομαι) s'est naturellement étendu à d'autres sens qui ne comportaient que faiblement (ou même excluaient) une idée partitive. On peut admettre que ὀσφραίνομαι « percevoir une odeur, sentir » se construise avec un partitif, puisque l'objet ne se livre pas plus totalement par l'*odeur* que par le *son*, comme dans Ar. *Gren.* 654 κρομμύων ὀσφραίνομαι « je sens des oignons » ; mais quand il s'agit d'un *dégagement de parfum*, comme dans ὄζω « exhaler une odeur, sentir », on ne perçoit plus rien de partitif : *Ar. Ach.* 196 αὗται ὄζουσ' ἀμβροσίας καὶ νέκταρος « elle vous a un parfum de nectar et d'ambroisie ». Le génitif partitif a été senti comme caractéristique des verbes de sensation à un point tel que « *voir* », qui se construit ordinairement avec l'accusatif et qui, en lui-même, donne de l'objet la connaissance la moins partielle et la moins comparable à un contact, peut se construire avec ce cas : Plat. *Rép.* 558 A ἢ οὔπω εἶδες ἐν τοιαύτῃ πολιτείᾳ ἀνθρώπων καταψηφισθέντων θανάτου ἢ φυγῆς οὐδὲν ἧττον αὐτοῦ μενόντων ; « n'as-tu donc jamais vu, sous un régime de ce genre, des hommes qui, condamnés à la mort ou à l'exil, restent néanmoins dans leur cité... ? »

§ 453. Les verbes qui expriment la **sollicitude**, le *souci* (ou l'*indifférence*, la *négligence*) admettent un génitif partitif parce que l'on s'attache attentivement à un *objet*, tandis que toute la réalité, dont il est tiré, est regardée avec indifférence : ainsi ἐπιμελεῖσθαι, κήδεσθαι « s'occuper de » ; φροντίζειν « se soucier » et ἀφροντιστεῖν « ne pas se soucier de », ὀλιγωρεῖν « négliger » ; μέλει μοι « j'attache de l'importance à» et ἀμελῶ «je n'attache aucune importance à ». Il est probable que les verbes du type « *se souvenir de, penser à* » ont également exercé une influence.

Soph. *El.* 341 Δεινόν γέ σ᾽, οὖσαν πατρὸς οὗ σὺ παῖς ἔφυς, κείνου λελῆσθαι, τῆς δὲ τικτούσης μέλειν « quelle honte pour toi, fille du père dont tu es née, de l'oublier complètement pour ne te soucier que de celle qui t'a mise au monde ! »

.Xén. *Mém.* 2, 4, 3 ὁρᾶν τινας ἔφη... τῶν φίλων ὀλιγωροῦντας « il disait qu'il voyait des gens... négliger leurs amis ».

§ 454. Jusqu'ici, les fonctions examinées se justifiaient complètement en partant du génitif partitif ; mais il en est d'autres pour lesquelles il faut faire une large place, soit au *génitif* adnominal — c'est à dire à un rapport de nom à nom —, soit à l'ablatif, qui s'est en grec syncrétisé avec le génitif. Ainsi se comportent :

a) un certain nombre de verbes exprimant des *sentiments de l'âme*, comme *admirer* (θαυμάζειν), *avoir pitié* (οἰκτείρειν), *envier* (ζηλοῦν, φθονεῖν), *s'irriter* (ὀργίζεσθαι, χολοῦσθαι), *reprocher* (ὀνειδίζειν) ou *pardonner* (συγχωρεῖν), qui mettent au génitif le **motif du sentiment éprouvé** : ainsi, dans un tour tel que θαυμάζω σε τῆς ἰσχύος « je t'admire pour ta force », on peut admettre que c'est le fait d'*isoler* un trait de caractère qui justifie le génitif partitif ; mais il est possible de partir de l'*ablatif* : « je t'admire *en partant* (= *à cause*) de ta force ». Il est même probable que, lorsque ces verbes se construisent avec un génitif de l'*objet* ou de la *personne*, l'interprétation par l'ablatif est la plus vraisemblable.

Λ 703 τῶν... ἐπέων κεχολωμένος « irrité contre les paroles (= au départ de) », ou Soph. *Phil.* 1362 σοῦ δ'ἔγωγε θαυμάσας ἔχω τόδε « sur ce point je suis surpris à ton égard ». Au contraire, les exemples suivants semblent de nature partitive :

Soph. *El.* 1027 ζηλῶ σε τοῦ νοῦ, τῆς δὲ δειλίας στυγῶ « je t'envie pour ta prudence, mais te déteste pour ta lâcheté».

Plat. *Euthyd.* 306 C συγγιγνώσκειν μὲν οὖν αὐτοῖς χρὴ τῆς ἐπιθυμίας « il faut au contraire leur pardonner cette ambition ». L'objet d'un pardon est quelque chose de partiel.

Thuc. 3, 62 οὐδ' ἄξιον αὐτῇ ὀνειδίσαι ὧν μὴ μετὰ νόμων ἥμαρτεν « on n'a pas le droit de lui reprocher (à cette cité) des fautes commises alors qu'elle ne disposait pas d'elle-même ».

§ 455. b) les verbes tels que *commander* (ἄρχειν), *être maître de* (κρατεῖν), qui, dès l'indo-européen, se construisaient avec le génitif. De fait, une suprématie est une sorte de joug, qui pèse sur la nuque des

sujets : on rejoint ainsi la notion de *contact partiel*. Aussi Plat. *Ménex.*
239 E ναυσὶ τῆς τε θαλάττης ἐκράτει καὶ τῶν νήσων « avec ses vaisseaux
il était le maître de la mer et des îles » répond exactement à v. h. a.
waltan himiles « être le maître du ciel ». Mais un grand nombre de ces
verbes sont des dénominatifs, comme ἀνάσσειν, βασιλεύειν « régner
sur », στρατηγεῖν « commander à titre de général », χορηγεῖν « diriger à
titre de chorège », sans parler d'adjectifs particulièrement nombreux
tels que ἐγκρατής « maître de (ses passions) », κύριος « maître (d'un
autre) », etc. Il est probable que, dans ces conditions, le génitif *adno-*
minal a exercé une forte influence, et qu'il y a eu passage constant
entre « *régner sur* » et « *être le roi de* » ; il suffit de comparer α 401
ὅστις... βασιλεύσει Ἀχαιῶν « qui... régnera sur les Achéens » et χ 110
ὅστις τῶνδ' εἴη βασιλεὺς καὶ τοῖσι ἀνάσσοι « qui sera leur roi et à
qui il commandera ».

Remarque. — Les verbes qui indiquent l'*infériorité*, comme ἡττᾶσθαι « être
vaincu », λείπεσθαι « être inférieur à », ὑστερεῖν « venir en arrière », se rattachent à l'*ablatif*, qui mesure la *distance* qui sépare le vaincu du vainqueur.

B. Génitif adnominal.

§ 456. Il serait vain de vouloir grouper, sous des rubriques que l'on
multiplierait sans arriver à comprendre l'ensemble des faits, tous les
emplois auxquels donne lieu le *génitif adnominal*. Il peut rendre n'importe quel rapport de nom à nom. De ce fait il peut, non seulement
équivaloir *à tous les cas de la flexion*, mais même exprimer des rapports
que les cas n'expriment pas ; il sert à rendre une *qualité* attribuée à un
objet — par là très proche d'un *adjectif* — et, comme un adjectif, est
susceptible d'être employé en fonction de *qualificatif* ou d'*attribut*.

§ 457. On a posé plus haut (§ 440) en principe que le génitif, « partitif » ou « adnominal », comportait une *limitation* de l'objet ; or quand
le rapport n'est plus de verbe à nom, mais de nom à nom, cette limitation prend la forme de la **détermination**. Ainsi dans la phrase θιγγάνω
τοῦ οἴκου « je touche la maison », je n'ai sur l'objet qu'une prise
restreinte à une partie de sa surface ; mais si je dis θιγγάνω τοῦ τῶν
ἀρχόντων οἴκου « je touche la maison des magistrats », je limite aussi,
mais d'une autre façon, l'extension du mot οἶκος : ce mot n'est plus
valable que pour *la seule maison* déterminée par le génitif. Il me semble
donc indispensable de s'attacher, sans se laisser tromper par les apparences, à l'opposition des deux sortes de rapports — verbe à nom ou
nom à nom — d'autant plus que les deux sortes de génitif reposent sur
un principe commun. On a vu plus haut que ἐγκρατὴς τῶν ἡδονῶν
« maître de ses passions » ainsi que ses synonymes, comporte, malgré
son apparence doublement nominale, le rapport *verbal-nominal*, qui est
dans κρατεῖν τῶν ἡδονῶν « maîtriser ses passions ». Inversement, de
très nombreux exemples de génitif, qui sont de type adnominal,

comporteront des *verbes* ęt pourront faire croire à un rapport de verbe à nom : ainsi des verbes indiquant l'état — *être* au premier chef — *devenir, être appelé, être considéré comme, être évalué*, etc. Toujours à la base il y a une **limitation d'un nom par un nom.** On trouvera constamment des phrases du type : ὁ ἄνθρωπός ἐστι τεττεράκοντα ἐτῶν « l'homme est (âgé) de quarante ans » ; mais il faut partir de ἄνθρωπος τετταράκοντα ἐτῶν « un homme de quarante ans », c'est à dire d'une limitation de l'extension de ἄνθρωπος en se plaçant au point de vue de l'âge, comme ailleurs au point de vue de la valeur, ou de toute autre détermination.

§ **458.** Quelques exemples suffiront à montrer que le **génitif adnominal** peut équivaloir à **tous les cas** de la flexion. La distinction traditionnelle d'un *génitif de l'objet* et du *génitif du sujet* recouvre une opposition d'*accusatif* à *nominatif*. Ainsi φόβος πολεμίων « la peur qu'on a de l'ennemi », qui correspond à φοβεῖταί (τις) τοὺς πολεμίους, est représenté par un *accusatif* ; au contraire φόβος πολεμίων « la peur qu'éprouve l'ennemi » serait représenté par οἱ πολέμιοι φοβοῦνταί (τινα) et un *nominatif*. Ailleurs, comme dans νόσου ξυνουσία (Soph. *Phil.* 520) « l'habitude de la maladie », le génitif répond à un *datif-comitatif* : τὸ συνεῖναι τῇ νόσῳ ; aussi bien, dans une autre tournure, telle que ἡ τῆς παιδογονίας συνουσία (Plat. *Lois* 838 E), le génitif aurait pour équivalent un *accusatif de but dirigé* : « les rapports en vue de la procréation ». Mais le génitif adnominal sert à traduire des rapports plus complexes qui font penser, non plus à la flexion, mais à la *composition* : l'expression homérique bien connue, ἕρκος ὀδόντων « la barrière des dents » implique en réalité une *comparaison* : « les dents qui sont comme une barrière » et est voisine de ῥοδοδάκτυλος « dont les doigts sont comme des roses ». Dans l'expression de Soph. *O. R.* 532 τόλμης πρόσωπον « un visage d'audace », il serait factice de vouloir trouver ici un génitif de *matière* ou de *qualité* : c'est simplement une façon plus forte de dire τολμηρὸν πρόσωπον, et qui s'apparenterait plutôt à un *composé*, comme serait *θρασυπρόσωπος, fait sur le type de θρασυμήδης ou de Θρασύμαχος. On sait que l'*apposition* et l'*attribut* ne possèdent pas de cas qui leur soit propre et qu'ils suivent, l'un et l'autre, le cas du mot dont ils sont solidaires : ainsi dans Soph. *El.* 1241 περισσὸν ἄχθος γυναικῶν « l'inutile fardeau des femmes », le génitif est l'équivalent d'une apposition telle que : γυναῖκες, περισσὸν ἄχθος « les femmes — cet inutile fardeau ». Le même génitif fera fonction d'attribut à un *sujet* ou à un *objet* dans Lys. 30,5 σαυτοῦ νομίζεις εἶναι τὰ τῆς πόλεως « tu crois que la ville t'appartient (= tu crois que la ville est *tienne*), ou Xén. *Ag.* 1, 33 τὴν Ἀσίαν ἑαυτῶν ποιοῦνται « ils réduisent l'Asie à leur discrétion (= ils la forcent à devenir *leur chose*) ».

§ **459.** Les grandes catégories que l'on se plaît à distinguer dans le génitif adnominal fournissent des **moyens de classement** dont on ne contestera pas la valeur *pratique* ; il est commode de parler d'un génitif *possessif*, ou *causal*, ou de *matière* (et de *contenu*), ou *de mesure* (et de *valeur*) : mais ces distinctions n'ont par elles-mêmes aucune valeur ; il s'agit toujours de deux noms mis en rapport, mais la *signification du rapport varie selon la signification des termes eux-mêmes*. Ce n'est pas le génitif qui, par lui-même, implique possession, ou cause, ou mesure, mais la détermination d'une *surface* par un nom impliquant une *mesure* ou la détermination d'un *être vivant* par une unité de *temps* créent ce qu'on appellera ensuite génitif de *mesure* ou génitif *de temps*.

§ 460. Le génitif **possessif**, dont on connaît la grande extension dans la langue, n'a rien de possessif par lui-même : quelques exemples du type le plus courant montrent que la notion de possession, que le génitif est censé exprimer, nous glisse entre les doigts, parce que la détermination nominale *varie* à l'infini selon le sens même des noms mis en rapport. On pourrait parler de possession quand il s'agit d'un *objet* (ou d'une chose) qui appartient à quelqu'un, comme dans πατρὸς οἶκος « la maison de mon père » ; mais il faudrait en affaiblir beaucoup la signification quand il s'agit d'une *personne* et de sa *filiation*, comme dans Σωκράτης Σωφρονίσκου « Socrate (fils) de Sophronisque » ; mais on devrait vider l'épithète « possessif » de tout contenu dans des tours tels que ποίησις Ὁμήρου « poésie d'Homère » et, surtout, dans γραφὴ προδοσίας « accusation de trahison ». Il ne reste plus alors qu'à multiplier les rubriques — ce qu'on n'a pas manqué de faire — et qu'à poser un *genitiuus auctoris* pour le premier, un *génitif de cause* pour le second. Qui ne voit cependant que c'est la limitation de la *création littéraire* (ποίησις) par un *nom propre singulier* (Ὅμηρος) qui engendre le « génitif d'auteur », comme celle de la δίκη par la προδοσία donne naissance au « génitif de cause » ?

§ 461. De semblable façon s'expliquent, croyons-nous, dans leur *origine* les génitifs de **matière**, de **contenu**, de **valeur**, de **mesure** ou de **temps** : c'est la mise en rapport d'un *objet* et d'une *matière*, d'un *récipient* et d'un *liquide*, d'un *objet* (concret ou abstrait) et d'une *unité* de *poids* (ou de valeur), d'un *objet concret mesurable* avec une *unité de longueur* (ou de surface), d'un *être vivant* avec une *unité de temps*.

φ 7 κώπη δ'ἐλέφαντος ἐπῆεν « un manche d'ivoire était (sur la clef) ».

β 340 ἐν δὲ πίθοι οἴνοιο παλαιοῦ ἡδυπότοιο « il y avait dedans des jarres d'un vin vieux et agréable à boire ».

Thc. 7,2 ...ἑπτὰ... σταδίων ἤδη ἐπετετέλεστο τοῖς Ἀθηναίοις ...διπλοῦν τεῖχος « une double muraille... de sept... stades était déjà achevée par les Athéniens ».

Ar. *Nuées* 470 ὥστε ...πολλούς ...εἰς λόγον ἐλθεῖν πράγματα κἀντιγραφὰς πολλῶν ταλάντων « si bien ...que beaucoup de gens ...viendront te parler d'affaires et de dossiers de plusieurs talents ».

παῖς πέντε ἐτῶν « un enfant de cinq ans ».

C'est, je crois, de tels exemples qu'il faut partir pour expliquer tous les emplois « *adverbaux* » du « pertinentif » étudiés par M. Debrunner. Quand on passe de χωρίον δέκα μνῶν « un champ de dix mines » à τὸ χωρίον ἐστὶ δέκα μνῶν «le champ est de dix mines», ou à πόσων μνῶν ἐστὶ τὸ χωρίον ; « de combien de mines est le champ ? », le génitif adnominal a notablement desserré ses liens originels avec le nom qu'il limite; quand on peut dire πόσου τὸ χωρίον ; « à combien le champ ? », le « *génitif d'estimation* » a conquis son autonomie. Les emplois verbaux n'ont plus qu'à s'étendre, au propre et au figuré, avec cette valeur nouvelle : on peut dire aussi bien Lys. 19, 48 διακοσίων ταλάντων ἐτιμήσατο τὰ αὑτοῦ « il a évalué sa fortune à deux cents talents » que Plat. *Prot.* 328 D πολλοῦ ποιοῦμαι ἃ ἀκήκοα Πρωταγόρου « je fais grand cas de ce que j'ai entendu dire à Protagoras ».

Remarque I. — Le grec, confondant dans une forme unique le génitif et l'ablatif, ne distingue pas la *valeur* du *prix* : il dit de même façon πολλοῦ ποιεῖσθαι « faire grand cas de » et πρίασθαι δραχμῶν ...ἑξήκοντα (Ar. *Paix* 1241) « acheter ...soixante drachmes ». Au contraire, le latin maintient la distinction attendue, et dit *magni aestimare*, en face de *emi virginem triginta minis* « j'ai acheté la jeune fille trente mines (Plaut. *Curc.* 343-4 ; cf *Er. Th.* p. 80).

Remarque II. — Certains emplois malaisés à définir du génitif, appelés de « rapport » ou de « motif » (*Schw. Debr.* p. 130) sont fréquents dans la langue juridique. Le tour bien connu φόνου δίκην φεύγειν « être poursuivi pour meurtre», qui explique son contraire φόνου διώκειν « poursuivre pour meurtre », doit avoir son origine dans le nom même de ce genre d'action judiciaire : δίκη φόνου « procès de meurtre ». Il semble que ce titre a pu être senti comme signifiant : « procès où il s'agit de meurtre » ; en tout cas cette valeur particulière reste confinée dans la langue des inscriptions ; par ex. à Gortyne : κατεδικαξατο τὸ ἐλευθερὸ δεκα στατερανς, τὸ δολὸ πεντε (att. : καταδικασάτω (τις) τοῦ ἐλευθέρου δέκα στατῆρας, τοῦ δούλου πέντε) « que ('on) condamne (le coupable), quand il s'agit d'un homme libre, à 10 statères (d'amende). quand il s'agit d'un esclave, à 5 statères ».

C. Génitif ablatif.

§ 462. Représentant un **ablatif** indo-européen, le génitif exprime un **point de départ** : il précise l'*origine* de l'action, et mesure aussi la distance qui sépare le point de départ du point d'arrivée, c'est-à-dire l'*éloignement*. Cas concret, syncrétisé avec le génitif, l'ablatif est souvent soutenu et précisé par une préposition, qui est le plus fréquemment ἀπό. En attique du moins, on peut poser en principe que l'ablatif, quand il a une valeur *concrète*, est *généralement* précédé d'une préposition ; au contraire, si les notions qu'il exprime sont prises au sens *figuré*, le cas se suffit à lui-même [1]. C'est même une des caractéristiques de la langue poétique qu'elle se passe souvent de préposition, dans les cas les plus concrets.

Pol. 2, 11 πολισμάτιον ἀνακεχωρηκὸς ἀπὸ τῆς θαλάσσης « une petite ville éloignée de la mer ».

Π 628 οὔ τοι Τρῶες ὀνειδείοις ἐπέεσσι νεκροῦ χωρήσουσι « ce n'est pas avec des paroles injurieuses qu'on fera que les Troyens s'éloigneront

1. Naturellement il est toujours possible, pour faire apparaître de façon plus sensible le point de départ figuré, de faire précéder l'ablatif d'une préposition : mais elle n'a rien de nécessaire.

du cadavre », tournure qui n'exclut pas la possibilité d'une préposition, mais sans que cette préposition soit nécessaire : Σ 243 ἀπὸ κρατερῆς ὑσμίνης χωρήσαντες « se retirant de la mêlée brutale ».

Xén. *Hell.* 6, 2, 1 παύσασθαι τοῦ πολέμου « cesser la guerre », c'est-à-dire au *figuré* « s'écarter de la guerre ». Une préposition serait insolite, et l'usage de la prose ne diffère pas de celui de la poésie : H 376 παύσασθαι πολέμοιο.

Un verbe, tel que ἄρχω/ἄρχομαι « commencer par », qui a en attique à la fois un sens abstrait et un sens concret, aura donc *deux* constructions [1] — avec ou sans préposition —, tandis qu'il n'y en aura qu'*une* en poésie.

Plat. *Gorg* 471 C ἀπὸ σοῦ ἀρξάμενος « à commencer *par* toi » (sens concret).

Thc. 2, 53 ἦρξε τῇ πόλει ἀνομίας τὸ νόσημα « l'épidémie fut pour la cité le commencement du désordre » (sens abstrait).

I 97 ἐν σοὶ μὲν λήξω, σέο δ'ἄρξομαι « je finirai par toi, et commencerai *par* toi » (sens concret).

B 433 μύθων ἦρχε... Νέστωρ « Nestor... se mit à parler » (sens abstrait).

§ 463. Un grand nombre de *verbes*, ou *d'adjectifs* se rattachant à ces verbes, ou d'adjectifs apparentés par le sens à ces derniers, se construisent avec un *génitif* qui recouvre un *ablatif* pris au sens *figuré*, du moins dans l'usage de la prose. On distinguera :

§ 464. a) les verbes qui expriment l'**éloignement** au propre et au figuré — comme la *distance* d'un point à un autre, ou le fait de se *retirer d'un point* ou d'une *position* quelconque pour des *raisons morales* : ainsi ἀπέχειν « être distant de », εἴκειν « s'éloigner de *pour céder* la place », παραχωρεῖν « se désister de ».

Thc. 6, 97 τὸν Λέοντα καλούμενον, ὃς ἀπέχει τῶν Ἐπιπολῶν ἓξ ἢ ἑπτὰ σταδίους « le bourg qu'on appelle Léon, qui *est éloigné* des Epipoles de six ou sept stades ».

Hdt. 2,80 οἱ νεώτεροι αὐτῶν τοῖσι πρεσβυτέροισι συντυγχάνοντες εἴκουσι τῆς ὁδοῦ « chez eux, quand les jeunes gens rencontrent des gens âgés, ils leur *cèdent le pas* (mot à mot : le chemin) ».

Dém. 18, 68 τῆς ἐλευθερίας παραχωρῆσαι Φιλίππῳ « abandonner à Philippe la cause de la liberté ».

§ 465. b) les verbes qui indiquent la **séparation** — qu'elle soit considérée comme la *privation* d'avantages antérieurement acquis, ou comme la libération d'une contrainte existante, ou comme l'**insuffisance** de ce qui fait défaut, ou comme la **cessation** d'un état en général, sans appréciation qualitative : ainsi ἀποστερεῖν « priver de », ἐλευθεροῦν « libérer », ἀπολείπεσθαι « manquer de », παύεσθαι « s'arrêter de ».

1. En plus de la construction « partitive » de cet actif et de ce moyen dans le sens de « commencer à, se mettre à ». (Cf. *supra*, § 441.)

Xén. *Mém.* 1, 2, 63 οὐδέ... οὐδένα ἀνθρώπων... ἀγαθῶν ἀπεστέρη-
σεν « il n'a absolument jamais... dépouillé personne... de ses
biens ».

Xén. *An.* 6, 6, 15 ἀπολύω ὑμᾶς τῆς αἰτίας « je vous décharge de
l'accusation ».

Thc. 1, 80 πολλῷ ἔτι πλέον τούτου ἐλλείπομεν « mais de cela
(= d'argent) nous avons encore plus défaut ».

Xén. *Hell.* 6, 2, 1 ἐπεθύμησαν παύσασθαι τοῦ πολέμου « ils avaient
désiré cesser la guerre ».

§ 466. c) un grand nombre de verbes exprimant les *sentiments* que
l'on éprouve au sujet de quelqu'un ou à propos de la situation dans
laquelle il se trouve : on *part* d'une *personne* ou d'un *état* donnés. Tous
les verbes de *sentiment*, qui comportent une cause extérieure au sujet,
(et qui l'affecte), sont susceptibles de cette construction : *admiration* et
reproche, compassion, colère, envie sont les principaux. Il est d'ailleurs
impossible de faire le départ entre le génitif ablatif et le génitif partitif,
ainsi qu'on l'a fait remarquer plus haut (§ 444). Cependant, quand c'est
la *personne* qui est au génitif, ou quand le *sentiment éprouvé* est au génitif
sans que la personne soit complément d'objet direct, il est probable que l'on
a affaire à un génitif-ablatif.

Lys. 12, 41 ἐθαύμασα τῆς τόλμης τῶν λεγόντων « j'ai été surpris de
l'audace de ceux qui parlent... ».

Thc. 3, 62 οὐδ' ἄξιον αὐτῇ ὀνειδίσαι ὧν ἥμαρτεν « on n'a pas le droit
de lui reprocher les fautes qu'elles a commises... ».

Soph. *Ant.* 1177 πατρὶ μηνίσας φόνου « s'irritant contre son père à
cause de ce meurtre ».

Eur. *Héc.* 1256 ἦ με παιδὸς οὐκ ἀλγεῖν δοκεῖς ; « Crois-tu que je ne
souffre pas à cause de ma fille ? »

Plat. *Euthyd.* 297 B μή μοι φθονήσῃς τοῦ μαθήματος « ne me refuse pas
cette connaissance ». Le sens premier, qui explique la construction, est
le suivant : « n'aie pas de mauvais sentiments à mon égard en partant
de cette connaissance » — mauvais sentiments qui se traduiraient par
un *refus*.

§ 467. d) les verbes exprimant une **comparaison**, c'est-à-dire posant
une *qualité* par rapport à une personne ou un objet, ou encore une *quantité* : il s'agira d'une *supériorité* (προέχειν) ou d'un *avantage* en nombre
(περιττεύειν), d'une *infériorité* (ὑστερεῖν) ou d'une *insuffisance numérique* (ἐλλείπειν), d'une *différence* (διαφέρειν) qui constate une distance
irréductible entre les deux objets considérés. Ils doivent être distingués
des verbes de commandement, dont le génitif est de type *partitif* : il
n'est pas question d'un *contact que l'on fait peser*, mais d'une *supériorité*
(ou d'une *infériorité*) qui est affirmée en partant *d'un autre sujet*.

Hdt. 5, 28 Νάξος εὐδαιμονίη τῶν νήσων προέφερε « Naxos l'emportait en fertilité sur les autres îles ».

Xén. *An.* 4, 8, 11 περιττεύσουσιν ἡμῶν οἱ πολέμιοι « les ennemis nous déborderont ».

Eur. *Alc.* 697 γυναικός, ὦ κάκισθ᾽, ἡσσημένος » toi qui t'es montré inférieur à une femme, lâche entre tous ! »

Ar. *Nuées* 503 οὐδέν διοίσεις Χαιρεφῶντος τὴν φύσιν « pour l'allure, tu ne différeras pas de Chéréphon ».

Remarque. — Particulièrement nombreux sont les adjectifs qui, sans avoir aucun lien avec les verbes précédemment cités, indiquent l'idée d'être à *l'écart de*, d'être *vide de* ou *pur de* quelque chose, d'être *différent de* : ainsi dit-on φίλων ἔρημος « à l'écart de ses amis », κενὸς ἐπιστήμης « vide de science », καθαρὸς φόνου τὰς χεῖρας « les mains pures de sang versé », ἄλλα τῶν δικαίων « des choses différentes de la justice ».

§ 468. La valeur de comparaison, que l'ablatif tient de sa signification fondamentale, est à la base de la construction la plus courante du comparatif en grec ; elle a pu secondairement exercer une influence sur celle du *superlatif*. On sait que les deux suffixes, qui servent à former le *comparatif*, c'est-à-dire -ίων et -τερος, n'impliquaient en eux-mêmes aucune notion de comparaison : le premier définissait **quantitativement** une modalité **interne**, le second qualitativement une modalité **externe** (cf. E. Benveniste *Noms d'agent et noms d'action*, pp. 115 sqq.) ; l'un était « **évalutif** », l'autre « **séparatif** ». L'ablatif indiquait, dans le type en -ίων, l'étalon dont on partait ; dans le type en -τερος, la qualité, considérée conventionnellement comme référence, dont on partait pour lui opposer l'objet. En tout cas, il n'y avait pas de comparaison *préférentielle*, celle-ci étant exprimée par une construction toute différente, à l'aide de la particule ἤ (cf. ci-dessous *s. v⁰*), à laquelle le génitif-ablatif n'a point de part. Telle était encore la situation en grec homérique : il est évident que, dans la suite, de nombreuses interférences se sont produites entre les deux types comme entre les deux constructions :

A 249 μέλιτος γλυκίων ῥέεν αὐδή « plus doux que le miel » repose sur : « doux (plus ou moins, quantité variable) quand on part de *l'étalon* même de la douceur, le miel ».

Ω 94 τοῦ δ᾽οὔ τι μελάντερον ἔπλετο ἔσθος « il n'y eut pas plus noir vêtement que ce voile » repose sur : « aucun voile ne fut de couleur noire — s'opposant au blanc — quand on part de ce voile (considéré par *convention* comme le parangon du noir) ».

§ 469. Si on s'accorde pour voir dans le génitif du comparatif un ablatif ancien, il est difficile de se prononcer en ce qui concerne le *superlatif* : a-t-on affaire à un *génitif-partitif* ou à un *génitif-ablatif* ? Le témoignage du latin : *altissima arborum* est formel, et s'accorde avec la construction en skr. *sarveṣām putrāṇām pratamaḥ* « le premier de tous les fils » ; cependant un tour tel que *visvasmād adhamaḥ* « le plusbas (litt. = à partir de) de chaque chose », c'est-à-dire « le plus bas de tout » (sans parler des échanges constants entre les deux degrés de la comparaison) indique la possibilité de l'ablatif. En grec, si le génitif partitif [1] semble être à l'origine d'un grand nombre de constructions, probablement il en est d'autres — surtout dans les exemples mixtes — où l'*ablatif de point de départ* se justifie mieux.

X 139 ἐλαφρότατος πετεηνῶν « le plus rapide des oiseaux ». Le latin a le choix entre *celerrima auium, inter aues, ex auibus* et, à basse époque, *de auibus* ; ici on peut penser à l'ablatif : « le plus rapide *quand on part des* (autres) oiseaux » ; mais le partitif se justifie.

A 412 ὅ τ' ἄριστον Ἀχαιῶν οὐδὲν ἔτισεν « parce qu'il a traité sans honneur le plus vaillant des Achéens ». On peut, en ce cas, affirmer que le génitif est partitif.

Thc. 1, 1 ἐλπίσας (τὸν πόλεμον) μέγαν τε ἔσεσθαι καὶ ἀξιολογώτατον τῶν προγεγενημένων « ayant prévu que (la guerre) serait d'importance et la plus considérable (mot à mot : des précédentes) ». Ici, on est presque obligé de supposer un ablatif de comparaison : « la plus considérable *en partant* des guerres antérieures ».

Remarque. — Le grec moderne ne donne aucune indication décisive, puisque ἀπό, qui continue les anciens emplois du génitif ablatif et du génitif partitif à la fois, est employé aussi bien avec le comparatif (πιὸ πλούσιος ἀπ' τὸν Πέτρο « plus riche que Pierre ») qu'avec le superlatif (ὁ πιὸ πλούσιος ἀπ' ὅλους « le plus riche de tous »). Cependant il semble que c'est l'ablatif du comparatif, en grec ancien, qui a entraîné le génitif du superlatif.

§ 470. Ce n'est qu'à la fin d'une étude du génitif qu'on peut poser la question complexe du *génitif absolu*, dont il a déjà été parlé à propos du participe (§ 224) : il semble en effet que différents types de génitif faisant partie de la phrase ont pu, le sens aidant, èn être abstraits et, avec l'aide du participe, constituer une sorte de proposition indépendante : le génitif absolu. Il est probable que ce sont des génitifs, partitifs ou adnominaux, accompagnés par des participes qualificatifs qui, soit *en tête de phrase*, soit *en queue*, ont pu donner l'impression d'une détermination accessoire susceptible de s'en détacher. Le *génitif partitif* offrait certaines tournures favorables, soit avec les verbes indiquant la personne qu'on *atteint*, soit dans quelques *déterminations temporelles* ; dans d'autres cas, c'est le *génitif adnominal* qui, accompagné d'un participe, donne l'impression d'être prêt à se détacher ; mais c'est sans doute le *génitif ablatif* qui a le plus contribué à la formation d'une tournure autonome. En effet, la notion de *point de départ*, s'appliquant également à des personnes et à des choses, se prêtait aussi bien au sens concret qu'au sens abstrait, aux circonstances de *temps* qu'aux circonstances de *manière* : on pouvait *partir* d'une *personne* comme d'une *attitude*, d'un *moment* comme d'une *cause* ou d'une *hypothèse*.

Θ 118 τοῦ δ' ἰθὺς μεμαῶτος ἀκόντισε Τυδέος υἱός « contre celui-ci fonçant furieusement sur lui Tydée lança son javelot ». Le passage était

1. L'importance relative du génitif partitif se trouve augmentée, si on voit dans le suffixe *to un suffixe qui indique que la qualité est poussée à son plus haut degré (cf. E. BENVENISTE, l. l. p. 163 sqq).

facile au sens suivant : « comme celui-ci fonçait furieusement... ».
Plat. *Prot.* 310 A τῆς παρελθούσης νυκτὸς ταυτησί... τὴν θύραν τῇ
βακτηρίᾳ σφόδρα ἔκρουε « pendant la nuit passée (gén. de temps)...
il frappa violemment à la porte avec son bâton ». Le génitif de temps est
presque détaché, on peut facilement glisser au sens suivant : « la nuit
étant passée... ».

I 462 ἔνθ' ἐμοὶ οὐκέτι πάμπαν ἐρητύετ' ἐν φρεσὶ θυμὸς πατρὸς
χωομένοιο κατὰ μέγαρα στρωφᾶσθαι « alors mon cœur n'avait plus rien
qui le retînt et le fit vivre dans le palais d'un père courroucé ». Πατρὸς
χωομένοιο montre, en fin de phrase, une certaine indépendance par
rapport au mot μέγαρα, dont il dépend grammaticalement : on est sur
le chemin d'une valeur explicative du génitif absolu : « mon père étant
irrité. »

M 392 Σαρπήδοντι δ'ἄχος γένετο Γλαύκου ἀπιόντος « Sarpédon eut du
chagrin du départ de Glaucos (mot à mot « venant de Glaucos partant »)
Il faut songer aussi aux nombreux verbes, indiquant la *cause extérieure*
d'un sentiment, qui se construisent avec un ablatif de point de départ.

Remarque générale sur l'évolution du génitif.

§ 471. Si le génitif, en grec moderne, s'est enflé de l'ancien datif
proprement dit, il n'en apparaît pas moins comme très appauvri, quand
on considère ce que sont devenues aujourd'hui ses anciennes fonctions.
De plus, s'il est resté très vivant au *singulier* dans la plupart des dialectes, il n'est pour ainsi dire plus employé au *pluriel* que dans des
expressions toutes faites.

Les emplois *adnominaux* sont restés intacts, en particulier ceux qui
expriment l'*appartenance* et la *qualité* : ainsi τὸ βιβλίο τοῦ δασκάλου
« le livre du maître » ou ἕνα καπέλλο τῆς μόδας « un chapeau à la mode ».
Le génitif a gardé la double possibilité d'être *subjectif* et *objectif* ; par
exemple : τὰ κλάματα τῆς μάννας « les larmes *de la mère* » à côté de : ἡ
συλλογὴ τοῦ κόσμου « la pensée *du monde* », c'est-à-dire « le fait de
penser au monde ».

Rien ne subsiste des emplois *partitifs*, qui sont remplacés par l'*accusatif*, précédé ou non de prépositions telles que ἀπὸ et γιά. On dit τρώγω
ψωμί « je mange du pain », et non plus ἐσθίω ἄρτου ; « un des fils » se dit
ἕνα ἀπὸ τὰ παιδιά, et non plus εἷς παίδων ; un verbe tel que « se souvenir
de » se construit avec γιά : θυμοῦμαι γιὰ τὴν πατρίδα « je me souviens
de mon pays », en face de μέμνημαι τῆς πατρίδος.

Le destin du génitif représentant l'*ablatif* est très comparable : les
verbes exprimant un sentiment sont devenus transitifs, ou leur objet
est précédé de ἀπὸ : θαυμάζω τὴν ὀμορφιά της « j'admire sa beauté » au
lieu de θαυμάζω τοῦ κάλλους αὐτῆς, et λευτέρωσέ τον ἀπὸ τὸ θάνατο
« il l'a délivré de la mort » au lieu de ἠλευθέρωσε αὐτὸν θανάτου. On a vu
au § 469 (Remarque) que les compléments du comparatif et du superlatif sont également exprimés à l'aide de ἀπὸ.

IV. **Datif.**

§ **472.** Le datif grec est le cas le plus hétérogène de la flexion, puisque des syncrétismes ont réuni sous une forme unique **un cas abstrait** — *le datif proprement dit* — et **deux cas concrets** — *l'instrumental* et le *locatif*. On a vu (§ 406) que l'originalité du datif consiste en un mouvement de balancier qui se *rapproche* de l'objet jusqu'à le toucher, mais peut aussi bien, cessant de lui être tangent, reprendre sa position première : c'est à la fois *donner* et *ôter, ressembler* et *différer, commander* et *obéir*. Bien qu'à première vue le *datif* dit de *direction* semble logiquement proche de *l'accusatif* quand il est le terme du *mouvement dirigé*, les deux cas s'opposent au maximum : l'accusatif d'un verbe de mouvement prend *immédiatement* (et *totalement*) *possession* de l'objet, tandis que le datif de direction, en marche vers l'objet, ne pourra au mieux que *l'effleurer* (et aussi bien rompre ensuite le contact). Le *locatif* situe l'objet dans l'*espace* ou dans le *temps* ; s'il n'exclut pas le *mouvement* en lui-même, il exclut la *direction* d'un mouvement ; on dit : περιπατεῖ ἐν τῷ κήπῳ « il se promène dans son jardin » parce que le mouvement qu'on s'y donne n'est pas orienté vers un but et ne dépasse pas les limites du jardin. Le syncrétisme du datif et du locatif a donc eu cette conséquence curieuse que le même cas est apte à exprimer la *direction vers l'objet*, la *direction en détachement de l'objet*, et *l'absence d'une direction prenant possession de l'objet*. Quant à *l'instrumental*, il exprime les *modalités* de l'action ; en premier lieu, le *moyen* auquel elle recourt pour se réaliser, puis les différentes *circonstances* qui l'accompagnent (instrumental comitatif)

A. Datif proprement dit.

§ **473.** L'une des fonctions les plus apparentes du datif — celle à laquelle il doit son nom —, c'est qu'il exprime le fait de **donner** : διδόναι τί τινι. Mais, en l'appelant, comme font certains, *datiuus dandi*, on n'indique qu'une partie de la réalité : le datif est également le cas du **refus**, comme dans φθονεῖν τί τινι. Assurément, les verbes impliquant un mouvement *en avant* sont pratiquement plus nombreux que ceux qui comportent un mouvement *en arrière* : mais il ne faut pas oublier qu'il y a un *datiuus inuidendi* à côté du *datiuus dandi*, comme on distingue à la fois un datif d'**intérêt** et un datif de **détriment**. Le datif exprimant des rapports de personne à personne, ceux-ci peuvent être *positifs* et *négatifs*, non seulement dans le *mouvement* qu'ils impliquent, mais dans leur *objet* même : on peut *offrir* un avantage (ou *porter* un dommage), de même qu'on peut *refuser* un avantage (ou *repousser* un dommage).

§ **474.** Les principaux verbes qui impliquent ces dispositions négatives ou positives se rattachent aux types suivants : **apporter** et *ôter* (φέρειν, ἀφαιρεῖσθαι), **aider** et *gêner* (βοηθεῖν, ἐνοχλεῖν), **obéir** et *s'insurger* (πείθεσθαι, στασιάζειν), dire, *commander* (λέγειν, ἐπιστέλλειν), *se trouver à la disposition de, appartenir* (εἶναι « être à », ὑπάρχειν suivis du datif de la personne avec un sujet de chose).

Plat. *Lois* 835 B τῇ πόλει κέρδος ἢ ζημίαν φέρειν « apporter à l'État un avantage ou lui causer un dommage ».

α 9 αὐτὰρ ὁ τοῖσιν ἀφείλετο νόστιμον ἦμαρ « mais il leur enleva le jour du retour ».

Hdt. 1, 82 βοηθησάντων 'Αργείων τῇ σφετέρῃ ἀποταμνομένῃ « les Argiens étant accourus pour défendre le domaine qu'on leur enlevait ».

Xén. *An.* 2, 5, 13 οἶμαι ἂν παῦσαι ἐνοχλοῦντα ἀεὶ τῇ ὑμετέρᾳ εὐδαιμονίᾳ « je pense que je pourrai mettre fin aux troubles incessants qu'ils apportent à votre prospérité ».

Soph. *Ant.* 67 τοῖς ἐν τέλει βεβῶσι πείσομαι « j'obéirai à ceux qui sont à la tête du gouvernement ».

Xén. *An.* 2, 5, 28 εἰδὼς αὐτὸν καὶ συγγεγενημένον Τισσαφέρνει... καὶ στασιάζοντα αὐτῷ « sachant qu'il (Ménon) s'était abouché avec Tissapherne... et qu'il complotait contre lui ».

A 295 ἄλλοισιν δὴ ταῦτ' ἐπιτέλλεο « à d'autres donne de tels ordres ».

Ψ 173 ἐννέα τῷ γε ἄνακτι τραπεζῆες κύνες ἦσαν « ce seigneur avait neuf chiens familiers ».

§ 475. Entre l'idée de **destination** (positive ou négative), que le datif exprime, et celle de **direction** que rend l'accusatif, il existe des contacts naturels, même dans les langues qui ne possèdent pas (ou ne possèdent plus) ces deux cas qui s'opposent : ne dit-on pas, en français, « je pars pour la Grèce », comme d'ailleurs en g. m. φεύγω γιὰ τὴν Ἑλλάδα ? La langue de la poésie, comme c'est aussi le cas en latin (Virg. *En.* 2, 553 *lateri capulo tenus abdidit ensem* « il plongea dans son flanc l'épée jusqu'à la garde »), a fait de cette tournure un usage abondant ; au contraire la prose s'en sert très rarement, du moins quand le verbe n'est pas précisé par un préverbe. D'ailleurs nombre d'exemples peuvent être expliqués par une idée d'intention, amicale ou hostile.

ε 374 πρηνὴς ἁλὶ κάππεσε « il se jeta à l'eau la tête en avant ».

E 174 Διῒ χεῖρας ἀνασχών « élevant ses mains vers Zeus ». Il n'y a pas seulement un geste, fait en direction de Zeus, mais aussi le désir, par ce geste, d'attirer son attention. On remarquera que d'ailleurs, même dans ces exemples poétiques, les verbes possèdent le plus souvent des préverbes.

μ 257 χεῖρας ἐμοὶ ὀρέγοντας « tendant les bras vers moi » semble assez différent de O 371 χεῖρ' ὀρέγων εἰς οὐρανόν « élevant les mains vers le ciel », qui est plus spatial.

Thc. 3, 33 ὡς γῇ ἑκούσιος οὐ σχήσων ἄλλῃ ἢ Πελοποννήσῳ « comme quelqu'un qui ne voulait pas, de son gré, toucher terre nulle part ailleurs que dans le Péloponnèse ». Cet emploi technique est un des rares exemples de datif de la sorte avec un verbe simple en prose attique.

Plat. *Charm.* 155 C ἐμβλέψας αὐτῷ εἶπεν « en jetant un regard dans sa direction, il dit ».

§ 476. La double valeur de mouvement arrière et avant, quand elle s'applique à l'espace, devient *éloignement, rapprochement, proximité* (παραχωρεῖν, ἀπαντᾶν, πλησίον εἶναι) : la dernière notion comporte des possibilités normales de rapprochement que l'on peut *effectuer, repousser,* ou laisser à l'état de *virtualités.* En transposant au figuré [1], on aura la *différence* et la *ressemblance* (ὁμοῖος, ἀνόμοιος), la *convenance* et la *disconvenance* (πρέπει, ἀπρεπής), l'*égalité* et l'*inégalité* (ἴσος, ἄνισος), etc.

Xén. *Hell.* 5, 4 28 τῶν θεραπόντων τῷ δεομένῳ παρεχώρει « il *se retirait* pour laisser la place aux clients (de son père) ».

M 112 σὺν αὐτοῖσιν (τοῖς ἵπποις) πέλασεν νήεσσι θοῇσιν « avec ses chevaux il *s'approcha* des navires rapides ».

Eur. *I. A.* 1551 ἡ δὲ σταθεῖσα τῷ τεκόντι πλησίον « elle, qui se tenait *à côté de son père*... ».

Xén. *Cyr.* 5, 1, 4 ὁμοίαν ταῖς δούλαις εἶχε τὴν ἐσθῆτα « le vêtement qu'elle avait ressemblait à celui des esclaves », comme Xén. *Mém.* 3, 8, 9 πῶς τὸ τῷ καλῷ ἀνόμοιον καλὸν ἂν εἴη ; « Comment ce qui est différent du bien pourrait être le bien ? ».

Plat. *Ap.* 36 D τί οὖν πρέπει ἀνδρὶ πένητι ; « Qu'est-ce qui convient à un citoyen pauvre ? ».

Isocr. 4, 13 χαλεπόν ἐστιν ἴσους τοὺς λόγους τῷ μεγέθει τῶν ἔργων ἀνευρεῖν « il est malaisé d'arriver à trouver des paroles égales à la grandeur des actes accomplis ».

§ 477. Il n'y a, entre le *datiuus* dandi et le *datiuus* commodi, aucune différence fondamentale, mais une différence de degré : le premier implique un lien *étroit* entre l'idée exprimée par le verbe et son objet, tandis que l'action verbale, dans le second cas, s'enrichit d'une idée de destination qui n'est pas nécessaire à son expression. Assurément, on peut dire εἶπε « il dit », mais on attend que la parole soit dirigée vers une personne ; au contraire, dans P 242 ἐμῇ κεφαλῇ περιδείδια « j'ai peur pour ma propre tête », ἐμῇ κεφαλῇ ajoute à ce qu'exprime περιδείδια. De fait, nombre de verbes qui se construisent avec le datif relèvent plutôt du datif d'intérêt que du datif à proprement parler (δοτική) : ainsi ἐπαινεῖν (ou μέμφεσθαι) « approuver, blâmer» sont plus étroitement liés à leur objet « *donner* ou *refuser son approbation à quelqu'un* » que εὖ (κακῶς) φρονεῖν « *avoir de bons (mauvais) sentiments pour quelqu'un* ». Il en sera de même pour ἀμύνειν, qui signifie « *donner son appui à quelqu'un* », en face de son synonyme ἀπερύκειν « *tenir un danger éloigné pour quelqu'un*». A son tour, le datif d'intérêt se dégrade insensiblement en *datif de point de vue*, voire en datif *explétif* — ainsi appelé parce que notre langue trouve peu utile de rendre une notation

1. Comme il s'agit alors de qualités, on a plutôt des adjectifs que des verbes.

de personne, quand celle-ci ne joue pas un rôle dans l'action. Le datif d'intérêt permet l'expression de quantité de nuances, qui se tirent du *passage* lui-même, grâce à cette liberté du complément à l'égard du verbe que nous signalions à l'instant. Assurément, il y a des groupes particulièrement fréquents comme δικάζειν τινί « juger en faveur de quelqu'un », ψηφίζειν τινί « voter pour la motion de quelqu'un », χορὸν ἱστάναι ou ἑορτὴν ἄγειν θεῷ « instituer des chœurs » ou « célébrer une fête religieuse en l'honneur d'un dieu ». Mais ce qui est caractéristique du datif d'intérêt, c'est que le sens qu'il donne à la phrase ressort de la phrase elle-même.

Ψ 677 Εὐρύαλος δέ οἱ οἶος ἀνίστατο « *pour* lui (ou *contre* lui) Euryale fut seul à se lever ». Rien dans ἀνίσταμαι n'indique nécessairement l'hostilité ou la rivalité qui oppose Euryale à son adversaire ; mais, *comme il est question d'un combat*, on sait que les deux hommes se dressent l'un *contre* l'autre.

A 68 τοῖσι δ'ἀνέστη Κάλχας « *pour* eux se leva Calchas ». Le même verbe indique ici que Calchas se lève pour *parler* aux Achéens : on le sait parce qu'Achille vient de s'asseoir après avoir publiquement demandé les conseils des devins ; sans doute y a-t-il aussi une nuance telle que : « *pour leur bien* à tous, Calchas se leva » (cf. v. 73).

§ 478. Le datif de *point de vue* est encore moins accentué : il ne s'agit plus d'intérêt ou de détriment, mais d'une façon de *voir désintéressée*. On se place, soit à son point de vue *personnel*, soit à celui d'un *autre* et, très souvent, à un point de vue *général* :

Eur. *Méd*. 580 ἐμοὶ γὰρ, ὅστις ἄδικος ὢν σοφὸς λέγειν πέφυκε, πλείστην ζημίαν ὀφλισκάνει « à mes yeux, l'homme qui, faisant le mal, sait habilement parler, mérite la peine la plus lourde ».

Ψ 595... δαίμοσιν εἶναι ἀλιτρός «... être coupable du point de vue des Dieux ».

Soph. *Ant*. 904 καίτοι σ' ἐγὼ 'τίμησα τοῖς φρονοῦσιν εὖ « pourtant, aux yeux des gens sensés, j'ai eu raison de te rendre ces honneurs ».

§ 479. C'est le datif d'intérêt et, plus encore, le datif de point de vue, qui explique la construction ordinaire des **adjectifs verbaux** en -τός et -τέος ; c'est le même datif qui exprime, au moins apparemment, l'agent de l'action dépendant d'un **thème de parfait**. On dit ordinairement que le datif équivaut à ὑπό suivi du génitif dans les autres thèmes : mais en réalité, le parfait exprimant un état acquis, τὰ πεπραγμένα ἡμῖν ne peut pas signifier : « les choses qui ont été faites *par* nous », mais : « le travail fait *en ce qui nous concerne, pour notre part* ». De même les adjectifs en -τός-τέος indiquent une *possibilité* à envisager ou une *nécessité* à laquelle on doit faire face — possibilité et nécessité qui concernent l'intéressé.

Hdt. 6, 123 ὥς μοι πρότερον δεδήλωται « ainsi que c'est chose démontrée *pour ma part* » ou « comme il est établi par ma démonstration ».

Ar. *Lys.* 656 ἆρα γρυκτόν ἐστιν ὑμῖν ; « y a t-il matière à grognements pour vous ? » ou « qu'avez-vous à grogner ? ».

Xén. *Mém.* 3, 6, 3 ὠφελητέα σοι ἡ πόλις ἐστίν « la cité est dans la nécessité d'être secourue en ce qui te concerne » ou « tu as à soutenir ta cité ».

§ 480. Le datif « **explétif** », qui est plus justement appelé datif **éthique**, devait être particulièrement fréquent dans la langue de la conversation : c'est un appel plein de vivacité à l'*intérêt* que l'interlocuteur peut porter *personnellement* à l'action ou à la personne dont il s'agit :

Hdt. 5, 30 Ἀρταφρένης ὑμῖν Ὑστάσπεός ἐστι παῖς » Artaphrénès, *vous le savez*, est fils d'Hystaspe ».

Plat. *Rép.* 343 A εἰπέ μοι... τίτθη σοι ἔστι ; — Τί δέ ; ἦν δ'ἐγώ · οὐκ ἀποκρί-νεσθαι χρῆν μᾶλλον ἢ τοιαῦτα ἐρωτᾶν ; — Ὅτι τοί σε, ἔφη, κορυζῶντα περιορᾷ καὶ οὐκ ἀπομύττει δεόμενον, ὅς γε αὐτῇ οὐδὲ πρόβατα οὐδὲ ποιμένα γιγνώσκεις « Dis-moi... as-tu une nourrice ? — Qu'est-ce à dire ? répondis-je ; ne devrais-tu pas répondre plutôt que de poser de telles questions ? — Parce qu'elle te laisse morveux et ne te mouche pas quand tu en as besoin : *pour elle* (en ce qui la concerne, de *son fait*) tu ne sais pas distinguer berger et troupeau ».

Remarque. — La particule τοι, au début de l'exemple précédent, doit elle-même son existence à une valeur « éthique » du datif atone de la seconde personne τοι, passé secondairement à σοι (cf. § 764).

B. Datif instrumental.

§ 481*. L'instrumental indo-européen indiquait *avec qui* (ou *avec quoi*) l'action était faite : la signification primitive du cas était celle d'une *personne* qui *s'associe* à l'action, ou d'une *chose* qui *sert* à l'action : puis cette *association* et cette *utilisation* ont été considérées comme des **moyens** de réaliser l'action. Un tour tel que ἔτυψε παῖδα τῇ ῥάβδῳ « il a frappé un enfant *avec* son bâton » signifie moins « *en se servant* de son bâton » que « il a frappé un enfant, *son bâton à la main* ». Aussi plusieurs langues indo-européennes qui ont conservé l'instrumental l'emploient très fréquemment comme comitatif ; le grec lui-même, quand le datif a été atteint morphologiquement, a recouru à la périphrase à l'aide de μετά, c'est-à-dire à une préposition de sens comitatif, pour exprimer l'*accompagnement* et l'*instrument* tout à la fois. On examinera successivement les valeurs *comitatives* et les valeurs *instrumentales*.

§ 482. Les verbes et adjectifs qui expriment une **communauté** entre des **personnes**, ou un **mélange** s'il s'agit d'objets, se construisent avec le datif **comitatif**. Cette communauté peut être concrète — comme dans ἕπεσθαι « suivre » (c'est-à-dire « marcher de concert avec quelqu'un »), — mais elle est le plus souvent prise au figuré, comme dans κοινοῦσθαι,

« se concerter », ὁμολογεῖν « s'entendre », ὁμιλεῖν « avoir des rapports avec » ; elle peut être *amicale*, comme dans les derniers exemples, ou *hostile* : une *lutte*, une *rivalité* sont communes aux deux adversaires qu'elles opposent — ainsi que dans les verbes tels que μάχεσθαι « combattre », ἐρίζειν « lutter avec » [1]. Quant au *mélange* des objets, il pourra être rendu par des verbes comme μιγνύναι « mélanger », κεραννύναι « même sens », etc.

Π 154 ὅς καὶ θνητὸς ἐὼν ἔπεθ' ἵπποις ἀθανάτοισι « (le cheval Pédase) qui, tout mortel qu'il fût, était capable de tenir tête à des chevaux immortels ».

Xén. *Mém.* 1, 2, 60 τοῖς μὴ ἔχουσι χρήματα διδόναι οὐκ ἔθελον διαλέγεσθαι « ils ne voulaient pas s'entretenir avec des gens qui n'avaient pas les moyens de les payer ».

Thc. 1, 73 φαμὲν Μαραθῶνι μόνοι προκινδυνεῦσαι τῷ βαρβάρῳ « nous soutenons que nous fûmes les seuls, à Marathon, à marcher de l'avant et à courir le risque de nous battre avec le Barbare ».

Hymn. Dém. 209 μείξασαν γλήχωνι τερείνῃ « après avoir fait un mélange (d'eau et de farine) avec du tendre pouliot ».

§ 483. Cas essentiellement concret, le comitatif pouvait rendre des *circonstances* liées *à l'action* avec une liberté dont les cas grammaticaux, qui expriment des rapports logiques, ne sont pas susceptibles. D'ailleurs ces possibilités ont été constamment diminuées et réduites à peu : quand il s'agissait de choses *concrètes*, le comitatif a eu de plus en plus tendance à se faire soutenir par une préposition ; quand il était question de qualités *abstraites*, le comitatif voyait s'effacer sa valeur de cas et cette valeur se confondre avec ces formes figées que sont les adverbes.

§ 484. Il s'est maintenu en grec un vieil usage (fréquemment attesté dans les langues i. e. : cf. lat. *omnibus copiis proficiscitur*) qui consiste à employer le comitatif *sans préposition* pour désigner les *troupes* (ou autres moyens militaires) avec lesquelles opère le *chef de guerre*. En dehors de cas de ce genre, l'attique ne connaît plus qu'une façon d'employer le comitatif sans préposition, quand il s'agit de *personnes* ou *d'objets* ; c'est d'associer le datif au pronom d'identité αὐτός.

Xén. *An.* 7, 3, 43 ἐγὼ μὲν ἡγήσομαι τοῖς ἵπποις « je vais prendre la tête avec la cavalerie », ou Xén. *Hell.* 1, 4, 11 Ἀλκιβιάδης κατέπλευσεν εἰς Πάρον ναυσὶν εἴκοσιν « Alcibiade cingla vers Paros avec vingt navires ».

Thc. 4, 14 πέντε (ναῦς) ἔλαβον καὶ μίαν τούτων αὐτοῖς ἀνδράσιν « ils s'emparèrent de cinq navires, dont l'un avec son équipage ».

Remarque. — Même dans cette expression, on éprouvait parfois le besoin de renforcer la valeur comitative du cas à l'aide d'une préposition : ainsi Xén. *Hell.* 4, 8, 21 Τιγράνην... λαμβάνει σὺν αὐτῇ τῇ γυναικί « il s'empare de Tigrane... avec sa femme ».

1. Le datif d'hostilité peut avoir joué aussi un rôle dans ces constructions.

§ 485. L'emploi du comitatif pour exprimer les *conditions qui entourent l'action* est resté plus libre (et plus vague) : de tels exemples ont eu tendance à se détacher de la phrase, dans laquelle ils n'étaient pas profondément impliqués, pour devenir de simples adverbes (précédés ou non de prépositions). C'est l'usage qui montre s'il est possible ou non d'employer le cas sans préposition : des trois exemples suivants, le premier serait impossible en attique, le second insolite, encore qu'ils n'expriment pas moins que le troisième les conditions qui environnent l'action.

A 418 τῶ σε κακῇ αἴσῃ τέκον ἐν μεγάροισι « ainsi c'est sous une mauvaise étoile que je t'ai donné le jour en mon palais. »

Hdt. 6, 139 ἐπεὰν Βορέη ἀνέμῳ... ἐξανύσῃ νηῦς ἐκ τῆς ὑμετέρης ἐς τὴν ἡμετέρην, τότε παραδώσομεν « quand, avec le vent de Borée... un navire pourra aller de chez vous à chez nous, alors nous vous livrerons le pays ».

Thc. 8, 27 ἀτελεῖ τῇ νίκῃ ἀπὸ τῆς Μιλήτου ἀνέστησαν « c'est avec une victoire incomplète que (les Athéniens) se retirèrent de devant Milet ».

§ 486. Quand il s'agit d'une **attitude morale**, il est parfois impossible de discerner les datifs, qui sont encore sentis comme des *cas*, d'autres datifs, qui ne sont plus en réalité que des *adverbes*. Des deux exemples suivants, le premier est encore un cas, tandis que le second est déjà presque un adverbe.

Xén. *Cyr.* 4, 2, 21 ἴωμεν ῥώμῃ καὶ θυμῷ ἐπὶ τοὺς πολεμίους «marchons à l'ennemi avec force et ardeur «.

Soph. *O.C.* 759 ἡ δ' οἴκοι πλέον δίκη σέβοιτ' ἄν, οὖσα σὴ πάλαι τρόφος « aie plus d'égards pour les droits de ta cité natale, elle qui depuis longtemps t'a nourri ».

§ 487. Le datif **instrumental** exprime le *moyen*, la *matière*, au propre comme au figuré : ce n'est pas seulement l'**outil** dont on se sert, ni la **matière** de quoi est faite un objet ; c'est aussi la **cause** d'un état, le **prix** dont on *solde* un achat (ou par lequel on *expie* une faute), c'est l'objet d'un sentiment éprouvé, sa *matière* pour ainsi dire : nombre de verbes se construisent avec le datif pour cette dernière raison.

Ar. *Guêpes* 222 ἤδη ποτ' αὐτοὺς τοῖς λίθοις βαλλήσομεν « maintenant nous les frapperons avec ces pierres ».

τ 563 αἱ μὲν γὰρ κεράεσσι τετεύχαται, αἱ δ'ἐλέφαντι « les portes (des songes) sont faites, l'une de corne, l'autre d'ivoire ».

θ 324 θεαὶ μένον αἰδοῖ οἴκοι ἑκάστη « par un sentiment de réserve, les déesses restèrent chacune chez elles ».

Η 473 οἰνίζοντο ...ἄλλοι μὲν χαλκῷ, ἄλλοι δ'αἴθωνι σιδήρῳ « ils faisaient des achats de vin... les uns avec du bronze (en guise de moyen de paiement), les autres avec du fer étincelant ».

Hdt. 6, 21 ἐζημίωσάν μιν... χιλίῃσι δραχμῇσι « ils le frappèrent... d'une amende de mille drachmes ».

§ 488. A cette idée du *prix*, grâce auquel on acquiert un objet, se rattachent les sens de la mesure dont on se sert pour évaluer une grandeur et, au figuré, la conjecture dont on s'aide pour tâcher de comprendre l'inconnu.

Hdt. 2, 6 ὀργυιῇσι μεμετρήκχσι τὴν χώρην « c'est sur la coudée qu'ils mesurent leur terre ».

Thc. 1, 9 εἰκάζειν χρὴ καὶ ταύτῃ τῇ στρατείᾳ οἷα ἦν τὰ πρὸ αὐτῆς « précisément d'après cette expédition, on peut faire des conjectures sur les forces militaires qui existaient antérieurement ».

§ 489. Les verbes qui admettent un datif instrumental s'appliquant à l'objet *du sentiment* — qui en est la matière et la cause — sont susceptibles d'exprimer toutes les attitudes morales que l'on peut prendre : ainsi *se réjouir* et *s'affliger* (χαίρειν, λυπεῖσθαι), *se contenter de* et *être mécontent de* (στέργειν et χαλεπαίνειν), *être fier de* (ἐπαίρεσθαι), *s'indigner de* et *s'amuser de* (ἀγανακτεῖν et γελᾶν), etc.

Xén. *Mém.* 2, 1, 16 ἄνθρωπον... πολυτελεστάτῃ διαίτῃ χαίροντα « un homme ...qui se plaît à la vie la plus luxueuse ».

Xén. *An.* 5, 5, 24 χαλεπαίνοντες τοῖς εἰρημένοις « irrités des paroles prononcées ».

ε 176 ἀγαλλόμεναι Διὸς οὔρῳ « (navires) tout heureux du bon vent de Zeus ».

Plat. *Lois* 716 A ἢ χρήμασιν ἐπαιρόμενος, ἢ τιμαῖς, ἢ καὶ σώματος εὐμορφίᾳ « exalté par la fortune, ou par les honneurs, ou par la beauté physique ».

Plat. *Phéd.* 63 B οὐκ ἀγανακτῶν τῷ θανάτῳ « sans s'indigner contre la mort ».

Remarque. — L'instrumental peut être assez faible pour équivaloir à un *accusatif de relation*, comme dans Xén. *An.* 2, 6, 9 στυγνὸς ἦν καὶ τῇ φωνῇ τραχύς « il était désagréable et rude de voix ». Les deux tournures ont toujours existé conjointement en grec classique ; mais, dans la langue de la Κοινή, le datif de relation se développe aux dépens de l'accusatif de même type (ainsi Matth. 5, 3 et suiv. : πτωχοὶ τῷ πνεύματι « pauvres en esprit », κχθχροὶ τῇ κχρδίᾳ « purs de cœur », etc), avant que les deux tournures ne soient également frappées de mort.

C. DATIF LOCATIF.

§ 490. A date ancienne déjà, le datif locatif apparaît comme plus fragile que le datif instrumental : le rôle des prépositions (principalement ἐν) qui le soutiennent et le précisent est de bonne heure prépondérant. Il se rapporte non seulement à *l'espace*, mais au *temps*. Il situe un *point* dans l'espace, un *moment* dans le temps (*ou ce que l'on peut considérer comme tel*) : comme toujours en grec, c'est le point de vue *subjectif* qui l'emporte sur le point de vue *objectif*. Peu importe que le point soit *mobile*(ou *non*); peu importe que le moment comporte (ou non) un *grand laps de temps* : ce qui est exclu, c'est que l'objet, s'il est mobile, soit *dirigé* ; c'est que le moment, s'il se prolonge dans la *réalité*, puisse se développer en *durée* aux yeux de celui qui parle.

§ 491. Pour le locatif **spatial**, le datif sans préposition n'est plus employé en attique que dans des *noms de lieux très courants*, dont le caractère local n'avait pas besoin d'être souligné par une préposition : ainsi Μαραθῶνι « à Marathon », Πλαταιαῖς « à Platées », Δελφοῖς « à Delphes », Ἐλευσῖνι « à Eleusis ». Mais ces datifs ne sont presque plus des formes casuelles ; ils ont la rigidité d'adverbes : on ne peut pas dire : *Λακεδαίμονι « à Sparte » comme Μαραθῶνι, ni *Συρακούσαις « à Syracuse » comme Πλαταιαῖς. D'ailleurs, même quand il s'agit des deux victoires constamment associées de Marathon et de Salamine, on a tendance à varier le tour en employant ἐν dans le second cas :

Thc. 1, 73 φαμὲν Μαραθῶνι μόνοι προκινδυνεῦσαι τῷ βαρβάρῳ « nous déclarons que nous fûmes les seuls, à Marathon, à nous exposer, avant les autres, aux coups des Barbares »

Plat. *Ménex.* 241 B τῶν τε Μαραθῶνι μαχεσαμένων καὶ τῶν ἐν Σαλαμῖνι ναυμαχησάντων « ceux qui ont combattu à Marathon et ceux qui se sont battus à Salamine ».

On peut mesurer l'importance du *recul* qu'a subi le datif locatif spatial, entre Homère et l'attique, quand on voit avec quelle liberté le datif locatif sans préposition est employé dans l'épopée :

Z 477 δότε τόνδε γενέσθαι παῖδ' ἐμόν... ἀριπρεπέα Τρώεσσιν « faites-moi la grâce que mon fils devienne... *chez* les Troyens un homme qui se distingue ». Peut cependant être entendu comme datif proprement dit (= pour).

P 473 τεύχεα δ'"Εκτωρ... ἔχων ὤμοισιν ἀγάλλεται Αἰακίδαο « Hector... est fier de porter *sur* ses épaules l'armure de l'Eacide ».

§ 492. Un objet *en mouvement*, du moment que ce mouvement n'est pas *dirigé*, est situé dans l'espace à l'aide du locatif (avec ou sans préposition, suivant l'époque) ; il suffit au contraire, même avec un verbe exprimant l'*immobilité*, que l'idée de direction soit pensée pour que l'*accusatif devienne nécessaire* :

B 209 κῦμα πολυφλοίσβοιο θαλάσσης αἰγιαλῷ μεγάλῳ βρέμεται « les vagues de la mer retentissante mugissent sur le vaste rivage ». Les vagues, dans leur mouvement incessant, restent cependant *dans les limites* de leur domaine.

Esch. *Ag.* 834 ἰὸς καρδίαν προσήμενος « un trait planté dans son cœur ». Ici l'emporte la considération de la direction : le trait est *venu* se planter dans le cœur.

§ 493. Le datif de **temps** s'emploie *sans préposition* en attique pour indiquer une **date**, un *moment*, un *temps* qui sont *déterminés*, soit *par eux-mêmes*, soit par des *indications précises qui les accompagnent*. Ainsi une date en chiffres, une fête qui revient régulièrement portent en elles-mêmes leur détermination ; s'il s'agit d'une *année*, d'une *saison*, d'un *événement*, il faut préciser de quelle année, de quelle saison, de quel événement on veut parler. Au contraire la langue poétique emploie à son gré le locatif de temps, même sans aucune de ces déterminations.

Dém. 19, 57 ἡ εἰρήνη ἐλαφηβολιῶνος ἐνάτῃ ἐπὶ δέκα ἐγένετο « la paix se fit le 19 Elaphébolion ».

Lys. 1, 20 ὡς Θεσμοφορίοις ...ᾤχετο εἰς τὸ ἱερὸν μετὰ τῆς μητρὸς τῆς ἐκείνου « (elle disait) qu'aux Thesmophories..: elle était allée au sanctuaire avec sa mère à lui ».

Hdt. 3, 131 πρώτῳ ἔτει ὑπερεβάλετο τοὺς ἄλλους ἰητρούς « la première année, il triompha des autres médecins ».

Thc. 3, 54 μάχῃ τῇ ἐν ἡμετέρᾳ γῇ γενομένῃ παρεγενόμεθα ὑμῖν « lors de la bataille qui eut lieu sur notre territoire, nous vous avons soutenus ».

o 34 νυκτὶ δ'ὁμῶς πλείειν « de nuit navigue (comme de jour) ».

Soph. Ant. 336 τοῦτο (γένος) καὶ πολιοῦ πέραν πόντου χειμερίῳ νότῳ χωρεῖ « cette race (des hommes) va jusqu'à traverser les mers blanchissantes sous les rafales du Notos ».

Remarque générale sur l'évolution du datif.

§ 494*. Le datif est le seul cas de la flexion antique qui ait entièrement disparu aujourd'hui de la langue parlée. On a vu que, dès l'époque classique, le datif, en tant qu'héritier du comitatif et du locatif, donnait des signes de faiblesse et devait être soutenu par des prépositions. Tout se passe comme si, des fonctions remplies par le datif grec, les plus *concrètes* — le locatif et l'instrumental — avaient été les *premières atteintes*, tandis que le datif — *cas abstrait* — a offert beaucoup plus de *résistance* (cf. § 405).

1º A partir de notre ère, la distinction entre l'*immobilité du* locatif et le *mouvement dirigé* de l'accusatif, a tendu à s'effacer, au bénéfice de l'*accusatif* : dans les documents les moins éloignés de la langue parlée, les Évangiles ou les papyrus privés par exemple, on lit des témoignages aussi nets que Marc (13, 16) : ὁ εἰς τὸν ἀγρὸν μὴ ἐπιστρεψάτω εἰς τὰ ὀπίσσω « celui qui est dans son champ, qu'il ne retourne pas en arrière », ou *Pap. Oxyrh.* VI nº 929 (IIe siècle) : ταῦτα δὲ πάντα συνενῆ εἰς τὸν χιτῶνα « tout cela était ensemble, dans la tunique ».

2º Pour préciser le sens de l'**instrumental** proprement dit, la langue a essayé diverses *prépositions* : ἐν, qui apparaît même parfois sous la plume d'un atticiste comme Lucien (*Dial. mort.* 23, 3 καθικόμενον ἐν τῇ ῥάβδῳ « touché par la baguette d'Hermès »); διὰ « par le canal de » dont les rapports étaient étroits avec le sens général de l'instrumental, mais que la langue dut abandonner parce que cette préposition était elle-même entraînée dans le sens nouveau de « pour »; enfin μετὰ, qui donnait une expression commune au comitatif et à l'instrumental : au IIIe et au IVe siècle, les recettes magiques sur papyrus emploient fréquemment l'expression γράφε μετὰ μέλανος « écris avec de l'encre » et, à partir du VIIe, γράφε μετὰ μέλαν.

3º Le datif proprement dit semble s'être maintenu jusqu'au VIIe ou au VIIIe siècle ; mais on peut admettre qu'au Xe siècle, il était sorti de l'usage : ne voit-on pas de datifs employés *systématiquement* dans des textes byzantins aux lieu et place d'accusatifs, comme par exemple dans la *Vita Euthymii* (cf. J. Humbert, *Disparition du Datif*, p. 187 sqq.) ?

§ 495. L'état du grec moderne est l'aboutissement normal de ces tendances. On dit aujourd'hui indifféremment μένω στὸ σπίτι et πάω στὸ σπίτι « je reste à la maison » et « je vais à la maison ». La valeur d'accompagnement et celle de d'instrument s'expriment également à l'aide de μὲ, forme réduite de μετά : περπατῶ μὲ μπαστοῦνι « je me promène avec une canne » et χτυπῶ μὲ τὸ μπαστοῦνι « je frappe avec la canne ». Le datif proprement dit a été évincé par le *génitif*, sauf dans les dialectes septentrionaux dans lesquels *l'accusatif* a été choisi on dit : δίνω τοῦ πατέρα (dialectement δίνω τὸν πατέρα) au lieu de δίδωμι τῷ πατρί. Ce n'est que dans la langue officielle et écrite que le datif est encore (et très artificiellement) employé.

V. **Vocatif.**

§ 496. Tardivement considéré comme un cas par la grammaire antique (cf. § 403), le vocatif, dont les caractéristiques morphologiques sont exclusivement négatives quand elles ne se confondent pas avec celles du nominatif, n'existe pas dans des catégories aussi importantes que les pronoms personnels, les adjectifs possessifs, les adjectifs et pronoms démonstratifs : ce cas qui, d'après sa définition, sert à appeler, fait défaut à σύ, comme à ἐμός ou à οὗτος. Il constitue en réalité une **proposition exclamative**, une sorte d'incise, qui est dans la phrase où il figure comme un corps étranger : il y a une pause (ou plutôt deux) qui, si légères soient-elles, mettent *à part* le vocatif. Un signe assuré de cette autonomie peut être vu dans ces exemples homériques, dans lesquels le vocatif est immédiatement suivi d'une *particule de liaison* : ainsi A 282 Ἀτρείδη, σὺ δὲ παῦε τεὸν μένος « Atride ! — Mets un terme à ton courroux. »

§ 497. On a vu plus haut (§ 414 *sqq.*) qu'il y avait, dès l'indo-européen, possibilité pour le vocatif de s'associer au **nominatif** : des formes partiellement communes au singulier, toujours communes au pluriel, les maintenaient étroitement en contact, et aussi ce fait que les deux cas ne sont, pas plus l'un que l'autre, impliqués dans la phrase. Des circonstances particulières ou d'ordre plus général justifient ces apparentes incohérences. C'est un fait que le plus grand nombre des exemples cités appartiennent à l'épopée, et que le vers n'eût pas été possible si les formes régulièrement attendues avaient été employées : ainsi en Δ 189 αἲ γὰρ δὴ οὕτως εἴη, φίλος ὦ Μενέλαε « puisse-t-il en être ainsi, mon cher Ménélas ! », il n'y avait pas moyen de faire entrer dans l'hexamètre ὦ φῐλε͞ Με͞νε͞λα͞ε. Ailleurs deux nominatifs sont entraînés par le fait qu'un adjectif possessif, dépourvu comme tel de vocatif, les accompagne : τ 406 γαμβρὸς ἐμὸς θυγάτηρ τε, τίθεσθ' ὄνομ' ὅττί κε εἴπω « Mon gendre et ma fille, donnez à (l'enfant) le nom que je vais dire. » On a vu que le départ entre le nominatif interpellatif (ou exclamatif) et le vocatif était difficile à faire, et que le contenu attributif peut souvent justifier un nominatif.

498. Quoi qu'il en soit, il n'y a pas que des empiètements du nominatif aux dépens du vocatif : ce dernier peut faire office d'*attribut* dans un groupe de mots se rapportant à un vocatif. Peut-être faut-il y voir la tendance bien connue d'accorder presque mécaniquement l'attribut avec le substantif auquel il se rapporte ; peut être l'écrivain a-t-il eu le sentiment que l'adresse au vocatif, formant un tout, devait prendre dans tous ses termes les caractéristiques du vocatif. En tout cas, il y a échange, non glissement : l'évolution même de la langue nous démontre la solidité du vocatif. Les exemples sont d'ailleurs assez rares :

Eur. *Troy.* 1221 σὺ δ' ὦ ποτ' οὖσα καλλίνικε ...μῆτερ τροπαίων « toi qui fus jadis... la mère glorieuse de tant de trophées victorieux ».

Thcr. XVII, 66 Ὄλβιε, κοῦρε, γένοιο « Puisses-tu être heureux, jeune homme ! ».

§ 499. L'histoire du vocatif, d'Homère à la Κοινή, est liée à l'extraordinaire développement qu'a pris l'interjection ὦ. Exprimant sans doute par elle-même l'insistance, elle a fini par s'associer étroitement au vocatif et par perdre son autonomie. Elle suppose un certain *pied d'égalité* avec la personne à laquelle on s'adresse : on a souvent remarqué que, dans l'épopée du moins, le poète n'use jamais de ὦ quand un homme parle à un Dieu, ou un inférieur à un supérieur. Comme elle est peu employée, elle garde une valeur expressive : sa présence a toujours une signification.

E 348 Εἶκε, Διὸς θύγατερ, πολέμου καὶ δηϊοτῆτος « Abandonne, fille de Zeus, la guerre et la mêlée ». Diomède s'adresse ainsi à la déesse Aphrodite, qu'il n'hésite pourtant pas à blesser.

A 158 ἀλλὰ σοί, ὦ μέγ' ἀναιδές, ἅμ' ἑσπόμεθ' « mais, impudent fieffé, nous n'avons fait que te suivre ». Achille, hors de lui, perd le sentiment de toute déférence et de toute politesse envers le chef de la confédération.

A 74 Ὦ Ἀχιλεῦ, κέλεαί με, Διὶ φίλε, μυθήσασθαι « Tu m'invites, Achille, toi que Zeus aime, à dire... ». Ainsi se traduit l'appel de Calchas à Achille, de qui il requiert la protection, avant de faire les révélations qui vont provoquer la Querelle.

§ 500. La situation est déjà tout autre chez Hérodote, dans l'œuvre de qui la proportion de ὦ au simple vocatif est de 60 % : si l'historien n'emploie pas ὦ devant un nom propre (qui est la désignation officielle d'une personne), l'interjection devient très fréquente, même quand c'est un sujet qui parle à son souverain :

Hdt. I, 108 Ἅρπαγε, πρῆγμα τὸ ἄν τοι προσθέω, μηδαμῶς παραχρήσῃ

« Harpage, ne néglige pas la chose dont je vais te confier la charge ».
A quoi Harpage répond : ῏Ω βασιλεῦ ...οὐ... παρεῖδες ἀνδρὶ τῷδε ἄχαρι
οὐδέν « Roi... tu n'as point... vu dans l'homme que je suis rien qui pût
te déplaire ».

§ 501. En attique, chez Platon en particulier, ὦ est devenu la formule de la politesse la plus banale : dans le *Banquet*, sur 70 vocatifs,
il n'y en a que 6 qui nesoient pas précédés de ὦ. *C'est l'*absence de ὦ qui
est significative : une *émotion vive*, un *appel pathétique*, un *vif mécontentement*, une *parodie du grand style*, ou le désir de tenir, par une formule
un peu sèche, quelqu'un *à distance* (comme on fait pour un esclave), ou
simplement une *brusque invitation*. On comparera, en face de la page
194 A-E, dont tous les vocatifs sont précédés de ὦ, deux cas tels que
ceux-ci :

174 E ῏Ω, φάναι, ᾿Αριστόδημε, εἰς καλὸν ἥκεις «Aristodème, dit-il,
tu arrives bien » et 175 A Σὺ δ᾽, ἦ δ᾽ὅς, ᾿Αριστόδημε, παρ᾽ ᾿Ερυξίμαχον
κατακλίνου « Mais toi, dit-il, Aristodème, prends place sur le lit à côté
d'Eryximaque ». Agathon a accueilli gracieusement Aristodème, qu'il
n'avait pas invité ; mais, dans sa déconvenue de ne pas voir Socrate
avec lui, il lui parle plus sèchement ensuite.

175 A Οὐ σκέψει, ἔφη, παῖ, καὶ εἰσάξεις Σωκράτη ; « Tu me feras le
plaisir de chercher Socrate, mon garçon, et de me l'amener ? ».

§ 502. Ce grand accroissement, du à l'urbanité des manières attiques,
de l'emploi de ὦ diminue rapidement dès les débuts de la Κοινή.
L'interjection n'apparaît plus dans les papyrus que dans des formules
de malédiction solennelle ; dans les Évangiles, elle n'est attestée que
3 fois, et avec une valeur expressive :

Matth. 15, 28 ὦ γύναι, μεγάλη σου ἡ πίστις « O femme ! grande est
ta foi ». Ainsi s'exclame Jésus, ému et surpris par la confiance de la
Chananéenne.

Remarque. — Dans la très grande majorité des cas, ὦ précède le substantif
et l'adjectif qui s'y rapporte : ὦ φίλε Μενέλαε. Cependant on peut avoir, du
moins en poésie, l'ordre : φίλος ὦ Μενέλαε ou ὦ φίλος ὦ Μενέλαε. On a voulu
voir une nuance, selon que le substantif ou l'épithète suit immédiatement
l'interjection : dans le premier cas on insisterait sur l'*objet*, dans le second sur
la *qualité* : Soph. *El.* 86 ὦ φάος ἁγνόν devrait s'entendre « *lumière*, pure lumière »,
tandis que *Aj.* 529 ὦ φίλ᾽ Αἴας « *toi* que j'aime, Ajax ». Il est possible que, de
façon plus ou moins consciente, les auteurs aient mis ainsi en vedette ce qui
était le plus important à leurs yeux ; mais il est peut-être dangereux de chercher
des nuances de sens dans des tournures que la prose n'atteste pas.

Remarque générale sur l'évolution du vocatif.

§ 503. On pourrait penser qu'il en a été du vocatif en grec comme
dans la plupart des langues indo-européennes modernes : encore vivant
en vieux slave, par exemple, le vocatif n'a gardé un peu de vitalité que
dans des parlers ruraux, comme le slovène, tandis qu'il a disparu, en tant

que cas, du russe et du polonais. En grec moderne, il s'est non seulement
maintenu, mais développé : conservant l'opposition ancienne ἔμπορος
ἔμπορε au type thématique, la langue, en constituant des types de déclinaisons nouvelles, a toujours réussi à distinguer du nominatif le vocatif
singulier. Cette volonté de distinguer les deux cas est si puissante qu'on
aboutit à ce résultat paradoxal : le vocatif, qui jadis, dans la plupart des
types, avait forme commune avec le nominatif et se distinguait ainsi
du reste de la flexion, présente aujourd'hui souvent les mêmes formes
que le génitif ou l'accusatif et s'écarte du nominatif : πατέρα « père » ne se
distingue pas de (τοῦ) πατέρα ou de (τὸν) πατέρα, mais s'oppose à ὁ πατέρας. Ce ne sont pas seulement des types rajeunis comme πατέρας qui
sont dans ce cas : des déclinaisons nouvelles opposent παπποῦ « grand-
père » à παπποῦς, ou καφέ « café » à καφές. Pour conserver une catégorie
à laquelle elle tenait, la langue a brisé l'antique solidarité morphologique qui unissait les deux cas.

CHAPITRE X

PRÉPOSITIONS ET PRÉVERBES

§ 504. Les cas « concrets » ne situaient leur objet dans l'espace ou dans le temps que de façon imparfaite : l'ablatif indiquait grossièrement le *point de départ* ; le locatif, une *position dans l'espace* ou *dans le temps* ; l'instrumental, *les conditions qui entourent une action* ou *l'aident à se réaliser*. L'*accusatif*, cas « abstrait », n'était pas plus rigoureux dans l'expression du **mouvement dirigé** : ἰέναι τὸν ποταμόν signifie « aller au fleuve », sans que rien ne détermine si c'est *vers, dans, à proximité, en remontant* ou *en descendant*. De plus, des syncrétismes ayant eu pour effet en grec de donner une forme *unique* à des fonctions *différentes*, il pouvait être utile, voire nécessaire, de préciser si un génitif, par exemple, était un *génitif proprement dit* (*partitif* ou *adnominal*), ou le représentant d'un *ablatif* indo-européen : rien, dans la forme, n'indique que, en Ψ 518,(ἵππος) ἄνακτα ἕλκῃσιν πεδίοιο («le cheval) entraîne son maître à travers la plaine », le génitif est *partitif*, tandis qu'il est un *ablatif* en σ 8 Ὀδυσῆα διώκετο οἷο δόμοιο « il voulait chasser Ulysse de sa propre demeure ». Enfin il ne faut pas oublier que, constitués en indo-européen à une date relativement tardive, les cas « concrets » ont donné de bonne heure des signes de faiblesse (§ 404) : les « prépositions » ont été pour eux des sortes de béquilles qui ont aidé à leur marche, en même temps qu'elles précisaient la position spatio-temporelle et évitaient toute confusion à l'intérieur des cas syncrétisés.

§ 505. Le terme même de *préposition* (lat. *praepositio*, calqué sur le grec πρόθεσις) est traditionnel, mais assez malencontreux. Alors que la préposition et le nom fléchi sont, en principe, entièrement **autonomes**, l'élément adverbial est défini *relativement* à l'élément nominal ; de plus le mot postule que l'élément adverbial doit nécessairement **précéder** l'élément nominal — ce qui est assurément le cas *le plus fréquent*, mais n'a rien de *nécessaire*, comme le prouve l'*anastrophe*. Enfin l'emploi de ce terme conduit à creuser un fossé entre *prépositions* et *préverbes*, alors qu'il s'agit en réalité du *même élément adverbial*, mis en rapport avec des termes *différents* : il n'y a aucune différence essentielle entre un *emploi « absolu »* de ἀνά, comme dans Z 331 ἀλλ᾽ ἄνα « allons ! debout ! », un *emploi relatif à un verbe* (*préverbe*), comme ἀναβαίνω « monter », et un *emploi relatif à un nom* (*préposition* ou *postposition*), comme ἀνὰ ποταμὸν ou ποταμὸν ἄνα « en remontant le fleuve ». Si la préposition et le cas qu'elle « régit » étaient indépendants à l'origine, les deux éléments ont formé une association si étroite que l'adverbe **a perdu son accent propre**, signe de son autonomie, et est devenu **proclitique**. Il est probable qu'un Athénien du Vᵉ siècle, quand il disait φεύγω ἀπὸ τῆς πόλεως avait dans l'esprit l'image d'un *tout* où le cas était déterminé par la présence de ἀπὸ — comme quand on entend dire à un Grec d'aujourd'hui φεύγω ἀπὸ τὴν πόλη, prononcé *févgo apotimbóli* : c'est ainsi que la préposition est devenue un outil grammatical *caractérisé par un ou plusieurs cas.*

§ 506. Les prépositions constituent en grec un ensemble complexe d'origine, de structure et de date diverses, un système qu'une constante usure obligeait à de constantes réfections. La distinction classique entre prépositions régissant *un, deux* ou *trois* cas ne repose sur rien de réel : la seule distinction qui réponde à des différences profondes est celle qui oppose les **prépositions proprement dites** aux **prépositions improprement dites** (all. : *echte, unechte Präpositionen*). Assurément le terme choisi n'est pas très heureux, puisque les prépositions *proprement dites* sont précisément celles qui peuvent remplir la fonction de *préverbe,* c'est-à-dire être *autre chose* que des prépositions : ainsi ἀνά ou κατά, ὑπέρ ou ὑπὸ, etc. Au contraire, les prépositions *improprement dites ne peuvent être que prépositions* (ou même *postpositions*), comme ἄνευ « sans », qui se prépose, ou -δε « vers », toujours postposé. Les prépositions proprement dites, attestées dans la plupart des langues indo-européennes, se rapportent *toutes* — du moins dans leurs significations concrètes — à l'*espace* ou au *temps* : ainsi περὶ, ἀπὸ, εἰς ou πρὸ sont, avec des valeurs différentes, également spatiales. Mais les langues ont librement développé des **locutions prépositionnelles**, qui relèvent du **génitif adnominal** : ces locutions prépositionnelles reposent sur des *formes fléchies* de *noms existants* (ou *ayant existé*), tandis que les prépositions, proprement ou improprement dites, sont rebelles à l'analyse : ἕκατι « par la volonté de » n'était certes plus analysable pour le sujet parlant, qui ne pouvait y retrouver le datif de *ἑκᾱτης* « volonté » ; mais elle n'en est pas moins de *nature nominale*, comme χάριν « en vue de », qui était transparente. En réalité, ἕκητι ou χάριν ne sont pas plus des adverbes qu'une locution prépositionnelle *occasionnelle*, comme κύκλῳ « autour de », dans Xén. *Cyr.* 4, 5, 5 : κύκλῳ τοῦ στρατοπέδου « autour du camp » Les locutions prépositionnelles, qu'elles soient constantes ou occasionnelles, ont été laissées en dehors de cette étude, *qui s'attache uniquement aux prépositions proprement et improprement dites.*

§ 507. Il convient de rappeler que ces emplois, qui vont être étudiés dans l'*ordre* alphabétique — ne sont valables que pour le *dialecte attique* des Vᵉ et IVᵉ siècles : *avant, ailleurs* ou *après*, l'usage peut être tout différent. Ainsi la construction de ἀμφὶ et de ἀνά avec le datif est tombée en désuétude entre « Homère » et l'attique ; tandis que l'attique ne connaît ἐκ que suivi du *génitif*, l'arcado-cypriote l'associait au *datif* ; ailleurs qu'à Athènes, κατὰ « selon » était construit, non pas avec l'*accusatif* attendu, mais avec le *génitif*. Dans son évolution générale, la langue a *éliminé les* constructions à cas multiples *pour leur substituer une seule construction*, rajeunissant par ailleurs la plupart des prépositions de type ancien au moyen de locutions prépositionnelles plus *expressives*. Ἀνά qui, chez « Homère », se construit encore avec le *génitif, l'accusatif et le datif*, n'admet plus en attique que l'*accusatif* ; πρός qui, en attique, atteste une *triple* construction, perd de bonne heure le *génitif (une seule fois* attesté dans le *Nouveau Testament)* et le *datif*. Le rajeunissement de ces outils grammaticaux apparaît avec évidence quand on compare l'état moderne à l'état ancien : il ne subsiste des prépositions héritées que σὲ (issu de εἰς), γιὰ (représentant διὰ), μὲ (forme réduite de μετὰ) et ἀπὸ (resté généralement intact) ; par contre ἐπὶ a été remplacé par ἀπάνω σὲ, ὑπὸ par κάτω σὲ, πρὸ par μπροστὰ σὲ, πρὸς « vers » par ἴσα μὲ ; ce qui répond à l'ancien περὶ est γύρω σὲ « autour de », déjà en puissance dans le tour κύκλῳ τοῦ στρατοπέδου et tout à fait comparable à la périphrase romane *in giro* (dans la *Peregrinatio Ætheriae* 3, 8 : *in giro parietes* « autour des murs ») et à fr. « environ » en face de « virer ».

PREMIÈRE PARTIE : PRÉPOSITIONS

I. Prépositions proprement dites.

§ 508. ᾽ΑΜΦΙ. Ἀμφὶ, dont l'ancienneté est garantie par l'accord de skr. *abhí*, lat. *amb-.,* all. *um*, signifie exactement : « de chaque côté de ». Cette préposition admet **trois** cas : le **génitif** de *limitation spatiale*, l'**accusatif** d'*extension spatiale* et le **datif** *(locatif)* de *position spatiale*. Des valeurs *figurées* se sont développées autour de ces significations concrètes : *à l'endroit de, à cause de*, au génitif ; *concernant, aux environs de, à l'égard de*, à l'accusatif ; *à cause de*, au datif. Rarement employée en prose, sauf chez les auteurs ioniens ou ceux qui subissent l'influence de la Κοινή, la préposition ἀμφὶ donne de bonne heure des signes de faiblesse : le génitif à valeur concrète n'est pour ainsi dire pas attesté, et le datif sort de l'usage après Hérodote. Elle ne résiste pas à la concurrence victorieuse de περὶ : dès l'époque ptolémaïque elle disparaît des papyrus ; elle fait entièrement défaut dans le *Nouveau Testament*.

Eur. *Or.* 1457 ἀμφὶ πορφυρέων πέπλων... ξίφη σπάσαντες « d'entre leurs vêtements de pourpre... tirant le glaive ».

Π 823 ὡς δ᾽ὅτε σῦν ἀκάμαντα λέων ἐβιήσατο χάρμῃ, ὥ τ᾽ ὄρεος κορυφῇσι μέγα φρονέοντε μάχεσθον πίδακος ἀμφ᾽ ὀλίγης « comme lorsqu'un lion veut chasser par la force un sanglier infatigable, alors que tous deux, pleins d'ardeur, se battent pour une source chétive ».

Β 461 Καϋστρίου ἀμφὶ ῥέεθρα... ποτῶνται « de chaque côté des eaux du Caystre... volent (des bandes d'oiseaux) ».

Xén. Éc. 6, 7 τοὺς ἀμφὶ γῆν ἔχοντας « ceux qui s'occupent de la terre ».

Xén. An. 1, 2, 9 πελτασταὶ ἀμφὶ τοὺς δισχιλίους « des peltastes aux environs de deux mille ».

Σ 339 ἀμφὶ δὲ σὲ Τρωαί... κλαύσονται « à ton endroit les Troyennes... verseront des pleurs ».

Ρ 267 ᾿Αχαιοὶ ἔστασαν ἀμφὶ Μενοιτιάδη « les Achéens se dressaient autour du fils de Ménécée ».

Γ 156 Οὐ νέμεσις Τρῶας ...τοιῇδ᾿ ἀμφὶ γυναικὶ πολὺν χρόνον ἄλγεα πάσχειν « Il n'y a pas à blâmer les Troyens... si, pour une femme comme elle, ils endurent des malheurs depuis si longtemps ».

Eur. Or. 825 ἀμφὶ φόβῳ Τυνδαρὶς ἰάχησε « dans sa terreur, la fille de Tyndare cria ».

§ 509. ᾿ΑΝΑ. Il semble que la signification première de cette préposition, qui s'apparente à av. *ana* et à got. *ana*, consiste à peu près en ceci : *lever un objet sur un plan incliné*. Elle se construit avec le **datif** (locatif) de position spatiale et l'**accusatif** d'*extension* spatiale (ou temporelle). Tandis que, comme *préverbe* (ἀναβαίνω), elle retient l'idée d'*élévation*, la préposition développe uniquement la notion de *surface*. Le *datif* n'est que fort peu usité ; l'*accusatif*, en plus des significations concrètes de *sur, à travers*, s'applique également au **temps** que l'on *parcourt* et à une série *de nombres* que l'on **remonte** (sens *distributif*). Presque exclusivement usitée dans la langue poétique, n'apparaissant en prose que chez les auteurs ioniens ou influencés par Κοινή, la préposition ἀνά disparut de bonne heure. Aujourd'hui elle est remplacée, dans le sens de la position spatiale, par la périphrase prépositionnelle ἀπάνω σὲ.

Ξ 352 εὗδε πατὴρ ἀνὰ Γαργάρῳ ἄκρῳ « le Père (des Dieux) dormait sur la cime du Gargaros ».

χ 192 κιόν᾿ ἀν᾿ ὑψηλὴν ἔρυσαν « ils le hissèrent sur une haute colonne ».

Ι 395 πολλαὶ ᾿Αχαιΐδες εἰσὶν ἀν᾿ ῾Ελλάδα « il y a beaucoup d'Achéennes à travers l'Hellade ».

Ξ 80 οὐ γάρ τις νέμεσις φυγέειν κακόν, οὐδ᾿ ἀνὰ νύκτα « il n'y a pas lieu de blâmer si l'on cherche à fuir le malheur, même à la faveur de la nuit ».

Xén. An. 4, 6, 4 ἐπορεύθησαν ἑπτὰ σταθμοὺς ἀνὰ πέντε παρασάγγας τῆς ἡμέρας « ils firent une marche de sept étapes à raison de cinq parasanges par jour ».

§ 510. ᾿ΑΝΤΙ. Cette préposition, garantie par l'accord de skr. *ánti*, lat. *ante* et got. *and*, se construit uniquement avec le **génitif**. L'interprétation de ce cas prête à discussion : il peut représenter un *génitif* **adnominal** ou un génitif **ablatif**. Si ἀντὶ est une préposition *improprement dite*, mais *de date indo-européenne*, reposant sur le locatif d'un thème **ant* « visage », le génitif, de nature adnominale, est comparable à all. *Jemandes angesichts* et à fr. « *en face de* quelqu'un » ; mais le génitif

peut recouvrir un *ablatif*, comme c'est sûrement le cas pour πρό
— sémantiquement très voisin de ἀντί — avec le sens primitif de « en face
de », *en partant* (de l'objet opposé). Quoi qu'il en soit, le sens *concret* de
ἀντί *n'existe plus*, pour ainsi dire, en attique, et n'est attesté dialec-
talement que dans quelques expressions *figées* : seules sont restées
vivantes les valeurs figurées « *pour prix* de », « *de préférence* à », etc. La
préposition s'est maintenue en g. m. sous la forme ἀντί(ς).

Xén. *An.* 4, 7, 6 δασὺ πίτυσι διαλειπούσαις μεγάλαις, ἀνθ' ὧν ἑστηκό-
τες ἄνδρες τί ἂν πάσχοιεν « (endroit) couvert de grands pins espacés
devant lesquels (nous dirions plutôt : derrière) je me demande ce que
pourraient craindre nos hommes en position ».

crét. αντι μαιτυρων « devant témoins ».

Ψ 650 σοὶ δὲ θεοὶ τῶνδ' ἀντὶ χάριν μενοεικέα δοῖεν « que les Dieux,
pour prix de tout cela, t'accordent d'agréables faveurs ! »

Soph. *Ant.* 182 καὶ μεῖζον' ὅστις ἀντὶ τῆς αὑτοῦ πάτρας φίλον νομίζει
« et celui qui fait plus de cas d'une affection que de son propre pays... »

Remarque. — Ἀντί et ἀμφί sont, avec διά (pour laquelle les raisons sont
autres), les seules prépositions dissyllabiques qui, en *anastrophe*, ne s'accen-
tuent pas sur la première syllabe : cette singularité peut être due au fait que,
peut-être ἀντί et ἀμφί reposent sur des prépositions improprement dites de
date indo-européenne.

§ 511. ἈΠΟ.

Exprimant le point de départ, cette préposition se
construit naturellement avec le **génitif** *substitut* de l'ablatif. La construction avec le *datif* attestée en arcadien (απεχομινος απυ τοι ιεροι = ἀπε-
χόμενος ἀπὸ τοῦ ἱεροῦ) est sans doute due à l'analogie d'un contraire
régissant l'ablatif, tel que ἐν : le génitif grec répond, sauf cette expression, à l'ablatif du sanskrit après *ápa* et du latin après *ab*. Ἀπό exprime,
de façon **concrète**, le **point de départ**, aussi bien dans l'*espace* que dans le
temps ; ses principales valeurs **figurées** rendent l'**origine**, la **cause** dont
on part, le **moyen** dont sort l'action qui se réalise, même l'**agent** dont
émane cette action. En grec moderne, les emplois de ἀπό se sont considérablement accrus : ἀπό a évincé ἐκ et sert à exprimer l'*agent du passif*
(σκοτώθηκε ἀπὸ τὸ γιό του « il a été tué par son fils ») et le *complément du
comparatif* (καλλίτερος ἀπ' ἐμένα « meilleur que moi »).

P 318 λύοντο δὲ τεύχε' ἀπ' ὤμων « ils détachèrent les armes des
épaules (des morts) ».

Thc. 1, 18 ἔτη ἐστὶ μάλιστα τετρακόσια... ἀφ' οὗ Λακεδαιμόνιοι τῇ
αὐτῇ πολιτείᾳ χρῶνται « il y a environ quatre cents ans... (depuis) que
les Lacédémoniens ont le même régime ».

τ 163 οὐ γὰρ ἀπὸ δρυός ἐσσι παλαιφάτου « tu n'es pas issu du chêne
de la légende ».

Thc. 6, 12 εἴ τις... παραινεῖ ὑμῖν ἐκπλεῖν, τὸ ἑαυτοῦ μόνον σκοπῶν...
ὅπως θαυμασθῇ ἀπὸ τῆς ἱπποτροφίας « si quelqu'un vous conseille cette
expédition maritime, ne considérant que son point de vue personnel...
afin de se faire admirer pour son écurie de courses ».

Xén. *Mém.* 1, 2, 14 ᾔδεσαν Σωκράτη ἀπ' ἐλαχίστων χρημάτων αὐταρκέστατα ζῶντα « on savait que Socrate, avec les moyens les plus réduits, vivait le plus content du monde ».

Thc. 1, 17, ἐπράχθη ἀπ' αὐτῶν οὐδὲν ἔργον ἀξιόλογον « de leur fait il ne s'est rien accompli qui vaille qu'on en parle ».

§ 512. ΔΙΑ. Il est malaisé de préciser le sens fondamental de cette préposition, à laquelle rien ne correspond exactement en dehors du grec : cependant il semble qu'elle s'apparente au thème du nombre *deux* et, en particulier, à δίς : on peut comparer lat. *dis*, all. *zer* ; elle paraît être à l'adverbe δίς dans le même rapport que all. *zwischen* « entre (deux) » en face de *zwei* « deux ». En tout cas, elle exprime un **intervalle** *compris entre deux points* — soit que l'on **franchisse** cet intervalle, soit qu'on le **parcoure** sans le franchir. Cette signification fondamentale apparaît dans les deux constructions qu'admet διά : 1º) **génitif** reposant sans doute sur un *ablatif* de point de départ ; 2º **accusatif**, d'*extension* spatiale ou temporelle.

§ 513. 1º) Encore que le caractère uniquement hellénique de διά doive nous rendre très circonspects dans l'interprétation du *génitif*, il semble que les sens **concrets** de la préposition ont leur origine dans un ablatif. Ainsi, chez Homère, διά s'associe souvent à d'autres adverbes, tels, que ἐκ et πρό, qui semblent indiquer que l'on *part d'un point* pour atteindre l'*autre en traversant l'intervalle* qu'ils définissent : ainsi, en σ 386 διὲκ προθύροιο « d'un bout à l'autre du vestibule, en traversant le vestibule », ou en Ξ 494 δόρυ δ'ὀφθαλμοῖο διαπρό ...ἦλθεν « la javeline... traversa l'œil de part en part », il me semble difficile de voir, avec M. Debrunner « un génitif proprement dit de mouvement » (*l. l.* p. 450). De là on passait facilement à des expressions dans lesquelles le *premier point de départ* , implicitement acquis, n'est rappelé que pour sa liaison avec le *point d'arrivée*, qui importe le plus. Ainsi B 458 αἴγλη... δι' αἰθέρος οὐρανὸν ἷκε « la lueur (des armes), traversant l'éther (= en partant d'un point à l'autre de l'éther) ... alla jusqu'au ciel », ou Esch. *Eum.* 64 διὰ τέλους δέ σοι φύλαξ ἐγγὺς παρεστώς « jusqu'au bout (= en partant du début jusqu'à la fin), je serai à tes côtés, veillant sur toi ». Au sens **abstrait**, cette même notion d'intervalle franchi, rapportée à des *choses*, tend à les considérer comme le **canal** suivi pour parvenir à des fins ; s'appliquant à des *personnes*, elle voit en elles des **intermédiaires** *agissants*. Avec une valeur souvent proche d'un *adverbe*, διά peut ne plus signifier que « *dans des conditions de* » : en ce cas les idées d'intervalle et de point de départ sont devenues extrêmement vagues.

ι 298 κεῖτ' ἔντοσθ' ἄντροιο τανυσσάμενος διὰ μήλων « il reposait dans son antre, étendu parmi son troupeau ». Ici il n'est pas question de franchir l'espace occupé par le troupeau.

Thc. 2, 94 διὰ χρόνου « après un grand laps de temps ».

Plat. *Théét.* 184 C σκόπει, ἀπόκρισις ποτέρα ὀρθοτέρα, ᾧ ὁρῶμεν, τοῦτο εἶναι ὀφθαλμούς, ἢ δι' οὗ ὁρῶμεν ; « Réfléchis : laquelle des deux réponses est la plus juste ? Les yeux, sont-ils ce *par quoi* nous voyons, ou *ce par l'intermédiaire de quoi* nous voyons ? » Platon pose la question suivante : « L'œil *crée*-t-il la vision, ou est-il un *intermédiaire* entre la réalité et nous ? »

Hdt. 1, 69 Κροῖσος ταῦτα δι' ἀγγέλων ἐπεκηρυκεύετο « tel fut le message que Crésus leur transmit par ses députés ».

Thc. 6, 59 ὁ ῾Ιππίας διὰ φόβου ἤδη μᾶλλον ὢν τῶν πολιτῶν πολλοὺς ἔκτεινε « Hippias, étant depuis lors plus craintif, fit mettre à mort de nombreux citoyens ».

§ 514. 2°) Avec l'**accusatif** d'*extension* spatiale et temporelle, διὰ met en lumière la **distance** qui sépare les deux points mesurant l'intervalle. A la différence du génitif qui implique souvent que l'on *traverse* l'intervalle, l'accusatif indique que l'on *se meut* dans l'espace considéré. L'opposition concrète des deux cas apparaît très nettement dans Homère : Λ 118 καρπαλίμως δ'ἤϊξε διὰ δρυμὰ πυκνά « (la biche) bondit rapidement *à travers* les fourrés épais », en face de Δ 481 δι' ὤμου χάλκεον ἔγχος ἦλθεν « la lance de bronze *traversa* l'épaule ». De même que διὰ peut ne pas conserver, au génitif, la valeur d'éloignement qui le justifie, il arrive qu'à l'accusatif la notion de *distance*, propre à ce dernier cas, devienne si vague que le génitif et l'accusatif puissent être employés de façon à peu près *indifférente*. Cependant, il semble que les valeurs **concrètes** ont eu tendance à se fixer au **génitif**, l'accusatif étant de plus en plus réservé aux valeurs *abstraites de* causalité puis, plus tard, de **finalité**. D'ailleurs il y avait, également au *figuré*, contact permanent entre le génitif et l'accusatif : on peut dire à la fois ταῦτα ἐγένετο δι' ἐμοῦ et δι' ἐμέ : mais le premier signifie plutôt « l'affaire m'est passée *entre les mains* » et le second « *c'est grâce à moi* que l'affaire s'est faite » ; on dit couramment δι' ἀγγέλων μηνῦσαι « faire savoir par des messagers », mais jamais *δι' ἀγγέλους μηνῦσαι, parce que le messager n'est qu'un *intermédiaire* à qui on confie un message *sur lequel il n'exerce aucune action personnelle.*

A 600 ὡς ἴδον ῞Ηφαιστον διὰ δώματα ποιπνύοντα « quand ils virent Héphaistos s'affairer dans la demeure (de Zeus) ».

ψ 67 τῶ δι' ἀτασθαλίας ἔπαθον κακόν « voilà pourquoi, à cause de leur folie, il leur est arrivé malheur ».

Eschn. 3, 58 τούτων ἀπεστερήθητε διὰ Δημοσθένην καὶ Φιλοκράτην καὶ τὰς τούτων δωροδοκίας « voilà ce que vous avez perdu du fait de Démosthène, de Philocrate et de leur vénalité ! »

§ 515. De la *causalité* on passait facilement à la *finalité* ; il est probable que la formule interrogative διὰ τί ; « pourquoi ? », par laquelle on demande aussi bien les *raisons* d'un état de choses existant que les *intentions* qui cherchent à le réaliser, a beaucoup contribué à ce glissement de sens. La valeur finale de διὰ, déjà apparente chez Thucydide (2, 89 Λακεδαιμόνιοι διὰ τὴν σφετέραν δόξαν ἄκοντας προσάγουσι τοὺς πολλοὺς ἐς τὸν κίνδυνον « c’est pour leur propre gloire que les Lacédémoniens poussent à la guerre, malgré eux, le plus grand nombre de leurs alliés »), a triomphé en g. m. Rien ne subsiste de la valeur *spatiale* du génitif et de l’accusatif ; γιά issu de διά n’indique que des notions *abstraites*, comme la *raison*, le *but*, la *direction*. Γιά empiète sur l’ancien domaine de ἕνεκα, de εἰς et même peut équivaloir à une véritable proposition *finale* ; c’est une périphrase prépositionnelle, μέσα σὲ (ou ἀνάμεσα σὲ) qui signifie aujourd’hui « à travers ». Quelques exemples montrent cette variété d’emplois : ταξιδεύει γιὰ τὴν χάρα « il voyage *pour* son plaisir » ; φεύγει γιὰ τὴν Ἑλλάδα « il part *pour la* Grèce » ; σπουδάζει γιὰ γιατρός « il travaille pour (devenir) médecin », en face de τρέχει μέσα στὰ δέντρα « il court au milieu des arbres ».

§ 516. ’EN et ’EIΣ. Le grec avait hérité de l’i. e. un locatif, caractérisé par la désinence *i* ou par la désinence *zéro*, d’un thème * *en* signifiant « à l’intérieur de » : on comparera lat. *in*, germ. *in*, lit. *in*. Les divergences dialectales sont considérables : tandis que la plupart des parlers (arcadien, éolien et dorien en général) n’emploient qu’**une seule** *forme* pour exprimer le **mouvement dirigé** et l’**absence de mouvement dirigé**, l’ionien-attique a distingué, par une différenciation formelle, la préposition du mouvement de la préposition de l’immobilité : le contraire de ἐν, c’est-à-dire ἐξ, a donné naissance à une forme *ενς, qui, selon la phonétique de l’ionien-attique, devait aboutir à εἰς (c’est-à-dire *ḗs). Cette innovation n’est pas quelque chose d’unique : on rencontre, à Chypre et en Crète, une forme ἰς spécialisée dans l’expression du mouvement, et qui semble avoir été faite sur ἰν comme εἰς sur ἐν. Sous cette double forme, la préposition était susceptible d’indiquer : 1º) la *position de l’objet*, comportant (ou non) un *mouvement dirigé*, dans une partie *de l’espace* (ἐν et εἰς avec le *génitif partitif*) ; 2º) la *position de l’objet* dans l’espace en général et dans le *temps* (ἐν avec le *datif locatif*) ; 3º) un **changement de position**, *réalisé* ou seulement *conçu*, qui s’oriente vers un **objectif** (εἰς avec l’*accusatif de direction*).

§ 517. 1º De l’ancienne construction partitive de ἐν et de εἰς il ne subsiste en attique (cf. *supra* § 444), que des tournures *stéréotypées*, mais d’ailleurs fort usuelles, pour désigner la **maison** où habite une *personne*, le **temple** où réside un *dieu*. La valeur primitive de cette tournure semble avoir été « du côté de chez, dans les parages de », limitant ainsi une *portion d’espace* : elle apparaît bien dans les expressions, si courantes dans l’épopée : ἐν Ἀίδαο ou εἰς Ἀίδαο « du côté de chez Hadès ». On dit parfois [1] que ἐν Ποσειδῶνος ou εἰς ἐμαυτοῦ « chez Poseidôn », « chez moi » supposent un mot ἱερῷ ou οἶκον « sous-

1. M. DEBRUNNER, rappelant des exemples du même tour, non seulement dans les langues germaniques, mais aussi en grec moderne, comme τρέχει στῆς μάνας του « il court chez sa mère » a repris cette ancienne position, et ne voit dans de tels exemples qu’un fait d’ellipse. (Cf. *Schw.-Deb.*, p. 120.)

entendu » : mais en réalité il s'agit de la conservation d'une tournure *partitive*, d'autant moins surprenante que le génitif partitif pouvait équivaloir, on le sait (§ 443), *à n'importe quel cas de la flexion*.

Plat. *Banq.* 174 A ἐπὶ δεῖπνον εἰς ᾿Αγάθωνος « (je vais) dîner chez Agathon ».

Xén. *Mém.* 3, 13, 3 ἐν ᾿Ασκληπιοῦ « dans le temple d'Asclépios ».

§ 518. 2º Sous la forme ἐν (ἐνὶ en poésie), la préposition indique ce qui se situe *dans l'espace* ou *dans le temps*, **étant exclue par hypothèse toute tendance à sortir de ces conditions.** Au *figuré*, elle traduit ce qui peut apparaître comme un *tout bien défini* — qu'il s'agisse d'un *ensemble de conditions données*, ou de *la sphère d'activité dépendant d'une personne*.

A 14 στέμματ᾿ ἔχων ἐν χερσὶν Ἑκηβόλου ᾿Απόλλωνος « ayant en mains les bandelettes de l'Archer Apollon ».

μ 76 οὐδέ ποτ᾿ αἴθρη κείνου ἔχει κορυφὴν οὔτ᾿ ἐν θέρει, οὔτ᾿ ἐν ὀπώρῃ, « jamais la lumière du soleil n'en baigne la cime, ni en été, ni en automne ».

Thc. 1, 118 ταῦτα ξύμπαντα ὅσα ἔπραξαν οἱ Ἕλληνες πρός τε ἀλλήλους καὶ τὸν βάρβαρον ἐγένετο ἐν ἔτεσι πεντήκοντα μάλιστα μεταξὺ τῆς Ξέρξου ἀναχωρήσεως καὶ τῆς ἀρχῆς τοῦδε τοῦ πολέμου « toutes les opérations que les Grecs dirigèrent contre les Barbares et contre eux-mêmes eurent lieu dans l'espace de cinquante ans environ, entre la retraite de Xerxès et le commencement de cette guerre ».

Thc. 1, 77 ἐν τοῖς ὁμοίοις νόμοις ποιήσαντες τὰς κρίσεις « jugeant dans les limites de lois égales ».

Plat. *Gorg.* 523 B εἰς μακάρων νήσους ἀπιόντα, οἰκεῖν ἐν πάσῃ εὐδαιμονίᾳ « aller dans les Iles des Bienheureux et y vivre dans une parfaite félicité ».

Hdt. 8, 100 οὐδὲν ἐν τοῖσι Πέρσῃσι δεδήληται τῶν πραγμάτων « la situation n'est nullement compromise du fait des Perses (proprement : dans les limites de leur action) ».

§ 519. 3º Sous la forme εἰς (accessoirement ἐς) la préposition implique un **mouvement dirigé** dans l'espace ; mais, si datif et accusatif s'opposent constamment, par exemple dans εἶναι ἐν τῇ πόλει et ἰέναι εἰς τὴν πόλιν, ce serait un tort de ne voir, dans les emplois de εἰς, que la *réplique*, dans le domaine du *mouvement*, des emplois de ἐν. Entre les uns et les autres il n'y a pas moins de différence qu'entre le cas *concret* qu'est le locatif et le cas *abstrait* qu'est l'accusatif : aussi εἰς *est-il beaucoup moins engagé dans le concret que* ἐν ; on sait que la notion de *mouvement* dérive de la notion de *direction abstraite*, fondamentale à l'accusatif. Les exemples suivants montrent comment, de *façon progressive*, la valeur *concrète* de mouvement dans l'espace (ou le temps) peut se vider de sa substance pour ne plus indiquer qu'un simple *rapport* entre deux termes.

A 220 ἂψ δ᾿ ἐς κουλεὸν ὦσε μέγα ξίφος « il remit au fourreau sa grande

épée ». On aurait ici, à l'aide de ἐν, l'exacte contre-partie dans : μέγα
ξίφος κεῖτο ἐν κουλεῷ « la grande épée reposait dans le fourreau ».

Plat. *Gorg.* 526 B εἷς δὲ καὶ πάνυ ἐλλόγιμος γέγονεν εἰς τοὺς ἄλλους
Ἕλληνας « mais un seul homme jouit d'un renom sans pareil parmi les
Grecs ». Il ne s'agit déjà plus d'espace pur, comme ce serait le cas si on
avait ἐν Ἕλλησι : il s'ajoute cette idée que la gloire d'Aristide *touche*
tous les Grecs.

Xén. *An.* 7, 1, 23 οἱ ὁπλῖται ἐν ὀλίγῳ χρόνῳ εἰς ὀκτὼ ἐγένοντο « en
un instant, les hoplites s'alignèrent sur huit (hommes en profondeur) ».
Bien que la manœuvre ait lieu sur le terrain, εἰς est autre chose que
spatial : il traduit l'*intention* du chef qui dispose ainsi ses troupes.

ξ 384 φάτ' ἐλεύσεσθαι ἢ ἐς θέρος ἢ ἐς ὀπώρην « il disait qu'il viendrait pour l'été, ou pour l'automne ». Comme dans l'exemple immédiatement précédent, on *fera en sorte* d'être de retour à telle ou telle saison.

Plat. *Lys.* 205 D ᾄδεις εἰς σαυτὸν ἐγκώμιον « tu te chantes des
louanges à toi-même ».

Plat. *Charm.* 158 A εἰκός σε εἰς πάντα πρῶτον εἶναι « il est normal
que tu sois le premier sous tous les rapports ».

§ 520. Dans l'évolution ultérieure de la langue, l'accusatif *abstrait* l'a
emporté sur le locatif *concret* : de bonne heure, au moins dans les textes
dont la langue est la plus sincère, εἰμὶ ἐν τῇ οἰκίᾳ a tendu à se confondre
avec εἶμι εἰς τὴν οἰκίαν, et le g. m. dit également εἶμαι στὸ σπίτι μου
et πάω στὸ σπίτι μου « je suis, je vais dans ma maison ». Aujour-
d'hui σὲ ou σ', représentant moderne de εἰς, joue dans la langue un
rôle immense : σὲ aide à former les *locutions prépositionnelles*, si nombreuses en g.m., qui ont remplacé la plupart des anciennes prépositions ;
le *datif* lui-même, qui est sorti de l'usage courant, peut être rendu avec
l'aide de σὲ : à côté de μοῦ λέει « il me dit », (et de μὲ λέει, qui est dialectal), on peut dire : λέει σ' ἐμένα « c'est à moi qu'il parle ».

§ 521. ᾿ΕΚ(᾿ΕΞ). Cette préposition, qui se présente sous la forme ἐξ
devant voyelle et ἐκ devant consonne, est ancienne et garantie par
l'accord de lat. *ex*, gall. *eh-*, v. sl. *iz*. La forme ἐκ n'est pas la plus
ancienne : ἐκ est issu de ἐξ dont la double articulation pouvait se
simplifier, du moins en attique, devant une articulation nouvelle : ἐξ
τῆς πόλεως est passé ἐκ τῆς πόλεως, sauf en cypriote (ἐξ ται πτολιϝι).
Mais le fait n'a rien de général : le thessalien, le béotien, l'arcado-
cypriote ignorent la forme ἐκ et chez eux ἐξ passe à ἐς devant consonne
(parfois même devant voyelle), tandis qu'inversement le cypriote
généralise ἐξ, même devant consonne, comme ἐξ ται πτολιϝι (cf.
Lejeune, *Phon.*, p. 277). Elle n'admet qu'**un seul** *cas* — sauf l'innovation
dialectale du cypriote, due à l'influence de son contraire ἐν — qui est le
génitif : mais il est malaisé de préciser quand on a affaire à un *génitif
partitif* — exprimant un *choix* fait sur un ensemble — ou à un *ablatif
de point de départ*, comme lat. *ex*, qui indique le fait de *sortir* de quelque

chose. Les valeurs *concrètes* de ἐκ sont *très voisines* de celles qui ont été précisées à propos de ἀπὸ, et il est souvent impossible de distinguer le fait de **s'éloigner** d'un lieu de celui d'**en sortir**. Au figuré, ἐκ indique la **cause**, l'**instigation**, le **moyen**, la **mesure**. En g. m., ἐκ a été absorbé par ἀπὸ, avec lequel il avait tant de points communs ; c'est seulement dans le dialecte des Iles Ioniennes, que ὀχ, issu de ἐκ, s'est maintenu, au moins jusqu'à l'époque de Solomos (début du XIXᵉ siècle).

O 680 ἐκ πολέων πίσυρας συναείρεται ἵππους « sur beaucoup de chevaux il (en prend et) en attelle quatre ». Peut-être partitif, ainsi que le suivant.

Hdt. 5, 87 μοῦνος ἐξ ἁπάντων « seul entre tous ».

A 269 ἐκ Πύλου ἐλθὼν τηλόθεν ἐξ ἀπίης γαίης « parti de *Pylos*, de cette terre lointaine ». Évidemment ablatif, ainsi que les exemples qui suivent.

Hdt. 9, 8 ἐξ ἡμέρης ἐς ἡμέρην ἀναβαλλόμενοι « remettant de jour en jour ».

Soph. *Ant.* 180 ἐκ φόβου του γλῶσσαν ἐγκλήσας ἔχεις « par l'effet de quelque crainte tu tiens ta langue sous clef ».

B 669 ἐφίληθεν ἐκ Διός « ils furent aimés de Zeus ».

Soph. *Phil.* 563 ἐκ βίας μ' ἄξοντες ἢ λόγοις « avec l'intention de m'emmener par force ou par des paroles persuasives ».

Xén. *An.* 4, 2, 23 ἐκ τῶν δυνατῶν « d'après les possibilités, dans la mesure du possible ».

§ 522. ΈΠΙ. Cette préposition repose peut-être (cf. *Schw.-Debr.* p. 465) sur un thème alternant *epi/*opi/*pi que l'on croit reconnaître, en grec même, dans ὄπι-θεν « derrière » et dans πι-έζω « marcher sur » (cf. lat. *ob*) il y a des chances pour qu'il s'agisse d'un *locatif* ; cependant si, au point de vue du sens, cette hypothèse se justifie bien, on a quelque difficulté à admettre qu'un locatif puisse ainsi attester, outre le degré *e* attendu dans ἐπὶ, en même temps un degré *o* et un degré *zéro*. Quoi qu'il en soit, ἐπὶ exprime avant tout l'image d'un **contact avec une surface** ; si la préposition se construit, comme on dit, avec **trois cas** — *génitif, datif et accusatif* — c'est parce que le contact de l'objet ou du sujet avec la surface considérée se fait sous des modalités différentes liées à la valeur même des cas employés.

§ 523. 1º Le génitif — qui est partitif — comporte, comme il est compréhensible, un *contact* de l'objet avec la surface — *réel*, mais *limité* ; transposé de l'espace au temps, il exprime une période *définie* ; pris en valeur *figurée*, il représente *ce sur quoi on s'appuie* — *conditions d'existence, arguments* sur lesquels se fonde, *particularité* qui est à l'origine d'un nom, *autorité* que le chef imprime à ses troupes, *éléments de base* d'une formation militaire, etc...

Xén. *An.* 4, 3, 28 κελεύει (αὐτοὺς) αὐτοῦ μεῖναι ἐπὶ τοῦ ποταμοῦ « il leur donne l'ordre de rester en place, sur le fleuve ». De cette valeur locale est issu le sens fréquemment attesté de « près de ».

Thc. 2, 15 ἐπὶ Κέκροπος καὶ τῶν πρώτων βασιλέων « du temps de Cécrops et des premiers rois (d'Athènes) ».

Soph. *El.* 1061 (τί) τάδ' οὐκ ἐπ' ἴσας τελοῦμεν ; « (pourquoi) ne m'acquitterais-je pas de ces devoirs dans des conditions égales à toi (= ἐπ' ἴσης μοίρας) ? »

Plat. *Rép.* 597 B βούλει οὖν ἐπ' αὐτῶν τούτων ζητήσωμεν τὸν μιμητὴν τοῦτον, τίς ποτ' ἐστίν ; « Veux-tu que, nous fondant là-dessus, nous cherchions ce que peut être cet imitateur ? »

Hdt. 4, 45 ...ἡ δὲ Ἀσίη ἐπὶ τῆς Προμηθέος γυναικὸς (ἔχει) τὴν ἐπωνυμίην « ...l'Asie doit son nom à la femme de Prométhée ».

Dém. 18, 247 ...διαφθείρειν τοὺς ἐπὶ τῶν πραγμάτων « par ... la corruption des hommes politiques ». Ce tour devient très abondant dans la Κοινή pour indiquer à quoi s'applique l'activité d'un fonctionnaire (type : ὁ ἐπὶ τῶν δεσμῶν « le préposé aux chaînes », c'est-à-dire « le geôlier »).

Thc. 2, 90 ἐπὶ τεσσάρων ταξάμενοι τὰς ναῦς « ayant disposé leurs navires sur la base de quatre (de front) ... ».

§ 524. Le **datif** est d'une interprétation plus difficile, parce que, si la plupart des emplois de ce cas concernent le **locatif**, il est d'autres valeurs qui reposent sur un **datif proprement dit.** Le locatif *situe* simplement l'objet *sur la surface*, sans qu'on se pose la question d'un contact partiel ou total : par ailleurs, le contact est souvent senti comme plus *durable* qu'au génitif, encore que le même auteur puisse parfois passer de l'un à l'autre par simple procédé de style. D'une façon toute différente, c'est le *datif au sens propre* qui explique les valeurs de *faveur* et, plus encore, d'*hostilité* qu'atteste la préposition : le sujet tend à un *contact*, amical ou non, avec l'objet de ses sentiments ; de plus, il a développé, dans le même sens, des emplois si voisins de la *finalité* et de la *consécution* que la préposition et son régime équivalent parfois à une véritable *proposition subordonnée*, finale ou consécutive :

Plat. *Banq.* 212 E καὶ ταινίας ἔχοντα ἐπὶ τῆς κεφαλῆς πάνυ πολλάς « ayant sur la tête des bandelettes en grand nombre » à côté de : ἥκω ἐπὶ τῇ κεφαλῇ ἔχων τὰς ταινίας « me voici avec les bandelettes (d'usage) sur la tête ».

A 55 τῷ γὰρ ἐπὶ φρεσὶ θῆκε θεὰ λευκώλενος Ἥρη « (cette idée de convoquer les Achéens) Héra l'avait mise — et bien ancrée — dans son esprit ».

Thc. 5,79 ἐπὶ τοῖς ἴσοις καὶ ὁμοίοις « sur la base de l'égalité des droits ».

Eur. *I. T.* 197 φόνος ἐπὶ φόνῳ, ἄχεα τ' ἄχεσιν « meurtre après meurtre, douleur après douleur ». Nous disons de même « crime sur crime » pour exprimer une idée d'entassement.

Xén. *Hell.* 2, 4, 32 ἀπήγγελλον οἱ πρέσβεις ἐφ' οἷς οἱ Λακεδαιμόνιοι ποιοῦντο τὴν εἰρήνην « les envoyés rapportèrent les conditions auxquelles les Lacédémoniens faisaient la paix ». Cf. la locution ἐφ' ᾧ τε « à condition que, moyennant que... ».

I 492 ἐπὶ σοὶ μάλα πολλ' ἔπαθον « je me suis donné bien de la peine à ton endroit ».

Thc. 1, 102 τὴν γενομένην ἐπὶ τῷ Μήδῳ συμμαχίαν « l'alliance qui se fit contre le Perse ».

Xén. An. 1, 6, 10 ἔλαβον τῆς ζώνης τὸν Ὀρόνταν ἐπὶ θανάτῳ « ils saisirent Orontas par la ceinture pour le mettre à mort ». Équivaut à : ἵνα θανατῶσιν αὐτόνι

Hdt. 1, 68 ἐπὶ κακῷ ἀνθρώπου σίδηρος ἀνεύρηται « c'est pour le malheur de l'homme que l'on a découvert le fer ». Équivaut à : ὥστε κακὸν γενέσθαι τῷ ἀνθρώπῳ.

§ 525. L'accusatif traduit, à la différence du datif locatif et du génitif partitif, une *prise de contact directe* (et souvent totale) avec une surface : il en souligne l'*extension*, quand il s'agit d'espace, la *durée* quand il s'agit de temps. Susceptible de présenter, avec ἐπὶ, ses valeurs ordinaires — en premier lieu celle de *direction* —, il sert souvent à exprimer le *figuré*, ce qui n'étonne pas du plus abstrait des cas grammaticaux : se vidant de son contenu concret, il peut ne souligner qu'une notion de *rapport*, particulièrement fréquente dans des expressions quasi-adverbiales.

A 12 ἦλθεν ἐπὶ νῆας Ἀχαιῶν «il arriva aux nefs rapides des Achéens».

P 447 ὅσσά τε γαῖαν ἔπι πνείει τε καὶ ἕρπει « tous les êtres qui respirent et marchent sur la surface de la terre ».

λ 577 ὁ δ' ἐπ' ἐννέα κεῖτο πέλεθρα « (Tityos) étendu recouvrait une étendue de neuf arpents ».

Thc. 2, 25 οἱ Ἀθηναῖοι ἐδῄουν τὴν γῆν ἐπὶ δύο ἡμέρας « les Athéniens ravagèrent le pays pendant deux jours entiers ».

Xén. An. 6, 2, 2 ἔνθα λέγεται ὁ Ἡρακλῆς ἐπὶ τὸν Κέρβερον κύνα καταβῆναι « c'est là, dit-on, qu'Héraclès descendit *pour* (maîtriser) le chien Cerbère ».

Soph. Ant. 889 ἡμεῖς γὰρ ἁγνοὶ τοὐπὶ τήνδε τὴν κόρην « nous avons les mains pures *pour ce qui est* de cette fille ».

Thc. 2, 51 ἐπὶ πλέον δὲ ὅμως οἱ διαπεφυγότες τόν τε θνῄσκοντα καὶ τὸν πονούμενον ᾠκτίζοντο « pourtant ceux qui avaient échappé (au mal) avaient davantage (= dans une plus large mesure) pitié des moribonds et des malades ».

§ 526. En grec moderne, rien ne subsiste de cette préposition, si ce n'est la locution prépositionnelle ἀπάνω σὲ « sur », issue de ἐπάνω εἰς. Les valeurs *concrètes* (*approche, extension*) sont rendues par κόντα σὲ ou μέσα σὲ ; tout ce qui ressortissait à la notion de *direction* est allé grossir les emplois de σὲ ; tout ce qui exprimait l'*intention* a été absorbé par γιὰ ; les notions d'*entassement*, de *succession*, de *circonstances accessoires* sont exprimées à l'aide de μὲ.

§ 527. KATA. Cette préposition est pauvrement représentée dans les langues indo-européennes : elle n'a pour sûrs correspondants que *cant* « avec » en vieux gallois et *cat-ta* en hittite [1] : dans cette dernière langue, elle se construit avec *trois* cas : *datif locatif*, au sens de : « parmi, en-dessous, chez, avec » ; *génitif* : « avec » ; *ablatif* : « venant de, descendant de ». Même si on ne fait pas entrer en ligne de compte lat. *cum* et sl. *s*, il semble que la notion fondamentale soit celle de « **avec** » ; une image, commune au grec et au hittite, semble ancienne : celle du *glissement d'un objet qui épouse une surface inclinée* ; aussi bien le v. irl. *cēt* combine, comme préverbe, les sens de « avec, chez, le long de ». On ne s'étonne pas de voir se développer en grec l'idée de *descendre* en suivant pour ainsi dire, à la façon d'un fleuve, l'*inclinaison* du terrain. Elle admet **deux** cas, qui répondent à **trois** fonctions distinctes : 1°) l'accusatif *d'extension* partielle ou temporelle ; 2°) le **génitif** représentant un *ablatif* de point de départ et aussi un véritable génitif *partitif* de contact partiel.

§ 528. 1°) C'est à l'**accusatif** qu'apparaissent de façon la plus complète les deux valeurs fondamentales de κατά en grec : le fait d'*épouser* une surface et de *descendre le fil de l'eau* (κατὰ ῥόον). A côté des significations *concrètes* : *à travers, en descendant de, dans le même temps que*, les principaux sens abstraits sont les suivants : *d'après* (cf. pour l'image lat. *secundum* et fr. *suivant*), *en raison de, par* (au sens distributif : on peut descendre une série numérique aussi bien que la remonter), *dans les conditions de...*

Hdt. 3, 109 ἔχιδναι κατὰ πᾶσαν τὴν γῆν εἰσι « il y a des vipères sur toute la terre ».

Hdt. 4, 44 ἔπλεον κατὰ ποταμόν « ils naviguaient en descendant le fleuve ».

Xén. *Mém.* 3, 5, 10 τῶν καθ' ἑαυτοὺς ἀνθρώπων ἀριστεύσαντες « s'étant distingués parmi les hommes de leur temps ».

Plat. *Gorg.* 483 E κατὰ φύσιν τὴν τοῦ δικαίου ταῦτα πράττουσι « ils agissent ainsi d'après la nature (véritable) du Droit ».

Isocr. 17, 4 ἐξέπεμψεν ἅμα κατ' ἐμπορίαν καὶ κατὰ θεωρίαν « il l'envoya à la fois pour des raisons d'affaires et de religion ».

Hdt. 6, 79 ἄποινα... δύο μνέαι τεταγμέναι κατ' ἄνδρα αἰχμάλωτον ἐκτίνειν « comme rançon... on avait fixé le taux de deux mines à payer par prisonnier ».

Hdt. 1, 124 κατὰ τάχος « dans des conditions de rapidité, rapidement ». La préposition est presque vidée de son sens propre : on comparera σὺν τάχει, ἐν τάχει, μετὰ τάχους, etc.

§ 529. 2°) Le **génitif-ablatif** a donné à la préposition la signification *concrète* de : *en descendant à partir de*, impliquant ainsi un *point de départ* sur la surface descendante que l'on suit. Au *figuré*, il exprime *ce dont il est question* : pour la filière de sens, on comparera lat. *de*, qui

1. Cité par *Schw.-Deb.*, p. 474, note 2.

signifie également « *du haut de* » (*de monte descendere*) et « *au sujet de* » (*de re publica*) ; de part et d'autre on a bien affaire à un *ablatif*.

A **44** βῆ δὲ κατ' Οὐλύμποιο καρήνων « elle descendait des cimes de l'Olympe ».

Xén. *Cyr.* 1, 2, 16 ταῦτα μὲν δὴ κατὰ πάντων Περσῶν ἔχομεν λέγειν « voilà ce que nous avons à dire des Perses pris dans leur ensemble ».

§ 530. 3° Le génitif est, au contraire, un génitif proprement dit et de nature partitive quand il comporte une *prise de contact limitée* avec une surface descendante. Au sens *concret*, cette prise de contact partielle entraîne souvent la *pénétration de la surface*. Au *figuré*, les rites du *serment*, qui comportent un contact avec l'*objet sur lequel on jure* ont développé le sens de *jurer sur* ou *par* ; quant au sens de *contre*, fréquemment attesté dans la langue des tribunaux, il s'explique parce que l'on fait, pour ainsi dire, porter le *poids* de l'accusation(ou de la sentence) sur l'adversaire(ou sur le coupable).

Xén. *An.* 4, 7, 14 ἀμφότεροι ᾤχοντο κατὰ τῶν πετρῶν φερόμενοι « ils furent l'un et l'autre emportés dans leur chute contre les rochers ».

Soph. *Ant.* 24 κατὰ χθονὸς ἔκρυψε » elle a enseveli (le corps) sous la terre ». On passe facilement de l'*action de faire entrer* dans *au résultat*, qui est d'*être* sous : ainsi Xén. *Cyr.* 4, 6, 5 τὸν κατὰ γῆς « celui qui est sous terre », c'est-à-dire le mort qu'on a enseveli.

Lys. 32, 13 οὐδ' οὕτω περὶ πολλοῦ ποιοῦμαι χρήματα ὥστ' ἐπιορκήσασα κατὰ τῶν παίδων τῶν ἐμαυτῆς τὸν βίον καταλιπεῖν « je ne suis pas assez attachée à l'argent pour quitter la vie en ayant sur la conscience un faux serment prêté sur la tête de mes propres enfants ».

Soph. *Phil.* 65 λέγων ὅσ' ἂν θέλῃς καθ' ἡμῶν ἔσχατ' ἐσχάτων κακά « disant contre nous tout ce que tu veux — les pires horreurs ».

En grec moderne, κατὰ ne s'est guère maintenu qu'au *figuré*, dans des *expressions toutes faites*, qui sont plus ou moins d'origine savante, κατὰ Ματθαῖον « selon Matthieu », ou κατ' ἀνατολήν « au levant ». En valeur *concrète* seul subsiste le sens de *vers* : τὸ βαπόρι πήγαινε κατὰ τὸ λιμάνι « le vapeur se dirigeait vers le port » ; mais, d'une façon générale ce sont des locutions prépositionnelles qui expriment aujourd'hui *le long de, dans* ou *sous*.

§ 531. META. La préposition μετὰ, qui n'a de correspondant qu'en germanique (got. *mip*, all. *mit*), ne peut, faute d'un troisième témoignage nécessaire, être considérée comme remontant sûrement à l'indo-européen[1]. De plus, l'existence d'un synonyme πεδὰ sur une aire dialectale assez vaste — et soutenu par le témoignage de l'arménien —, ne contribue pas à simplifier la question. Quoi qu'il en soit, le sens primitif de μετὰ semble bien être : « **entre, parmi** », qui est d'ailleurs attesté par le grec homérique. Μετὰ peut se construire avec trois cas : 1°) le datif *locatif*, qui situe l'objet *parmi* d'autres ; 2°) le génitif *partitif*, qui précise la

---

1. Les exemples « illyriens », cités dans *Schw.-Deb.* (p. 481), sont d'une interprétation trop incertaine pour pouvoir être invoqués à cet effet.

position de l'objet *comme faisant partie d'un tout* ; 3°) l'accusatif *de direction*, qui indique que l'objet va *s'agréger à un groupe*.

§ 532*. 1°) Le *datif locatif* n'est plus employé que chez Homère ou dans la langue poétique : il signifie le plus souvent : «*au milieu de, parmi*». Cependant, déjà dans les textes les plus anciens, il subit vivement la concurrence du génitif partitif et, comme ce dernier cas, prend le sens de « avec ». Il est probable que ce sont des expressions *militaires* telles que μετὰ Τρωσὶ μάχεσθαι « combattre dans les rangs des Troyens » d'où, par conséquence, « combattre *avec* eux », qui ont favorisé le glissement de sens vers l'idée d'*accompagnement*.

Π 15 ζώει δ' Αἰακίδης Πηλεὺς μετὰ Μυρμιδόνεσσι « Pélée l'Éacide est en vie au milieu de ses Myrmidons ».

Ι 352 ὄφρα δ' ἐγὼ μετ' Ἀχαιοῖσιν πολέμιζον «tant que je combattais *au milieu des* Achéens (autrement dit : *avec* les Achéens ») doit être comparé à Ν 700 μετὰ Βοιωτῶν ἐμάχοντο « ils combattaient *au milieu des* Béotiens ».

§ 533. 2°) Le sens de « **avec** », qui est secondaire, a fini par absorber presque complètement l'ancienne valeur de « parmi ». Le sens partitif a achevé de se dissoudre, et la notion d'*accompagnement* a évincé la première en attique : c'est seulement chez Homère qu'on trouve encore des exemples de μετὰ, au sens *concret*, et équivalant à « parmi ». La valeur d'accompagnement se prêtait également à exprimer le *figuré* : dans des expressions telles que μετ' ὀργῆς « en colère », la préposition se vide de tout sens précis et ne signifie plus que : *dans des conditions de*.

Plat. *Rép.* 359 Ε καθήμενον μετὰ τῶν ἄλλων « assis au milieu des autres ». On peut se demander si on a le droit de traduire ainsi, tant les exemples du sens primitif sont devenus exceptionnels en attique ; il faut peut-être entendre, suivant le sens le plus courant : « assis avec les autres ».

Plat. *Rép.* 330 Α γῆρας μετὰ πενίας « la vieillesse, qui s'accompagne de pauvreté ».

Plat. *Ap.* 34 C μετ' ὀργῆς « avec colère, en s'irritant ».

§ 534. 3° L'*accusatif de direction* indique que l'on *entre* (ou *fait entrer*) *dans un groupe* : fréquemment la notion de *direction* prédomine à un point tel qu'elle rejette dans l'ombre la considération du *groupe* auquel on vient s'adjoindre ; mais, ainsi que chacun sait, le seul sens constant de μετὰ avec l'accusatif est celui de « **après** ». Il est malaisé de faire des hypothèses vraisemblables sur le glissement de sens qui a amené μετὰ au sens de « *après* ». Cependant il semble que la notion de *voisinage* possède des affinités particulières avec celle de *succession* : en français même, la préposition *après* sort de la périphrase *ad pressum* « tout contre ». De plus il existe en arcadien, en lesbien, en thessalien et, partiellement, en dorien, un doublet πεδὰ, nettement apparenté au thème du *pied* (*pod *ped) qui, comme sa correspondance arménienne *yet*, peut exprimer la *succession*. Il n'est pas interdit de supposer que le «grec commun» a disposé de ces deux prépositions, et que πεδά suivi de l'accusatif exprimait, par lui-même, comme *yet* en arménien, l'idée de *postériorité*, μετά indiquant l'*accompagnement* : ensuite les dialectes auraient opté, soit pour μετά, soit pour πεδά, et la forme choisie aurait naturellement été chargée d'exprimer les notions rendues séparément par μετά et par πεδά. Si μετά indique, de façon *concrète*, la succession dans le temps, il peut rendre aussi, au *figuré*, une *intention* qui oriente un mouvement, ou une *comparaison* (qui fait passer un objet *après* tel autre).

Γ 264 ὅτε δή ῥ' ἵκοντο μετὰ Τρῶας καὶ Ἀχαιούς « quand ils furent arrivés au milieu des Troyens et des Achéens ».

Κ 73 αὐτὰρ ὁ βῆ ῥ' ἰέναι μετὰ Νέστορα « il se mit en route pour aller trouver Nestor ».

Plat. *Rép.* 537 B μετὰ τοῦτον τὸν χρόνον « après ce temps-là ».

Hymn. Dém. 106 ἐρχόμεναι μεθ' ὕδωρ « allant chercher de l'eau ».

Hdt. 4, 53 ποταμός... μέγιστος μετὰ Ἴστρον « le fleuve... le plus important après le Danube ».

En grec moderne, μὲ issu de μετά sert toujours à exprimer l'*accompagnement* ; mais, en outre, on l'emploie aussi à traduire l'*instrument* dont on se sert (cf. *mit* en all.) : on dit également χτυπῶ μὲ τὸ μπαστούνι « je frappe *avec* ma canne » et περπατῶ μὲ τὸ μπαστούνι « je me promène *avec* ma canne ». Au contraire, l'idée de *succession* est rendue par la périphrase prépositionnelle ὕστερα ἀπό : ὕστερα ἀπὸ τὸν πόλεμο « *après* la guerre ».

§ 535. ΠΑΡΑ. Les trois prépositions παρά, περί, πρό, qui se succèdent dans l'ordre alphabétique, se rattachent à un même thème i. e. **perə* « devant » (cf. Meill. *Intr.* p. 350) : si παρά (et encore plus son doublet παραί, qui n'est pourtant pas particulier au grec, puisqu'on le retrouve dans lat. *prae* et osq. *prai*) est de formation obscure, un *locatif* à vocalisme *e* attendu se laisse reconnaître dans περί, dont la désinence positive alterne avec la désinence zéro de lat. *per*, tandis que πρό repose sans doute sur un *instrumental-ablatif* en *ŏ*, largement représenté dans les langues indo-européennes, avec le même degré réduit du thème que l'on reconnaît dans le génitif πάρος (= **pŏr-os* ; cf. *ci-dessous* § 565). Παρά admet trois cas : 1°) le génitif (ablatif) de point de départ ; 2°) le datif (locatif) de position spatiale ; 3°) l'accusatif, dans ses valeurs de direction et d'extension.

§ 536. 1°) Suivi du génitif (*ablatif*), παρά signifie « de devant, de chez » au sens *concret* ; les valeurs *abstraites* sont nombreuses et indiquent, en particulier, un *objet*, un *agent* qui sont à l'*origine* d'une action ou d'un état.

Λ 1 Ἠὼς δ' ἐκ λεχέων παρ' ἀγαυοῦ Τιθωνοῖο ὤρνυθ' « l'Aurore sortait de sa couche, d'auprès du radieux Tithon ».

Xén. *Cyr.* 6, 1, 42 τὰ παρὰ σοῦ λεγόμενα « les paroles qui viennent de toi ».

Hdt. 7, 182 ταῦτα οἱ Ἕλληνες πυνθάνονται παρὰ πυρσῶν « les Grecs apprennent ces nouvelles par des signaux à feu ».

§ 537. 2° Au datif *locatif*, c'est l'idée de *proximité* qui l'emporte au propre. Au figuré, παρὰ indique souvent : « *à la disposition de, aux yeux de* ».

Xén. *Cyr.* 1, 2, 8 οὐ παρὰ μητρὶ σιτοῦνται οἱ παῖδες « ce n'est pas auprès de leur mère que sont nourris les garçons ».

Xén. *Mém.* 3, 13, 3 τὸ παρὰ σοὶ ὕδωρ « l'eau qui est à ta disposition ».

Hdt. 1, 86 τοὺς παρὰ σφίσι αὐτοῖσι δοκέοντας ὀλβίους εἶναι « ceux qui, à leurs propres yeux, croyaient être des gens heureux ».

§ 538. 3°) L'accusatif exprime la *direction* et l'*extension*, c'est-à-dire *aller auprès de* quelqu'un ou *dans le voisinage* de quelque chose, ou bien *se trouver le long de*. Les acceptions figurées sont nombreuses : arriver *dans les parages* du but, c'est avouer qu'on ne l'a pas atteint, d'où le sens de : frapper *à côté, contrairement à, autrement que, il s'en faut de*. Le *parallélisme* qui est impliqué dans le sens de : le *long de*, a donné un certain développement aux valeurs de : *sous la dépendance de, en comparaison de*.

Xén. *An.* 4, 3, 27 ὁ Χειρίσοφος πέμπει παρὰ Ξενοφῶντα τοὺς πελταστάς « Chirisophe envoie ses peltastes auprès de Xénophon ».

Xén. *An.* 1, 2, 13 ἦν παρὰ τὴν ὁδὸν κρήνη... « il y avait en bordure de la route une source... ».

Esch. *Suppl.* 454 παρὰ γνώμην ἐμήν « contre mon attente ».

Thc. 8, 76 παρ' ἐλάχιστον δὴ ἦλθε τὸ Ἀθηναίων κράτος τῆς θαλάσσης ἀφελέσθαι « peu s'en fallut que (Samos) n'arrachât à Athènes son empire maritime ».

Isocr. 6, 52 ὡμολογεῖτο παρὰ τοῦτον γενέσθαι τὴν σωτηρίαν αὐτοῖς « les gens s'accordaient pour penser que de lui dépendait leur salut ».

Xén. *Mém.* 1, 4, 14 παρὰ τὰ ἄλλα ζῷα ὥσπερ θεοὶ οἱ ἄνθρωποι βιοτεύουσιν « comparés aux autres êtres vivants, les hommes vivent comme des dieux ».

En grec moderne, ἀπὸ s'est substitué à παρὰ pour indiquer le *point de départ* et κοντὰ σὲ exprime la *proximité* ; παρὰ n'apparait guère que dans des *expressions à demi figées* (et d'origine plus ou moins savante) comme ἕξι παρὰ τέταρτο « six heures moins le quart », ou παρὰ τὴ θελήση μου « contrairement à ma volonté ».

§ 539. ΠΕΡΙ. On peut penser que περὶ a exprimé primitivement le fait d'*entourer complètement,* par opposition à ἀμφί, qui représente l'objet comme *enserré de deux côtés à la fois*. Mais la différence de sens n'était pas grande, et on s'explique que ἀμφί ait disparu de bonne heure à l'avantage de περὶ. Περὶ admet à la fois le **génitif** *partitif* de limitation

dans l'espace, le datif *locatif* de situation (non limitative) dans l'espace,
enfin l'**accusatif** de direction et d'extension spatiales confondues.

§ 540. 1º) Avec le **génitif** *partitif*, περί indique que l'objet qui en
entoure complètement un autre n'occupe qu'une *portion limitée d'espace :*
en principe, il ne devrait s'agir que d'un investissement *immédiat.* Mais,
comme il arrive souvent, la limitation dans l'espace n'est plus sentie de
façon concrète, et pratiquement, au moins au propre, *il n'y a guère de
différence entre le génitif* (partitif) et le *datif* (locatif). Des valeurs
figurées se sont développées au départ du sens concret, telles que :
au sujet de, pour la défense de.

ε 68 ἡ δ' αὐτοῦ τετάνυστο περὶ σπείους γλαφυροῖο ἡμερὶς ἡβώωσα « là
on voyait s'étirer, autour de la caverne creuse, une vigne luxuriante ».

Thc. 4, 22 λέγοντες καὶ ἀκούοντες περὶ ἑκάστου « parlant et écoutant
(les objections) au sujet de chaque article ».

M 243 εἷς οἰωνὸς ἄριστος ἀμύνεσθαι περὶ πάτρης « un seul présage
est bon, c'est de se battre pour sa patrie ».

§ 541. 2º) Le **datif** *locatif* indique, au sens *concret*, la *situation dans
l'espace* autour ou dans les alentours d'un objet considéré : en ce sens,
il est assez rare en prose, du fait de la concurrence victorieuse du
génitif partitif, dont une nuance de sens très ténue le sépare. En attique,
il est représenté surtout par des significations *abstraites — à cause de,
du fait de* — et est spécialisé dans l'expression des *sentiments.*

Σ 453 μάρναντο περὶ Σκαιῇσι πύλῃσι « ils combattaient autour de la
Porte Scées ».

Thc. 1, 60 δεδιότες περὶ τῷ χωρίῳ « ayant des craintes pour cette
place ».

Pind. *Pyth.* 5, 58 λέοντες περὶ δείματι φύγον « de terreur les lions
s'enfuyaient ».

§ 542. 3º) En principe, l'**accusatif** *de direction* exprime le *mouvement
fait pour enserrer* l'objet ; il est difficile d'en distinguer l'*accusatif d'extension*, qui indique, à la différence du génitif et du datif, non plus
l'idée de : *autour*, mais celle de : *tout autour de* et même, de façon plus
vague : *à travers*. Les sens *figurés* sont nombreux : ils expriment
l'*approximation* ; la signification concrète de la préposition peut même
se vider au point que περί n'exprime plus qu'un *simple rapport* (Cf.
§ 525).

Thc. 2, 23 ἀπέστειλαν τὰς ἑκατὸν ναῦς περὶ Πελοπόννησον « ils
envoyèrent les cent navires (en question) autour du Péloponnèse ».

Hdt. 7, 131 περὶ Πιερίην διέτριβε ἡμέρας συχνάς « il passa quelques
jours de suite (à circuler) à travers la Piérie ».

Xén. *An.* 1, 7, 1 περὶ μέσας νύκτας « aux environs de minuit », ou Xén.
Hell. 2, 4, 5 περὶ ἑπτακοσίους « environ sept cents ».

Xén. *An.* 3, 2, 20 ἤν τι περὶ ἡμᾶς ἁμαρτάνωσι, περὶ τὰς ἑαυτῶν ψυχὰς καὶ σώματα ἁμαρτήσονται « s'ils cherchent à nous nuire, c'est à leur vie à eux et à leurs propres personnes qu'ils nuiront ».

Remarque. — On peut voir des traces de *génitif-ablatif* (cf. § 535) dans quelques passages homériques où περὶ signifie « (passer) avant », comme en A 287 ἀλλ' ὅδ' ἀνὴρ ἐθέλει περὶ πάντων ἔμμεναι ἄλλων « cet homme-là veut être avant tous les autres ».

Rien ne subsiste de περὶ en g. m. : *autour de* (au sens *concret*) se rend par la locution prépositionnelle γύρω σὲ. Au figuré, *au sujet de* est exprimé par ἀπάνω σὲ « sur » et, si une nuance d'*intérêt personnel* intervient, par γιὰ : ainsi dit-on πέθανε γιὰ τὴν πατρίδα « il est mort pour le pays », à côté de ἕνα βιβλίο ἀπάνω στὴν Ἑλλάδα « un livre sur la Grèce ».

§ 543. ΠΡΟ. Cette préposition, qui signifie **devant** dans le domaine de l'*espace* et **avant** dans le domaine du *temps*, se construit seulement, du moins en attique, avec le génitif-*ablatif* : πρὸ πόλεως signifie exactement « en avant *en partant* de la ville ». Quant aux valeurs *figurées*, elles sont très voisines de celles qui ont été indiquées pour ἀντὶ (§ 510) : *dans l'intérêt de, de préférence à*. Dans le grec d'aujourd'hui, πρὸ n'a conservé quelque vitalité qu'au sens *temporel*, dans des *expressions stéréotypées* d'origine savante, mais employées couramment : ἦρθε πρὸ τριῶν χρόνων « il est venu avant trois ans », c'est-à-dire « il y a trois ans ». Au contraire, au sens spatial, on use de la locution prépositionnelle μπροστὰ σὲ : *devant*, et γιὰ rend l'idée de : *dans l'intérêt de*.

Thc. 3, 51 Μινώαν τὴν νῆσον ἣ κεῖται πρὸ Μεγάρων « l'île Minoa qui est située devant Mégare ».

Thc. 1, 97 τὰ πρὸ τῶν Μηδικῶν Ἑλληνικά « l'histoire de la Grèce avant les guerres médiques ».

Xén. *Cyr.* 4, 5, 44 οὔτε ἐγὼ ἀρκέσω πράττων τι πρὸ ὑμῶν « il ne me suffira pas de faire quelque chose pour vous ».

Plat. *Banq.* 179 A πρὸ τούτου τεθνάναι ἂν πολλάκις ἕλοιτο « à cela il préférerait mille fois la mort ».

§ 544. ΠΡΟΣ. Cette préposition, dont la valeur fondamentale est assurée (cf. § 535), fait cependant difficulté parce qu'elle présente dans les dialectes des formes variées et même des synonymes qui supposent une autre étymologie (cf. *Schw. Deb.* p. 508) : si πρὸς est ionien-attique et lesbien, προτὶ est homérique à côté de crét. πορτὶ ; ποτὶ est courant en dorien ; πρὲς se rencontre en éolien, περτὶ en pamphylien, πὸς en arcadien et en cypriote, sans parler d'une forme ποὶ, attestée çà et là en éolien et en dorien. Il est en tout cas certain que les formes homérique, crétoise et pamphylienne supposent un thème *pre/oti que l'on retrouve dans skr. *práti* « vers », v. sl. *protivъ* « contre », et que ποτὶ s'apparente à vx. perse *patiy* « contre ». Cette préposition se construit avec trois cas : 1°) le génitif (*ablatif*) de point de départ ; 2°) le datif (locatif) de position spatiale ; 3°) l'accusatif de direction.

§ 545. 1°) Le génitif n'est pas fréquemment employé, au sens *concret*
de « *devant, venant de* », sauf pour indiquer la *position géographique* ou
l'orientation d'un *lieu* ; en revanche, il est souvent attesté, au figuré,
pour exprimer l'*origine, l'agent* (considéré comme le *point de départ de
l'action*), la personne — divine ou humaine — de qui on réclame l'*assis-
tance* ou dont on tient *certains pouvoirs.*

Hdt. 3, 101 οἰκέουσι πρὸς νότου ἀνέμου « ils habitent au (= du côté
du) vent du Sud ».

Plat. *Théét.* 173 D πρόγονοι ἢ πρὸς ἀνδρῶν ἢ πρὸς γυναικῶν « des
ancêtres, soit du côté des hommes, soit du côté des femmes ».

Hdt. 1, 61 δεινόν τι ἔσχε ἀτιμάζεσθαι πρὸς Πεισιστράτου « il prit
fort mal le fait d'être offensé par (= venant de) Pisistrate ».

A 239 δικασπόλοι, οἵ τε θέμιστας πρὸς Διὸς εἰρύαται « les juges qui,
de par Zeus, conservent les lois ».

λ 66 (γουνάζομαι) πρός τ' ἀλόχου καὶ πατρός « (je te supplie) par ton
épouse et par ton père ».

§ 546. 2°) Le datif indique qu'un objet se trouve *en face* d'un autre
objet. Au sens *abstrait*, le datif implique, soit que l'objet en question
vient *s'adjoindre* à des objets antérieurement existants, soit que l'objet
se place *devant* la pensée, qui lui consacre toute son attention :

Thc. 2, 79 ἐς μάχην καθίστανται οἱ Ἀθηναῖοι πρὸς αὐτῇ τῇ πόλει « les
Athéniens se rangent en ligne de bataille en face même de la ville ».

Thc. 4, 87 οὐκ ἂν μείζω πρὸς τοῖς ὅρκοις βεβαίωσιν λάβοιτε « vous ne
sauriez recevoir une plus haute garantie en plus des serments ».

Plat. *Phéd.* 84 C πρὸς τῷ εἰρημένῳ λόγῳ ἦν « il était tout à l'argument
exposé ».

§ 547. 3°) Avec l'accusatif, πρὸς signifie qu'*on se porte* (ou qu'on *porte
l'objet*) *en face de...* Il peut s'agir, au *propre*, d'un *mouvement* effectif
qui, par exemple, porte *vers* (ou *contre*) quelqu'un ; mais cette démarche
sous une forme de plus en plus *abstraite*, peut devenir une *intention*, un
accord, une *comparaison* (qui implique un rapprochement), ou même
un *simple rapport* (établi entre deux termes vis-à-vis).

A 420 εἶμ' αὐτὴ πρὸς Ὄλυμπον « je m'en vais moi-même vers
l'Olympe ».

Thc. 1, 18 ἡ μάχη Μήδων πρὸς Ἀθηναίους « la bataille des Perses contre
les Athéniens ». (Cf. en latin les sens de *aduersus*.)

Isocr. 16, 27 οἱ πολῖται πρὸς ἀνδρίαν ἐπαιδεύθησαν « c'est dans le sens
de la vaillance qu'a été faite l'éducation des citoyens ».

Hdt. 1, 38 πρὸς τὴν ὄψιν ταύτην τὸν γάμον τοι τοῦτον ἔσπευσα « c'est
pour (répondre à l'avertissement de) cette vision que j'ai hâté ton mariage ».

Thc. 1, 10 πολλὴν ἂν οἶμαι ἀπιστίαν τῆς δυνάμεως ...πρὸς τὸ κλέος
αὐτῶν εἶναι... « je pense qu'on aurait beaucoup de peine à croire à la
puissance (de Sparte) ...par rapport à sa réputation ».

Plat. *Hipp. Maj.* 295 D τὸ ὅλον σῶμα οὕτω λέγομεν καλὸν εἶναι, τὸ μὲν πρὸς δρόμον, τὸ δὲ πρὸς πάλην « nous disons que, dans ces conditions, le corps dans son ensemble est bien doué, tantôt pour la course, tantôt pour la lutte ».

Πρὸς n'a conservé en g. m. que les valeurs qui relevaient de l'*accusatif* : κοιτάζει πρὸς τὸ λιμάνι « il regarde vers le port » ou πάει πρὸς τὸ σπίτι « il va vers la maison ».

§ 548. ΣΥΝ. Des deux formes attestées en attique ξύν et σύν, la première est certainement la plus ancienne ; la seconde est due à une simplification phonétique du groupe occlusive + sifflante : on trouve de même , dans les inscriptions attiques σώχειν pour ψώχειν et σύλον pour ξύλον (cf. Lejeune *Phon.*, p. 63). A part cet accident, la préposition présente la même forme dans tous les dialectes (sauf que le cypriote semble l'avoir réduite, du moins en premier terme de composé, à ὑν : ὕγγεμος· συλλάβη ·Σαλαμίνιοι. Hésych.). Rien ne semble correspondre à σύν en dehors du grec. Le datif, qui est sa seule construction, représente un *instrumental-comitatif*.

Quand elle s'applique à des *personnes,* σύν indique le fait d'*accompagner* quelqu'un, soit au sens propre, soit au sens figuré (par exemple : « soutenir la cause de, assister ») ; s'appliquant à des *choses,* elle désigne les *circonstances* qui accompagnent l'action, et souvent équivaut à un *adverbe* plus expressif. Attachée au seul datif, la préposition σύν a disparu, comme le cas dont elle était solidaire : il n'en subsiste plus, en grec moderne, que des expressions stéréotypées : σὺν θεῷ « à la grâce de Dieu » ou σὺν γυναιξὶ καὶ τέκνοις « avec femmes et enfants ».

Γ 206 ἤλυθε δῖος Ὀδυσσεύς ...σὺν Ἀρηϊφίλῳ Μενελάῳ « il vint le divin Ulysse... avec Ménélas chéri d'Arès ».

Υ 192 ἐγὼ τὴν πέρσα μεθορμηθεὶς σὺν Ἀθήνη « je me suis jeté sur cette ville et l'ai dévastée, avec l'aide d'Athéna ».

Soph. *El.* 872 τὸ κόσμιον μεθεῖσα σὺν τάχει μολεῖν « oubliant les bienséances pour venir avec rapidité ».

§ 549. Des deux prépositions opposées (et complémentaires) ὑπό/ὑπὲρ c'est la première qui doit être d'abord étudiée : ὑπὲρ est à ὑπὸ dans le même rapport que *sup-er* à *sub* ou que *int-er* à *in.* Il semble que **upó* désigne ce qui est *sous* une surface — comme on a vu plus haut que ἐπὶ concerne ce qui est *sur* une surface : l'objet ainsi situé peut être représenté comme adhérent à la surface *inférieure* (ou *intérieure*) ; ainsi « sous les pieds » comme « sous la peau ». Avec un *ablatif,* le sens est naturellement : « de dessous » : cette valeur a favorisé le développement d'une signification nouvelle, apparemment paradoxale, et qui indique l'idée de *remonter* : si bien que v. h. a. *ūf* signifie *sur,* c'est-à-dire précisément le contraire de ὑπό. Pour rendre la notion opposée de « dessus », l'indo-européen avait déjà utilisé le suffixe **er,* qui implique l'*opposition* de deux termes : de même le skr. a *upári,* en face de *úpa,* le vx.

pers. *upáriy* en face de *upā*, le got. *uƒar* en face de *uƒ*. Cette même
valeur d'opposition apparaît d'ailleurs en dehors des prépositions et
préverbes : le pilon (ὕπερος) est défini par rapport au mortier qu'il
domine, comme les cordages d'antenne (ὑπέρα) le sont par rapport à
l'embarcation elle-même.

§ 550. ῝ΥΠΟ. Elle se construit avec trois cas représentant **quatre**
constructions différentes : 1°) le datif (locatif), qui, *sans autre détermination*, situe l'objet *sous* une surface (ou sous un autre objet) ; 2°) le
génitif (partitif), qui situe l'objet comme n'occupant qu'*une partie*
d'une surface inférieure ; 3°) l'accusatif de direction, qui montre l'objet
allant *se fixer* sous une surface, ou celui d'extension, qui se représente
l'objet comme s'*étendant en-dessous* ; 4°) enfin, à l'état de traces et chez
le seul Homère, un **génitif** (ablatif) qui donne à ὑπό le sens de : « de
desscus ».

§ 551. 1°) Le datif indique que la position occupée par l'objet est
inférieure, au propre comme au figuré. Pratiquement, la différence
entre la position définie plus précisément par le *génitif* partitif et la
position simplement située dans l'espace par le locatif est *négligeable*,
du moins au propre : on peut dire à peu près indifféremment κεῖται ὑπὸ
γῆς « il repose sous la terre » et κεῖται ὑπὸ γῆ. Cependant le datif locatif
est plus *concret* et, de ce fait, plus *expressif* : pour indiquer la position
d'une ville au pied d'une montagne, le datif est le plus usité ; et c'est
sans doute cette valeur plus *concrète* du datif qui fait que les poètes et
certains écrivains qui subissent leur influence préfèrent la construction
de ὑπό avec le *datif* à celle du *génitif* pour exprimer le complément du
passif. D'une façon générale, le datif rend, au figuré, l'idée de *dépendance* — en particulier celle de *l'élève* au *maître* et du *sujet* au *souverain*.

Xén. *An.* 3, 4, 24 διὰ γηλόφων ὑψηλῶν... οἳ καθῆκον ἀπὸ τοῦ ὄρους ὑφ'
ᾧ ἦν ἡ κώμη « (une route) qui passait par de hautes collines ...qui dépen-
daient de la montagne au pied de laquelle était le village ».

Hdt. 1, 94 Λυδοὶ ὑπὸ Πέρσῃσι ἐδεδούλωντο « les Lydiens restèrent
dès lors sous le joug des Perses » en face de Hdt. 1, 174 Κᾶρες... ἐδουλώ-
θησαν ὑπ' Ἁρπάγου « les Cariens... furent réduits en esclavage par
Harpage ».

Plat. *Rép.* 391 C ὑπὸ τῷ σοφωτάτῳ Χείρωνι τεθραμμένος « élevé sous
la conduite du prudent Chiron ».

Xén. *Cyr.* 8, 1, 6 οἱ κατὰ τὴν Ἀσίαν ὑπὸ βασιλεῖ ὄντες « ceux qui en
Asie sont sous la dépendance du Grand Roi ».

§ 552. 2°) Avec le **génitif**, les emplois *figurés* sont beaucoup plus
nombreux et la préposition perd facilement sa signification concrète,
ce qui n'est jamais le cas au datif locatif : ὑπό, qui indique essentiellement la *pression* qu'une *cause* exerce *sur la réalité*, introduit le complément d'un verbe *passif* ou *intransitif* ; même, sans qu'aucune idée

verbale intervienne, ὑπὸ sert à rendre la *cause* — qu'elle soit extérieure ou intérieure au sujet. Les exemples suivants ont été rangés dans un ordre d'*abstraction croissante* :

Plat. *Ap*. 48 B τὰ ὑπὸ γῆς « ce qui est sous la terre ».

Thc. 5, 70 ἡ ξύνοδος ἦν, ᾿Αργεῖοι μέν ...ἐντόνως καὶ ὀργῇ χωροῦντες, Λακεδαιμόνιοι δὲ βραδέως καὶ ὑπὸ αὐλητῶν πολλῶν « le choc eut lieu — les Argiens... chargeant vigoureusement et impétueusement, les Lacédémoniens lentement et accompagnés de nombreux joueurs de flûtes ».

Plat. *Banq*. 175 B νομίζοντες καὶ ἐμὲ ὑφ' ὑμῶν κεκλῆσθαι « avec l'idée que c'est moi qui ai été invité par vous ». On comparera, pour mesurer la différence entre le génitif abstrait et le datif concret, avec Hdt. 1, 94 (§ précédent).

Plat. *Ap*. 17 A αὐτὸς ὑπ' αὐτῶν ὀλίγου ἐμαυτοῦ ἐπελαθόμην « et moi, de leur fait, j'ai failli m'oublier moi-même ».

Hymn. Dém. 371 ἀνόρουσ' ὑπὸ χάρματος « j'en ai bondi de joie ».

Remarque. — On considère parfois (cf. *M. V.* p. 514) que le génitif de l'agent du passif précédé de ὑπὸ représente un ablatif indo-européen, parce qu'on est entraîné par l'analogie de lat. *ab* dans la construction correspondante : il semble au contraire que ce génitif représente la *pression* exercée par l'agent et, en conséquence, est de nature partitive.

§ 553. 3°) L'accusatif présente avec ὑπὸ des valeurs qui se rapportent à la *direction* et à l'*extension*. Dans le premier cas, il indique un *mouvement* — *réalisé* ou simplement *conçu* — pour *se placer sous un objet* ou, au moins, *s'approcher de sa partie inférieure* ; au figuré, il exprime une *approximation* — c'est-à-dire quelque chose qui « *approche* » de la réalité — et peut s'appliquer, dans l'*espace* comme dans le *temps*, à n'importe quelle quantité *mesurable*. Dans le second cas, il indique, s'il s'agit de *l'espace*, le fait d'être *placé* sous quelque chose, ou, s'il s'agit du *temps*, le fait de *durer* pendant une période ; au figuré, ὑπὸ exprime le fait d'être *subordonné* à un pouvoir supérieur, ou placé sous une *tutelle* :

Xén. *An*. 1, 10, 15 οὐκ ἀνεβίβαζεν ἐπὶ τὸν λόφον, ἀλλ' ὑπ' αὐτὸν στήσας τὸ στράτευμα « il ne fit pas gravir la hauteur à ses troupes, mais les fit stationner au pied de celle-ci ».

Xén. *Mém*. 2, 8, 1 ὑπὸ τὴν ἀπόλυσιν τοῦ πολέμου « vers la fin des hostilités ».

Plat. *Gorg*. 493 C ταῦτ' ἐπιεικῶς μέν ἐστιν ὑπό τι ἄτοπα « assurément ces propos sont, dans une certaine mesure, surprenants ».

Thc. 2, 17 τὸ Πελασγικὸν καλούμενον τὸ ὑπὸ τὴν ἀκρόπολιν « le mur qu'on appelle pélasgique et qui s'étend au-dessous (de la partie supérieure) de l'Acropole ».

Thc. 2, 27 ὅτι σφῶν εὐεργέται ἦσαν ὑπὸ τὸν σεισμόν « parce qu'ils les avaient secourus à l'époque du tremblement de terre ».

Thc. 1, 110 Αἴγυπτος πάλιν ...ὑπὸ βασιλέα ἐγένετο « l'Égypte de nouveau... fut aux mains du Grand Roi ».

§ 554. 4°) On peut voir des restes de génitif ablatif dans quelques exemples de la langue homérique, où ὑπό signifie, non pas : *sous* ou : *dessous*, mais : *de dessous* :

ι 140 αὐτὰρ ἐπὶ κρατὸς λιμένος ῥέει ἀγλαὸν ὕδωρ, κρήνη ὑπὸ σπείους « à l'entrée du mouillage laisse couler son eau limpide une fontaine qui sort de dessous la grotte ».

Il ne subsiste rien aujourd'hui de tant d'emplois divers. On rend à l'aide de ἀπό l'*agent* et la *cause*, tandis que les significations concrètes sont traduites par la périphrase prépositionnelle κάτω ἀπό : ainsi σκοτώ- θηκε ἀπὸ τοὺς Τούρκους « il a été tué par les Turcs », ou πέθανε ἀπὸ κάματο « il est mort de travail », en face de ἔπεσε κάτω στὸ ἀμάξι « il est tombé sous la voiture ».

§ 555. ῾ΥΠΕΡ. A la différence de son contraire, ὑπέρ n'admet que **deux** constructions : le génitif *partitif* et l'accusatif. En effet le *datif*, qui apparaît en arcadien (par exemple μαχομενοι υπερ ται τας πολιος ελευθεριαι « combattant pour l'indépendance de la cité »), semble une innovation dialectale, comparable à celles qui ont été signalées à propos de ἐκ et de ἀπό ; il ne subsiste chez Homère aucune trace du *génitif ablatif* ; enfin rien n'autorise à distinguer, à l'*accusatif*, la *direction* de l'*extension*. Tout se passe comme si ὑπέρ *situait un* **point** *au-dessus* de l'objet au génitif, ou *traçait une* **ligne** *sur une surface* à l'accusatif.

§ 556. 1° ῾Υπέρ situe *en principe* son objet *au-dessus* de quelque chose, s'opposant en cela à ἐπί, qui suppose un *contact* avec l'objet ; mais *pratiquement* il est souvent difficile de distinguer, au propre, ἐπί de ὑπέρ. De même, au *figuré*, si ὑπέρ, au sens de « *en faveur de* », repose sans doute sur l'image du défenseur qui met ses armes *au-dessus* de celui qu'il veut *protéger*, le fait de s'*attacher à un sujet* (ou à un *but*) semble, pour le sens, plus proche de ἐπί que de ὑπέρ.

Xén. *Cyr.* 6, 3, 24 τοξεύοντες ὑπὲρ τῶν πρόσθεν « tirant au-dessus des premiers rangs ».

Thc. 4, 25 οἱ Σικελοὶ οἱ ὑπὲρ ἄκρων « les Siciliens qui étaient sur les hauteurs ».

Eur. *Phén* 1002 μαχόμενοι πάτρας ὕπερ « combattant pour leur patrie ».

Plat. *Rép.* 387 C ὑπὲρ τῶν φυλάκων φοβούμεθα μὴ ...μαλακώτεροι γένων- ται « quant aux Gardiens, nous craignons qu'ils ne deviennent plus mous (qu'il ne faut). ... ».

Xén. *Mém.* 2, 2, 10 ταύτην... πολλὰ τοῖς θεοῖς εὐχομένην ὑπὲρ σοῦ « cette femme... qui prie souvent les dieux pour toi ».

§ 557. 2°) ῾Υπέρ ne comporte, à l'accusatif, qu'un petit nombre d'exemples *concrets* de signification *spatiale* : *au-dessus de, au delà de* ; ils se rapportent le plus souvent à une *position géographique*. C'est en valeur *temporelle* que ὑπέρ est le plus fréquemment employé, au sens propre : il signifie *au delà* d'un point donné, c'est-à-dire *antérieurement à*. La notion de dépassement, prise au *figuré*, s'applique, soit à la *supério-rité* — qui indique qu'on va *au delà* des autres, soit à la *trangression* — qui *outrepasse* des dispositions prises, soit enfin au fait de *passer par dessus* des *possibilités* (*contrairement à*) ou une *volonté* (*en dépit de...*).

Plat. *Critias* 108 E τοῖς ὑπὲρ Ἡρακλείας στήλας ...κατοικοῦσιν « ceux qui habitent ...au delà des Colonnes d'Hercule ».

Thc. 1, 41 πρὸς τὸν Αἰγινητῶν ὑπὲρ τὰ Μηδικὰ πόλεμον « pour faire à Égine la guerre qui fut antérieure aux guerres médiques ».

Plat. *Rép.* 488 A ναύκληρον μεγέθει καὶ ῥώμῃ ὑπὲρ τοὺς ἐν τῇ νηΐ πάντας « un capitaine qui, par sa taille et sa vigueur, est au-dessus de tous les passagers du navire ».

P 327 πῶς ἂν καὶ ὑπὲρ θεὸν εἰρύσσαισθε Ἴλιον αἰπεινήν ; « comment pourriez-vous, malgré le Ciel, sauver la haute Ilion ? ».

Ὑπέρ a disparu comme ὑπό en g. m. ; *au-dessus de* est rendu par ἀπάνω ἀπό et *au delà de* par πέρα ἀπό : ἀπάνω ἀπὸ τὴ θάλασσα « au delà de la mer » et πέρα ἀπὸ τὸ χωράφι « au-dessus du champ ».

II. **Prépositions improprement dites.**

§ 558. On a vu plus haut (§ 506) que les prépositions improprement dites sont des adverbes qui, *ne se rattachant à aucun thème nominal senti comme tel*, sont susceptibles de se construire avec certains cas, mais, à la différence des prépositions proprement dites, ne peuvent remplir la fonction de préverbes : ainsi ἄτερ « sans » ne suggère rien de nominal, tandis que χάριν « en vue de » est immédiatement senti comme l'accu-satif de χάρις ; le génitif que « régit » χάριν est un *génitif adnominal*, tandis que le génitif que « veut » ἄτερ est un *génitif-ablatif*. Il en résulte que, malgré la parenté étroite des sens, des deux formes ἕνεκα et χάριν, seule la première sera prise en considération. Les prépositions improprement dites ont été rapportées à chaque *cas* auquel elles se rattachent, en se plaçant au point de vue de l'indo-européen : à l'inté-rieur de chacun de ces cas, on les a rangées dans l'*ordre alphabétique*.

A) PRÉPOSITIONS SUPPOSANT UN ABLATIF I. E.

Elles expriment l'*éloignement* et la *privation*, ainsi que la *position*, soit *en avant*, soit *en arrière, en partant d'un objet donné*.

§ 559. Ἄνευ signifie : « *loin de* », « *excepté* », « *sans* » ; l'idée d'éloi-gnement est souvent renforcée par des éléments adverbiaux, préposés ou suffixés, comme dans hom. ἀπ-άνευ-θεν.

N 556 οὐ μὲν γάρ ποτ' ἄνευ δῃῶν ἦν « il n'était jamais loin des ennemis ».

Plat. *Critias* 112 C πάντα ἄνευ χρυσοῦ « tout sauf l'or ».

Plat. *Banq.* 217 A ἄνευ ἀκολούθου μόνος « seul, sans serviteur ».

§ 560. Ἄτερ « *à l'écart de* », « *sans* », est à peu près synonyme du précédent ; mais il se trouve rarement en prose, et est surtout employé en ionien ou dans la langue épique :

A 498 Κρονίδην ἄτερ ἥμενον ἄλλων « le Cronide siègeant à l'écart des autres ».

O 292 οὐ γὰρ ἄτερ γε Ζηνός... « ce n'est pas sans (l'aveu de) Zeus... ».

§ 561. Δίχα, qui indique, au sens propre, qu'un objet est partagé *en deux*, signifie, surtout en poésie, « *sans* », « *contrairement à* ».

Soph. *Aj.* 750 οἶος Ἀτρειδῶν δίχα « seul, sans les Atrides ».

Soph. *O. C.* 48 δίχα πόλεως « sans l'assentiment de la cité ».

§ 562. Ἑκάς indique l'*éloignement*, ce qui justifie immédiatement l'ablatif.

ξ 496 λίην γὰρ νηῶν ἑκὰς ἤλθομεν « nous nous sommes trop écartés de nos navires ».

§ 563. Νόσφι(ν) « *à l'écart de, excepté* » se combine souvent avec ἄτερ pour renforcer l'idée d'éloignement et de séparation. Il n'est employé que dans la langue épique ou poétique.

E 803 νόσφιν Ἀχαιῶν « à l'écart des Achéens ».

Υ 7 οὔτε τις οὖν ποταμῶν ἀπέην, νόσφ' Ὠκεανοῖο « aucun des fleuves ne manquait (à l'Assemblée des Dieux), à part Océan ».

§ 564. Ὄπισθεν « *derrière, après* » et πρόσθεν « *devant, avant* » se construisent avec le génitif-ablatif, qui mesure la *distance comptée à partir de l'objet considéré* : ὄπισθεν ἐμοῦ signifie proprement « derrière *en partant* de moi ». Au figuré, ὄπισθεν peut indiquer l'*infériorité* ou la *subordination*, tandis que πρόσθεν, bien plus fréquent en ce sens d'ailleurs, exprime soit le fait de se mettre en avant pour *défendre*, soit la *préférence* :

Plat. *Banq.* 174 E ὄπισθεν ἐμοῦ ἄρτι εἰσῄει « il entrait derrière moi à l'instant même ».

Soph. *Ant.* 640 γνώμης πατρῴας πάντ' ὄπισθεν ἑστάναι « en toutes choses se tenir derrière l'avis de son père », c'est-à-dire « s'incliner devant ses volontés ».

Τ 12 τεύχε' ἔθηκε πρόσθεν Ἀχιλλῆος « elle déposa les armes devant Achille ».

Xén. *Cyr.* 7, 5, 43 πρόσθεν τῆς ἑσπέρας « avant le soir ».

Eur. *Bacch.* 225 τὴν δ' Ἀφροδίτην πρόσθ' ἄγειν τοῦ Βρομίου « donner le pas à Aphrodite sur Bromios ».

Π 833 τάων δὲ πρόσθ' Ἕκτορος ὠκέες ἵπποι ποσσὶν ὀρωρέχαται πολεμίζειν « pour les défendre (les Troyennes), les rapides coursiers d'Hector ont les jarrets tendus pour la lutte ».

§ 565. Πάρος « *devant, avant* », qui n'est autre chose qu'un ablatifgénitif du thème *perə (cf. § 535), est souvent employé, presque exclusivement en poésie, avec le même sens que πρό. La forme n'était pas analysable pour le sujet parlant qui, ayant l'impression cependant d'une forme nominale, construisait le génitif *avant* la préposition, comme s'il s'agissait d'une locution prépositionnelle nominale, telle que χάριν.

Θ 254 οὔ τις... Δαναῶν ...εὔξατο Τυδείδαο πάρος σχέμεν ὠκέας ἵππους « personne... parmi les Danaens... ne se flatta d'avoir prévenu le fils de Tydée pour mener ses rapides coursiers ».

§ 566. Πέραν et πέρα [1] représentent sans doute un *accusatif* et un *instrumental* d'un thème * *pera* construit sur la même racine. Ils expriment le fait de *dépasser*, au *propre* et au *figuré*, dans le *temps* et dans l'*espace* : d'où les valeurs de : « *au delà de* », « *après* » et « *en transgression de* ».

Xén. *An.* 3, 5, 2 τὸ πέραν τοῦ ποταμοῦ « l'autre côté du fleuve ».

Xén. *An.* 6, 5, 7 πέρα μεσούσης ἡμέρας « après le milieu de la journée ».

Plat. *Gorg.* 487 D πέρα τοῦ δέοντος « au delà de ce qu'il faut, excessivement ».

§ 567. Πλήν, qui semble un accusatif figé d'un thème *plā (cf. πέλας, ἄπλᾱτος), a dû signifier primitivement « *à côté de, près de* », comme hom. ἔμπλην. On est passé facilement de l'idée de : « *à côté* » à celle de : « *excepté* », l'exception étant considérée comme ce qui est à *côté* de l'objectif visé (cf παρά).

Plat. *Rép.* 469 C σκυλεύειν... τοὺς τελευτήσαντας πλὴν ὅπλων « dépouiller les morts.... à l'exception de leurs armes ».

§ 568. L'adverbe πόρσω (Pind. Trag.), qui donne phonétiquement πόρρω en attique, tandis que l'ionien et l'épopée connaissent la forme πρόσ(σ)ω, indique le fait de *pénétrer en avant*, d'aller *loin dans* : le génitif qu'il comporte comme préposition s'explique comme celui de πρό. Employé au sens *concret* dans l'espace et dans le temps, il est fréquent, au *figuré*, pour exprimer jusqu'où on pousse l'*audace*, l'*impudence* etc.

Hdt, 5, 13 ὁ δὲ Στρυμὼν (εἴη) οὐ πρόσω τοῦ Ἑλλησπόντου «(disant) que le Strymon n'était pas loin de l'Hellespont (mot à mot : n'était pas à s'avancer beaucoup en partant de ...) ».

Plat. *Banq.* 217 D διελεγόμην πόρρω τῶν νυκτῶν « je m'entretins avec lui bien avant dans la nuit ».

Xén. *Ap.* 30 (ἔδοξέ μοι) προβήσεσθαι ...πόρρω μοχθηρίας « (il me semblait) devoir s'avancer ...bien loin dans le vice ».

§ 569. L'adverbe τῆλε « au loin » se comporte souvent comme une préposition dans la langue homérique. Mais cet usage n'a pas survécu

1. Πέρα a été assimilé, à tort, à un *datif* : d'où l'*iota* souscrit que l'on trouve communément.

jusqu'à l'attique et, dans l'épopée même, on voit τῆλε suivi du génitif être précisé et soutenu par ἀπό ou par ἐκ :

Λ 817 τῆλε φίλων καὶ πατρίδος αἴης « loin des siens et de la terre de ses pères «.

Π 117 τῆλε ἀπ' αὐτοῦ αἰχμὴ ...βόμβησε « loin de lui la pointe... (de la lance) fit un bruit sourd en tombant ».

§ 570. Χωρίς, qui s'apparente à χῆρος « dépouillé » et à χῆτος « vide », implique une *séparation*, une *absence*, une *exception* et, par un paradoxe qui n'est qu'apparent, l'exception pouvant être positive, *ce qui est en plus, en outre.*

Soph. *El.* 945 πόνου τοι χωρὶς οὐδὲν εὐτυχεῖ « sans peine, point de succès ».

Plat. *Phéd.* 66 C ἡ ψυχὴ χωρὶς τοῦ σώματος « l'âme, prise séparément du corps. »

Hdt. 1, 93 ἓν ἔργον πολλὸν μέγιστον παρέχεται χωρὶς τῶν Αἰγυπτίων ἔργων « un ouvrage qui, par ses dimensions, est beaucoup plus considérable que les autres, exception faite des chefs-d'œuvre de l'Égypte ».

Xén. *Cyr.* 1, 5, 5 χωρὶς τούτων « outre cela ».

§ 571. Il ne subsiste pas grand'chose aujourd'hui de ces prépositions, dont le plus grand nombre était surtout en usage dans la langue de la poésie. En grec moderne, la *privation* est le plus souvent exprimée par χωρὶς (et aussi par δίχως) : χωρὶς φίλους « sans amis ». Quant aux positions *en avant, en arrière* et *au delà*, elles sont traduites par des locutions prépositionnelles, dans lesquelles le premier élément peut être l'ancienne préposition : ainsi μπροστὰ ἀπὸ τὸ σπίτι « devant la maison », (ὁ) πίσω ἀπὸ τὴν πόρτα « derrière la porte », πέρα ἀπὸ τὸ ποτάμι « de l'autre côté du fleuve ».

B) PRÉPOSITIONS SUPPOSANT UN GÉNITIF PARTITIF I. E.

Elles indiquent un **point** *précis* défini par rapport à un **tout** ; le point peut appartenir au domaine de l'*espace*, au domaine du *temps*, ou être pris au sens *figuré* : dans ce dernier cas, la préposition marque souvent l'*aboutissement* et la *pénétration.*

§ 572. Ἄχρι(ς) « jusqu'à ». Le point atteint se rapporte à l'espace « *jusqu'à* (tel endroit) », au temps « *jusqu'à* (tel moment) », d'où « *tant que* », au figuré « *jusqu'à* (ce que tel *état* soit atteint) ». A partir de Xénophon, la langue tend à soutenir ἄχρις par la locution prépositionnelle ἄχρι πρὸς ou εἰς, substituant ainsi la *notion de direction* à celle de la *partie d'un tout atteinte.*

Hdt. 2, 138 ἄχρι τῆς ἐσόδου τοῦ ἱροῦ ἑκατέρη (διῶρυξ) ἐσέχει « les deux canaux coulent jusqu'à l'entrée du sanctuaire ».

σ 369 νήστιες ἄχρι μάλα κνέφαος « sans manger jusque bien avant dans la nuit ».

Xén. *Banq.* 4, 37 ἄχρι τοῦ μὴ πεινῆν « jusqu'à ce qu'on n'ait plus faim ». La traduction littérale est d'ailleurs fort amphibologique en français : il s'agit de manger juste assez (point atteint) pour que la sensation pénible de la faim disparaisse ; il n'est pas question de satiété.

Xén. *An.* 5, 5, 4 ἀπὸ τῆς ἐν Βαβυλῶνι μάχης ἄχρι εἰς Κοτύωρα « depuis la bataille de Babylone jusqu'à Kotyora ».

§ 573. Ἐντός, (ἔντοσθεν), ἔσω (εἴσω, ἔσωθεν), signifient, au sens propre, « *à l'intérieur de* », « *au dedans de* ». Dans le domaine de l'*espace*, ἐντός et εἴσω indiquent, soit l'*intérieur* de l'objet, soit sa position *en deçà d'une ligne définie* : en tout cas, *contrairement à ce que l'on pourrait croire*, jamais la considération d'un mouvement, dirigé ou non, n'intervient dans le choix entre ἐντός et εἴσω. Dans le domaine du *temps*, ἐντός définit le *moment* qui reste *en deçà d'une heure définie* ; au sens figuré, indique qu'une somme reste *inférieure* à un *chiffre donné* (pour ainsi dire *en deçà*).

Xén. *An.* 2, 4, 12 παρῆλθον εἴσω αὐτοῦ (τοῦ τείχους) « ils longèrent (le mur de Médie) à l'intérieur ». On peut avoir de même, sans aucune idée de mouvement dirigé, αἱ εἴσω στέγης « les femmes qui sont dans la demeure » (Soph. *Trach.* 202).

Hdt. 1, 6 ἐθνέων τῶν ἐντός Ἅλυος ποταμοῦ « les populations qui habitent en deçà de l'Halys ».

Xén. *Cyn.* 4, 11 ἐντὸς ἑσπέρας « sans dépasser le soir », c'est-à-dire « avant la nuit ».

Plat. *Lois* 953 ἐντὸς δραχμῶν πεντήκοντα « moins de cinquante drachmes ».

§ 574. Ἐκτός (ἔκτοσθεν) « *hors de, hormis* » semble bien relever du génitif partitif ; cependant le génitif peut aussi recouvrir un ablatif i. e., comme c'est le cas pour ἐκ.

μ 219 κύματος ἐκτὸς ἔεργε νῆα « maintiens ton navire hors de l'atteinte des vagues ».

Esch. *Prom.* 330 ζηλῶ σ' ὁθούνεκ' ἐκτὸς αἰτίας κυρεῖς « je t'envie de te trouver ainsi hors de cause ».

§ 575. Ἕως « *jusqu'à* » indique que l'on parvient à un point précis, situé ordinairement dans le *temps*, exceptionnellement dans l'*espace*. L'idée de *direction*, contenue dans celle d'aboutissement, l'emporte souvent sur la signification partitive : ἕως est entraînée vers l'accusatif, comme le montrent des locutions prépositionnelles telles que ἕως εἰς, ἕως ἐπί.

Hdt. 2, 143 ἕως οὗ ἀπέδεξαν ἁπάσας αὐτάς « jusqu'à ce qu'ils eussent fait la démonstration pour toutes (les statues) ».

Inscr. Samos IIIe siècle av. J.-C. (*Ath. Mitt.* 44, 25) ἕως Σαρδέων
« jusqu'à Sardes ».

§ 576. Μεταξύ « *dans l'intervalle* » s'applique à la fois à *l'espace* :
« *entre deux* » et au *temps* : « *pendant* ». Le génitif partitif s'y justifie
doublement, puisque l'intervalle suppose *deux points nettement définis*
dans l'espace ou dans le temps. Au figuré, il indique ce *qui tient le milieu*
entre deux caractéristiques.

Plat. *Rép.* 583 C μεταξὺ τούτοιν ἄμφοιν ἐν μέσῳ ὄν « se trouvant
entre ces deux choses, juste au milieu ».

Plat. *Phèdre* 230 A μεταξὺ τῶν λόγων « pendant l'entretien ».

Hdt. 7, 85 σκευὴν μεταξὺ τῆς τε Περσικῆς καὶ τῆς Πακτυϊκῆς « un
« un équipement qui tient le milieu entre celui des Perses et celui des
Pactyes ».

§ 577. Μέχρι(ς), hom. μέσφα « *jusqu'à ce que* », se comporte comme
ἕως : il s'applique à *l'espace*, au *temps* et à toute *quantité mesurable*.
Comme pour ἕως, on voit de bonne heure des locutions prépositionnelles constituées à l'aide de εἰς (μέχρι εἰς).

Ar. *Guêpes* 700 ἀπὸ τοῦ Πόντου μέχρι Σαρδοῦς « du Pont jusqu'à la
Sardaigne ».

Hdt. 3, 160 μέχρι τῆς ἐκείνου ζοῆς « jusqu'à (la fin de) sa vie », c'est-
à-dire « *sa vie durant* ».

Plat. *Lois* 764 C μέχρι μνᾶς « jusqu'à concurrence d'une mine ».

§ 578. La préposition ἕως, sous la forme ὥς, s'est maintenue en
g. m. à côté de la locution prépositionnelle ἴσα μὲ « jusqu'à ». De même,
pour indiquer l'*intérieur* et l'*extérieur*, ce qui est *compris* ou *exclu*, la
langue dispose de périphrases prépositionnelles : μέσα σὲ, ἔξω ἀπὸ, πέρα
ἀπὸ, etc.

C) PRÉPOSITION SUPPOSANT UN INSTRUMENTAL I. E.

§ 579. Parmi les prépositions qui ne sont pas analysables, ἅμα est la
seule à se construire avec un **comitatif instrumental**. Elle présente le
plus souvent une signification *temporelle* : « *en même temps que* » ; cependant elle peut s'appliquer à des *personnes qui accompagnent*, encore que,
sur ce dernier point, elle subisse souvent, à son détriment, la concurrence de σύν.

Ω 270 ἐκ δ'ἔφερον ζυγόδεσμον ἅμα ζυγῷ ἐννεάπηχυ « avec le joug ils
amenèrent la courroie à joug, longue de neuf coudées ».

Π 257 οἱ δ'ἅμα Πατρόκλῳ...ἔστιχον « et eux avec Patrocle... mar-
chaient ».

Hdt. 3, 86 ἅμ' ἡμέρῃ διαφωσκούσῃ « dès le point du jour ».

D) Préposition supposant un accusatif i. e.

§ 580. Ὡς « vers », qui s'applique uniquement à des *personnes*, *n'existe que dans le dialecte attique*. On ne peut faire sur ses origines que des hypothèses : en tout cas, ὡς ne peut reposer sur ἕως puisque les deux prépositions restent distinctes jusqu'à la Κοινή.

Thc. 4, 79 καὶ ἀφίκετο ὡς Περδίκκαν καὶ ἐς τὴν Χαλκιδικήν « il arriva auprès de Perdiccas, en Chalcidique ».

E) Prépositions supposant un génitif adnominal.

§ 581. Si un grand nombre de prépositions, reposant sur des *thèmes nominaux existant dans la langue* et *munies de caractéristiques casuelles*, apparaissaient comme parfaitement claires et immédiatement analysables, il en est d'autres qui attestent un génitif, qui n'en est pas moins sûrement de type adnominal, mais qui ne pouvaient pas être senties comme telles de façon claire, parce que le sujet parlant ne pouvait point y déceler un *thème nominal disparu de l'usage* : aussi bien, dans la plupart des cas, il n'y a plus aucune trace de désinence, et la préposition se termine souvent par un -ς mobile, qui en souligne le caractère adverbial et invariable.

§ 582*. Ἀντικρύ (καταντικρύ), ἄντικρυς « *en face de* ». Ces trois formes présentent un élément -κρυ qui, se rattachant, soit à κάρα, soit à κέρας, est sûrement de nature nominale : ἀντικρύ est tout à fait comparable à notre locution prépositionnelle « en face de », sauf que le second élément était inanalysable :

Θ 300 ἄλλον ὀϊστόν ...ἴαλλεν Ἕκτορος ἀντικρύ « il lança... un autre trait en face d'Hector », c'est-à-dire « en le frappant en face ». On trouve chez Homère quelques exemples de datif avec ἀντικρύ : ils sont *secondaires* et entraînés par l'analogie de ἐπί et du datif d'hostilité.

Xén. *Hell.* 4, 8, 5 Σηστὸν, καταντικρὺ ὄντα Ἀβύδου « Sestos, qui est en face d'Abydos ».

§ 583. Ἐγγὺς « *près de* » et μεσηγύ(ς) « *au milieu de* », deux prépositions, dont les sens différent, qui ne s'emploient pas dans les mêmes conditions (μεσηγύ(ς) étant exclusivement poétique), ont en commun l'élément -γυ, qui est sûrement de nature nominale : il semble qu'on ait affaire à une forme très réduite d'un thème *gu indiquant un creux (γύαλον) et, en particulier, le *creux de la main* : on comparera aussi le mot latin *uola* « paume » et, en grec même, ἐγγυάω « fiancer » c'est-à-dire « engager sa main et sa foi ». Ἐγγὺς signifierait donc : « dans la main », un peu comme nous disons : « sous la main », pour exprimer également la proximité, et μεσηγὺς : « entre les mains, parmi ». A l'idée de proximité se rattachent les valeurs figurées de *parenté* et de *ressemblance*.

K 274 ἐγγὺς ὁδοῖο « près du chemin ».

Ar. *Ois.* 1665 τοῖς ἐγγυτάτω γένους μετεῖναι τῶν χρημάτων « (il disait que) les parents les plus proches ont la dévolution des biens ».

Plat. *Rép.* 508 C ἀμβλυώττουσί τε καὶ ἐγγὺς φαίνονται τυφλῶν « (les yeux) perdent leur acuité et sont près d'être aveugles ».

Θ 259 ὤμων μεσσηγύς « entre les épaules ».

§ 584. Ἔναντα et ἔναντι « *en face de* ». On a vu (§ 510), à propos de la préposition ἀντί, que la question se posait, du moins au point de vue de l'indo-européen, de savoir si ἀντί n'était pas le locatif du thème nominal **ant* « front ». Ἔναντα pourrait reposer sur l'ancienne construction, conservée par nombre de dialectes de ἐν et de l'*accusatif*, le *locatif* n'ayant pas besoin de justification avec ἐν ; en tout cas, ni ἔναντα, ni ἔναντι n'étaient analysables pour le sujet parlant.

Υ 75 οἱ μὲν θεοὶ ἄντα θεῶν ἴσαν « eux, des dieux, ils allaient affronter d'autres dieux ».

Act. Apost. 8, 21 ἡ καρδία σου οὐκ ἔστιν εὐθεῖα ἔναντι τοῦ Θεοῦ « ton cœur n'est pas droit devant Dieu ». Ἔναντι qui, dans cette expression, répond à un tour sémitique bien connu, est fréquent dans la langue de la Κοινή.

§ 585. Ἕνεκα (ion. εἵνεκα) « *à cause de, en vue de* » possède, en commun avec ἕκατι (ion. ἕκητι) « *par la volonté de* », un élément nominal exprimant la volonté et se rattachant à Ϝεκών « voulant bien ». Il est probable que ἕνεκα repose sur ἕν « une chose » et **Ϝεκα(τ) « *volonté* », tandis que ἕκατι semble devoir son existence à une haplologie de **Ϝεκάτητι, datif d'un abstrait **Ϝεκάτης « volonté ». Les deux prépositions expriment simplement, en nombre de cas, la *raison d'être* d'un fait :

A 214 ὕβριος εἵνεκα τῆσδε « en raison de l'outrage qui me frappe ».

Plat. *Banq.* 185 B δοκεῖ... οὗτος... δεδηλωκέναι ὅτι ἀρετῆς γ᾿ ἕνεκα καὶ τοῦ βελτίων γενέσθαι πᾶν ἂν παντὶ προθυμηθείη « cet homme-là ...semble ...avoir prouvé que, pour acquérir du mérite et devenir meilleur, il s'appliquerait en tout et pour tout ».

τ 86 Ἀπόλλωνός γ᾿ ἕκητι « par la volonté d'Apollon ».

Soph. *Trach.* 274 ἔργου δ᾿ ἕκατι τοῦδε μηνίσας « s'étant irrité à cause de cet acte ».

III. Préverbes.

§ 586. S'associant étroitement à un *verbe*, les adverbes que nous avons vu faisant, devant un *nom*, office de *prépositions* sont employés en fonction de **préverbes** : on a vu plus haut que la définition des prépositions « proprement dites » est précisément de pouvoir être *à la fois* prépositions et préverbes. Jamais le préverbe ne s'est *soudé* au verbe : on sait qu'il garde encore, dans la langue épique, une complète indépendance par rapport au verbe (« tmèse ») ; aussi bien, dans la langue classique, l'*augment* se place toujours entre le préverbe et le verbe. Les préverbes — du moins certains d'entre eux — peuvent avoir une *valeur double* : si *tous* peuvent être appelés « pleins », *quelques-uns* sont susceptibles d'être également des préverbes « vides ». En tant que préverbes « pleins », ils modifient le sens du verbe, de façon *concrète* ou *abstraite*, sans qu'il y ait de *lien nécessaire* entre les valeurs de la « préposition » et celles du « préverbe » : par exemple : rien dans la « rection » de la préposition ἀνά ne répond à l'idée de *recommencement* que l'on a dans ἀναβιόω « ressusciter ». Au contraire, quand les préverbes se *vident* de leur contenu, c'est pour exprimer un **aspect** de l'action, comme la *permanence*, le *commencement*, la *direction*, l'*aboutissement*, l'*achèvement* : si κατά est « plein » dans καταβαίνω « descendre » ou καταγιγνώσκω « opiner contre, condamner », il est « vide » dans καταβοάω « *abrutir* à force de cris ». *Pratiquement*, il n'y a guère que ἀνά, ἀπό, διά ἐν, κατά et σύν qui soient fréquemment employés comme préverbes « *vides* » : au contraire, ἀμφί, ἀντί, μετά ou ὑπό (ὑπέρ) ne sont jamais susceptibles de se dépouiller de leur signification « pleine ».

§ 587. 'ΑΜΦΙ. Ce préverbe, qui n'est jamais « vide », possède soit une valeur *concrète* : « *autour de* », soit une valeur *abstraite* : « *dans l'intérêt de, pour* », qui se rattache sans doute à l'image des soldats qui défendent un camarade en le couvrant sur sa gauche et sur sa droite.

Θ 68 Ἥλιος μέσον οὐρανὸν ἀμφιβεβήκει « le soleil, dans sa course circulaire, avait parcouru la moitié du ciel ».

Π 496 Σαρπήδονος ἀμφιμάχεσθαι « combattre pour Sarpédon ».

§ 588. 'ΑΝΑ. En tant que préverbe « plein », ἀνά exprime avant tout l'idée de « **monter** » ou de « **remonter** » : au sens *concret*, on a les valeurs de « *monter* » et de « *revenir sur ses pas* » ; au sens *abstrait*, celle de « *reprendre* » et de « *recommencer* ».

Hdt. 1,63 ἀναβιβάσας τοὺς παῖδας ἐφ᾽ ἵππους « ayant fait monter ses fils à cheval ».

Plat. *Banq.* 220 E ὅτε ἀπὸ Δηλίου φυγῇ ἀνεχώρει τὸ στρατόπεδον « lorsque l'armée débandée se retirait de Délion ».

Thc. 6, 14 εἰ ὀρρωδεῖς τὸ ἀναψηφίσαι « si tu crains de remettre aux voix le décret ».

Eur. *Suppl.* 626 κεκλημένους μὲν ἀνακαλούμεθ᾽ αὖ θεούς « ces Dieux que nous avons invoqués, nous recommençons, une fois encore, à les invoquer ».

§ 589*. Préverbe « vide », il insiste, soit sur le **départ** de l'action, soit sur l'**effort** *dépensé pour la faire aboutir* : en conséquence, il atteste souvent, et par opposition au verbe simple correspondant, une valeur *factitive* :

Esch. *Choéph*. 326 et 328 φαίνει δ'ὕστερον ὀργάς « (le mort) fait paraître son courroux » et ἀναφαίνεται δ' ὁ βλάπτων « le coupable se révèle ». La *brusque révélation* du mort s'oppose aux *manifestations de sa colère*, qui peuvent être constantes et multiples [1].

Hdt. 1, 68 τούτων ὧν τῶν ἀνδρῶν Λίχης ἀνεῦρε ἐν Τεγέῃ « l'un de ces hommes, Lichas, finit par trouver à Tégée (ce que l'on cherchait) ». Le préverbe indique que c'est *à force d'ingéniosité* qu'on découvre le sens de l'oracle et de ses prescriptions.

Ar. *Gren*. 510 ἐπεί τοι καὶ κρέα ἀνέβραττεν ὀρνίθεια « puisque justement elle a mis à bouillir de la viande — du poulet ». Ἀναβράττω « faire bouillir » s'oppose à βράττω « bouillonner » ou « rejeter en bouillonnant ».

§ 590. ΑΝΤΙ. Ce préverbe est toujours « plein ». Outre le sens concret : « en face de », il comporte un assez grand nombre de valeurs *abstraites* : celles-ci expriment une *réponse*, ou un *échange*, ou une *prise de possession*. Or on peut répondre par de *bons procédés* à des sentiments *favorables*, ou à des dispositions *hostiles* par une égale *opposition* ; quant à la prise de possession, elle suppose une *revendication* qui la justifie :

Thc. 5, 6, Βρασίδας... ἀντεκάθητο καὶ αὐτὸς ἐπὶ τῷ Κερδυλίῳ « Brasidas... établit son camp en face de l'adversaire, à Kerdylion ».

Thc. 1, 41 ἣν (χάριν)... ἀντιδοθῆναι ἡμῖν ἐν τῷ παρόντι φαμὲν χρῆναι « la reconnaissance... qui, nous le déclarons, doit nous être témoignée en retour dans l'état actuel des choses ».

Ar. *Gren*. 777 κἄπειτ' ἐπαρθεὶς ἀντελάβετο τοῦ θρόνου « ensuite, dans son exaltation, il s'empara (= il prit pour lui, en le revendiquant comme sien) du trône (de la tragédie) ».

§ 591. ΑΠΟ. En tant que préverbe « plein », ἀπὸ exprime le fait de détacher ou de *rejeter* un objet, de *tenir éloignée* une personne, de *s'éloigner* ou d'*être éloigné*. Au sens figuré, ἀπὸ exprime la *renonciation*, la *démission*, la *défaillance* ; avec quelques verbes impliquant un *échange*, ἀπὸ signifie que l'on *reçoit ce qui doit venir d'autrui*. Comme il est naturel, une valeur *péjorative* peut se tirer de l'idée de *rejeter* : ἀπὸ même sert à *nier* la notion exprimée par le verbe, comme le ferait un ἀ- privatif. Les emplois de ἀπὸ au sens plein sont variés et très souples : un verbe peut présenter, avec le même préverbe, deux significations qui, pour être pratiquement *opposées*, ne s'en justifient pas moins — comme ἀποκρίνειν, qui veut dire à la fois « *exclure* (après un choix) » et « *choisir* (en éliminant les autres) ». Ainsi, dans une même phrase d'Hérodote 6, 130, on lit μήτ' ἕνα ὑμέων ἐξαίρετον ἀποκρίνων μήτε τοὺς λοιποὺς ἀποδοκιμάζων « (je voudrais faire plaisir à tout le monde), sans *choisir* l'un d'entre vous en particulier et sans *exclure* les *autres* ».

---

1. Cet exemple, ainsi que nombre d'autres qui suivent, sont empruntés au livre de M. BRUNEL sur l'*Aspect verbal et l'emploi des préverbes en grec*, p. 146 et sqq.

Dém. 18, 259 καθαίρων τοὺς τελουμένους καὶ ἀπομάττων τοῖς πιτύρο:ς « purifiant les initiés et faisant disparaître leurs souillures avec le son (rituel) ».

Xén. Mém. 2, 2, 13 ἐάν τις γονέας μὴ θεραπεύῃ, τούτῳ δίκην τε ἐπιτίθησι καὶ ἀποδοκιμάζουσα οὐκ ἐᾷ ἄρχειν « quand quelqu'un ne prend pas soin de ses parents, la cité lui intente une action ; l'*écartant* par un examen préalable, elle ne le laisse pas exercer une magistrature ».

Λ 408 οἶδα γὰρ ὅττι κακοὶ μὲν ἀποίχονται πολέμοιο « je sais bien que les lâches se tiennent éloignés du combat ».

Thc. 8, 92 ἀπὸ τοῦ βουλευτηρίου ἀπελθὼν « sortant du Conseil ».

Plat. Phéd. 99 D ἐπειδὴ ἀπείρηκα τὰ ὄντα σκοπῶν « quand j'eus renoncé à la recherche de l'Être ».

Hdt. 8, 137 οἱ δὲ τὸν μισθὸν ἔφασαν δίκαιοι εἶναι ἀπολαβόντες οὕτω ἐξιέναι « ils disaient qu'ils avaient le droit de partir après avoir touché leur dû ».

Xén. Mém. 1, 6, 13 τοὺς ἀργυρίου τῷ βουλομένῳ πωλοῦντας σοφιστὰς ἀποκαλοῦσιν « ceux qui, pour de l'argent, vendent leur science au premier venu, on les traite de sophistes ».

Hdt. 1, 183 τὸν ἱρέα ἀπέκτεινε ἀπαγορεύοντα μὴ κινέειν τὸν ἀνδριάντα « il fit mettre à mort le prêtre qui défendait de toucher à la statue ».

§ 592. Fort employé comme préverbe « vide », ἀπὸ met en évidence l'accomplissement de l'action : celle-ci aboutit, suivant la signification du verbe, soit à un achèvement, soit à un anéantissement. Parfois il est usité pour donner à l'action un aspect *déterminé*, en attirant l'attention sur l'objet ou la personne qui sont soumis à l'action : dans quelques cas, comme ἀποκτείνω « tuer », ἀποθνήσκω « mourir », il apparaît si *nécessaire* à tous les thèmes, sauf au parfait, que c'est la forme dépourvue de préverbe qui, étant la moins courante, est préférée pour les « effets » comme la plus *expressive*. Enfin souvent ce préverbe, s'associant à une formation dénominative qui n'existe pas autrement, exprime une *transformation* et donne naissance à des verbes *nouveaux*, le plus souvent *transitifs*.

Plat. Rép. 473 B τὸ δὲ μετὰ τοῦτο... πειρώμεθα... ἀποδεικνύναι « ce qui vient ensuite... essayons... de le démontrer ». Il s'agit ici d'*aboutir* à la démonstration, comme le fait remarquer M. Brunel, en citant cet exemple (*l. l.*, p. 170) ; au contraire, δείκνυμι est employé pour exprimer un *cas particulier*, un exemple qui met en lumière une pensée.

Thc. 7, 11 ἀπανηλωκυίας τῆς φυλακῆς τῶν τειχῶν μέρος τι τοῦ ὁπλιτικοῦ « la garde des remparts occupant en *pure perte* une partie des fantassins ». Le préverbe indique que cette dépense de forces est inutile.

Ar. Thesm. 215 ᾽Ατὰρ τί μέλλεις ποιεῖν ; — ᾽Αποξυρεῖν ταδί « mais que vas-tu faire ? — Raser cette barbe-ci ». Ici, il s'agit d'une barbe à raser *effectivement* et *sur laquelle on attire notre attention* ; au contraire, le proverbe qu'on lit dans *Plat. Rép.* 341 C ξυρεῖν λέοντα « raser un lion » ne comporte pas de préverbe, parce que cette opération difficile est considérée d'un point de vue *général* et *indéterminé*.

Plat. *Lois* 946 E ἁπλῶς θνῃσκέτω « qu'il soit purement et simplement condamné à mort ». Il s'agit d'une condamnation en appel qui, en principe, entraîne le doublement de la peine antérieurement infligée. Mais, comme le fait remarquer M. Brunel (p. 127), si la peine prononcée en première instance est déjà la mort, le déterminé ἀποθνήσκω semblerait faire entendre qu'il ne doit mourir qu'une fois, ce qui serait ridicule. Le simple θνήσκω est *expressif*, tandis que ἀποθνήσκω n'a plus de signification particulière au point de vue de l'aspect.

Xén. *Mém.* 1, 4, 6 ὀφρύσι τε ἀπογεισῶσαι τὰ ὑπὲρ τῶν ὀμμάτων « avoir protégé, par la corniche que constituent les sourcils, ce qui est au-dessus des yeux » Le sens propre du verbe est : *munir d'une corniche.* Cette façon de créer des verbes nouveaux, généralement techniques, se rencontre de temps en temps en attique, mais devient *très fréquente* dans la Κοινή : à cette époque on crée beaucoup de verbes indiquant la transformation, comme ἀπογαλακτῶ « changer en lait », ἀπογαιῶ « changer en terre », etc.

§ 593. ΔΙΑ. Préverbe « plein » διά implique, soit une surface *traversée*, soit un intervalle *séparant deux objets*, soit un rapport *établi entre deux personnes*. Or on peut **traverser** *effectivement* une surface, ou s'y disperser. L'intervalle qui sépare deux points est calculé comme une *distance* ; mais, si cette distance est purement figurée, elle devient **différence**, ou *supériorité* ; d'une façon plus générale, ménager entre les divers éléments d'un système complexe les distances qui conviennent, c'est **disposer** et *organiser*. Quant au rapport établi entre les personnes, il peut être considéré, soit *objectivement* (*succession* par exemple), soit *subjectivement* (*conversation, discussion, conflit*, etc.).

ζ 304 ὦκα μάλα μεγάροιο διελθέμεν « hâte-toi donc de traverser la grand salle ».

Ar. *Guêpes* 58 ἡμῖν γὰρ οὐκ ἔστ' οὔτε κάρυ' ἐκ φορμίδος δούλω διαρριπτοῦντε τοῖς θεωμένοις « nous n'avons pas une paire d'esclaves, pour puiser des noix dans un panier et les lancer à la volée aux spectateurs ».

Dém. 18, 154 στήλαις διαλαβεῖν τοὺς ὅρους « marquer les limites, de distance en distance, au moyen de stèles ».

Plat. *Ap.* 35 A ἀλλ' οὖν δεδογμένον γέ ἐστι τὸν Σωκράτη διαφέρειν τινὶ τῶν πολλῶν ἀνθρώπων. Εἰ οὖν ὑμῶν οἱ δοκοῦντες διαφέρειν εἴτε σοφίᾳ, εἴτε ἀνδρείᾳ... τοιοῦτοι ἔσονται « Mais oui : c'est une vérité reconnue que Socrate, en un certain point, est différent du commun des hommes. Or, si ceux d'entre vous qui pensez l'emporter sur lui par la science et par le courage... doivent être ainsi... ». On joue sur la double valeur de διαφέρειν, « *être différent de* » et « *l'emporter sur* ».

Xén. *Mém.* 2, 1, 27 θεοὶ διέθεσαν τὰ ὄντα « les Dieux ont organisé l'univers existant ».

Plat. *Rép.* 576 B ἔφη διαδεξάμενος τὸν λόγον ὁ Γλαύκων « Glaucon dit, en prenant la parole à son tour ».

Ar. *Nuées* 425 οὐδ' ἂν διαλεχθείην γ' ἀτεχνῶς τοῖς ἄλλοις οὐδ' ἂν ἀπαντῶν « je ne causerais pas du tout avec les autres (divinités), même si je les rencontrais sur mon chemin ».

Plat. *Euthyphr.* 7 B εἰ διαφεροίμεθα ἐγώ τε καὶ σὺ περὶ ἀριθμοῦ « si nous étions, toi et moi, en désaccord au sujet d'un nombre... ».

§ 594. En tant que préverbe « **vide** », διὰ indique qu'une *action* est soutenue ou qu'un *état* se maintient : cette continuité dans l'effort ou dans l'état acquis conduit souvent à un *résultat*, qui peut être positif, s'il s'agit d'une *organisation*, ou **négatif**, s'il s'agit d'une *dissociation* : d'ailleurs, au sens positif du moins, il est impossible d'établir une ligne de démarcation rigoureuse entre la valeur « vide » et la valeur « pleine » du préverbe. Enfin διὰ peut servir à former des verbes *transitifs*, à signification factitive, avec des thèmes nominaux : il est probable que, dans la langue parlée, on devait fréquemment recourir à ce procédé.

Plat. *Gorg.* 503 A τὸ ἀεὶ διαμάχεσθαι λέγοντα τὰ βέλτιστα « le fait de batailler sans cesse pour dire le meilleur ». Ici le préverbe est, comme il arrive souvent, soutenu par l'adverbe ἀεί.

Xén. *Mém.* 1, 4, 19 ἐπείπερ ἡγήσαιντο μηδὲν ἄν ποτε ὧν πράττοιεν θεοὺς διαλαθεῖν « puisqu'ils pensaient que, dans aucun de leurs actes, ils n'arriveraient à échapper à l'œil des Dieux ».

Hdt. 5, 92 διαπλέξαντος τὸν βίον εὖ « étant heureusement parvenu au terme de sa vie ». Le sens concret est le suivant : « ayant tissé toute la trame de son existence ».

Plat. *Phéd.* 80 C ὃ δὴ νεκρὸν καλοῦμεν, ᾧ προσήκει διαλύεσθαι καὶ διαπίπτειν καὶ διαπνεῖσθαι « ce que nous appelons cadavre, voilà ce qui doit se dissocier, tomber en décomposition et s'évanouir comme une fumée ».

Eur. *Phén.* 398 οὐδ' ὁ χρόνος αὐτὰς διεσάφησ' οὔσας κενάς ; « le temps n'a-t-il pas montré clairement que ces espoirs étaient vains ? »

Ar. *Guêpes* 1072 μ' ὁρῶν μέσον διεσφηκωμένον « me voyant ainsi transformé en guêpe par le milieu (du corps) ».

§ 595. ΊΕΙΣ-ΊΕΝ. Sous cette double forme, l'adverbe fait également fonction de préverbe, mais dans des conditions assez différentes. Assurément εἰς et ἐν, en tant que préverbes « pleins », indiquent l'un et l'autre le fait d'introduire ou de s'introduire, et nombre de verbes attestent à la fois εἰς et ἐν *sans différence appréciable de sens* : mais c'est un fait que ἐν — pourtant beaucoup plus fréquent que εἰς au sens « plein » — est susceptible d'une valeur « **vide** » de *rapidité* ou d'*intensité*, qui paraît faire défaut à εἰς. Autrement dit, il semble que c'est *uniquement sous la forme* ἐν *que le préverbe est susceptible de se vider de sa valeur concrète* : au contraire, malgré certaines apparences, εἰς n'est jamais réduit à n'être qu'un *signe* traduisant l'aspect. Par ailleurs, comme on pouvait s'y attendre, à l'intérieur de la valeur « pleine », εἰς, suivi de l'accusatif, prend nettement l'avantage sur ἐν, suivi du datif : en fait, un verbe muni du préverbe ἐν peut bien se construire avec le datif ; mais tout se passe comme si l'idée de *direction* — et l'accusatif qu'elle comporte — envahissait le domaine légitime du datif — *et cela sans aucune contre-partie favorable à ce dernier cas.*

δ 656 τότε δ'ἔμβη νηὶ Πύλονδε « alors il s'est embarqué sur un navire en direction de Pylos ».

Polyb. 30, 11, 9 ἐνέβη πάλιν τὸν λέμβον « il remonta sur la chaloupe ».

Hdt. 5, 109 ὥρη ἂν εἴη... ἡμέας ἐς τὰς νέας ἐμβαίνειν τὰς ὑμετέρας « ce serait pour nous... le moment de nous embarquer sur vos navires ».

Hdt. 3, 41 ἐνέβη ἐς αὐτὴν (τὴν πεντηκόντερον) » il s'y embarqua (sur le navire à cinquante rames) ».

Xén. *Cyr.* 1, 4, 27 Ταῦτ' ἄρα, εἰπεῖν τὸν Κῦρον, καὶ ἐνεώρας μοι « voilà pour quelle raison, dit Cyrus, tu me regardais *avec tant d'insistance* ». On pourrait voir dans le préverbe un reste de valeur concrète : « regarder dans le blanc des yeux », comme on dit ; mais Hippocrate emploie le verbe voisin ἐνακούειν avec le sens de « percevoir les sons avec une sensibilité *excessive* ». 'Εν n'indique plus que l'*intensité* de l'action exprimée par le verbe.

Xén. *An.* 4, 2, 1 ἐκέλευον αὐτοὺς ἐμφαγόντας πορεύεσθαι « ils leur ordonnaient de se *hâter* de manger et de partir ».

Plat. *Gorg.* 526 C ἐνίοτε δ' ἄλλην εἰσιδὼν ὁσίως βεβιωκυῖαν « parfois aussi, apercevant une âme qui a vécu saintement » ne s'oppose pas, pour l'aspect, à Esch. *Pers.* 221 σὸν πόσιν Δαρεῖον, ὅνπερ φῆς ἰδεῖν κατ' εὐφρόνην « ton époux Darius, que tu dis avoir vu au cours de la nuit » : εἰς, dans le premier cas, ajoute simplement cette nuance que le regard *se porte* sur une âme, ce qui se rattache sans difficulté à la valeur *concrète* de εἰς. Tout au plus pourrait-on soutenir que la présence du préverbe apporte une légère valeur de *détermination,* en attirant l'attention sur l'objet de la vision.

Remarque. — La valeur d'*intensité ou* de *rapidité* de ἐν préverbe « vide », dont nous avons donné des exemples significatifs et sentis par le sujet parlant, a chance d'être quelque chose de très ancien, et qui explique de nombreux faits de vocabulaire : ainsi ἐνδείκνυμι « dénoncer, *démontrer* », ou le verbe solennel ἐννέπω « invoquer, célébrer », auquel correspond en vieux latin *inseco.*

§ 596. 'ΕΚ. En tant que préverbe « plein », ἐκ exprime l'idée de **sortir ou de faire sortir**, à la fois au propre et au figuré, qu'il s'agisse de *sortir d'un lieu* (ἐξιέναι δόμου) ou *de sortir d'une famille* (ἐκγίγνεσθαι πατρός). Il y a beaucoup d'affinité entre *sortir de,* et s'*écarter de, faire sortir* et *écarter de* : de là on passe facilement à : *ôter, enlever,* etc., sens qui appartiennent également à ἀπό.

Eur. *Héc.* 174 ἔξελθ', ἔξελθ' οἴκων « sors, sors de cette demeure ! »

Ε 324 ἵππους ἐξέλασε Τρώων μετ' εὐκνήμιδας 'Αχαιούς « il a lancé ses chevaux des rangs troyens vers les Achéens aux belles cnémides ».

Thc. 1, 132 τά τε ἄλλα αὐτοῦ ἀνεσκόπουν, εἴ τί που ἐξεδεδιήτητο τῶν καθεστώτων νομίμων « on observait attentivement (ἀνά) tous ses comportements et, en particulier, on cherchait si, dans sa façon de vivre, il s'écartait des usages traditionnels ».

Plat. *Crat.* 413 E ἐὰν οὖν τις ἐξέλῃ τὸ δέλτα τοῦ ὀνόματος τῆς ἀνδρείας... « si on ôte son *d* au mot *andreia*... ».

§ 597. Comme préverbe « vide », ἐκ peut exprimer à la fois le **point de départ** *de l'action* — par exemple une action subite ou la *brusque entrée* dans un état nouveau, et son **achèvement** ; de plus, quand le sens du verbe s'y prête, ἐκ peut faire office d'élément de **détermination**, en attirant l'attention moins sur l'accomplissement de l'action que sur son *objet* ou son *résultat*. On voit que, comme préverbes « vides », ἀπὸ et ἐκ sont très voisins : ils expriment également l'*achèvement* (positif ou négatif) et la *détermination* ; mais ἐκ est seul à rendre l'idée d'un **commencement** brusque, qui est comme la *rupture* d'un état de choses antérieur. Enfin, notons que, comme ἀπὸ et διὰ, ἐκ sert à créer des verbes *transitifs*, bâtis sur des thèmes nominaux et indiquant une *transformation*.

Hymn. Herm. 389 Ζεὺς δὲ μέγ' ἐξεγέλασσεν « Zeus partit d'un grand éclat de rire ».

Soph. *Trach.* 708 ὁρῶ δέ μ' ἔργον δεινὸν ἐξειργασμένην « je vois que j'ai mis à exécution une action effroyable ».

Eur. *Hipp.* 725 Κύπριν, ἥπερ ἐξόλλυσί με « cette Cypris, qui consomme ma perte ».

Hdt. 7, 69 τοῦ δὲ σώματος τὸ μὲν ἥμισυ ἐξηλείφοντο γύψῳ « la moitié de leur corps, ils l'enduisaient de plâtre ». Le préverbe attire notre attention plutôt sur le *résultat obtenu* que sur l'*accomplissement même de l'action*. Tout différent est le sens du même verbe ἐξαλείφω, quand le préverbe présente sa valeur pleine : *effacer d'une liste*, comme dans Ar. *Cav.* 877.

Plat. *Phéd.* 85 A φασὶν αὐτοὺς θρηνοῦντας τὸν θάνατον ὑπὸ λύπης ἐξᾴδειν « on prétend que c'est de douleur et pour pleurer leur mort que (les cygnes) exhalent un *dernier* chant ». L'emploi du préverbe est d'autant plus significatif que le verbe ἐξᾴδειν s'oppose au simple ᾄδειν, plusieurs fois employé dans le passage.

Esch. *Choéph.* 549 ἐκδρακοντωθεὶς δ' ἐγὼ κτείνω νιν « me changeant en serpent, je la tuerai ». Procédé fréquent, à partir de la Κοινή, et principalement dans la langue des techniciens : ἐκγαλακτῶ « transformer en lait », ἐκδαδῶ « transformer en résine », etc.

598. 'ΕΠΙ. Ce préverbe *n'est* jamais *susceptible de se vider de son sens propre*. Exclusivement « plein », il conserve à peu près toutes les valeurs qui ont été indiquées (§ 522 sqq.) lorsqu'il a été étudié comme préposition : il n'y a guère de différence entre ἐπιβαίνω γῆς et βαίνω ἐπὶ γῆς. Au sens *concret*, ἐπὶ signifie « *sur* » avec le *génitif*, « *vers* » avec l'*accusatif*, « *à côté de, contre* » avec le *datif*. Quant aux valeurs *abstraites*, elles sont, pour la plupart, liées au *datif* — qu'il s'agisse du *datif locatif* ou du *datif proprement dit* : au datif locatif de proximité se rattachent les idées de

survivance, d'*adjonction* et de *cause* ; du datif proprement dit relève
le fait qu'une action est accomplie *en faveur* ou *au détriment* de
quelqu'un (*datiuus commodi et incommodi*) ; l'idée d'*autorité* exercée sur
quelqu'un continue à être liée au *génitif* (*partitif*).

ε 399 νῆχε δ᾽ ἐπειγόμενος ποσὶν ἠπείρου ἐπιϐῆναι « il nageait vite
pour toucher la terre ferme de ses pieds ».

Hdt. 7, 50 τῶν ἄν κου ἐπιϐέωμεν γῆν καὶ ἔθνος, τούτων τὸν σῖτον
ἕξομεν « nous tirerons notre ravitaillement des peuples dont nous enva-
hirons le territoire et le pays ».

Ar. *Cav.* 1093 καὶ μοὐδόκει ἡ θεὸς αὐτὴ ἐκ πόλεως ἐλθεῖν καὶ γλαῦξ
αὐτῇ ᾽πικαθῆσθαι « et je croyais voir la Déesse en personne sortir de la
ville et sa chouette être posée sur elle ».

Plat. *Lettres* 361 D ταύτας ἐκδοτέον ἐμοί... αἷς ἂν ἐγὼ ἐπιϐιῶ « ces
parentes, il faut que je les marie — je veux dire celles qui doivent se
marier de mon vivant. »

Hdt. 1, 143 φαίνονταί μοι οἱ πολλοὶ αὐτῶν ἐπαισχύνεσθαι τῷ οὐνόματι
« il me semble que la plupart d'entre eux rougissent de ce nom ».

Is. 11, 29 εἰ συνεχώρουν τῷ παιδὶ λαϐεῖν ἐπιδικασαμένῳ παρ᾽ ἐμοῦ τὸ
ἡμικλήριον « si j'avais, à mes dépens, laissé le tribunal attribuer à cet
enfant la moitié de l'héritage ».

Thc. 1, 140 Λακεδαιμόνιοι... δῆλοι ἦσαν ἐπιϐουλεύοντες ἡμῖν « on
voyait bien... que les Lacédémoniens formaient contre nous des
projets hostiles ».

Hdt. 7, 94 ὅσον αὐτοὶ ἠρῶντο ἐπικρατῆσαι τῶν ἐχθρῶν « tant ils
désiraient triompher de l'ennemi ».

§ 599. KATA. C'est plutôt comme préverbe « vide » que comme
préverbe « plein » que κατὰ présente le plus d'intérêt. En valeur
« **pleine** », il apparaît dans des conditions semblables à celles qui ont été
définies plus haut (§ 527) : quand le préverbe indique que l'on *descend
le fil de l'eau*, que l'on est d'*accord* avec quelqu'un, que l'on *dénombre
un par un* des objets ou des êtres, il s'associe avec un *accusatif d'extension spatiale* ; « en *descendant de* » se rattache au *génitif-ablatif de point
de départ* ; quant *au génitif partitif*, il sert toujours à rendre l'*accusation*
portée contre quelqu'un ou, simplement, il exprime un jugement *défavorable* qui atteint une personne.

Hdt. 1, 185 καταπλέοντες τὸν Εὐφρήτην ποταμὸν τρίς... ἐς τὴν αὐτὴν
κώμην παραγίγνονται « quand on descend l'Euphrate... on passe trois
fois par le même bourg. ».

Hdt. 4, 80 ὁ δὲ Ὀκταμασάδης καταινέει ταῦτα « Octamasadès agréa
la proposition ».

Ε 109 καταϐήσεο δίφρου « descends de ton char ». Plus tard, le génitif-
ablatif est précisé par ἀπό ou ἐκ.

Dém. 21, 152 οὐδὲν ἀγεννὲς ὑμῶν καταγιγνώσκω « je ne porte contre
vous aucune accusation infamante ».

Xén. *An.* 7, 7, 30 εἰ καταδοξάσειαν μήτ᾽ ἂν ἄλλους σοὶ ἐλθεῖν δι᾽

ἀπιστίαν « s'ils présumaient (contre toi) que d'autres ne viendraient pas par défiance, à ton secours... »

§ 600. Préverbe « vide », κατά exprime au mieux l'*aspect* déterminé que l'action verbale peut revêtir : il attire notre attention sur ce fait que l'action *porte* efficacement *sur son objet* ; selon la signification du verbe, la détermination s'appliquera, soit au départ *de l'action*, soit, plus souvent encore , à son aboutissement. Il en résulte que, mettant pour ainsi dire l'objet en vedette, le préverbe κατά donne au verbe une valeur *abstraite*, tandis que le verbe simple correspondant présente un sens *concret*. Comme dans une action, le moment qui mesure le mieux l'efficacité de celle-ci sur l'objet est l'*achèvement*, κατά exprime fréquemment cette idée : mais l'achèvement, avec κατά, apparaît bien plus souvent sous sa forme *négative* (achèvement *par épuisement*) que sous la forme *positive* (achèvement arrivant à la *perfection*), qui se rencontre fréquemment quand un verbe s'associe à ἐκ ou à ἀπό ; d'où cette conséquence que κατά joue le rôle d'un *intensif négatif* avec les verbes qui expriment par eux-mêmes l'épuisement.

Esch. *Perses* 351 τίνες κατῆρξαν, πότερον "Ελληνες, μάχης , « lesquels ont engagé le combat ? Sont-ce les Grecs ? » en face de 409 ἦρξε δ'ἐμβολῆς Ἑλληνικὴ ναῦς « le premier coup d'éperon fut donné par un vaisseau grec. ». Le préverbe κατά attire notre attention sur ce fait que les Grecs, par leur initiative, ont déclenché une suite d'événements (cf. Brunel, *l. l.*, p. 247).

Plat. *Parm.* 128 A οὕτω λέγεις, ἢ ἐγὼ οὐκ ὀρθῶς καταμανθάνω ; « l'entends-tu bien ainsi, ou bien est-ce moi qui n'arrive pas à comprendre à plein ? »

Plat. *Rép.* 421 B πότερον... τοὺς φύλακας καθιστῶμεν « si... nous devons établir les Gardiens » en face du simple ἵστημι qui indique le geste sous sa forme concrète et n'insiste pas autant sur l'objet.

Ar. *Paix* vv. 3 et 6 καὶ μήποτ' αὐτῆς μᾶζαν ἡδίω φάγοι « Puisse-t-il ne jamais manger meilleure galette que celle-là ! » en face de : οὐ κατέφαγεν ; « Ne l'a-t-il pas mangée ? » Ici apparaît nettement l'opposition d'une nourriture en *général* (indéterminé), et d'un repas *pris en particulier* et effectivement consommé (déterminé).

Plat. *Phéd.* 72 D τίς μηχανὴ μὴ οὐχὶ πάντα καταναλωθῆναι εἰς τὸ τεθνάναι ; « comment éviter que tout ne vienne se perdre dans la mort ? ». Tandis que ἀναλίσκω indique simplement une dépense, utile ou vaine, καταναλίσκω indique une dépense aussi négative que possible.

§ 601. META. Ce préverbe, qui n'est employé qu'en valeur « pleine », présente des sens qui — sauf en un point — se rattachent étroitement aux significations indiquées plus haut (§ 531). C'est ainsi que μετά d'*accompagnement* — qui répond à μετά préposition suivi du *datif* — n'est attesté, comme on devait s'y attendre, que chez « Homère » ou dans la langue épique ; quant à μετά de *participation* — qui répond à μετά préposition suivi du *génitif* — elle n'appelle pas de remarques particulières : sous forme de préverbe aussi bien que sous forme de préposition, μετά exprime la *participation* que l'on *donne,* ou que l'on *prend,* ou qui se constate comme un *état.* On a vu que l'idée de *succession* a fini par dominer toute la construction de μετά à l'*accusatif*; de fait, ce n'est que dans quelques exemples « homériques » que se maintient le sens premier, qui est de : *se diriger pour se mêler à.* Or de l'idée de *succession* dérive celle de *transformation* : celle-ci peut *aboutir à un état de choses nouveau,* ou *revenir à un état de choses antérieur.*

Hymn. Apoll. 197 τῆσι μὲν οὔτ' αἰσχρὴ μεταμέλπεται, οὔτ' ἐλάχεια « parmi elles chante Artémis — et ce n'est point la plus laide ni la plus petite ».

Hdt. 4, 145 δεξάμενοι τοὺς Μινύας γῆς μετέδοσαν « accueillant les Minyens, ils leur donnèrent une partie de leurs terres ».

Hdt. 4, 64 ἀπενείκας... κεφαλὴν τῆς ληίης μεταλαμβάνει τὴν ἂν λάβωσι « après avoir apporté (au Roi)... la tête (de son ennemi), chaque Scythe prend sa part sur le butin qu'ils ont fait ».

Hdt. 4, 145 δέεσθαί τε οἰκέειν ἅμα τούτοισι μοῖράν τε τιμέων μετέχοντες « ils leur demandèrent de vivre avec eux dans leur cité et en ayant leur part de droits (civils) ».

Z 341 ἢ ἴθ', ἐγὼ δὲ μέτειμι « ou bien, pars ! Je te rejoindrai ».

Hdt. 6, 62 ἀπὸ μὲν δὴ ταύτης τῆς ἡμέρης μεταπεσέειν τὸ εἶδος « à partir de ce jour l'enfant, dit-elle, changea d'apparence ».

Thc. 3, 40 διαμάχομαι μὴ μεταγνῶναι ὑμᾶς τὰ προδεδογμένα « je lutte énergiquement pour vous empêcher de revenir sur des décisions antérieurement prises ».

§ 602. ΠΑΡΑ. Ce préverbe ne se vide jamais de son sens propre. Il continue, associé à des verbes, à exprimer la *proximité* ; mais les sens les plus couramment attestés se rattachent à l'idée de **parallélisme**, déjà signalée à propos de παρά faisant fonction de préposition (§ 535). Si παραβάλλω « comparer », c'est-à-dire « mettre *côte à côte* », ou παρατάσσω « *ranger* » (des troupes) *en ligne face* à la ligne adverse » restent voisins de la valeur la plus concrète de παρά « *le long de* », il s'est développé, autour de cette signification première, toute une série de verbes qui veulent dire : **dépasser**, *transgresser, frauder* : il arrive même que le verbe, sans rien garder de l'idée de *dépassement* si ce n'est celle d'*excès,* indique simplement les *mauvaises conditions* dans lesquelles se passe l'action.

Hdt. 7, 40 παραβεβήκεε δέ οἱ ἡνίοχος... « on voyait, marchant à ses côtés à titre d'écuyer... »

Hdt. 4, 198 δοκέει δέ μοι οὐδ' ἀρετὴν εἶναί τις ἡ Λιβύη σπουδαίη ὥστε ἢ Ἀσίη ἢ Εὐρώπη παραβληθῆναι « il me semble qu'également, pour ce qui est de la qualité, l'Afrique ne peut être sérieusement comparée à l'Asie ou à l'Europe. »

Thc. 1, 78 λέγομεν ὑμῖν... σπονδὰς μὴ λύειν μηδὲ παραβαίνειν τοὺς ὅρκους « nous vous disons... de ne pas rompre la trêve, ni transgresser les serments ».

Thc. 3, 14 μὴ πρόησθε ἡμᾶς, ἴδιον μὲν τὸν κίνδυνον τῶν σωμάτων παραβαλλομένους... « ne nous abandonnez pas, nous qui témérairement exposons pour vous nos existences... ».

§ 603. ΠΕΡΙ. On a vu que περί impliquait l'idée d'un **encerclement complet** tandis que ἀμφί considère l'objet comme seulement *enserré de* **deux côtés**. En tant que préverbe, περί signifie, soit «*autour de*», soit au figuré : « *complètement* ». La question se pose de savoir si la valeur de : *complétement* ne serait pas « vide » et assez comparable à κατά ; nous ne le croyons pas. En effet, l'investissement qu'exprime περί est naturellement concret : le sens de *complètement* est *figuré*, mais ne doit pas être considéré comme une valeur « vide ». D'ailleurs, en tant qu'*adverbe*, sans que la question de préverbe se pose, περί peut signifier « *tout à fait* », comme dans β 88 πέρι κέρδεα οἶδεν « il s'entend tout à fait aux ruses », ce qui exclut, je crois, la possibilité de voir dans περί un préverbe vide.

Hdt. 1, 163 ἐδίδου σφι χρήματα τεῖχος περιβαλέσθαι τὴν πόλιν « il leur donna de l'argent pour entourer d'un rempart leur cité ».

Pind. *Ol.* 2, 178 ψάμμος ἀριθμὸν περιπέφυγεν « le sable échappe à tout dénombrement ».

§ 604. ΠΡΟ. Exclusivement employé avec des valeurs « *pleines* » πρό atteste, quand il s'associe à un verbe, les mêmes significations que lorsqu'il s'associe à un nom (§ 543) : «*devant* », «*avant* », «*d'avance* », «*de préférence à* » — toutes notions qui, concrètes ou abstraites, se rattachent au sens premier de « *devant* », suivant que l'on se place dans l'*espace*, dans le *temps*, ou dans l'ordre de la *qualité* qui fait « préférer » (*prae-ferre*) un objet en lui donnant le pas sur un autre.

Pind. *Ném.* 2, 28 ὅσσα δ' ἀμφ' ἀέθλοις Τιμοδαμίδαι ἐξοχώτατοι προλέγονται « pour ce qui concerne la lutte, les fils de Timodémos sont cités au premier rang ».

Hdt. 1, 53 γνῶμαι... προλέγουσαι Κροίσῳ, ἢν στρατεύηται ἐπὶ Πέρσας, μεγάλην ἀρχήν μιν καταλῦσαι, « les oracles... qui prédisaient à Cyrus que, s'il marchait contre les Perses, il détruirait un grand empire ».

Xén. *An.* 7, 7, 3 προλέγομεν ὑμῖν... ἀπιέναι ἐκ τῆς χώρας « nous vous prévenons... d'avoir à évacuer notre sol ».

N 689 οἱ 'Αθηναίων προλελεγμένοι « ceux qui avaient été choisis d'avance parmi tous les Athéniens ». Il s'y ajoute l'idée qu'ils sont, comme on dit, « triés sur le volet ».

§ 605. ΠΡΟΣ. Gardant toujours son sens « plein », πρός répond exactement, en tant que préverbe, aux emplois antérieurement signalés : il exprime la *direction* et la *proximité*, l'*addition* d'objets variés et, au figuré, l'*application* de l'esprit à la matière de son étude.

Thc. 5, 61 καὶ προσκαθεζόμενοι τὸν Ὀρχομενὸν πάντες ἐπολιόρκουν « et, venant se poster en face d'Orchomène, ils participèrent tous au siège de la ville ».

Thc. 2, 79 τοῖς προσγιγνομένοις... ἐπιτίθενται « ils marchent... contre les renforts qui arrivent ». Par définition, ces renforts viennent s'adjoindre aux troupes de l'adversaire.

Plat. *Crit.* 47 B πότερον παντὸς ἀνδρὸς ἐπαίνῳ... τὸν νοῦν προσέχει ; « est-ce à la louange... de n'importe qui qu'il prête attention ?... »

§ 606. ΣΥΝ. Préverbe « plein », σύν exprime, soit l'union — ou la *confusion* — d'objets jusqu'alors séparés ou distincts, soit l'**accompagnement** pour des personnes, soit la **participation** à une action accomplie par d'autres : la notion *comitative* prend des sens variés selon qu'elle s'applique à des *sujets* ou à des *objets*. Surtout à partir de la Κοινή, σύν a tendance à s'associer à d'autres préverbes, pour indiquer la participation des personnes à l'action : on le voit combiné à un, ou deux, voire trois préverbes, comme συναναλίσκω qui signifie à la fois « aider quelqu'un à dépenser son argent » et « aider quelqu'un de ses deniers ».

ε 291 σύναγεν νεφέλας « il rassemblait les nuages ».

Soph. *El.* 986 συμπόνει πατρί, σύγκαμπ' ἀδελφῷ « viens au secours de ton père, viens en aide à ton frère ! ».

Marc-Aurèle 7, 30 Συμπαρεκτείνειν τὴν νόησιν τοῖς λεγομένοις « Confronter avec soin ce qu'on pense avec ce qu'on dit ».

§ 607. En partant du sens « plein » de σύν, on s'explique aisément les significations qu'il présente en tant que préverbe « **vide** ». La *fusion* d'éléments jusque-là distincts peut aboutir à un *parfait* **alliage** ; mais aussi la *confusion* des éléments composants peut être le signe d'une **décomposition** subite et totale. Suivant le sens du verbe, l'idée d'*achèvement* ou de *destruction* l'emporte. Ces deux notions gardent encore quelques traces de concret ; mais σύν peut n'être qu'un simple signe de *détermination* de l'aspect. On voit que, comme préverbe vide, σύν n'est pas sans rapport avec ἀπό, ἐκ ou κατά, qui sont déterminants, eux aussi, et comportent à la fois les idées de *parachèvement* et d'*anéantissement*.

Thc. 8, 41 Κῶν... ἀτείχιστον οὖσαν καὶ ὑπὸ σεισμοῦ ξυμπετωκυῖαν « Cos... qui était dépourvue de remparts et qui, du fait d'un tremblement de terre, s'était *totalement* effondrée ».

Ar. *Gren.* 903 τὸν δ' ἀνασπῶντ' αὐτοπρέμνοις τοῖς λόγοισιν ἐμπεσόντα συσκεδᾶν πολλὰς ἀλινδήθρας ἐπῶν « tandis que l'autre, fondant sur son adversaire avec des mots qu'il arrache comme des arbres, dispersera *complètement* plus d'une subtile tirade ».

Eur. *Méd.* 340 μίαν με μεῖναι τήνδ' ἔασον ἡμέραν, καὶ ξυμπερᾶναι φροντίδ' ᾗ φευξούμεθα « laisse-moi rester aujourd'hui — un seul jour — et *mettre la dernière main* à mes tristes projets d'exil ».

Ar. *Cav.* 1316 Εὐφημεῖν χρὴ καὶ καὶ στόμα κλήειν, καὶ μαρτυρίων ἀπέ-

χεσθαι, καὶ τὰ δικαστήρια συγκλήειν « il faut garder un silence reli-
gieux, et tenir les lèvres closes, et ne plus songer aux dépositions de
témoins, et fermer les tribunaux ». Non seulement, comme le fait
remarquer M. Brunel (p. 107), il y a entre συγκλήειν, plus « expressif »,
et κλήειν, qui l'est moins, une différence de *ton* (un peu, comme dans la
langue familière, entre « boucler » et « fermer »), mais encore le préverbe attire l'attention sur l'action et l'objet qui la subit, tandis que le
simple verbe (avec στόμα) n'est qu'un équivalent de « tenir les lèvres
closes, garder le silence ».

§ 608. ῾ΥΠΕΡ. ῾Υπὲρ, ainsi que l'adverbe complémentaire ὑπὸ dont
il est inséparable, garde toujours sa valeur « *pleine* ». Comme préverbe,
il reste assez proche des significations qu'il possède comme préposition.
Au sens *concret*, il indique le fait d'être *sur* (ou *au-dessus*), ou de *dépasser* ;
au sens figuré, ὑπὲρ sert à exprimer l'*excellence* et fait fonction d'une
sorte de *superlatif* familier ; dépasser le but ou les limites assignées,
c'est *transgresser, aller à l'encontre de* ; quant à la valeur, parfois
attestée, de « *pour* », elle se rattache au sens de « *sur* » (et aussi de
« *dans l'intérêt de* ») qui a été signalé à propos de ὑπὲρ préposition.

Thc. 4, 93 ὑπερεφάνησαν τοῦ λόφου « ils apparurent *sur* la hauteur ».

B 426 σπλάγχνα... ὑπείρεχον ῾Ηφαίστοιο « ils tenaient... les entrailles
(des victimes) *au-dessus* du feu ».

Ar. *Ois.* 363 ὑπερακοντίζεις σύ γ' ἤδη Νικίαν ταῖς μηχαναῖς « tu
dépasses maintenant (= tu lances ton trait *plus loin* que...) Nicias
dans l'art des savantes manœuvres ».

Plat. *Rép.* 535 E (τὴν ψυχὴν) ἣ ἂν τὸ μὲν ἑκούσιον ψεῦδος μισῇ, καὶ
χαλεπῶς φέρῃ αὐτή τε καὶ ἑτέρων ψευδομένων ὑπεραγανακτῇ « (l'âme)
qui a horreur du mensonge volontaire et ne peut pas le supporter pour
elle, et qui s'indigne *vivement* quand d'autres mentent ».

Hdt. 3, 83 νόμους οὐκ ὑπερβαίνουσα τοὺς Περσέων « sans *transgresser* les lois des Perses ».

Hdt. 6, 136 προκειμένου δὲ αὐτοῦ ἐν κλίνῃ ὑπεραπελογέοντο οἱ φίλοι
« *en faveur* de Miltiade qui, devant le peuple, était étendu sur une
civière, ses amis présentèrent une défense ».

§ 609. ῾ΥΠΟ. ῾Υπὸ indique le fait d'être *sous* ou *au-dessous* ; par
rapport à une *distance* ou à un *but*, il indique qu'*on ne couvre pas toute la
distance*, et qu'on reste *en deçà* du but. Il en résulte que, si ὑπὲρ, au
figuré, exprime l'*excellence* de celui qui lance l'arme ou le disque *plus
loin* que les autres, (voire *au delà* du but), ὑπὸ indique souvent quelque
chose d'*ébauché* et qui reste *en deçà*, un mouvement *incomplet* ou qui
n'en est qu'à son *commencement*, un état *clandestin* ou sujet à la *suspicion*
(*sub-spicio*), enfin une action qu'on pourrait appeler *causative* sur les
personnes (et sur les choses) qui sont soumises à une *influence* (ou à une
impulsion) *discrète*.

χ 353 ὑπένερθε δὲ λῖθ᾽ ὑπέβαλλεν « et *au-dessous* elle jeta un linon ».

Ar. *Thesm.* 424 πρὸ τοῦ μὲν οὖν ἦν ἀλλ᾽ ὑποῖξαι τὴν θύραν ποιησαμέναισι δακτύλιον τριωβόλου « auparavant nous pouvions du moins *entr'ouvrir* notre porte (à nos amants) en faisant faire un anneau pour trois oboles ».

Eur. *Alc.* 638 δουλίου ἀφ᾽ αἵματος μαστῷ γυναικὸς σῆς ὑπεβλήθην λάθρᾳ ; Faut-il penser — dit Admète à Phérès dont il ne veut plus être le fils — qu'issu d'un sang servile, j'ai été mis au sein de ta femme, clandestinement ? ». Ici, comme déjà dans l'exemple précédent, la valeur figurée se mêle à la valeur concrète : Admète a été mis au sein (= *sous* le sein de sa mère), mais de façon pour ainsi dire non justifiée, comme un enfant *supposé* (ὑποβολιμαῖος).

Thc. 3, 23 καὶ ἡ νὺξ τοιούτῳ ἀνέμῳ ὑπονιφομένη « et la nuit où il tombait *un peu* de neige avec un, tel vent ».

Xén. *An.* 2, 4, 10 Οἱ δὲ Ἕλληνες ὑφορῶντες τούτους « et les Grecs regardant *avec défiance* ces gens-là ».

α 321 ὑπέμνησέν τέ ἑ πατρὸς μᾶλλον ἔτ᾽ ἢ πάροιθεν « (Athéna) fit en sorte qu'il (Télémaque) se souvînt de son père, encore plus qu'auparavant ». Le verbe μιμνήσκω signifie par lui-même : *rappeler* ; mais ὑπομιμνήσκω insiste sur la *suggestion* qui *fait qu'on se rappelle*.

CHAPITRE XI

LES NÉGATIONS

§ 610. Le grec dispose, on l'a vu (§ 104), de deux négations fondamentales : une négation, qu'on pourrait appeler objective, οὐ(κ), et une négation subjective, μή. Pour le sens, ces deux négations s'opposent avec vigueur : μή *repousse un vœu*, un *effort*, une *hypothèse* — c'est-à-dire des tendances de la *volonté* ou des constructions de l'*esprit* ; οὐ constate qu'une *affirmation posée* ne s'accorde pas avec la *réalité* (ou ce que l'on considère comme tel). Ainsi, dans les deux exemples suivants, une *volonté* négative s'oppose à un *jugement* non moins négatif :

Plat. *Ap.* 37 B ἦ μὴ πάθω τοῦτο... ὅ φημι οὐκ εἰδέναι οὔτ' εἰ ἀγαθὸν οὔτ' εἰ κακόν ἐστιν ; « (Dois-je craindre) ...d'avoir à subir un sort devant lequel je déclare que je ne sais pas s'il est bon ou mauvais ? ».

Thc. 1, 44 τὴν Κέρκυραν ἐβούλοντο μὴ προέσθαι Κορινθίοις « ils ne voulaient pas abandonner Corcyre aux Corinthiens ».

§ 611. Les négations s'ajoutent à la phrase *sans en modifier la structure*, et on ne peut jamais dire qu'un verbe « *entraîne* » nécessairement le choix d'une négation de préférence à l'autre. Il est bien vrai qu'un verbe *déclaratif*, comme λέγω, ouvre *le plus souvent* une complétive infinitive niée par οὐ : mais les possibilités d'emplois de μή restent nombreuses. Outre que ce verbe peut indiquer un *commandement* et ressortir aux verbes de *volonté*, il suffit qu'une *restriction* personnelle intervienne, ou une *hypothèse* de l'imagination, ou la *considération* (même légère) de quelque *généralité*, pour que la négation subjective se substitue à la négation objective.

Eur. *I. A.* 823 οὐ θαῦμά σ' ἡμᾶς ἀγνοεῖν, οὓς μὴ πάρος κατεῖδες « il n'est pas étonnant que tu ne nous reconnaisses pas — des gens que tu n'as jamais vus auparavant ».

Thc. 1, 139 προύλεγον τὸ περὶ Μεγαρέων ψήφισμα καθελοῦσι μὴ ἂν γίγνεσθαι πόλεμον « ils disaient qu'en rapportant le décret concernant Mégare on n'aurait pas la guerre ». Le participe implique une *hypothèse*, qui entraîne l'emploi de μή.

Xén. *Mém.* 1, 2, 39 φαίην δ' ἂν ἔγωγε μηδενὶ μηδεμίαν εἶναι παίδευσιν παρὰ τοῦ μὴ ἀρέσκοντος « je dirais pour ma part qu'il ne peut y avoir pour personne aucune formation qui lui vienne de quelqu'un qui ne lui plaît pas ».

Plat. *Rép.* 346 E ἔλεγον μηδένα ἐθέλειν ἑκόντα ἄρχειν « je disais que personne (en principe) ne consent à exercer volontiers le pouvoir (sans indemnité) ».

§ 612. Pour la clarté de l'exposition, on distinguera quatre grandes divisions :

A) les emplois **constants** de οὐ ;

B) les emplois **constants** de μή ;

C) les emplois comportant **à la fois** l'usage de οὐ et de μή :

D) les emplois de deux négations **combinées**.

A la fin de chacune de ces divisions on étudie éventuellement les dérogations aux emplois ainsi définis.

A. Les emplois constants de 'OY.

a) PROPOSITIONS INDÉPENDANTES.

§ 613. La négation d'un **fait** — que ce fait *appartienne, ait appartenu* ou *doive dans l'avenir appartenir à la* réalité, qu'il y soit seulement *attendu*, qu'il soit *compatible* (ou non) avec les conditions effectives du réel — s'exprime, en principe, à l'aide de la négation οὐ. Même quand l'esprit, bien loin de constater, fait des *spéculations*, il admet implicitement que ses propres constructions *font partie de la réalité*, ou sont *exclues* par elle, et qu'elles sont, ou *réalité possible*, ou *contre-réalité*.

E 106 τὸν δ' οὐ βέλος ὠκὺ δάμασσεν « mais de lui le trait aigu n'eut pas raison ».

Γ 54 οὐκ ἄν τοι χραίσμη κίθαρις « ta cithare ne saurait te servir de rien ». Le sens précis est le suivant : « on peut s'attendre... ».

Α 271 κείνοισι δ' ἂν οὔ τις τῶν οἳ νῦν βροτοί εἰσιν μαχέοιτο « contre de tels ennemis nul des mortels de notre temps ...ne voudrait se battre ». On nie ici une possibilité (*potentiel*) du présent futur.

I 545 οὐ μὲν γάρ κε δάμη παύροισι βροτοῖσι « il n'aurait pas suffi de quelques hommes pour le forcer ». On nie ici un possible (*irréel*) du passé.

§ 614. Lorsqu'on relève des emplois de μή dans ces conditions-là, la présence de la négation subjective se justifie de ce fait que le sujet parlant a dans l'esprit une idée de **généralité** — souvent de **consécution générale** : il a le sentiment de *généraliser au départ du réel* :

Plat. *Crat.* 429 D πῶς γὰρ ἂν λέγων τις τοῦτο ὃ λέγει μὴ τὸ ὂν λέγοι ; « comment un homme, en disant ce qu'il dit, ne dirait pas ce qui est ? » Platon ne pense pas à certaines erreurs particulières, mais à l'Erreur.

Hdt. 3, 127 τίς ἄν μοι τοῦτο ἐπιτελέσειε σοφίη καὶ μὴ βίη ; « qui pourrait me mener cette entreprise à bonne fin, en usant d'habileté et non de violence ? » L'idée semble la suivante : être assez ingénieux pour n'avoir pas à recourir à la force (ὥστε βίη μὴ χρῆσθαι).

§ 615. Dans les exemples qui viennent d'être cités, la négation portait sur le *verbe principal* de la phrase : mais elle peut affecter seulement un mot de la phrase — adjectif, adverbe en particulier — sans influer sur le sens général de celle-ci ; ainsi se forment des litotes, que le grec affectionne. La négation peut également ne porter que sur un *nom*, s'il équivaut à une proposition *constatant la réalité* : le nom est alors limité à un cas *particulier*, n'ayant en aucune façon une valeur *générale*, qui entraînerait l'emploi de μή. Il faut nécessairement, quelle que soit la nature du mot considéré, que la négation qui le modifie le *précède immédiatement* :

Xén. *Hell.* 6, 4, 18 οἱ οὐκ ἐλάχιστον δυνάμενοι ἐν τῇ πόλει « ceux qui, non pour le moins, avaient du crédit dans la cité ». Cette négation partielle équivaut à un renforcement : « ceux qui jouissaient du plus grand crédit. »

Thc. 3, 95 οὐ προσεδέξαντο (τὴν ἐπίνοιαν) διὰ τῆς Λευκάδος τὴν οὐ περιτείχισιν « ils n'acceptèrent pas (le projet) à cause de la non-fortification de Leucade ». Ἡ οὐ περιτείχισις équivaut à la causale constatant que Leucade effectivement n'avait pas été fortifiée (ὅτι ἡ Λευκὰς οὐ περιετετείχιστο).

§ 616. Placée en tête de la phrase, la négation οὐ commande les ensembles complexes qui la constituent : ce n'est plus seulement l'idée verbale qui est modifiée ; *on s'inscrit en faux contre la phrase tout entière*, et on peut traduire : « *C'est une erreur* de dire que... ». La négation joue un rôle important dans les *parataxes*, parce qu'elle nie la *coexistence de ses deux termes* ; on a tout avantage à traduire : « Il est faux de dire que... tandis que ». Parfois, *même ailleurs qu'en tête de phrase*, la négation commande l'articulation de la phrase dans des conditions qui peuvent apparemment surprendre.

Dém. 18, 56 οὐ ταῦτα μὲν γράφει ὁ Φίλιππος, τοῖς δ' ἔργοις οὐ ποιεῖ « on ne peut pas dire que Philippe écrive ces phrases, tandis qu'il ne les mettrait pas à réalisation ».

Dém. 18, 179 οὐκ εἶπον μὲν ταῦτα, οὐκ ἔγραψα δέ· οὐδ' ἔγραψα μὲν, οὐκ ἐπρέσβευσα δέ· οὐδ' ἐπρέσβευσα μὲν, οὐκ ἔπεισα· δέ Θηβαίους « On ne peut pas dire que j'aie prononcé ces paroles sans rédiger un texte de loi ; ni que j'aie rédigé un texte sans être allé en ambassade ; ni que je sois allé en ambassade sans avoir persuadé les Thébains ». Gradation en escalier (κλῖμαξ), souvent citée par les rhéteurs anciens.

Thc. 2, 40 τὸ πένεσθαι οὐχ ὁμολογεῖν τινὶ αἰσχρόν, ἀλλὰ μὴ διαφεύγειν ἔργῳ αἴσχιον « la pauvreté, ce n'est pour personne une honte que de l'avouer, mais ne pas chercher à y échapper effectivement est une honte plus grande ». On pourrait croire que l'infinitif ὁμολογεῖν, dont la valeur est générale, se trouve précédé de οὐ contrairement à l'attente : mais en réalité οὐ commande l'articulation de la phrase. On remarquera d'ailleurs que διαφεύγειν, qui n'est pas moins général, est précédé de la négation subjective attendue.

b) Propositions complétives déclaratives (interrogatives indirectes) et de perception.

§ 617. Une proposition indépendante exprimant une *constatation négative* n'est autre chose qu'une déclaration négative que l'on fait à d'autres ou à soi-même : οὐκ ἔστι σοφός équivaut à φημὶ (οἶμαι) αὐτὸν οὐκ εἶναι σοφόν. Aussi rien n'est-il changé à la négation quand cette déclaration, formellement explicitée, est directement rattachée à celui dont elle émane. Ce sont les même raisons qui font qu'une proposition indépendante de constatation et une complétive déclarative comportent la même négation : la négation objective. Il va également de soi que la complétive qui enregistre une *sensation* ou une *impression* produite par le réel use de la même négation ; quant aux *interrogatives indirectes* (simples), elles suivent les mêmes usages puisqu'elles sont très proches des déclaratives, sauf quand elles comportent l'expression d'une *volonté* (subjonctif délibératif ou optatif, son substitut) :

Plat. *Gorg.* 500 E ἔλεγον ...ὅτι ἡ ὀψοποιικὴ οὔ μοι δοκεῖ τέχνη εἶναι, ἀλλ' ἐμπειρία « je disais ...que la cuisine ne me semblait pas être un art, mais une routine ». On pourrait dire : Τάδε ἔλεγον·οὔ μοι δοκεῖ...

Thc. 1, 67 λέγοντες οὐκ εἶναι αὐτόνομοι κατὰ τὰς σπονδάς « disant qu'ils n'avaient pas l'autonomie que garantissaient les traités ». Équivaut à : οὐκ ἐσμεν αὐτόνομοι.

Soph. *Aj.* 125 ὁρῶ γὰρ ἡμᾶς οὐδὲν ὄντας ἄλλο πλὴν εἴδωλον « je vois que nous ne sommes que fantômes ». Équivaut à : οὐδέν ἐσμεν ἄλλο ἢ εἴδωλον.

§ 618. Mais des contacts imprévus s'établissent entre certaines de ces propositions — pour la plupart des déclaratives — et d'autres types de subordonnées. On passait trop fréquemment de l'expression de la déclaration à celle de l'ordre (§ 324), pour qu'il ne se constituât pas une zone d'empiètements réciproques. Quand un auteur use d'une conjonction, d'un verbe qui sont le plus souvent associés à μή, il pourra être entraîné par la tournure la plus fréquente, encore que la signification particulière qu'il emploie n'admette que la négation οὐ :

Xén. *Hell.* 2, 1, 22 προεῖπεν ὡς μηδεὶς κινήσοιτο ἐκ τῆς τάξεως « il avait dit d'avance que personne ne bougerait de sa place ». L'optatif indique que l'on a affaire à une déclarative, qui s'exprimerait, en style direct, de la façon suivante : Οὐδεὶς κινήσεται. Mais si Xénophon use de la négation μή, c'est parce qu'il sent, peut-être obscurément, que cette déclaration n'est qu'un ordre négatif : μηδεὶς κινησάσθω.

Soph. *Ant.* 685 ἐγὼ δ'ὅπως σὺ μὴ λέγεις ὀρθῶς τάδε, οὔτ' ἂν δυναίμην μήτ' ἐπισταίμην λέγειν « quant à moi, dire que tu as tort de parler ainsi, je ne pourrais le dire, et fasse le Ciel que j'en sois incapable ! » Ici l'influence de l'interrogation indirecte, souvent introduite par ὅπως, et qui admet à la fois οὐ et μή, est d'autant plus vraisemblable, que, lorsque la phrase commence, la signification exacte de ὅπως n'est pas encore fixée.

c) PROPOSITIONS CAUSALES.

§ 619. Du fait qu'elle établit un lien logique entre **deux faits également constatés**, la proposition causale use, en principe, de la négation οὐ : l'explication qu'elle apporte serait exprimée par une proposition principale introduite par γάρ. Ce rapport de deux faits est si nettement objectif qu'il n'y a pas de zone d'empiètements réciproques, du moins en attique : c'est seulement dans la Κοινή des « atticistes » que l'on trouve μή au lieu de οὐ, tandis que les documents plus sincères (papyrus, *Nouveau Testament*) ne commettent pas cette « erreur savante ».

Plat. *Rép.* 341 E διὰ ταῦτα ἡ τέχνη ἐστὶν ἡ ἰατρικὴ νῦν εὑρημένη, ὅτι σῶμά ἐστιν πονηρὸν καὶ οὐκ ἐξαρκεῖ αὐτῷ τοιούτῳ εἶναι « si cet art médical est maintenant une chose inventée, c'est parce que notre corps ne vaut pas cher et ne se résigne pas à être tel ».

Luc. *Hist. consc.* 26 τοῦτο δὲ μάλιστα ἡτιασάμην, ὅτι μὴ τὸν συγγραφέα ...τοῦ δράματος προαποσφάξας ἀπέθανε « ce que je lui reprochais le plus, c'était de n'avoir pas, avant de mourir, ...assassiné l'auteur de la pièce. «

B. **Les emplois constants de** MH.

a) PROPOSITIONS INDÉPENDANTES.

§ 620. La volonté qu'une chose ne se fasse pas — qu'il s'agisse d'une **défense**, d'une **supplication** qui cherche à détourner le malheur, ou d'un **vœu négatif** — s'exprime au moyen de la négation μή : celle-ci sert aussi dans un *serment négatif* — parce qu'on *repousse* loin de soi la possibilité de *commettre un acte défendu* ou de *prononcer une parole coupable*.

X 345 μή με, κύον, γούνων γουνάζεο « Non, chien, ne me supplie pas par mes genoux ! »

λ 72 μή μ' ἄκλαυτον, ἄθαπτον, ἰὼν ὄπιθεν καταλείπειν « Ne t'en va pas, me laissant derrière toi sans pleurs ni sépulture ! »

υ 344 μὴ τοῦτο θεὸς τελέσειεν » Que la divinité ne réalise pas ces craintes ! »

Ar. *Ois.* 195 μὰ Γῆν ...μὴ 'γὼ νόημα κομψότερον ἤκουσά πω « par la Terre ! ... (je jure que) je n'ai jamais entendu pensée plus subtile ».

b) PROPOSITIONS FINALES.

§ 621. Exprimant un **effort** qui tend vers un **but**, ces propositions ne sauraient admettre une autre négation que μή : les emplois — évidemment abusifs — de la négation οὐ dans une *finale* sont excep-

tionnels, tardifs et probablement artificiels. En effet, dès l'époque
ptolémaïque, les papyrus ont tendance à avantager μή aux dépens de
οὐ : cette faute avait été signalée par les grammairiens du début de
notre ère, qui l'avaient appelée Ἀλαβανδιακὸς σολοικισμός. Or la crainte
de tomber dans cet emploi abusif de μή devait entraîner les écrivains
soigneux de leur style à user fautivement de οὐ : si on trouve ὅπως
final suivi de οὐ chez Plutarque, le fait s'explique plus par une réaction
outrée contre ce qui était réputé le mauvais usage que par une confusion entre finales et consécutives. On peut dire en tout cas que, pour les
finales comme pour les subordonnées de crainte, l'emploi de μή est
constant et la contre-partie en faveur de οὐ est **inexistante**. Le type
classique, tel que Plat. *Phéd.* 95 E ἐξεπίτηδες πολλάκις ἀναλαμβάνω, ἵνα
μήτι διαφύγῃ ἡμᾶς « je reprends souvent à dessein, pour que rien ne
nous échappe », n'a jamais rien perdu de sa vitalité : encore aujourd'hui,
tandis que la langue emploie arbitrairement (dans la καθαρεύουσα) οὔτε
et μήτε pour coordonner des principales négatives de constatation, elle
n'use jamais, pas plus que la δημοτική, de la négation objective δὲν
devant une conjonction finale : elle ne s'écarte point, du moins pour la
négation, du type suivant : σοῦ τὸ ἔδωσα γιὰ νὰ μήν το χάσῃς « je te l'ai
donné pour que tu ne le perdes pas ».

c) PROPOSITIONS CONDITIONNELLES.

§ 622. En principe, toute proposition subordonnée impliquant une
condition — générale ou particulière — n'admet que la négation subjective μή. La conditionnelle est le plus souvent introduite par une conjonction *hypothétique* (εἰ ou ἐάν) : mais il faut tenir compte d'un certain
nombre de cas dans lesquels la présence de μή s'explique par la considération de conditions *implicites*, que le caractère *elliptique* de la tournure ne laisse pas apparaître.

Plat. *Phéd.* 91 C ὑπομνήσατε ἃ ἐλέγετε, ἐὰν μὴ φαίνωμαι μεμνημένος
« rappelez-moi ce que vous avez dit, si vous voyez que je ne m'en
souviens plus ».

Hdt. 1, 18 τοῖσι δὲ Μιλησίοισι οὐδαμοὶ Ἰώνων τὸν πόλεμον τοῦτον
συνεπελάφρυνον, ὅτι μὴ Χῖοι μοῦνοι « pour cette guerre-là aucune des
cités ioniennes n'aida Milet à en supporter le poids, si ce n'est Chios ».
Ὅτι μὴ équivaut à εἰ μή.

Xén. *An.* 5, 3, 1 εἰς τὰ πλοῖα τούς τε ἀσθενοῦντας ἐνεβίβασαν... καὶ
τῶν σκευῶν ὅσα μὴ ἀνάγκη ἦν ἔχειν « ils embarquèrent les malades...
et tout le matériel qu'ils n'avaient pas besoin d'avoir avec eux ». Le
tour équivaut à : εἴ τινα σκεύη ...μὴ ἀνάγκη ἦν ἔχειν.

§ 623. Il existe cependant des cas, importants et nombreux, dans
lesquels la négation objective οὐ est employée dans une subordonnée
introduite par εἰ ou ἐάν, c'est-à-dire, au moins *en apparence*, dans une
proposition conditionnelle. Il faut d'abord mettre à part les exemples

dans lesquels la négation porte, *non sur la proposition tout entière, mais sur un mot dans la proposition* : il y a là une véritable incise dans une proposition conditionnelle.

Thc. 6, 89 εἴ τις καὶ τότε ἐν τῷ πάσχειν οὐκ εἰκότως ὠργίζετό μοι, μετὰ τοῦ ἀληθοῦς σκοπῶν ἀναπειθέσθω « tous ceux qui, alors déjà, se sont, dans la souffrance, irrités contre moi — bien à tort ! — qu'ils reviennent sur leurs préventions en considérant les choses sous leur vraie lumière. » Alcibiade, qui parle, sait qu'il doit entraîner la conviction de tous ceux qui, à Sparte, ont eu à souffrir de sa politique antérieure. Il ne peut donc s'agir de donner à εἰ le sens de « s'il est vrai que ». La négation se justifie parce qu'elle retombe directement sur εἰκότως et équivaut à : ὃ οὐκ εἰκὸς ἦν.

§ 624. Au contraire, lorsque la conjonction εἰ se fonde sur la **réalité** (ou ce que l'on peut considérer comme tel), la négation — qui retombe effectivement sur la proposition tout entière, et non sur un mot comme dans l'exemple précédent — est naturellement la *négation objective* οὐ, puisqu'il n'y a pas d'hypothèse. Ce sont les mêmes raisons qui justifient l'emploi de οὐ dans la tournure θαυμάζω ...εἰ : l'étonnement porte sur une *réalité* qui surprend, mais qu'on ne discute pas.

Eur. *Ion* 347 εἰ δ' οὐκέτ' ἔστι, τίνι τρόπῳ διεφθάρη ; « s'il est vrai qu'il ne soit plus (= étant admis qu'il n'est plus), de quelle façon a-t-il pu périr ? ».

Isocr. 1, 44 μὴ θαυμάσῃς, εἰ πολλὰ τῶν εἰρημένων οὐ πρέπει σοι « ne t'étonne pas, si (effectivement = de ce fait que) beaucoup de paroles prononcées ne sont pas en rapport avec ton âge ».

§ 625. C'est seulement chez Homère et en ionien qu'une **conditionnelle authentique** peut admettre la négation οὐ : le fait se produit quand on veut attirer *fortement* l'attention sur une hypothèse négative, considérée comme un *fait menaçant* : il y a là une tournure assez semblable à l'interrogation indignée et menaçante, qui s'exprime généralement à l'aide de οὐ et du futur (οὐ σιωπήσεις ; « ne te tairas-tu pas ? »). En attique, au contraire, les emplois de οὐ n'empiètent qu'en *apparence* sur le domaine légitime de μή. Deux cas principaux sont à signaler : 1°) dans une *parataxe*, même quand le premier membre est véritablement une conditionnelle, la négation οὐ n'est pas déplacée parce qu'elle porte, non sur la proposition dans laquelle elle se trouve, mais sur l'*incompatibilité* qui oppose l'un à l'autre les deux membres de la parataxe ; 2°) l'emploi de οὐ avec le verbe φημί dans une proposition de même type se justifie si on songe que οὔ φημι signifie « dire non » beaucoup plus que « ne pas dire ».

Hdt. 1, 212 εἰ δὲ ταῦτα οὐ ποιήσεις, ἥλιον ἐπόμνυμί τοι τὸν Μασσαγετέων δεσπότην, ἦ μήν σε ἐγὼ καὶ ἄπληστον ἐόντα αἵματος κορέσω « si tu ne dois pas faire ce que je demande (= me rendre mon fils), je te le jure, par le Soleil, seigneur des Massagètes, oui, tout avide de sang que tu sois, je saurai t'en rassasier ». La reine Tomyris met plus de menaces dans le futur proche qu'elle ne saurait en trouver dans l'éventuel.

Lys. 20, 19 δεινά γ' ἂν πάθοιμεν, ...εἰ τοὺς μέν ...τούτους μὲν ἀφεῖτε ἀνδρὶ ἐξαιτουμένῳ, ἡμῖν δὲ αὐτοῖς ...οὐ χαριεῖσθε « nous serions étrangement traités si, tandis ...que vous relâchez ces gens-là ...à la requête d'un citoyen, vous ne nous accordiez pas... la même faveur ».

Lys.13,76, ἐὰν μὲν οὖν φάσκῃ Φρύνιχον ἀποκτεῖναι, τούτων μέμνησθε... ἐὰν δ' οὐ φάσκῃ, ἔρεσθε αὐτόν... « s'il dit qu'il a tué Phrynichos, souvenez-vous de cet aveu... s'il dit non, demandez-lui... ».

d) PROPOSITIONS DE DOUTE.

§ 626. Les propositions qui comportent l'idée d'un **obstacle**, matériel ou moral et expriment le **doute**, la **crainte** ou des sentiments de même ordre sont, *du moins en apparence, introduites par* μή *sans trace de conjonction*. De fait, il n'y a pas de conjonction parce que, dans des phrases de ce type, la construction repose, non sur une *subordination*, mais sur une *juxtaposition* (cf. § 138 et 371). D'ailleurs, que la crainte se rapporte à l'*avenir* (subjonctif éventuel) ou que, *rétrospective*, elle porte sur le *passé* (imparfait ou aoriste de l'indicatif), la négation subjective μή est la seule employée à toute époque. Quand on redoute, non plus qu'un fait *se produise*, mais qu'il **ne se produise pas**, la négation οὐ suit immédiatement la négation μή. En grec comme en français, μή et *ne* (δέδοικα μὴ εἴπῃς = je crains que tu *ne* dises) peuvent être considérées comme le *reflet* de l'idée négative de doute, de crainte, sur la proposition complétive ; en revanche il est normal que, comme dans une proposition indépendante, οὐ soit la négation d'un jugement affirmatif portant sur la réalité — comme *pas* et οὐ (δέδοικα μὴ οὐκ εἴπῃς « je crains que tu *ne* dises *pas* »).

Dém. 1, 18 ὀκνῶ μὴ μάταιος ὑμῖν ἡ στρατεία γένηται « j'ose à peine dire que je crains que votre campagne ne soit inutile ».

Thc. 3, 53 ὑποπτεύομεν καὶ ὑμᾶς μὴ οὐ κοινοὶ ἀποβῆτε « nous vous suspectons, vous aussi, de n'être pas, en fin de compte, des arbitres équitables ».

§ 627. Dans des tours elliptiques, μή se justifie par une idée d'*appréhension* qui n'est que suggérée : ainsi μή suivi du subjonctif équivaut à δείδω μή (je crains... que ne), et οὐ μή à οὐ δείδω μή (« je *ne* crains *pas* que *ne*...) ».

Plat. *Gorg.* 462 E Μὴ ἀγροικότερον ᾖ τὸ ἀληθὲς εἰπεῖν « il est à craindre que la vérité ne soit un peu brutale dans son expression ».

Xén. *An.* 2, 2, 12 ἢν γὰρ ἅπαξ δύο ἢ τριῶν ἡμερῶν ὁδὸν ἀπόσχωμεν, οὐκέτι μὴ δύνηται βασιλεὺς ἡμᾶς καταλαβεῖν « si, une bonne fois, nous pouvons le distancer de deux ou trois jours de marche, plus de danger que le Grand Roi ne nous surprenne ».

Remarque. — En grec moderne, non seulement l'usage de μή s'est maintenu, mais encore celui de la double négation : φοβοῦμαι μήπως ἔρθη « je crains qu'il *ne* vienne » et φοβοῦμαι μήπως δὲν ἔρθη « je crains qu'il *ne* vienne *pas* ».

C. Les emplois comportant 'ΟΥ et ΜΗ.

a) PROPOSITIONS INDÉPENDANTES.

§ 628. Dans une interrogation **directe**, la question posée peut être introduite par οὐ, si on espère une **confirmation** de l'interlocuteur, et par μή, si on s'attend à une **réponse négative** : la première prévoit un « *si* », et équivaut à lat. *nonne* ; la seconde compte sur un « *non* » énergique, et correspond à lat. *num*.

Plat. *Rép.* 334 B Οὐχ οὕτως ἔλεγες ; Οὐ μὰ τὸν Δί', ἔφη, ἀλλ' οὐκέτι οἶδα ἔγωγε ὅ τι ἔλεγον·τοῦτο μέντοι ἔμοιγε δοκεῖ εἶναι... ... « Ne parlais-tu pas dans ce sens ? — Non, par Zeus, dit-il, mais je ne sais plus ce que je disais ; cependant il me semble qu'il est toujours juste... » Cet exemple montre que, pratiquement, l'interlocuteur peut ne pas répondre, ou seulement de façon partielle, à l'attente de celui qui a posé la question.

Esch. *Prom.* 959 μή τί σοι δοκῶ ταρβεῖν ; « Te donné-je l'impression d'avoir peur ? » Le fier Titan se croit assuré du contraire.

§ 629. Une **disjonction**, dans laquelle on oppose une *qualité* à la qualité contraire, ou un *type* d'objets et de personnes au type *opposé*, s'exprime presque indifféremment avec οὐ ou avec μή. En effet, la disjonction porte bien sur des *réalités* ; mais celles-ci peuvent être considérées sous leur aspect *général* (qualité, type, etc). C'est ainsi que, *dans la même phrase*, Platon a pu employer *successivement* οὐ et μή (*Crit.* 46 D et E) : il n'y avait là sans doute pour lui qu'un procédé de varier le style — comme on se sert de l'optatif oblique à côté de l'indicatif (ou du subjonctif) dans un ensemble secondaire. Il est possible d'ailleurs qu'il y ait un lien entre le changement de mode et le changement de négation.

46 D ἐλέγετο... ὅτι ταῖς μὲν δεῖ τῶν δοξῶν προσέχειν τὸν νοῦν, ταῖς δὲ οὔ « il était dit qu'il fallait s'attacher à certaines opinions, mais non à d'autres » en face de 46 E ἐλέγετο... ὅτι τῶν δοξῶν... δέοι τὰς μὲν περὶ πολλοῦ ποιεῖσθαι, τὰς δὲ μή « il était dit que, parmi les opinions... il fallait attribuer beaucoup de valeur à certaines, mais non pas à d'autres. ».

b) PROPOSITIONS TEMPORELLES.

§ 630. Une proposition de **temps**, quand elle se rapporte à un fait **unique et réel**, comporte l'emploi de la négation objective οὐ ; en revanche, toute **spéculation** dans le temps — que l'on suppute la généralité d'une série de faits, ou que l'on s'attende à voir se produire un **fait particulier** — entraîne nécessairement l'usage de la négation subjective μή. *Pratiquement,* si on se place au point de vue des temps, on aboutit aux résultats suivants : une proposition temporelle se rapportant au *présent-futur* — permanence dans le présent, attente dans le futur — s'accompagne de μή ; une temporelle se rapportant au *passé* comporte l'emploi de οὐ quand *un* fait s'est *réellement* produit, et celui de μή, quand il s'agit d'une *série générale de faits répétés dans le passé.*

Plat. *Phéd.* 65 C τότε κάλλιστα (λογίζεται ἡ ψυχὴ) ὅταν μηδὲν τούτων αὐτὴν παραλυπῇ, μήτε ἀκοή, μήτε ὄψις « (l'âme raisonne) de la façon la plus juste quand aucun obstacle ne la contrarie, ni l'ouïe, ni la vue... »

Plat. *Phéd.* 115 C Ὅπως ἄν, ἔφη, βούλησθε, ἐάνπερ γε λάβητέ με καὶ μὴ ἐκφύγω ὑμᾶς « (Ensevelissez-moi), dit Socrate, comme vous voudrez, si du moins vous parvenez à me saisir et si je ne vous échappe pas ».

Plat. *Prot.* 320 C ἦν ποτε χρόνος ὅτε θεοὶ μὲν ἦσαν, θνητὰ δὲ γένη οὐκ ἦν « il fut jadis un temps où les Dieux existaient, mais où il n'existait pas de races mortelles ».

Thc. 2, 15 ὁπότε μή τι δείσειαν, οὐ ξυνῇεσαν βουλευσόμενοι ὡς τὸν βασιλέα « quand ils n'avaient aucun sujet d'inquiétude, ils ne se réunissaient pas chez le roi de (l'Attique primitive) pour délibérer «.

Remarque. — Il résulte de ce qui vient d'être dit que, lorsqu'une conjonction, exprimant entre autres significations le temps, introduit une proposition dont le verbe est à l'*indicatif présent ou futur* et s'accompagne de la négation οὐ, on peut affirmer que la signification de la conjonction n'est pas *temporelle,* mais *causale, concessive,* etc. : ainsi dans ν 128 οὐκέτ' ἐγώ γε μετ' ἀθανάτοισι θεοῖσι τιμήεις ἔσομαι, ὅτε με βροτοὶ οὔ τι τίουσιν « je ne recevrai plus jamais d'honneurs parmi les Dieux immortels, quand (= puisque, étant donné que) les mortels n'ont nul égard pour moi ».

c) PROPOSITIONS CONSÉCUTIVES.

§ **631.** Quand un rapport de **conséquence** s'établit entre deux termes qui appartiennent **l'un et l'autre** à la réalité — qu'ils y soient *effectivement constatés* ou que leur *présence soit liée à certaines conditions* — la négation employée est οὐ, *quel que soit le temps considéré.* L'idée de consécution constatée (ou constatable) est vigoureusement sentie : dans le *style indirect,* la négation objective se maintient, devant l'*infinitif,* sans se laisser entraîner par l'emploi si fréquent de μή devant ce mode. Bien plus, on peut citer quelques exemples dans lesquels un infinitif de consécution, non pas *constatée,* mais *logique,* admet la négation οὐ, contrairement à ce qu'on attend, parce que *cette consécution logique* entraîne une *constatation effective* particulièrement intéressante.

Xén. *Cyr.* 1, 4, 5 ταχὺ τὰ θηρία ἀνηλώκει, ὥστε ὁ Ἀστυάγης οὐκέτ' εἶχεν αὐτῷ συλλέγειν θηρία « bientôt il avait fait de tels ravages dans le gibier qu'Astyage ne pouvait plus lui en rabattre ».

Thc. 5, 6 καὶ κατεφαίνετο πάντα αὐτόθεν, ὥστε οὐκ ἂν ἔλαθεν ὁρμώμενος Κλέων τῷ στρατῷ « on découvrait de là tout le pays, si bien qu'une attaque de l'armée de Cléon n'aurait pu se produire sans qu'il s'en aperçût ».

Plat. *Ap.* 26 D οἴει αὐτοὺς ἀπείρους γραμμάτων εἶναι, ὥστε οὐκ εἰδέναι ὅτι τὰ Ἀναξαγόρου βιβλία... γέμει τοιούτων λόγων « tu les considères comme des illettrés au point qu'ils ne savent pas que les livres d'Anaxagore... sont pleins de ces théories ». A en croire Mélétos, les juges seraient, non pas illettrés **au point** d'*ignorer* Anaxagore (consécution logique), mais iliettrés au point qu'il faut admettre **comme un fait** qu'ils ne savent pas ce que sont les théories d'Anaxagore (consécution constatée). Ce qu'on veut préciser, c'est moins la *qualité* de leur ignorance que le fait qu'il *résulte* de cette ignorance constatée qu'ils ne savent point ce qu'est Anaxagore.

Soph. *El.* 780 ὥστ' οὔτε νυκτός ὕπνον οὔτ' ἐξ ἡμέρας ἐμὲ στεγάζειν ἡδύν « (Oreste me menaçait) au point que ni le jour, ni la nuit le doux sommeil ne pouvait couvrir mes yeux ». Les menaces d'Oreste à Clytemnestre étaient *de nature* à lui ôter le sommeil (consécution générale) ; mais ce que οὔτε νυκτός... οὔτ' ἐξ ἡμέρας affirme avec force, c'est qu'effectivement elle ne pouvait pas fermer l'œil, de jour ni de nuit.

§ 632. Quand, des deux termes, le **premier** appartient à la *réalité*, mais le **second** présente un caractère *logique*, la négation est μή, parce que la consécution repose, non plus sur la *constatation* de *deux faits* dont le second est la conséquence du premier, mais sur une *construction généralisante de l'esprit*.

Plat. *Phéd.* 66 D (τὸ σῶμα ἡμᾶς) ἐκπλήττει ὥστε μὴ δύνασθαι ὑπ' αὐτοῦ καθορᾶν τἀληθές « le corps nous abrutit au point de nous mettre hors d'état de contempler la Vérité ». La gêne que le corps impose à l'âme est *de nature* (qualité générale) à entraver la connaissance de la Vérité.

d) PROPOSITIONS INTERROGATIVES INDIRECTES (DOUBLES).

§ 633. On a vu (§ 617) que les interrogatives indirectes *simples* se comportaient comme des complétives déclaratives ; au contraire, les interrogatives indirectes **doubles**, reposant sur une *disjonction*, admettent *indifféremment* οὐ et μή.

Eur. *Hipp.* 925 χρῆν βροτοῖσι τῶν φίλων τεκμήριον σαφές τι κεῖσθαι καὶ διάγνωσιν φρενῶν, ὅστις τ' ἀληθής ἐστιν ὅς τε μὴ φίλος « il devrait y avoir pour les mortels un sûr indice pour reconnaître le cœur de leurs amis et distinguer celui qui est sincère de celui qui ne l'est pas ».

Eschn. 1, 27 ὁ νομοθέτης διαρρήδην ἀπέδειξεν οὓς χρὴ δημηγορεῖν καὶ οὓς οὐ δεῖ λέγειν ἐν τῷ δήμῳ « le législateur a indiqué explicitement ceux qui doivent parler devant le peuple et ceux qui ne doivent pas le faire ».

e) PROPOSITIONS RELATIVES.

§ 634. Susceptibles de rendre la constatation d'un *fait* particulier aussi bien que la **répétition** ou la **constance** d'un *fait* général, ou la **cause**, ou le **but**, ou la **concession**, ou la **conséquence**, ou l'**hypothèse**, les propositions relatives usent de la négation *objective* ou de la négation *subjective* suivant que l'une ou l'autre serait requise par une proposition causale, finale, consécutive, hypothétique, etc. Par lui-même, le relatif n'exerce et ne peut exercer *aucune action* sur la forme de la négation. Lorsque la proposition relative ajoute des *déterminations particulières* à la notion de l'*antécédent*, ou *développe* ce qu'on pourrait appeler le *contenu* de cet antécédent, la négation ne peut être que la négation οὐ, comme dans une proposition indépendante ; mais il suffit qu'une idée de *généralité* — même légère — intervienne, et une *répétition* à plus forte raison, pour que la négation soit μή.

Xén. *An.* 2, 2, 3 ἐν μέσῳ ἡμῶν καὶ βασιλέως ὁ Τίγρης ποταμός ἐστι ναυσίπορος, ὃν οὐκ ἂν δυναίμεθα ἄνευ πλοίων διαβῆναι « entre le Roi et nous il y a un fleuve navigable, le Tigre, que nous ne saurions traverser sans bateaux ».

Soph. *Phil.* 179 ὦ δύστανα γένη βροτῶν οἷς μὴ μέτριος αἰών « race infortunée des mortels, pour qui (= pour tous ceux dont) la vie n'est pas selon la mesure commune ! ».

§ 635. Les relatives **causales**, comme les propositions conjonctives de même valeur, usent de la négation οὐ, puisque le rapport causal repose sur deux faits ; il en est de même pour les relatives *concessives* — à moins que celles-ci, présentant une valeur *hypothétique*, ne comportent, comme de véritables contidionnelles, la négation μή.

Eur. *I. A.* 907 σοὶ δ' ὄνειδος ἵξεται, ὅστις οὐκ ἤμυνας « la réprobation t'atteindra, toi qui (= *parce que* tu...) n'as pas su défendre (ta fiancée) ».

Soph. *Phil.* 250 πῶς γὰρ κάτοιδ' ὃν εἶδον οὐδεπώποτε ; « comment reconnaître quelqu'un que (= *puisque*...) je n'ai jamais vu encore ? »

§ 636. Les relatives **finales** — qui impliquent un *effort* de la *volonté* — et les relatives **éventuelles** et **hypothétiques** — fondées sur l'*attente* de l'esprit ou sur des *constructions* échafaudées par lui — ne peuvent admettre d'autre négation que μή.

Soph. *El.* 380 μέλλουσι γάρ σ' ...ἐνταῦθα πέμψειν ἔνθα μήποθ' ἡλίου φέγγος προσόψει « ils doivent ...t'envoyer dans un endroit où (ils veulent que) tu ne voies plus (= afin que...) jamais la lumière du soleil.» La volonté de Clytemnestre et de son complice n'est pas niable.

Hsd. *Trav.* 353 καὶ δόμεν ὅς κεν δῷ καὶ μὴ δόμεν ὅς κεν μὴ δῷ « donnez à qui vous donne (= si l'on vous donne, c'est-à-dire : ἐάν *éventuel*) et ne donnez pas à qui ne vous donne pas ».

T 225 γαστέρι δ'οὔ πως ἔστι νέκυν πενθῆσαι· Ἀχαιούς « ce n'est pas avec leur ventre que les Achéens peuvent pleurer un mort ».

Remarque I. — Chacun des verbes cités a pu étendre par analogie sa construction à des verbes voisins : ainsi, sur le modèle de πενθεῖν τινα, on dit κόπτεσθαι νεκρόν « se frapper rituellement la poitrine (en l'honneur d'un mort) » ou τίλλεσθαι νεκρόν « s'arracher les cheveux (en l'honneur d'un mort) ».

Remarque II. — Les verbes de serment, ὀμνύναι en particulier, se construisent généralement avec l'*accusatif* de la divinité invoquée (ὀμνύναι Δία). De fait, le rituel est censé agir directement sur la personne divine ou sur l'objet sur lequel est porté le serment (cf. E. Benveniste RHR 1947, 81-91, *L'expression du serment dans la Grèce Ancienne*).

§ 424. d) Des verbes qui, au *simple*, n'admettent que *faiblement* un object direct ou même semblent l'*exclure*, peuvent être employés en *fonction transitive* quand ils sont précédés des **préverbes** « vides » comme ἀπό, ἐκ et surtout διά et κατά. Ceux-ci, exprimant l'*accomplissement* du procès, exercent sur le verbe une action causative. En voici quelques exemples :

ἀπομάχομαί τι « *repousser* en combattant » (Xén. *Hell.* 6, 5, 34) en face de μάχομαί τινι, πρός τινα, ἐπί τινι.

ἐξέρχομαί τι « arriver à réaliser quelque chose » (Thc. 1,70) en face de ἔρχομαι ἐπί τι.

διαπτύειν τινά « conspuer quelqu'un » (Dém. 18, 258) en face de πτύειν αἷμα (Ψ 697) « cracher du sang ».

καταπολεμεῖν τινα « battre quelqu'un à la guerre « (Thc. 2, 7) en face de πολεμεῖν τινι, εἰς ou πρός τινα.

καταβοᾶσθαί τινα « vaincre quelqu'un par ses cris ». (Ar. *Cav.* 286) en face de βοᾶν πρός τινα.

§ 425. On confond souvent (K. G. II., p. 300-301 et Riemann-Cucuel, p. 38) ces emplois avec d'autres où la fonction transitive du verbe n'est qu'apparente, et dépend en réalité d'une valeur *concrète* du préverbe : ainsi Thc. 4 92 τὸν ἡσυχάζοντα ἐπιστρατεύειν « marcher contre un peuple pacifique » équivaut à στρατεύειν ἐπὶ τὸν ἡσυχάζοντα, ou Plat. *Phéd.* 85 D (δεῖ)... διαπλεῦσαι τὸν βίον « (il faut) faire la traversée de la vie » à δεῖ πλεῦσαι διὰ τὸν βίον. On remarquera d'ailleurs, parmi les verbes cités, un grand nombre d'entre eux qui impliquent une idée de *mouvement*.

B. DOUBLE ACCUSATIF.

§ 426. On groupe sous cette dénomination des tournures fort différentes, qui n'ont d'autre point commun que de comporter deux accusatif dépendant d'un même verbe : mais c'est une façon bien extérieure de considérer les choses et, à notre sens, on doit réserver cette expression aux tournures dans lesquelles le verbe admet *à la fois deux rapports directs*.

compte de ce fait qu'il s'agit d'un exemple appartenant à la réalité. Xén. *Mém.* 2, 1, 3, τὸ μὴ φεύγειν τοὺς πόνους « le fait (général) de ne pas se dérober à l'effort).

Thc. 1, 41 ἡ εὐεργεσία αὕτη... τὸ δι' ἡμᾶς ·Πελοποννησίους αὐτοῖς μὴ βοηθῆσαι « ce service rendu... (qui a consisté en ceci que), de notre fait, les Péloponnésiens n'ont pas pu les secourir (les Samiens) ». Il s'agit pourtant d'un fait *réel* : les Corinthiens ont empêché le Péloponnèse de soutenir Samos révolté. On aurait d'ailleurs la négation οὐ si un substantif était substitué à l'infinitif (ἡ ...οὐ βοήθεια).

Au contraire, quand **l'infinitif n'est pas accompagné de l'article, il admet** la négation οὐ. Naturellement les usages de μή restent de beaucoup *les plus fréquents* : quand l'infinitif exprime une *volonté*, une *possibilité*, une *nécessité*, etc., il est général et indéterminé. Mais quand ce mode est l'expression d'une *pensée*, d'une *opinion*, d'un *jugement*, il correspond à une *négation particulière*, si bien que la pensée, directement exprimée, userait du *mode de la constatation* accompagné de οὐ : dans tous ces cas, l'infinitif est précédé de οὐ. *Théoriquement* la distinction entre les deux types est très tranchée ; mais *pratiquement* des causes variées, directes ou indirectes, exercent leur action et provoquent des *empiètements* importants de μή au détriment de οὐ et, *au moins en apparence*, des empiètements réduits de οὐ aux dépens de μή.

Hdt. 1, 8 καί σεο δέομαι μὴ δέεσθαι ἀνόμων « et je te prie de ne pas me demander de choses déshonnêtes ».

Xén. *Mém.* 1, 1, 6 πιστεύων δὲ θεοῖς πῶς οὐκ εἶναι θεοὺς ἐνόμιζεν ; « or, croyant aux Dieux, comment pouvait-il (= aurait-il pu) penser que les Dieux n'existent pas ? »

α) Μή **à la place de** οὐ.

§ 640. Un certain nombre de verbes présentent des acceptions assez *variées* pour entraîner l'emploi de οὐ et de μή : ἐλπίζω (et son synonyme ἐλπίς ἐστιν), par exemple, admet οὐ et μή suivis de l'infinitif, sans parler de μή accompagnant le subjonctif. Avec οὐ et l'infinitif, le verbe exprime une *déclaration* colorée d'espoir ou d'appréhension ; avec μή et l'infinitif, il traduit une *pensée réticente* ; avec μή et le subjonctif, l'attente s'est transformée en *crainte*.

Xén. *An.* 4, 6, 18 ἐλπίζω οὐδὲ τοὺς πολεμίους μενεῖν ἔτι « j'espère (= je pense avec espoir) que l'ennemi ne nous attendra pas ».

Xén. *Cyr.* 2, 4, 23 φασὶ μὲν οὖν καὶ δασέα τὰ ὄρη ταῦτα εἶναι. ὥστε ἐλπὶς ὑμᾶς μὴ ὀφθῆναι « on dit même que ces montagnes sont boisées, si bien qu'on peut penser qu'on ne vous verra pas ».

Hdt. 1, 77 οὐδαμὰ ἐλπίσας μή κοτε... Κῦρος ἐλάσῃ ἐπὶ Σάρδις « il ne s'attendait nullement à ce que... (= il ne craignait point que) Cyrus pût pousser jusqu'à Sardes ».

§ 641. Quand une déclarative dépend d'une proposition principale dont le **mode** *entraînerait la négation* μή, on emploie cette négation à la

place de οὐ ; il en est de même quand la déclarative se rattache elle-
même à une proposition *dépendante* (hypothétique par exemple), dont
la négation est normalement subjective. Dans les deux cas, la négation
μή est due au fait que la déclaration est sentie comme *étroitement soli-*
daire d'un ensemble qui comporte normalement la négation μή.

Isocr. 1, 42 νόμιζε μηδὲν εἶναι τῶν ἀνθρωπίνων βέβαιον « songe que
rien n'est stable dans les choses humaines ». On pourrait avoir aussi
bien : Μὴ νόμιζε βέβαια εἶναι τὰ ἀνθρώπινα.

And. 1, 70 εἴ τις... νομίζει μὴ ἱκανῶς εἰρῆσθαι « si quelqu'un... pense
que ...je ne me suis pas suffisamment expliqué ». On aurait μή avec εἴ
τις νομίζει ou avec ἐάν τις νομίσῃ.

§ 642. L'analogie semble avoir joué un grand rôle et s'est exercée
avec la liberté qui la caractérise au départ de certains verbes, qui ont
servi de types. Par exemple, on a vu que le verbe ὀμνύναι « jurer »
comportait naturellement l'emploi de μή pour repousser ce qui serait
contraire à l'attestation du serment : cette négation, que l'on sentait
comme caractéristique du serment, peut être employée, non seulement
devant un *indicatif*, mais même lorsque le verbe du serment fait
défaut et qu'il ne s'agit en somme, que d'une attestation aussi faible
que « je te jure » en français. Ce cas particulier, mais d'une importance
sans égale, a exercé une forte action sur d'autres *verbes de la langue*
judiciaire, même lorsque ceux-ci peuvent être considérés comme purement déclaratifs. On conçoit encore que μαρτυρεῖν — témoignage qui
est au moins l'expression d'une volonté — puisse admettre la négation
μή : mais ὁμολογεῖν, dont l'étymologie (ὁμῶς et λέγω) était trop claire
pour n'être pas sentie, peut, *dans la même phrase et sans différence appré-*
ciable de sens, être successivement précédé de οὐ et de μή.

O 41 μὴ δι' ἐμὴν ἰότητα Ποσειδάων... πημαίνει Τρῶάς τε καὶ ῞Εκτορα
« Non ! Ce n'est pas par mon fait que Poseidon... malmène Hector et
les Troyens... ».

Plat. *Phéd.* 94 C οὐκοῦν αὖ ὡμολογήσαμεν... μήποτ᾽ ἂν αὐτὴν ἐναντία
ᾄδειν οἷς ἐπιτείνοιτο... ἀλλ᾽ ἕπεσθαι ἐκείνοις καὶ οὔποτ᾽ ἂν ἡγεμονεύειν ;
« Ne sommes-nous pas tombés d'accord pour reconnaître... que jamais
elle (l'âme) ne saurait chanter en désaccord avec les tensions... mais
qu'elle les suit et ne pourrait jamais les diriger ? »

§ 643. On a vu plus haut (§ 611) qu'il suffisait qu'une *forte réticence*
intervînt dans une déclarative pour que la négation passât du type
objectif au type subjectif. Parfois un accent d'*ironie*, qui montre que
celui qui parle « ne croit pas » à ce qu'il avance, ou qu'il n'y croit qu'en
partie, entraîne l'emploi de μή. La tendance était naturelle d'abuser de
ces nuances *subjectives*, de leur ôter leur véritable signification et
d'augmenter le « jeu » qui se produisait normalement entre les deux
négations. A cela s'ajoutait le sentiment vague que la négation μή était
comme attachée à l'*infinitif*, et aussi qu'elle était la négation des subor-

données. Déjà dans l'œuvre de Sophocle, qui dépasse si souvent la langue littéraire de son temps, on constate quelques exemples d'arbitraire dans l'emploi de οὐ et de μή. L'évolution se précipite à partir de la Κοινή : dans les *Évangiles*, toutes les déclaratives s'accompagnent de μή et même un atticiste, comme Lucien, emploie cette négation dans une subordonnée *causale*, tant μή était sentie comme la négation de toute espèce de subordonnée :

Soph. *Phil.* 1058 ὃς οἶμαι σοῦ κάκιον οὐδὲν ἂν τούτων κρατύνειν μηδ' ἐπιθύνειν χερί « moi qui pense que je ne serais pas moins qualifié que toi pour posséder ces armes et les diriger de mon bras ». On comprend que οἶμαι, qui comporte ici une forte conviction, entraîne l'emploi de μή : mais c'est le passage de οὐ à μή qui est arbitraire.

Xén. *Banq.* 4, 5 οἱ μάντεις λέγονται δήπου ἄλλοις μὲν προαγορεύειν τὸ μέλλον, ἑαυτοῖς δὲ μὴ προορᾶν τὸ ἐπιόν « on dit que les devins dévoilent, sans doute, l'avenir à d'autres, tandis que, pour eux-mêmes, ils ne prévoient pas l'instant qui vient ». L'ironie moqueuse reprend pour ainsi dire ce qu'avance la déclaration.

Mc. 12, 18 Σαδδουκαῖοι... οἵτινες λέγουσιν ἀνάστασιν μὴ εἶναι « des Sadducéens... qui disent qu'il n'y a pas de résurrection ».

Luc. *Hist. conscrib.* 3 ὁ Διογένης... ἐπεὶ μηδὲν εἶχεν ὅ τι καὶ πράττοι « Diogène... comme il ne savait que faire », ce qui rejoint Mt. 22, 12 πῶς εἰσῆλθες ὧδε μὴ ἔχων ἔνδυμα γάμου ; « comment as-tu pu venir sans avoir un habit de noces ? »

β) Οὐ à la place de μή.

§ 644. Les cas dans lesquels οὐ est attesté alors que μή est attendu sont rares ; sauf quelques exemples *exceptionnels*, ils sont *apparents*, non *réels* : la négation objective se justifie parce qu'elle porte, non sur l'action exprimée par le verbe, mais soit sur un *mot*, soit sur l'*articulation de la phrase*.

Eur. *Méd.* 73 ὁ μέντοι μῦθος εἰ σαφὴς ὅδε οὐκ οἶδα· βουλοίμην δ' ἂν οὐκ εἶναι τόδε « si le bruit est exact, je n'en sais rien ; mais je voudrais qu'il n'en fût pas ainsi ». L'emploi de οὐ est tout à fait insolite ; μή est doublement attendu, après un verbe de volonté et dans une phrase qui équivaut à un vœu négatif (μὴ γένοιτο).

Plat. *Ap.* 35 C ὀμώμοκεν οὐ χαριεῖσθαι οἷς ἂν δοκῇ αὐτῷ, ἀλλὰ δικάσειν κατὰ τοὺς νόμους « il s'est engagé, *non* à favoriser qui lui plaît, *mais* à juger selon les lois ». L'emploi de οὐ après un verbe de serment n'est qu'une apparence, comme le montre la traduction : ὀμώμοκεν μὴ χαριεῖσθαι signifierait : « il s'est engagé à ne pas favoriser. »

g) PARTICIPE.

§ 645. C'est au participe qu'apparaît le mieux de quelle façon les nuances subjectives (exprimées par μή) ont fini par prendre le pas sur les valeurs objectives (exprimées par οὐ). De fait, tandis que la langue homé-

rique ne connaît au participe que la négation οὐ, les emplois de μή sont
fréquents et variés en attique : d'un état de la langue à l'autre, ce mode
a pris une grande extension et a pu exprimer, non seulement des *réalités
constatées*, mais la *consécution*, la *condition*, la *finalité* sous toutes les
formes. Les principes qui règlent les emplois des deux négations sont
les mêmes au participe qu'à l'infinitif : on use de οὐ pour nier un *fait
réel* (ou considéré comme tel), tandis que μή apparaît dès qu'intervient
une idée de *volonté*, de *finalité*, de *condition* ou de *consécution générale*.
Cependant, si les principes sont communs, on relève des *divergences
considérables* entre les emplois des négations à l'infinitif et au participe :
l'article, qui s'est développé en même temps que le participe lui-même,
se comporte autrement qu'à l'infinitif sur quelques points particuliers.

§ 646. Quand un participe **sans article** exclut de la réalité une *action
accessoire*, la négation est οὐ parce que l'on constate, pour ainsi dire, un
manque dans la réalité ; mais il suffit qu'un rapport de *consécution générale* soit, même implicitement, conçu pour que μή se substitue à οὐ : il
ne s'agit plus alors de **constater** le manque, mais de **définir la nature de**
ce manque.

Esch. *Prom.* 32 τήνδε φρουρήσεις πέτραν... οὐ κάμπτων γόνυ « tu
monteras la garde sur cette roche..., sans ployer le genou ». Équivaut à :
φρουρήσεις πέτραν καὶ οὐ κάμψεις γόνυ.

Xén. *Cyr.* 2, 4, 27 οὐχ ἡγεμόνας ἔχων ἀνθρώπους πλανᾷ ἐπὶ τὰ ὄρη
« sans avoir de gens pour te guider tu erres du côté de la montagne ».
L'action accessoire est ici *explicative* : ὅτι οὐκ ἔχεις « parce que tu n'as
pas ».

Plat. *Rép.* 376 A χαλεπαίνει οὐδὲν κακὸν πεπονθώς « (le chien) est
agressif sans qu'on lui ait fait le moindre mal ». L'action accessoire est
de nuance *concessive* : καίπερ οὐ πεπονθώς « bien qu'il n'ait pas... ».

Xén. *Mém.* 4, 8, 5 οἱ ᾿Αθήνησι δικασταὶ πολλοὺς ἤδη μηδὲν ἀδικοῦντας... ἀπέκτειναν « les juges d'Athènes ont déjà fait mettre à mort...
bien des gens qui n'avaient rien fait de mal ». Le sens est le suivant :
« des gens *tels* qu'ils n'avaient jamais rien fait. »

Eur. *Hipp.* 305 προδοῦσα σοὺς παῖδας πατρῴων μὴ μεθέξοντας δόμων
« trahissant tes fils qui n'auront pas leur part de l'héritage paternel ».
Phèdre en mourant trahit les intérêts de ses enfants, *de façon telle* que...

§ 647. Quand le participe, **avec l'article**, désigne des **objets déter**
minés, même lorsque ceux-ci appartiennent à une *catégorie générale*, la
négation est toujours *objective* : on n'exclut pas du réel la *catégorie générale*, mais les *objets qui la composent*. Au contraire, lorsque le participe
est sans article, il est, suivant le sens, *également possible d'employer* οὐ
et μή : si on considère les **objets** qui composent la catégorie, on use de la
négation οὐ, comme dans le cas précédent ; si on s'attache à la **catégorie**
elle-même, la négation μή est de rigueur, puisqu'une idée de consécution
et de généralité intervient.

Thc. 2, 45 τὸν γὰρ οὐκ ὄντα ἅπας εἴωθεν ἐπαινεῖν « celui qui n'est plus chacun a coutume de l'exalter ». On pense en réalité à *tous les morts* de façon concrète.

Esch. *Ag.* 39 ἑκὼν ἐγὼ μαθοῦσιν αὐδῶ κοὐ μαθοῦσιν λήθομαι « je parle volontiers à ceux qui savent et, pour ceux qui ne savent pas, j'oublie tout ». Il s'agit de ceux qui *effectivement* comprennent ou non.

Plat. *Lois* 795 B διαφέρει πάμπολυ μαθὼν μὴ μαθόντος « il y a une très grande différence entre qui comprend et qui ne comprend pas ». Il s'agit ici d'opposer le *Savant* à l'*Ignorant*.

§ 648. Lorsque, dans une *complétive de* perception (§ 328), le participe est le complément d'un verbe exprimant une sensation — c'est-à-dire un contact *physique* avec la réalité — ou la compréhension — autre façon d'*appréhender* le réel — la négation est objective. Quand μή est employé, c'est pour des raisons *secondaires* : il suffit, en particulier, que la compréhension comporte une *conviction*, c'est-à-dire entraîne l'adhésion de la *volonté*, pour que la négation devienne subjective.

Soph. *Aj.* 125 ὁρῶ γὰρ ἡμᾶς οὐδὲν ὄντας ἄλλο πλὴν εἴδωλα « je vois que nous ne sommes que fantômes ».

Thc. 1, 25 γνόντες οἱ Ἐπιδάμνιοι οὐδεμίαν σφίσιν ἀπὸ Κερκύρας τιμωρίαν οὖσαν « les gens d'Épidamne, se rendant compte qu'ils n'avaient aucun secours à attendre de Corcyre ».

Thc. 1, 76 εὖ ἴσμεν μὴ ἂν ἧσσον ὑμᾶς λυπηροὺς γενομένους τοῖς ξυμμάχοις « nous savons bien (= nous sommes persuadés) que vous ne vous seriez pas fait moins détester que nous de vos alliés ».

§ 649. D'une façon générale, les négations se comportent au participe de la même façon que dans la **subordonnée** à laquelle il équivaut logiquement : les participiales *conditionnelles* ont μή, ainsi que quelques *concessives* dans lesquelles une idée de condition intervient, tandis que les *causales* et la plupart des *concessives* ont οὐ. Quant aux participes équivalant à des *temporelles* ou des *finales*, les premiers *admettent* οὐ et μή, les seconds *obligatoirement* μή.

Xén. *An.* 6, 5, 18 οὐκ ἔστι μὴ νικῶσι σωτηρία « n'étant pas vainqueur (= si nous ne sommes pas…),il n'y a pas de salut pour nous ».

Plat. *Hipp. Maj.* 285 B παρανομοῦσιν ἄρα Λακεδαιμόνιοι οὐ διδόντες σοι χρυσίον καὶ ἐπιτρέποντες τοὺς αὑτῶν υἱεῖς « alors les Lacédémoniens ne se conforment pas au droit en ne te payant pas et en ne te confiant pas leurs fils ».

§ 650. Quand un mode exprimant la **volonté** — comme l'impératif ou le subjonctif de défense, ou le **dessein** — comme le subjonctif de finalité, ou la **consécution générale** — comme l'infinitif de conséquence logique, est employé dans la *principale* dont dépend la participiale, ou dans la subordonnée à laquelle elle se rattache, μή *se substitue généralement* à οὐ : tout se passe comme si le système entier de la phrase était dominé par le verbe principal. Mais cette action exercée *indirectement* sur la négation, pour fréquente qu'elle soit, n'a rien d'*obligatoire* : on trouve *aussi* la négation οὐ, que l'on attend logiquement.

Soph. *Phil.* 253 ὡς μηδέν εἰδότ᾽ ἴσθι μ᾽ ὧν ἀνιστορεῖς « Sache que je ne ne sais rien de ce sur quoi tu m'interroges » Sans l'impératif, on aurait : οἶσθά με ὡς οὐδὲν εἰδότα « Tu sais que je ne sais rien ».

Esch. *Prom.* 824 ὅπως δ᾽ἂν εἰδῇ μὴ μάτην κλύουσά μου, ἃ ἐκμεμόχθη-κεν φράσω « pour qu'elle sache qu'elle ne perd pas son temps à m'écouter, je vais lui dire toutes les épreuves qu'elle a endurées ». Sans le subjonctif, on aurait : οἶδε οὐ μάτην κλύουσα.

Isocr. 15, 234 Περικλῆς ...οὕτως ἐκόσμησε τὴν πόλιν.... ὥστε ...τοὺς ἀφικομένους εἰς αὐτὴν νομίζειν μὴ μόνον ἄρχειν ἀξίαν εἶναι, ἀλλὰ καί... « Périclès a tellement embelli notre cité que ...ceux qui y viennent ...pensent qu'elle n'est pas seulement digne d'exercer son hégémonie, mais que... » Sans l'infinitif de consécution logique, on aurait : νομίζουσιν οὐ μόνον.....

Thc. 1, 122 τὴν ἥσσαν... ἴστω οὐκ ἄλλο τι φέρουσαν ἢ ἄντικρυς δουλείαν « qu'il sache... que la défaite ne comporte pas autre chose que de mener tout droit à la servitude ». On comparera avec Soph. *Phil.* 253 quelques lignes plus haut.

D. Les emplois de négations combinées.

§ **651.** Il convient de distinguer les deux façons différentes que les négations οὐ et μή peuvent avoir de se combiner :

1° La négation οὐ (ou bien la négation μή) se combine avec ses formes *composées* respectives, c'est-à-dire οὔτε, οὐδέ, οὐδείς (μήτε, μηδέ, μηδείς) pour aboutir, *selon la* place relative *des éléments négatifs*, soit à un renforcement *de la négation*, soit à sa destruction totale, qui équivaut à une très forte affirmation.

2° La négation οὐ et la négation μή s'associent *l'une à l'autre* pour jouer, dans des propositions subordonnées dépendant de principales *négatives*, un double rôle : ou bien, d'une façon qui nous apparaît comme *explétive*, elles introduisent la subordonnée ; ou bien elles expriment des *tours variés* dans lesquels les deux négations appartiennent *logiquement à deux propositions différentes incomplètement exprimées*.

§ **652.** La langue aime volontiers, pour **renforcer** une pensée, reprendre un *adjectif* ou un *pronom* dans des conditions différentes. Quand la phrase est **positive**, il n'y a pas d'erreur possible : l'*affirmation* ne peut que se trouver renforcée. Mais, quand le tour de phrase est *négatif*, la question se pose de savoir si la *négation* est **renforcée** par cette reprise ou si, elle même niée, elle ne se transforme pas en une **affirmation catégorique**. De plus, tandis qu'une *affirmation* renforcée, même si elle porte surtout sur un *mot* dans la phrase, n'en intéresse pas moins la phrase *tout entière*, une *négation*, qu'elle se renforce ou se résolve en affirmation, ne peut pas porter sur un *mot* ou sur *toute la phrase* sans que le sens de celle-ci en soit affecté. Le grec avait à sa disposition, à côté des négations *simples* (οὐ et μή), des formes *composées* (οὔτε | μήτε, οὐδέ | μηδέ, οὐδείς | μηδείς, etc.) : suivant l'ordre selon lequel elles se succèdent, la valeur négative de la phrase *se renforce* ou *se détruit*. On enseigne volontiers qu'une négation simple, suivie d'une ou de plusieurs négations composées, aboutit à un *renforcement négatif*, tandis qu'une négation composée suivie d'une négation simple a pour conséquence la *destruction sans réserves de la négation*, c'est-à-dire une *affirmation totale*. Cette règle n'est juste qu'en gros : en particulier, elle ne tient aucun compte de la considération suivante : la *première négation*, qu'elle soit simple ou composée, porte-t-elle réellement sur la *phrase entière*, ou seulement sur un *mot* ? En face d'une seule tournure positive, telle que Plat. *Ménex.* 249 C πᾶσαν πάντων παρὰ πάντα τὸν χρόνον ἐπιμέλειαν ποιουμένη « prodiguant à *tous, tout* au cours de l'année, *toutes* les preuves de sa sollicitude », il n'y a pas moins de cinq tournures **négatives** :

1°) Une négation composée, portant sur la **phrase entière**, si elle est suivie d'une négation simple, aboutit à une **affirmation catégorique** :

Hdt. 5, 56 οὐδεὶς ἀνθρώπων ἀδικῶν τίσιν οὐκ ἀποτίσει « d'*aucun* criminel au monde *on ne peut dire* qu'il échappera un jour au châtiment ». Autrement dit : « Il n'est pas de criminel qui ne doive un jour expier. »

2°) Une négation simple, portant sur un mot déterminé de la phrase, si elle est suivie d'une négation également simple, aboutit à une **affirmation partielle**, limitée au nom modifié, tandis que la phrase dans son ensemble reste *négative*.

Plat. *Rép.* 406 C Ἀσκληπιὸς οὐκ ἀγνοίᾳ ...τοῖς ἐκγόνοις οὐ κατέδειξεν αὐτό « Asclépios, ce n'est pas par ignorance... qu'il n'a pas révélé ce secret à ses fils (les Asclépiades) ». Le fait *négatif* demeure dans son ensemble : « Asclépios n'a pas révélé ses secrets », mais c'est « non par ignorance », c'est-à-dire « à bon escient ».

3°) Une négation composée, portant sur un mot, si elle est suivie d'une négation simple, aboutit à une **négation supplémentaire** qui vient s'ajouter au sens général de *négation* que la phrase exprime.

Thc. 2, 97 οὐδ' ἐν τῇ Ἀσίᾳ ἔθνος ἐν πρὸς ἐν οὐκ ἔστιν ὅτι δυνατὸν Σκύθαις ...ἀντιστῆναι « même en Asie (mot à mot : « *pas même* en Asie »), il n'est point de nation qui, individuellement, soit capable ... de tenir contre les Scythes ».

4°) Une négation simple, portant sur l'**ensemble de la phrase**, si elle est suivie de négations composées, est, pour ainsi dire, reprise dans des aspects partiels de la même négation : celle-ci sort **renforcée** du fait de l'insistance que l'on met à en noter les manifestations diverses.

Soph. *O. C.* 1605 (ἐπεὶ) οὐκ ἦν οὐδὲν ἀργὸν ὧν ἐφίετο « (quand) il n'y eut plus rien — plus rien du tout — qui restât à faire des ordres qu'il avait donnés ».

5°) Une négation **composée**, suivie d'autres négations **composées**, exprime *une même idée négative* sous des aspects différents : cette insistance a pour effet de la rendre **particulièrement expressive.**

Plat. *Parm.* 166 A οὐδαμῇ οὐδαμῶς οὐδεμίαν κοινωνίαν ἔχει « (les Autres n'ont avec ce qui n'est point) en *aucune* sorte et d'*aucune* façon *aucune* espèce de lien commun ».

§ 653. Faute de bien comprendre le sens que μή et οὐ possèdent l'un relativement à l'autre dans des propositions comportant une idée d'*empêchement,* on laisse entendre que l'*une* des deux négations — ou même les *deux* — sont *explétives,* pour ne pas dire gênantes. En réalité, la négation μή, qui est toujours représentée, indique qu'il y a un *obstacle* dans la principale, qui envoie pour ainsi dire son **reflet négatif** sur la complétive infinitive. Tel est le cas de verbes tels que ceux de **dénégation** (ἀρνεῖσθαι), de **doute** (ἀπιστεῖν), d'**empêchement** (εἴργειν), de **désistement** (ἀπογιγνώσκειν) : *quand ces verbes ne sont modifiés par aucune négation,* leur complétive est introduite par μή qui, simple « reflet négatif », peut effectivement n'être pas traduit en français. Au contraire quand ces mêmes verbes sont *modifiés par une* négation, ou quand des verbes expriment l'*impossibilité* (οὐ δυνατόν, ἀμήχανόν ἐστι), l'*invraisemblance, l'absurdité* (οὐκ εἰκός, ἄλογόν ἐστιν), l'*immoralité* ou l'*inconvenance* (οὐ καλόν, αἰσχρόν ἐστι), la complétive est introduite par μὴ οὐ : μή est toujours le reflet négatif de la principale, tandis que οὐ est à proprement parler la négation de la complétive. Suivant les cas, on a l'impression que *toujours* μή (et *parfois* μή et οὐ) est inutile.

Soph. *Ant.* 442 φῂς ἢ καταρνῇ μὴ δεδρακέναι τάδε ; « Avoues-tu ou nies-tu que tu es responsable de ces actes ? » La construction peut être interprétée de la façon suivante : « Nies-tu (obstacle = reflet négatif du verbe) être responsable de ces actes ? »

Plat. *Gorg.* 509 A οὐδεὶς οἷός τ' ἐστὶν ἄλλως λέγων μὴ οὐ καταγέλαστος εἶναι « personne ne peut, en parlant autrement, ne pas être complètement ridicule ». Μή est le reflet de la phrase principale qui, *n'étant pas négative de par le sens du verbe,* est négative parce qu'elle est modifiée par οὐδείς. En ce cas, l'interprétation est la suivante : « personne n'est capable, en parlant autrement (obstacle, reflet de la négation), de ne pas se rendre grotesque » : comme dans l'exemple précédent, μή n'a pas lieu d'être traduit en français.

Soph. *El.* 108 οὐ μὲν δὴ λήξω ...μὴ οὐ ...ἠχὼ πᾶσι προφωνεῖν « je ne cesserai pas ...de clamer, comme écho que tous entendent ». Ici un verbe, *négatif par lui-même,* « cesser », est *modifié par une négation.* La construction peut être interprétée de la façon suivante : « je ne cesserai pas (obstacle, reflet négatif) que je ne fasse pas retentir à tous les échos » Autrement dit « je ne cesserai pas de faire retentir ma voix » : dans ce cas particulier, les *deux négations* sont, du moins à notre point de vue, inutiles.

§ **654.** Si, dans les exemples que nous venons d'examiner, les deux négations étaient étroitement associées, encore qu'en réalité μή soit toujours une projection de la principale, οὐ étant au contraire la négation propre de la complétive, il y a deux tournures dans lesquelles les deux négations οὐ et μή sont employées *en même temps* et ont l'air d'introduire une proposition **indépendante.** Malgré l'apparence, il s'agit, de part et d'autre, de façons de s'exprimer *extrêmement condensées,* mais qui comportent logiquement, l'une une *subordonnée,* l'autre une *seconde proposition indépendante coordonnée :* l'une est caractérisée par οὐ μή, suivi du *subjonctif* (et accessoirement du *futur*) ; l'autre également par οὐ μή, suivi *exclusivement* du futur et dans un tour *interrogatif.*

§ **655.** On voit dès l'abord que οὐ μή, suivi du **subjonctif** « il n'y a pas à craindre que », repose sur l'ellipse naturelle d'un *adjectif* exprimant l'idée de crainte, et équivaut à l'expression οὐ δεινὸν μή « pas de danger que », si fréquemment employée d'ailleurs. Mais c'est le **futur,** employé dans les mêmes conditions, qui demande une interprétation. Assurément on a eu souvent l'occasion (§ 252) de mettre en relief les affinités du subjonctif et du futur : mais il semble que l'emploi du futur à côté du subjonctif tient au fait que οὐ μή *engage énergiquement* l'avenir. La langue familière, en français, emploie souvent un tour, tel que « pas de danger que je fasse », comme un équivalent plus *expressif* de « Non, je ne le ferai pas ». Il semble que οὐ μή suivi du futur doive son existence à un croisement du *subjonctif d'appréhension* et de *futur d'affirmation dans l'avenir.*

Plat. *Phéd.* 84 B οὐδὲν δεινὸν μὴ φοβηθῇ « il n'est pas à craindre qu'elle ait peur ».

Xén. *An.* 2, 2, 12 οὐκέτι μὴ δύνηται βασιλεὺς ἡμᾶς καταλαβεῖν « il n'y aura plus (à craindre) que le Grand Roi puisse nous rejoindre ».

Soph. *El.* 1052 ἀλλ' εἴσιθ'· οὔ σοι μὴ μεθέψομαί ποτε « Allons, rentre ! Jamais, non jamais ! je ne me mettrai à ta remorque. »

§ **656.** La tournure interrogative οὐ μή, suivie du **futur** seulement, dont le sens est fort net, ne laisse pas d'être embarrassante. Elle exprime une **question pressante,** qui comporte en général de l'*indignation* et attend de l'interlocuteur une *dénégation vigoureuse :* l'expression familière : « Tu ne vas pas, tout de même... ? répond assez bien, je crois, au *ton* de la tournure. Je pense que οὐ μή interrogatif n'est qu'une forme condensée — naturellement la plus usuelle — d'*interrogation* **simple** *présentée sous une* **double** *forme :* la première escompte une réponse **positive** (*nonne*), tandis que la seconde, reprenant la première sous forme **négative** (*num*), escompte une *réponse négative.* La tournure est assez rarement exprimée en entier : en général, c'est l'interrogation sous forme *négative, plus expressive et plus instante,* qui est conservée, tandis qu'il ne reste de l'interrogation *positive* que la *négation objective.*

Eur. *Hipp.* 48 οὐχὶ συγκλήσεις στόμα καὶ μὴ μεθήσεις αὖθις αἰσχίστους λόγους ; « Ne vas-tu pas fermer ta bouche (réponse : *si*) et vas-tu donc proférer encore de si honteux propos (réponse : *non*) ? » Οὐχὶ et μή s'opposent comme *nonne* à *num* dans ce qui serait, en latin, une phrase de ce genre : « * *Nonne comprimes os tuum et num rursus probrosissima uerba emittes* ? ».

Eur. *Méd.* 1151 οὐ μὴ δυσμενὴς ἔσῃ φίλοις ; « Tu ne vas pas, je suppose, montrer des sentiments hostiles à l'égard des miens ? ». Ainsi s'exprime Jason irrité de l'aversion que sa nouvelle femme ne peut dissimuler en voyant les enfants de Médée. La phrase complète serait la suivante : « Ne vas-tu pas cesser d'être ainsi (réponse : *si*) et vas-tu donc être ainsi désagréable (réponse : *non*) ? ». D'ailleurs de cette interrogation double, qui escompte d'abord un *oui*, puis un *non*, il subsiste quelque chose dans le vers suivant : παύσῃ δὲ θυμοῦ.

CHAPITRE XII

LES ÉLÉMENTS DE COORDINATION

Particules et conjonctions.

§ 657. Les Anciens écrivaient de façon continue, sans séparer les mots, sans faire intervenir, à l'intérieur de la phrase ou entre les phrases, ce que nous appelons des signes de ponctuation : c'est tardivement qu'on a pris l'habitude de ménager un intervalle entre les mots. Il suffit d'avoir vu l'aspect de continuité ininterrompue que présentent également les inscriptions, les papyrus et les manuscrits (du moins les plus anciens), pour prendre une première idée du rôle indispensable que jouent ces particules qu'on appelle, d'une façon bien sommaire, « particules de liaison ». De fait, pour la plupart d'entre elles, elles nous apparaissent, dans un texte dont les mots ont été séparés selon nos habitudes et dont les phrases ont été ponctuées par nos soins, comme des tenons qui **relient** fortement les phrases entre elles : mais en réalité, pour le lecteur antique, elles servaient tout autant à **distinguer** les phrases et à en faire saisir le mouvement ou l'articulation. D'ailleurs, si les principaux emplois de particules intéressent le *début de la phrase*, ils en est d'autres qui consistent à projeter une vive lumière sur une *partie* de la phrase, voire sur *un seul mot*. Ainsi une particule telle que γάρ représente une ponctuation *forte* (point ; point et virgule ; deux points ; tirets ; parenthèses), tandis que γε traduit le plus souvent une *ponctuation faible* (virgule), souvent moins encore, une *intonation* affirmative, restrictive, ironique, etc. Mais s'il est vrai que l'emploi de telle particule soit ordinairement, ou « fort », ou « faible », il n'y a pas entre les deux de *différence de nature* : δέ sert le plus souvent de ponctuation « forte », mais est aussi susceptible de tenir la place de la ponctuation la plus légère ; la particule γε, si « faible » dans la plupart des cas, fait office, à l'occasion, de ponctuation « forte » — comme dans la réponse affirmative faite à un interlocuteur. Il n'y a donc que des différences d'emplois — les uns plus courants, les autres plus rares.

§ 658. On a souvent discuté pour savoir à quels caractères distinctifs devaient se reconnaître les particules : à côté de particules qu'on pourrait appeler *particules de structure*, n'y a-t-il pas des *adverbes* qui font fonction de particules, n'y a-t-il pas des *conjonctions* de coordination ? Ainsi δέ est sans aucun doute une particule de structure qui prend fréquemment une valeur oppositive, voisine de la valeur adversative ; mais ἀλλά, particule adversative par excellence, est visiblement d'origine adverbiale, et ἀτάρ ou αὐτάρ, assez proches des précédentes pour le sens, sont probablement moitié particules, moitié adverbes : faudrait-il donc laisser de côté ἀλλὰ comme n'étant pas à proprement parler une particule, à cause de sa structure adverbiale, comme on le fait généralement pour ὅμως ? En réalité, quand on se place au point de vue de la syntaxe, *seule la fonction importe* ; si le nombre des particules proprement dites qui remontent à l'indo-européen est assez réduit, la langue s'en est créé d'autres, et a utilisé des adverbes variés en fonction de particules. Ainsi on peut affirmer le caractère ancien de ἄρα, τε et γε, et aussi de αὖ (qui est souvent exclu du nombre des particules) ; mais on ne peut rien dire de καί, « conjonction » de coordination » si souvent prise en fonction de particule, ni de ἤ, qui disjoint comme καί unit, ni de δέ, qui semble lié à δή par une sorte d'alternance obscure que l'on retrouve en partie dans μᾶν, μήν, μέν ; la particule οὖν n'a rien qui lui réponde en dehors du grec. Bien que l'adverbe temporel νῦν soit soutenu par les témoignages concordants de skr. *nūnám*, lat. *nunc*, lit. *nunaī* « maintenant », la particule νὖ ou νῦν, inséparable de νῦν à laquelle l'oppose la quantité et l'accentuation, ne semble pas exister en dehors du grec : or, adverbe ou particule, νυν doit être compté parmi les particules, quand ce ne serait que parce qu'elle entre dans la composition de τοίνυν.

§ 659. La langue grecque qui, du moins jusqu'à la Κοινή, n'a pas cessé de nuancer ses jeux de particules en les associant souvent les unes aux autres, a procédé de deux façons différentes qu'il faut bien distinguer : la **juxtaposition** et la **combinaison** (dans la terminologie de Denniston[1] : *collocations* et *combinations*). Dans le premier cas, chacune des particules associées *garde sa valeur propre* : ainsi γάρ à côté de μέν s'opposant à δέ ajoute à l'opposition des deux membres de phrase une valeur *explicative*, comme dans cette phrase : οἱ μὲν γὰρ θεοί εἰσι δίκαιοι, οἱ δ'ἄνθρωποι ἄδικοι « *c'est que d'une part* les Dieux sont justes, et d'*autre part* les hommes injustes ». Au contraire μὲν οὖν, qui reprend et corrige, comme dans Démosthène (43, 19) μᾶλλον δὲ λέγε τὸν νόμον αὐτόν. Μικρὸν μὲν οὖν, ἱκετεύω, ἐπίσχες « Donne-nous lecture du texte de loi. Ou plutôt, je te prie, attends une minute », ne peut s'expliquer en partant du sens de μέν et du sens de οὖν additionnés : il y a là une *combinaison nouvelle*, de même que l'eau est autre chose que deux molécules d'hydrogène et une molécule d'oxygène. On ne saurait déduire des valeurs de l'*intensive* μέν et de la *conclusive* οὖν le sens *rectificatif* que peut présenter μὲν οὖν.

§ 660. Dans ce chapitre nous nous efforcerons de déterminer l'usage attique des particules aux Ve et IVe siècles, surtout d'après les textes qui nous paraissent donner de la langue parlée l'image la moins infidèle :

1. J. D. DENNISTON, *The Greek particles*, 1934 (Une seconde édition a paru en 1950). C'est, avec le chapitre consacré à la question dans *Schw.-Deb.* (pp. 557 à 591), l'étude la plus complète qui soit consacrée aux particules.

aussi ferons-nous de constants emprunts à la langue des dialogues platoniciens et des comédies d'Aristophane, aux œuvres des orateurs aussi. Mais il doit être bien entendu que les usages que nous aurons à relever ne seront pas valables pour n'importe quelle époque, ni pour n'importe quel genre littéraire. Chez Homère, le clavier des particules est fort réduit, non seulement parce que les particules sont elles-mêmes peu nombreuses, mais surtout parce qu'elles ne sont que grossièrement différenciées et ne se sont pas augmentées des nombreuses « combinaisons » que nous atteste l'attique. Le développement des particules, l'affinement de ces instruments d'expression de plus en plus précis, est parallèle au développement, si rapide et si brillant, de l'esprit grec entre le vi^e siècle et la fin du ve. De plus, des particules, courantes dans la langue homérique, comme αὐτὰρ, adversative forte et faible à la fois, ont disparu au profit de nouvelles particules, ou d'emplois nouveaux de particules existantes (ici ἀλλὰ et δέ en particulier) ; au contraire ἀτὰρ, particule fort voisine, ne semble pas avoir été atteinte, et un passage de Xénophon *Mém.* 3, 7, 2 ἀτὰρ τί με ταῦτ' ἐρωτᾶς ; « Mais, j'y pense ! pourquoi me poses-tu cette question ? » répond exactement à X 331 Ἕκτορ, ἀτάρ που ἔφης... « Hector ; mais j'y pense ! tu disais ... ». Ce jeu complexe de particules parvenues à un incroyable degré de précision et de souplesse, était très fragile : dès que la Κοινή commence à prendre la place que tenait l'attique, les particules sont les premières atteintes. Un texte, comme l'*Évangile de St Marc*, qui donne une image assez fidèle de la langue parlée de son temps, fait un usage considérable des additives (καὶ et δέ), mais use peu de γάρ, de ἀλλὰ et de οὖν ; en sens opposé, même l'« atticiste » Lucien ne dispose que d'un jeu réduit et monotone de particules. Pratiquement, en grec moderne, il n'y a plus que trois éléments de coordination : καί, énormément employé et qui a absorbé de nombreuses particules, dont l'explicative γάρ (φύγε καί σε φοβοῦμαι « Va-t-en *et* je te déteste », c'est-à-dire : « *car* je te déteste ») ; μά adversatif, (δὲν ἦρθε, μά ἔμεινε « il n'est pas venu, mais est resté ») ; enfin la conclusive λοιπὸν « donc » qui, réunissant les valeurs de toutes les conclusives s'emploie constamment dans la conversation, en particulier pour « enchaîner » (cf. l'usage de *so* et de *also* dans l'allemand parlé). Il est certain que, dans le même temps, l'usage des particules variait sensiblement quand on passait d'un genre littéraire à l'autre : une association de particules comme μέν γε, fréquente chez Platon et dans la comédie ancienne, semble tout à fait absente de la tragédie : sans doute paraissait-elle comme trop « parlée » et indigne du genre. D'ailleurs, d'une façon générale une certaine indétermination, inséparable de la poésie qui *exprime* moins qu'elle ne *suggère*, est peu favorable à un emploi rigoureux et précis des particules. Aussi ferons-nous moins volontiers appel aux textes tragiques ou lyriques qu'à la prose platonicienne ou à la comédie d'Aristophane.

§ **661.** Comme la langue use ordinairement d'une particule pour marquer ce qui serait pour nous une ponctuation forte, il y a lieu de considérer ce que signifie l'absence de particule, ou asyndète. Il y a d'abord l'asyndète, appelée **formelle** par Denniston, (*Part.* p. XLIV), qui est d'un usage courant quand la phrase n'est que le développement et l'*explication* de la phrase précédente : ainsi quand on fournit la *preuve* annoncée, ou le détail d'une *connaissance* que l'on communique ; de même quand un élément *démonstratif* — local ou temporal — *attire l'attention* sur une personne ou sur un objet : par exemple Xén. *An.* 1, 9, 29 τεκμήριον δὲ τούτου καὶ τόδε ˙ παρὰ μὲν Κύρου δούλου ὄντος... « En voici la preuve : quand Cyrus était le sujet de son frère... », ou Thc. 6, 90 περὶ δὲ ὧν ὑμῖν... βουλευτέον... μάθετε ἤδη. Ἐπλεύσαμεν εἰς Σικελίαν « Pour ce qui doit... faire l'objet de vos délibérations... sachez maintenant ceci. Nous avons fait voile vers la Sicile... », ou Xén. *An.* 1, 10,4 Ἐνταῦθα διέσχον... βασιλεύς τε καὶ οἱ Ἕλληνες... « A ce moment-là, le Grand Roi... et les Grecs étaient séparés par une distance... ». A côté de cette asyndète, dépourvue de valeur expressive, il en est une autre qui est un procédé de style (« *stylistic asyndeton* » de Denniston) et dont l'auteur use, soit pour donner une impression de faits qui se succèdent avec une *rapidité déconcertante*, soit pour exprimer un *sentiment subit* qui surprend pour ainsi dire l'esprit, et suspend la démarche ordinaire de la pensée : celle-ci est « débordée » par un événement extérieur, ou par son propre trouble. Ainsi, pour saisir à la gorge l'adversaire : Lyc. 33 τί γὰρ ἔδει προφάσεων, ἢ λόγων, ἢ σκήψεως ; Ἁπλοῦν τὸ δίκαιον, ῥᾴδιον τὸ ἀληθές, βραχὺς ὁ ἔλεγχος « Pourquoi des prétextes, des phrases, des atermoiements ? Simple est le point de droit, facile la vérité, rapide la réfutation ». L'appel pathétique de la péroraison finale de la *Couronne* de Démosthène (18, 323 sqq.) entraîne des asyndètes, surtout dans ses dénégations passionnées : Οὐκ ἐξαιτούμενος... οὐδαμῶς ἐγὼ προδέδωκα τὴν εἰς ὑμᾶς εὔνοιαν... Οὐκ ἐπὶ μὲν τῶν εὐτυχήμασι φαιδρὸς ἐγώ « Non, quand on réclamait mon extradition... je n'ai jamais trahi mon dévouement pour vous. Non, ce n'est pas moi qu'on voit rayonner quand d'autres sont favorisés par la chance. »

§ 662. Il est difficile de classifier des emplois si nombreux, si variés, si changeants. Pour prendre un exemple, comment définir la particule δέ ? Faut-il dire que c'est une *additive*, au même titre que τε ou καί ? Faut-il la ranger parmi les *conclusives*, parce qu'elle est susceptible de signifier *or* dans un syllogisme, ou voir en elle une « inférentielle » ? Faut-il la mettre avec l'adversative ἀλλά, parce que, dans le système μέν ...δέ elle exprime une opposition, qui peut être très forte ? Non ; la particule δέ est une intensive, susceptible de prendre, d'une façon plus ou moins ample, les différentes valeurs signalées. On peut, je crois, reconnaître cinq types principaux de particules :

1° *adversatif* ;
2° *explicatif* ;
3° *conclusif* ;

4⁰ *additif* ;
5⁰ *intensif* [1].

§ **663.** Les particules **adversatives** impliquent essentiellement une **rupture** dans l'expression de la pensée — qu'il s'agisse de la pensée du *sujet* parlant ou de celle de son *interlocuteur*. Dans le premier cas, on oppose la *réalité* à la *négation de cette réalité* : « il n'est pas intelligent, mais stupide » οὐ συνετός ἐστιν, ἀλλ' ἀνόητος : on brise, pour ainsi dire, la notion d'intelligence, dans le cas considéré, pour faire ressortir une stupidité réelle. Dans le second cas, il y a rupture de la pensée *déjà exprimée* par l'interlocuteur : ὧδε νοῶ. — Ἀλλ' ἐγὼ οὐδαμῶς « je pense ainsi. — Mais moi, pas du tout ». C'est également une sorte de rupture provoquée dans le développement naturel d'une personnalité étrangère qui justifie les adversatives employées, soit pour poser une question « *à brûle pourpoint* » (comme ἀτάρ), soit pour *inciter à l'action* (comme ἀλλά) dans Plat. *Phéd.* 117 E καὶ γὰρ ἀκήκοα ὅτι ἐν εὐφημίᾳ χρὴ τελευτᾶν· ἀλλ' ἡσυχίαν τε ἄγετε καὶ καρτερεῖτε « J'ai entendu dire que c'est dans le recueillement qu'il faut mourir (or vous vous lamentez comme des femmes : *cessez d'agir ainsi*). *Allons*, soyez calmes et forts ». Les valeurs d'*opposition* qui se sont développées dans les emplois de certaines particules doivent être soigneusement distinguées des particules adversatives : l'opposition est toujours secondaire et, même quand elle est forte, ne comporte jamais qu'une **distinction**, mais non pas une **rupture**.

§ **664.** La particule **explicative** γάρ — soit seule, soit associée à d'autres particules — donne, ou bien la raison **d'être** d'un *état de choses constaté*, ou bien la **justification** d'une attitude (affirmative ou négative) de l'*interlocuteur*. Si le ton de la phrase est *interrogatif*, l'explication jugée nécessaire est demandée avec insistance à l'interlocuteur. Ainsi Xén. *Mém.* 1, 2, 32 ἐδήλωσε δέ· ἐπεὶ γὰρ οἱ τριάκοντα πολλούς... ἀπέκτεινον... « il montra bien (son hostilité à l'égard de Critias) : car, lorsque les Trente ...eurent mis à mort un grand nombre de citoyens... » ; ou Plat. *Rép.* 509 C Ἄπολλον, ἔφη, δαιμονίας ὑπερβολῆς. — Σὺ γάρ, ἦν δ' ἐγώ, αἴτιος « Par Apollon, dit-il, quelle prodigieuse transcendance ! — Oui, c'est toi qui en portes la responsabilité » ; ou Ar. *Nuées* 191 ζητοῦσιν οὗτοι τὰ κατὰ γῆς. — Βόλβους ἄρα ζητοῦσι ...τί γὰρ οἶδε δρῶσιν ; « Ceux-là cherchent ce qui est sous la terre. — Alors, ils cherchent des oignons... que peuvent-ils faire alors ! (s'ils ne cherchent pas réellement des oignons ».

§ **665.** Les particules **conclusives** sont plus malaisées à définir : et c'est faute d'un terme meilleur que nous avons adopté cet adjectif. Il

---

1. Cette classification ne concorde que partiellement, comme on voit, avec celle de Denniston : *additional, adversative, confirmatory, inferential particles* (cf. pp. XLVIII et sqq.).

faut entendre par là qu'on se *fonde sur la réalité* pour inférer telles conclusions, *momentanées* ou *définitives, temporaires* ou *durables*. Ainsi la particule conclusive peut faire intervenir cette idée que, dans *l'état actuel des choses*, on peut tirer telle *conséquence* (οὖν) ; ou que tel fait *constaté* est la suite *naturelle* de tel autre (ἄρα) ; ou que, dans un *raisonnement progressif*, tel point peut, à chaque fois, être considéré comme acquis et être pris comme une base de départ pour des acquisitions ultérieures de la pensée (τοίνυν).

§ **666.** Les particules **additives** ont pour objet d'indiquer qu'on apporte un *fait nouveau* ou une *idée nouvelle* : elles n'interprètent jamais logiquement le fait nouveau. Les conjonctions καὶ et τε en sont les plus importantes. On remarquera que la particule δέ, qui a si souvent une valeur additive, est rangée parmi les intensives : d'ailleurs elle est susceptible de présenter des valeurs logiques qu'excluent les additives proprement dites. Les particules additives ont leur contraire (et leur complément) dans la *disjonctive* (ἤ issue de ἠὲ).

§ **667.** Les particules **intensives** sont très inégalement fortes : par exemple μέν est plus faible que μήν, et δέ plus faible que δή ; la particule τοι, pour acquérir une certaine vigueur, doit s'associer à d'autres intensives. La plus souple et la plus variée des intensives est assurément la particule γε. C'est trop peu dire qu'elle *affirme* et qu'elle *restreint* ; servie par sa grande légèreté, elle peut souligner au passage les *sentiments* les plus variés, les *attitudes* les plus diverses. L'affirmation qu'elle contient peut-être *sans réserves*, mais aussi se teinte fréquemment d'*ironie* ou de *sarcasme*. Associée à un pronom personnel, elle oppose à tous les autres le *moi* du sujet parlant — soit qu'elle le grandisse avec *emphase*, soit qu'elle restreigne *modestement* la portée de la phrase à celui qui la prononce. Elle attire l'œil sur un *mot*, une *expression*, comme nous ferions en usant d'artifices typographiques tels que l'*italique*. Au contraire, la moins variée des intensives est la particule ἦ, affirmative ou interrogative : ainsi Ar. *Ois.* 13 ἦ δεινὰ νὼ δέδρακεν « il a vraiment joué un mauvais tour à nous deux », ou Plat. *Banq.* 173 A ἀλλὰ τίς σοι διηγεῖτο ; ἦ αὐτὸς Σωκράτης ; « mais qui te l'a raconté ? Est-ce Socrate lui-même ? » Peu vivante, rarement employée seule dans un sens interrogatif, elle ne sert guère, comme intensive, que dans les *attestations solennelles* du serment ; au sens interrogatif, elle subissait des concurrences victorieuses dans ἄρα, ἄρα μὴ, ἆρ' οὐ, formes dans lesquelles sa présence même n'était sans doute plus guère sentie.

§ **668.** Les particules, qui ne sont que des *outils*, sont souvent **dépourvues d'accent** — le plus fréquemment *enclitiques*, parfois *proclitiques*. La tradition constante de l'antiquité regardait comme enclitiques γε, περ, τε, τοι, που ; mais des grammairiens soutenaient que μὲν, δὲ et γὰρ étaient également dépourvues d'accent ; et certains

manuscrits attestent ἐγώ μεν ou ἄλλοί γαρ ; l'accentuation même
de οὔκουν et de ἤγουν (cf. Vendryès *Acc.*, p. 107) semble indiquer
que, malgré l'apparence, la conclusive οὖν était également enclitique.
Le caractère atone d'un grand nombre de ces particules explique
la place que tiennent dans la phrase celles d'entre elles qui aident
à l'articulation de la pensée : c'est la *seconde place* de la phrase (cf. § 149),
puisque ces particules doivent en général s'appuyer sur le mot « libre »
qui précède. De fait, les conclusives, la particule explicative γάρ et
celles des intensives qui font les particules de liaison, quand elles ne sont
pas combinées à d'autres, occupent la seconde place : ainsi οὖν est
second mot de la phrase, comme γάρ ou δέ, mais des combinaisons
comme τοιγαροῦν ou τοιγάρτοι, aboutissement assez massif de plusieurs
composants atones, sont toujours à la *première* place. A côté de ces
enclitiques, il faut compter comme proclitiques — la théorie est moderne,
non pas antique, à la différence des enclitiques — ἀλλά, ἀτάρ (αὐτάρ) et
καὶ : s'appuyant sur le mot suivant, ces proclitiques sont naturellement,
quand ils servent de lien entre les phrases, à la *première place* : ἀλλά
adversatif ou exhortatif, καὶ de coordination ne connaissent pas d'autre
place. Il en résulte que deux particules comme καίτοι et μέντοι, qui
peuvent avoir un sens également adversatif, s'opposent par la place
qu'elles occupent dans la phrase : Plat. *Ion* 539 E ἢ οὕτως ἐπιλήσμων
εἶ ; Καίτοι οὐκ ἂν πρέποι γ' ἐπιλήσμονα εἶναι... « Ou bien, as-tu si peu de
mémoire ? Pourtant, il ne faudrait pas en être dépourvu (quand on est
un rhapsode) », en face de Plat. *Crat.* 424 C τὰ αὖ φωνήεντα μὲν οὔ, οὐ
μέντοι γε ἄφθογγα « ces éléments qui, sans être des voyelles, ne sont
pas pourtant des muettes ». Quant aux particules qui servent à
introduire une interrogation, elles occupent toujours, comme on pouvait s'y attendre, la *première place* : ainsi Ar. *Guêpes* 620 ἆρ' οὐ μεγάλην
ἀρχὴν ἄρχω ; « N'est-il pas vrai que je commande à un grand empire ? »

ἈΛΛΑ

§ 669. La particule ἀλλά — qui a évidemment pour origine le
pluriel neutre de ἄλλος devenu proclitique en raison de sa fonction
nouvelle — implique essentiellement une idée de *rupture*. Dans l'ordre de
la **pensée**, ἀλλά brise par la *contradiction* l'opinion de l'*interlocuteur* ou
bien, à l'intérieur d'*un même esprit*, met en pièces l'image *négative* de
l'objet pour mieux le définir de façon *positive*. Dans l'ordre de l'**action**,
ἀλλά coupe, par une **intervention**, la ligne attendue de la conduite d'un
autre : on reconnaît là l'autre valeur principale, dite **exhortative**, de la
particule ἀλλά : naturellement un même esprit peut vouloir agir sur
lui-même et provoquer dans sa conduite une direction nouvelle. On voit
qu'entre la valeur **adversative**, qui est de caractère **logique**, et la valeur
exhortative, qui se rapporte à la **volonté**, il y a identité foncière, qui
repose sur cette idée de rupture. Cependant la rupture, dans l'ordre

logique, se traduit par une opposition qui admet les modalités les plus variées : celle-ci peut être *totale*, ou *restreinte*, ou de *pure apparence* ; au contraire, dans l'ordre de l'action, l'*exhortation* représente toujours la même *incitation*, plus ou moins pressante. La particule ἀλλὰ s'associe à d'autres par le procédé de la *collocation*, mais exclut la *combinaison* : il en résulte que tout sens nouveau peut toujours être analysé en partant de la valeur de chaque particule composante.

A. ADVERSATIF.

§ 670. L'opposition faite à la *pensée de l'interlocuteur* ou, à *l'intérieur d'un même esprit*, l'opposition faite à ce qui est défini comme le contraire de sa pensée, peut se présenter d'une façon **catégorique** ; mais aussi, surtout quand ἀλλά répond à un μέν antérieur, cette opposition peut être faible, ou même *très faible* ; en tout cas, il y a toujours *rupture*, même légère.

Isocr. 4, 137 ταῦτα πάντα γέγονε διὰ τὴν ἡμετέραν ἄνοιαν, ἀλλ' οὐ διὰ τὴν ἐκείνου δύναμιν « tout cela est arrivé en raison de notre propre folie, mais pas du tout en raison de la puissance de cet homme ». L'opposition est la plus vigoureuse ; car la contradiction est posée comme *totale*.

Plat. *Crat.* 431 C ὁ προστιθεὶς ἢ ἀφαιρῶν γράμματα μὲν καὶ εἰκόνας ἐργάζεται καὶ οὗτος, ἀλλὰ πονηράς « celui qui ajoute (des couleurs et des formes) ou qui en ôte exécute, lui aussi, des traits et des images, mais mauvais ». L'opposition ici n'est que *partielle* et porte sur la *qualité* ; ἀλλὰ est ici assez proche de δέ, particule qui n'est pas adversative, mais oppositive (et de façon secondaire) ; d'ailleurs on a un peu plus loin : 431 D ὥστε τὰ μὲν καλῶς εἰργασμένα ἔσται τῶν ὀνομάτων, τὰ δὲ κακῶς « si bien que, parmi les noms, les uns seront bien exécutés et les autres mal ».

§ 671. Forte ou faible, cette opposition se présente souvent avec un sens **restrictif** : ne pouvant obtenir, ou de l'interlocuteur, ou d'une réalité hostile, un assentiment à l'objet que l'on désire, on demande *au moins* (ou *du moins*) une satisfaction *partielle*. En réalité, les exemples attestant cette valeur supposent un tour *hypothétique*, souvent *négatif*, qui, considéré comme allant de soi, n'est pas explicité dans le cas le plus courant ; mais les exemples ne manquent pas, dans lesquels l'hypothèse n'a rien que de *positif*. Des emplois extrêmement condensés comme ἀλλὰ νῦν « maintenant du moins », ἀλλὰ τοῦτο « au moins cela », se rattachent directement à cette valeur.

Θ 154 εἴ πέρ γάρ σ' Ἕκτωρ γε κακὸν καὶ ἀνάλκιδα φήσει, ἀλλ' οὐ πείσονται Τρῶες « Si Hector te traite de lâche et de couard, les Troyens au contraire (du moins) ne le croiront pas. » Nestor recommande à Diomède de fuir, parce que Zeus n'est pas avec lui : même si on admet (hypothèse *positive*) qu'Hector le traite de lâche et qu'on doive l'accepter, l'opprobre ne serait pas public, parce que les autres Troyens refuseront de s'associer à un tel jugement.

Xén. *Hell.* 6, 3,15 ὅτι ἡμεῖς, ἂν μὴ νῦν, ἀλλ' αὖθίς ποτε εἰρήνης ἐπιθυ-μήσομεν « parce que nous, sinon maintenant, du moins une autre fois, plus tard, nous désirerons la paix ». « Même si on *n'admet pas* maintenant que ce désir est réel, du moins plus tard...

Eur. *Phén.* 615 πατέρα δέ μοι δὸς εἰσιδεῖν — Οὐκ ἂν τύχοις. — Ἀλλὰ παρθένους ἀδελφάς « Laisse-moi voir mon père. — Tu ne saurais l'obtenir. — Mes jeunes sœurs, alors ». La pensée qui n'est pas explicitée est la suivante : « Si tu ne m'accordes pas ce que je demande — voir mon père —, accorde-moi du moins de voir mes sœurs ».

Plat. *Phéd.* 117 B Μανθάνω, ἦ δ' ὅς. Ἀλλ' εὔχεσθαί γε που τοῖς θεοῖς ἔξεστι « Je comprends, dit-il, (le serviteur des Onze a fait entendre à Socrate qu'il n'y avait pas assez de poison dans la coupe fatale pour qu'il pût en offrir quelques gouttes aux Dieux). Mais du moins — faute de mieux — on peut bien adresser une prière aux Dieux ». La particule γε vient ainsi renforcer et préciser.

Eur. *I. A.* 1238 ὄμμα δὸς φίλημά τε, ἵν' ἀλλὰ τοῦτο κατθανοῦσ' ἔχω σέθεν μνημεῖον « donne-moi un regard et un baiser, pour que, dans la mort, cela, au moins je le garde comme un souvenir de toi ».

Dém. 3, 33 ἐὰν οὖν ἀλλὰ νῦν γ' ἔτι ἀπαλλαγέντες τούτων τῶν ἐθῶν... « si donc maintenant du moins, [si (ou puisque) vous ne l'avez pas encore fait] renonçant à ce genre d'habitudes... ».

§ 672. L'opposition exprimée par ἀλλὰ peut être une **pure apparence** : on veut distinguer simplement, dans des ordres d'idées différents, précisément cette *différence*, sans qu'il y ait encore opposition entre les termes. En réalité, il s'agit d'une véritable **progression** d'un terme à l'autre, dans le sens *positif* aussi bien que dans le sens *négatif*.

Il n'y a pas de doute que l'expression si fréquente : οὐ μόνον ...ἀλλὰ καὶ « non seulement ...mais encore » n'ait joué un grand rôle dans le développement de ces emplois « *progressifs* » de ἀλλὰ ; la négation du premier terme sert comme un *tremplin* au second terme. C'est un **renchérissement** de la pensée, l'**acquisition** d'une vérité méconnue, l'**acquiescement** d'une volonté ; or un acquiescement est acte de la *volonté* autant que décision de *l'intelligence* ; et c'est ainsi qu'on passe, par transitions insensibles, de l'ordre de la pensée à l'ordre de l'action, des emplois *adversatifs* aux emplois *exhortatifs* de ἀλλὰ.

Plat. *Gorg.* 511 B ἀποκτενεῖ μέν, ἂν βούληται, ἀλλὰ πονηρὸς ὢν καλὸν κἀγαθὸν ὄντα « il le tuera, s'il le veut, mais ce sera un méchant homme qui tuera un honnête homme ». On admet bien que l'imitateur du tyran pourra tuer selon son caprice ; mais avec cette *différence* (ou cette *réserve*) qu'il sera moralement inférieur à sa victime.

Ar. *Cav.* 1281 οὐ μόνον πονηρός ...ἀλλὰ καὶ προεξηύρηκέ τι « non seulement c'est une canaille ...mais encore il a su imaginer quelque chose de nouveau (une turpitude nouvelle) ».

Plat. *Phéd.* 72 D οὐδὲ μία μοι δοκεῖ, ἔφη ὁ Κέβης, ὦ Σώκρατες. — Ἀλλά μοι δοκεῖς παντάπασιν ἀληθῆ λέγειν « Il me semble qu'il n'y a

aucun moyen (d'empêcher que tout ne disparaîsse dans la mort), dit
Cébès. — Mais (= bien plus) il me semble que tu es tout à fait dans
le vrai ».

Plat Phéd. 97 B τοῦτον δὲ οὐδαμῇ προσίεμαι 'Αλλ' ἀκούσας μέν
ποτε ἐκ βιβλίου τινός, ὡς ἔφη, 'Αναξαγόρου ἀναγιγνώσκοντος « Je
n'admets cette façon de voir en aucune façon. Mais (= au surplus)
ayant entendu quelqu'un lire un ouvrage d'Anaxagore ...».

§ 673. C'est ainsi que la particule ἀλλά, adversative par sa nature, est
si souvent employée, d'une façon qui semble contradictoire, pour
exprimer un assentiment : la rupture et l'opposition se résolvent en un
accord. En réalité, quand l'assentiment est imposé par une évidence, la
particule semble repousser implicitement la possibilité de l'opinion
contraire ; en revanche, s'il y a des « choses à admettre », la particule
indique que l'assentiment n'est pas donné sans réserves.

Dans le premier cas, ἀλλά correspond à quelque chose comme notre
« mais oui ! » qui écarte impatiemment toute autre position que celle
d'un assentiment « qui va de soi » ; dans le second, la préposition
équivaut à quelque chose comme : « Oui ; mais ». On remarquera
d'ailleurs que les deux expressions françaises ne différent que par
l'ordre dans lequel se suivent oui et mais, et que, par lui-même, mais,
pourtant si nettement adversatif, repose sur magis qui indique un
« plus ».

Ar. Ois. 643 καὶ τοὔνομ' ἡμῖν φράσατον. — 'Αλλὰ ῥᾴδιον « et dites-
moi tous les deux votre nom. — Mais oui ! c'est facile ». Acquiescement
évident.

Soph. Phil. 882 'Αλλ' ἥδομαι μέν σ' εἰσιδὼν παρ' ἐλπίδα « Mais oui !
je suis ravi de te voir contre toute espérance... ».

Soph. Phil. 336 ...ἐκ Φοίβου δαμείς. — 'Αλλ' εὐγενὴς μὲν ὁ κτανών
« ... dompté par un trait d'Apollon. — Oui, mais celui qui l'a tué est de
noble origine ».

B. EXHORTATIF.

§ 674. Ce terme, qui est traditionnel et commode, ne définit en fait
qu'une partie de ces emplois de ἀλλά : la particule exprime aussi bien
une brusque décision que l'on prend pour soi, qu'une invitation à agir
adressée à autrui ; si elle s'associe le plus souvent à un impératif (qui inter-
rompt les réactions naturelles d'autrui en le pressant d'agir dans un
certain sens), elle est fréquemment attestée àcôté d'un optatif de vœu :
c'est un souhait brusque, qui demande au Ciel que la destinée de l'interlocuteur soit modifiée, ou bien dans un sens heureux, ou bien dans un
sens funeste :

Eur. I. T. 636 'Αλλ' εἶμι δέλτον τ' ἐκ θεᾶς ἀνακτόρων οἴσω « Hé bien !
Je vais aller chercher la lettre et la reprendre au sanctuaire de la
Déesse. » Changeant le cours naturel des choses, Iphigénie décide de

faire, en faveur de l'étranger, une exception aux rites impitoyables qu'elle observe en Tauride.

Plat. *Banq.* 192 E ᾽Αλλ᾽ ὁρᾶτε νῦν εἰ τοῦτον ἐρᾶτε « Allons ! voyez si c'est cela que vous désirez ...».

Soph. *O. C.* 44 ἀλλ᾽ ἵλεῳ μὲν τὸν ἱκέτην δεξαίατο « Ah ! qu'elles accueillent le suppliant d'une façon propice ! » Par ce vœu, Œdipe engage les Euménides à écouter avec faveur sa requête.

Soph. *O. C.* 421 ἀλλ᾽ οἱ θεοί σφιν μήτε τήν πεπρωμένην ῎Εριν κατασβέσειαν « Ah ! que les Dieux n'éteignent pas leur fatale colère ! ». Le plus grand nombre des vœux est *positif* et *favorable* (la formule ἀλλ᾽ εὐτυχοίης « Ah ! sois heureux ! » est fréquente ; mais il y a aussi les vœux *négatifs*, qui prennent à l'occasion la forme d'une *malédiction*).

§ 675. La particule ἀλλά forme, soit avec d'autres particules, soit avec des adverbes, de *nouvelles associations de sens*. Celles-ci supposent souvent de fortes ellipses ; elles ne relèvent que de la *collocation*, c'est-à-dire que l'analyse des éléments constitutifs permet de comprendre le sens de l'expression complexe. Parmi les plus fréquemment employées, on peut citer les exemples suivants.

§ 676. Associée à ἤ disjonctif, la particule ἀλλά, sous la forme fixée ἀλλ᾽ ἤ, introduit une **exception**. La proposition dans laquelle se trouve ἀλλ᾽ ἤ est toujours *négative*. Comme ἀλλά se trouve constamment élidé devant ἤ, il n'est pas toujours facile d'affirmer si c'est à ἀλλ(ά) qu'on a affaire, ou à ἄλλ(ο). Il semble que l'expression soit due au *croisement* de deux tournures voisines : οὐδὲν ἄλλο... ἤ «(il n'y a) rien d'autre ...que...» et οὐδέν ἐστιν,.. ἀλλὰ μόνον « il n'y a rien... mais seulement » ; ἀλλ᾽ ἤ serait une sorte d'hybride des deux. En tout cas, ἀλλ᾽ ἤ ne peut reposer uniquement ἄλλ(ο) ἤ, puisqu'on trouve parfois côte à côte ἄλλο et ἀλλά.

Plat. *Prot.* 334 C μὴ χρῆσθαι ἐλαίῳ ἀλλ᾽ ἤ ὅτι σμικροτάτῳ « ne pas se servir d'huile, si ce n'est dans la plus faible proportion ».

Plat. *Phéd.* 81 B ὥστε μηδὲν ἄλλο δοκεῖν εἶναι ἀληθὲς ἀλλ᾽ ἤ τὸ σωματοειδές « si bien qu'elle (= l'âme, victime de ses passions) s'imagine qu'il n'y a *rien d'autre* de réel *si ce n'est* ce qui est corporel ». Nous avons gardé dans la traduction l'espèce de pléonasme de ἄλλο et de ἀλλά.

§ 677. Associée à ἤ interrogatif, la particule ἀλλά, sous la forme ἀλλ᾽ ἤ, que son accentuation aussi bien que ses emplois différencie nettement de la précédente, donne à une **interrogation** quelque chose d'abrupt, qui est l'apport même de ἀλλά. L'interrogation est parfois plus apparente que réelle : c'est la *conviction profonde* de celui qui parle qui s'exprime sous les dehors d'une question *pressante, ironique, sarcastique*, etc.

Eur. *Hél.* 480 Διὸς δ᾽ ἔλεξε παῖδά νιν πεφυκέναι. ᾽Αλλ᾽ ἦ τις ἔστι Ζηνὸς ὄνομ᾽ ἔχων ἀνήρ Νείλου παρ᾽ ὄχθας ; « (la vieille) » dit qu'elle (Hélène) est fille de Zeus. Alors, y a-t-il sur les bords du Nil un homme portant le

nom de Zeus ? » Ménélas ne comprend rien à ces deux Hélènes ; et il se confirme aussitôt à lui-même « qu'il n'est qu'un Zeus, qui habite au ciel ».
Eur. *Alc.* 58 Πῶς εἶπας ; ἀλλ' ἦ καὶ σοφὸς λέληθας ὤν ; « Que dis-tu ? Est-ce à dire que tu sois spirituel sans qu'on s'en aperçoive ? » Apollon se moque du dieu brutal Thanatos, qui prétend qu'Apollon est du côté des possédants (πρὸς τῶν ἐχόντων... τὸν νόμον τίθης).
Plat. *Gorg.* 447 A 'Αλλ' ἦ τὸ λεγόμενον κατόπιν ἑορτῆς ἥκομεν ; « Alors, quoi ? Nous arrivons après la fête, comme on dit ? » Fausse question : Socrate sait très bien par Calliclès qu'il est arrivé « comme il faut faire à la guerre et au combat », ...c'est-à-dire *après* les opérations !

§ 678. Plus complexe, mais clairement analysable est l'ensemble constitué par οὐ μὴν ἀλλὰ — ensemble qui n'est jamais disjoint à une exception près : le sens de l'expression est : *néanmoins, pourtant*. Sans doute propre à la langue de la conversation, inusité dans la tragédie et la lyrique, l'ensemble οὐ μὴν ἀλλὰ, encore rare dans l'œuvre de Platon, est particulièrement fréquent chez les orateurs du ive siècle, surtout Démosthène ; souvent, chez Platon ou Isocrate, la particule γε vient souligner la valeur *restrictive* de l'expression. Dans une phrase telle que ἠλίθιός ἐστιν· οὐ μὴν ἀλλ' εὖ πράττει « C'est un imbécile ; il réussit néanmoins «, la filière des sens est la suivante : « C'est un imbécile ; (*on ne peut le nier* : οὐ μὴν ἔστι τοῦτ' ἀρνεῖσθαι), *mais* (ἀλλὰ) il réussit. »
Dém. 2, 22 ...ὅλον ἡ τύχη παρὰ πάντ' ἐστὶ τὰ τῶν ἀνθρώπων πράγματα· οὐ μὴν ἀλλ' ἔγωγε ... τὴν τῆς ἡμετέρας πόλεως τύχην ἂν ἑλοίμην « la chance est tout dans les affaires humaines ; néanmoins (bien qu'elle semble en tout favoriser notre adversaire)... je préférerais la fortune de notre ville à la sienne ».
Eur. *I. T.* 630 (Μάταιον εὐχήν ...ηὔξω)· οὐ μήν, ἐπειδὴ τυγχάνεις 'Αργεῖος ὤν, ἀλλ'... οὐδ' ἐγὼ ἐλλείψω χάριν « (Tu as fait une vaine prière, dit Iphigénie à Oreste, qu'elle n'a pas reconnu) ; néanmoins, puisque tu es d'Argos, je ne négligerai rien de ce qui peut te plaire ».
Plat. *Gorg.* 449 B οὐ μὴν ἀλλὰ πειράσομαί γ' ὡς διὰ βραχυτάτων « (Gorgias vient de dire qu'il avait besoin de longs développements) ; néanmoins je tâcherai de m'exprimer le plus brièvement possible ».

§ 679. Également d'usage familier, sans doute même un peu vulgaire sous la forme à crase μάλλα, μή ἀλλά équivaut à peu près à des tours expressifs tel que : « ne m'en parlez pas ! », « dites plutôt ! ». Ce n'est que la forme ramassée de μὴ οὕτως, ἀλλὰ qui se trouve d'ailleurs parfois effectivement dans les textes (Plat. *Prot.* 318 B).
Ar. *Gren.* 611 εἶτ' οὐχὶ δεινὰ ταῦτα, τύπτειν τουτονὶ κλέπτοντα πρὸς τἀλλότρια ; — Μᾶλλ' ὑπερφυᾶ « N'est-ce pas un scandale, qu'il frappe les gens, celui-là, et qu'en plus il vole le bien d'autrui ? — Ne m'en parlez pas ! Cela dépasse tout ! ».

Remarque. — La langue, qui fait un si grand usage de ἀλλὰ dans ses diverses valeurs, n'éprouve aucune gêne, en particulier dans le dialogue, à passer de l'une à l'autre : la comédie semble même se faire un jeu de ce cliquetis de fers entrecroisés :

Ar. *Ach.* 406-408 Δικαιόπολις καλῶ σ' ὁ Χολλῄδης ἐγώ. — 'Αλλ' οὐ σχολή. — 'Αλλ' ἐκκυκλήθητ'. — 'Αλλ' ἀδύνατον. — 'Αλλ' ὅμως. — 'Αλλ' ἐκκυκλήσομαι· καταβαίνειν δ' οὐ σχολή « C'est moi, Dicéopolis de Cholleidès, qui t'appelle. — *Mais* je n'ai pas le temps. — *Eh bien !* montre-toi par l'eccyclème. — *Mais* c'est impossible ! — *Mais* fais-le quand même ! — *Hé bien !* je paraîtrai par l'eccyclème ; *mais* je n'ai pas le temps de descendre ».

"ΑΡΑ

§ 680. La particule ἄρα — qui repose sur i. e. *ř̥, comme le prouve l'accord du grec avec lit. *ĭr̃* « et » prâkrit *ira*, et qui n'est pas sans rapport peut-être avec le verbe ἀραρίσκω « adapter, jointoyer » — apparaît en grec sous trois formes : ἄρα, ῥα et ἄρ, dont les deux dernières sont propres à la langue de l'épopée. A cette date, la particule est essentiellement **additive** : par exemple, dans le récit des divers mouvements d'une action, la succession des faits est indiquée par ἄρα (ῥα ou ἄρ), que l'on peut traduire par : « et alors ». Au contraire, si on considère l'usage courant du Vᵉ siècle, on voit que la même particule exprime une sorte de **conclusion** : avec le développement de l'intelligence logique, ce qui traduisait une **succession de faits** est devenu quelque chose d' « inférentiel ». On pourrait facilement montrer comment on a pu passer, par des gradations souvent insensibles, de la *suite fortuite* à la *suite logique* ; l'intermédiaire entre les deux types a dû être la *suite naturelle* : on constate la succession de deux faits, mais on la tient pour *normale*. Ainsi « alors », « et alors » devient « alors, dans ces conditions, *en conséquence* » en passant par « alors, *naturellement* ».

B 16 Ὣς φάτο, βῆ δ᾽ἄρ Ὄνειρος « Ainsi parla Zeus, *et alors* le Songe se mit en route ».

A 598 ᾠνοχόει γλυκὺ νέκταρ ἀπὸ κρητῆρος ἀφύσσων · ἄσβεστος δ᾽ ἄρ ἐνῶρτο γέλως μακάρεσσι θεοῖσι « il versait (Héphaistos) le doux nectar en puisant dans un cratère ; *et alors* (= *et naturellement*) un rire inextinguible s'élevait parmi les dieux bienheureux ». La vue du dieu boîteux remplissant l'office d'un Ganymède provoque naturellement le rire de tous.

Π 33 νηλεές, οὐκ ἄρα σοί γε πατὴρ ἦν ἱππότα Πηλεύς « Cœur impitoyable ! Tu n'as pas pour père, je le vois, le chevalier Pélée (mais tu es né d'un rocher) ». Dans ce passage nous avons une valeur nettement « inférentielle » : comme en attique, ἄρα, suivi d'un imparfait (ou d'un aoriste) indique la *découverte* subite d'une vérité ignorée — découverte qui amène d'ailleurs le plus souvent une *désillusion*.

§ 681. De fait, si on ne rencontre presque plus, en attique, d'exemples de ἄρα indiquant une pure succession temporelle, on fait de la particule l'usage le plus fréquent et le plus souple pour indiquer une **conséquence logique** : ce peut être aussi bien le *bilan provisoire* d'un *syllogisme* que la *mise au point* d'une *expression*, que la *découverte* d'un état antérieur. Très souvent, la particule est employée dans une phrase *interrogative* pour solliciter *l'approbation* de l'interlocuteur, et lui demander un *accord*, au moins provisoire, qui permette à la pensée de progresser. Tandis que οὖν *clôt* vraiment le raisonnement par la conclusion qui s'impose, ἄρα *capte* pour ainsi dire, au fur et à mesure qu'elles se dégagent, les conséquences de faits antérieurement posés. Même quand la particule ἄρα peut paraître présenter la valeur la plus nettement conclusive, elle n'*appuie pas sur la conclusion*, et ne dévie pas de sa ligne propre, qui est la *succession*.

Plat. *Phéd.* 97 A Θαυμάζω γὰρ εἰ, ὅτε μὲν ἑκάτερον αὐτῶν χωρὶς ἀλλήλων ἦν, ἓν ἄρα ἑκάτερον ἦν καὶ οὐκ ἤστην τότε δύο, ἐπεὶ δ' ἐπλησίασαν ἀλλήλοις, αὕτη ἄρα αἰτία αὐτοῖς ἐγένετο τοῦ δύο γενέσθαι « Voici ce qui m'étonne : quand les deux objets étaient séparés l'un de l'autre, ils étaient alors *un* chacun ; mais quand ils se sont rapprochés, cela a été la cause, pour eux, qui les a fait devenir *deux* ». Emploi devenu rare en attique.

Plat. *Phél.* 75 C Οὐκοῦν γενόμενοι εὐθὺς ἑωρῶμέν τε καὶ ἠκούομεν καὶ τὰς ἄλλας αἰσθήσεις εἴχομεν ; — Πάνυ γε. — Ἔδει δέ γε, φαμέν, πρὸ τούτων τὴν τοῦ ἴσου ἐπιστήμην εἰληφέναι ; — Ναί. — Πρὶν γενέσθαι ἄρα, ὡς ἔοικεν, ἀνάγκη ἡμῖν αὐτὴν εἰληφέναι « N'est-il pas vrai que, dès notre naissance, nous possédions la vue, l'ouïe et les autres sens ? — Bien sûr. — Or il fallait, disions-nous, posséder auparavant la science de l'égal ? — Oui. — Alors, à ce qu'il semble, il est logiquement nécessaire que nous possédions cette science de l'égal ».

Plat. *Phéd.* 79 B ...ὁρατὸν ἢ ἀόρατον εἶναι ; — Οὐχ ὁρατόν. — Ἀειδὲς ἄρα ; — Ναί. — « (Faut-il dire de l'âme) qu'elle est visible ou non visible ? — Non visible. — Invisible *alors* ? — Oui ». Il s'agit ici d'une sorte de *mise au point* pour laquelle on cueille au passage un assentiment dont on tirera de nouvelles conséquences.

Soph. *Tr.* 61 κἀξ ἀγεννήτων ἄρα μῦθοι καλῶς πίπτουσιν « Même des gens qui sont sans naissance, je le vois, trouvent le mot juste ». Cette découverte d'un état antérieur, qui illumine soudain l'esprit qui la fait, s'associe le plus souvent à un *imparfait* : n'est-ce pas dans sa *durée* qu'on voit un état de choses qui vous a échappé jusqu'à ce jour ?

Ar. *Cav.* 382 ἦν ἄρα πυρός γ' ἕτερα ...θερμότερα « il y a donc, je le vois, quelque chose ...de plus chaud que le feu ».

Remarque. — On emploie ἄρα avec le verbe μέλλω (à l'*imparfait*) pour indiquer que quelqu'un était *prédestiné* à tel état (heureux ou malheureux) que fait éclater la réalité présente. Ainsi M 113 οὐδ' ἄρ ἔμελλε ...ἀψ ἀπονοστήσειν « il ne devait pas — je le vois maintenant ! — retourner dans ses foyers », ou Ar. *Gren.* 269 ἔμελλον ἄρα παύσειν ποθ' ὑμᾶς « Je devais — vous le voyez — arriver à vous faire taire », dit triomphalement Dionysos au chœur des *Grenouilles*.

§ 682. Une valeur assez semblable de *conclusion partielle et légère*, obtenue avec l'assentiment de l'interlocuteur, apparaît dans des com-

plétives déclaratives — soit dans une *infinitive*, soit le plus souvent dans
une proposition *conjonctive* — pour indiquer que l'on apporte des
réserves personnelles à l'opinion formulée par un autre ; ἄρα est ainsi
employé au début d'une infinitive, mais bien plus souvent avec ὡς, qui
est plus évasif ; de même on trouve ἄρα dans une *hypothétique*, quand il
s'agit d'une hypothèse théorique et à peine croyable. A côté de ces
réserves qui correspondent à une véritable *conviction*, il en est d'autres
qui sont de *pure forme* : c'est quand celui qui parle, dans un souci de
courtoisie à l'égard de son interlocuteur, évite d'affirmer sa propre
conviction, d'ailleurs parfaitement solide :

Hdt. 8 135 τόδε τὸ θωῦμά μοι μέγιστον γενέσθαι λέγεται ὑπὸ Θηβαίων
ἐλθεῖν ἄρα τὸν Εὐρωπέα Μῦν « Voici une histoire extraordinaire que
racontent les Thébains : que Mys d'Europos ait pu (selon eux) venir...»

Plat. *Rép.* 364 B λόγοι... θαυμασιώτατοι λέγονται, ὡς ἄρα καὶ θεοὶ
πολλοῖς μὲν ἀγαθοῖς δυστυχίας ...ἔνειμαν « on tient ...les propos les plus
étranges, selon lesquels (prétend-on) les Dieux eux-mêmes distribuent
des malheurs aux gens de bien ».

Thc. 1, 93 τοῖς Ἀθηναίοις παρῄνει, ἢν ἄρα ποτὲ κατὰ γῆν βιασθῶσι...
« il conseillait aux Athéniens, si jamais (= par impossible) ils étaient
enfoncés dans un combat sur terre... ».

Plat. *Rép.* 495 A οὐ κακῶς ἐλέγομεν ὡς ἄρα... «nous n'avions pas tort
de dire que peut-être... ». Réserve de pure urbanité, qui n'entame
nullement la conviction d'avoir raison.

Remarque. — Aussi bien dans l'interrogation indirecte que dans la directe,
ἄρα s'associe à un *élément interrogatif* — généralement le pronom τίς — qu'il
semble rendre plus expressif et plus vif : ainsi Esch. *Sept.* 91 τίς ἄρα ῥύσεται, τίς
ἄρ' ἐπαρκέσει ; « Qui nous sauvera, alors ? qui nous portera secours, alors ? »

ἎΡΑ

§ 683. Cette particule semble avoir une double origine, ce qui répondrait d'ailleurs à deux sortes d'emplois très tranchés. Souvent, dans la
poésie attique, ἄρα présente toutes les significations de ἄρα, dont elle
semble n'être qu'une forme allongée pour raisons rhytmiques ; au
contraire ἆρα, quand il introduit une *interrogation*, n'est pas moins
courant en prose qu'en vers : il repose sans doute sur la contraction de
ἦ interrogatif (cf. § 720) et de ἄρα de renforcement interrogatif (cf. §
précédent, Remarque). En tout cas, il s'agit d'emplois propres à
l'ionien-attique et inconnus de la langue épique. Il n'y a donc **aucune
différence** entre ἄρα et ἆρα dans le **premier cas** ; ἆρα exprime en particulier la *découverte*, des *réserves* sur l'affirmation d'autrui, aussi bien que
l'*insistance* avec un pronom interrogatif. Souvent les manuscrits d'un
même texte se partagent entre ἄρα et ἆρα ; souvent on trouve, dans des
tours semblables d'un même auteur, à la fois ἄρα et ἆρα, selon les nécessités du mètre.

Ar. *Nuées* 1301 ἔμελλον σ᾽ ἄρα κινήσειν ἐγώ « il était dit que je devais te faire remuer ».

Archil. *Fragm.*, 86, 2 αἶνός τις ἀνθρώπων ὅδε, ὡς ἄρ᾽ ἀλώπηξ καἰετὸς ξυνωνίην ἔμειξαν « il y a chez les hommes une fable qui dit (paraît-il) que le Renard et l'Aigle se mirent en société. ».

Eur. *Ion* 563 ᵀΩ φίλη μῆτερ, πότ᾽ ἄρα σὸν ὄψομαι δέμας ; « Mère chérie ! Quand donc verrai-je ta personne ? »

§ 684. Particule interrogative, ἄρα pose une question **sans rien préjuger** (prétend-on généralement) **de la réponse, positive ou négative.** Assurément, quand on escompte une réponse *affirmative*, ἄρα s'accompagne souvent de οὐ (ἄρ᾽ οὐ) ; et signifie : « N'est-il pas vrai que ? » (cf. lat. *nonne*). Mais on aurait tort de croire que ἄρα μή, d'ailleurs beaucoup plus rare, attende *nécessairement* une réponse *négative*, comme *num* en latin en face de *nonne*. L'inégale proportion des exemples de ἄρα μή et de ἄρ᾽ οὐ, qui est toute à l'avantage de ἄρ᾽οὐ, ne peut tenir à cette distinction : aussi bien, en latin, on ne constate pas semblable disproportion numérique entre les emplois de *num* et ceux de *nonne*. Il semble plutôt que ἄρα μή donne à l'interrogation quelque chose de plus *angoissé*, en particulier parce qu'elle pose souvent une de ces questions *épineuses* qui ne sont pas de celles auxquelles on peut répondre par un *oui* ou par un *non* ; ἄρα μή serait donc réservé aux *interrogations d'importance majeure* :

Plat. *Banq.* 212 E ᵀΑρα καταγελάσεσθέ μου ὡς μεθύοντος ; « Allez-vous vous moquer de moi, comme d'un homme ivre ? » » La question est posée, indifférente à la réponse, semble-t-il.

Soph. *El.* 803 ᵀΑρ᾽ ὑμῖν ...δεινῶς δακρῦσαι ...δοκεῖ τὸν υἱόν ; « Vous parait-elle avoir ...abondamment pleuré ...la mort de son fils ? » Electre qui pose cette question au chœur, attend, à n'en pas douter, une réponse *négative* : elle dit elle-même plus loin de Clytemnestre : ἀλλ᾽ ἐγγελῶσα φροῦδος « mais elle est partie, le sourire aux lèvres ». Au contraire, c'est une réponse *confirmative* qui est attendue — et qui est effectivement donnée dans Plat. *Phil.* 33 D ἄρ᾽ ὀρθότατα ἐροῦμεν ; — Πῶς γὰρ οὔ ; « Disons-nous que c'est la vérité même ? — Oui, comment en serait-il autrement ? »

Ar. *Guêpes* 620 ἄρ᾽ οὐ μεγάλην ἀρχὴν ἄρχω ; « N'est-elle pas grande, la puissance que j'exerce ? » demande le vieil héliaste, bien assuré de la réponse. Équivaut à *nonne*.

Esch. *Sept* 208 Τί οὖν ; ὁ ναύτης ἄρα μὴ 'ς πρῷραν φυγὼν πρύμνηθεν ηὗρεν μηχανὴν σωτηρίας ; « Hé quoi ! Est-ce en courant de la poupe à la proue que jamais marin trouva une manœuvre de salut ? » Selon l'explication traditionnelle, on verra dans ἄρα μὴ l'équivalent de lat. *num*. Mais quand Electre pose cette question à sa sœur Chrysothémis (Soph. *El.* 446) : ᵀΑρα μὴ δοκεῖς λυτήρι᾽ αὐτῇ ταῦτα τοῦ φόνου φέρειν « Crois-tu donc que ces offrandes (que tu apportes) la purifient de cet assassinat ? », il est invraisemblable qu'elle attende de sa sœur un *non*.

Selon Denniston citant Jebb (p. 48), « il est incroyable que Chrysothémis ait cette idée ; mais sa conduite montre qu'elle fait comme si elle l'avait ». Je crois plutôt que la négation μή est amenée par *l'indignation passionnée* de celle qui parle : « Est-il possible que... ? » D'ailleurs, elle se répond à elle-même et, se plaçant au point de vue de la *possibilité* de la chose (nullement en considérant la réponse éventuelle de Chrysothémis), elle dit : οὐκ ἔστι ταῦτα « Non, ce n'est pas possible ! ». De même, dans Plat. *Lys.* 213 D, également cité par Denniston : ῏Αρα μή ...τὸ παράπαν οὐκ ὀρθῶς ἐζητοῦμεν ; « Est-il possible ...que nous nous soyons totalement fourvoyés dans ce problème ? », rien n'implique l'attente d'un *non* de la part de l'interlocuteur : μή tient à *l'angoisse* de celui qui mène le jeu. Cependant on comprend que ἄρα μή, quand il est attesté, puisse être rapproché de *num* : quand on pose une question d'importance, souvent angoissante, on espère plutôt de l'interlocuteur une réponse qui vous rassure en *niant* la menace redoutée.

Remarque. — Associée à γε, la particule ἄρα est renforcée dans sa vivacité : la présence de γε exclut celle de οὐ, mais non pas celle de μή, parfois attestée.
Ar. *Guêpes* 4 ἄρ' οἶσθά γ' οἷον κνώδαλον φυλάττόμεν ; « Sais-tu au moins de quel stupide animal nous sommes les gardiens ? »
Plat. *Crit.* 44 E ἄρά γε μὴ ἐμοῦ προμηθῇ... ; « Est-il donc possible que tu penses à moi ? » La réponse attendue est pourtant nettement positive (= Bien sûr !) ; preuve de plus que μή, seul ou avec γε, n'est pas nécessairement amené par l'attente d'une réponse négative.

᾽ΑΤΑΡ (᾽ΑΥΤΑΡ)

§ 685*. Ces deux particules, qui contiennent certainement la particule ἄρ, combinée peut-être avec *ἀτ (lat. *at*) et avec αὖτε, apparaissent chez Homère comme à peu près interchangeables : il semble que ce sont les nécessités du mètre qui font employer l'une plutôt que l'autre. Il n'est pas étonnant que l'une de ces deux particules, qui se doublaient si exactement, se soit effacée devant l'autre : c'est αὐτάρ qui a disparu. Au contraire ἀτάρ semble avoir gardé de la vitalité : fréquente dans les textes qui visent à donner une impression de langue parlée, comme les dialogues de Platon ou les comédies d'Aristophane, elle n'est pour ainsi dire pas représentée dans les genres élevés — tragédie, histoire, éloquence politique. Elle avait peut-être, dans la vie quotidienne, une bien plus grande importance que ne le montrent les témoignages de la littérature.

§ 686. Comme ἄρ qu'elles contiennent, les particules αὐτάρ et ἀτάρ sont essentiellement des **additives** ; elles peuvent aussi présenter une valeur *oppositive* — parce qu'un objet nouveau est susceptible d'être opposé aux objets déjà connus — dans des conditions comparables à δέ intensive « faible », si souvent additive et si souvent oppositive. Mais ἀτάρ comporte un élément proprement *adversatif* (cf. lat. *at*), qui explique les emplois de rupture, attestés en attique aussi bien que chez Homère.

B 313 ὀκτώ, ἀτὰρ μήτηρ ἐνάτη ἦν « ils étaient huit (passereaux), *et* neuf avec la mère ».

B 218 τὼ δέ οἱ ὤμω κυρτώ ...αὐτὰρ ὕπερθε φοξὸς ἔην κεφαλήν « il avait les deux épaules voûtées, et *par ailleurs*, en haut, un crâne pointu ».

Plat. *Phéd.* 60 D καὶ ἄλλοι τινές με ἤδη ἤροντο, ἀτὰρ καὶ Εὔηνος πρῴην, ὅ τι ποτὲ διανοηθείς ...ἐποίησας αὐτά « bien des gens m'ont demandé — l'autre jour, Evénos *en particulier* — quelle idée j'avais eue de faire ces compositions ».

Ar. *Ach.* 509 sqq. 'Εγὼ δὲ μισῶ μὲν Λακεδαιμονίους σφόδρα ...ἀτάρ ...τί ταῦτα τοὺς Λάκωνας αἰτιώμεθα; « Pour moi, je déteste vigoureusement les Lacédémoniens... mais, après tout, pourquoi accusons-nous de cela les Laconiens ? »

§ 687. Mais l'emploi le plus caractéristique de ἀτὰρ en attique consiste à introduire un brusque changement de sujet, ou une interrogation *à brûle-pourpoint* ; on peut traduire en ce cas par « à propos » ou « mais, j'y pense ». Cette valeur, qui apparaît déjà chez Homère, est la plus *forte* de celles que peut exprimer ἀτὰρ ; on doit même dire que, d'Homère à l'attique, tandis que αὐτὰρ sortait de l'usage, ἀτὰρ, qui a survécu, s'est renforcé plutôt qu'affaibli ; la particule est d'ailleurs souvent soutenue par γε.

X 331 "Εκτορ, ἀτάρ που ἔφης Πατροκλῆ' ἐξεναρίζων σῶς ἔσσεσθ' « Hector, au fait (mais j'y pense) tu déclarais, en dépouillant Patrocle, que tu assurerais ton salut... ».

Ar. *Ois.* 144 τῶν κακῶν οἵων ἐρᾷς · ἀτὰρ ἔστι γ' ὁποίαν λέγετον εὐδαίμων πόλις « Que de malheurs tu désires ardemment ! Mais, j'y pense ! il existe une ville fortunée, comme celle dont vous parlez tous les deux. »

"AΥ

§ 688. La particule αὖ, à laquelle il faut joindre αὖτε (limité à la langue épique) et αὖτις (ion. αὖθις), s'apparente évidemment à lat. *aut, autem* (osque *aut, auti*) ; mais, à la différence de l'italique, qui fait de cette particule une *adversative* forte, capable d'exprimer l'*alternative* (*aut ...aut*), il faut qu'elle s'associe à δέ pour avoir valeur *d'opposition*. Il semble que sa signification propre était : « d'un autre côté ». Elle était particulièrement apte à exprimer un *mouvement en retour*, une *répétition*. Peu fréquente pour rendre une faible opposition, elle est surtout employée pour former ces « pléonasmes » par lesquels le grec aime à rendre le *mouvement en retour* : αὖ πάλιν, αὖ πάλιν αὖθις etc.

Λ 108 τὸν μὲν... βάλε δουρί, "Αντιφον αὖ ...ἔλασε « il frappa l'un de sa lance, et, de son côté ...atteignit Antiphe ».

Plat. *Phéd.* 86 E δοκεῖ ...χρῆναι ... πρότερον Κέβητος ἀκοῦσαι, τί αὖ
ὅδε ἐγκαλεῖ τῷ λόγῳ « il me semble... qu'il faut ...d'abord entendre de
la bouche de Cébès ce que, de son côté, il reproche à l'argumentation ».

Plat. *Phéd.* 79 E Ποτέρῳ οὖν αὖ σοι δοκεῖ τῷ εἴδει, καὶ ἐκ τῶν πρόσθεν
καὶ ἐκ τῶν νῦν λεγομένων, ψυχὴ ὁμοιότερον εἶναι ; « A laquelle des deux
espèces, encore une fois, d'après l'argumentation antérieure et d'après
celle de maintenant, te semble-t-il que l'âme offre le plus de ressemblance ? »

Plat. *Phéd.* 80 B ἆρ' οὐχὶ σώματι μὲν ταχὺ διαλύεσθαι προσήκει, ψυχῇ
δ'αὖ τὸ παράπαν ἀδιαλύτῳ εἶναι ; « N'est-il pas vrai qu'il revient au
corps de se dissoudre rapidement, mais au contraire à l'âme d'être
absolument indissoluble ? »

Ar. *Nuées* 975 εἶτ' αὖ πάλιν αὖθις ἀνιστάμενον συμψῆσαι « ensuite il
fallait, en se levant, bien aplanir le sable (comme il était auparavant,
pour effacer les empreintes du corps) ».

La particule αὖ n'est jamais en tête de la phrase ; si elle est attestée
souvent à la *seconde place,* elle peut aussi occuper la troisième ; quand
elle est associée à δέ, elle la suit toujours immédiatement.

ΓΑΡ

§ 689. Il n'y a pas d'objection sérieuse à l'étymologie généralement
acceptée (en dernier lieu par *Schw. Debr.* p. 560) qui voit dans γάρ la
fusion de γε et de ἄρ (ἄρα). Assurément il n'existe pas une forme *γαρα
qui serait à γάρ ce qu'est ἄρα par rapport à ἄρ ; et il est d'ailleurs
certain que tout sentiment de cette composition avait disparu de la
conscience du sujet parlant, puisqu'on trouve γάρ combinée avec ἄρα
(par ex. Plat. *Prot.* 315 C ἐπεδήμει γὰρ ἄρα Πρόδικος). La particule
γάρ serait faite comme la particule γοῦν, qui, elle, est restée analysable.
On peut donc admettre que γάρ repose sur la **combinaison de l'intensive** γε et de l'**additive** ἄρα que nous avons vu évoluer constamment
de la *liaison temporelle* à la *liaison logique* ; puisqu'il s'agit d'une combinaison, il est normal que γάρ soit **autre chose** qu'une insistance et
qu'une suite logique : γάρ exprimera avant tout une *motivation,* principalement (mais non exclusivement) dans l'ordre de la *pensée.*

§ 690. Dans la majeure partie des cas, γάρ introduit une justification
d'ordre **intellectuel.** On peut invoquer une *évidence immédiate,* ou se
fonder sur un *raisonnement* ; on peut aussi se contenter d'une *vraisemblance* plus ou moins convaincante. La particule introduit donc une
interprétation justifiée : elle annonce la *preuve* que l'on invoque, la *source*
que l'on cite etc. Elle est donc valable pour tous les degrés de la pensée
— depuis celle qui se satisfait de peu jusqu'à la plus rigoureuse — du
moment que celle-ci éprouve le besoin de *se motiver.*

Plat. *Phéd.* 108 A ἡ δ' οὔτε ἁπλῆ οὔτε μία φαίνεταί μοι εἶναι· οὐδὲ γὰρ ἂν ἡγεμόνων ἔδει, οὐ γάρ πού τις ἂν διαμάρτοι οὐδαμόσε, μιᾶς ὁδοῦ οὔσης « mais la route (qui conduit à l'autre monde) ne me paraît pas être simple, ni unique : de fait, on n'aurait pas besoin d'un guide ; de fait, personne ne pourrait se fourvoyer dans aucune direction, s'il n'y avait qu'une route ». Évidence.

Plat. *Phéd.* 72 A οὐδ' ἀδίκως ὡμολογήκαμεν, ὡς ἐμοὶ δοκεῖ. Εἰ γὰρ μὴ ἀεὶ ἀνταποδιδοίη τὰ ἕτερα τοῖς ἑτέροις γιγνόμενα ...πάντα τελευτῶντα τὸ αὐτὸ σχῆμα ἂν σχοίη « nous n'avons pas eu tort de nous accorder sur ce point (il est nécessaire que les âmes, pour renaître, existent quelque part). En effet, s'il n'y avait pas sans cesse compensation réciproque des générations pour tout ce qui naît... à la fin tout prendrait une seule et même figure ». Raisonnement par l'absurde.

Plat. *Phéd.* 107 D ...οὐδεμία ἂν εἴη αὐτῇ ἄλλη ἀποφυγὴ κακῶν οὐδὲ σωτηρία πλὴν τοῦ ὡς βελτίστην ...γενέσθαι· οὐδὲν γὰρ ἄλλο ἔχουσα εἰς Ἅιδου ἡ ψυχὴ ἔρχεται πλὴν τῆς παιδείας τε καὶ τροφῆς « ... l'âme n'a pas d'autre moyen d'échapper à ces maux, ni d'autre planche de salut que d'être la meilleure possible ; en effet, quand l'âme s'en va dans l'Hadès, elle n'emporte avec elle rien d'autre que sa formation et son éducation morales ». Haute vraisemblance morale.

Thc. 1, 3 δηλοῖ δέ μοι τόδε τῶν παλαιῶν ἀσθένειαν οὐχ ἥκιστα · πρὸ γὰρ Τρωικῶν οὐδὲν φαίνεται πρότερον κοινῇ ἐργασαμένη ἡ Ἑλλάς « Voici un signe, qui ne me semble pas à négliger de la faiblesse des Anciens : de fait il apparaît qu'avant les événements de Troie la Grèce n'a fait aucune entreprise commune ».

§ 691. De toutes ces valeurs « intellectuelles » de la particule γάρ, la plus courante est l'emploi **explicatif** : un fait quelconque est posé, dont la raison d'être est immédiatement donnée dans une proposition nouvelle introduite par γάρ. Mais il arrive aussi parfois que, du fait d'une véritable *anticipation*, γάρ figure dans la *première* phrase, celle qui énonce le fait à *expliquer*. De plus, on a souvent l'occasion, *dans le cours de la phrase*, d'introduire une explication qui porte, non plus sur la phrase entière, mais sur un des *éléments* de cette phrase : la particule γάρ signale l'explication *partielle*, que nos conventions typographiques mettraient entre parenthèses. A côté des parenthèses *additives*, introduites par δέ, il y a un grand nombre de parenthèses *explicatives*, introduites par γάρ.

Plat. *Ménex.* 237 E Μέγα δὲ τεκμήριον τούτῳ τῷ λόγῳ ὅτι ἥδε ἔτεκεν ἡ γῆ τοὺς τῶνδέ τε καὶ ἡμετέρους προγόνους. Πᾶν γὰρ τὸ τεκὸν τροφὴν ἔχει ἐπιτηδείαν ᾧ ἂν τεκῇ « Or, il y a une grande preuve qui soutient cette thèse que notre pays a bien donné le jour aux ancêtres de ces morts et aux nôtres. En effet, tout être qui enfante porte en lui la nourriture appropriée à l'être qu'il a enfanté ».

Hdt. 1, 8, Χρόνου δὲ οὐ πολλοῦ διελθόντος, χρῆν γὰρ Κανδαύλην γενέσθαι κακῶς, ἔλεγε πρὸς τὸν Γύγην τοιάδε · «Γύγη, οὐ γάρ σε δοκέω πείθεσθαί μοι λέγοντι περὶ τοῦ εἴδεος τῆς γυναικός (ὦτα γὰρ

τυγχάνει ἀνθρώποισι ἐόντα ἀπιστότερα ὀφθαλμῶν)... « Peu de temps
après — il fallait bien qu'il arrivât malheur à Candaule — il tint à
Gygès ce langage : « Gygès (en effet) j'ai l'impression que tu ne
me crois pas quand je te parle de la beauté de ma femme (il arrive qu'on
croie moins ses oreilles que ses yeux)... » La particule γάρ, qui occupe
la *troisième* place dans les paroles de Candaule, du moins en apparence (car le vocatif Gygès ne compte pas dans la phrase), *annonce*
l'explication de l'incrédulité de Gygès par un *fait d'ordre général*,
rappelé dans la parenthèse explicative qui suit.

§ 692. Les emplois que nous venons d'examiner se rattachaient à
l'intelligence : il s'agissait de justifier une explication, un raisonnement,
une preuve. Mais il y a l'immense domaine des sentiments et de la
volonté de l'homme, dont γάρ motive l'expression dans des conditions
assez différentes. En effet, quand il s'agit de l'intelligence, il est
presque toujours nécessaire de poser *séparément* la chose à expliquer et
l'explication elle-même. Au contraire, quand il est question de *sentiments* ou de *tendances*, c'est *l'attitude* même du sujet, ou ses *gestes*, ou
l'intonation qui le trahissent qu'il s'agit de saisir au vol et de justifier.
Ainsi une *exclamation* indignée, une brusque *surprise*, une *concession*
ironique à l'adversaire, le désir de *s'affirmer* dans sa conviction ; les
signes de tête qui expriment l'*acquiescement* ou le *refus* : autant de sentiments, autant d'attitudes dont la particule γάρ donne la raison d'être,
en sautant fréquemment des intermédiaires de pensée dont l'explicitation n'est pas nécessaire. La variété des emplois de γάρ n'est *égalée*
que par la particule γε, qui présente sur la première l'avantage de souligner un geste, une intonation à *n'importe quelle place de la phrase*,
tandis que γάρ, hormis le cas de la parenthèse explicative, ne peut
guère, du moins en prose, dépasser la *troisième position* [1].

Esch. *Choeph.* 909 σὺν δὲ γηράναι θέλω. — Πατροκτονοῦσα γὰρ ξυνοι-
κήσεις ἐμοί ; « Je veux vieillir auprès de toi. — Alors, meurtrière de
mon père, tu habiteras sous mon toit ! ». C'est le sursaut d'*indignation*
d'Oreste qui se justifie, *parce que* sa mère criminelle prétend vieillir pai-
siblement à ses côtés.

Soph. *O. R.* 1017 Πῶς εἶπας ; οὐ γὰρ Πόλυβος ἔφυσέ με ; « Que dis-tu ?
Alors, Polybe ne m'a pas donné le jour ? » Ici la particule explique le
sursaut de *surprise* d'Œdipe — surprise qu'exprime déjà l'emploi de
l'aoriste εἶπας (cf. § 246).

Ar. *Ach.* 71 Καὶ δῆτ' ἐτρυχόμεσθα ...μαλθακῶς κατακείμενοι, ἀπολλύμε-
νοι. — Σφόδρα γὰρ ἐσῳζόμην ἐγὼ παρὰ τὴν ἔπαλξιν ἐν φορυτῷ κατακείμενος.
« Et nous, nous nous éreintions, confortablement étendus (dans de
bonnes voitures), morts de fatigue. — Alors, moi, je prenais grand
soin de ma petite santé, de garde le long du rempart, étendu dans
la saleté ! » Γάρ commente le ton d'*amertume* du combattant, qui

---

1. Au contraire, dans la poésie tragique ou comique γάρ peut être rejeté à la 5e ou
même à la 6e place dans la phrase (Cf. DENNISTON, *Part.*, p. 97.)

compare sa « bonne petite vie » au métier harassant d'un ambassadeur qui, pendant *douze* ans, touche d'importants frais de déplacement pour accomplir une mission illusoire !

Entre tant de possibilités variées d'emplois de γάρ, il en est *deux* qui
méritent un examen particulier — le premier en raison de sa fréquence,
le second, bien moins courant, mais parce qu'il fait difficulté pour
l'expliquer.

§ 693. Dans le **dialogue**, la particule est constamment employée
avec la valeur d'une **confirmation**, aussi bien dans le sens positif que
dans le sens négatif. Cela ne signifie point que la valeur intensive de γε,
contenue dans γάρ, se développe aux dépens du sens de la « combinaison » γάρ : γάρ est la *motivation* d'un *oui* ou d'un *non*. La formule
même du dialogue suppose un échange de questions et de réponses : il
en résulte que γάρ peut introduire, aussi bien la *question* qui sollicite une
réponse motivée, que la *réponse motivée* que donne l'interlocuteur. De
là un jeu assez subtil dans lequel γάρ peut justifier un *oui* ou un *non*,
aussi bien que *solliciter* (de façon parfois plus théorique que réelle)
une *réponse fondée* à la question posée ou *donner* une *réponse raisonnée*.

Plat. *Phéd.* 72 D Ἀλλά μοι δοκεῖς παντάπασιν ἀληθῆ λέγειν. —
Ἔστι γάρ, ἔφη, ὦ Κέβης, ὡς ἐμοὶ δοκεῖ, παντὸς μᾶλλον οὕτω
« Hé bien ! Il me semble que tu as raison en tout point. — (Oui ; car) à
ce qu'il me semble, Cébès, dit-il, il n'est rien de plus vrai ».

Ar. *Gren.* 261 βρεκεκεκεξ κοαξ κοαξ· τούτῳ γὰρ οὐ νικήσετε « Breke-
kekex coax, coax ; (Non ; car) vous ne m'aurez pas avec ce vacarme ! »

Soph. *Ant.* 450 Οὐ γάρ τί μοι Ζεὺς ἦν ὁ κηρύξας τάδε « (Oui, car) ce
n'est pas Zeus qui, à mes yeux, a proclamé cet édit... ». Malgré l'apparence, cet exemple ne fait pas double emploi avec Ar. *Gren.* 261. Ici γάρ
n'est pas la confirmation du *non* d'Antigone (en même temps que son
explication), mais l'explication du *oui* (non exprimé) par lequel Antigone répond à la question de Créon (v. 449 καὶ δῆτ' ἐτόλμας τούσδ'
ὑπερβαίνειν νόμους ; « Et malgré cela tu as eu l'audace de transgresser
mes lois ?) ». Rétablie logiquement, la pensée serait donc : « Tu as
transgressé mon édit. (Oui ; car) Zeus n'a pas publié, à mes yeux,
cette défense ».

Soph. *Ant.* 744 Ὦ παγκάκιστε, διὰ δίκης ἰὼν πατρί ; — Οὐ γὰρ
δίκαιά σ' ἐξαμαρτάνονθ' ὁρῶ. — Ἀμαρτάνω γὰρ τὰς ἐμὰς ἀρχὰς
σέβων ; — Οὐ γὰρ σέβεις, τιμάς γε τὰς θεῶν πατῶν « Le misérable, qui fait le procès de son père ! — (*Oui ; car*) je te vois
offenser la Justice. — Alors, (ta pensée... c'*est que*) je l'offense en respectant mon trône ? — (*Non* ; ce n'est pas le respecter) en foulant aux
pieds les honneurs dûs aux Dieux ».

Remarque. — Les deux tournures, si fréquentes dans le dialogue, πῶς γάρ ;
et πῶς γὰρ οὔ ; sont deux formules du même genre que l'on emploie pour solliciter de l'interlocuteur son accord, soit sur une assertion *négative* pour le
premier, soit pour une assertion *positive* pour le second.

Soph. *El.* 911 οὐδ' αὖ σύ · πῶς γάρ ; « Ce n'est pas toi non plus (qui y es pour quelque chose ;) comment serait-ce possible ? » Chrysothémis attend d'Antigone un *non*.

Plat. *Euthyph.* 10 A οὐκοῦν καὶ φιλούμενόν τί ἐστιν καὶ τούτου ἕτερον τὸ φιλοῦν ; — Πῶς γὰρ οὔ ; « N'est-ce pas que le fait d'être aimé est quelque chose, et que le fait d'aimer en diffère ? — Comment n'en serait-il pas ainsi ? » On attend un *oui* ou un *si*.

§ 694. Un tour d'interprétation difficile et discutée est celui qui, chez Homère et dans la langue de la tragédie, sert souvent à exprimer un **vœu** : εἰ (ou αἴ) *immédiatement suivi de* γάρ. Rarement εἰ (αἴ) γάρ s'applique à un vœu *rétrospectif* (comme dans Esch. *Choéph.* 345 αἲ γὰρ ὑπ' Ἰλίῳ... κατηναρίσθης « ah ! si tu avais pu rester... sur le terrain devant Troie ! »), mais constamment à un vœu *prospectif*, concernant l'avenir, comme τ 309 αἲ γὰρ τοῦτο, ξεῖνε, ἔπος τετελεσμένον εἴη « Ah ! si seulement cette parole, étranger, pouvait être une chose réalisée ! ». On a supposé que εἰ, dans des phrases de ce genre, introduisait une sorte de *protase* dont l'*apodose* ne serait pas exprimée, comme allant de soi : « si seulement tu agissais ainsi ! (les choses iraient bien) » ; assurément, dans ο 545 εἰ γάρ κεν σὺ πολὺν χρόνον ἐνθάδε μίμνοις, τὸν δέ τ' ἐγὼ κομιῶ, la présence de κεν oblige à voir dans cet optatif un *optatif de possibilité*, non un *optatif de vœu*, et à traduire : « même si tu *devais* rester longtemps ici, je *prendrais* soin de cet hôte » ; mais une tournure de ce genre n'est qu'apparentée à εἰ γάρ exprimant un vœu. Dire, comme quelques auteurs, que γάρ donne au vœu « plus de force », c'est *constater*, non *expliquer*. C'est, je crois dans le sens de l'*explication* (et dans ce sens seul) qu'il faut chercher une solution à cette difficulté.

Il semble que, sous sa forme la plus ancienne, la tournure soit du type suivant, bien représenté dans la langue épique, du **vœu sous condition**. Ainsi N 825 : εἰ γὰρ ἐγὼν οὕτω γε Διὸς παῖς αἰγιόχοιο εἴην ἤματα πάντα... ὡς νῦν ἡμέρη ἥδε κακὸν φέρει Ἀργείοισιν « Puissé-je être à tout jamais le fils de Zeus qui porte l'égide ...*aussi vrai que* le jour qui vient va apporter une catastrophe aux Argiens ». Celui qui parle forme un vœu *très flatteur* pour lui (et qu'il n'envisage que pour la beauté de la comparaison) *aussi vrai* qu'il est certain de ce qui doit se passer. En réalité, il faut laisser à εἰ sa valeur primitive, qui est quelque chose comme « dans ces conditions », et on peut entendre ainsi : « dans ces conditions *en effet* puissé-je être le fils de Zeus aussi vrai que ce jour va être une catastrophe pour les Argiens » ; la particule justifie *par anticipation* la comparaison ; elle *prouve*, par ce vœu sciemment excessif, le bien-fondé de ce qu'on affirme dans la réalité. Il y a là, sans doute, la justification d'une antique formule de vœu conditionnel, dans laquelle εἰ est assez comparable au *sic* du passage bien connu d'Horace (*Odes*, I, 3, 1) : *Sic te diua potens Cypri ...regat... reddas incolumem (Vergilium) precor* « dans ces conditions-*ci*, puisse la déesse qui règne sur Chypre, navire, diriger ta course ...que tu nous rendes Virgile sans dommage, voilà ce dont je te supplie ». De même, dans un tour un peu différent, en H 132 αἲ γάρ, Ζεῦ

τε πάτερ καὶ Ἀθηναίη καὶ Ἀπόλλων ἠῶμ᾽, ὡς ὅτε ...« dans ces conditions, puissé-je *en effet*, Zeus Père, Athéna et Apollon, être aussi jeune
et vigoureux que lorsque... ». Nestor sait bien qu'il ne peut pas être lui-
même ramené au temps de sa jeunesse ; mais il veut, par ce vœu indiscutablement théorique, *expliquer* son désir de voir opposer à Hector
un adversaire à sa taille, qu'on ne pourrait plus trouver, selon lui,
parmi les hommes d'à présent.

Remarque. — La particule γάρ n'a donc rien de nécessaire pour exprimer
ce genre de vœu ; une fois que le vœu a justifié l'affirmation personnelle, quand
le tour est repris, c'est εἴθε sans γάρ qui est employé. Par exemple H 157 : εἴθ᾽
ὡς ἡβώοιμι, βίη δέ μοι ἔμπεδος εἴη · τῶ κε τάχ᾽ ἀντήσειε μάχης κορυθαίολος
Ἕκτωρ «...Dans ces conditions-là, puissé-je être dans la fleur de l'âge et avoir
une force inébranlable : il devrait bientôt affronter le combat, Hector au casque mobile ! »

§ 695. Associée avec ἀλλὰ sous la forme ἀλλὰ γάρ — les deux particules se suivant, ou étant séparées par plusieurs mots : ἀλλὰ.... γάρ — la
particule γάρ traduit une **rupture justifiée** : cette rupture est généralement *forte*, et indique de la part de celui qui parle, un *refus*, ou le désir
d'*interrompre* la discussion par un argument définitif, ou la volonté
d'introduire dans le dialogue une *objection*. Mais il peut aussi se faire
que cette rupture, n'ayant pas valeur d'opposition, indique que l'on
coupe le cours de la conversation pour *ajouter* un fait nouveau.

Soph. *El.* 223 οὐ λάθει μ᾽ ὀργά, ἀλλ᾽ ἐν γὰρ δεινοῖς οὐ σχήσω ταύτας
ἄτας « je n'ignore pas mes égarements ; mais (je ne modifie pas ma conduite parce que...) dans l'adversité je ne renoncerai pas à ces
fureurs ».

Soph. *El.* 595 ἀλλ᾽ οὐ γὰρ οὐδὲ νουθετεῖν ἔξεστί σε... « Mais (je
m'arrête). C'est qu'il n'y a pas moyen de te raisonner, toi qui...»

Ar. *Plut.* 425 Ἴσως Ἐρινύς ἐστιν ἐκ τραγῳδίας. — Ἀλλ᾽ οὐκ ἔχει γὰρ
δᾷδας « Peut-être est-ce une Erinye échappée d'une tragédie. —
Mais non (ce n'est pas cela) ; en effet, elle n'a pas de torches à la
main ».

Xén. *Lac.* 8, 1 ἀλλὰ γὰρ ὅτι μὲν ἐν Σπάρτῃ μάλιστα πείθονται ταῖς
ἀρχαῖς ἴσμεν ἅπαντες «de plus (on a dit que thésauriser était défendu à
Sparte) nous savons tous qu'à Sparte on obéit exactement aux autorités ».

§ 696. La conjonction καὶ et la particule γάρ, sous la forme καὶ γάρ
(le plus souvent sans disjonction), équivalent à peu près à un γάρ
renforcé : l'explication introduite par γάρ *enchaîne* mieux, comme on dit,
que γάρ seulement. Dans le discours, καὶ γάρ signifie le plus souvent :
« c'est que, de fait » ; dans le dialogue, il peut être rendu par : « bien
sûr ».

Ar. *Cav.* 250 πολλάκις γὰρ αὖτ᾽ ἐρῶ. Καὶ γὰρ οὗτος ἦν πανοῦργος « je
répéterai ce nom de « coquin » : c'est que cet individu l'était plusieurs
fois. ».

Plat. *Rép.* 430 C Ἀποδέχομαι τοίνυν τοῦτο ἀνδρείαν εἶναι. — Καὶ γὰρ ἀποδέχου, ἦν δ᾽ ἐγώ, πολιτικήν γε « J'admets donc cette définition du courage. — Admets aussi, dis-je, que c'est une vertu politique ».

Remarque I. — De nombreux exemples rapportés à καὶ γάρ lui sont en réalité étrangers. Par exemple, il est visible que καὶ et γάρ doivent être pris chacun avec leur valeur propre dans Eur. *I. A.* 641 Ὦ πάτερ, εἰσεῖδόν σ᾽ ἀσμένη πολλῷ χρόνῳ. — Καὶ γὰρ πατὴρ σέ « Mon père, que je te revois avec plaisir, après tant de temps ! — Ton père *aussi* est *en effet* (content de te revoir). »

Remarque II. — Καὶ γάρ τοι, qui n'apparaît qu'en prose attique, et καὶ γὰρ οὖν, qui est plus rare, doivent leur signification *conclusive* à τοι et à οὖν : καὶ et γάρ ne servent qu'à étoffer. Ainsi *Lys.* 2, 26 καὶ γάρ τοι οὐδεὶς τῶν ἄλλων ἔδεισεν ὑπὲρ τοῦ μέλλοντος κινδύνου, ἀλλ᾽ ἀκούσαντες ὑπὲρ τῆς αὐτῶν ἐλευθερίας ἤσθησαν « (On avait annoncé en même temps l'arrivée de l'ennemi et la victoire d'Athènes). En conséquence, aucun d'entre eux n'eut à redouter la menace du danger, mais en apprenant la nouvelle, ils n'eurent qu'à se réjouir de leur liberté. »

ΓΕ

§ 697. L'examen des faits grecs les plus anciens s'accorde avec le témoignage de la méthode comparative pour préciser le point de départ de la plus souple et de la plus fréquente des **intensives** : *les éléments pronominaux*. De fait, la particule γε est constante chez Homère, soit avec les *pronoms personnels*, soit avec le *présentatif*, comme ἐγώ (σύ) γε et ὅ γε. Tout se passe comme si γε avait pour rôle fondamental d'insister sur une **personne** : la comparaison s'impose avec les formes germaniques (got. *mik*, all. mod. *mich* etc.), qui supposent **me-ge*, etc. La plus ancienne fonction de γε est donc de *projeter de la lumière* sur une *personne* ou sur un *objet* déjà désigné que l'on *rappelle* avec quelque *insistance*. Extrêmement maniable et mobile, brève et enclitique, la particule γε n'était pas assujettie à une place ordinaire dans la phrase, puisqu'elle met en lumière des *mots*, mais ne concerne pas l'*agencement des phrases entre elles*. Très employée, elle a vite épuisé sa signification : déjà dans Homère (E 258), on rencontre εἴ γ᾽οὖν ἕτερός γε φύγῃσιν ; encore fréquente dans les papyrus ptolémaïques, elle est fort rare dans le Nouveau-Testament et dans la Κοινὴ non-littéraire ; même dans les ouvrages littéraires de date tardive, on n'emploie plus γε que combinée à d'autres particules, comme μέντοιγε ou μενοῦνγε.

A 173 ...οὐδέ σ᾽ ἔγωγε λίσσομαι εἵνεκ᾽ ἐμεῖο μένειν · παρ᾽ ἔμοιγε καὶ ἄλλοι... « je ne te supplie pas, moi non plus, de rester à cause de moi, j'en ai d'autres près de moi ...».

A 286 Ναὶ δὴ ταῦτά γε πάντα ...κατὰ μοῖραν ἔειπες « Mais oui tout cela oui tout cela... tu l'as dit comme il convenait ».

A 320 ἀλλ᾽ ὅ γε Ταλθύβιον ...προσέειπεν « mais lui — oui, lui... dit à Talthybios ».

§ 698. Il faut d'abord poser en principe que γε *ne joue* **jamais** *le rôle d'une particule de liaison* : mais elle peut être employée aussi bien pour

éclairer plus vivement une *particule de liaison* que pour signaler le caractère *abrupt* d'une phrase *asyndétique* : elle éclaire tout autant le *lien* qui
unit les phrases que l'*absence de ce lien*. Il résulte de là que les exemples
cités par Denniston (*Part.* pp. 116-117) pour prouver que γε exclut
toute particule de liaison donnent, je crois, une image fausse de la réalité. Ces exemples pourraient être repris un par un : on verrait que γε,
dans la seconde position, par exemple, attendue chez un enclitique,
concerne uniquement un *mot* dans une phrase naturellement asyndétique, ou souligne l'*asyndète* elle-même. Je n'en veux qu'un exemple,
celui de Z 479 : καί ποτέ τις εἴποι · πατρός γ' ὅδε πολλὸν ἀμείνων « et il
peut se faire qu'on dise un jour : « Il est plus vaillant que son père —
oui, son père ». Un propos rapporté comme celui-ci, est normalement
asyndétique : c'est précisément ce que γε met en lumière, mais la particule n'en est pas pour cela devenue une sorte de particule de liaison. Par
ailleurs, dans les autres exemples allégués par Denniston on trouve les
particules attendues, que γε ne fait que souligner. De fait, γε peut attirer
vivement l'attention sur *toutes les particules de liaison*, qu'elles soient
adversatives, additives, intensives ou conclusives.

Ar. *Nuées* 801 Ἀτὰρ μέτειμί γ' αὐτόν « Mais oui, j'y pense, je vais aller
le trouver ».

Ar. *Eccl.* 558 μακαρία γ' ἆρ ἡ πόλις ἔσται « alors, oh ! mais alors, la
cité sera aux anges ».

Ar. *Nuées* 915 Θρασὺς εἶ πολλοῦ. — Σὺ δέ γ' ἀρχαῖος « Tu es bien
impudent. — Mais toi, bien vieux jeu. »

Eur. *Alc.* 516 Πατήρ γε μὴν ὡραῖος, εἴπερ οἴχεται « Oui, bien sûr, ton
père avait fait son temps, si c'est lui qui n'est plus. »

§ **699.** Dans des conditions toutes comparables, γε souligne le **lien
relatif**, soit avec le *pronom relatif* lui-même, soit avec telle *conjonction*,
comme ὥστε consécutif, qui est formée sur le relatif. Il s'agit ici d'un
renforcement de ce lien ; mais il n'est pas toujours facile de faire la
distinction, devant d'autres conjonctions de même structure ou de
structure différente, entre la valeur de *renforcement* et la valeur de *limitation*. Il est même probable que le point de départ du sens *restrictif*
de γε doit être vu dans des propositions de ce genre.

Soph. *Phil.* 1276 μὴ λέξῃς πέρα. Μάτην γὰρ ἂν εἴπῃς γε πάντα
εἰρήσεται « N'en dis pas plus long ; car en vain tout ce que tu
as dit aura été dit par toi ». Le passage est facile au sens restrictif :
Soph. *El.* 923 πῶς δ' οὐκ ἐγὼ κάτοιδα ἅ γ' εἶδον ἐμφανῶς ;
« Comment dire que je ne sais pas ce que (*oui*, ou *du moins*) j'ai vu
parfaitement ? ». Enfin, avec une valeur certainement limitative : Soph.
El. 911 πῶς γάρ ; ἥ γε μηδὲ πρὸς θεοὺς ἔξεστ' ἀκλαύτῳ τῆσδ' ἀποστῆναι
στέγης. « Comment t'y serais-tu prise ? toi qui (= puisque toi), même pour
prier les dieux, n'as pas le droit de sortir impunément de ce palais ». On
remarquera que le latin se sert aussi de l'intensive *quippe* dans *quippe
qui* « lui qui », et que la tournure même du français utilise avec une relative

une forme *intense* du pronom personnel, projetant ainsi, d'une autre
façon, de la lumière sur la personne.

Plat. *Phéd.* 77 D πῶς οὐκ ἀνάγκη αὐτὴν καὶ ἐπειδὰν ἀποθανῇ εἶναι,
ἐπειδή γε δεῖ αὖθις αὐτὴν γίγνεσθαι ; « Comment ne serait-il pas logiquement nécessaire qu'elle (l'âme) existe également après la mort,
puisqu'il faut *vraiment* qu'il y ait une nouvelle génération ? » Fort
proche de : « si *du moins* il faut que... ».

§ 700. Non moins considérable est le rôle que joue γε dans des
phrases qui sont naturellement de type **asyndétique** (cf. § 661) — comme
les *interrogatives* (directes ou indirectes), les *exclamatives*, les propositions qui donnent des ordres *positifs* ou *négatifs*, ou celles qui
expriment *immédiatement* une *conviction*, ou encore nombre de constructions « sans verbe » qui expriment l'*indignation*, le *sarcasme*, l'*ironie* :

Eur. *Héc.* 774 Θνῄσκει δέ πρὸς τοῦ... ; — Τίνος γ' ὑπ' ἄλλου ;
Θρῇξ νιν ὤλεσε ξένος « Elle est morte, du fait de qui ? ... — De qui
donc autre que lui ? C'est notre hôte Thrace qui l'a fait périr. »

Eur. *Ion* 381 Πολλαί γε πολλοῖς εἰσι συμφοραὶ βροτῶν « Comme
il y a donc de nombreuses vicissitudes pour de nombreux
mortels ! ».

Soph. *El.* 411 Ὦ θεοὶ πατρῷοι, συγγένεσθέ γ' ἀλλὰ νῦν « Dieux de
mes pères ! Ah ! assistez-moi, aujourd'hui du moins ! »

Soph. *Aj.* 1127 Δίκαια γὰρ τόνδ' εὐτυχεῖν κτείναντά με ; — Κτεί
ναντα ; Δεινόν γ' εἶπας, εἰ καὶ ζῇς θανών « Est-il juste qu'il triomphe,
après m'avoir assassiné ? — Assassiné ? L'expression est bien étrange,
si tu es vivant tout en étant mort ».

Eur. *Cycl.* 551 Καλόν γε τὸ γέρας τῷ ξένῳ δίδως, Κύκλωψ « Le beau
présent que tu offres à ton hôte, Cyclope ! ».

Soph. *El.* 341 Δεινόν γέ σ', οὖσαν πατρὸς οὗ σὺ παῖς ἔφυς, κείνου
λελῆσθαι... « Quelle honte, quand on est la fille du père dont tu es née,
de l'oublier totalement... »

§ 701. N'importe quelle page de prose grecque du Vᵉ siècle (et le dialogue platonicien peut-être plus que toute autre œuvre) pourrait
témoigner avec quelle souplesse la particule γε, à l'intérieur de la phrase,
jette un rayon sur un mot *important*, suggère un *sentiment* non explicité,
une *intonation*, un *geste*. Tous les renforcements de la voix (quelle qu'en
soit d'ailleurs la cause) dont use la langue orale peuvent être, au
moment où ils interviennent, soulignés par γε, qui suit *immédiatement* le
mot qu'elle souligne. Quelques exemples, qui s'ajoutent à ceux du §
précédent au point de vue de la valeur, peuvent suffire à le montrer :

Plat. *Gorg.* 466 D λέγω τοίνυν σοι ὅτι δύο ταῦτ' ἐστὶν τὰ ἐρωτήματα,
καὶ ἀποκρινοῦμαί γε σοι πρὸς ἀμφότερα « Hé bien ! je te dis qu'il y a là
deux problèmes et je répondrai — tu peux m'en croire — aux deux à
la fois ».

Plat. *Phéd.* 70 C εἰσὶν ἐνθένδε ἀφικόμεναι ἐκεῖ, καὶ πάλιν γε δεῦρο ἀφικνοῦνται καὶ γίγνονται ἐκ τῶν τεθνεώτων « les âmes d'ici sont parties là-bas et, en sens inverse, — oui en sens inverse ! — elles reviennent ici et sortent des morts ». Dans la phrase πάλιν, qui est le mot-clef de la pensée, est mis en lumière par γε.

Plat. *Gorg.* 483 E Ἀλλ', οἶμαι, οὗτοι κατὰ φύσιν τὴν τοῦ δικαίου ταῦτα πράττουσιν, καὶ ναὶ μὰ Δία κατὰ νόμον γε τὸν τῆς φύσεως « mais, je pense, ces gens là agissent selon la nature véritable du droit et, par Zeus, selon la loi — oui, la loi de nature ».

§ 702. La particule γε peut servir à mettre en valeur, non plus un *mot*, mais l'articulation et le mouvement même de la phrase : en particulier, γε donne à des termes opposés un *balancement* plus marqué, ou souligne une *reprise* de la phrase, parfois l'*aboutissement* d'une pensée antérieurement exprimée.

Plat. *Gorg.* 480 C ...ἐὰν μέν γε πληγῶν ἄξια ἠδικηκὼς ᾖ, τύπτειν παρέχοντα, ἐὰν δὲ δεσμοῦ, δεῖν, ἐὰν δὲ ζημίας, ἀποτίνοντα « ... (on se forcerait ainsi) si d'une part la faute commise mérite des coups, à aller au devant des coups, si d'autre part elle mérite des chaînes, à aller au devant des chaînes, si elle mérite une amende, à payer spontanément l'amende... ».

Plat. *Phéd.* 106 B ὥσπερ τὰ τρία οὐκ ἔσται, ἔφαμεν, ἄρτιον, οὐδέ γ' αὖ τὸ περριττόν, οὐδὲ δὴ πῦρ ψυχρόν, οὐδέ γε ἡ ἐν τῷ πυρὶ θερμότης « comme le nombre *trois*, avons-nous dit, ne sera pas pair, ni non plus de son côté l'impair ne sera pas pair, ni pas davantage le feu ne sera froid, non plus la chaleur contenue dans le feu ».

Dém. 18, 261 ἐπειδὴ δ'εἰς τοὺς δημότας ἐνεγράφης ὁπωσδήποτε (ἐῶ γὰρ τοῦτο) ἐπειδὴ γ' ἐνεγράφης... « lorsque tu as été inscrit sur les listes des dèmes, je ne sais par quel moyen (je laisse ce point sous silence), mais quand, dis-je, tu t'y es fait inscrire... ».

§ 703. C'est dans le **dialogue** que la particule γε atteint la plus grande vigueur dont elle soit susceptible : elle souligne, soit une **réponse** (*positive* ou négative) à une question posée *sans présomption de réponse*, soit une *réponse* à une *question purement rhétorique*, soit une *réponse affirmative* à une *question à présomption négative*, soit une réponse *par le fait* à un *ordre* donné :

Eur. *Alc.* 201 ἦ που στενάζει ; — Κλαίει γε « Est-ce qu'il se lamente ? — *Oui*, il pleure ».

Plat. *Phéd.* 74 C Αὐτὰ τὰ ἴσα ἔστιν ὅτε ἄνισά σοι ἐφάνη, ἢ ἡ ἰσότης ἀνισότης ; — Οὐδὲ πώποτέ γ', ὦ Σώκρατες « L'égal en soi s'est-il jamais montré à toi comme inégal, ou l'égalité, inégalité ? — *Pas le moins du monde*, Socrate, jusqu'à ce jour ».

Plat. *Phéd.* 58 D ...εἰ μή τίς σοι ἀσχολία τυγχάνει οὖσα. — Ἀλλὰ σχολάζω γε «... à moins que tu te trouves avoir quelque chose à faire. — Mais *non, j'ai tout mon temps* ». La particule ἀλλὰ « brise » la pensée de l'interlocuteur (c'est-à-dire : *tu as quelque chose à faire*), tandis que γε souligne l'*affirmation personnelle* de σχολάζω : « *j'ai bien le temps* ».

Eur. *Hipp.* 1014 ἀλλ' ὡς τυραννεῖν ἡδύ ; — Τοῖς σώφροσιν ἥκιστά γε « Alors (tu vas dire que) le trône a des douceurs ? — Pas le moins du monde, aux yeux des sages ».

Ar. *Cav.* 411 Οὗτοι μ' ὑπερβαλεῖσθ' ἀναιδείᾳ ... — Ἔγωγε, νὴ τοὺς κονδύλους ...ὑπερβαλεῖσθαί σ' οἴομαι « Non, vous ne me surpasserez pas en impudence... — « Si, moi ! par tous les coups de poing (que j'ai reçus) ...je pense que je te dépasserai ».

Eur. *Alc.* 420 γίνωσκε δὲ ὡς... — Ἐπίσταμαί γε « Apprends donc que... — Oui, je le sais ».

§ 704. La particule γε figure dans un certain nombre de tours — dont quelques uns ont pris une forme stéréotypée, comme καλῶς γε ποιῶν — dans lesquels celui qui parle **prend à son compte** la pensée de l'interlocuteur, et l'enrichit de traits nouveaux qui *complètent* cette pensée ou, qui, sarcastiquement, la *renversent* en feignant de la compléter. On se sert de la pensée de l'autre comme d'une sorte de tremplin qui permet de bondir, soit pour mieux le *rejoindre*, soit pour le *dépasser* et le *bafouer*.

Eur. *Alc.* 375 Ἐπὶ τοῖσδε παῖδας χειρὸς ἐμῆς δέχου. — Δέχομαι, φίλον γε δῶρον ἐκ φίλης χερός « A cette condition (dit Alceste) reçois ces enfants de ma main. — Je les reçois, et c'est un cher présent d'une main qui m'est chère ».

Ar. *Ach.* 1050. ἔπεμψέ τίς σοι νυμφίος ταυτὶ κρέα ἐκ τῶν γάμων. — Καλῶς γε ποιῶν ὅστις ἦν « un marié d'aujourd'hui t'a envoyé ces viandes qui viennent de la noce. — Oui, il a très bien fait, qui que soit cet homme ».

Ar. *Cav.* 671 ἀφῖκται γὰρ περὶ σπονδῶν. — Νυνὶ περὶ σπονδῶν ; ἐπειδή γ', ὦ μέλε, ἤσθοντο τὰς ἀφύας παρ' ἡμῖν ἀξίας » « (le héraut de Sparte) est arrivé, pour une trêve. — Maintenant, pour une trêve ? Oui bien sûr, mon cher, parce qu'ils ont su que les anchois sont bon marché chez nous ! »

Remarque. — Il existe, mais seulement en poésie, un emploi assez particulier de γε qui affirme, soit l'*identité* d'un même objet sous *deux noms différents*, soit l'*équivalence* de deux *actions* (ou de deux *états*) sous deux *expressions différentes* : en ce cas, la particule peut être rendue par : « autrement dit ». Ainsi Eur. *I. A.* 1454 πατέρα τὸν ἀμὸν μὴ στύγει, πόσιν γε σόν « Ne déteste pas mon père, (c'est à dire) ton époux », ou Eur. *I. A.* 1376 τοῦτο δ'αὐτὸ βούλομαι εὐκλεῶς πρᾶξαι παρεῖσά γ' ἐκποδὼν τὸ δυσγενές « je veux faire cet acte avec noblesse, (autrement dit) laisser loin de moi toute bassesse ».

§ 705. Une étude de γε doit se terminer sur l'emploi qui est sans doute *le plus important dans la pratique*, mais nettement *secondaire* dans ses origines : l'emploi qu'on peut appeler **limitatif**. Souvent il arrive que, abusé par la *fréquence* et la variété des exemples, on considère que la particule est *avant tout* limitative. En réalité, cette valeur repose sur une *affirmation* partielle, dans laquelle les *réserves*, qui portent sur ce qui est en dehors de l'affirmation, ont bien plus d'*importance*, aux yeux de celui qui parle, que l'affirmation elle-même. Si je dis de quelqu'un, avec une certaine intonation : « Oui, il est bien élevé », cela signifie que la bonne éducation que je *concède* n'est que peu de chose auprès de ce que je *refuse*, et qu'en réalité je pense en moi-même : « Il est dépourvu de valeur personnelle ; mais *du moins* il est bien élevé. » Le développement de cette valeur de γε est parallèle à celui de la subordination : c'est pourquoi on trouve cet emploi si abondamment représenté dans les subordonnées *relatives, conditionnelles, causales* ; c'est pourquoi il est si fréquent avec les propositions *participiales*, dans la mesure où elles équivalent à des conditionnelles ou à des causales ; c'est aussi ce qui explique tel tour stéréotypé de ὡς causal, qui doit son origine à une *complétive* déclarative implicite.

Soph. *El.* 319 Φησίν γε · φάσκων δ' οὐδὲν ὧν λέγει ποιεῖ « Oui, il le dit du moins (qu'il viendra en vengeur à Argos) ; mais, tout en le disant, il ne fait rien de ce qu'il déclare ».

Plat. *Gorg.* 487 B πῶς γὰρ οὔ ; ὥ γε εἰς τοσοῦτον αἰσχύνης ἐληλύθατον... « Comment n'en serait-il pas ainsi ? Eux deux qui, du moins, ont poussé si loin la timidité... ».

Ar. *Ois.* 1571 ῏Ω δημοκρατία, ποῖ προβιβᾶς ἡμᾶς ποτε, εἰ τουτονί γ' ἐχειροτόνησαν οἱ θεοί « Démocratie, où nous conduiras-tu donc, si du moins c'est celui-là que les Dieux ont désigné ! »

Ar. *Cav.* 276 ἀλλ' ἐὰν μέντοι γε νικᾷς τῇ βοῇ, τήνελλά σοι « Allons, si du moins tu l'emportes sur lui par tes cris, hourra pour toi ! »

Soph. *O. R.* 326 Μή, πρὸς θεῶν, φρονῶν γ' ἀποστραφῇς « Par les Dieux ! si du moins tu as une bonne idée, ne te détourne pas de nous ! »

Eur. *Cycl.* 164 ὡς ἐκπιεῖν γ' ἂν κύλικα μαιοίμην μίαν « (Je te dis que) du moins je désirerais vivement vider une coupe, une seule ». On sait que ὡς « explicatif » n'est en réalité que le développement d'une affirmation, que γε restreint ici dans sa portée.

ΔΕ

§ 706. L'étymologie de δέ est obscure, parce que la particule n'a pas de correspondance sûre dans d'autres langues. Assurément v. sl. *že*, qui peut reposer sur i. e. *g^we, peut être comparée à δέ pour ses emplois ; mais *že*, qui n'est pas non plus sans rapport avec γε, peut aussi bien faire supposer i. e. *ge* (cf. *Schw. Debr.* p. 562). En réalité, le caractère ambigu de la consonne initiale et la brièveté du mot doivent engager à la plus grande prudence. De plus il semble bien, du moins au point de vue du grec, que δέ ne peut sans artifice être séparé de δή, : il est possible que nous ayons là une **alternance quantitative** (*ĕ /ē*) qui, avec une **alternance qualitative** *e/a*, a l'air de jouer un assez grand rôle dans le domaine des particules. On entrevoit quelques traits d'un système qui serait *propre* aux particules, et dont nous aurions comme exemples, à côté de δέ/δή, μέ(ν) et μᾰ́ en face de μᾶν, ou κε(ν) en face de κᾱ̆ et de κᾱ̄. Il n'est pas absurde de supposer que δέ et δή se rattachent au double thème, démonstratif et anaphorique *dᵉ/o/*di, de même que μά, μέν et μήν (μάν) auraient du rapport avec *mᵉ/o/*mi. En tout cas, à l'intérieur du grec, δέ/δή en face de μέ(ν)/μᾰ́ /μή(ν) donne l'impression d'une sorte de *correspondance* : ne voit-on pas d'ailleurs l'éléen (cf. § 731) employer μα, qui appartient au thème de μέ(ν), à la place de δέ dans le tour : ταμ μεν ιαν, ταμ μα ἀλλαν « l'une ... l'autre » ?

S'il en est ainsi, la particule δέ serait essentiellement une *intensive*, mais, si l'on peut dire, une intensive *faible* qui s'opposerait à sa jumelle *forte*, la particule δή. C'est peut-être à cause de ce faible relief qu'elle a pu développer des valeurs, si importantes dans la pratique, mais qui ne doivent pas être primitives : la valeur *additive* et la valeur *oppositive*. Il semble que cette intensive faible pouvait être employée pour faire remarquer un **objet nouveau**, qui vient, pour ainsi dire, s'ajouter à la connaissance qu'on possédait du réel : le tour homérique de ἠμὲν ...ἠδὲ « et ...et » montre bien comment **trois intensives**, ἦ, μέν et δέ, peuvent se combiner en un ensemble nettement **additif**. De même il est probable que l'*inégalité* de μέν et de δέ au point de vue de l'intensité a été le point de départ des valeurs *oppositives* de δέ : ὁ μὲν μέγας ἐστὶν, ὁ δὲ μικρός a pu être senti primitivement quelque chose comme « lui, *bien sûr*, est grand ; lui, *vous le voyez*, est petit ». D'où le sens courant d'*opposition*, qui se détache de la parataxe, et aboutit à : « l'un est grand, *mais* l'autre est petit ». La tournure française bien connue : « *Si* l'un est grand, l'autre est petit », qui comporte dans l'expression une subordination du *second terme* de la parataxe au *premier terme*, peut donner une idée de la façon dont était ordonnée, dans un sens *décroissant*, l'intensité des particules dans les deux membres de la phrase. Cette *opposition* est donc *secondaire*, et ne doit pas être confondue avec la *rupture* caractéristique de l'adversative ἀλλά.

§ 707. Ces vues resteraient purement théoriques s'il ne subsistait en grec — surtout à date ancienne, comme il est naturel — un certain nombre d'emplois, qui sont inexplicables si on part de la valeur *additive* ou *oppositive* de δέ, mais qui s'éclairent si on les fait reposer sur la valeur de *faible intensité* que nous avons proposée pour cette particule. Δέ est alors quelque chose comme un δή *faible*, et presque aussi peu appuyé que peut l'être un γε. C'est ainsi que l'on rencontre, au moins chez Homère, l'emploi de δέ dans les phrases qui, **désignant** *une personne ou un objet*, sont naturellement asyndétiques (cf. § 661), ou après un *vocatif* — étranger comme on sait — à la phrase (cf. § 496), ou dans une proposition *exclamative* d'indignation, qui exclut en principe toute liaison des phrases entre elles.

Γ 229 Οὗτος δ' Αἴας ἐστὶ πελώριος « Vois celui-ci, c'est l'énorme Ajax... ». Ainsi s'exprime Hélène montrant à son beau-père Priam les héros achéens du haut du rempart de Troie ; on remarquera d'ailleurs

que la même expression est employée pour Ulysse (v. 200), tandis
qu'Agamemnon, chef de la confédération et beau-frère de la femme
coupable qui parle, est désigné par ὅ γε (v. 178), qui est plus
fort.

Hsd. *Trav.* 213 ὦ Πέρση, σὺ δ'ἄκουε δίκης, μηδ' ὕβριν ὄφελλε « Persès,
voyons, écoute la justice et ne laisse pas en toi grandir la démesure. »
On peut, il est vrai, donner à δέ un sens d'opposition, qui vanterait à
Persès l'esprit de justice, bafoué par l'épervier qui a saisi la colombe ;
mais il me paraît plus naturel de voir là comme un δή — une sorte
de ἄγε δή moins pressant — qui introduit un appel à la raison.

Ar. *Nuées* 187 τί ποτ' ἐς τὴν γῆν βλέπουσιν οὗτοί ; — Ζητοῦσιν οὗτοι τὰ
κατὰ γῆς... τί γὰρ οἵδε δρῶσιν ...; — Οὗτοι δ' ἐρεβοδιφῶσιν « Pourquoi donc ces gens, là-bas, ont-ils les yeux fixés à terre ? — Ces gens-là,
ils cherchent ce qu'il y a sous la terre... — De fait, que font-il ?... —
Ces gens-là, vois-donc, ils sondent les ténèbres de l'Erèbe ».
Ici, il s'agit du *même* objet, de la *même* tournure : le vers 189 (ζητοῦσιν
οὗτοι) est asyndétique ; le vers 192 (οὗτοι δ'ἐρεβοδιφῶσιν) semble ne
pas l'être. Est-ce à dire qu'on ait *ajouté* quoique ce soit, ou qu'une
opposition soit, même fugitivement, conçue ? Certainement pas : la
particule δέ est employée devant le « mot d'auteur » ἐρεβοδιφῶσιν, et
le *souligne*. Faute de reconnaître ces valeurs anciennes de δέ, on doit,
comme fait Denniston, parler d'emplois « apparemment superflus »
(p. 171) de la particule, et on pense qu'un « γε serait mieux approprié ».

Dém. 21, 209 οὐκ ἂν εὐθέως εἴποιεν · « τὸν δὲ βάσκανον, τὸν δὲ
ὄλεθρον, τοῦτον δ' ὑβρίζειν, ἀναπνεῖν δέ » « N'auraient-ils pas vite
fait de dire « Voyez le mauvais esprit ! Voyez le fléau ! Penser qu'il
exerce ses violences, et qu'il respire ! ».

§ 708. La valeur intensive de δέ rend également compte d'emplois
que Denniston définit comme « **inceptifs** » ou « **apodotiques** ». Ainsi il
doit admettre que la particule δέ «marque un contraste avec le discours
précédent » quand elle figure *en tête* d'un autre discours, ou que le δέ
qui introduit souvent des *oracles* chez Hérodote, prouve que l'esprit
prophétique s'inscrit en faux « contre une idée populaire, qui prévaut ».
Ailleurs il veut voir un sens d'*opposition* entre le *résultat*, qui semble
introduit par δέ, et la *protase* relative, comparative, hypothétique qui
logiquement la précède : nous croyons au contraire que δέ nous montre
discrètement le bilan de ces protases différentes, au moyen d'une intensive faible.

Xén. *Cyr.* 4, 5, 23 ἐπεὶ δὲ ταῦτα ποιήσας ὁ Ὑρκάνιος προσῆλθε, λέγει
ὁ Κῦρος · Ἐγὼ δ' ἔφη, ὦ Ὑρκάνιε, ἥδομαι « après qu'Hyrcan eût ainsi
procédé et se fût avancé, Cyrus dit : « Moi-même, Hyrcan, je me
réjouis... ».

Hdt. 1, 174 Ἰσθμὸν δὲ μὴ πυργοῦτε μηδ' ὀρύσσετε « Ne fortifiez donc
pas l'isthme et ne le creusez point. » Ainsi *commence* l'oracle de la
Pythie aux Cnidiens.

Z 146 οἵη περ φύλλων γενεή, τοίη δὲ καὶ ἀνδρῶν « comme naissent les feuilles, ainsi font les hommes ! ».

Hdt. 4, 204 Τοὺς δὲ ἠνδραποδίσαντο τῶν Βαρκαίων, τούτους δὲ ἐκ τῆς Αἰγύπτου ἀνασπάστους ἐποίησαν παρὰ βασιλέα « ceux des Barkéens qu'ils avaient réduits en esclavage, eh bien ! ces gens-là ils les emmenèrent d'Égypte en exil auprès du Grand-Roi. »

Hdt. 3, 108 ἐπεὰν ὁ σκύμνος ἐν τῇ μητρὶ ἐὼν ἄρχηται διακινεόμενος, ὁ δὲ ἔχων ὄνυχας ...ὀξυτάτους ἀμύσσει τὰς μήτρας « quand le lionceau commence à se remuer dans le ventre de sa mère, ayant des ongles... très tranchants, vous le voyez, il déchire la matrice ».

§ 709. La parenté originelle de δέ et de δή se manifeste aussi dans certains emplois dans lesquels δέ reprend, **comme pour les faire rebondir,** des paroles déjà prononcées : c'est ainsi qu'on procède après une *anacoluthe* ou, en anaphore, en reprenant un *terme* que l'on juge expressif. On est là dans un domaine *intermédiaire* entre le sens *intensif* et le sens *additif* ; de tels emplois ont dû beaucoup contribuer à entraîner la particule δέ dans la direction de l'additif.

Hdt. 1, 28 χρόνου δ' ἐπιγενομένου καὶ κατεστραμμένων σχεδὸν πάντων .... κατεστραμμένων δὲ τούτων ...« comme dans la suite presque tous ces peuples avaient été soumis... — ici intervient une énumération de *treize* noms — oui, dis-je, quand ils eurent été soumis ». On ne s'étonnera pas de voir signalée, dans l'apparat critique de l'édition Legrand, la conjecture δή à la place de δέ, sans aucune utilité d'ailleurs.

Eur. *Or.* 708 Μισεῖ γὰρ ὁ θεὸς τὰς ἄγαν προθυμίας, μισοῦσι δ'ἀστοί « la divinité hait les mouvements trop violents de l'âme, les citoyens les haïssent. » Assurément, on peut voir en δέ une simple additive, mais le mouvement de la phrase : μισεῖ... μισοῦσι indique plutôt une reprise expressive du verbe.

Eur. *Andr.* 248 Ἑλένη νιν ὤλεσ', οὐκ ἐγώ, μήτηρ δὲ σή « c'est Hélène qui a causé sa mort, non pas moi, oui, ta mère. » Ainsi s'exprime Andromaque devant Hermione ; δὲ ne peut guère être ici adversatif ; sa valeur légèrement intensive est indirectement confirmée par la correction significative, mais inutile, de certains éditeurs qui lisent γε au lieu de δέ.

§ 710. On a vu que la valeur **additive** de la particule δέ sortait naturellement de la valeur *faiblement intensive*. Elle est si fréquemment représentée, dans les textes grecs de toute époque, qu'il serait superflu d'en donner des exemples : ouvrir au hasard une *Iliade*, un Hérodote ou un Platon en fournirait beaucoup dans une seule page. En particulier, il serait impossible de justifier, dans la plupart des cas, pourquoi le texte porte δέ et non pas καί, qui n'est qu'additive. Cependant on remarquera que le domaine de δέ additif, si vaste dans « Homère » et dans Hérodote, s'est fortement restreint : une logique devenue plus exigeante a dégagé au moyen d'autres particules, les valeurs possibles de *conséquence*, de *cause*, de *conclusion* qui sont implicitées dans la valeur additive. On a vu comment ἄρα, **additive** par définition, avait développé des sens logiques de **conséquence** et d'**inférence** : il en est de même pour l'**additive secondaire** qu'est devenue la particule δέ. Le fait nouveau, que δέ met en lumière de façon modérée, peut donc aussi bien être, pour ainsi dire, logiquement *antérieur* à l'objet que *postérieur* à lui : c'est pourquoi δέ est *explicatif* aussi bien que *consécutif* et que *conclusif*.

A 43 sqq. "Ὣς ἔφατ' εὐχόμενος · τοῦ δ' ἔκλυε Φοῖβος Ἀπόλλων, βῆ δὲ κατ' Οὐλύμποιο καρήνων χωόμενος κῆρ, τόξ' ὤμοισιν ἔχων ἀμφηρεφέα τε φαρέτρην · ἔκλαγξαν δ' ἄρ' ὀϊστοὶ ἐπ' ὤμων χωομένοιο αὐτοῦ κινηθέντος · ὁ δ' ἤϊε νυκτὶ ἐοικώς « Il dit : Phoibos Apollon entend sa prière, *et* il descend des cimes de l'Olympe, le cœur en courroux, ayant à l'épaule, avec l'arc, le carquois aux deux bouts bien clos ; *et* les flèches sonnent sur l'épaule du dieu courroucé, au moment où il s'ébranle *et* s'en va, pareil à la nuit. » (Trad. Mazon). On remarquera que, sur les *quatre* δέ du passage, il y en a *trois* qui sont additifs au sens restreint du terme, tandis que le *quatrième* (et premier du passage) a été traduit par un *signe de ponctuation* — nos « deux points » — qui dégage la *conséquence* de l'appel de Chrysès à son Dieu.

K 240 "Ὣς ἔφατ' · ἔδδεισεν δὲ περὶ ξανθῷ Μενελάῳ « Ainsi parla-t-il ; *et* il avait eu soudain peur pour le blond Ménélas ». Il est certain que δέ contient une valeur *causale* : Agamemnon n'a parlé que pour détourner Diomède, par des voies indirectes, de choisir son frère comme compagnon dans une mission périlleuse.

Θ 203 οἱ δέ τοι εἰς Ἑλίκην τε καὶ Αἰγὰς δῶρ' ἀνάγουσιν πολλά τε καὶ χαρίεντα · σὺ δέ σφισι βούλεο νίκην « ce sont pourtant eux (les Achéens) qui t'apportent à Hélice et à Æges tant d'agréables offrandes : et (= en conséquence) veuille leur donner la victoire ».

Remarque. — Le langage de la philosophie a fixé pour δέ une valeur précise, à la fois additive et inférentielle, que l'on peut rendre souvent par « or » : elle joue un grand rôle dans le raisonnement logique et (en particulier, dans le syllogisme) elle introduit la *mineure*, comme dans l'exemple classique : Πάντες οἱ ἄνθρωποι θνητοί · Σωκράτης δὲ ἄνθρωπός ἐστι · Σωκράτης οὖν θνητός ἐστι. D'ailleurs, même en ce point, la parenté de δέ et de δή se manifeste, puisque c'est parfois cette dernière particule qui introduit la conclusion. Ainsi dans la démonstration de l'immortalité de l'âme par le mouvement dans le *Phèdre* (245 D) : ψυχὴ πᾶσα ἀθάνατος · τὸ γὰρ αὐτοκίνητον ἀθάνατον · τὸ δ' ἄλλο κινοῦν καὶ ὑπ' ἄλλου κινούμενον, παῦλαν ἔχον κινήσεως, παῦλαν ἔχει ζωῆς. Μόνον δὴ τὸ αὐτὸ κινοῦν ...οὔποτε λήγει κινούμενον « Toute âme est immortelle : en effet ce qui se meut par soi-même est immortel ; or ce qui meut autre chose ou qui est mû par autre chose, s'il a un arrêt de mouvement, a aussi un arrêt de vie. Voilà donc comment ce qui se meut soi-même... ne peut jamais cesser de se mouvoir. »

§ 711. On a vu plus haut (§ 706) que la valeur oppositive de δέ devait son origine à une **parataxe** dont les termes sont opposés à l'aide de deux particules intensives. Comme le français fait de la conjonction *mais* un usage extrêmement étendu, nous sommes mal préparés pour sentir exactement la différence qui sépare l'**oppositive** δέ de l'**adversative** ἀλλά : cependant, on peut s'en faire une idée en observant que, même quand l'opposition est la plus vigoureuse, il n'y a jamais une *coupure* entre les deux termes de la parataxe : celle-ci reste toujours fondée sur la coexistence de deux réalités affirmées l'une et l'autre, mais avec une force inégale. Comme l'opposition des deux termes est souvent évidente et manifeste, la langue fait très fréquemment l'économie de μέν : en ce cas, la particule δέ suffit à exprimer l'opposition, de même que, dans une interrogation double, souvent le premier terme, implicite et qui va de soi, n'est pas exprimé :

Antiph. 1, 23 δεήσεται δ' ὑμῶν οὗτος μὲν ὑπὲρ τῆς μητρὸς ζώσης …ἐγὼ δ' ὑμᾶς ὑπὲρ πατρὸς τοὐμοῦ τεθνεῶτος αἰτοῦμαι « il vous suppliera lui, *bien sûr*, en faveur de notre mère vivante … ; moi, *en vérité*, je vous conjure, au nom de notre père mort … » L'*inégalité d'intensité* dans les deux membres pourrait être rendue ainsi : « S'il va vous supplier en faveur de notre mère, moi je vous conjure au nom de notre père ».

Thc. 1, 86 εἰ πρὸς τοὺς Μήδους ἐγένοντο ἀγαθοὶ τότε, πρὸς δ' ἡμᾶς κακοὶ νῦν, διπλασίας ζημίας ἄξιοί εἰσιν « si, tandis qu'ils ont montré de la valeur en face des Perses en ce temps-là ils ne valent rien maintenant dans leurs rapports avec nous, ils méritent d'être punis doublement ». Cette valeur d'opposition est la plus forte quand le premier membre est *négatif*. Bien qu'on se trouve dans les conditions ordinaires d'emploi de ἀλλά, la particule δέ n'est jamais synonyme de ἀλλά : elle *souligne* seulement une opposition importante. On voit que la règle pratique selon laquelle on devrait nécessairement employer ἀλλά quand le premier terme est négatif n'a rien d'absolu : assurément, le plus souvent l'*adversative* est employée ; mais il y a toujours place pour une particule d'*opposition* moins tranchée. D'ailleurs il y a des transitions insensibles qui vont de ces emplois les plus vigoureux de l'oppositive aux emplois les plus faibles — si faibles qu'on peut parfois se demander si on n'a pas affaire à la valeur additive.

Thc. 1, 5 οὐκ ἔχοντός πω αἰσχύνην τοῦ ἔργου, φέροντος δέ τι καὶ δόξης μᾶλλον « cette pratique — il s'agit de la piraterie — ne comportant encore rien de honteux, mais au contraire apportant aussi quelque considération ».

Hdt. 5, 11 ὁ δὲ Κώης, οἷά τε οὐ τύραννος, δημότης δὲ ἐών, αἰτέει Μυτιλήνης τυραννεῦσαι « quant à Coès, comme il était normal pour un homme qui n'était pas tyran, mais simple particulier, il demanda à devenir tyran de Mytilène ». Opposition assez faible après phrase négative : de fait, on a proposé de substituer τε à δέ.

Xén. *Hell.* 1, 2, 14 οἱ αἰχμάλωτοι Συρακόσιοι…διορύξαντες τὴν πέτραν, ἀποδράντες νυκτὸς ᾤχοντο εἰς Δεκέλειαν, οἵ δ' εἰς Μέγαρα « les prisonniers syracusains … après avoir percé la pierre (des carrières), s'enfuirent de nuit à Décélie, et les autres à Mégare ». On peut entendre aussi : « les uns à Décélie, les autres à Mégare » ; mais ce serait forcer l'opposition, puisque la langue semble faire l'économie, non seulement de μέν, mais de οἵ dans le premier terme de la parataxe. L'opposition est ici très faible et se réduit à une simple distinction.

§ 712. La particule δαί, qui semble n'être qu'un renforcement *expressif* de δέ, jouait sans doute un rôle important dans la langue de la conversation ; elle est associée à un pronom ou à un adverbe interrogatif, comme τί δαί ; ou πῶς δαί ; Elle exprime une interrogation qui s'accompagne de *surprise* ; ou, parfois, s'apparentant étroitement à τί δέ ; (si fréquent pour signaler le progrès d'un raisonnement), elle ménage pour ainsi dire une *transition*, un *palier* entre deux raisonnements. Par exemple, Plat. *Phéd.* 61 C Τί δαί ; ἦ δ' ὅς, οὐ φιλόσοφος Εὔηνος ; « Comment donc, dit-il, Evénos n'est pas un philosophe ? », ou Ar. *Thesm.* 141 τί λήκυθος καὶ στρόφιον ; τίς δαὶ κατόπτρου καὶ ξίφους κοινωνία ; « Qu'est-ce que cela veut dire, une fiole d'huile et un soutiengorge ? Que peut-il y avoir de commun entre un miroir et une épée ? »

ΔΗ

§ 713. A la différence de δέ et de μέν et de façon comparable à μήν la particule δή est une intensive **forte** : elle souligne, avec une vigueur démonstrative, une **action** (ou une **situation**) **présente**, ou bien attire l'attention sur une **personne** qui, en arrivant, vient **s'insérer dans le présent** : « Voilà comme il en va ! » ou « Le voilà ! ». Cette sorte d'emphase sert à exprimer des sentiments, des attitudes très variés : elle est souvent *pathétique*, ou *ironique*, ou chargée d'*impatience*. L'insistance qu'elle porte en elle peut s'appliquer aux objets les plus divers : ici, c'est sur une *quantité* ou sur une *qualité* qu'elle arrête l'attention, là sur une *évidence*, qui s'impose. Souvent, elle renforce un *pronom* — personnel, indéfini ou interrogatif ; après une subordonnée, qui est surtout une temporelle, δή souligne, au commencement de la principale, le résultat et, pour ainsi dire, le bilan de la subordonnée, en une sorte de valeur « apodotique » qui n'est que le grossissement de δέ (cf. § 706). En tant qu'intensive, δή n'est pas sans rapport avec γε : mais la première est plus massive, plus insistante et, surtout, enracinée dans le **présent**, tandis que γε, beaucoup plus légère et nuancée, est **indifférente au temps**. C'est d'ailleurs un fait que la particule δή est bien plus employée en *poésie*, quand il faut agir fortement sur l'imagination et la sensibilité, tandis que γε a l'avantage en *prose*, quand il faut souligner toutes les nuances de l'intelligence et de la pensée :

Eur. *Alc.* 233 Ἰδού, ἰδού, ἥδε ἐκ δόμων δὴ καὶ πόσις πορεύεται « Voyez, voyez ! La voilà qui avance hors de sa demeure avec son époux ». Souvent en ce sens δή s'associe à καί.

Ar. *Ois.* 539 Πολὺ δή χαλεπωτάτους λόγους ἤνεγκας « Que voilà des paroles bien pénibles, bien pénibles au dernier point, celles que tu viens de nous faire entendre ! »

Plat. *Phéd.* 89 B Αὔριον δή, ἔφη, ἴσως, ὦ Φαίδων, τὰς καλὰς ταύτας κόμας ἀποκερῇ « Demain, ah ! demain peut-être, dit-il, Phédon, tu feras couper ces beaux cheveux ! »

Plat. *Rép.* 338 B Αὕτη δή, ἔφη, ἡ Σωκράτους σοφία ; « Est-ce là, dit-il, le (fameux) savoir de Socrate ? »

Plat. *Phèdre* 227 C Πρόαγε δή « avance donc ! » L'impatience et la vivacité de l'exhortation, surtout quand il s'agit d'actions nécessaires ou de situations évidentes, sont constamment exprimées par δή : ainsi certains impératifs peuvent devenir quelque chose de stéréotypé, comme ὅρα δή « vois donc ! » et, plus encore, ἄγε δή, ἴθι δή « allons-y ! », « va donc ! ».

Hdt 1, 143 πολλῷ δὴ ἦν ἀσθενέστατον τῶν ἐθνέων τὸ Ἰωνικόν « le peuple ionien était de beaucoup, oui, de beaucoup le plus faible de tous ceux (qui composaient la nation hellénique) ». La particule δή ne souligne pas moins vivement l'*isolement*, avec μόνος dans Soph. *Ant.* 58 Νῦν αὖ μόνα δὴ νὼ λελειμμένα « Maintenant nous voilà encore toutes deux abandonnées, oui seules ! », ou la *durée* du temps, dans *Hymn. Herm.* 126 δηρὸν δὴ μετὰ ταῦτα « depuis longtemps après cela ».

Plat. *Ap.* 31 B νῦν δ᾽ ὁρᾶτε δὴ καὶ αὐτοί « maintenant, vous le voyez bien par vos propres yeux », ou Plat. *Prot.* 341 C Ἀκούεις δή, ἔφην ἐγώ... Προδίκου τοῦδε ; « Tu entends bien, n'est-ce pas, dis-je, Prodicos que voici ?». On doit ranger dans la même catégorie les *adjectifs* — en particulier δῆλος — ou les *verbes* qui indiquent une évidence, le plus souvent une évidence *sensible*. La particule δή était si constamment employée avec δῆλος (par exemple Plat. *Gorg.* 478 B Δῆλον δή), que δῆλα δή a pu être senti comme un mot unique, une sorte d'instrument verbal qui a perdu son accent (δηλαδή « évidemment, sans doute »).

Plat. *Gorg.* 469 C Ὦ μακάριε, ἐμοῦ δὴ λέγοντος τῷ λόγῳ ἐπαναλαβοῦ « Pendant que je parle, moi, reprends mes arguments, cher ami ». — Hdt. 1,30 Κοίη δὴ κρίνεις Τέλλον εἶναι ὀλβιώτατον ; « Par quoi donc juges-tu que Tellos était le plus heureux des hommes ? ». — Plat. *Phéd.* 107 D ἄγειν ἐπιχειρεῖ εἰς δή τινα τόπον « il essaie de l'emmener dans je ne sais quel endroit ». Ces trois exemples se rapportent à un des emplois les plus courants de δή, en prose comme en vers : l'insistance porte sur un *pronom*. Dans le premier exemple, elle oppose la *personne* à une autre ; dans le second, elle souligne avec quelque impatience une *question* ; dans le troisième, elle accentue encore l'incertitude qui caractérise l'*indéfini*.

Plat. *Banq.* 184 E ὅταν εἰς τὸ αὐτὸ ἔλθωσιν ἐραστής τε καὶ παιδικά... τότε δή « quand l'amant et l'aimé concourent au même point ...alors il en résulte que... ». — Plat. *Mén.* 99 A οὐκοῦν ἐπειδὴ οὐ διδακτόν ἐστιν, οὐδ᾽ ἐπιστήμη δὴ ἔτι γίγνεται ἡ ἀρετή ; « N'est-il pas vrai, puisqu'elle ne peut être enseignée, que la vertu évidemment n'est plus une science ? » — Plat. *Banq.* 209 B ἂν ἐντύχῃ ψυχῇ καλῇ ...πάνυ δὴ ἀσπάζεται « quand il rencontre une belle âme ... alors il s'attache très vivement à elle ». Dans ces trois exemples, nous voyons δή souligner le résultat d'une *temporelle*, d'une *causale*, d'une *hypothétique* ; on pourrait en citer d'autres tout comparables après une *comparative*, une *relative* de valeur quelconque, ou une *participiale* qui peut équivaloir aux précédentes.

§ 714. A la valeur, si souvent ironique, de δή, se rattachent une série d'emplois de la particule avec des *conjonctions*, principalement ὡς, ὅτι et ἵνα. La particule δή, sous la forme de l'affirmation, traduit en réalité des *réserves* de la part de celui qui parle : il laisse entendre qu'il n'est pas dupe des *intentions* ou des *convictions* de l'interlocuteur, de l'*explication* qu'il prétend donner de ses actes, du *but* qu'il déclare viser. En ce sens, δή est fort proche des sens ironiques de δήπου : mais, tandis que δήπου se rencontre le plus souvent en tête d'une indépendante ou d'une principale, δή modifie une proposition dépendante et suit en général immédiatement la conjonction : ces emplois de δή font penser à certaines valeurs de ἄρα (cf. § 682) dans les mêmes conditions. En général, l'ironie est assez peu accentuée, et ne tourne pas au sarcasme : on peut souvent la rendre par « croit-il », ou « je suppose ».

Esch. *Ag.* 1633 ὡς δὴ σύ μοι τύραννος Ἀργείων ἔσῃ ... ; « Tu veux me faire croire que tu régneras sur Argos ... ? ». Fréquent au participe : ainsi dans Ar. *Cav.* 693 προσέρχεται ...ὡς δὴ καταπιόμενός με « il s'avance... comme s'il allait, croit-il, m'avaler d'un seul trait ! »

Plat. *Phèdre* 244 A οὐκ ἔστ' ἔτυμος λόγος ὃς ἂν φῇ δεῖν ...τῷ μὴ ἐρῶντι μᾶλλον δεῖ χαρίζεσθαι, διότι δὴ ὁ μὲν μαίνεται, ὁ δὲ σωφρονεῖ « il n'est pas vrai, le langage d'après lequel il vaudrait mieux accorder ses faveurs à qui n'est pas épris, parce que, je suppose, tandis que l'un est plein délire, l'autre garde son contrôle ».

Plat. *Mén.* 82 A ἐρωτᾷς ...ἵνα δὴ εὐθὺς φαίνωμαι αὐτὸς ἐμαυτῷ τἀναντία λέγων « tu me poses ces questions ...afin que je me montre tout de suite, j'imagine, en contradiction avec moi-même dans mes propos. »

§ 715. La particule δή présente également un autre développement de sens qui, pour n'être pas primitif, n'en a pas moins pratiquement une assez grande importance : c'est l'emploi de la particule avec un sens progressif (cf. Denniston, p. 239). En attirant vivement l'attention sur *un point* de la réalité présente, on ajoute, pour ainsi dire, un *nouvel élément d'émotion* à l'état de choses antérieur : on passe de l'un à l'autre. Il faut penser que δή (ou καὶ δή), qui, par exemple, nous montre l'arrivée en scène d'un personnage nouveau, nous entraîne aussi dans une *direction nouvelle*. Inconnue aux poèmes homériques, cette valeur de δή est modérément employée en attique ; mais, à partir de Démosthène, il en est fait un constant usage ; elle est souvent une sorte de tremplin, qui permet à la pensée de faire un bond en avant. Assez voisine, pour le sens de τοίνυν et de καὶ μήν, la particule δή peut être souvent rendue par : « Hé bien ! »

Thc. 5 43 κατὰ τοιαύτην δὴ διαφορὰν ὄντων τῶν Λακεδαιμονίων πρὸς τοὺς Ἀθηναίους « Hé bien !, les Lacédémoniens étant en conflit dans ces conditions avec les Athéniens ... »

Soph. *Trach.* 1221 Ἰόλην ἔλεξας... Ἔγνως · τοσοῦτον δή σ' ἐπισκήπτω, τέκνον ... « Tu as parlé d'Iole ... Tu m'as compris : hé bien ! voici précisément mes dernières volontés. »

Dém. 4, 21 λέγω δὴ τοὺς πάντας στρατιώτας δισχιλίους « Hé bien, je vous parle en tout de deux mille soldats... ».

Il existe également deux autres particules qui sont formées sur δή : δῆτα, qui n'est probablement autre chose que δή élargi par le suffixe adverbial -τα (cf. ἐπεὶ et ἔπειτα), et δήπου, qui associe l'intensive forte à l'indéfini που. Dans le premier cas, l'intensive est *renforcée*, et exprime soit l'*impatience* de l'interlocuteur, soit sa vive *sympathie* ; dans le second cas, l'intensive est *atténuée* ; elle signifie « certainement, sans doute », souvent avec une valeur d'ironie (cf. § 757).

Ar. *Nuées* 180 Τί δῆτ' ἐκεῖνον τὸν Θαλῆν θαυμάζομεν ; « Pourquoi donc admirons-nous ce fameux Thalès ? »

Eur. *Hél.* 103 Σὺ τοῖς ἐκείνου δῆτα πήμασι νοσεῖς ; « Mais alors, c'est son malheur qui a entraîné le tien ? »

Ar. *Nuées* 369 Ἀλλὰ τίς ὕει ; — Αὗται δήπου « Mais qui fait la pluie ? — Elles, bien sûr ».

Plat. *Banq.* 194 B οὐ δήπου με οὕτω θεάτρου μεστὸν ἡγεῖ ὥστε... « Tu ne vas pas, j'imagine, voir en moi un homme assez enflé de théâtre pour... ».

§ 716. Δή peut s'associer à d'autres particules, qu'elle renforce dans leur valeur propre : ainsi μέν ...δέ, qui est banal et souvent affaibli, est susceptible de reprendre quelque vigueur en devenant μὲν δή ...δὲ δή comme dans Plat. *Théét.* 170 D : σοὶ μὲν δή..., ἡμῖν δὲ δή ; de même, τί δέ ; prend plus de relief en devenant τί δὲ δή ; et aussi ἀλλὰ δή ou γε δή. La seule « combinaison » à laquelle donne lieu la particule est καὶ δὴ καὶ : elle souligne comme quelque chose de *normal*, soit un *exemple* au milieu d'un *ensemble*, soit, inversement, l'*extension à l'ensemble* d'un *fait particulier*. Il en résulte que la traduction de καὶ δὴ καὶ ne peut être rendue par une seule expression : dans le premier cas, c'est « en particulier », ou « notamment », qui convient ; dans le second cas, c'est « en général ».

Dém. 48, 14 οὗτος ὁ οἰκέτης σχεδόν τι ᾔδει τά τ' ἄλλα τοῦ Κόνωνος ἅπαντα καὶ δὴ καὶ τὸ ἀργυρίον οὗ ἦν « cet esclave savait à peu près où se trouvait tout ce que possédait Conon, *en particulier* où était son argent »

Plat. *Rép.* 527 C Ἅ τε δὴ σὺ εἶπες ...τὰ περὶ τὸν πόλεμον καὶ δὴ καὶ πρὸς πάσας μαθήσεις « ce que tu as dit ...concernant la guerre et aussi *en général* toutes les espèces de connaissances... ».

Ή

§ 717. L'origine de cette particule est des plus obscures : par exemple, tandis que Boisacq la mettait en rapport avec l'emphatique skr. â, tandis que Brugmann voyait en elle le débris d'un « cas concret » d'un thème de démonstratif *$^e/_o$, Schwyzer la rapprochait de l'augment *$ê$ (I, p. 652), qui peut n'avoir pas exprimé à l'origine le passé, mais une *affirmation* portant sur la réalité. En tout cas, la valeur fondamentale de cette particule semble être la suivante : le sujet parlant reconnaît **pour son compte personnel la réalité d'une assertion.** Tandis que les autres intensives tendent à *imposer* la *conviction* du sujet parlant à son *interlocuteur,* ἦ exprime avant tout une *confirmation subjective après confrontation avec la réalité* : celui qui en use parle plus *pour lui-même* que pour un autre, comme qui se dirait : « Oui, c'est bien ainsi ». Il suffit que le ton de la voix devienne *interrogatif* pour que se dégage la seconde valeur de ἦ : « C'est bien ainsi ? ». En ce cas, celui qui parle fait appel à l'interlocuteur pour se faire confirmer par lui, *toujours pour son propre compte,* le témoignage de la réalité. La valeur interrogative, directement issue de la valeur confirmative, n'a cessé de croître aux dépens de celle-ci : en prose attique, la particule ἦ — du moins quand elle est employée seule — n'est vivante qu'au sens interrogatif. En tout cas quelle que soit sa valeur, la particule ἦ est toujours le *premier mot* de la phrase : quand elle n'occupe pas cette place, c'est parce que le *vocatif* de la personne à qui l'on s'adresse la précède immédiatement : par elle-même, elle ne possède pas une signification d'ordre *logique* : mais associée à d'autres particules, elle peut prendre cette valeur même, qu'elle leur doit en réalité.

§ **718.** La langue homérique emploie largement ἦ en valeur **confirmative** ; la poésie attique, comique aussi bien que tragique, en fait usage, mais dans une mesure bien réduite. Non seulement dans la prose attique, mais déjà dans l'œuvre d'Hérodote, cet emploi de ἦ est si restreint qu'il est presque nul : parfois même une réminiscence homérique — sérieuse ou plaisante — est décelable dans ces rares exemples. Il n'y a pas lieu de s'en étonner : déjà chez Homère, la particule semble assez faible ; sinon, on s'expliquerait mal qu'elle servît si souvent à renforcer des particules d'un sens plus précis, voire à leur donner du corps : ce n'est pas sans doute un hasard si le seul emploi vivant de ἦ assertif en prose soit ἦ που... γε introduisant un raisonnement *a fortiori*.

I 197 Χαίρετον · ἦ φίλοι ἄνδρες ἱκάνετον « Salut à vous deux ! (C'est bien cela), vous venez en amis ». Achille se confirme *à lui-même* qu'Ulysse et Phénix viennent le trouver dans des sentiments amicaux.

Soph. *El.* 622 ᵀΩ θρέμμ' ἀναιδές, ἦ σ' ἐγὼ τἄμ' ἔπη... ποιεῖ « Impudente créature ! *C'est bien là* l'effet que produisent sur toi mes paroles ». Clytemnestre se justifie *à elle-même* l'expression dont elle vient de se servir pour désigner sa fille.

Hdt. 7, 159 ᵀΗ κε μέγ' οἰμώξειε ὁ Πελοπίδης Ἀγαμέμνων πυθόμενος Σπαρτιήτας τὴν ἡγεμονίαν ἀπαιρῆσθαι ὑπὸ Γέλωνος « Bien sûr, il verserait des larmes amères, Agamemnon le Pélopide, s'il apprenait que des Spartiates sont dépouillés du commandement par Gélon ! » Allusion évidente à H 125, où Nestor emploie le même tour : ἦ κε μέγ' οἰμώξειε γέρων ἱππηλάτα Πηλεύς.

Plat. *Banq.* 176 B ᵀΗ καλῶς, φάναι, λέγετε « Fort bien dit ! ». La plupart des exemples chez Platon sont des formules, dans lesquelles ἦ porte sur une *quantité* (ἦ πολύ), ou une *qualité* (ἦ δεινόν) : elles semblent être stéréotypées.

Lys. 13, 57 καίτοι εἰ ἐκεῖνος ἀπέθανεν, ἦ που Ἀγόρατός γε δικαίως ἀποθανεῖται « pourtant si cet homme-là a été exécuté, à plus forte raison sera-t-il légitime d'exécuter Agoratos ».

§ 719. Il serait long — et d'ailleurs peu utile — de donner une liste des particules qui, chez Homère ou dans la langue de la poésie, s'associent ordinairement à ἦ : citons, parmi les plus importantes, ἦ ἄρα (ἄρ, ῥα), ἦ γάρ, ἦ δή, ἦ καί, ἤτοι (ἤτοι). La particule ἦ ne joue qu'un rôle de **remplissage**, et ce sont ἄρα, γάρ, δή, καί ou τοι qui donnent leurs valeurs propres à ces locutions. Dans la langue homérique elle-même, ἦ a déjà perdu son autonomie dans la formule d'opposition ἠμὲν ... ἠδὲ « d'une part ... d'autre part », qui devait d'ailleurs elle-même sortir rapidement de l'usage. Si ἐπεὶ ἦ, τί ἦ, ὅτι ἦ — qui s'opposent entre eux au point de vue de l'accent d'une façon qu'on ne s'explique pas — sont encore mots séparés ches Homère, l'attique ne connaît plus que ἐπειή, τιή ou ὁτιή, et seulement en poésie.

ω 193 ἦ ἄρα σὺν μεγάλῃ ἀρετῇ ἐκτήσω ἄκοιτιν « Je vois bien ! c'est une femme de grande vertu que tu as prise pour épouse ». Ἦ ne fait que renforcer l'amertume d'Agamemnon, qui découvre (ἄρα) le contraste de la fidèle Pénélope et de la criminelle Clytemnestre.

A 156 ἐπεὶ ἦ μάλα πολλὰ μεταξὺ οὔρεα « parce qu'il y a, bien sûr, beaucoup de montagnes qui nous séparent ». Déjà dans l'*Hymne à Apollon* 72, la totalité des mss. écrit : ἐπειὴ κραναήπεδός εἰμι « parce que je suis (une terre) rocailleuse ».

Ο 244 τί ἦ δὲ νόσφιν ἀπ' ἄλλων ἧσ' ὀλιγηπελέων ; « Pourquoi es-tu donc assis seul, loin des autres, sans force ? » en face de Ar. *Cav.* 34 ὁτιὴ θεοῖσι ἐχθρός εἰμ' « parce que je suis, oui, un être maudit des Dieux », passage dans lequel l'intention parodique est certaine.

§ 720. Si ἦ interrogatif sans autre particule, qui introduit toutes sortes d'interrogations dans la langue homérique, s'est bien maintenu en attique, la langue a cherché, en faisant appel à d'autres particules, à nuancer l'interrogation : ainsi ἦ γάρ sollicite surtout une réponse *explicative* ; avec ἦ καί, on se demande si l'interlocuteur « ira jusque.... » ; ἦ που atténue de façon courtoise (et souvent ironique) la question posée : κ 330 ἦ σύ γ' Ὀδυσσεύς ἐσσι πολύτροπος ... ; « Es-tu Ulysse l'ingénieux ? ».

Plat. *Banq.* 173 A ἀλλὰ τίς σοι διηγεῖτο ; ἦ αὐτὸς Σωκράτης ; « Mais qui t'a fait ce récit ? N'est-ce pas Socrate lui-même ? ». C'est ainsi que, par la question posée, on cherche à se faire confirmer sa propre conviction.

Xén. *Ec.* 4, 23 τί λέγεις, φάναι, ὦ Κῦρε ; ἦ γὰρ σὺ ταῖς σαῖς χερσὶ τούτων τι ἐφύτευσας ; « Que veux-tu dire, Cyrus, dit-il ? C'est bien toi qui as planté de tes propres mains quelques-uns de ces arbres ? ».

Soph. *O. R.* 368 ῎H καὶ γεγηθὼς ταῦτ᾽ ἀεὶ λέξειν δοκεῖς ; « Crois-tu
pouvoir *aller jusqu'à parler* toujours ainsi sans t'en repentir ? »

Plat. *Lys.* 207 D ῎H που... σφόδρα φιλεῖ σε ὁ πατήρ ; « Est-ce que,
comme je le pense, ton père t'aime bien ? »

                                   ῎H

§ 721. A une date antérieure à tout témoignage, la particule confirmative ἦ a servi de corps à la particule i.e. **we*, qui exprime une disjonction. Si la particule **ē-wĕ* avait un accent propre, on aurait l'accentuation **ἦε : mais en fait hom. ἠὲ et att. ἢ sont *atones* et *proclitiques* :
l'accent dont on les surmonte n'a pas plus de signification que celui de
περὶ ou de παρά. Le sens **disjonctif** de la particule enclitique **we* (cf. lat.
-ue) est bien fondé par le témoignage du latin et de l'ind.-ir. *vā*, et
n'a pas besoin d'explication : mais il faut rappeler que cette disjonction
peut aller de la simple **distinction** d'objets divers entre lesquels, on peut
choisir (cf. lat. *uel ... uel*, ou *seu ...seu*) à l'**opposition contradictoire**, qui
ne peut poser l'existence de son objet qu'en excluant celle de son
contradictoire (lat. *aut ...aut* — du moins en principe — cf. *Er. Th.*
pp. 376-77). Il semble d'ailleurs que **we* pouvait aussi exprimer une
comparaison entre deux objets préalablement distingués ; en ind. ir. *vā*
« comme » existe à côté de *vā* « ou » ; ἠύτε, qui introduit si souvent une
comparaison (ou le complément d'un comparatif) chez Homère, repose,
comme l'a montré M. Debrunner (p. 564), sur **ἠ - ϝ [ε] - υτε ; et c'est
sans doute une forme réduite de **we* que maintient lat. *ceu* « de même
que ».

Les divers emplois de ἢ reposent tous sur cette double valeur, qui
semble fondamentale : ἠὲ (ἢ) ne distingue pas seulement des objets
pour les **opposer**, mais pour les **comparer** : il n'y a pas de fossé qui
sépare X 253 ἕλοιμί κεν ἢ κεν ἀλοίην « Je t'aurai, ou tu m'auras » de
Λ 162 γύπεσσιν πολὺ φίλτεροι ἢ ἀλόχοισιν « bien moins chers à leurs
épouses qu'aux vautours ». C'est sans doute la valeur propre de ἢ qui
a pu faire passer de la phrase : « ils sont particulièrement chers aux
vautours, *comme* ils le sont à leurs femmes » au type proprement
comparatif : « ils sont *plus* chers aux vautours qu'à leurs femmes ». En
tout cas, cette hypothèse est soutenue par des tournures homériques
telles que Δ 277 μελάντερον ἠύτε πίσσα « particulièrement noir, *comme* (l')
est la poix », c'est-à-dire « *plus* noir que la poix ».

§ 722. En principe, la particule ἢ **disjoint** dans les mêmes conditions
que la particule τε **unit** : la disjonction porte sur des *mots* aussi bien que
sur des *phrases* ; et la particule est *seule* ou *répétée* ; elle n'est pas moins
apte à exprimer une disjonction dans l'*interrogation* — directe ou indirecte — dont elle fait une interrogation *double*, qu'à exprimer des sentiments qui *divisent* l'âme — comme la *délibération* et l'*hésitation*. Sur ce

point, comme sur tant d'autres, on voit des coordinations primitives
devenir équivalentes à des subordinations.

Δ 141 Μῃονὶς ἠὲ Κάειρα « une femme de Méonie ou de Carie » La
disjonction, qui porte seulement sur deux noms propres, laisse le choix
libre entre ces deux pays.

γ 69 Πόθεν πλεῖθ' ὑγρὰ κέλευθα ; ἤ τι κατὰ πρῆξιν, ἦ μαψιδίως ἀλάλησθε ;
« D'ou venez vous sur les humides sentiers (de la mer) ? Est-ce pour du
commerce, ou errez-vous au hasard (en pirates) ... ? » Celui qui pose
cette question à l'étranger qui débarque pense épuiser les possibilités
de la réalité : l'étranger ne peut être que *marchand* ou *pirate*.

Esch. *Prom.* 116 ...θεόσυτος, ἢ βρότειος, ἢ κεκραμένη ; « ...(ce parfum)
est-il envoyé du Ciel, ou d'origine humaine, ou émanant d'un être
mixte ? » Prométhée doit se poser à lui-même ces *trois* questions
distinctes pour épuiser la réalité.

Plat. *Gorg.* 474 C Πότερον δοκεῖ σοι κάκιον εἶναι, τὸ ἀδικεῖν ἢ τὸ
ἀδικεῖσθαι ; « Laquelle des deux actions te paraît la pire au point de vue
moral : commettre l'injustice ou la subir ? »

Β 300 ὄφρα δαῶμεν ἢ ἐτεὸν Κάλχας μαντεύεται ἠὲ καὶ οὐκί « pour que
nous le sachions : ou bien Calchas est bon prophète, ou alors il ne l'est
pas ». Nous ne pouvons pas traduire autrement que : « pour que nous
sachions *si ... ou ... si* » ; mais il n'y a entre δαῶμεν et μαντεύεται aucune
subordination.

Α 190 στήθεσσι λασίοισι διάνδιχα μερμήριξεν, ἢ ὅ γε ... τοὺς μὲν ἀνα-
στήσειεν, ὁ δ' Ἀτρείδην ἐναρίζοι ἠὲ χολὸν παύσειεν ἐρητύσειέ τε θυμόν
« il fut perplexe et partagé dans sa poitrine velue : ou il lèverait la
séance et tuerait l' Atride, ou il s'arrêterait dans son courroux et apai-
serait son cœur ». La double question qu'Achille se pose à lui-même
n'est plus, comme dans le cas précédent, simplement coordonnée au
verbe exprimant la connaissance ou l'hésitation : l'emploi de l'*optatif de
subordination secondaire* en fait foi.

Remarque. — En renforçant un premier ἤ au moyen de τοι, l'attique a
trouvé le moyen, non seulement de donner plus de vigueur à l'expression, mais
aussi d'insister sur le plus *intéressant* des deux termes de l'alternative : par
exemple, Soph. *Ant.* 1181 ἐκ δὲ δωμάτων ἤτοι κλύουσα παιδὸς ἢ τύχῃ πάρα
« elle vient du palais, ou parce qu'elle a entendu parler de son fils (ce qui présente le plus grand intérêt), ou par un (simple) effet du hasard ».

§ 723. Quoi que vaillent les hypothèses qui rattachent ἤ comparatif
à la valeur, elle-même comparative, de *we*, la particule a partie liée
pratiquement avec le comparatif, au complément duquel elle fournit
l'une de ses deux constructions ordinaires : ce complément peut être
introduit, soit par ἤ disjonctif, soit (on l'a vu § 468) par le génitif
ablatif. La particule est avant tout préférentielle : elle intervient dès
qu'entre deux objets on en choisit un pour sa *supériorité*, dans l'ordre
de la qualité, ou pour sa *grandeur*, dans l'ordre de la quantité ; de même
dans le sens inverse, indiqué par un comparatif de sens négatif, pour
l'*infériorité* ; il suffit même qu'une *différence* soit implicitement pensée

entre deux objets pour que la particule ἤ apparaîsse. D'une façon générale, la construction à l'aide de la particule ἤ peut être employée quand
la différence de qualité ou de quantité entre les deux objets est **contingente** : en disant que Pierre est plus savant que Paul, je *préfère* Pierre à
Paul en me plaçant au point de vue d'un savoir qui n'est *essentiel* ni
à l'un, ni à l'autre. En revanche, lorsqu'on se réfère à une **qualité-étalon**,
le *génitif-ablatif est la construction normale* : pour reprendre l'exemple
donné plus haut, on n'imaginerait guère la substitution de γλυκίων
ἤ μέλι à μέλιτος γλυκίων. Cependant, dans la pratique, hormis les
exemples quasi-proverbiaux de qualité-étalon, les deux tournures sont
également possibles, quand il s'agit bien de deux objets (on se référera
en particulier à K. G. II, 2, p. 307 et sqq.) : ainsi on peut dire, sans différence appréciable, μᾶλλον τοῦ δέοντος et μᾶλλον ἤ δεῖ « plus qu'il ne
faut, trop ».

Plat. *Rép.* 515 D οὐκ οἴει αὐτὸν ἂν ἡγεῖσθαι τὰ τότε ὁρώμενα ἀληθέσ-
τερα ἤ τὰ νῦν δεικνύμενα ; « Ne crois-tu pas qu'il considérerait ce qu'il
voyait naguère comme plus véritable que ce qu'on lui montre aujour-
d'hui ? »

Plat. *Théét.* 144 A οἱ ὀξεῖς μανικώτεροι ἤ ἀνδρειότεροι « les
esprits vifs sont plus emportés que braves ». Ici les deux comparatifs
se rapportent *à un même objet* : il s'agit de déterminer, entre deux *qualités* qu'il possède, celle que l'on choisit comme correspondant plus exactement à la réalité.

Ar. *Gren.* 1129 Τούτων ἔχεις ψέγειν τι ; — Πλεῖν ἤ δώδεκα « Tu trouves
quelque chose à redire à cela ? — Plus de douze (critiques) ! » Il arrive
parfois, surtout devant des nombres considérables, que l'on fasse l'économie de la particule , comme dans Xén. *An.* 6, 4, 24 οὐ μεῖον πεντακοσίους « pas moins (de) cinq cents ».

Plat. *Gorg.* 481 B (εἴ) τις ἴδιόν τι ἔπασχεν πάθος ἤ οἱ ἄλλοι « si on
éprouvait des impressions personnelles différentes de celles des autres »,
ou Hdt. 1, 22 τοὺς ἐναντίους λόγους ἤ αὐτὸς κατεδόκεε « des propos
contraires à ce qu'il soupçonnait lui-même ».

Remarque I. — Les deux valeurs, disjonctive et comparative, de la particule
ἤ peuvent se superposer dans la même phrase sans qu'on en éprouve de la
gêne. Ainsi dans Ο 511 βέλτερον ἤ ἀπολέσθαι ἕνα χρόνον ἠὲ βιῶναι, ἤ δηθὰ
στρεύγεσθαι ἐν αἰνῇ δηιοτῆτι « il vaut *mieux* en un instant (savoir si nous
devons) vivre *ou* périr, *que* de nous laisser user à la longue dans l'atroce mêlée ».

Remarque II. — Il arrive que la particule adversative ἀλλὰ ou la particule
oppositive δέ se substituent à ἤ après un comparatif, parce que l'idée d'*opposition* l'emporte sur celle de *comparaison* ; ainsi Thc. 1, 83 ἔστιν ὁ πόλεμος
οὐχ ὅπλων τὸ πλέον, ἀλλὰ δαπάνης « la guerre est moins souvent affaire d'arme-
ment, *mais* de finances » et 2, 67 ἐλπίδι ἧσσον πιστεύει, γνώμῃ δέ « il se fie
moins à l'espoir, *mais* à sa clairvoyance ».

KAI

§ 724. A la différence des particules étudiées jusqu'ici, καί, qui est un **adverbe** au même titre que ἔτι, a été employé en grec pour faire fonction de particule : tandis que les autres sont des *particules de structure*, καί est une *particule de fonction* (pour la distinction, cf. § 658). En conséquence, les emplois proprement adverbiaux de καί — c'est-à-dire « même » et « aussi » — ne seront pas étudiés ici : on ne s'attachera qu'aux valeurs **additives** de καί et qu'à cette signification **de plus grande précision** qui intéresse à la fois la *phrase* dans son ensemble et des *mots* à l'intérieur de la phrase. L'étymologie de καί n'est qu'incertitude : en grec même, l'existence de κας (souvent réduit à κα) en arcado-cypriote n'est guère favorable aux rapprochements qu'on a pu tenter, et dont aucun n'emporte la conviction (cf. *Schw.-Deb.*, p. 567, n. 2). En tout cas, l'histoire de καί est claire dans les grandes lignes de son développement : comme conjonction additive de coordination, la particule *proclitique* καί a fini par absorber la vieille conjonction *enclitique* τε ...τε, à laquelle se substituent d'abord τε ...καί, puis καί ...καί ; de plus, lorsque presque toutes les particules ont achevé de se dissoudre dans la Κοινή, καί est devenu presque le seul moyen de coordination *additive*, d'autant plus important que la subordination complexe était elle-même fort atteinte. Le développement de καί, quand on passe de l'état ancien à l'état moderne, est quelque chose de presque monstrueux : καί n'est pas seulement additif, mais aussi *explicatif* (φύγε καί σε φοβοῦμαι « Va-t-en, car (mot à mot : *et*) j'ai peur de toi » ; il est l'équivalent d'un *pronom relatif* dans τὸν ηὖρα καί κοιμότανε « jẽ l'ai trouvé *et* il (= qui) dormait » aussi bien que de n'importe quelle *conjonction temporelle* (comme dans : δὲν εἶχε τελειώσει τὸ λόγο κ' ἔφυγε « il n'avait pas achevé ces paroles qu'il (= et il) s'enfuit »), ou *causale*, ou *finale*.

§ 725. Il n'est certainement pas utile de donner ici des exemples de καί **additif** : soit seul, soit combiné avec τε, soit répété (sur le modèle de τε ...τε), il est attesté à chaque page. Il semble que, dans cette valeur, la particule καί est l'*équivalente* de δέ additive : il arrive souvent que, dans une énumération assez longue, καί apparaisse pour rompre une suite monotone de δέ, comme dans Plat. *Lois* 925 D μέν ...δέ... δέ ...δέ ...καί ...δέ. Mais καί comporte souvent un sens particulier, qui en fait autre chose qu'une simple particule additive : la conjonction exprime fréquemment un souci de **meilleure approximation** de la pensée à l'objet. On est souvent embarrassé pour traduire cette valeur sans trop alourdir : en tout cas, le sens est « précisément », « c'est-à-dire », « ou mieux ». De même, καί est souvent en usage pour montrer, dans une *apposition* à un nom, une meilleure *adéquation de l'expression à son objet* ; de même καί, qui équivaut alors à notre conjonction *ou*, peut laisser le *choix* entre deux dénominations qui répondent également à la réalité, *mais dont la seconde est toujours plus précise que la première.*

Hymn. Apoll. 17 κεκλιμένη πρὸς μακρὸν ὅρος καὶ Κύνθιον ὄχθον « s'appuyant sur la vaste montagne et (= précisément) l'escarpement du Cynthe ».

Plat. *Ap.* 23 A ὀλίγου τινὸς ἀξία, καὶ οὐδένος « (le savoir humain) est de peu de valeur — plus exactement — sans valeur ».

Esch. *Prom.* 212 Θέμις καὶ Γαῖα, πολλῶν ὀνομάτων μορφὴ μία « Thémis — ou Gaea — forme unique sous des noms divers ».

Thc. 1, 82 διελθόντων ἐτῶν δύο καὶ τριῶν « deux années — ou plutôt trois — s'étant passées... ».

§ 726. Ce rôle de καὶ de *resserrer* les liens logiques de la **subordination** en les précisant se manifeste souvent à la *seconde place* de la proposition dépendante, immédiatement après la conjonction qui l'introduit : on rencontre ainsi καὶ au seuil d'une *relative*, ou d'une *causale*, ou d'une *consécutive* ; mais la particule ne peut apparaître dans une *conditionnelle*, parce que, dans εἰ καὶ aussi bien que dans καὶ εἰ, καὶ est *adverbe* (= même), mais non pas *particule*. Tout se passe comme si, pour éviter toute confusion avec εἰ καὶ « bien que », la langue se refusait à préciser la valeur propre de εἰ à l'aide de καὶ :

A 247 Νέστωρ ἡδυεπής ...τοῦ καὶ ἀπὸ γλώσσης μέλιτος γλυκίων ῥέεν αὐδή « Nestor au doux langage ...(justement) lui dont les paroles qui lui sortaient de la bouche coulaient plus suaves que le miel ». Souvent la particule περ s'associe à καὶ, comme dans Eur. *Or.* 920 αὐτουργός οἵπερ καὶ μόνοι σώζουσι γῆν « un petit exploitant, (justement) de ceux qui seuls font la force d'un pays ».

Plat. *Lys.* 211 B Ἀλλὰ χρὴ ποιεῖν ταῦτα, ἐπειδή γε καὶ σὺ κελεύεις « Il faut agir ainsi, puisque précisément tu m'y invites toi-même ».

Plat. *Gorg.* 501 C συγχωρῶ, ἵνα σοι καὶ περανθῇ ὁ λόγος « je te l'accorde, afin que précisément (= rien que pour...) notre discussion s'achève ».

Plat. *Théét.* 161 D σοφός, ὥστε καὶ ἄλλων διδάσκαλος ἀξιοῦσθαι « savant, au point justement d'être considéré comme un maître pour d'autres ».

§ 727. Un désir assez semblable, non plus de *préciser* les conditions de la réalité, mais de *se les faire préciser par l'interlocuteur* justifie l'emploi de καὶ dans de nombreuses phrases **interrogatives** : par exemple on veut savoir *jusqu'où va* cette audace qui motive l'indignation qu'on exprime dans la question.

Soph. *Ant.* 772 Μόρῳ δὲ ποίῳ καί σφε βουλεύῃ κτανεῖν ; « Quelle mort, au juste, as-tu le dessein de lui infliger ? ».

Hdt. 2, 114 συλλαβόντες ἀπάγετε παρ' ἐμέ, ἵνα εἰδέω τί κοτε καὶ λέξει « saisissez-vous de lui et amenez-le moi, pour que je sache au juste ce qu'il va dire ».

Ar. *Ois.* 1033 οὐ δεινά ; καὶ πέμπουσιν ἤδη 'πισκόπους εἰς τὴν πόλιν·
« N'est-ce pas un scandale ? C'est comme cela qu'ils envoient maintenant des inspecteurs dans notre cité ! ».

§ **728**. Des **adverbes** et des **adjectifs**, comportant souvent une notion
d'**intensité** ou de **quantité**, sont très fréquemment précédés de καὶ qui,
en les précisant, souligne ces valeurs : καὶ μάλα, καὶ λίαν, καὶ πάνυ
(souvent en réponse dans un dialogue), comme adverbes ; καὶ πολύς, καὶ
πᾶς, καὶ μόνος, comme adjectifs. Mais καὶ peut aussi présenter des significations analogues devant un **nom** quelconque, devant un **verbe**, du
moment que le sujet parlant a le souci de *cerner d'un trait*, dans son
expression, de la façon la plus exacte, les *contours* de l'*objet* ou les *conditions* de *l'action*. Ce souci de précision entraîne d'ailleurs parfois, de
façon secondaire, une valeur *limitative*, surtout devant un verbe.

Ar. *Gren.* 412 μειρακίσκης νῦν δὴ κατεῖδον καὶ μάλ' εὐπροσώπου
...τιτθίον προκύψαν « je viens de voir pointer ...le sein d'une fillette
vraiment fort avenante de figure ».

Xén. *Ec.* 14, 3 ἦ καὶ ταύτην οὖν, ἔφην ἐγώ, τὴν δικαιοσύνην σὺ
ὑποδύει διδάσκειν ; « Est-ce que cette justice-là, au juste, tu te charges
de l'enseigner ? »

Ar. *Guêpes* 420 Ἡράκλεις, καὶ κέντρ' ἔχουσιν. Οὐχ ὁρᾷς, ὦ δέσποτα ;
« Par Héraclès ! Ce sont bien des aiguillons qu'ils ont ! Ne vois-tu pas,
maître ? »

Esch. *Eum.* 71 κακῶν δ' ἔκατι κἀγένοντο « (les Euménides) sont nées
justement pour le mal ». Autrement dit : «*ne* sont nées *que* pour le mal ».

§ **729**. Il y a encore un emploi assez fréquent de καὶ, qui reste souvent
méconnu, parce qu'il n'est pas d'un relief très accusé dans la phrase, et
aussi parce qu'on le confond avec les sens « adverbiaux » de καὶ (surtout
celui de « même ») : il ne s'agit plus de garantir une parfaite adéquation
de l'expression à la réalité, mais d'affirmer qu' ' « **on peut aller jusque là** »
dans la définition de ce même réel. Autrement dit, καὶ se définit par
rapport au sujet *parlant* dans le premier cas ; mais par rapport à un
interlocuteur dans le second cas. D'une façon très comparable, bien qu'il
s'agisse d'un autre domaine, on voit καὶ au début d'une phrase qui
présente une **demande**, une *requête* : tout se passe comme si celui qui
parle demandait à son interlocuteur d'*aller jusqu'à* lui accorder l'objet
de son désir ; d'ailleurs les verbes exprimant une **nécessité** (δεῖ, χρή)
admettent fréquemment καὶ, parce qu'on demande à l'interlocuteur
de faire un effort suffisant « *pour aller jusqu'à parler de nécessité* ». Il
est certain que nous touchons là à un emploi très fréquent de καὶ dans la
langue de tous les jours, et qui a dû rapidement s'user, justement en
raison de cette fréquence. Aussi καὶ n'est-il plus qu'une formule de *pure
politesse*, parfaitement vidée de sa force première, quand un orateur
(Démosthène 18, 53 par exemple) s'en sert pour dire au greffier : Καί
μοι λέγε τὴν γραφὴν λαβών « Sois assez aimable, je te prie, pour prendre

le texte du décret et nous le lire » — ce qui repose sur quelque chose comme : « Va *jusque là*, je te prie, de... ».

Plat. *Ap.* 34 D Ἐμοί, ὦ ἄριστε, εἰσὶν μέν πού τινες καὶ οἰκεῖοι « Mais, mon ami, j'ai du monde, *on peut dire* de la famille ».

Eur. *I. A.* 1192 τίς δὲ καὶ προσβλέψει παίδων σε, ἐὰν αὐτὴν προθέμενος κτάνῃς τινα ; « Mais qui de tes enfants *ira jusqu'à* diriger un regard vers toi, si tu immoles volontairement l'un d'eux ? ».

Ψ 75 Καί μοι δὸς τὴν χεῖρ᾽, ὀλοφύρομαι « Ah ! *Va jusqu'à* me donner ta main, que je pleure ! » Ici l'effort d'affection que l'ombre de Patrocle réclame d'Achille vivant a un caractère pathétique.

Plat. *Lach.* 182 E τί καὶ δέοι ἂν αὐτὸ μανθάνειν ; « pourquoi *irait-il jusqu'à* la nécessité de l'apprendre ? »

§ 730. Associée à l'atone τοι (cf. *ci-dessous* § 764), la conjonction καὶ donne lieu, dans une véritable « combinaison », à la particule καίτοι qui est à la fois intensive et restrictive : le passage d'un sens à l'autre se fait facilement, comme on l'a vu à propos de γε (§ 705). Inconnue à Homère et à Hésiode, la combinaison καίτοι a connu un vif succès en attique, malgré la concurrence de μέντοι. Il semble que le rôle de καὶ soit de souligner la continuité d'une pensée qui affirme ou qui restreint. En valeur **progressive**, καίτοι introduit une *idée* qui logiquement *s'ajoute* à des développements antérieurs — comme une *démonstration*, une *inférence*, une *conclusion* au moins provisoire ou partielle ; en valeur **restrictive**, on *réduit* soi-même la portée d'une affirmation en l'opposant à des conditions réelles qui la limitent.

Plat. *Gorg.* 482 B Καίτοι ἔγωγ᾽ οἶμαι καὶ τὴν λύραν μου κρεῖττον εἶναι ἀναρμοστεῖν ἢ ἕνα ὄντα ἐμὲ ἐμαυτοῦ ἀσύμφωνον εἶναι « (Si tu ne me démontres pas la fausseté de mon raisonnement, tu seras, Calliclès, en désaccord avec toi-même). *Or* je crois que j'aimerais mieux avoir une lyre discordante... que d'être en discordance avec moi-même. »

Plat. *Phéd.* 62 E Καίτοι οὕτως, ὦ Σώκρατες, τοὐναντίον εἶναι εἰκὸς ἢ ὃ νῦν δὴ ἐλέγετο « *Ainsi donc*, Socrate, il est naturel que ce soit le contraire de ce qui se disait à l'instant ».

Ar. *Gren.* 43 οὔτοι... δύναμαι μὴ γελᾶν · καίτοι δάκνω γ᾽ ἐμαυτόν « Non, je ne peux pas m'empêcher de rire : *pourtant*, je me mords les lèvres ». Καίτοι restrictif, qui est très vif pour introduire une parenthèse restrictive, généralement prononcée en *a parte*, comme dans Plat. *Rép.* 414 D Λέγω δὴ (καίτοι οὐκ οἶδα ὁποία τόλμῃ ...χρώμενος ἐρῶ) καὶ ἐπιχειρήσω... « Voilà : je vais dire (*pourtant* je ne sais quelle audace il me faudra pour l'exprimer) et je vais tenter... », est susceptible de s'affaiblir en un simple « d'ailleurs, *à vrai dire*, », comme dans Plat. *Crat.* 401 E δίκαιον Ῥέαν καὶ Κρόνον ἐπισκέψασθαι · καίτοι τό γε τοῦ Κρόνου ὄνομα ἤδη διήλθομεν. Ἴσως μέντοι οὐδὲν λέγω « Il est juste de jeter les yeux sur (les noms de) Cronos. et (de) Rhéa. Le nom de Cronos, *à vrai dire*, nous l'avons déjà examiné ; mais peut-être ce que je dis est-il sans valeur ».

MHN (MAN)

§ 731. L'étymologie, qui rapproche μήν (μαν), μά et μέν de skr. *smă*
« en vérité », est sûre et trouve d'ailleurs sa confirmation dans des tours
parallèles, tels que *mā sma*, qui répond à μὴ μέν, ou *sa sma*, qui répond à
ὁ μέν. Au point de vue de la valeur également, il est certain que nous
avons affaire *à la plus* **forte** *des intensives*. On sait que μήν (éol.
et dor μᾶν) exprime l'**affirmation solennelle** qui accompagne un serment ; μά
sert constamment en attique à **attester** une divinité ; même la forme μέν
qui s'est considérablement affaiblie dans l'opposition μέν ... δέ, est
cependant beaucoup plus forte (cf. § 702 et ci-dessous § 736) que sa corré-
lative δέ, dans la même mesure, pourrait-on dire, que μήν est plus
vigoureuse que δή. La particule μέν conserve encore de la force dans
quelques emplois, qui contrastent avec les valeurs faibles les plus
courantes : la langue homérique se sert, dans le serment, de la formule
ἦ μέν, de même que μα, qui tient en éléen la place de l'intensive la plus
faible (ταμ μεν ιαν, ταμ μα ἀλλαν « l'une ... l'autre) est pourtant la même
particule qui est fort expressive en attique dans οὐ (ναὶ) μὰ Δία « non
(oui) par Zeus ».

§ 732. L'emploi de μήν ou de μάν, si largement attesté chez Homère
et chez Pindare, pour exprimer une **affirmation solennelle** n'est que
faiblement représenté en prose attique, sauf dans la formule figée du
serment ἦ μήν. En particulier, cette formule est couramment usitée
au début d'une proposition infinitive qui exprime, non seulement le
serment lui-même, mais toute *garantie* qui implique un *engagement
personnel* de celui qui la donne.

Ψ 410 ὧδε γὰρ ἐξερέω, καὶ μὴν τετελεσμένον ἔσται « Voici ce que j'ai
à vous dire : et je vous assure qu'il en sera ainsi ».

Pd. *Isth.* 3, 15 ἴστε μὰν Κλεωνύμου δόξαν παλαιὰν ἅρμασιν « vous
connaissez, je puis le dire, l'antique gloire de Cléonyme et de ses atte-
lages ».

Plat. *Gorg.* 449 C τοῦτο ἕν ἐστιν, ὧν φημι μηδένα ἂν ἐν βραχυτέροις
ἐμοῦ τὰ αὐτὰ εἰπεῖν. — Τούτου μὴν δεῖ, ὦ Γοργία « c'est une de mes préten-
tions que personne ne puisse dire les mêmes choses en moins de mots
que moi. — C'est cela qu'il nous faut, je t'assure, Gorgias ».

Ar. *Gren.* 258 Ἦ μὴν ἐγὼ χἀτέρους μείζονας κολάζω « Je te jure que je
châtie bien de plus grands que toi », ou Plat. *Phéd.* 115 D
ἠγγυᾶτο ἦ μὴν παραμενεῖν « il garantissait solennellement de rester
fidèle (mot-à-mot : « il garantissait — formule — qu'il resterait »).

§ 733. La particule μήν s'associe fréquemment à des **pronoms** ou à
des **adverbes interrogatifs** : elle indique alors que celui qui parle *n'est
pas satisfait* des éclaircissements qu'on lui a donnés et demande *impé-*

rieusement un supplément d'information ; ou bien, dans une *ellipse* qui se comprend bien — et que l'on peut comparer à πῶς γὰρ οὔ ; — τί μήν exprime une affirmation *sans réplique*, ou plutôt *à réplique exclue* (= comment pourrait-on répliquer ?)

Plat. *Phil.* 44 B ...οἳ τὸ παράπαν ἡδονὰς οὔ φασιν εἶναι. — Τί μήν ; — Λυπῶν ταύτας εἶναι πάσας ἀποφυγάς « ...ceux qui disent qu'il n'existe absolument pas de plaisirs. — Mais comment cela ? — Pour eux, ils ne sont que des moyens d'esquiver la souffrance ».

Plat. *Théét.* 142 A οὐ γὰρ ἦ κατὰ πόλιν. — Ποῦ μήν ; « Je n'étais pas dans la ville. — Mais où donc alors ? »

Soph. *Aj.* 668 ἄρχοντές εἰσιν, ὥσθ' ὑπεικτέον. Τί μήν ; « Ils sont nos chefs, il faut leur obéir. Point de doute ! »

§ 734. L'affirmation vigoureuse qu'exprime μήν peut aussi se porter dans un autre sens : de même qu'une certaine intonation prête à γε une valeur restrictive, μήν passe facilement de « point de doute » à « pourtant, malgré tout » ; d'ailleurs la forme jumelle μέν, associée à τοι donne dans μέντοι un sens affirmatif renforcé et un sens restrictif très fort (cf. § 741). Il arrive que μήν se trouve opposé à la forme faible μέν, dans des conditions comparables à μέν ...δέ ; il s'associe fréquemment à une *négation*, et c'est là qu'on peut voir le point de départ de la locution bien connue οὐ μὴν ἀλλά « néanmoins », qui repose sur une *collocation*, non pas une combinaison, d'ailleurs assez elliptique. Dans d'autres cas, la force intensive de μήν sert pour ainsi dire de *tremplin* à la pensée, et lui permet d'aller plus loin : il y a là une façon d'*enchaîner*, qui est assez comparable à certaines valeurs de μὲν οὖν.

Plat. *Gorg.* 493 C ταῦτ' ἐπιεικῶς μέν ἐστιν ὑπό τι ἄτοπα, δηλοῖ μήν... « ces images ont sans doute quelque chose d'un peu étrange ; mais elles montrent bien pourtant... ».

Eur. *Hipp.* 285 ἐς πάντ' ἀφῖγμαι κοὐδὲν εἴργασμαι πλέον · οὐ μὴν ἀνήσω γ' οὐδὲ νῦν προθυμίας « j'ai recouru à tous les moyens, sans aboutir à rien : pourtant, même maintenant, je ne ralentirai pas mon zèle ».

Dém. 1, 4 (Il est à craindre que Philippe ne fasse dévier le cours des choses) Οὐ μὴν ἀλλ' ἐπιεικῶς, ὦ ἄνδρες Ἀθηναῖοι, τοῦθ' ὃ δυσμαχώτατόν ἐστι τῶν Φιλίππου πραγμάτων, καὶ βέλτιστον ὑμῖν « Néanmoins, à bien le prendre, Athéniens, ce qui rend Philippe le plus redoutable est aussi ce qu'il y a de meilleur pour vous ». C'est la pensée précédemment exprimée qui est niée dans οὐ μήν : « (on ne peut pas dire que Philippe ne soit une menace pour Athènes ;) mais ce qui le rend le plus redoutable ». D'où le sens : néanmoins.

Plat. *Euthyd.* 283 C Καὶ ὁ Διονυσόδωρος · Σκόπει μήν, ἔφη, ὦ Σώκρατες, ὅπως μὴ ἔξαρνος ἔσει ἃ νῦν λέγεις « Alors Dionysodore dit : « Réfléchis donc bien, Socrate, pour ne pas avoir à démentir ce que tu dis à l'instant ».

Plat. *Théét.* 193 D ὃ ἐν τοῖς πρόσθεν οὕτως ἔλεγον καί μου τότε οὐκ ἐμάνθανες. — Οὐ γὰρ οὖν. — Τοῦτο μὴν ἔλεγον ὅτι... « Ce que je disais

tout à l'heure dans mes propos et que tu n'avais pas compris. — Non,
pas du tout. — Hé bien ! je disais donc que... ». On peut comparer cet
effet de rebondissement avec certains emplois de μὲν οὖν (cf § 751).

§ 735. La particule μήν s'associe fréquemment à ἀλλά (ἀλλὰ μήν), à
γε (γε μήν) et à καί (καὶ μήν) dans des « collocations » où se retrouvent
les significations propres des éléments qui les composent : ἀλλὰ μήν
introduit *brusquement* (ἀλλὰ) un *développement* nouveau (μήν « progressif »), ou donne *brusquement* un *assentiment* ; γε μήν doit sans doute
sa valeur d'*opposition* (ou de *progression*) à la fois à γε et à μήν ; quant à
καὶ μήν — si proche par la forme de καὶ δή — elle *attire l'attention*
sur la *personne* ou l'*objet qui se présentent*, ou *confirme* une opinion, ou
apporte une *restriction* à ce qui a pu être admis antérieurement.

Plat. *Phéd.* 75 A Ἔστι ταῦτα. — Ἀλλὰ μὴν καὶ τόδε ὁμολογοῦμεν...
« Voilà ce qu'il en est. — Mais alors nous sommes également d'accord
sur ce point-ci... », et Plat. *Gorg.* 458 D ἔμοιγε, κἂν τὴν ἡμέραν ὅλην
ἐθέλητε διαλέγεσθαι, χαριεῖσθε. — Ἀλλὰ μήν... τό γ' ἐμὸν οὐδέν
κωλύει « pour ma part, même si vous voulez prolonger le débat pendant
toute la journée, vous me ferez plaisir. — Entendu ...pas d'objection de
mon côté ».

Pind. *Ol.* 13, 104 νῦν δ' ἔλπομαι μέν, ἐν θεῷ γε μὰν τέλος « maintenant
je l'espère, mais la réalisation est au pouvoir de la divinité », et Soph. *El.*
972 (ἐλευθέρα καλῇ τὸ λοιπόν). Λόγων γε μὴν εὔκλειαν οὐχ ὁρᾷς ὅσην
σαυτῇ ...προσβαλεῖς « (tu seras désormais proclamée libre). Et puis, ne
vois-tu pas quelle renommée ...tu feras rejaillir sur toi ? »

Soph. *Ant.* 526 Καὶ μὴν πρὸ πυλῶν ἥδ' Ἰσμήνη « Mais voici justement
Ismène, devant la porte », et Plat. *Lach.* 199 E Οὐκ ἄρα ηὑρήκαμεν ...
ἀνδρεία ὅ τι ἐστιν. — Καὶ μὴν ἔγωγε ᾤμην σε εὑρήσειν « Nous n'avons donc
pas trouvé ... ce en quoi consiste le courage. — Pourtant, je croyais bien
que tu le trouverais ».

MEN

§ 736. La principale difficulté de l'étude de μέν consiste en ceci que
tout se passe comme si cette particule *n'avait pas cessé de s'affaiblir*
d'Homère à l'attique. Alors que la poésie épique et lyrique atteste des
emplois nombreux et variés de μέν « intensif », la langue de la prose
attique ne présente plus que peu d'exemples de cette valeur : quand celle
-ci se conserve, c'est seulement dans un certain nombre de cas définis, et
souvent soutenue par d'autres particules. En revanche, les valeurs
exprimant, soit une *réserve*, soit un *enchaînement* dans le récit — déjà
signalées à propos de μήν — ont pris un développement considérable :
mais la particule n'est jamais seule. On ne peut pas dire, même dans
ces conditions, que μέν est la plus faible des intensives, puisque c'est là
le titre qui revient à δέ : mais il est indéniable que, comme intensive,
elle s'est progressivement affaiblie. Il est probable que c'est l'énorme

développement pris par la tournure μέν ...δέ qui a beaucoup contribué à ce fléchissement, à cette usure de μέν : de plus en plus impliquée dans le système μέν ...δέ, la particule μέν y a perdu son caractère propre et son autonomie. Au contraire, la particule δέ qui, dès le début, avait de très nombreux emplois en tant qu'additive, n'a pas été atteinte de la même déchéance : si bien que μέν, qui était sans doute à l'origine une intensive plus forte que δέ, a tendu à ne devenir que la vassale et la servante de δέ.

§ 737. Dans la langue épique, la particule μέν est attestée par de très nombreux exemples, non seulement avec des **pronoms** — surtout *relatifs* et *personnels* — mais aussi avec des **noms**, des **adverbes**, des **verbes** : elle donne de l'*accent* à l'expression, et d'une façon aussi générale que, dans la prose attique, la particule γε : cependant, à la différence de γε, elle est assujétie à la *seconde place* de la phrase, ce qui diminue ses possibilités d'emploi. Il est caractéristique que, chez Homère, la formule solennelle du serment se présente toujours sous la forme ἦ μέν : c'est un signe certain de la vigueur qu'elle possède encore, tandis que l'attique n'use que de ἦ μήν.

Ι 69 αὐτὰρ ἔπειτα, Ἀτρείδη, σὺ μὲν ἄρχε · σὺ γὰρ βασιλεύτατος « cela dit, Atride, à toi donc de nous conduire ; car tu es le plus roi de nous tous ».

Β 101 ἔστη σκῆπτρον ἔχων, τὸ μὲν Ἥφαιστος κάμε τεύχων « (Agamemnon) se leva, tenant le sceptre — ce sceptre même qu'Héphaistos avait fabriqué de ses mains ».

Γ 308 Ζεὺς μέν που τό γε οἶδε ...ὁπποτέρῳ θανάτοιο τέλος πεπρωμένον ἐστίν « Zeus, lui, le sait fort bien ... à qui des deux adversaires est destinée la mort qui tout achève ».

Α 216 Χρὴ μὲν σφωΐτερόν γε, θεά, ἔπος εἰρύσσασθαι « Il faut bien, Déesse, qu'on observe vos ordres à toutes deux ».

Δ 372 οὐ μὲν Τυδέι γ' ὧδε φίλον πτωσκαζέμεν ἦεν « Ah ! non ! Ce n'était certes pas dans les habitudes de Tydée de se terrer ainsi ! ». On remarquera que, dans les trois derniers exemples, la particule γε intensive également, mais mobile, s'associe à μέν.

Α 77 καί μοι ὄμοσσον ἦ μέν μοι πρόφρων ἔπεσιν καὶ χερσὶν ἀρήξειν « jure-moi solennellement que tu me prêteras volontiers ton appui, en paroles et en actes ».

§ 738. Au contraire, en attique, les emplois de μέν intensif sont très limités, surtout en prose ; quand il s'agit de poésie, des souvenirs et des réminiscences de l'épopée peuvent toujours intervenir. Pratiquement, μέν n'est employé qu'avec quelques **adverbes** qui sont des *locutions stéréotypées du dialogue*, comme ἥκιστα μέν « pas le moins du monde » ou πρῶτον μέν « tout d'abord », ou avec un verbe d'*assentiment* (οἶμαι μέν). C'est seulement dans la langue de la comédie et de la tragédie qu'on peut parfois relever de rares emplois intensifs de μέν, et possédant une valeur *expressive*. Ce n'est pas non plus un hasard si, de beaucoup, le plus grand nombre des exemples cités de μέν « solitaires » appartiennent à la langue de la poésie : on appelle ainsi un μέν qui, n'étant pas suivi d'un δέ corrélatif, suppose une sorte d'ellipse de ce δέ. Il est probable qu'au moins certains de ces μέν « solitaires » ne sont pas logiquement impliqués dans l'opposition μέν …δέ, mais qu'ils gardent quelque chose de l'ancienne valeur intensive.

Plat. *Théét.* 146 B Ἥκιστα μέν, ὦ Σώκρατες, τὸ τοιοῦτον ἂν εἴη ἄγροικον « *Pas le moins du monde*, Socrate, une telle attitude ne saurait passer pour de la grossièreté ».

Plat. *Rép.* 423 B Τίς, ἔφη ὅρος ; — Οἶμαι μέν, ἦν δ' ἐγώ, τόνδε « Quelle est cette limitation ? — Je *pense bien*, dis-je, celle-ci ».

Plat. *Phèdre* 228 B ἀπαντήσας δὲ τῷ νοσοῦντι περὶ λόγων ἀκοήν, ἰδὼν μέν, ἰδὼν ἥσθη ὅτι ἕξοι τὸν συγκορυβαντιῶντα « ayant rencontré un homme qui a la passion d'entendre parler des choses de l'intelligence, ah ! quand il le voit, il se réjouit de le voir à la pensée qu'il aura quelqu'un pour partager son délire ». Il y a là un « effet », qui fait penser à la question angoissée que pose, dans *Hippolyte* 316, la nourrice de Phèdre : Ἁγνὰς μέν, ὦ παῖ, χεῖρας αἵματος φορεῖς ; « Sont-elles bien pures de sang versé, mon enfant, ces mains qui sont les tiennes ? ».

Soph. *Phil.* 160 Οἶκον μὲν ὁρᾷς τόνδ' ἀμφίθυρον πετρίνης κοίτης « Tu vois bien cette demeure, avec sa double ouverture sur son gîte de roche ». Ici, nous avons un cas certain de μέν « solitaire » : on voit bien d'*une part* le gîte de Philoctète, mais non pas d'*autre part* le malheureux (cf. v. 161). En revanche, dans les deux exemples suivants, on se représente mal avec quel δέ implicite le μέν exprimé pourrait faire couple : Soph. *El.* 1424 Πῶς κυρεῖτε; — Τὰν δόμοισι μὲν καλῶς, Ἀπόλλων εἰ καλῶς ἐθέσπισεν « Où en êtes-vous ? — Dans le palais, tout va fort bien, si Apollon nous a bien conseillés par son oracle », ou Eur. *I. A.* 527 Ποικίλος ἀεὶ πέφυκε τοῦ τ' ὄχλου μέτα. — Φιλοτιμίᾳ μὲν ἐνέχεται « il est toujours fort changeant et de l'avis du nombre. — C'est bien l'ambition, ce fléau, qui le possède ! ».

§ 739. A part ces survivances d'une valeur intensive de μέν, le grand rôle de μέν est, en attique, d'introduire le premier terme du balancement μὲν …δέ. Les exemples en sont innombrables, et servent à exprimer, dans une importante proportion, des *antithèses*, souvent très fortes : mais n'y voir que l'expression de l'antithèse serait schématiser à l'excès et méconnaître la souplesse et la variété des rapports que μέν… δέ peut exprimer. Il y a d'abord beaucoup d'*énumérations*, dont le premier terme est suivi de μέν, tandis que les autres sont suivis de δέ (ou de telle autre particule additive, pour éviter la monotonie) : en ce cas, la tournure μέν ….δέ exprime un *lien*, qui ne se distingue pas de celui que rendrait une additive ou une conjonction telle que καί. Il n'y a pas lieu non plus de parler d'antithèse quand on use de μέν …δέ pour mettre en vedette, au moyen de l'*anaphore*, une seule et même notion ; par ailleurs,

μέν ...δέ peut exprimer la succession de faits qui rien n'oppose entre eux.
Mais il y a les cas, très nombreux assurément, dans lesquels le système
μέν ...δέ rend une antithèse — des plus légères aux plus violentes : parmi
ces dernières, il faut ranger ce qu'on appelle traditionnellement les
parataxes, c'est-à-dire *le fait de récuser avec indignation la coexistence
de deux termes jugés incompatibles*. Naturellement entre les antithèses
les plus faibles et une antithèse contradictoire comme la parataxe, il
y a toute une gamme d'oppositions possibles.

(Eur). *Rhés.* 311 πολλοὶ μὲν ἱππῆς, πολλὰ δὲ πελταστῶν τέλη, πολλοὶ
δ' ἀτράκτων τοξόται, πολὺς δ' ὄχλος « il y a beaucoup de cavaliers,
beaucoup de compagnies de peltastes, beaucoup d'archers armés de
flèches, et beaucoup de monde ».

A 288 πάντων μὲν κρατέειν ἐθέλει, πάντεσσιν δ' ἀνάσσειν « à tous il veut
commander, sur tous il veut régner ». L'anaphore porte sur πάντων/
πάντεσσιν ; mais elle est encore, pour le sens, complétée par la reprise de
κρατέειν au moyen de son synonyme ἀνάσσειν.

A 306 Πηλεΐδης μὲν ἐπὶ κλισίας ...ἤϊε ...'Ατρεΐδης δ' ἄρα νῆα ...ἅλαδε
προέρυσσεν « Le fils de Pélée d'un côté ..allait vers les baraques ...tandis
que le fils d'Atrée ... tirait à l'eau ... un vaisseau ». Il y a distinction
entre Achille et Agamemnon, mais pas encore une opposition — à
peine un contraste d'attitude.

Dém. 2, 11 Φημὶ δὴ δεῖν ἡμᾶς ἅμα τοῖς μὲν 'Ολυνθίοις βοηθεῖν ...πρὸς
δὲ Θετταλοὺς πρεσβείαν πέμπειν « Je dis donc qu'il faut à la fois expédier
du secours aux Olynthiens... et envoyer une ambassade chez les Thessa-
liens ».

Plat. *Gorg.* 464 B (μιᾶς δὲ οὔσης) τῆς τοῦ σώματος θεραπείας, δύο
μόρια λέγω, τὴν μὲν γυμναστικήν, τὴν δὲ ἰατρικήν « dans cette culture
(du corps qui forme un tout) je distingue deux parties, l'une la gymnas-
tique, l'autre la médecine ».

Antiph. II α 9 Μάρτυρες δ'εἰ μὲν πολλοὶ παρεγένοντο, πολλούς ἂν παρεσχό-
μεθα ἑνὸς τοῦ ἀκολούθου παραγενομένου, οἳ τούτου ἤκουον μαρτυρήσουσιν
« s'il y avait eu beaucoup de témoins oculaires, nous en aurions produit
beaucoup ; mais, étant donné qu'un seul serviteur était présent, ceux
qui l'ont entendu témoigneront ».

Dém. 18, 13 οὐ γὰρ δήπου Κτησιφῶντα μὲν δύναται διώκειν δι' ἐμέ,
ἐμὲ δέ, εἴπερ ἐξελέγχειν ἐνόμιζεν, αὐτὸν οὐκ ἂν ἐγράψατο « Non ! il ne
peut pas poursuivre Ctésiphon à cause de moi, tandis qu'il ne m'aurait
pas inculpé moi-même, s'il croyait pouvoir me confondre. » Ce que la
parataxe exprime, c'est le *refus d'admettre chez l'adversaire deux attitudes contradictoires* : 1° ne poursuivre Ctésiphon que pour atteindre
Démosthène ; 2° ne pas inculper Démosthène. L'explication proposée
est que l'adversaire n'était pas sûr de son affaire.

§ 740. Pas plus pour la forme que pour le fond, le système μέν ...δέ
n'est quelque chose de rigide. Ainsi καὶ et τε se substituent fréquemment à un δέ attendu ; on se passe fréquemment de μέν, quand δέ suffit

à faire entendre l'opposition ; même, si l'opposition est, pour ainsi dire, inscrite dans le sens même des mots, on peut faire l'économie de *toute* particule ; de même, rien n'oblige à employer μέν et δέ dans une même proposition ; en particulier il arrive que μέν figure dans un génitif absolu (donc, par définition, indépendant de la phrase), tandis que son corrélatif δέ figure dans la proposition même, à moins qu'on n'en fasse l'économie.

Ar. *Gren.* 405 κατεσχίσω μέν... τόνδε τὸν σανδαλίσκον ... κάξηῦρες ὥστ' ἀζημίους παίζειν « c'est toi qui as lacéré ... cette sandalette ... et qui as trouvé le moyen de nous amuser sans dommage ».

Eur. *Cycl.* 41 Παῖ γενναίων μὲν πατέρων, γενναίων τ' ἐκ τοκάδων « Fils de nobles ancêtres, et issu de nobles aïeules ».

Pind. *Ol.* 3, 19 ἤδη γὰρ αὐτῷ, πατρὶ μὲν βωμῶν ἁγισθέντων, διχόμηνις... ἀντέφλεξε Μήνα « et déjà en sa faveur, quand l'autel eût été consacré à son père, la Lune en son plein... répondit par ses rayons ».

Soph. *O. R.* 302 πόλιν μέν, εἰ καὶ μὴ βλέπεις, φρονεῖς δ' ὅμως οἵᾳ νόσῳ σύνεστιν « notre cité, bien que tu sois aveugle, tu comprends pourtant à quel mal elle est en proie ». Logiquement, la phrase pourrait être la suivante : οὐ μὲν βλέπεις, φρονεῖς δ'ὅμως.

§ 741. La principale combinaison à laquelle donne lieu la particule μέν l'associe étroitement à τοι, autre particule affirmative, mais de date récente. Dans μέν τοι (écrit ensuite en un seul mot μέντοι) l'ancien datif atone du pronom de la seconde personne apportait, à l'affirmation exprimée par μέν, une sorte d'*appel personnel* à l'interlocuteur que le sujet parlant veut gagner à son avis. La valeur « *éthique* » de τοι est donc venue soutenir le sens *intensif* de μέν en voie d'affaiblissement. Dans l'épopée, les deux particules gardent encore leur autonomie, et la tradition maintient l'orthographe en deux mots. Seule la signification intensive et emphatique de μέν est constamment attestée à cette époque : les exemples homériques dans lesquels on croit voir l'amorce des valeurs que développera μέντοι sont rien moins que certains. En réalité, ou bien μέν seul est renforcé par τοι, ou bien μέν faisant partie du système μέν ...δέ ; d'ailleurs la distinction des deux cas est souvent difficile.

ξ 508 Ὦ γέρον, αἶνος μέν τοι ἀμύμων « Vieillard, ton histoire est vraiment excellente ». Cependant il n'est pas exclu qu'au μέν du v. 508 s'oppose, au v. 512, ἀτάρ, équivalant à δέ.

δ 411 φώκας μέν τοι πρῶτον ἀριθμήσει ..αὐτὰρ ἐπὴν πάσας πεμπάσεται « il comptera tout d'abord ses phoques ; ... puis, quand il les aura tous dénombrés ... ».

§ 742. Mais, déjà dans la langue d'Hérodote et constamment en attique, μέντοι atteste le développement considérable de **deux** valeurs nouvelles. L'une exprime une **réserve** de la part de l'interlocuteur, une réserve qui peut aller à la **restriction**, de « toutefois » à « pourtant » :

elle dérive directement du sens *intensif* de μέν, et la filière des significations est la même que pour γε, particule intensive à l'origine, mais
également si fréquemment restrictive. L'auteur exprime une sorte
d'**enchaînement** dans le discours : l'affirmation intensive de μέντοι est
comme un tremplin qui permet à la pensée de faire un nouveau bond en
avant : on peut comparer avec tels adverbes qui, comme « bien » par
exemple, associent à une valeur primitivement confirmative l'idée
de paliers successivement acquis. Si, dans le premier cas, μέντοι est
proche d'un γε restrictif, dans le second il est voisin de τοίνυν, qui
introduit si souvent des rebondissements de la pensée et enchaîne les
phrases ; il est voisin aussi de μὲν οὖν. Cependant l'ampleur qu'ont
prise ces significations nouvelles ne doit pas faire oublier que la
valeur *intensive* de μέντοι (à la différence de ce que nous avons vu pour
μέν) est toujours restée vivace en attique : elle *souligne une affirmation
ou une négation* ; elle renforce la valeur de tel pronom ; comme telle
autre particule intensive, elle peut introduire un tour interrogatif.

Plat. *Lys.* 203 B Δεῦρο δή, ἦ δ' ὅς, εὐθὺ ἡμῶν. Οὐ παραβαλεῖς ; Ἄξιον
μέντοι « Viens donc, ici, dit-il, de notre côté. Tu ne veux pas te détourner de ton chemin ? Pourtant, cela vaut la peine ».

Eur. *Alc.* 1102 εἴθ' ἐξ ἀγῶνος τήνδε μὴ 'λαβές ποτε. — Νικῶντι
μέντοι καὶ σὺ συννικᾷς ἐμοί « Ah ! que tu aurais dû ne point gagner
aux jeux cette femme ! — A ma victoire toutefois tu participes avec
moi ».

Xén. *An.* 3, 1, 5 (ἦν δέ τις ἐν τῇ στρατιᾷ Ξενοφῶν Ἀθηναῖος...)
Ὁ μέντοι Ξενοφῶν.... « (il y avait à l'armée un certain Xénophon
d'Athènes...). Eh bien ! ce Xénophon... ».

Hdt. 3, 3 τοιῶνδε μέντοι ἐμὲ παίδων μητέρα ἐοῦσαν Κῦρος ἐν ἀτιμίῃ ἔχει
« Eh bien ! alors que je lui ai donné de si beaux enfants, Cyrus me tient
en mépris ». La valeur restrictive est fort proche.

Ar. *Guêpes* 230 ὦ Κωμία, βραδύνεις · μὰ τὸν Δί' οὐ μέντοι πρὸ τοῦ γ'
« Comias, tu traînes ; ah ! par Zeus, tu n'étais pas du tout comme cela,
dans le temps »...

Ar. *Ois.* 339 Ὡς ἀπωλόμεσθ' ἄρα. — Αἴτιος μέντοι σὺ νῦν εἶ τῶν κακῶν
τούτων μόνος « Alors, nous sommes perdus. — C'est bien toi le responsable de nos malheurs, toi seul ».

Plat. *Ion* 537 A Οὐ καὶ περὶ τεχνῶν μέντοι λέγει πολλαχοῦ Ὅμηρος
καὶ πολλά ; « N'est-il pas vrai qu'en beaucoups d'endroits, et longuement, Homère parle des arts ? », ou Plat. *Phèdre* 236 D ὄμνυμι γάρ σοι
...τίνα μέντοι, τίνα θεῶν « je te le jure — mais par quel dieu vraiment ? »

Remarque. — La particule μὲν οὖν, qui est si proche de μέντοι pour
enchaîner les phrases, n'est pas étudiée ici parce qu'il semble que c'est la signification de οὖν qui l'a emporté sur celle de μέν : elle sera étudiée à propos de
οὖν (cf. § 751).

LES ÉLÉMENTS DE COORDINATION

ᵛΟΥΝ

§ 743. Cette particule si importante reste, malgré tous les efforts d'interprétation, extrêmement obscure dans son origine. Un point seul est certain : il n'y a pas de vraie diphtongue dans οὖν, mais seulement un ō fermé. Cependant la répartition des deux formes οὖν et ὦν a de quoi surprendre : Homère et l'attique ne connaissent que οὖν, les parlers dorien et éolien que ὦν, ce qui est attendu ; mais Hérodote, à l'intérieur de l'ionien, n'use que de ὦν, tandis qu'Hippocrate atteste à la fois οὖν et ὦν ; dans la lyrique « dorienne », Pindare se sert de ὦν, tandis que Bacchylide présente seulement οὖν. Dans les autres langues indo-européennes, rien ne semble pouvoir être mis en rapport avec οὖν, si ce n'est skr. *satyám* « en vérité, réellement » : au point de vue du sens, *satyám* se rattachant au verbe substantif, le rapprochement est séduisant, puisque οὖν insiste surtout sur la *réalité* du fait ; mais, pour passer de **sotyon* à οὖν et à ὦν, il faut supposer, comme l'a fait M. Schwyzer (*Schw. Debr.*, p. 587), qui propose avec prudence cette hypothèse, que **sotyon* en position atone, se serait réduit à **(h) o(ty)on*. On peut retenir, je crois, malgré leurs difficultés, des hypothèses qui rapprochent οὖν du verbe d'existence, que la particule οὖν semble bien, dans des conditions obscures, signifier avant tout quelque chose comme « **essentiellement, effectivement,** » et conclure la *conformité de l'assertion avec la réalité* à un moment du *temps*, qui est précisé par le temps même du verbe de la phrase. De fait, si on en juge d'après les emplois de οὖν, encore bien restreints, chez Homère, il semble que cette conformité avec la réalité, d'abord limitée à un *fait ayant existé*, s'est étendue à un fait *existant dans le présent*. La valeur logique « conclusive » de οὖν, apparaît déjà beaucoup plus qu'en puissance dans les emplois les plus anciens que l'on connaisse, c'est-à-dire les emplois temporels de οὖν suivant immédiatement ἐπεί et se rapportant au passé.

§ 744. Dans la grande majorité des cas, ἐπεὶ οὖν (et la phrase qu'il introduit) suppose qu'une action quelconque a été annoncée antérieurement, dont ἐπεὶ οὖν confirme la réalisation *constatée*. Par exemple, un roi convoque l'assemblée : ἐπεὶ οὖν intervient quand c'est un *fait* que l'assemblée s'est réunie *à la suite* de la convocation. C'est une *séquence* proprement *temporelle* : mais de cette suite il se dégage cette *conséquence* naturelle que la réunion de l'assemblée *résulte* de l'ordre, en est la suite *logique*. D'ailleurs il y a déjà chez Homère quelques exemples de ἐπεὶ οὖν qui ont franchement une valeur causale, et, avec ὡς οὖν, le lien primitivement temporel apparaît comme fort relâché : οὖν est déjà la *conclusion* d'un ensemble de faits antérieurs.

A 54 τῇ δεκάτῃ δ' ἀγορήνδε καλέσσατο λαὸν Ἀχιλλεύς · τῷ γὰρ ἐπὶ φρεσὶ θῆκε θεὰ λευκώλενος Ἥρη · κήδετο γὰρ Δαναῶν, ὅτι ῥα θνήσκοντας ὁρᾶτο. Οἱ δ᾽ ἐπεὶ οὖν ἤγερθεν ὁμηγερέες τ᾽ ἐγένοντο « le dixième jour, Achille *appela* les hommes à l'assemblée ; Héra, la déesse aux bras blancs, lui avait inspiré cette idée ; elle *était soucieuse* à propos des Danaens, parce qu'elle les voyait périr (de la peste). Et lorsqu'ils furent effectivement *réunis* et tous rassemblés... ».

Γ 16 sqq. Τρωσὶν μὲν προμάχιζεν Ἀλέξανδρος ...αὐτὰρ ὅ ...προκαλίζετο πάντας ἀρίστους.... μαχέσασθαι... Τὸν δ᾽ὡς οὖν ἐνόησεν ἀρηΐφιλος Μενέλαος ... ὥς τε λέων ἐχάρη « Pâris était au premier rang des Troyens ...d'autre part il *provoquait* tous les preux ...au combat... Lorsqu'*effectivement* l'eût vu Ménélas chéri d'Arès ... celui-ci se réjouit comme un lion qui...» Le fait que Ménélas voit Pâris *suit* la provocation du Phrygien, et est effectivement constaté : mais cette vue (et les sentiments qu'elle provoque chez Ménélas) sont aussi la suite *logique* et la conclusion de la provocation de Pâris. D'ailleurs la joie furieuse de Ménélas et les gestes qu'elle commande sont suivis d'une réaction de peur du fils de Priam, qui en est aussi la conséquence ; d'où v. 30 Τὸν δ᾽ ὡς οὖν ἐνόησεν Ἀλέξανδρος ...κατεπλήγη φίλον ἦτορ « lorsqu'*effectivement* Pâris l'eût aperçu... son cœur fut frappé d'épouvante. »

Hymn. Herm. 475 ἐπεὶ οὖν τοι θυμὸς ἐπιθύει κιθαρίζειν « puisqu'effectivement ton cœur t'incite à jouer de la cithare. » « (Libre à toi d'apprendre l'art de la cithare !) Puisqu'effectivement tu le désires, je te donne cet instrument, en conséquence ». Ici la constatation, devenue causale, intéresse le *présent*.

Σ 333 ...ἐπεὶ οὖν ...σεῦ ὕστερος εἴμ᾽ ὑπὸ γαῖαν... « puisqu'effectivement ...après toi je m'en irai sous la terre ... » Achille sait qu'il devra périr en Troade ; puisqu'*effectivement il devra*, en conséquence, descendre après Patrocle sous la terre, il ne lui offrira pas d'honneurs funèbres avant de ...».

§ 745. Il s'est maintenu en attique quelques emplois qui prolongent la valeur primitive de οὖν et dans lesquels la particule, loin de faire preuve de cette autonomie qu'elle présente dans sa signification logique, ajoute seulement sa valeur « effective », soit aux deux termes d'une **alternative positive**, soit aux deux termes d'une **alternative négative**, soit aussi à un **pronom relatif** (ou **indéfini**). De même οὔκουν, interrogatif ou non, indique une *négation péremptoire de la réalité*, ou une *interrogation passionnée* : ce sont là deux valeurs de la négation οὐ, que la particule οὖν ne fait que renforcer ; au contraire, dans οὐκοῦν, interrogatif ou non, *tout le sens porte sur la particule* οὖν elle-même, dans sa valeur logique et indépendante, tandis que la *négative* joue dans οὐκοῦν un rôle si *secondaire* que cette particule nouvelle peut être entièrement *dépourvue de valeur négative*. Il résulte de là que οὔκουν et οὐκοῦν se trouvent dans la situation inverse : dans οὔκουν, οὖν n'est qu'un moyen de *repousser le plus effectivement la réalité*, tandis que dans οὐκοῦν, l'essentiel est la *particule conclusive et logique* οὖν, la négation n'étant qu'une façon de l'introduire.

Plat. *Ap.* 34 E καὶ τοῦτο τοὔνομα ἔχοντα, εἴτ᾽ οὖν ἀληθὲς, εἴτ᾽ οὖν ψευδές « ... et qui porte ce nom, qu'il soit effectivement vrai ou effectivement faux... ».

Hdt. 9, 26 οὔτ᾽ ὢν καινὰ οὔτε παλαιά « n'étant ni vraiment récents, ni anciens ».

Plat. *Phèdre* 242 D εἰ δ᾽ ἔστιν, ὥσπερ οὖν ἔστι, θεός ...ὁ Ἔρως « si l'Amour ...est un dieu, comme il l'est effectivement », et Plat. *Euthyphr.* 4 D ἠμέλει ὡς ἀνδροφόνου καὶ οὐδὲν ὂν πρᾶγμα εἰ καὶ ἀποθάνοι, ὅπερ οὖν καὶ ἔπαθεν « il négligea de s'en occuper, voyant en lui un meurtrier dont la mort même serait sans importance — ce qui effectivement lui arriva ». Naturellement, ὥσπερ et ὅπερ — l'un conjonction de comparaison, l'autre pronom — se comportent dans les deux fonctions différentes de la même façon.

Hdt. 6, 56 προβάτοισι χρῆσθαι ...ὁκόσοι ἂν ὢν ἐθέλωσι « avoir... tous les moutons qu'ils peuvent bien vouloir en réalité ». Dans ce premier exemple, la phrase relative indéfinie est *entièrement développée* ; le plus souvent elle est *réduite au relatif lui-même* immédiatement suivi de ὢν (ou de οὖν), comme dans Hdt. 2, 26 εἰ τοίνυν ἐχιόνιζε καὶ ὅσον ὢν « s'il neigeait même tant soit peu », ou Plat. *Prot.* 331 D καὶ γὰρ ὁτιοῦν ὁτῳοῦν ἀμῇ γε πῃ προσέοικεν « c'est que n'importe quoi convient à n'importe qui d'une façon ou d'une autre ». En attique, dans les *relatives indéfinies elliptiques*, l'usage ordinaire veut que le relatif et οὖν soient écrits en un seul mot accentué, ὁστισοῦν, bien que οὖν soit probablement enclitique (cf. τοιγαροῦν en face de τοίγαρ) : il semble que οὖν, qui pratiquement ajoute à l'*indéfini* la nuance d'*indifférence*, ait pour cette raison attiré sur lui l'accent.

Soph. *Ant.* 993 Πιθοῦ.—Οὔκουν πάρος γε σῆς ἀπεστάτουν φρενός «Obéis-moi. — Non, jamais *réellement* je ne me suis écarté de tes conseils ».

Plat. *Phèdre* 258 C Οὔκουν εἰκός γ᾽ ἐξ ὧν σὺ λέγεις. « Non, ce n'est *vraiment* pas probable, d'après ce que tu dis. »

§ 746. L'emploi de οὖν comme particule **indépendante**, *totalement affranchie des liens qui semblent l'avoir primitivement unie à des subordonnées temporelles*, est un fait récent dans le développement de l'attique : ce n'est guère qu'à partir de Sophocle que l'on voit οὖν *conclusif* devenir courant, et laisser une place de plus en plus réduite à l'ancienne valeur de *confirmation avec la réalité dans le cadre du temps* : la réalité affirmée peut servir de *point de départ* à une réalité nouvelle — ce qui équivaut à « *alors* », au sens logique du terme : « puisque les choses sont ainsi » — de même qu'une nouvelle réalité peut être considérée comme fondée sur une réalité qui lui est logiquement et chronologiquement antérieure (c'est-à-dire : « *donc* »). Οὖν établit donc une sorte de *bilan* des opérations successives d'une pensée : ce peut être une simple *reprise* après une parenthèse, aussi bien qu'un *raisonnement en règle* aboutissant à un résultat à partir duquel un nouveau raisonnement fera de nouveau progresser la pensée. Pratiquement, on passe constamment des valeurs *confirmatives et temporelles* à des valeurs *conclusives et logiques* : dans beaucoup de cas, il est même difficile de tracer une sûre délimitation entre les deux emplois.

Plat. *Gorg.* 523 B (δικασταὶ) ζῶντες ἦσαν ζώντων. Κακῶς οὖν αἱ δίκαι ἐκρίνοντο· ὅ τε οὖν Πλούτων καὶ οἱ ἐπιμεληταί ....ἔλεγον πρὸς τὸν Δία ὅτι φοιτῶέν σφιν ἄνθρωποι ἑκατέρωσε ἀνάξιοι. Εἶπεν οὖν ὁ Ζεύς « ...(des juges) vivants jugeaient des vivants. Aussi (= conséquence logique de la phrase précédente) les jugements étaient-ils mal rendus. Alors (ou : « aussi ? », réalité constatée dans le temps, mais teintée de consécution logique) Pluton et les surveillants (des Iles Fortunées)... vinrent dire à Zeus qu'ils voyaient venir se présenter à eux des gens qui, dans les deux sens, n'étaient pas à leur place. Alors (effectivement) Zeus leur dit... ». Sur *trois* exemples de οὖν en ces quelques lignes, le *deuxième* peut être interprété, soit en valeur *logique*, soit en valeur *temporelle*, tandis que le *premier* est nettement *logique* et le *troisième* nettement *temporel*. D'ailleurs, dans les lignes qui suivent, on trouvera encore de nombreux exemples de οὖν. Rien n'est moins étonnant, dans un récit mythique tel que celui-là : le récit d'une succession de faits donnés comme réels représente une construction logique, où tout s'enchaîne.

Xén. *An.* 1, 5, 14 Ὁ Πρόξενος (ἔτυχε γὰρ ὕστερον προσιών...) εὐθὺς οὖν εἰς τὸ μέσον ἔθετο τὰ ὅπλα « Proxène (il se trouvait marcher en arrière...), Proxène donc fit aussitôt déposer les armes ». Reprise du début de la phrase après parenthèse explicative, en manière de conclusion.

Plat. *Phéd.* 71 D Ἐξ οὖν τοῦ ζῶντος, τί τὸ γιγνόμενον ; — Τὸ τεθνηκός, ἔφη « (La vie a la mort pour son contraire ; or tous les contraires s'engendrent). Par conséquent, qu'est-ce qui procède du vivant ? — Ce qui est mort, dis-je ». Il s'agit là d'une sorte de syllogisme, entièrement logique et, par conséquent, dépouillé de toute valeur temporelle.

§ **747.** La particule οὖν *s'associe* fréquemment à des *intensives de types divers* : ce sont des *collocations,* non des *combinaisons.* Aussi les deux particules conservent-elles chacune leur sens propre : généralement, c'est l'intensive qui prédomine, οὖν insistant sur le caractère de conformité au réel de cette affirmation. Ainsi dans γοῦν, l'affirmation et la restriction propres à γε sont, pour ainsi dire, placées effectivement dans la réalité : « en tout cas » (γε), il est réel que (οὖν »), d'où le sens de γοῦν « ce qui est sûr, c'est que ». Δὴ οὖν, qu'on rencontre si souvent chez Platon (et οὖν δή) associent la particule « forte » δή, située dans le présent, à οὖν, qui tire une interférence de la réalité. Μὲν οὖν qui, dans une réponse, affirme le bien-fondé dans le réel de l'opinion soutenue, sert aussi de formule de transition, associant μέν à οὖν, pour traduire l'enchaînement de la pensée et soulignant que cet enchaînement est bien conforme à la réalité des choses. L'importance prépondérante de l'intensive par rapport à οὖν se manifeste clairement dans la différence d'intensité que l'on relève entre μὲν οὖν et δ' οὖν : μὲν οὖν indique une progression de la pensée, affirme un *enchaînement*, qui ne craint pas de rectifier l'opinion de l'interlocuteur, tandis que δ' οὖν se fonde sur ce qui a été dit précédemment pour enchaîner avec la suite : on vérifie là cette différence d'intensité qui a été précédemment signalée entre μέν, qui est capable d'être forte en dépit d'un affaiblissement continu, et δέ, qui est la plus faible des intensives (cf. § 706). On remarquera que ce n'est qu'avec l'intensive *très forte* μήν que οὖν ne peut être employé.

§ 748. La particule γοῦν peut exprimer, mais relativement dans peu de cas, une *affirmation solennelle*. Elle est employée le plus souvent pour affirmer la *réalité d'un point de détail* dans un *ensemble dont on ne répond point* : c'est le sens bien connu, le plus souvent traduit par : « une chose est sûre, c'est que ». Généralement elle est précédée d'une phrase *négative* — qui indique qu'on ne se prononce pas sur l'ensemble — ou interrogative — qui indique qu'on a besoin de se faire confirmer par l'interlocuteur la réalité du fait particulier.

Dém. 12, 4 Μεγαρέων γοῦν Ἀνθεμόκριτον ἀνελόντων, εἰς τοῦτ' ἐλήλυθεν ὁ δῆμος ὥστε μυστηρίων εἴργειν αὐτούς « (Violer l'immunité diplomatique reconnue par le droit des gens est un acte d'impiété). Oui, je le dis en vérité, quand les Mégariens eurent fait disparaître Anthémocrite, le peuple alla jusqu'à les exclure des Mystères. »

Ar. *Nuées* 343 Φέρε, ποῖαι γάρ τινές εἰσιν ; — Οὐκ οἶδα σαφῶς· εἴξασιν γοῦν ἐρίοισιν « Dis-moi, comment sont-elles donc ? — Je ne le sais pas bien : en tout cas, elles ressemblent à des flocons de laine ». On ne se prononce pas sur ce que sont ces Nuées qui apparaissent : mais on affirme la réalité de leur ressemblance avec de la laine étirée.

Plat. *Phèdre* 229 B Ἆρ' οὖν ἐνθένδε ; χαρίεντα γοῦν καὶ καθαρά ...τὰ ὑδάτια φαίνεται... C'est bien de ces lieux (que, selon la légende, Borée enleva Orithye) ? En tout cas, ces eaux courantes sont pures et charmantes ... » Socrate n'est pas sûr de l'identification du site légendaire ; mais il peut au moins affirmer le charme de ces lieux, propres aux ébats des jeunes filles (ἐπιτήδεια κόραις παίζειν).

§ 749. Il nous est impossible de faire une différence entre οὖν δή et δὴ οὖν, qui paraissent avoir été propres à la prose et que l'on rencontre le plus fréquemment chez Hérodote et chez Platon : il semble d'ailleurs que, dans l'œuvre de ce dernier auteur, οὖν δή ait eu tendance à se substituer à δὴ οὖν. On se sert de l'une ou de l'autre, soit pour montrer une situation présente (cf. καὶ δή), soit surtout pour montrer les conséquences logiques évidentes à tirer d'une situation donnée. D'ailleurs il faut retrancher de la liste des exemples de οὖν δή tous ceux qui figurent dans une *interrogation* et tous ceux dans lesquels οὖν est *précédé de* μέν : en effet, dans le premier cas, δή n'exprime que l'*impatience* de celui qui pose la question, et est sans rapport avec οὖν qui le précède ; quant au second cas, dans le groupe apparent μὲν οὖν δή, δή n'est que le renforcement de l'opposition μὲν οὖν ...δέ (cf. Denniston, p. 469).

Plat. *Phèdre* 242 C φωνὴν ἔδοξα ἀκοῦσαι ...Εἰμὶ δὴ οὖν μάντις « J'ai cru
entendre une voix ...C'est bien cela ! je suis un devin (inspiré)».

Hdt. 1, 11 (ʼΟ Γύγης) ...ἱκέτευε μή μιν ἀναγκαίη ἐνδέειν διακρῖναι
τοιαύτην αἵρεσιν . Οὐκ ὦν δὴ ἔπειθε, ἀλλ' ὥρα ἀναγκαίην ἀληθέως
προκειμένην ἢ τὸν δεσπότην ἀπολλύναι ἢ αὐτὸν ὑπ' ἄλλων ἀπόλλυσθαι
« (Gygès)... supplia (la reine, femme du roi Caudaule) qu'on ne l'enfermât
pas dans la nécessité de faire un choix pareil. En fin de compte, voilà
qu'il n'arriva pas à la convaincre, mais se vit en face d'une véritable
nécessité, soit de tuer son maître, soit d'être lui-même tué par d'autres ».

Plat. *Rép.* 459 A Πῶς οὖν δὴ ὠφελιμώτατοι ἔσονται ; « Mais comment
donc seront-ils le plus utiles ? », ou Plat. *Crat.* 440 D ἴσως μὲν οὖν δή
...ἴσως δὲ καὶ οὔ « peut-être bien dans un sens en est-il ainsi, voyez-vous
... mais peut être en est il autrement » sont de faux exemples de οὖν δή.

§ 750. En s'associant avec δέ, prise ici en son sens *additif*, l'association δ' οὖν indique une sorte d'**enchaînement logique** avec la phrase
précédente : ou en use pour passer d'une idée *reconnue* (mais *de peu
d'importance*) à l'affirmation d'une pensée *personnelle* (à laquelle on est
fortement attaché). C'est un peu comme si le sujet parlant disait : « j'en
viens donc à ce point, logiquement fondé sur ce qui précède, qui présente
beaucoup plus d'intérêt à mes yeux ».

Plat. *Ap.* 34 E ἀλλ' εἰ μὲν θαρραλέως ἐγὼ ἔχω πρὸς θάνατον ἢ μή,
ἄλλος λόγος ˙ πρὸς δ' οὖν δόξαν καὶ ἐμοὶ καὶ ὑμῖν ...οὔ μοι δοκεῖ καλὸν εἶναι
ἐμὲ τούτων οὐδὲν ποιεῖν « que j'aie de la fermeté ou non devant la mort,
c'est une autre histoire ; mais j'insiste sur ce point que mon honneur et
le vôtre ...exigent que je ne fasse rien de semblable ». Socrate écarte
comme de moindre intérêt la question de son courage *personnel* devant
la mort : ce qui lui importe, c'est que sa réputation et celle de ses disciples ne subissent, du fait de son attitude, aucun dommage.

§ 751. Comme μέν, μὲν οὖν *affirme une opinion*, mais en la faisant
reposer sur la *réalité* (οὖν) : cette valeur apparaît souvent *en réponse
dans le dialogue* ; fréquemment cette affirmation se dresse contre une
affirmation antérieure, jugée inadéquate à la réalité, et aboutit à une
rectification de *l'expression de l'interlocuteur*, ou à la *rectification* de la
formule que le *sujet parlant a lui-même employée* : μὲν οὖν signifie alors :
« ou plutôt », « ou mieux ». Mais le rôle le plus important de μὲν οὖν
est assurément d'établir une **transition** entre deux phrases : elle
annonce un *fait nouveau*, dont elle garantit la réalité, ou un *tour nouveau*
donné à la pensée. Mais il y a des exemples de μὲν οὖν dans lesquels on
peut se demander si la présence de οὖν à côté de μέν n'est pas due à ce
fait que la particule de l'efficience, entrant dans un système d'opposition
μέν ...δέ, lui donne un caractère de plus grande réalité : on ne peut plus
parler alors de la formule de transition μὲν οὖν. On trouve ainsi des exemples de μὲν οὖν dans lesquels οὖν conclusif est renforcé à son tour par
l'intensive μέν : dans ce cas, οὖν n'est plus la servante de l'intensive, mais

se sert au contraire de μέν pour donner plus de force à sa valeur logique. Il y a donc des emplois très différents, que la contiguité de μέν et de οὖν risque de faire confondre : pratiquement, on ne peut affirmer la valeur « transitionnelle » de μὲν οὖν que si l'on s'est assuré qu'aucun δέ (ou particule équivalente) ne correspond à μέν dans la phrase.

Plat. *Euthyd.* 284 B Τί οὖν ; οἱ ῥήτορες ὅταν λέγωσιν ἐν τῷ δήμῳ, οὐδὲν πράττουσι ; — Πράττουσι μὲν οὖν, ἦ δ' ὅς « Hé quoi ! Les orateurs, quand ils parlent devant le peuple, n'agissent-ils point ? — Bien sûr, ils agissent ». On peut comparer les nombreuses formules d'assentiment que l'on trouve dans les dialogues platoniciens, telles que πάνυ μὲν οὖν, ou παντάπασι μὲν οὖν.

Plat. *Gorg.* 466 A Κολακεία δοκεῖ σοι εἶναι ἡ ῥητορική ; — Κολα-κείας μὲν οὖν ἔγωγε εἶπον μόριον « La rhétorique est flatterie, selon toi ? — J'ai dit plutôt : une partie de la flatterie ». La rectification, fort légère dans cet exemple, peut aller jusqu'à opposer du tout au tout une affirmation à l'affirmation contraire : ainsi dans Eur. *Hél.* 1631 ...εἰ μή μ' ἐάσεις... — Οὐ μὲν οὖν σ' ἐάσομεν... — Σύγγονον κτανεῖν κακίστην... — Εὐσεβεστάτην μὲν οὖν. « ...si tu ne me laisses pas ... — Non, nous ne te laisserons absolument pas ... — Tuer une sœur scélérate ... — Une sainte femme, plutôt ! » A côté de ces rectifications de l'*expression d'autrui*, on trouve souvent une *rectification de soi-même* ; ainsi Eur. *Hipp.* 1012 μάταιος ἄρ' ἦν, οὐδαμοῦ μὲν οὖν φρενῶν « alors, j'étais bien vain — que dis-je ? — entièrement privé de bon sens ».

Plat. *Gorg.* 465 E Ἴσως μὲν οὖν ἄτοπον πεποίηκα, ὅτι σε οὐκ ἐῶν μακροὺς λόγους λέγειν αὐτὸς συχνὸν λόγον ἀποτέτακα. Ἄξιον μὲν οὖν ἐμοὶ συγγνώμην ἔχειν ἐστίν · λέγοντος γάρ μου βραχέα οὐκ ἐμάνθανες... Ἐὰν μὲν οὖν καὶ ἐγὼ σοῦ ἀποκρινομένου μὴ ἔχω ὅ τι χρήσωμαι, ἀπότεινε καὶ σὺ λόγον « Peut-être *sans doute* est-ce inconséquence de ma part que d'avoir parlé si longtemps en t'ayant refusé de faire de longs développements. Cela vaut, *bien plutôt*, de me pardonner : quand je parlais brièvement, tu ne comprenais pas... *Eh bien donc* ! si je trouve à mon tour tes réponses insuffisantes, tu pourras développer ». Des trois exemples, le premier est *affirmatif*, le second *rectificatif*, tandis que le troisième *enchaîne* un fait nouveau.

Soph. *O. R.* 498 ἀλλ' ὁ μὲν οὖν Ζεὺς ὅ τ' Ἀπόλλων ξυνετοί ...ἀνδρῶν δ' ὅτι μάντις πλέον ἦ 'γὼ φέρεται, κρίσις οὐκ ἔστιν ἀληθής « mais si Zeus et Apollon comprennent...que, parmi les hommes, un devin ait l'avantage sur moi, rien ne le prouve ! ». Ici l'antithèse est évidente, et οὖν ne fait que souligner μέν ... δέ ; de même, Plat. *Gorg.* 465 D ὅ μὲν οὖν ἐγώ φημι τὴν ῥητορικὴν εἶναι, ἀκήκοας · ἀντίστροφον ὀψοποιίας ἐν ψυχῇ, ὡς ἐν σώματι « Oui, c'est ainsi que je déclare qu'est la rhétorique, tu le sais de ma bouche : l'équivalent pour l'âme de ce qu'est la cuisine pour le corps ». Valeur intensive, comme le premier οὔκουν de l'exemple précédent.

§ 752. Le **caractère** tardif de la notation de l'accentuation grecque,

sans parler de confusions possibles entre οὔκουν et οὐκοῦν dans la tradition manuscrite, met de l'incertitude dans la distinction de ces deux
particules, *que seul distingue l'accent*. Les emplois de οὔκουν, qui sont
fortement *négatifs* (ou *interrogatifs*), n'offrent pas de graves difficultés :
au contraire les différentes valeurs de οὐκοῦν sont plus délicates à interpréter. Il semble que οὐκοῦν — interrogatif ou non-interrogatif — repose
sur quelque chose comme : « donc (conclusif), n'est-ce pas ? » ou « donc ?
(interrogatif), n'est-ce pas ? » Οὐκοῦν dégage toujours une *inférence*,
une *conclusion* : mais, même lorsque cette inférence est fortement affirmée, il y a toujours une sorte d'interrogation légère, qui sollicite discrètement l'accord de l'interlocuteur ; il va de soi que cette valeur d'interrogation se renforce considérablement quand la phrase est prononcée
sur un ton interrogatif. Il résulte pratiquement de l'usage en attique
que ; 1°) οὔκουν formule, soit une *négation péremptoire*, soit une *question
frémissante*, ; 2°) οὐκοῦν, plus complexe, introduit, soit une *interrogation insinuante et discrète*, soit une *affirmation logique* (la négation
correspondante étant rendue par οὐκοῦν οὐ).

Esch. *Prom.* 379 Οὔκουν, Προμηθεῦ, τοῦτο γιγνώσκεις ὅτι ὀργῆς
νοσούσης εἰσὶν ἰατροὶ λόγοι « ne comprends-tu pas réellement, Prométhée,
que, devant ce mal qu'est la colère, il y a des formules qui guérissent ? »
Fréquemment associée à un *futur*, surtout dans la tragédie, comme
Soph. *El.* 631 Οὔκουν ἐάσεις οὐδ' ὑπ' εὐφήμου βοῆς θῦσαί μ'... « Ne me
laisseras-tu pas, oui ou non, sacrifier sans clameurs de mauvais
présage ? »

Eur. *Méd.* 890 οὔκουν χρῆν σ' ὁμοιοῦσθαι κακοῖς « Non ! vous ne
deviez pas m'imiter dans l'injure ! »

Plat. *Euthyd.* 298 D εἰπὲ γάρ μοι · ἔστι σοι κύων ; — Καὶ μάλα πονηρός
— Ἔστιν οὖν αὐτῷ κυνίδια ; — Καὶ μάλ', ἔφη, ἕτερα τοιαῦτα. — Οὐκοῦν
πατήρ ἐστιν αὐτῶν ὁ κύων ; — Ἔγωγέ τοι εἶδον, ἔφη, αὐτὸν ὀχεύοντα
τὴν κύνα. — Τί οὖν ; οὐ σὸς ὁ κύων ; — Πάνυ γ', ἔφη. — Οὐκοῦν πατὴρ ὢν
σός ἐστιν, ὥστε σὸς πατὴρ γίγνεται ὁ κύων καὶ σὺ κυναρίων ἀδελφός :
« Dis-moi : tu as un chien ?. — Oui, très méchant. — Il a, bien sûr, des
chiots ? — Ah oui ! dit-il, et qui ressemblent bien à leur père. —
Dans ces conditions, le chien est leur père ? — Oui, je l'ai vu, dit-il,
couvrir la chienne. — Hé quoi ? le chien n'est pas à toi ! — Mais si, bien
sûr, dit-il. — Alors, il est père et tien, si bien que le chien devient ton
père et que te voilà le frère des chiots ? » Ainsi, par le moyen de
phrases qui d'ailleurs prennent l'*intonation* interrogative plus qu'elles
ne portent les *signes* de l'interrogation, on sollicite l'*adhésion* de l'interlocuteur pour faire *progresser un raisonnement* (qui est ici un pur
sophisme, comme il est visible).

Soph. *Ant.* 91 ἀλλ' ἀμηχάνων ἐρᾶς. — Οὐκοῦν, ὅταν δὲ μὴ σθένω,
πεπαύσομαι « Tu es attirée par l'impossible. — Oui, à n'en pas douter :
quand je n'aurai plus de forces, je m'arrêterai ». Οὐκοῦν n'est ici qu'un
οὖν au ton plus résolu : il ne contient plus rien de négatif ou d'interrogatif que ce léger ton qu'amène la présence de οὐ.

Dém. 16, 4 οὐκοῦν οὐδ' ἂν εἷς ἀντείποι « Effectivement, personne au monde ne pourrait s'opposer à lui ».

Remarque. — La particule οὖν se combine aussi avec la négation μή dans une forme contractée μῶν, qui n'est nullement comparable, pour l'importance, aux valeurs interrogatives de οὐκ combiné avec οὖν. Il semblerait que μῶν devrait toujours être employé dans une question pour laquelle on s'attend à une réponse *négative* ; mais pratiquement μῶν devient rapidement une formule d'interrogation prudente et polie, dans laquelle μή est si peu senti qu'on le répète à côté de μῶν ; et l'on se sert de μῶν *même quand on escompte un acquiescement.* Ainsi Plat. *Prot.* 310 D μῶν τί σε ἀδικεῖ Πρωταγόρας ; « As-tu par hasard à te plaindre de Protagoras » (*non* attendu) ; mais aussi Esch. *Suppl.* 417 μῶν οὐ δοκεῖ δεῖν φροντίδος σωτηρίου ; « Ne vous semble-t-il pas qu'il faut un projet qui assure notre salut ? » (*assentiment* attendu ; d'ailleurs οὐ figure dans l'interrogation), et Plat. *Phéd.* 84 C ὑμῖν τὰ λεχθέντα μῶν μὴ δοκεῖ ἐνδεῶς λέγεσθαι ; « est-ce que, par hasard, ce qu'on vous a dit vous paraît insuffisant ? (C'est ici μή qui montre qu'on attend une protestation de la part de l'interlocuteur).

§ 753. La particule οὖν peut s'associer aussi avec des *intensives complexes* — comme τοίγαρ devenant τοιγαροῦν (voir *ci-dessous* § 766) ; mais elle s'associe aussi à la particule *adversative* ἀλλά, sous la forme ἀλλ' οὖν, souvent renforcée dans sa valeur *restrictive* par γε (ἀλλ' οὖν ...γε) Dans ce cas ἀλλ' οὖν indique une *rupture* considérée comme fondée *en réalité* : d'ailleurs cette dernière notion joue un rôle très effacé ; c'est ἀλλά qui commande le sens, et γε qui apporte éventuellement une nuance restrictive.

Plat. *Prot.* 310 A (après un échange de politesses) Διπλῆ δ'ἂν εἴη χάρις — Ἀλλ' οὖν ἀκούετε « Le plaisir serait sûrement double — Mais en réalité (= trêve de civilités), écoutez-moi : je commence ».

Ar. *Nuées* 1001 (τοῖς Ἱπποκράτους υἱέσιν εἴξεις καί σε καλοῦσι βλιτομάμμαν) — Ἀλλ' οὖν λιπαρός γε καὶ εὐανθὴς ἐν γυμνασίοις διατρίψεις « (Tu ressembleras aux fils d'Hippocrate et on t'appellera : *coco à sa maman*). — Toujours est-il que brillant de santé et frais comme une fleur tu passeras ta vie dans les gymnases. »

ΠΕΡ

§ 754. Il est probable que περ représente une *forme à désinence zéro* (locatif) qui est avec περί dans le même rapport que gr. ὑπέρ avec skr. *upári*. Sans doute cette particule indiquait-elle à l'origine que le mot qu'elle souligne (et qui la précède immédiatement) doit être considéré *dans sa signification la plus précise* — qu'il s'agisse de l'*ordre de la quantité* ou de l'*ordre de la qualité*. Aussi loin que l'on remonte, on ne trouve περ qu'*enclitique*, donc solidaire pour l'accent du mot qui le précède ; mais il n'est pas absurde de supposer l'existence d'un doublet *πέρ de πέρι « extrêmement », devenu enclitique à cause de la fonction dépendante qu'il remplit. L'histoire de cette particule est celle d'une déchéance progressive et d'un effacement continu des valeurs anciennes ; elle est devenue, en attique, un moyen commode de souligner, dans le sens le plus précis de leur acception, un nombre *limité* de mots.

§ 755. Chez Homère, il n'est guère de catégories de mots que la particule περ ne soit susceptible de *préciser* — et aussi de *restreindre* en les précisant : elle peut, en particulier, modifier un *nom*, ou un *adjectif*, ou une *conjonction*, ou un *pronom relatif*. Elle est d'un emploi large et souple, qui souligne le reste d'autonomie dont elle jouit encore ; il suffit de rappeler quelques exemples caractéristiques.

Φ 130 οὐδ' ὑμῖν ποταμός περ ἐύρροος ...ἀρκέσει « et le fleuve, avec ses belles eaux... ne vous défendra pas ». Achille insiste donc sur l'abondance des eaux du Scamandre, avec une valeur légèrement restrictive : « en dépit de ses eaux abondantes ».

ζ 325 νῦν δή πέρ μευ ἄκουσον « oui, maintenant (= maintenant du moins, si tu ne l'as pas fait jusqu'à présent), écoute ce que je dis ».

λ 630 καί νύ κ' ἔτι προτέρους ἴδον ἀνέρας, οὓς ἔθελόν περ « et j'aurais vu encore de ces héros qui ont existé avant nous — justement ceux que je voulais voir ... ».

§ 756. En prose attique au contraire, la particule περ a perdu toute autonomie, ce que symbolise l'orthographe qui l'unit indissolublement au mot auquel elle se rapporte. Elle ne détermine que dans peu d'exemples des *conjonctions* (causales ou temporelles), telles ἐπείπερ ou ἐπειδήπερ ; elle n'est vraiment d'usage courant qu'associée à la conjonction καί (καίπερ), à l'hypothétique εἰ (εἴπερ), à la conjonction ὡς au sens comparatif (ὥσπερ), ou à son synonyme plus rare καθάπερ ; mais c'est combinée intimement avec le relatif ὅσπερ qu'elle se montre la plus vivace, en particulier au neutre ὅπερ/ἅπερ, qui introduit une explication.

Soph. *O. R.* 1326 γιγνώσκω σαφῶς, καίπερ σκοτεινός, τὴν σὴν αὐδὴν ὅμως « je reconnais nettement, bien que plongé dans la nuit, ta voix malgré tout ». La déchéance que représente cet état figé est à comparer avec l'autonomie de περ dans l'exemple homérique Β 270 : οἱ δὲ καὶ ἀχνύμενοί περ ἐπ' αὐτῷ ἡδὺ γέλασσαν « et eux, en dépit de leur ennui, se moquèrent agréablement de lui ». La construction normale de καίπερ est avec le participe (dont il est fait fréquemment l'économie, comme dans l'ex. de Sophocle) : les deux seuls exemples d'indicatif après καίπερ (Pind. *Ném.* 4, 36 et Plat. *Banq.* 219 C) ne sont pas sûrs.

Soph. *El.* 994 ἐσῴζετ' ἂν ὥσπερ οὐχὶ σώζεται « il serait sauvé comme justement il ne l'est pas » est à comparer avec τ 312 ὡς ἔσεται περ « justement ainsi qu'il en sera ».

Dém. 21, 193 ἅπερ τότ' ἐτόλμα λέγειν ...καὶ νῦν ἐρεῖν « (je pense) qu'il va dire maintenant... ce qu'il a eu précisément l'audace de dire », et 150 φανερὸν ποιεῖ τοῖς παροῦσιν (ἀγαθοῖς) ὥσπερ ἀλλοτρίοις, ὅπερ ἐστίν, αὐτὸν χρώμενον « (son caractère) montre en toute évidence qu'il ne jouit de ces privilèges actuels que comme d'un bien usurpé — ce qui est justement le cas ».

ΠΟΥ

§ 757. Που, indéfini et atone, ne serait qu'un adverbe au même titre que ποθεν, ποι ou πως et s'exclurait de cette étude, si la langue ne l'avait pas employé, seul ou associé à d'autres particules, avec une valeur **atténuative.** Assurément πως ou ποθεν peuvent aussi nuancer d'incertitude une assertion de la phrase : mais il n'y a que που qui soit employé aussi bien pour exprimer une incertitude *sincère* qu'une incertitude *feinte* et *ironique*. Cette fonction d'atténuation diminue donc, non seulement l'affirmation catégorique d'une phrase, mais aussi la vigueur d'une intensive : δήπου et ἦπου existent comme véritables particules, tandis que δή πως ou ἦ πως ne sauraient, en particulier, prétendre à l'ironie qui fait des autres un si grand usage. C'est d'ailleurs le point le plus difficile à préciser que de savoir si που exprime une *véritable incertitude,* une réserve *personnelle* (qui peut être aussi bien rendue par πως) ou une réserve *ironique,* (qui n'appartiendrait qu'à που). Il y a là toute une gamme de tons différents, qui, dans la vie courante, devaient être commentés par des *gestes,* traduisant tous les tons de l'ironie, depuis la plus légère jusqu'à la plus mordante ; d'ailleurs δήπου et ἦπου (dont on a signalé les sens à propos de δή et de ἦ (cf. §§ 714 et 720) sont susceptibles d'exprimer la même gradation de sentiments.

A 178 θεός πού σοι τόγ' ἔδωκεν « c'est sans doute un Dieu qui t'a donné cette force ». L'atténuation de la pensée ne contient aucune ironie, pas plus que dans Ar. *Nuées* 369 Ἀλλὰ τίς ὕει ; ...Αὗται δήπου « Mais qui fait la pluie ? ... Elles (les Nuées), je pense bien ».

Dém. 19, 113 πολλοὺς ἔφη τοὺς θορυβοῦντας εἶναι, ὀλίγους τοὺς στρατευομένους ὅταν δέη (μέμνησθε γὰρ δήπου), αὐτὸς ὤν, οἶμαι, θαυμάσιος στρατιώτης « il a dit qu'il y avait beaucoup de gens pour manifester, mais peu pour partir à la guerre quand il le faut (vous vous en souvenez, je suppose) alors qu'il est, lui, un si brillant soldat ! ». L'ironie, qui perce dans cet exemple, est plus accentuée dans Soph. *Aj.* 1008 ἦ πού με Τελαμών ...δέξαιτ' ἂν εὐπρόσωπος « Ah ! je pense... Télamon ...me ferait bon visage à mon retour ! »

Remarque. — Les valeurs ironiques ou sarcastiques de που, ἦπου, δήπου sont relativement rares dans la tragédie parce qu'elles ne sont pas, semble-t-il, compatibles avec un ton relevé : on en signale *un seul* exemple chez Thucydide, tandis qu'il y en a des quantités dans la comédie ou dans les dialogues de Platon.

ΤΕ

§ 758. La particule i. e. *kʷe*, qui donne en grec la forme attendue τε, est avec la particule *we*, la seule conjonction dont le caractère indo-européen puisse être garanti. *Atones et enclitiques* l'une et l'autre, elles étaient fragiles toutes les deux : *we ne pouvait phonétiquement subsister en grec sans l'appui de ἦ (dans laquelle elle a fini par se perdre), et *kʷe, qui était pourtant phonétiquement viable, a été complètement évincée par la plus importante des particules auxquelles elle pouvait s'associer, c'est-à-dire καὶ ; de même qu'il ne subsiste rien dans les langues romanes de - que ni de -ue, de même le grec a remplacé ἦ par εἴτε et τε par καὶ. Enfin, comme *we semble avoir possédé, outre sa valeur disjonctive, une valeur de *comparaison*, qui est ancienne (cf, § 721), mais qu'on ne peut guère rattacher au sens proprement disjonctif de la particule, τε comporte aussi, du moins à date ancienne, une toute autre valeur que celle d'un lien : on parle en ce cas de la valeur **généralisante** de τε, qui équivaudrait à l'expression vulgaire bien connue : « des fois ». Or le lien sémantique entre *et* et *des fois* est si loin d'être évident qu'on a pu se demander s'il ne s'agissait pas de deux particules homonymes, mais différentes ; au contraire, d'autres auteurs (notamment en dernier lieu M. Schwyzer, *Schw.-Debr.* p. 574) ont nié l'existence de deux τε différents, et pensé pouvoir expliquer les exemples « généralisants » de τε par la notion même de jonction.

§ **759.** Il est impossible de réduire en quelques formules simples les emplois de τε *coordonnant* pour des raisons d'ordre divers. D'abord τε peut être employée *seule* (ou *répétée*), aussi bien pour unir des mots à *l'intérieur de la phrase* que des *phrases entre elles*. De plus, les emplois de τε ne dépendent pas seulement de la *date* à laquelle écrit un auteur, mais aussi du *genre* auquel appartient son œuvre. S'il est certain que, dans la langue homérique, τε, simple ou répété, est le plus fréquent, on a remarqué depuis longtemps que la langue des historiens (Hérodote et Thucydide) et de Platon attestait un usage abondant et varié de τε, tandis que les orateurs et les inscriptions semblent l'éviter tout-à-fait. Tout se passe comme si, après Thucydide (mort en 395), *la conjonction* τε *était gravement atteinte*, et plus tôt, semble-t-il, dans la *coordination des phrases* que dans la *coordination des mots* : mais comment expliquer qu'elle joue un si grand rôle dans la langue de Platon ? On pourrait penser que le philosophe a prolongé, à la faveur de sa longue productivité, un usage dont la vie se retirait et que laissaient tomber des générations plus jeunes : mais c'est un fait qu'Isocrate, son exact contemporain (et qui l'a même dépassé pour la longévité), semble avoir renoncé pratiquement à se servir de τε. Il est possible que les emplois de τε chez Platon s'expliquent par la couleur volontiers *poétique* que le philosophe ne craignait pas de donner à son expression, tandis qu'Isocrate suivait les tendances du langage *politique* de son temps et n'usant plus du tout de τε.

§ **760.** Il semble que le type le plus *ancien* soit représenté par τε .. τε dans des expressions volontiers formulaires, qui associent des *objets*, ou des *êtres*, ou des *qualités* qui sont considérés comme **naturellement**

couplés : il est certain que l'emploi de la particule répétée pour unir des *membres de phrase* ou des *objets qui ne sont pas naturellement liés* n'a pu se développer que plus tardivement. En tout cas, *jamais* τε *ne peut être répété plus de deux fois consécutives* : la langue n'admet pas la possibilité de * τε ...τε ...τε, mais a recours à d'autres particules, dont καὶ est la plus importante, mais aussi à δέ. D'ailleurs, si l'usage « homérique » de τε pour lier des mots se maintient en partie dans la langue attique (compte tenu des réserves faites au § précédent), c'est surtout pour la conjonction des phrases entre elles que τε est employé, soit *répété*, soit *le plus souvent associé à* καί. En effet, grâce à la coopération de τε et de καὶ, étroitement unis ou habilement disjoints , la prose de Platon acquiert une souplesse et une variété sans égales. Par contraste, la langue des orateurs est singulièrement pauvre dans ses moyens de coordination ; excluant τε seul ou répété, elle ne fait qu'un usage restreint de τε et de καὶ consécutifs, ne disposant pratiquement que de καὶ et de τε ...καὶ ; par exemple Isocrate, en face de plusieurs centaines d'exemples de τε... καὶ, n'use que 30 *fois* de τε καὶ (compte non tenu d'expressions figées telles que ἄλλως τε καὶ ou καλός τε κἀγαθός) (Cf. Denniston *Part.* p. 512).

A 544 πατὴρ ἀνδρῶν τε θεῶν τε « le père des hommes et des Dieux », ou Γ 335 σάκος μέγα τε στιβαρόν τε « un bouclier grand et solide ».

Hdt. 1, 22 Μετὰ δὲ ἥ τε διαλλαγή σφι ἐγένετο ...καὶ δύο τε ἀντὶ ἑνὸς νηούς ...οἰκοδόμησε ὁ Ἀλυάττης ...αὐτός τε ἐκ τῆς νούσου ἀνέστη « après cela, la paix fut rétablie entre les deux partis ... *et* Alyatte éleva deux temples au lieu d'un ...*et* il se remit lui-même de sa maladie ». Si le *premier* τε, en corrélation avec καὶ, unit le premier membre de phrase au second (καὶ δύο ...νηούς ...οἰκοδόμησε), le second membre lui-même se relie au troisième (αὐτός ...ἀνέστη) grâce à la corrélation du *deuxième* τε et du *troisième* τε.

Plat. *Tim.* 73 E μετ' ἐκεῖνος δὲ εἰς ὕδωρ βάπτει, πάλιν δὲ εἰς πῦρ, αὖθίς τε εἰς ὕδωρ « après cela, il le plonge dans l'eau, puis dans le feu, et de nouveau dans l'eau ».

Plat. *Phèdre* 267 A Τεισίαν δὲ Γοργίαν τε ἐάσομεν εὕδειν « nous laisserons se reposer Tisias et Gorgias ».

Plat. *Phèdre* 230 A ἥ τε γὰρ πλάτανος αὕτη μάλ' ἀμφιλαφής τε καὶ ὑψηλή, τοῦ τε ἄγνου τὸ ὕψος καὶ τὸ σύσκιον πάγκαλον « ce platane est très large et élevé, et la hauteur du gatilier ainsi que son ombrage sont magnifiques ». Les deux phrases sont liées par (ἥ) τε ... et (τοῦ) τε, ce qui n'empêche pas le libre jeu de τε καὶ pour ne faire qu'un bloc des deux adjectifs descriptifs ἀμφιλαφής et ὑψηλή, et de καὶ entre ὕψος et τὸ σύσκιον.

Lys. 12, 12 ἐξιοῦσι δ' ἐμοὶ καὶ Πείσωνι ἐπιτυγχάνει Μηλόβιός τε καὶ Μνησιθείδης ἐκ τοῦ ἐργαστηρίου ἀπιόντες, καὶ καταλαμβάνουσι πρὸς αὐταῖς ταῖς θύραις, καὶ ἐρωτῶσιν ὅποι βαδίζοιμεν « au moment où nous sortions, Pison et moi, nous rencontrons Mélobios ainsi que Mnésitheidès qui sortaient de l'atelier, et ils nous arrêtent près de la porte, et ils nous demandent où nous allions ».

§ 761. Déjà dans la langue homérique, la conjonction τε atteste des associations stables, soit avec les négations — comme οὔτε ou μήτε — soit avec la conjonction de subordination εἰ — εἴτε puis, plus tard, ἐάντε et ἤντε. Les formes répétées, du type οὔτε ...οὔτε ou εἴτε ...εἴτε, sont les plus nombreuses : mais la langue atteste aussi d'autres combinaisons comme εἰ ...εἴτε, εἴτε ...εἴτε δέ, εἴτε ...ἤ ; de même, à côté de οὔτε... οὔτε (μήτε ...μήτε), on trouve, non seulement οὐ ...οὔτε (μή... μήτε), mais aussi οὔτε ...τε ; dans ce dernier cas, il y a corrélation entre une phrase négative et une phrase positive. De même, on peut voir οὔτε s'associer à μήτε quand à une *assertion négative* s'associe étroitement l'expression d'une *volonté* (ou d'un *vœu*) de caractère *négatif* :

M 239 τῶν οὔ τι... ἀλεγίζω, εἴτ' ἐπὶ δεξί' ἴωσι ...εἴτ' ἐπ' ἀριστερά « des oiseaux de présage ... je n'ai nullement souci, qu'ils aillent à droite ... ou bien qu'ils aillent à gauche ».

α 202 οὔτε τις μάντις ἐὼν οὔτ' οἰωνῶν σάφα εἰδώς « sans être devin et sans être très savant en présages ».

Eur. *Alc.* 140 εἰ δ' ἔτ' ἐστὶν ἔμψυχος γυνὴ εἴτ' οὖν ὄλωλεν εἰδέναι βουλοίμεθ' ἄν « si cette femme est encore en vie ou si elle n'est plus, nous voudrions bien le savoir ». Εἴτε ...εἴτε introduit souvent, comme ici, une interrogation indirecte.

Xén. *Cyr.* 3, 3, 17 ἴσοι ὄντες μαχούμεθα, ἤντε ἐνθάδε ἐπιόντας αὐτοὺς δεχώμεθα, ἤντε ἐπ' ἐκείνους ἰόντες τὴν μάχην συνάπτωμεν « nous nous battrons avec autant de courage, soit que nous attendions ici l'assaut de l'ennemi, soit que nous marchions contre lui pour en venir à l'action. »

Plat. *Lois* 739 D εἴτε που θεοὶ ἢ παῖδες θεῶν αὐτὴν οἰκοῦσι « que ce soient des Dieux qui l'habitent, ou des enfants des Dieux. »

Soph. *O. C.*496 λείπομαι γὰρ ἐν τῷ μὴ δύνασθαι μήθ' ὁρᾶν, δυοῖν κακοῖν « Je suis amoindri par mon manque de force et parce que je n'y vois plus — double infirmité ».

Hdt 5, 49 οὔτε γὰρ βάρβαροι ἄλκιμοί εἰσι ὑμεῖς τε τὰ εἰς τὸν πόλεμον ἐς τὰ μέγιστα ἀνήκετε « les Barbares *n'*ont *pas* de vaillance, *et* vous, vous avez poussé très loin l'art de la guerre ». Il arrive même que l'on trouve οὔτε ...τε dans deux phrases qui sont l'*une et l'autre négatives* : mais alors la négation οὐ n'apparaît qu'à la fin du second terme. Ainsi Thc. 1, 5 ὡς οὔτε ὧν πυνθάνονται ἀπαξιούντων τὸ ἔργον, οἷς τ' ἐπιμελὲς εἴη εἰδέναι οὐκ ὀνειδιζόντων « dans la pensée que les hommes auxquels ils posent la question *ne* trouvent *pas* cette pratique (= la piraterie) déshonorante, *et* que ceux qui se préoccupent de le savoir *n'*ont *point* d'intention blessante ».

§ 762*. Une étude approfondie de la valeur « **épique** » ou « **généralisante** » de τε demanderait des développements qui pourraient **paraître** excessifs dans cette étude [1], puisqu'aussi bien de tels emplois ne concernent pas directement l'attique ; mais l'existence, en attique, de la conjonction ὥστε comparative et consécutive, et aussi de tours importants comme ἐφ᾽ ᾧ τε « à condition que », οἷός τ᾽ εἶναι « être à même de », nous oblige, je crois, à prendre position devant ce problème. On soutient ordinairement cette thèse que τε, qui posséderait *dès l'indo-européen* une valeur « généralisante » à côté de sa valeur de coordination additive, quand il s'associe au relatif ὅς, lui donnerait le sens de « qui des fois, à l'occasion, généralement ». Cette interprétation paraît bien convenir dans les comparaisons « homériques », dont d'ailleurs la valeur générale est aussi bien soutenue par le subjonctif d'éventualité ou par l'aoriste gnomique : ainsi dans Δ 141 (cf. § 247) ὡς δ᾽ ὅτε τίς τ᾽ ἐλέφαντα γυνὴ φοίνικι μιήνῃ... παρήϊον ἔμμεναι ἵππων · πολέες τέ μιν ἠρήσαντο ἱππῆες φορέειν « comme lorsqu'*à l'occasion* une femme teinte de couleur pourpre un ivoire... destiné à être la bossette d'un mors ; bien des cavaliers *à l'occasion* désirent le porter », il y a accord entre le subjonctif μιήνῃ, l'aoriste ἠρήσαντο et la valeur que l'on attribue à τε ; mais, en revanche, dans A 86 Ἀπόλλωνα ...ᾧ τε σύ, Κάλχαν, εὐχόμενος ...θεοπροπίας ἀναφαίνεις « (par) Apollon,... à qui tu adresses des prières en révélant la volonté divine », il paraît bien difficile de voir une valeur « généralisante » : Calchas n'est nullement le prêtre « ordinaire » d'Apollon, comme Chrysès. Faut-il penser, au contraire, comme le soutient M. Schwyzer (*Schw.-Deb.* p. 576), que τε n'est qu'un élément de jonction qui se surajoute au lien du relatif ὅς ? Dans ce cas, la valeur « généralisante » de τε se volatilise ; et M. Schwyzer cite des exemples d'allemand dialectal tels que : *alles und das Gott will erquicken* « tout (*et*) ce que Dieu va régénérer », ou *als und wir vergeben* « lorsque (*et*) nous pardonnons ». Cette thèse à le grand mérite d'attirer l'attention sur ce fait que, dans certains emplois épiques de ὅς τε, la particule *peut* n'être qu'un renforcement du lien relatif ; il me paraît cependant impossible d'éliminer toute valeur généralisante de τε — dont le caractère ancien est établi par les témoignages concordants de lat. *quisque, quicumque,* ou av. c͟iš c͟a. M. Minard, qui a consacré une étude pénétrante (*Deux relatifs homériques*) à ὅστε et à ὅστις, me semble avoir été dans le vrai en montrant que, dans ὅστε (cf. § 51), la particule τε ajoute au relatif l'idée d'une liaison, soit **contingente,** soit stable : ainsi il oppose T 176 ἀλλ᾽ αἰεί τε Διὸς κρέσσων νόος αἰγιόχοιο, ὅς τε καὶ ἄλκιμον ἄνδρα φοβεῖ « mais toujours l'emporte le dessein de Zeus, qui peut mettre en fuite même un homme brave », qui est une liaison contingente, à x 351... ποταμῶν οἵ τ᾽ εἰς ἅλαδε προρέουσι « les fleuves qui s'écoulent vers la mer », qui est une liaison stable. Il semble que τε puisse varier entre deux termes extrêmes « à l'occasion » et « de façon permanente » : la signification pour ainsi dire moyenne — la position *médiane* — serait alors quelque chose comme « **d'ordinaire** » ; dans l'exemple précédemment cité de A 86, τε pourrait peut-être rendu par : « à l'occasion ». Même

---

1. Cf. P. Chantraine, *Gram. Hom.* II (en part., pp. 340 et sqq.)

quand ὅστε s'applique à quelque chose de *singulier*, on notera que le relatif n'y est jamais *simple constatation*, mais implique au moins un *lien causal de valeur générale*, comme dans N 625 Ζηνός ...ξεινίου, ὅς τέ ποτ' ὕμμι διαφθέρσει πόλιν αἰπήν... Zeus.... Hospitalier, qui à l'occasion (= lui qui peut...) pourra détruire votre haute acropole ». Il se peut que, dans un petit nombre d'exemples, τε ne soit que renforcement du lien relatif : mais, dans la plupart des cas, c'est bien une *liaison contingente* ou *stable* que la particule ajoute au relatif.

§ 763. En attique, le pronom ὅστε n'est plus employé que comme une sorte de *relatif emphatique de nuance causale* : ainsi dans Soph. *El.* 151 σὲ δὲ νέμω θεὸν, ἅ τ' ἐν ταφῷ πετραίῳ, αἰαῖ, δακρύεις « je te révère comme un être divin, toi qui (= puisque), dans la roche qui est ta tombe, hélas ! es toujours en pleurs ». Mais τε exprimant un lien contingent ou stable s'est constamment associée à des éléments *invariables* (ou faiblement caractérisés par les cas), au point qu'elle s'est *soudée* parfois avec certains d'entre eux : ainsi ὥστε, « de telle sorte que, de même que » dans lequel τε fait corps avec ὡς ; ainsi ἅτε « en tant que », ou ἐφ' ᾧ τε « à condition que », qui sont des cas figés de ὅστε ; ainsi οἷός τε, « capable » à l'animé, « possible » au neutre, expression dans laquelle οἷος est constamment suivi de τε, indique une *capacité générale*. Je crois qu'à la base de ces différentes expressions on peut retrouver une liaison contingente ou une liaison stable, et parfois les deux à la fois sous des constructions différentes. Ainsi ὥστε *comparatif* — qui ne peut admettre qu'une liaison contingente — s'oppose à ὥστε *consécutif* qui, construit avec l'indicatif, implique une liaison **contingente**, tandis qu'une liaison stable est représentée par l'infinitif. Par ailleurs, ἅτε et ἐφ' ᾧ τε, quand ils constatent seulement un lien de causalité, sont liaison contingente, et se construisent avec *le participe* ou l'*indicatif* ; mais quand ἐφ' ᾧ τε prend une valeur logique et stable, il se construit avec l'infinitif. Pour ce qui est de οἷός τ', qui exprime une qualité et une capacité générale, on ne s'étonnera pas de voir que cette liaison permanente entraîne l'emploi de l'*infinitif* et exclut celui du mode de la constatation.

Soph. *Trach.* 530 κἀπὸ μητρὸς ἄφαρ βέβαχ', ὥστε πόρτις ἐρήμα « la voilà soudain séparée du troupeau, comme une génisse égarée ». Le plus souvent, dans cette liaison contingente établie entre deux objets, on fait l'économie du verbe.

Xén. *An.* 4, 4, 11 ἐκπίπτει χιὼν ἄπλετος, ὥστε ἀπέκρυψε καὶ τὰ ὅπλα καὶ τοὺς ἀνθρώπους κατακειμένους « il tomba une énorme quantité de neige, si bien qu'on ne voyait plus les armes et les hommes étendus » est liaison *contingente* en face de la liaison (qualitative) *stable* : Hdt. 3, 14 μέζω κακὰ ἢ ὥστε ἀνακλαίειν « des infortunes trop grandes pour qu'on puisse les déplorer bruyamment ».

Hdt. 1, 154 ἅτε τὸν χρυσὸν ἔχων ...ἐπικούρους ἐμισθοῦτο « comme il avait de l'or, ... il engageait des mercenaires ».

Hdt. 3, 83 ἐπὶ τούτῳ ὑπεξίσταμαι τῆς ἀρχῆς, ἐπ' ᾧ τε ὑπ' οὐδενὸς ἄρξομαι « je me désiste à la condition que je ne recevrai d'ordres de personne », s'oppose à Plat. *Ap.* 29 C ἀφίεμέν σε ἐπὶ τούτῳ μέντοι ἐφ᾽ ᾧτε μηκέτι διατρίβειν « nous te relaxons à la condition (= *condition générale* et qui engage toute l'existence) que tu ne t'occupes plus de tout cela ».

Ar. *Cav.* 343 λέγειν οἷός τε κἀγώ « moi aussi, je suis (de façon permanente) dans la capacité de parler ».

TOI

§ **764.** Il semble que τοι représente, sous une forme unique, **deux** particules d'*origine tout à fait différente.* On voit immédiatement que τοι peut n'être autre chose que le *génitif-datif atone* du pronom de la 2e personne (cf. § 480) : τοι pronominal ayant été évincé comme datif de σύ par σοι, symétrique de σοί, la forme, détachée de la flexion, devenait disponible, et susceptible de faire office de particule intensive : τοι implique donc un vif désir d'intéresser *personnellement* l'interlocuteur à ce que l'on affirme. Mais il a dû exister également une forme *non attestée* *τοί, plus ou moins démonstrative, qui, *accentuée,* se rattachait peut-être au thème *so, *sā, *tod : cet autre τοί était certainement plus fort que le premier. C'est en examinant la *structure* des combinaisons de particules où τοι figure, et aussi la *place* que ces particules occupent dans la phrase, qu'on est amené à poser l'existence de ces deux τοι ; mais il est impossible, au point de vue du sens, de distinguer ce qui appartient à l'un de ce qui appartient à l'autre. Ainsi il est indiscutable que τοιγάρ, placé *en tête* de la phrase, exclut le rattachement de τοι au τοι atone, qui ne « s'appuierait » que sur le vide ; de même, l'existence de τοιγάρτοι doit faire admettre un recours à *τοί tonique, puis à τοι atone : on ne pourrait concevoir qu'on eût recouru *deux fois* à l'atone dans la même particule complexe. Réciproquement, il n'est pas moins certain que μέντοι et καίτοι reposent sur τοι atone : τοι n'est jamais à l'initiale absolue, puisqu'elle s'appuie sur καὶ ou sur μέν, quelle que soit d'ailleurs la place de μέντοι et de καίτοι dans la phrase. Le cas de τοίνυν est plus discutable : mais, comme τοίνυν n'occupe jamais que la *seconde* place dans la phrase, rien n'empêche de voir dans τοι l'ancien datif atone combiné avec l'enclitique νυν ; mais on peut aussi le rattacher à *τοί accentué.

§ **765.** Encore que, dans la langue homérique, on se serve couramment de τοι comme datif atone de σύ et que la distinction entre la forme fléchie et la particule qui en est issue s'en trouve rendue malaisée, il ne manque pas d'exemples dans lesquels la valeur « éthique » ou « expressive » du datif détache nettement τοι de la flexion du pronom : du sens primitif il subsiste quelque chose comme : « je t'assure » ou « tu peux m'en croire ». Il en résulte que τοι, sous l'action des sentiments les plus divers, colore aussi bien une indépendante qu'une subordonnée : dans le second cas, τοι agit sur la conjonction qui le précède immédiatement, en particulier dans les *causales*, les *hypothétiques* ou les *finales*. Dans le *dialogue*, τοι joue un rôle assez important pour affirmer une conviction, en prose comme en poésie : mais, dans le *raison-nement*, elle intervient rarement et aussi dans les ouvrages dont le ton reste soutenu : il est caractéristique que Thucydide n'en fasse usage que *trois* fois dans son œuvre. De fait, cet appel à l'interlocuteur reste toujours quelque chose de *concret* et, pour ainsi dire, de *personnel*, tandis qu'une particule comme γε est bien plus susceptible d'exprimer, en toute position, des nuances purement intellectuelles.

I 654 ἀμφὶ δέ τοι τῇ ἐμῇ κλισίῃ ...Ἕκτορα ...μάχης σχήσεσθαι ὀΐω « mais quand il sera près de ma tente, je te l'assure ...je pense ...qu'Hector devra renoncer à combattre. » Ici τοι est sûrement particule, tandis qu'il est sûrement datif atone de σύ dans A 107 αἰεί τοι τὰ κάκ' ἐστι φίλα φρεσὶ μαντεύεσθαι « il t'est toujours agréable d'être un prophète de malheur ».

Soph. *El.* 582 εἰ κτενοῦμεν ἄλλον ἀντ' ἄλλου, σύ τοι πρώτη θάνοις ἄν « si on doit tuer qui a tué, tu pourrais bien être, songes-y, la première à disparaître.» La particule est grosse de toutes les menaces accumulées dans l'esprit d'Electre.

Soph. *El.* 323 Πέποιθα, ἐπεὶ τὰν οὐ μακρὰν ἔζων ἐγώ « Je crois (en Oreste), parce que, je t'assure, je ne serais plus en vie depuis longtemps».

Soph. *El.* 1469 χαλᾶτε ...ὅπως τὸ συγγενές τοι κἀπ' ἐμοῦ θρήνων τύχῃ « Soulevez (le voile) ...pour que mon parent, oui, l'homme de mon sang, reçoive aussi de moi des pleurs. »

Soph. *Ant.* 516 οὐ μαρτυρήσει τοῦθ' ὁ κατθανὼν νέκυς. — Εἴ τοί σφε τιμᾷς ἐξ ἴσου τῷ δυσσεβεῖ «Le défunt, le mort, ne témoignera pas dans ce sens. — S'il est vrai pourtant que tu lui accordes les mêmes honneurs qu'à l'impie ».

Plat. *Phéd.* 63 A 'Αεί τοι, ἔφη, ὁ Κέβης λόγους τινὰς ἀνερευνᾷ «Oui, dit-il, Cébès est toujours en train de chercher quelques arguments... »

§ 766. Τοιγάρ, τοιγάρτοι et τοιγαροῦν doivent leur signification commune à l'association de τοί démonstratif et de la particule explica-tive γάρ : pour la seconde forme, τοι éthique a servi de moyen expres-sif de renforcement, de même que οὖν pour la troisième. *Toujours placées en tête de la phrase*, elles expriment avec vigueur la *conséquence* tirée des développements qui précèdent. Τοιγάρ est fréquent dans l'épopée, mais n'est plus attesté en prose attique ; τοιγάρτοι et τοιγα-ροῦν, qui sont des formations propres à l'attique, présentent, une certaine solennité, qu'elles doivent à leur masse même. Prati-quement, elles sont équivalentes, et les auteurs choississent en général l'une des deux : par exemple, Lysias n'use que de τοιγάρτοι, tandis que Démosthène semble avoir opté pour τοιγαροῦν (cf. Denniston *Part.* p. 567). Il apparaît d'ailleurs que τοιγαροῦν est beaucoup plus fréquent que τοιγάρτοι.

K 413 Τοιγὰρ ἐγὼ καὶ ταῦτα μάλ’ ἀτρεκέως καταλέξω « aussi te répondrai-je, sur ce point encore, tout à fait sans détour ». C’est la réponse à la question posée dans les vers précédents.

Plat. *Gorg.* 471 C Τοιγάρτοι νῦν …ἀθλιώτατός ἐστιν πάντων Μακεδόνων « Voilà pourquoi maintenant… il est le plus misérable des Macédoniens ». Conclusion solennelle de la démonstration, qu’on vient de faire avec passion, de la culpabilité du tyran Archélaos.

Isocr. 4, 136 Τοιγαροῦν τὰ μὲν ἔχει, τὰ δὲ μέλλει «.Voilà donc pourquoi (parce que nous, les Grecs, nous nous épuisons à nous disputer les îles au lieu de faire front contre le Barbare) il occupe certaines îles, et se dispose à faire de même pour d’autres ».

§ 767. La particule τοίνυν — qui repose sans doute sur τοι combiné avec νυν enclitique, difficilement séparable de νῦν « maintenant », d’autant plus que l’υ peut être compté comme bref ou comme long — est, comme καίτοι (cf. § 730), inconnue à Homère et à Hésiode ; assez rare dans la langue de la lyrique et de la tragédie, elle est fréquente dans la prose qui semble la plus proche de la langue parlée, et très abondamment représentée dans l’œuvre d’Aristophane. Τοίνυν exprime avant tout une progression de la pensée, qui avance par *paliers* : elle résume une pensée antérieurement exprimée pour pouvoir faire un bond en avant, aussi bien qu’elle *enchaîne* un développement nouveau, qu’elle présente comme la suite de ce qui précède. Fréquemment, dans le dialogue, τοίνυν accepte comme valable la pensée de l’interlocuteur et s’en sert comme d’une base pour aller plus loin. Il est souvent difficile de la traduire sans alourdir considérablement la phrase : mais on peut partir de formules telles que « Hé bien ! », « Hé bien ! oui » (surtout dans le dialogue), « Hé bien ! donc » (surtout dans le raisonnement suivi). Τοίνυν a pour place normale la *seconde position* dans la phrase, ce qui l’oppose nettement à τοιγάρ, τοιγάρτοι et τοιγαροῦν, mais la rapproche de μέντοι (étudiée ci-dessus au § 742) ; quand elle recule, comme il arrive, à la 3e ou la 4e place de la phrase, c’est que celle-ci comporte des interjections, des formules d’attestation, ou des vocatifs qui sont, en réalité, étrangers à la phrase : ainsi, dans Ar. *Plut.* 863, Νὴ Δία, καλῶς τοίνυν ποιῶν « Hé bien ! par Zeus, il a eu joliment raison », τοίνυν occupe bien sa place normale, comme s’il y avait καλῶς τοίνυν ποιῶν.

Hdt. 7, 5 ἡ βασιληίη ἀνεχώρησε ἐς …Ξέρξην. Ὁ τοίνυν Ξέρξης « le pouvoir royal vint aux mains …de Xerxès. Hé bien ! Ce Xerxès …»

Dém. 21, 169 εἰ τοίνυν ὡς ἀληθῶς …τοιαῦτ’ ἦν αὐτῷ τὰ λελητουργημένα… « Hé bien donc ! Si vraiment …ce qu’il a fait pendant ses liturgies était (comme il va le prétendre)… ».

Ar. *Cav.* 1259 (Ἐμοὶ δέ γ’ ὅ τι σοι τοὔνομ’ εἴπ’. — Ἀγοράκριτος…) — Ἀγορακρίτῳ τοίνυν ἐμαυτὸν ἐπιτρέπω (Dis-moi quel est ton nom. — Agoracritos). — Hé bien ! je me mets entre les mains d’Agoracritos ».

NOTES ADDITIONNELLES

§ 4. Sur la constitution du genre féminin en indo-européen on se référera à l'article récent de M. A. Martinet (*B. S. L.*, t. 52, 1956, pp. 83-95).

§ 21. Il va de soi que des considérations de commodité métrique ont pu contribuer largement à l'extension de ces pluriels « poétiques ».

§ 26. L'anaphorique μιν, fréquemment attesté en ionien littéraire, a été constaté en mycénien : il remonte donc très haut et a chance d'appartenir au grec « méridional », ancêtre commun de l'arcado-cypriote et de l'ionien.

§ 48. On trouvera dans l'article de M. E. Benveniste : *La phrase relative, problème de syntaxe générale* (*B. S. L.*, t. 53, 1957-1958, pp. 55-71) une analyse très pénétrante de la fonction relative, quel que soit d'ailleurs le type de la langue considérée ; en ce qui concerne le grec, la valeur fondamentale de ὅς est exactement définie et éclaire, en particulier, les relatives non-verbales que l'on rencontre fréquemment dans la langue homérique (type : Τεῦκρος, ὃς ἄριστος 'Αχαιῶν).

§ 72. On complètera et précisera utilement ce paragraphe en se reportant à l'article de M. A. Traina : *J. Humbert e la sintassi greca* (*Atene e Roma*, 1956), p. 201 et sqq.

§ 99. Citons l'ouvrage (1955) de M. Lasso de la Vega : *La oración nominal en Homero*. Bien qu'on ait des réserves à faire sur la conception que l'auteur se fait de la phrase nominale et aussi sur quelques excès de la méthode statistique, on recommandera au lecteur ce dépouillement vraiment exhaustif des textes homériques touchant la question considérée.

§ 104. Aussi bien pour l'origine que pour la morphologie des négations en grec et, plus encore pour la place de ces négations dans la phrase on tirera grand profit de l'ouvrage (1958) de M. A. C. Moorhouse : *Studies in the Greek Negations*.

§ 138. Le livre de M. D. Tabachovitz (*Homerische εἰ-Sätze*, 1951) est plus probant dans ses critiques des explications traditionnelles de la genèse des conditionnelles que par la construction qu'il propose pour les remplacer.

§ 144. On remarquera que, parmi les quelques exemples cités par Schw. Debr. (p. 332) d'optatif oblique dans les propositions relatives, il n'y a pas d'exemple portant sur des relatives spécifiquement déterminatives.

§ 165. On se reportera aux pages si pénétrantes de M. Benveniste (*Problèmes de linguistique générale*, 1966, pp. 168-175).

§ 178. La thèse soutenue par Mlle A. Hahn (*Subjonctive and optative : their origin as futures*, 1953), qui voit dans le subjonctif et l'optatif l'évolution dans le sens modal d'un futur I et d'un futur II présumés de l'indo-européen le plus archaïque, me paraît assez fragile. Je crois au contraire que ces deux modes, si nettement différenciés au point de vue formel par la nature de leurs désinences, représentent quelque chose de fondamental : l'absence de modes en hittite ne peut suffire, sans autre témoignage, à prouver que les modes ont été antérieurement des temps. Au contraire on tirera grand profit à lire le livre volontiers incisif, mais très suggestif, de M. J. Gonda : *The Character of the indoeuropean Moods* (1956), qui consacre d'ailleurs un certain nombre de pages (pp. 117-131) à réfuter la position prise sur ce difficile problème par Mlle A. Hahn.

§ 202. Un article de M. E. Benveniste (*B. S. L.*, t. 47, 1951, pp. 11-21) montre l'ancienneté des liens syntaxiques existant entre l'optatif et le prétérit en indo-européen.

§ 206. Il est également possible, comme on le fait remarquer dans Schw. Debr. (p. 344), que des tours négatifs du type μὴ δράσῃς aient aidé à la formation de οἶσθ' ὅ δρᾶσον.

§ 208. En dépit de ce que peut laisser attendre son titre : *Studien zur Geschichte des Infinitivs im Griechischen* (Ann. Ac. Scient. Fenn., 2e série, LXXX), le travail de M. P. Aalto ne touche que l'infinitif articulé et ne s'intéresse qu'à la période comprise entre la lyrique chorale et le Nouveau Testament ; cependant on fera bien de recourir à ses nombreux relevés d'exemples.

§ 226. On ne saurait passer sous silence l'intéressant essai « structuraliste » de M. Sánchez Ruipérez : *Estructura del sistema de aspectos y tiempos del verbo griego antiguo* (1954). L'opposition du parfait au présent-aoriste comme « terme marqué » en face de « terme non marqué » touche les réalités profondes du grec ; il y a aussi des observations très personnelles dans les oppositions temporelles. Mais je crois que la systématisation a entraîné cet auteur à sacrifier une partie de la complexité des faits, et j'ai peine à admettre la « neutralisation », au point de vue de l'aspect, de l'indicatif présent. Cependant ce livre, même quand il soulève des objections et appelle des réserves, est suggestif

§ 280. Dans un article de l'*American Journal of Philology* (1951, pp. 346-368), M. O. Szemerenyi a rapproché au contraire le verbe μέλλω de la racine *mel « aller », qu'il propose de retrouver dans gr. ἔμολον ou lat. *promellere* : on aurait donc affaire à une périphrase comparable à ἔρχομαι ἐρέων chez Hérodote ou à fr. « je vais (dire) ». La thèse est plausible ; mais, si on l'admet, il est assez difficile de passer de la valeur de *futur proche* aux sens si variés de *devoir*.

§ 403. Pour une autre interprétation du mot πτῶσις, cf. M. Lejeune, *REGr.* 1950, pp. 1-7.

§ 481. Le datif n'a pas entièrement absorbé ce qui se rattachait au comitatif-instrumental : ainsi la caractéristique -φι, représentée dans l'*Iliade* et dans l'*Odyssée* par environ 200 exemples, et attestée près de 150 fois en mycénien. Pour le plus récent état de la question cf. M. Lejeune (*Mémoires de Philologie mycénienne*, VIII, pp. 159-184).

§ 494. Signalons la récente étude de M. Chr. Axelos : *Der Schwund des griechischen Datios als geistesgeschichtliches Phänomen* (Berl. Byz. Arb., t. 14, pp. 179-215).

§ 582. Cette valeur de μετά et du datif remonte très haut : elle est attestée en mycénien (M. Lejeune, *Mém. phil. myc.*, VII, p. 150).

§ 585. Cette analyse, qui semblait très satisfaisante, a été ruinée par myc. *enĕka*, qui ne comporte aucune notation du *w* attendu ; on a rapproché avec raison de -ηνεκής (ποδηνεκής), qui suppose un *ἐνεκής se rattachant à φέρω. Voir P. Chantraine, *Dictionnaire étymologique de la langue grecque*, II, p. 347.

§ 589. Il convient de renvoyer également à l'article du même auteur : *L'aspect et l'« ordre de procès » en grec (B. S. L.,* 1942, pp. 43-75) dans lequel J. Brunel a modifié de façon importante les vues qu'il avait développées trois ans auparavant dans sa thèse sur l'*Aspect verbal et l'emploi des préverbes en grec*.

§ 685. M. Ruijgh, dans son livre sur *L'élément achéen dans la langue épique* (1957), a présenté une étude très précise sur αὐτάρ et ἀτάρ d'Homère à Apollonius de Rhodes.

§ 762. On a récemment soutenu la disjonction de τε conjonction de coordination et de τε « épique » à valeur généralisante (A. Bloch, dans son article du *Museum Helveticum* (XII, 1955) instilulé : *Was bedeutet das « epische » τε* ?.

INDEX DES PASSAGES CITÉS

N. B. — Les chiffres en **gras** renvoient aux **paragraphes**.

N. B. — Les chiffres en **gras** renvoient aux **paragraphes**.

N. B. — Les chiffres en **gras** renvoient aux **paragraphes.**

INDEX GREC

456 INDEX GREC

ἅπτεσθαι, 160 (voix moyenne) ; 447 (génitif).

ἄρα (ῥα, ἄρ), 235 et 239 R (avec l'imparfait) ; 665 (« conclusive ») ; 680 (Hom.) ; 681 et 682 (att.).

ἄρα, 107, 332, 667, 684 (part. « indifférente » d'interrogation) ; 668 (place) ; 683 (Hom.) ; 684 (ἄρ' οὐ et ἄρα μή) ; 684 R (ἄρά γε).

ἄργυρος, 8.

Ἀρίστων, 16.

ἀρνεῖσθαι, 309 (complétive infinitive, conjonctive, rarement participiale) ; 653 (μή, μὴ οὐ).

ἀρχήν, 437.

gm. ἀρχίζω, 439.

ἄρχειν, 324 (infinitif) ; 455 (génitif).

ἄρχεσθαι, 331 (participe).

Ἀσία, 68.

ἄστρα (ἀστήρ), 6, 113.

ἄστυ, 63.

ἄτε, 763.

ἄτερ, 558, 560.

ἀτραπός, 4.

αὖ, 658 (particule « ancienne ») ; 688 (emplois).

αὐτάρ (ἀτάρ), 658 (particule et adverbe) ; 660 (αὐτάρ : Hom. et ἀτάρ : Hom. et att.) ; 663 (« adversative ») ; 668 (accent et place) ; 685 à 687 (origine et emplois).

gm. αὐτί, 9.

αὐτός, 32, 42 (exprime l'« identité ») ; 43 (démonstratif) ; 44 (anaphorique) ; 47 (emploi de l'article) ; 81 et 82 (pronom personnel) ; 88 (influence sur l'accent d'un pronom) ; 484 (datif « comitatif »).

gm. αὐτός, 47 R.

ἀφαιρεῖσθαι, 473.

ἀφροντιστεῖν, 453.

Ἀχαρνεῖς, 16.

ἄχθεσθαι, 171.

ἄχρι(ς), 572.

βάρβαρος, 66.

gm. βάρκα (-οῦλα), 9.

βασιλεύειν, 455.

βασιλεύς (-λίς), 3.

βασιλίσκος, 9.

βέβαιος, 5.

βέβηλος, 5.

βλάπτειν, 421 ; gm. βλάφτω, 439.

βοηθεῖν, 473.

Βόσπορος, 70.

βούλεσθαι, 269, 324 (infinitif).

βοῦς, 2.

γάλα, 59.

γαμεῖν (-εῖσθαι), 168.

γάρ, 657 (équivalent de ponctuation) ; 659 (juxtaposition) ; 664 (« explicative ») ; 689 (origine) ;

690 à 694 (emplois) ; voir : ἀλλά, εἰ, καί, οὖν, τοι.

γε, 657 (équivalent de ponctuation) ; 667 (« intensive ») ; 668 (accent et place) ; 697 à 705 (emplois) ; 713 (sens voisin de δή) ; 716 (γε δή) ; voir : ἄρα, μήν.

γελᾶν, 489.

γέμειν, 449 ; gm. γεμίζω, 439.

γεύειν (-εσθαι) ; 165 (signification « causative » de l'actif, « personnelle » du moyen) ; 453 (génitif).

γῆ, 4.

gm. γιά, 471 (remplace le génitif partitif) ; 475 (indique à la fois la direction et la destination) ; 507 (représente : διά) ; 515, 526, 542 (raison, but, direction)

γίγνεσθαι, 410.

γιγνώσκειν, 328.

γοῦν, 747 et 748.

γράφειν, 309.

gm. γύρω σέ, 507, 542 (autour de).

δαήρ, 2.

δαί, 712.

δανείζω (-ομαι), 168.

δέ, 657 (équivalent de ponctuation) ; 658, 706 (origine) ; 659 (combinaison) ; 660 (textes tardifs) ; 662, 666 et 667 (« intensive ») ; 668 (accent et place) ; 670 (sens, voisin de ἀλλά) ; 686 (de ἀτάρ) 725 (de καί) ; 688 (δ'αὖ) ; 707 à 712 (emplois) ; 723 R II (après un comparatif) ; 736, 739 et 740 (μέν... δέ) ; 760 (τε... τε... δέ) : 716 (δὲ δή) ; 750 (δ'οὖν).

-δε, 506.

δεδοικέναι, 423.

δεικνύναι, 324.

δεῖν, 269, 325.

δεῖσθαι, 324.

δέλεαρ, 8.

gm. δεντρούλι, 9.

δέσποινα, δεσπότης, 3.

δεῦρο, δεῦτε, 181.

δή, 658, 706 (origine) ; 667, 707 (« intensive » forte) ; 710 R (valeur « conclusive ») ; 713 à 716 (emplois) ; 757 (δήπου) ; δὴ οὖν (οὖν δή) : voir οὖν ; καὶ δὴ καί : voir καί ; voir aussi μέν.

διά, 172 (compl. du passif) ; 494 (emplois tardifs) ; 507 (Hom.) ; 512 à 515 (emplois de la préposition) ; 586 (préverbe) ; 591 (« plein ») ; 592 (« vide »).

διάθεσις, 158, 178.

διαλέγεσθαι, 169, 171.

διαπράττειν (-εσθαι), 324.

διαπτύειν, 424.

διατελεῖν, 331.

INDEX FRANÇAIS

Absolu. Voir ACCUSATIF, GÉNITIF, INFINITIF, PARTICIPE et RELATIFS (TEMPS).

Accord. Accord du *verbe* avec le *sujet* (**73**) ; pluriel *neutre* (**74**) ; accord du *duel* (**75**) ; accord de l'*attribut* (**76**) ; accord de l'*épithète* (**79**). Accord *selon le sens* (**81**).

Accusatif. Rapport *immédiat* verbo-nominal (**248, 253** et **264**).
Accusatif de verbes en fonction *transitive* : verbes indiquant : les moyens d'exercer une *action* (**254**), la *réalisation* de l'objet (**254** et **255**), action sur une *personne* (**255**), attitude *morale* devant une personne (**256**) ; verbes transitivés par un *préverbe* (**257**).
Double accusatif (**257** à **259**).
Accusatif de verbes en fonction *intransitive* : de *direction* et de *relation* (**260** et **261**), d'*objet interne* (**260** à **263**), d'*extension spatiale et temporelle* (**263**), de *durée* (**263** et **264**) ; *adverbial* (**264**).
Accusatif *absolu* (**130** et **131, 264**) ; accusatif *elliptique* et *valeurs affectives* (**265**).
Évolution de l'accusatif (**265**).

Actif. *Définition* (**100**) ; en rapport avec le *moyen* (**101**), avec le *passif* (**102**) ; verbes *transitifs* et verbes *intransitifs* (**102**) ; valeur *causative* (**103**.)

Adjectif. Accord de l'*attribut* (**76**) ; attribut au *superlatif* (**77**) ; attribut s'appliquant à *plusieurs sujets* (**77**). Accord de l'*épithète* (**79**). Adjectif *substantivé* (**50**).

Anaphoriques. *Définition* (**25**).
1) Anaphoriques de *structure* : μιν, νιν ἱν (**25**) ; τις (**26**).
2) Anaphoriques de *fonction* : ἑ (**24, 63**) ; αὐτόν (**34**) ; gm. τόν (**29, 37**).

Animé et **Inanimé.** Voir GENRE et NOMBRE.

Antériorité. Voir TEMPORELLE.

Aoriste. Voir ASPECTS, TEMPS, MODES.

Article. État *homérique* (**43**) ; état *attique* (**44**) : avec un nom *commun* (**44**), un nom *propre* (**46**) ; sert à *substantiver* : un *adjectif* (**50**), un *adverbe* (**51**), un *pronom*

(**51**), un *infinitif* (**52**), un *participe* (**54**), une *proposition* entière (**56**).

Aspect. *Définition* (**134** à **137**).
1) L'aspect dans le **système de la conjugaison** :
À l'*indicatif* : *présent* (**137**) ; *imfait* (**139**), *aoriste* (**142, 144** et **145**), *parfait* (**147** à **149**), *plus-que-parfait* (**150**), *futur « antérieur »* (**153** et **154**) ; futur du gm. (**153 R**).
Au *subjonctif* : *présent* et *aoriste* (**154** à **157**).
À l'*optatif* : *présent* et *aoriste* (**157** et **158**).
À l'*infinitif* : *présent* (**159, 162** et **163**), *aoriste* (**160** à **164**), *parfait* (**161** à **163**).
Au *participe* : *présent* (**170** et **171**), *aoriste* (**172** à **174**), *parfait* (**172**).
À l'*impératif* : *présent* (**178** et **179**), *aoriste* (**179**) ; cas *particuliers* (**180** et **181**).
2) L'aspect et les **préverbes** : préverbes « *pleins* » et préverbes « *vides* » (**330** et **331**) ; préverbes susceptibles de se *vider* (voir TABLE DES MATIÈRES : CHAPITRE X).

Asyndète. *Parataxe* asyndétique (**86** et **87**) ; absence de *particule* (**370** et **371**) ; emploi de γε (**394**), emploi de δέ (**398** et **399**).

Attraction. Attraction d'un *substantif attribut* sur le verbe [*nombre*] (**83**) ; attraction d'un *substantif attribut* sur le pronom qui l'introduit [*genre*] (**83**) ; attraction du *sujet* sur l'attribut, avec un verbe impersonnel [*cas*] (**84**) ; attraction du *pronom relatif* (**84**) ; attraction *inverse* (**85**).

Cas. *Généralités* (**247** et **248**) ; *évolution* des cas (**248** à **250**). *Système* des cas (**248** et **249**). Voir ACCUSATIF, DATIF, GÉNITIF, NOMINATIF, VOCATIF.

Causales. À l'*indicatif* (**205**) ; admettant les *possibles* et l'*optatif* secondaire (**205** et **206**) ; introduites par εἰ (**206**) ; à valeur *concessive* (**207**).

Collocation. *Définition* (**369**) : ἀλλά (**374, 378** à **380**), ἄρα (**384 R**) ;

Les **chiffres** renvoient aux **pages.**

Parfait. Voir ASPECTS et TEMPS.
Participe. *Définition* (**127**).

1) Dans les propositions *indépendantes* : fait fonction de *qualificatif* et d'*attribut* (**128**) ; expression du *temps* (**128, 169, 171** et **172, 175** et **176**) ; valeur *causale* et *explicative* (**129** et **130**) ; exprime le *moyen* et la *manière* (**129**) ; valeur quasi-modale du participe *futur* (**129**) ; valeur *concessive* et *restrictive* (**130**). Le participe et les cas *absolus* : génitif (**130, 162**) ; accusatif (**131** et **132, 160**).

2) Dans les propositions *dépendantes* : équivaut à diverses sortes de dépendantes (**171**) : complétives de *jugement* (**183**) ; de *perception* (**199**) ; dépend de verbes indiquant un état de la *sensibilité* (**201**), une prise ou une cessation de *contact* (**173, 202**).

Participe *substantivé* (**54**). Emploi des négations (**360** à **363**).

Particule. *Rôle, évolution, classement* des particules (**368** à **371**) : adversatives, explicatives, conclusives (**372**) ; additives, intensives (**373**). Place dans la phrase (**94** et **95**). Accent (**373** et **374**). Voir aussi l'INDEX GREC et la TABLE DES MATIÈRES, CHAPITRE XII.

Passif. Caractère récent du passif (**107**) ; en rapport avec le *moyen* (**107**) ; avec l'*actif* (**108**).

Personnel (PRONOM). Formes *atones* et formes *accentuées* (**58**). En fonction d'adjectif *possessif* (**60**).

Phrase. Phrase *nominale* (**65**). Phrase *sans verbe* (**67**) ; *ellipse* du verbe dans une phrase exclamative (**68**), négative (**69**), interrogative (**70**). *Parataxe* asyndétique (**86**), liée (**87**) ; *hypotaxe* ou subordination (**88**).

Plus-que-parfait. Voir ASPECTS et TEMPS.

Possessif. (ADJECTIF et PRONOM). Adjectif possessif non réfléchi (**61**) ; pronom réfléchi (**62**) ; adjectif possessif réfléchi (**64**).

Possibilité. Voir article suivant et OPTATIF.

Possible. Emploi des *modes* :
1) *Optatif* : potentiel (**120** et **121, 221** à **223**) ; hypothèse pure (**222**).
2) *Indicatif* imparfait (ἄν) : irréel du présent (**112, 223**).
3) *Indicatif* imparfait ou aoriste (ἄν) : potentiel du passé (**110** à **112, 224**).
4) *Indicatif* imparfait ou aoriste (ἄν) : irréel du passé (**110** à **112, 225**).

Postériorité. Voir TEMPORELLES.
Potentiel. Voir POSSIBLES.
Prépositions. *Définition* et *rôle* (**298** et **299**). *Accent* (**298**). *Construction, évolution* (**299** et **300**). Voir aussi l'INDEX GREC et la TABLE DES MATIÈRES, CHAPITRE X.
Présent. Voir ASPECTS et TEMPS.
Préverbes. *Définition* : préverbes « *pleins* » et préverbes « *vides* » (**330** et **331**). Voir aussi la TABLE DES MATIÈRES, chapitre X et l'INDEX GREC.

Réfléchis (PRONOMS). Voir PERSONNELS.
Relatifs (TEMPS). N'est pas exprimé par le grec ; comment le « temps relatif » du français est rendu en grec (**133**) : *imparfait* (**140**), *aoriste* (**142**), *plus-que-parfait* (**150**), *futur antérieur* (**153**) ; au *subjonctif* (**153** à **157**) ; au *participe* : présent (**170** et **171**), aoriste (**172** à **174**).
Relatifs (PRONOMS). Thème **yo* (**37**). Relatif *indéfini* : ὅστις (**38**) ; ὅς τε et ὅσπερ (**40**). Pronom ὅς, ἥ, τό : *Homère* (**41**) ; état *attique* (**42**).
Relatives. *Définition* (**238** et **239**).
1) *Déterminatives* (**239** à **241**).
2) *Circonstancielles* (**241** à **246**).

Simultanéité. Voir TEMPORELLES.
Style indirect. Voir COMPLÉTIVES et spécialement la note consacrée au *style indirect* (**189** à **195**).
Subjonctif. *Définition* (**113**).
1) Expositions *indépendantes* : subjonctif de *volonté* (**113**) ; subjonctif *éventuel* (**115**).
2) Propositions *dépendantes* : *temporelles* (**212** et **213, 217**) ; *finales* (**229, 238**) ; *relatives* (**240** à **242, 244** et **245**).
Subordination (HYPOTAXE). *Juxtaposition* [parataxe] et *subordination* [hypotaxe] (**86, 88** et **89**). Les 5 signes possibles de la subordination (**89** à **92**). Voir aussi : JUXTAPOSITION.
Sujet. Voir aussi ACCORD et ORDRE DE MOTS.
Superlatif. Voir COMPARATIF.

Temporelles. *Définition* (**211**).
1) *Simultanéité* (**211** à **213**).
2) *Postériorité* (**213** et **214**).
3) *Antériorité* : syntaxe de πρίν (**214** à **218**).
Temps. Définition du *temps* et de l'*aspect* (**133** et **134**).
a) à l'*indicatif* : présent (**137** et

138), imparfait (**138** à **140**), aoriste (**141** à **144**), parfait (**147** à **148**), plus-que-parfait (**150**), futur (**151** à **153**), futur « antérieur » (**153** et **154**) ;

b) à l'*optatif* (**158** et **159**) ;

c) à l'*infinitif* (**163** à **169**) ;

d) au *participe* (**169**, **171** et **172, 175** et **176**).

Vocatif. Cas en dehors de la *flexion* (**247, 294**). Vocatif et *nominatif* (**252** et **253, 294** et **295**). Emploi de la *particule* ὦ (**295** et **296**). *Évolution* du vocatif (**296** et **297**). Voir aussi Accord selon le sens (**81**).

Voix. Les *trois* voix du grec (**100**). Voir Actif, Moyen, Passif.

Les **chiffres** renvoient aux **pages**.

TABLE DES MATIÈRES

(Les chiffres renvoient aux pages.)

Achevé d'imprimer en France
le 05 octobre 2004
sur les presses de

52200 Langres - Saints-Geosmes
Dépôt légal : octobre 2004 - N° d'imprimeur : 5608